66

中国社会科学院
文学研究所 总纂

邵华强 编

XUZHIMO YANJIUZILIAO

徐志摩研究资料

资料全编 中国文学史

现代卷

知识产权出版社

内容提要：

    徐志摩，原名章垿，我国现代著名作家。本书分生平和文学活动，生平、思想和文学活动自述，研究、评论文章选辑，徐志摩著译系年、书目，研究、评论资料目录索引等五个部分，全面收集了关于徐志摩的研究资料。

责任编辑：马　岳　　　　　　责任校对：韩秀天

装帧设计：段维东　　　　　　责任出版：卢运霞

图书在版编目（CIP）数据

徐志摩研究资料 / 邵华强编. —北京：知识产权出版社，2011.3
（中国文学史资料全编·现代卷）

ISBN：978-7-5130-0426-8

Ⅰ．①徐… Ⅱ．①邵… Ⅲ．① 徐志摩（1896—1931）—人物研究　②徐志摩（1896—1931）—文学研究　Ⅳ．①K825.6　②I206.6

中国版本图书馆 CIP 数据核字（2011）第 036906 号

中国文学史资料全编·现代卷

徐志摩研究资料

邵华强　编

出版发行：**知识产权出版社**

社　　址：北京市海淀区马甸南村 1 号		邮　　编：100088	
网　　址：http://www.ipph.cn		邮　　箱：bjb@cnipr.com	
发行电话：010-82000860 转 8101/8102		传　　真：010-82005070/82000893	
责编电话：010-82000860 转 8171		责编邮箱：mayue@cnipr.com	
印　　刷：北京市凯鑫彩色印刷有限公司		经　　销：新华书店及相关销售网点	
开　　本：720mm×960mm　1/16		印　　张：38	
版　　次：2011 年 6 月第一版		印　　次：2011 年 6 月第一次印刷	
字　　数：560 千字		定　　价：76.00 元	

ISBN 978-7-5130-0426-8 / K · 074（3340）

汇纂工作小组
名单

（按姓氏笔画排列）

王润贵　刘跃进　刘福春　严　平

张大明　杨　义　欧　剑　段红梅

编 辑 说 明

　　中国社会科学院文学研究所向来重视文学史料的系统整理与深入研究，建所50多年来，组织编纂了很多资料丛书，包括《古本戏曲丛刊》、《古本小说丛刊》、《中国现代文学史资料汇编》、《近代文学史料汇编》、《当代文学史料汇编》以及《文艺理论译丛》、《现代文艺理论译丛》、《古典文艺理论译丛》等。其中，介绍国外文艺理论的3套丛书，已经汇编为《文学研究所学术汇刊》9种30册，交由知识产权出版社出版。该书出版后，国内一些重要媒体刊发评介文章，给予充分肯定。为满足学术研究的需要，2007年初，中国社会科学院文学研究所与知识产权出版社商定继续合作，编辑出版《中国文学史资料全编》，将以往出版的史料著作汇为一编，统一装帧，集中出版。

　　这里推出的《中国文学史资料全编·现代卷》就是其中的一种。本卷主要以《中国现代文学史资料汇编》为基础而又有所扩展。《中国现代文学史资料汇编》的编纂工作启动于1979年，稍后列入国家第六个五年计划社科重点项目。该编分为《中国现代文学运动、论争、社团资料丛书》、《中国现代作家作品研究资料丛书》、《中国现代文学书刊资料丛书》即甲乙丙3种，总主编陈荒煤，副主编许觉民、马良春，编委有丁景唐、马良春、王景山、王瑶、方铭、许觉民、刘增杰、孙中田、孙玉石、沈承宽、芮和师、张大明、张晓翠、杨占陞、陈荒煤、唐弢、贾植芳、徐迺翔、常君实、鄂基瑞、薛绥之、魏绍昌，具体组织主要由徐迺翔、张大明负责。此项目计划出书约200种。至20世纪末，前后20多年间，这套书由数家出版社陆陆续续出版了80余种，还有数十种虽然已经编就，由于种种原因，迄今尚未出版。"现代卷"包括上述已经出版的图书和若干种当时已经编好而尚未出版的图书。

　　这项工作得到了中国社会科学院文学研究所和知识产权出版社的高度重视，为此成立了汇纂工作小组。杨义、刘跃进、严平、张大明、刘福春等具体负责学术协调工作，于2007年11月，向著作权人发出《征求〈中国文学史资料全编·现代卷〉版权的一封信》，很快得到了绝大多数编者的授权，使这项工作得以如期顺利开展。为此，我们向原书的编者表示由衷的谢意。为尽快将这套书推向社会，满足学界和社会的急需，除原版少量排印错误外，此次重印一律不作任何修改，保留原书原貌，待全部出齐，视市场情况出版修订本。为此，我们也诚挚地希望广大读者能给予充分谅解。

《中国文学史资料全编·现代卷》出版后，我们将尽快启动"古代卷"、"近代卷"和"当代卷"的编纂工作，希望能继续得到专家学者的大力支持和热心参与。

现代卷汇纂工作组

目 录

第三辑　徐志摩研究、评论文章选辑

第四辑　徐志摩著译系年、书目

第五辑　徐志摩研究、评论资料目录索引

第一辑

徐志摩生平和文学活动

徐志摩传略

　　徐志摩，原名章垿，字槱森，小字又申。笔名计有鹤、仙鹤、云中鹤、南湖、谷、海谷、大兵、删我、黄狗、心手等。1897 年 1 月 15 日（清光绪二十二年夏历十二月十三日）生于浙江省海宁县硖石镇内一个富商家庭。父亲徐申如是硖石的商会会长，在当地及杭州、上海经营着较大的工商业。

　　1900 年入家塾启蒙。1907 年进新式学校——硖石镇开智学堂。1909 年于开智学堂毕业。翌年春，经沈钧儒介绍，入杭州府一中（辛亥革命后改名为杭州第一中学）就读。中学时代曾在校刊《友声》上发表论文《论小说与社会之关系》、《镭锭与地球之历史》。1915 年夏中学毕业，即考入上海浸信会学院（上海沪江大学前身）。1916 年秋，转学入天津北洋大学法科的预科。翌年秋，北洋大学法科并入北京大学，徐志摩以旁听生资格转入北京大学法学院读政治学，另加修法语和日语。1918 年 6 月，经妻兄张君劢介绍，拜梁启超为师。是年夏，离开北大，于 8 月 14 日启程去美国马萨诸塞州的克拉克大学历史系留学。

　　父亲希望他出洋攻读金融学和商学，回国后能继承家业，但徐志摩并没有遵从父愿。在克拉克大学他只修习 2 门经济学课程，却选读了 3 门历史学课程、2 门社会学课程和 1 门心理学课程。在克拉克大学他加入了学生陆军训练团受军事训练，并参加了哈佛大学中国留学生组织的国防会。在该校读了三个学期，他就修满了规定的学分提前毕业，荣获了一等荣誉奖。1919 年 9 月，到纽约入哥伦比亚大学经济系攻硕士学位。这时他热衷于政治社会问题的探讨，尤其致力于马克思、欧文、罗斯金著作的研究，曾被当时同在纽约的中国留学生称作"鲍雪微克"（布尔什维克）。翌年9月，他通过论文《论中国妇女的地位》的答辩，得哥伦比亚大学硕士学位。此时，他放弃了修哥伦比亚大学博士学位的机会，离美赴英，想入剑桥大学"从罗素"学习，未料他到英国时罗素早已被剑桥大学辞退，未能遂愿，只得改进伦敦大学政治经济学院，跟拉斯基教授读博士学位。但他在该校一直没有认真地念书。

在伦敦期间，结识了陈源（西滢）、林长民及其女儿林徽音。又经陈源、林长民介绍，结交了著名作家威尔斯，学者魏雷、欧根敦、狄更生等英国文化界名流。

1921年春，由狄更生介绍，徐志摩作为可以随意选科听课的特别生入剑桥大学王家学院。在剑桥时期，他完全违背了父愿，兴趣转向了文学，开始分行写新诗。他的"艺术的人生观"也在这时开始形成，早年对政治的热情逐渐消失。翌年上半年，他由剑桥大学王家学院特别生转为正式研究生，学院给他的评论是："持智守礼，放眼世界"。在剑桥时期，他还结识了哲学家罗素、作家曼斯菲尔德。

1922年10月结束留学生活回国。1923年1月，罗文干案发生，他在《努力周报》上发表《就使打破了头，也还要保持我灵魂的自由》一文，支持蔡元培对北洋军阀政府不合作的立场。3月，以英美留学生和研究系人物为主要成员的新月社成立，他是主要组织者之一，社名即是他根据泰戈尔诗集《新月集》所取。本年，曾担任北京松坡图书馆英文秘书。

1924年4月，印度诗人、诺贝尔文学奖获得者泰戈尔来华访问，徐志摩担任随从翻译。此间，他积极协助泰戈尔同阎锡山商洽在山西推行泰戈尔式的"中国农村建设"计划。5月底，泰戈尔访华结束去日本，徐志摩亦陪同前往。秋，任北京大学教授，翌年3月初离职。

1925年3月至7月，他取道西伯利亚去苏联、法国、德国、英国旅游。旅途中凭吊了契诃夫、波特莱尔、伏尔泰、曼斯菲尔德、卢梭、雪莱、白郎宁夫人等著名作家墓，访问了托尔斯泰的女儿和著名英国作家托马斯·哈代。在苏联期间，参观了莫斯科城，亲眼目睹了十月革命后的苏联社会现实。此后，他撰写了《西伯利亚游记》、《莫斯科游记》等文章，表示了他对十月革命和苏联社会主义制度的不满。

1925 年 10 月 1 日，应陈博生邀请主编《晨报副刊》。主编《晨报副刊》不久，即组织了"苏俄仇友问题的讨论"，自己也撰文反对"运外国主意来筹画流血"。1926 年 1 月，他在《晨报副刊》组织了同周作人、鲁迅"关于闲话"的笔战。

1926 年 4 月 1 日至 6 月 10 日，他和闻一多主编了 11 期《晨报副刊·诗镌》。此间，经常同闻一多讨论诗歌理论，探索新诗形式。《诗镌》在当时产生了很大的社会影响，曾被人称为"北方诗友的第一次会合"。6 月 17 日，他同余上沅等主编的《晨报副刊·剧刊》创刊，9 月 23 日出至第十五期停刊。9 月，他在《晨报副刊》发起并组织了"关于党化教育"的讨论。10 月，辞去《晨报副刊》主编职务，南下移居上海。

1927 年春，徐志摩和胡适、邵洵美、余上沅、闻一多等在上海创办新月书店。徐志摩任书店总编辑。9 月，应聘担任上海光华大学教授，并兼东吴大学法学院教授。1928 年 1 月，兼任上海大夏大学教授。

1928 年 3 月 10 日，他和闻一多、饶孟侃主编的《新月》月刊创刊。在创刊号上，发表了由他代表新月同仁执笔的《新月的态度》。文章表明了新月同仁反对马克思主义文艺理论的传播和对无产阶级革命文艺运动的态度。5 月，山东"济南惨案"发生，他"第一次为了国事难受"，在日记中写道："总司令不能发令的，外交部长是欺骗专家，中央政府是昏庸老朽的收容所，没有一件我们受人家侮辱的事不可以追到我们自己的昏庸"，表示了对国民党政府的不满。

1928 年 6 月，徐志摩第三次出国，去日本、美国、英国、法国、德国、意大利、印度旅游。在英国和印度，他参观了泰戈尔英籍助手恩厚之及泰戈尔创办的农村建设基地。回国后，他组织了一些人进行中国农村建设的调查工作，准备选定浙江作为实验基地。不久，因社会太动乱，治安没有保障而告失败。

1929 年 1 月，应舒新城之邀，任上海中华书局编辑，为该书局编"新文艺丛书"。同月，担任南京国民党政府举办的第一届全国美术展览会的常委。4月10日，美展在上海正式开幕，他和杨清馨主编的《美展》三日刊（又称《美展汇刊》）同时创刊。上半年，辞去上海大夏大学、东吴大学教授职务。7月，《新月》开始由梁实秋一人主编，徐志摩离开编辑部。8月，应聘担任南京中央大学教授。本年底，兼任上海大东书局编辑，为之编辑"新文学丛书"。

1930年，被选为英国诗社社员，并任中英文化基金委员会委员。5月，在上海主持召开有蔡元培、胡适、杨度、沈从文等人参加的"笔会""中国分会"的筹备会。冬，国民党上海市党部指使光华大学的国民党学生闹起学潮，徐志摩被轰出学校。年底，辞去南京中央大学教授职务。

1931年1月20日，徐志摩主编的《诗刊》创刊。同月，胡也频在上海东方饭店被国民党政府逮捕，他为积极营救胡也频的丁玲、沈从文等人提供了活动经费。2月，应北京大学教务长胡适邀请去北大任英文系教授，并经温宁源介绍兼任北京女子大学教授。夏，和邵洵美一起同《新月》主编罗隆基商量改变《新月》编辑方针，主张不谈政治，把其办成纯文艺的刊物，但遭罗隆基反对而未果。暑假后，又兼南京中央大学教授。9月，移交《诗刊》给陈梦家、邵洵美负责。

1931年11月19日，搭乘"济南号"邮机从南京去北京，途中遇大雾，飞机撞山坠毁，遇难身亡。时年仅35岁。

徐志摩从1922年留学回国至遇难，在中国新文学界共活动了10年。他的著译有：诗集《志摩的诗》、《翡冷翠一夜》、《猛虎集》、《云游》，散文集《落叶》、《巴黎的鳞爪》、《自剖》、《秋》，小说集《轮盘》，戏剧《卞昆冈》（同陆小曼合著），翻译集《涡堤孩》、《赣第德》、《英国曼殊斐儿小说集》、《玛丽·玛丽》（同沈性仁合译），及后人整理出版的《爱眉小札》、《志摩日记》，还有大量未收集和发表的诗歌、散文、小说、书信、日记、译文。著述和翻译总计有200多万字。在当编辑和教书期间，他发现、帮助了如沈从文、陈梦家、卞之琳、赵景深、何家槐、方玮德、穆时英等一大批新文学作家。

徐志摩先后结过两次婚，和前妻张幼仪于1915年结婚，1922年离婚；1926年和陆小曼结婚。同张幼仪生有二子，长子积锴，现居美国，次子德生，1925年3月殇于德国。

徐志摩年谱简编

邵华强

1897 年   **1 岁**

1 月 15 日（清光绪二十二年夏历十二月十三日酉时）生于浙江省
海宁县硖石镇。初字槱森，小字又申（因其父字申如），谱名章垿，1918
年去美国留学后更字志摩。是年，父徐申如 25 岁，母钱氏 23 岁。

徐志摩的家庭名曰世代书香，实则是一个富裕的商人之家。徐志
摩在《猛虎集·自序》中说："我查过我的家谱，自永乐以来，没有一
首可供传诵的诗句。"在 1926 年 10 月 8 日的家书中说："徐氏固商贾
之家，没有读书人。"

父亲徐申如是当地的商会会长，在上海、杭州、硖石等地经营着
较大的工商业。母亲钱慕英出生于一个封建世家，是徐申如的继室。

徐志摩是徐家的独生子，自小为父母所溺爱。

1900 年   **4 岁**

入家塾学习，极聪颖，塾师孙荫轩对之称赞备至。

1901 年   **5 岁**

改从查桐珍读书，但学习不勤，其父则怪罪于师。

1902 年   **6 岁**

11 月 6 日，祖父徐星匏逝世。徐志摩在《我的祖母之死》一文中回

忆道："我初次遭逢亲属的大故，是二十年前我祖父的死，那时我还不满六岁。那是我生平第一次可怕的经验，但我追想当时的心理，我对于死的见解，也不见得比华翁（英国诗人华茨华斯）的那位小姑娘高明。"

1907 年　　　　　　　　　　　　　　　　　　　　　　　**11 岁**

入本镇新式学校——开智学堂从张树森读书。成绩全班第一，有"神童"之誉。

1909 年　　　　　　　　　　　　　　　　　　　　　　　**13 岁**

冬，毕业于本镇开智学堂。古文已有很好成绩。是年，作文言论文《论哥舒翰潼关之败》（未发表）。

1910 年　　　　　　　　　　　　　　　　　　　　　　　**14 岁**

春，经沈钧儒介绍，入杭州府中学就读，与郁达夫同班。达夫曾回忆他说："平时那样的不用功，那样的爱看小说——他平时拿在手里的总是一卷有光纸上印着石印细字的小本子——而考起来或作文来，却总是分数得最多一个。"（《志摩在回忆里》，《新月》月刊四卷一号）

1911 年　　　　　　　　　　　　　　　　　　　　　　　**15 岁**

秋，杭州府中学停办，休学在家。

1913 年　　　　　　　　　　　　　　　　　　　　　　　**17 岁**

春，杭州府中学改名为杭州第一中学重新开办，徐志摩复入校读书。此时，十分喜爱梁启超的文章，并开始研究小说。

7 月，在杭州第一中学校刊《友声》第一期发表文言论文《论小说与社会之关系》，提出"科学社会警世探险航海滑稽等诸小说，概有裨益于社会"，小说"裨益于社会殊非浅鲜，有志改良社会者，宜竭力提倡之"。

1914 年　　　　　　　　　　　　　　　　　　　　　　　**18 岁**

5 月，在杭州一中校刊《友声》发表文言论文《镭锭与地球之历史》。后准备写一本关于天文的小书，曾收集材料，但未写成。

1915 年   **19 岁**

夏，于杭州第一中学毕业。

秋，考入上海浸信会学院（上海沪江大学前身）。选修课目有英国文学、中国文学、中国历史、英国历史、圣经、数学、物理、化学等，成绩多为 90 分以上。

秋，与张君劢之妹张幼仪行新式婚礼结婚。

1916 年   **20 岁**

秋，转入天津北洋大学法科的预科。选修课目有法律基础、逻辑学、心理学、中国文学、英国文学和世界文学等，成绩多为 90 分以上。

1917 年   **21 岁**

秋，北洋大学法科并入北京大学，徐志摩以旁听生资格随同转入北京大学法学院修政治学，另加修法文和日文。

1918 年   **22 岁**

4 月 22 日，长子积锴生于硖石。

6 月，由妻兄张君劢介绍，拜梁启超为老师。

7 月，离北京大学南下。

8 月 14 日，从上海启程去美国马萨诸塞州的克拉克大学留学。

8 月，在赴美途中与汪精卫相识。

8 月 31 日，在"太平洋舟中"作《启行赴美文》，表达了他的抱负和志向。是文曾以铅印赠诸亲友，初收陈从周编《徐志摩年谱》。

9 月，入克拉克大学历史系，修习的课目有商业管理、劳工问题、1789 年后的国家主义、军国主义和外交及国际组织、欧洲现代史、十九世纪欧洲社会政治学、心理学、社会学、法文、西班牙文等。

10 月 15 日，在美和同宿舍的同学订协定章程。据陈从周辑《志摩日记》："大目如六时起身，七时朝会（激耻发心），晚唱国歌，十时半归寝，日间勤学而外，运动跑步阅报。"

11 月 11 日，闻第一次世界大战结束，欣喜若狂，当日在日记中写道："霸业永诎，民主无疆，战士之血流不诬矣！"又在致梁启超信中说："遂有今日，一扫云雾，报露光明，消息到美，举国昌狂。"

12月15日，红十字会开征求会员大会，徐志摩前去参加，听比利时人克拉克夫人演讲。

12月21日，去波士顿。

12月23日，去哈佛大学听王正廷演说。在哈佛期间，同中国留学生梅光迪、赵元任、吴宓等相识，并加入中国学生的"国防会"。

12月作《五月来居处之历史》一文（未发表）。

12月，参加美国学者好尔博士的论文报告会，听余天休宣读其论文《中国之社会革命》。

12月，读梁启超《意大利三杰传》，"读梁先生《意大利三杰传》，而志摩血气之勇始见，三杰之行状固极快之致，而先生之文章亦夭矫若神龙之盘空，力可拔山，气可盖世，淋漓沉痛，固不独志摩之低昂慷慨，举凡天下有血性人，无不腾攘激发，有不能自已者矣！"（陈从周辑《志摩日记》）

本年，在克拉克大学参加陆军训练团，接受军事训练。

1919年   23岁

上半年仍在克拉克大学历史系。

5月4日，五四运动爆发。徐志摩后来回忆道：那时"国内青年的爱国运动在我胸中激起了同样的爱国热"（陈从周辑《志摩日记》）。

夏，入美国康奈尔大学夏令班，修得四个学分，达到了克拉克大学毕业要求。

9月，于克拉克大学毕业，因成绩斐然，得一等荣誉奖。

9月，入美国哥伦比亚大学经济系修硕士学位。十分注意选修政治学方面的课程。

是时开始接触马克思、欧文、罗金斯等人著作。"我同情社会主义的起点是看了一本小说。""我最初看到的社会主义是马克斯（即马克思——引者）前期的劳勃脱·欧温（即欧文——引者）一派，人道主义、慈善主义，以及乌托邦主义混在一起的，正合我的脾胃。""我在纽约那一年有一部分中国人叫我做鲍雪微克（即布尔什维克——引者）。"（见《南行杂记》）

1920 年   **24 岁**

9 月，通过论文《论中国妇女的地位》，得哥伦比亚大学硕士学位。

此时，他放弃了修哥伦比亚大学博士学位机会，于 9 月 24 日渡大西洋去英国，想入剑桥大学跟罗素学习。但罗素早在 1916 年已被剑桥大学三一学院除名，未能达到目的。

10 月上旬，到伦敦入伦敦大学政治经济学院，跟拉斯基（Harold Laski）教授学习，拟攻博士学位。但后来并没有认真读书。

秋，与陈源（西滢）在伦敦相识，后经陈源介绍，结识了威尔斯（H.G.Wells）、魏雷（Arthur Waley）和卞因（Laurence Binyon）等英国著名作家和学者，其中与威尔斯交往最密切。此时开始对文学产生极大兴趣。

秋，在伦敦结织林长民及林的女儿林徽音。

冬，妻子张幼仪出国到达伦敦。

本年，作论文《安斯坦相对论》、《罗素游俄记书后》、《评韦尔恩之游俄记》三篇，分别刊于翌年《改造》杂志第三卷第八期和第十期。

1921 年   **25 岁**

是年，开始分行写新诗，但这一时期写的诗歌绝大部分已散失。

年初，和林长民一起参加伦敦国际联盟协会。在协会里，同剑桥王家学院院友狄更生（G.L.Dickinson）相识，后两人交往甚密。

春，经狄更生介绍，入剑桥大学王家学院做可以随意选课听讲的特别生。

秋，送夫人张幼仪去德国留学。

10 月 18 日，经英国语言学家欧根敦（Ogden）介绍，致罗素信，要求见面。一星期后如愿以偿，以后徐志摩就常为罗素家的座上客。

11 月 7 日，致罗素信，对罗素提议把胡适的《中国哲学史大纲》编入欧根敦主编的"世界哲学丛书"的做法提出异议，认为胡适在《中国哲学史大纲》中所论那些项目对于不熟悉中国哲学的西方读者，是"枯燥无味的"。同时，推荐梁启超为"世界哲学丛书"撰稿，后来没有成功。

11 月 23 日，作诗《草上的露珠儿》。这是迄今发现的徐志摩最早的诗作，未单篇发表，初收台湾传记文学出版社《徐志摩全集》第一辑。

1922 年 26 岁

1 月下旬，参加剑桥大学学者组织的邪学会的演讲会，听罗素和欧根敦等人的演讲。

1 月 31 日，译华滋华斯诗《葛露水》，未单篇发表，初收台湾传记文学出版社出版《徐志摩全集》第一辑，这是迄今发现的徐志摩最早的译诗。

2 月 24 日，次子德生（彼得）生于柏林。

2 月，在柏林同徐悲鸿相识。

3 月，与陈源、卫礼贤同游魏玛与耶纳，访歌德和席勒的故居。

3 月，在柏林正式提出与妻子张幼仪离婚，遭到家人和老师梁启超的反对和指责。

3 月，据英国 Arthur Symons 的英译本，译著名意大利作家邓南遮（旧译丹农雪乌）剧本《死城》（The Dead City），另作介绍和评论邓南遮及其创作文章数篇。译文和文章于 1925 年修改后发表在 5 月、7 月、9 月《晨报副刊》。

4 月 30 日，作诗《夏日田间即景》（近沙士顿），发表于翌年 3 月 14 日上海《时事新报》副刊《学灯》。

5 月 25 日，作诗《听槐阁讷乐剧》，发表于翌年 3 月 10 日上海《时事新报》副刊《学灯》。

6 月，作诗《情死》，发表于翌年 2 月 4 日《努力周报》。

7 月，作诗《夜》，刊于翌年 12 月 1 日《晨报·文学旬刊》，表示了对堕落的"西方文明"的不满。

7 月中旬，见英国女作家曼殊斐尔（现译曼斯斐儿德），因曼殊斐尔身体不好，只谈了二十分钟，但这次谈话给徐志摩留下了深刻的印象。

上半年，徐志摩由剑桥大学王家学院特别生转为正式研究生，学院给他的评语是："持智守礼，放眼世界。"（据剑桥王家学院档案资料，见梁锡华《徐志摩新传》。）

8 月 7 日，致英国艺术家傅来义（Rogerfry）信，邀傅来义到中国访问。

8 月 10 日，作诗《康桥再会吧》，告别剑桥大学，准备回国。

8 月 17 日，离剑桥大学到伦敦。

8 月 29 日，途经柏林时致罗素信，约罗素在他离开欧洲前再见一面。

9月，经巴黎到马赛坐船回国。

10月6日，在旅途中作完散文《印度洋上的秋思》。于途中又作《地中海梦埃及魂入梦》、《归国杂题———马赛》、《归国杂题二——地中海》等诗，抒发了归国情感。

10月15日，回到上海。

10月28日，同父亲徐申如一起到南京成贤学舍参加欧阳竟无讲学会。

秋末，应梁实秋之邀，去清华文学社作题为"艺术与人生"（Art and Life）的英文演讲，讲稿后来经郁达夫送《创造季刊》发表。

11月6日、8日，《徐志摩张幼仪离婚通告》在《新浙江报·新朋友》两次发表。

11月7日，在南京作完论文《罗素与中国——读罗素著〈中国问题〉》。作完后回浙江。

12月15日，致傅来义信，代表梁启超和蔡元培以讲学社名义邀请傅来义和狄更生来中国访问。并约傅来义来华时同讲学社一起合作举行一个联合画展。后因傅来义生病，狄更生太忙没有成功。

12月，在杭州用英文作《月照西湖》，未刊印。

12月，游杭州灵隐寺，作诗《默境》。

冬，在文友会作题为《Personal Impre-ssions of H.G.Wells，Edward Carpenter，and Katherine Manslield》（我对威尔斯、嘉本特和曼斯菲尔德的印象）的英文演讲。

是年，译英国作家高斯（E.Gosse，旧译戈塞）的小说《涡堤孩》。

1923 年   27 岁

1月2日，梁启超为徐志摩和张幼仪离婚事，写了一封长信劝他，但未奏效。

1月9日，英女作家曼斯菲尔德死于法国枫丹白露（旧译芳丹卜罗）。徐志摩闻讯后，在3月11日作诗《哀曼殊斐儿》悼念。

1月17日，蔡元培为罗文干遭非法逮捕案向北洋军阀政府呈请辞职。23日蔡元培又发表宣言，主张对北洋军阀政府不合作。北京学生联合会即向北洋政府众议院请愿，并要求惩办罗案制造者——当时的教育总长彭允彝和众议院长吴景濂。徐志摩在28日的《努力周报》上发表

《就使打破了头，也还要保持我灵魂的自由》一文，支持蔡元培的主张，认为"我们应该积极同情这番拿人格头颅去撞开地狱门的精神"。

1月24日，作诗《希望的埋葬》，刊28日《努力周报》。

本月，作成第一篇小说《一个不很重要的回想》，刊2月11日《努力周报》；后改名为《春痕》，收小说集《轮盘》。

年初，讲学社邀请诺贝尔文学奖获得者、印度诗人泰戈尔来华讲学、演讲。讲学社同时委托徐志摩主理具体工作。泰戈尔的英籍助手恩厚之（Elmhirst）在接到讲学社邀请后即来华安排泰戈尔访华具体计划。徐志摩是时和恩厚之相识，并同泰戈尔取得了联系。

2月6日，作诗《一小幅的穷乐图》，刊14日《晨报副刊》。

2月，译罗素的《教育中的自由》，发表于翌月1日《民铎》杂志第四卷第一号。

3月12日，《康桥再会吧》一诗在《时事新报·学灯》发表，因编者对新诗的陌生，误把分行的新诗当作散文来排，后徐志摩去信更正，又于同月25日重排发表。

同月，去年在英国写成的《沙士顿重游随笔》等六首诗在《学灯》上发表。

3月中旬，上海《时事新报》改组，梁启超推荐徐志摩任副刊《学灯》的编辑，没有成功。

3月21日，致成仿吾信："贵社（指创造社——引者）诸贤向往已久，在海外每厌新著浅陋，及见沫若诗，始惊华族潜灵，斐然竟露。今识君等，益喜同志有人，敢不竭驽薄相随，共辟新土。"数日后，又致成仿吾信，问《创造杂志》能否刊登他在文友会上英文演讲的讲稿。

3月23日，诗《小花篮——送卫礼贤先生》在《晨报副刊》发表。

3月，新月社在北京成立。新月社的前身是聚餐会，后来发展为有固定社址的俱乐部。社名是徐志摩根据泰尔戈诗《新月集》所取，社址设在北京西交民巷西头松树胡同七号。开办费由徐志摩父亲徐申如和银行家黄子美垫出。参加者有胡适、徐志摩、王庚、张君劢、丁文江、梁启超、林长民等，黄子美任总管。活动内容除了每两周聚餐一次外，还自编自演小戏，举行"新年年会"、"元宵灯会"、"古琴会、书画会、读书会"等。这时期的新月社同以后的新月书店、《新月》月

13

刊无直接的联系。

4月11日、12日、13日、14日，评论《看了〈黑将军〉以后》在《晨报副刊》连载发表。

4月22日和5月6日，《杂记》一文在《努力周报》连载发表。文中没有点名地讽刺了郭沫若的诗。成仿吾闻讯后大怒，把徐志摩写给他的表示友好的信和他的反驳意见全部刊于6月2日的《创造》周报第四期，斥徐志摩是"一方面虚与我们周旋，暗里却向我们射冷箭"，徐写的《杂记》"全在攻击沫若的那句诗，全在污辱沫若的人格"。徐志摩对此十分不满，写了一封致成仿吾的公开信，题名为《天下本无事》，在同月10日的《晨报副刊》上和15日的《学灯》上发表，申明自己不是有意为难郭沫若，对于新诗创作，"未有不首推郭沫若的，同时我也不隐讳他初期尝试作品之不足为法"。

4月29日，作评论《得林克华德的〈林肯〉》，连载于翌月3日、5日、6日、7日《晨报副刊》。

春，在尚未公开宣布成立的北京西单牌楼石虎胡同七号松坡图书馆第二馆（专藏外文书籍）服务，协助处理英文函件。

5月6日，作诗《诗·Will-O-the-Wisp》，刊13日《努力周报》。

5月10日，散文《曼殊斐儿》在《小说月报》上发表。

5月20日，论文《我们看戏看的是什么》在《晨报副刊》发表。

5月，在英国剑桥大学开始翻译的高斯的小说《涡堤孩》，由商务印书馆出版，列为共学社丛书之一。

5月25日，在北京见康有为，并托梁启超代求题幅。

5月30日，诗《春》在《时事新报》副刊《学灯》发表。

5月，着手开始将梁启超《先秦政治思想史》译成英文，后未成功。

6月5日，受讲学社主席梁启超的委托，致傅来义信，再次邀请傅来义来华讲授美术。因傅太忙，未成行。

6月10日，译英国Owen Meredith诗并作小序，刊翌月10日《小说月报》。

6月20日，作散文《我过的端阳节》，刊24日《晨报副刊》。

6月23日，作诗《一家古怪的店铺》，刊翌月11日《晨报·文学旬刊》。

7月6日，诗《康桥西野暮色》在《时事新报》副刊《学灯》发表。诗前的短序，提出了新诗废除标点的主张。

同时，作散文《太戈尔来华》，刊9月10日《小说月报》。

7月8日，介绍英国经济学家凯恩斯（Maynard Keynes）的《开痕司》一文在《晨报副刊》发表。（1922年蔡元培和梁启超曾委托徐志摩接洽，邀请凯恩斯继罗素之后来华访问，后未成。）

7月18日，致伏庐信，再谈新诗废标点的问题，刊22日《晨报副刊》。

7月26日，致泰戈尔信，告泰戈尔他已答应讲学社，任泰戈尔访华期间的翻译和陪同。徐在信中说："得以随侍如此一位伟大无比的人物而难禁内心的心欢雀跃。"（此信是徐志摩给泰戈尔的第一封信。）

暑期，应梁启超之邀，去天津南开大学暑期大学讲课两星期，课程为近代英美文学和未来派的诗，学员有当时的绿波社成员焦菊隐、于赓虞、赵景深等。徐志摩共讲十一次，讲稿由赵景深记录整理，收入1925年新文化出版社出版的《近代文学丛谈》。

8月11日，去北戴河避暑，其间作散文《北戴河海滨的幻想》，刊翌年6月21日《晨报·文学旬刊》。

8月18日，在山海关外游览登角山的栖贤寺，半夜回北戴河住处，接祖母病危电，即于次日启程坐早班车南下，22日中午到家，27日祖母逝世，徐悲痛至极，于11月24日作完悼念文《我的祖母之死》，刊《晨报五周年纪念增刊》。

8月31日，接林长民信。

初秋，作散文《鬼话》，后被王统照拿去刊翌年4月1日《晨报·文学旬刊》。

9月4日，泰戈尔从加尔各答致徐志摩信，告因身体不好，要到明年2月中或2月底才能动身到中国来（原定泰戈尔10月来华）。

9月6日，复赵景深函，介绍他替《晨报副刊》译小说，云"能试译'哈代'最合我意"。

9月7日，开始写日记《西湖记》，至翌月28日作完。

9月10日，《小说月报》出"泰戈尔专号"，徐志摩发表散文诗《泰山日出》，把泰戈尔来华比作泰山日出。同期又刊诗《幻想》。

9月18日，画家陈师曾逝世，于10月开追悼会并举行遗作展览会，徐志摩积极参加。

9月21日，为泰戈尔访华事致恩厚之信。

9月25日（中秋节）与堂弟徐绎荪同游西湖。

9月26日，与徐绎荪经杭州雷峰塔到烟霞洞访胡适（是时胡适在烟霞洞养病），未遇。同日作诗《月下雷峰》。

9月29日，与胡适、陶行知、汪精卫、陈衡哲（莎菲）等坐看海宁潮的专车往浙江海宁观潮，同汪精卫谈了一路的诗。观潮后即回杭州，不几日去上海。

10月3日，与张君劢等去常州，游天宁寺，当晚作诗《常州天宁寺闻礼忏声》，在26日修改后，刊于11月11日《晨报·文学旬刊》。

10月5日，与徐振飞谈法国文学。

10月11日，中午，张东荪借张君劢处请客，参加者有徐志摩、胡适、朱经农等。饭后，徐被胡适拉去沧州别墅，看胡作的《烟霞杂诗》，并商量《努力周报》停版事。是时瞿秋白来访胡适，瞿正患严重肺病，徐对此深表同情。后又与胡适、朱经农去访郭沫若，田汉、成仿吾等创造社同人亦在座，但主客之间谈话因《努力周报》上的《杂记》一文引起的风波甚不融洽。

10月12日，郭沫若领了大儿子回访，赠《卷耳集》一册。郭走后，作成《灰色的人生》一诗，刊于《努力周报》第七十五期。

10月13日，郭沫若在上海美丽川请客，徐志摩和胡适同往。席间"适之说诚恳话，沫若遽抱而吻之"（《志摩日记·西湖记》）。

10月15日，与胡适一起回请郭沫若，田汉夫妇也参加，席间大谈神话。席后，与胡适同去泰东书局，陈独秀亦在，遂相识。

10月16日，与胡适约定各翻译曼殊斐儿作品若干篇，并邀陈源合作，拟由泰东书局出版。

10月17日，接前妻张幼仪从德国柏林来信，告归国后拟办慈善事业。（张幼仪和徐志摩离婚后，两人通信一直未断。）

同日，郑振铎来访。

10月20日，与胡适同往杭州。

10月21日，收到泰戈尔9月4日来函，告翌年2月中旬或月底才能动身访华。同日，作《泰戈尔来华的确期》，刊29日《文学周报》第九十四期和《小说月报》第十四卷第十号。

10月22日，致《晨报·文学旬刊》编辑王统照函，告泰戈尔访华确期。是日，与胡适、朱经农等同游西湖。

10月26日，下午4时半译完曼殊斐儿小说《巴克妈妈的行状》，刊《晨报五周年纪念增刊》。

10月29日，下午二时译完曼殊斐儿小说《园会》，刊《晨报五周年纪念增刊》。

10月30日，与胡适同离杭州去上海。途中作诗《沪杭道中》，刊《小说月报》第十四卷第十一号。

11月4日，梁启超创办的松坡图书馆正式宣布成立。徐志摩遇难后，其父徐申如将徐志摩在北京的全部藏书捐赠该馆。

11月18日，作诗《先生！先生！》，刊翌月11日《晨报·文学旬刊》。

11月21日，译嘉本特诗《海咏》，刊《晨报·文学旬刊》。

12月10日，论文《罗素又来说话了》在《东方杂志》第二十卷第二十三期发表。同日，译哈代诗两首《伤痕》、《分离》，刊《小说月报》第十四卷第十二号。

12月27日，致泰戈尔信，告他访华一切都"已准备停当以俟尊驾莅临"，并称："我们相信你的出现会给这个黑暗、怀疑和烦躁动乱的世代带来安慰、冷静和喜乐，也会进一步加强我们对伟大事物和生活的信心与希望。"

冬，张君劢发起成立理想会，拟办《理想》月刊，向徐志摩约稿，徐即作《政治生活与王家三阿嫂》，谈对英国处理庚子赔款问题的看法，后《理想》月刊没办成，转孙伏园在1925年1月4日、5日、6日《京报副刊》连载发表。

冬，在硖石开始译英国詹姆士·司蒂芬的小说《玛丽·玛丽》，译了九章后停笔，由沈性仁继译。

1924年   **28岁**

1月10日，以中学同学李幹人为生活原形的短篇小说《老李的惨史》在《小说月报》第十五卷第一号发表。

1月20日，在家乡硖石作诗《东山小曲》，刊3月21日《晨报·文学旬刊》。

1月22日，致恩厚之信，告迎接泰戈尔访华的各项准备工作情况。

1月25日，在《东方杂志》第二十卷第二期发表论文《汤麦司哈代的诗》。

1月29日，作诗《一条金色的光痕》，刊翌月26日《晨报副刊》。

2月5日，诗《自然与人生》在《晨报·文学旬刊》发表。

2月中旬，离硖石经上海去北京。

2月21日，致英国友人魏雷（Arthur Waley）信并附寄鲁迅《中国小说史略》和温飞卿诗集。信中说："我们一个朋友新出一本《小说史略》（鲁迅著）颇好。"

同日，列宁逝世。不久，徐志摩作诗《悼列宁》，此诗后寄胡适，但未刊载，已失。（见《胡适往来书信选》上册第287页）

2月22日，作散文诗《给抱怨生活干燥的朋友们》，刊翌月21日《晨报·文学旬刊》。

2月，准备写一篇介绍中国艺术的文章。未成。

2月，在北京筹备"以魔鬼诗派为中心的拜伦百年祭纪念会"。

2月，在北京筹备办《理想》周刊，打算最迟在4月出版创刊号。徐志摩准备把这周刊办成"大致象伦敦的《国民》杂志那样"。周刊取名为"理想"，是因为"中国现状一片昏暗，到处是人性裹着卑贱、下作的那一部分表现。所以一个理想主义者是可以做的，似乎只有去制造一些最能刺透心魂的挖苦武器，藉此跟现实搏斗。能听到拜伦或海涅一类人的冷蔑笑声，那是一种辣入肌肤的事"。（见《致魏雷的信》）此刊后未办成。

3月10日，在《小说月报》第十五卷第三号发表《征译诗启》（又刊22日《晨报副刊》），发起征译诗作。

4月2日，为纪念诗人拜伦逝世一百周年，作散文《拜伦》，刊10日《小说月报》第十五卷第四号。同期《小说月报》还发表译拜伦诗《Song From Corsair》。

4月12日，泰戈尔乘热田丸号船访华抵上海，住沧州饭店。徐志摩作为翻译和陪同人员并代表北方学界前往欢迎。

按：泰戈尔这次来华，由北京讲学社邀请。讲学社为蔡元培、汪大燮、林长民等人发起，蒋百里任总干事。据吴咏《天坛史话》："徐氏在翻译泰戈尔的英语演说，用了中国语汇中最美的修辞，以硖石官话出之，更如一首首的小诗，飞瀑流水泉，淙淙可听。"

4月13日，下午一时，泰戈尔与在上海的印度诗人集会，后至慕尔鸣路三十七号蒋方震家与欢迎者聚会并摄影留念，徐志摩任随从翻译。

4月14日，陪泰戈尔游西湖。是日诗兴大发，竟在一处海棠花下做诗通宵。

4月15日，泰戈尔在杭州隐灵寺演讲，此次讲稿后由徐志摩于8月19日译出发表于翌年3月1日《京报副刊》。

4月16日，陪同泰戈尔回到上海。

4月18日，上海文学研究会等各团体在商务印书馆俱乐部开欢迎泰戈尔演讲会，并在俱乐部前留影。会后徐志摩陪同泰戈尔沿津浦路北上，23日到达北京，这期间，停留南京和济南两处，泰戈尔各有一次演讲，在南京由徐志摩任翻译，在济南由王统照任翻译。

4月19日，《泰谷儿最近消息》（致王统照函）在《晨报副刊》发表。

4月23日，陪同泰戈尔到达北京；泰戈尔在京共作六次讲演，均由徐志摩任翻译。

5月8日，为庆祝泰戈尔64岁生日，由胡适任主席，梁启超主持举行北京学界的祝寿会。祝寿会最后一个节目是演出泰戈尔的短剧《契玦腊》（Chitra，另译《契忒拉》、《齐德拉》）。由林徽音演公主契玦腊，张韵海演王子阿俊那，徐志摩演爱神。鲁迅亦去观看，后在《马上日记之二》（见《华盖集续编》）和《骂杀与捧杀》（见《花边文学》）中谈了自己的不满。

在京时，徐志摩和林徽音曾陪泰戈尔去见溥仪，回来后的感觉是"傻呼呼的"，"无一点庄严感"。是时，徐志摩等人又联系孙中山和泰戈尔见面，因孙中山患病未成。

5月12日，在北京真光戏院作题为"泰戈尔"的演讲，讲稿刊19日《晨报副刊》。

5月20日，徐志摩陪泰戈尔从北京到太原。

5月21日，泰戈尔向阎锡山建议在中国推广他在印度搞的农村建设计划，得阎锡山赞同。并亲口同意将晋祠一带地方给泰戈尔及其同人徐志摩等做试验基地。徐志摩对阎锡山曲解泰戈尔农村建设为"儒家之道"颇为反感，但仍然积极协助泰戈尔同阎锡山及山西教育当局负责人冯司洽商。

5月23日，陪同泰戈尔离太原。

5月25日到汉口，然后坐船到上海。到沪后，泰戈尔发表了他最后一次讲演，后由徐志摩译出刊8月号《小说月报》。

5月，泰戈尔给徐志摩取印度名Susima（素思玛）。

5月，泰戈尔鼓励徐志摩办一英文杂志"藉此建造一条直通的桥梁，一头接中国以及其中发生的灵感，又期望另一头接其他各国的知识界。"徐志摩在是年冬天在家乡着手准备，后因军阀混战，形势不得安定而未进行下去。

5月29日，徐志摩陪泰戈尔离上海去日本，在日本期间，作诗《留别日本》、《沙扬娜拉》（18首，新月版《志摩的诗》删前17首）。

6月10日，译泰戈尔讲演稿《一个文学革命家的供状》，刊《小说月报》第十五卷第六号。

7月，陪泰戈尔离日本，专程送泰戈尔到香港。回国后去庐山约一个半月，译泰戈尔讲演稿和诗歌。

8月10日，在《小说月报》第十五卷第八号发表诗《太平景象》。

8月25日，泰戈尔从印度致徐志摩信，云："我在中国所获得最珍贵的礼物中，你的友谊是其中的一件"。

9月，表兄沈叔薇病逝，于11月1日，徐志摩作《悼沈叔薇》一文。

9月19日，英国作家嘉本特致徐志摩信。

9月底，作成散文诗《毒药》、《白旗》、《婴儿》，后总题为"一首不成形的咒诅的忏悔的想望的"，刊翌月5日《晨报副刊》。

10月15日，苏联大使加拉罕移居前俄国沙皇使馆，举行升旗仪式，徐志摩前去参观。徐志摩后来谈到观看的感想时说："那红色是一个伟大的象征，代表人类历史里最伟大的一个时期，不仅表示俄国民族流血的成绩，却也为人类立下了一个勇敢尝试的榜样。"（见《落叶》）

秋，去北京师范大学作题为《秋》的演讲，讲稿刊12月1日《晨报六周年纪念增刊》。

秋，住北京期间，主持新月社的事务。

秋，到北京大学任教授，讲英美文学和外文。

11 月 17 日，诗《卡尔佛里》在《晨报副刊》发表。

11 月，由徐志摩、陈西滢合译，茅盾作《曼殊斐儿略传》的《曼殊斐儿小说集》由商务印书馆出版，列为"小说月报丛刊"第三种。

12 月 1 日，在《语丝》第三期发表译波特莱尔诗《死尸》，在译诗前的序中说："诗的奥妙处不在于它的字义里，却在它的不可捉摸的音节里"，"宇宙的底质，人生的底质，一切有形的事物与无形的思想的底质——只是音乐。"而你听不懂这音乐，只怪你"耳轮太笨"、"皮粗"。后鲁迅、刘复等作文批驳这篇序文的观点。

同日，在《晨报六周年纪念增刊》发表诗三首：《为要寻一颗明星》、《叫化活该》、《古怪的世界》。

12 月 3 日，梁启超集宋词联赠志摩，上联为"临流可奈清癯，第四桥边，呼棹过环碧"，下联为"此意平生飞动，海棠花下，吹笛到天明"。梁启超后在《饮冰室诗话·附录》中说："我所集最得意的是赠徐志摩一联"，"此联极能表现出志摩的性格"。

12 月 5 日，陪泰戈尔回来后，住庐山期间所作的诗《朝雾里的小草花》、《山中大雾看景》在《晨报·文学旬刊》发表。

12 月 13 日，《现代评论》周刊在北京创刊。徐志摩为主要撰稿人。

12 月 20 日，在《现代评论》一卷二期上发表《这回连面子都不顾了》。此作系徐志摩又一篇针对英国处理庚子赔款发的议论，认为在处理庚子赔款问题上，我们对英国人应"讲实际、论事实、谈方略、说对付，计较利害"。

12 月 30 日晚在大雪中，作诗《雪花的快乐》，刊翌年 1 月 17 日《现代评论》第一卷第六期。

是年，与陆小曼相识于北京，不久，两人即开始热恋。

是年，蒋复聪在北大毕业，由徐志摩介绍给当时清华学校教务长张彭春，在清华任教两年。

1925 年   29 岁

1 月 3 日，用"鹤"的笔名，在《现代评论》一卷四期上发表《杂碎》。

1月11日，诗《不再是我的乖乖》在《京报副刊》发表。

1月15日，在《晨报·文学旬刊》发表《残诗》。

1月，在美国留学的余上沅、闻一多、梁实秋、熊佛西、林徽音、梁思成等人，组织了"中华戏剧改进社"。他们发函邀请在国内的新月社成员参加，并建议在北京大学开设"戏剧传习所"，俟时机成熟，建立"北京艺术剧院"，这些建议得到了徐志摩的赞同。

2月12日、13日、14日、16日、17日、18日，未译完的小说《玛丽·玛丽》（英 James Stephens 作）在《晨报副刊》连载。

2月16日，在《京报副刊》发表《再来跑一趟野马——给伏园信》。同时，应孙伏园之邀，继李小峰等之后，开"青年必读书十部"：一、《庄子》，二、《史记》（小半部），三、陀思妥也夫斯基的《罪与罚》，四、托马斯·哈代的《Jude the Obscure》，五、尼采的《Birth of Tragedy》，六、柏拉图的《理想国》，七、卢梭的《忏悔录》，八、Walter Pater 的《Renaissance》，九、歌德的《浮士德》（前半部），十、George Heury Lewes 的《歌德评传》。

2月24日、26日，未作完的小说《香水》在《晨报副刊》连载发表。

2月，参加泰戈尔短剧《契玦腊》在北京协合礼堂公演。

2月，徐志摩和陆小曼的恋爱，在北京已闹得满城风雨，徐志摩深感"离婚再恋爱"所遭受的舆论压力太大。此时，正要赴在意大利晤泰戈尔之约，所以决定去欧洲旅游，同时准备在归国途中去印度参观泰戈尔在山迪尼基顿的学校。是月，作诗《这是一个懦怯的世界》。

3月1日，作诗《一块晦色的路碑》，刊7日《晨报副刊》。

3月3日，致陆小曼信，示意她应尽快和王庚离婚。

3月4日，又致陆小曼信，要陆天天写信，当作日记来写，以后的《小曼日记》即由此信催生。

是时，辞去北京大学教授职务。

3月10日，又致陆小曼信，要陆"加倍与环境奋斗"。同时，启程出国。在出国前，答应陈源等人邀请，任《现代评论》的特约通讯员。

3月11日，到奉天（沈阳）。

3月12日，到哈尔滨。

3 月 13 日，过满洲里。同日，《青年运动》一文在《晨报副刊》发表。

3 月 14 日，到苏联赤塔。在旅途中作《欧游漫录——第一函：给新月》，刊翌月 2 日《晨报副刊》。

3 月 16 日，在西伯利亚道中致《晨报副刊》编辑刘勉己信，谈《庐山石工歌》的创作经过。信中说："我与歆海住庐山一个半月，差不多每天都听着那石工的喊声"，"那是痛苦人间的呼吁，还是你听着自己灵魂里的悲声？Chaliapin（俄国著名歌者，即夏列亚平——引者）有一只歌，叫做《鄂尔加河上的舟人歌》（现译《伏尔加船夫曲》——引者）是用回返重复的低音，仿佛鄂尔加河沉着的涛声，表现俄国民族伟大沉默的悲哀，我当时听了庐山石工的叫声，就想起他的音乐，这三段石工歌便是从那个经验里化成的。""我只盼望将来有音乐家能利用那天然的音籁谱出我们汉族血赤的心声！"

3 月中旬，在西伯利亚道中作诗《西伯利亚》、《西伯利亚道中忆西湖秋雪庵芦色作歌》两首。

3 月 18 日，到鄂木斯克。

3 月 20 日，到莫斯科。

在此期间，参观了十月革命后的莫斯科城。见了托尔斯泰的女儿，并谒契诃夫、克鲁泡特金的墓。

3 月 19 日，次子德生（彼得）因患腹膜炎殇于柏林。徐志摩于 26 日到达柏林，已来不及见面。于 6 月 3 日在佛洛伦斯作《我的彼得》一文悼念。

4 月初，去法国漫游，并谒波特莱尔、小仲马、伏尔泰、卢梭、曼殊斐儿等人的墓。

4 月 8 日晚，到伦敦。

4 月 9 日，访傅来义和魏雷。

4 月 10 日，致陆小曼信，云：不管泰戈尔在不在，"印度我总得去"。

4 月 11 日，离伦敦去巴黎。

4 月 15 日，与张幼仪同到意大利威尼斯，在意大利各地游玩两周。月底，张幼仪回柏林，徐志摩到佛洛伦斯。

4 月 30 日，致泰戈尔信，说："我到意大利后差不多费两周才确实肯定你真的不在欧洲"，并请泰告他是"续留欧洲候你再来"，还是"我六月左右赴印打算与你在山迪尼基顿见面"。

5月初，在"翡冷翠"（佛洛伦斯）开始写欧行游记。

按："翡冷翠"系徐志摩按意大利原文 Firenze 的译音，他在《关于女子》的讲演中说，这是"一个具有音乐性和足以唤起多种美丽联想的名字"。

5月9日，作完《西伯利亚游记》，后陆续载于《晨报副刊》。

5月29日，作《血——莫斯科游记》，文中认为苏联社会主义革命胜利是泅过"血海"达到的，表示了他对十月革命的不满。

5月底，作完《莫斯科游记》，后陆续发表于《晨报副刊》。

5月30日，上海发生震惊中外的"五卅惨案"。徐志摩后来在《自剖》中回忆道："五卅事件发生我正在意大利山中"，"直到七月间到了伦敦，我才理会国内风光的惨淡，等得我赶回来时，设想中的激昂，又早变成了明日的黄花，看得见的痕迹只有满城黄墙上墨迹斑斓的'泣告'。"

5月底，闻一多、赵太侔、余上沅离美回国。闻一多后由徐志摩介绍任北京艺术专门学校教务长。

6月初，泰戈尔致电徐志摩，告准备在8月到欧洲同他相会，要徐在欧等候。

6月7日，根据"从柏林到巴黎那晚上我自以为有趣的谈话"，作《一宿有话》，刊于8月7日《晨报·文学旬刊》。

6月11日，作诗《翡冷翠的一夜》，发表于翌年1月2日《现代评论》第三卷第五十六期。

6月中旬，离意大利佛洛伦斯去法国巴黎。在巴黎想见罗曼·罗兰，未遂愿。（在意大利想见邓南遮也未成。）

6月18日，致恩厚之信，说："目前中国一片混乱，我心绪十分不宁。朋友和家里人都催我回去。但是老戈爹（泰戈尔）实在的要求，我就非得候他来了才动身回国不可"。

7月上旬，到英国。

7月10日，承狄更生介绍，访问著名英国作家哈代（Thomas Hardy），同哈代讨论了英国诗歌。

7月11日，去罗素家，住了两天，受到罗素热情接待。

7月，在英国期间，约狄更生、罗素等剑桥老友为徐计划办的刊物撰稿，狄、罗等都答应。

7月13日，离罗素家到伦敦。在伦敦收到陆小曼催他立即回国的电报，接电后徐志摩即于当日打电报和写信给泰戈尔及恩厚之，取消了到英托特尼斯拜访恩厚之夫妇和参观他们在英国办的村庄，及在欧洲等候泰戈尔到来的计划。

7月14日，恩厚之到伦敦见徐志摩。

7月15日，在巴黎等苏联政府的旅行签证。是日致恩厚之信，向恩厚之介绍金岳霖。

7月下旬，回到中国。即去上海、硖石。

8月1日，作诗《给母亲》，刊31日《晨报副刊》。

8月初，从南方到北京。

8月6日，偕陆小曼和林长民同游宫湖，应陆小曼之索，林长民书苏东坡诗赠之。

8月9日起，开始写日记《爱眉小札》，记载和陆小曼相恋的经过和心情，至9月17日写完。

8月14日记，想去买一只"玲珑坚实的小箱"，给陆小曼存放这几个月来他写的信。这些信（包括前《西湖记》和1926年结婚后的《眉轩琐语》）由陆小曼编辑整理成《爱眉小札》、《志摩日记》两书。

1947年陆小曼曾想把徐志摩两次出国的信重新整理一下，把英文的译成中文，编一部小说式的书信集，但由于遗失太多及其他多种原因未能遂愿。

8月17日，诗《海韵》在《晨报副刊》发表。此诗于1927年由赵元任谱曲，得到较为广泛地流传。

8月23日，作《一个译诗的问题》，批评胡适译波斯中世纪诗人莪默的一首四行诗是"未始不可上口，但那是胡适，不是莪默"。文章认为译诗"得把神韵化进形式去"，"又得把形式表现神韵"，"有的译诗专诚拘泥形式，原文的字数协韵等等，照样写出，但这来往往神味浅了；又有专注重神情的，结果往往是另写了一首诗"，"那就不能叫译"。文章又以歌德的四行诗为例，提出了一个译诗的问题。郭沫若、

25

朱家骅、周开庆都参加了这场讨论，并各自译了这首歌德的四行诗。后来徐志摩又写了《葛德的四行诗还是没有繙好》，同胡适、郭、朱、周等人译稿一起，在10月8日《晨报副刊》发表。

8月，第一本诗集《志摩的诗》在中华书局自费出版。诗集用连史纸，仿宋字体，中式线装，共收诗55首。此后徐志摩作了删改，于1928年8月由上海新月书店出版。删改本删去了15首诗作：《留别日本》、《自然与人生》、《地中海》、《东山小曲》、《一小幅的穷乐图》、《雷峰塔》、《青年曲》、《一家古怪的店铺》、《哀曼殊斐儿》、《一个祈祷》、《默境》、《月下待杜鹃不来》、《希望的埋葬》、《冢中的岁月》、《康桥，再会罢》，并将《沙扬娜拉》一至十七节删去，仅存第十八节。增加了《恋爱到底是怎么一回事》。

9月初，离京南下。

9月4日，下午在"沪宁道上"作诗《我来扬子江边买一把莲蓬》，晚到上海。

9月中旬，去杭州、硖石。

9月20日左右，去北京准备接编《晨报副刊》。

9月24日，致刘海粟信，说："我这半年立志不受'物诱'，办我的报，教我的书，多少做一点点人的事业。"

9月下旬，在北京参加美术展览会的筹备工作。

10月1日，应陈博生之邀接编北京《晨报副刊》。徐志摩原想编《理想》月刊和《新月》月刊，泰戈尔访华时曾建议他办个英文杂志，都未成。接编当日发表《我为什么来办，我想怎么办》，表明其办刊态度和方针："我自问不是一个会投机的主笔，迎合群众心理，我是不来的；我来只认识我自己，只知对我自己负责任，我不愿意说的话你逼我求我我都不说的，我要说的话你逼我求我我都不能不说，我来就是个全权的记者，并且恐怕常常要开口"。同日，致刘海粟信，请刘海粟为《晨报副刊》刊头设计新图案。

接编《晨报副刊》后，向梁启超、胡适、闻一多、陈源（西滢）、凌叔华、郁达夫、刘海粟、陈衡哲、陶孟和、郭沫若、沈从文等人约稿，但郭沫若未予理睬。

10月5日，发表《迎上前去》一文。这时陆小曼在徐志摩鼓励下已同王庚离婚，刚从上海来到北京，一时找不到徐志摩，见到此文，方知徐在《晨报副刊》任职，即在当日找到他告离婚的消息。

10月6日，《晨报·社会周刊》发表了陈启修的《帝国主义有白色和赤色之分吗？》，陈文认为苏联"是我们的朋友"，赞颂了苏维埃政权，引起了极大的反响。张奚若于8日在《晨报副刊》发表《苏俄究竟是不是我们的朋友》，诋毁陈文。并说："我在这里顺便劝告《晨报》主人一下：一个报对于社会上的重大问题要有一种一贯的主张"，"不但要在正张的新闻栏留心，也要在副张的论说上加意，不要使敌人的宣传品乘机混入"。张的提议得到了徐志摩的赞许，遂在《晨报副刊》上展开了一场"苏俄仇友问题"的讨论。

10月7日，发表译英国马莱尼文《生命的报酬》，并加跋《从小说讲到大事》，暗喻自己对共产主义的看法。

10月8日，发表《唁死木死》（跋刘海粟《特达克洛窪与浪漫主义》）。文中说："我个人就不信有人能按某种主义来画画，或是拿定某概念来雕刻；即使他能的话他那成功的秘密还是他原有的艺术天才。"

10月10日，发表《又从苏俄回讲到副刊——勉己先生来稿的书后》，谈对"苏俄仇友问题讨论"的看法。认为"中国对苏俄问题，乃至共产主义与中国，和国内共产党一类问题，到今天为止，始终是不曾开刀或破口的一个大疽。里面的脓水已经积聚到一个无可再淤的地步。同时各地显著与隐伏的乱象已经不容我们须臾的忽视。假如在这个时候，少数有独立见解的人再也不应用理论这把快刀，直剖这些急迫问题的中心，我怕多吃一碗饭多抽一支烟的耽误就可以使我们后悔来不及了"。

10月12日，发表《读梁巨川先生遗书》，谈对梁巨川自杀的看法。此文刊后，陈衡哲、陶孟和均作文参加讨论；后徐志摩于24日发表《再论自杀》一文结束这场讨论。

10月14日，发表《叔本华和叔本华的妇女论》一文。

10月15日，又设"关于苏俄仇友问题的讨论"专栏，刊登陈均和陈翔非难陈启修的文章。徐志摩作《前言》，说陈翔的文章"虽则没有什么独到的见解，但他的意思是恳切的"。同日，作《吊刘叔和》（刘叔和系留美同学，9月2日逝世）。

10月17日，周容作《志摩的诗》一文在《晨报副刊》发表。徐志摩加"附注",谈自己的看法。

10 月 22 日,以"仇友赤白的仇友赤白"为标题,刊登又一组关于苏俄仇友问题讨论的文章。徐志摩在前言《记者的声明》中说:"我现在特辟这'仇友赤白的仇友赤白'一栏,专为登载关于中俄关系乃至联起中国的将来国运问题,盼望国内有思想的特权与责任的朋友们共同来讨论这件大事。"该期副刊发表三篇非难陈启修文的文章:张奚若的《联俄与反对共产》,江绍原的《来信》,无政府主义者抱扑的《苏俄不是帝国主义吗?》。

10 月 31 日,《罗曼罗兰》一文在《晨报副刊》发表。

10 月,在编《晨报副刊》同时,兼任北京大学教授。

秋,替林长民出面,代表段祺瑞政府邀请泰戈尔再次访华,泰戈尔没有接受。

秋,作诗《丁当——清新》,刊 12 月 1 日《晨报七周年纪念增刊》。据陈梦家回忆:"他向我说过,《翡冷翠一夜》中的《偶然》、《丁当——清新》几首诗划开了他前后期的鸿沟"(《纪念志摩》)。《偶然》刊翌年 5 月 27 日《晨报副刊·诗镌》第九期。

11 月 4 日,发表刘侃元赞同陈启修观点的文章《中国建国策与对苏俄》。徐志摩同期发表《刘侃元先生来件前言》,反对刘侃元的观点,说"我不是主张国家主义的人,但讲到革命,便不得不讲国家主义;为什么自己革命自己作不了主,还得运外国主意来筹画流血?那也是一种可耻的堕落"。

11 月 7 日,译伏尔泰小说《赣第德》开始在《晨报副刊》连载发表,至翌年 12 月 13 日全部载完。

11 月 11 日,《晨报副刊》发表沈从文散文《市集》。徐志摩加题为《志摩的欣赏》的后记,赞扬沈从文的作品。

同日,发表《守旧与"玩旧"——孤桐先生的思想书店》,批评孤桐(章士钊)在《甲寅周刊》第十七期上发表的《再疏解辟义》一文,认为孤桐在思想上没有基本信念。后孤桐在《甲寅周刊》第十八期上发表《答志摩》,反驳徐志摩的批评。

11 月 25 日,诗《决断》在《晨报副刊》发表,署各海谷。

11 月 29 日,《晨报》馆失火,停刊七天。

12月7日,《晨报》和副刊复刊,徐志摩发表《灾后小言》。

12月16日、17日,散文《巴黎的鳞爪(一)——五小时的萍水线》在《晨报副刊》发表。

12月19日,《杜洛斯奇》(托洛斯基)一文在《晨报副刊》发表。

12月21日,作完《巴黎的鳞爪(二)——先生,你见过艳丽的肉没有》,刊24日《晨报副刊》。

12月24日,林长民死于郭松龄、张作霖之战。徐志摩闻讯后极为悲痛,于翌年2月2日作《伤双栝老人》悼念(林长民晚年在家门前栽种双栝树,人们称其为双栝老人)。

12月,写并译关于法郎士文多篇。

1926年　　　　　　　　　　　　　　　　　　30岁

1月13日,发表《"闲话"引出来的闲话》,称赞陈源(西滢)在《现代评论》第五十七期上发表的《闲话》是"一篇可羡慕的妩媚文章"。并说陈源"才当得起'学者'的名词","他学的法郎士对人生的态度,在讽刺中有容忍,在容忍中有讽刺;学的是法郎士的'不下海主义',任凭当前有多少引诱,多少压迫,多少威吓,他还是他的冷静,搅不混的清澈,推不动的稳固,他唯一的标准是理性、唯一的动机是怜悯。"此文引起了周作人的不满,立即写了《闲话的闲话之闲话》寄《晨报副刊》,讥讽徐志摩头脑不清,"是诗人眼,飘来飘去到处只看见红的花、圆的月、树林中夜叫发痴的鸟"。遂在《晨报副刊》上也开始了"闲话"笔战。

1月14日至23日,断断续续地写成散文《我所知道的康桥》,刊16日、25日《晨报副刊》。

1月20日,发表《更添几句闲话的闲话乘便妄想解围》,说:写《"闲话"引出来的闲话》时,"'压根儿'就没忖到这杆笔袅下去是夸奖西滢的一篇东西","压根儿也没想到女师大一类的关系"。又说"我实在始终不明白我们朋友中象启明与西滢一流人何以有别扭的必要——除非你相信'文人相欺'是一个不可摇拔的根性","我来做一个最没出息、最讨人厌的和事佬,朋友们以为如何?"

1月21日,针对曲秋(陈毅)《纪念列宁》一文(系陈毅在列宁学会的讲演稿,曾油印寄各报),发表《列宁忌日——谈革命》。文章说:"我个人是怀疑马克思主义阶级说的绝对性。"对于列宁"我却并不希望他的主义传播","青年人,不要轻易讴歌俄国革命,要知道俄国革命是人类历史上最惨刻苦痛的一件事实,有俄国人的英雄性才能忍耐到今天这日子的。这不是闹着玩的事,不比趁热闹弄弄水弄弄火捣些小乱子是不在乎的"。

1月23日,用"大兵"的笔名发表杂文《话匣子·新贵眏》,讥讽沿着"锋头(风头)、成功、得意、升官、发财、硕士、博士"一路跑过来的留学生。

1月26日,为"闲话"之争致周作人信,说:"我妄想做和事佬,谁想两头都碰钉子"。

1月30日,发表《关于下面一束通信告读者们》。说陈西滢《闲话》里对时事的批评,我也是与他同意的时候多"。"鲁迅先生我是压根儿没有瞻仰过颜色的","鲁迅先生的作品,说来不大敬得很,我拜读过很少","他平时零星的东西,我即使看也等于白看,没有看进去或是没有看懂"。周作人和陈西滢之间的"意见不和",并不是"什么深仇大恨,应当可以消解的"。同日,《晨报副刊》刊发一组关于"闲话"论战的通信,其中陈西滢的《致志摩》大骂鲁迅是"刀笔吏"。鲁迅见后即作《不是信》(刊2月8日《语丝》周刊第六十五期),予以回驳。

1月31日,致周作人信,说:关于"闲话"之争"有从此结束的必要,拟由两面的朋友出来劝和。"又说:"只有令兄鲁迅先生脾气不易捉摸,怕不易调合,我们又不易与他接近,听说我与他虽素昧平生,并且他似乎嘲弄我几回我并不曾还口,但他对我还象是有什么过不去似的,我真不懂,惶恐极了。我极希望开罪所在,要我怎么改过我都可以,此意有机会时希为转致。"

2月3日,以《结束闲话,结束废话》为题,发表李四光1月31日给他的关于结束"闲话"论战的信。徐志摩同时发表致李四光的公开信,赞同李的意见,说:"带住!让我们对着混斗的双方猛喝一声"。信的最后说:"再声明一句,本刊此后不再登载对人攻击的文字。"同日,鲁迅见《晨报副刊》后,即作《我还不能"带住"》(刊7日《京报副刊》),继续驳斥陈西滢和徐志摩。

2月4日,为月拉写的中国留苏学生精神失常的报道《从哈尔滨来的奇闻惨案》作按语,说:"我们要起来问俄国政府给我们一个满意的解释，同时我们也要问曾经为这件事替俄国政府回护的人们要一个满意的解释"。

同日，陈毅（曲秋）在《京报副刊》发表《答徐志摩先生》，批驳徐志摩的《列宁忌日——谈革命》。

同日下午，启程回南方过春节。南行期间，由江绍原代编《晨报副刊》。

2月6日，到天津。翌日，坐船南下，于10日到上海。11日去硖石。

2月15日，在杭州。与胡适一起去肺病院探望郁达夫，未遇。

2月中旬，徐家达成家产分配协议，徐申如和长兄各一半。徐志摩和陆小曼得徐申如部分的三分之一，但管理经营不归徐志摩。

2月27日，在上海。郑振铎等宴请徐志摩。

3月上旬，坐通州轮启程北上。

3月12日，作诗《三月十二深夜大沽口外》。

3月14日，姑父蒋谨旃病逝。当时在北大教书的刘子庚为蒋作墓志铭，谬误百出，徐志摩知道后极为不满，于七月八日写信大加指责。

3月17日，因国民三军孙岳的军队守在大沽口以拒奉军，通州轮在天津大沽口外耽搁了7天才到天津。

3月19日，回到北京。

3月25日至4月1日，作散文《自剖》。

3月27日，去闻一多家，同闻一多及经常聚集在闻家讨论新诗创作和理论的诗人朱湘、刘梦苇、胡也频等商量编辑出版《晨报副刊·诗镌》。

4月1日，《晨报副刊·诗镌》创刊。徐志摩发表《诗镌弁言》，谈《诗镌》的缘起和对新诗的看法。说"我如其胆敢尝试过文艺的作品，也无非是在黑弄里弄班斧，始终是莫名其妙，完全没有理智的批准，没有可以自信的目标。你们单看我第一部集子的杂乱，荒伧，就可以知道……"。文章认为"我们信诗是表现人类创造力的一个工具，与音乐与美术是同等性质的；我们信我们这民族这时期的精神解放或精神革命没有一部象样的诗式的表现是不完全的；我们信我们自身灵性里以及周遭空气里多的是要求投胎的思想的灵魂，我们的责任是替它们搏造适当的躯壳，这就是诗文与各种美术的新格式与新音节的发见；我们信完美的形体是完美的精神唯一的表现；我们信文艺的生命是无形的灵感加上有意识的耐心与勤力的成绩；……"。

《诗镌》名为徐志摩主编，实际上是闻一多负责选稿。参与其事的还有饶孟侃、刘梦苇、朱大枏、杨振声、胡也频、沈从文、朱湘等。《诗镌》创刊号为纪念"三·一八"惨案专号，刊有闻一多《欺负着了》，徐志摩《梅雪争春——纪念三·一八》等八首诗，另有闻一多《文艺与爱国》，朱湘评胡适《尝试集》两篇文章。

4月5日，作散文《再剖》（续《自剖》）。

4月14日、16日，作散文《想飞》。

4月24日，朱湘在《晨报副刊》上发表《我的读诗会》一文，预告将于5月1日下午在北京适存中学举办读诗会。他认为："我国的新诗，如今正在胚胎中，怎样知道音节上的试验的成功，读诗会是解决这个问题的方法。"徐志摩在该文后附记，指出朱湘是"最不苟且最用心深刻的一位新起作者，他这初次读诗会应分是新文学界的一个愉快。"对朱湘的设想表示赞同。

4月26日，致胡适信，感谢胡对他和陆小曼的帮助，并谈到北京友人近况。说邵飘萍、蒋梦麟等"打倒帝国主义的工作"是"发寒热似的做人"，"何苦来"。

6月上旬，由于暑假临近，《诗镌》同人离京较多，给组稿带来不便，又因余上沅、张嘉铸等国立艺专热心国剧运动的朋友催促，徐志摩决定《诗镌》停办，改出《剧刊》。

6月10日，最后一期《诗镌》出版，徐志摩发表《诗镌放假》，说明停刊原因并谈对《诗镌》的看法。《晨报副刊·诗镌》共出版了11期，采用的绝大部分是同人稿件。徐志摩用"南湖"、"谷"、"鹤"等笔名发表了16首诗。闻一多、饶孟侃、朱湘在《诗镌》发表诗论多篇，其中闻、饶的文章在当时产生了较大的影响。

按：自从《晨报副刊·诗镌》创办以后，徐志摩经常同闻一多等讨论诗歌问题，探索新诗形式。据陈梦家《纪念志摩》一文："十五年（一九二六年），志摩在北平约一多、子离（饶孟侃）等聚起一个诗会，讨论关于新诗形式的问题。"另徐志摩在《猛虎集·序》中说：关于诗的艺术和技巧，是"我和一多今甫一群朋友在《晨报副刊》刊行《诗镌》时，方才开始讨论到。一多不仅是诗人，他也是最有兴味探讨诗的理论和艺术的一个人。我想五六年来我们几个写诗的朋友多少都受到《死水》的作者的影响。我的笔本是不受羁绊的一匹野马，看到了一多的谨严的作品我方才憬悟到我自己的野性；但我素性的落拓始终不容我追随一多他们在诗的理论方面下过任何细密的工夫"。

6月17日，《晨报副刊·剧刊》创刊，徐志摩在创刊号上发表《剧刊始业》一文。《剧刊》实际上是余上沅、张嘉铸发起，余上沅、赵太侔、闻一多等人编辑。余、赵原是留美攻读戏剧专业的学生。回国后，他们先在国立艺专办戏剧系（是时闻一多被徐志摩推荐为该校教务长），并想在此基础上扩大成北京艺术剧院，另想再找一个言论场所。徐志摩自认"不会编、不会演"（见《剧刊始业》），"但还是热心地参加"。

6月底，第一本散文集子《落叶》由北京北新书局出版，内有一半是讲演稿，封面为闻一多设计。

7月初，离京南下。在上海、硖石、杭州、临安等地游玩一个多月，8月初回京。

8月初，作《南行杂记》两篇，一名《丑西湖》，另一名《劳资问题》。

8月7日，译日本外交官小烟熏良的《答闻一多先生》在《晨报副刊》发表。

8月14日（阴历七月七日巧日），中午在北海与陆小曼订婚。参加仪式的有叶公超、杨振声、丁西林、沈从文、任叔永等百余人。陆小曼时年24岁，江苏常州人，原嫁军人王庚，与徐志摩相识后同王感情疏远，于1925年10月离婚。

8月，开始写日记《眉轩琐语》，至翌年4月写完。后由陆小曼辑录整理，发表于1933年《时代画报》第三卷第六期，收《志摩日记》。

9月初，应刘海粟之求，题跋刘海粟的画。

9月3日，致刘海粟信，谈对刘海粟作品的看法。

9月6日，《求医》（续《自剖》）在《晨报副刊》发表。

9月上旬，张慰慈摘录了胡适在赴英途中写给他的三封信，交给徐志摩请《晨报副刊》发表。胡在信中用实验主义的观点谈了对苏联的看法，说对苏联"我的感想与志摩不同"，"他们在此做一个空前的伟大政治新试验；他有理想，有计划，有绝对的信心，只此三项已足使我们愧死"，并认为"苏俄的教育政策，确是操取世界最新的教育学说"。徐志摩对此十分不满，于9日作按语，和胡适书信摘录一起在11日《晨报副刊》发表。徐在按语中反驳了胡适称赞苏联社会主义制度的观点，认为中国不能走苏联的路。按语又赤裸裸地攻击了苏联社会主义教育制度，说苏联"几乎完全是'主义教育'，或是'党化教育'；他们侧重的，第一是宣传的能力，第二是实用的科目，例如化学与工程。纯粹科学与纯粹文学几乎占不到一个地位。宗教是他们无条件排斥的"，"但他们都拿马克思与列宁来代替耶稣，拿《资本论》一类书来代替《圣经》"，"这也许是适之先生所谓最新教育学说的一部分吧"。

9月18日，张象鼎致徐志摩信，对徐志摩反对"党化教育"观点提出了不同看法，徐志摩当日即回信，又强调了自己反对一切"党化教育"的观点。二信以"关于党化教育的讨论"为题发表于9月20日《晨报副刊》。

9月15日，《托尔斯泰论剧》（附论"文艺复兴"）在《晨报副刊》发表。

9月23日，《晨报副刊·剧刊》出至第十五期，宣布停刊，徐志摩在停刊号上发表《剧刊终期》一文。

按：《剧刊》停刊主要原因有二：一是人事问题，当时热心戏剧运动的真正行家闻一多、赵太侔等都因北京八校欠薪和艺专风潮影响而离散了。徐志摩因刚和陆小曼订婚，在京忙着筹备结婚和南下，也无暇兼顾，甚至连那篇《剧刊终期》的文章也没有作完，留给了余上沅结尾。二、剧刊同人的根据地——国立艺专戏剧系一向不很景气，只招20名学生，以后越来越少，俟主持者先后南下，交熊佛西办后，不久也因经费无着落而停办。在《剧刊》上发表的重要论文，后由余上沅编成《国剧运动》一书，由新月书店出版。

10月3日（阴历八月二十七日，孔诞日），与陆小曼在北海结婚。由梁启超证婚，梁在致证婚词时，将新郎新娘训斥一顿，开篇即云："志摩小曼，皆为过来人，希望勿再做一次过来人。"满堂宾客和新娘新郎无不感觉奇怪。

按：徐志摩和陆小曼结婚，其父母有三个条件：一、婚费自筹。所以仪式草草，仅茶点而已。二、须由梁启超证婚，梁对徐陆恋爱一向不满意，经胡适设法说服才答应证婚。三、婚后须与父母同居家乡硖石。

10月4日，徐志摩和陆小曼去清华园向梁启超申谢。

10月中，正式辞掉《晨报副刊》主编职务，偕陆小曼一起南下。

10月15日，在上海致刘海粟信，求刘海粟为他向康有为索题"清远楼"匾字。

10月25日，陆小曼生日，在上海过。徐志摩决定译书还债。

11月16日，徐志摩和陆小曼回到硖石。

11月下旬，打算在硖石隐居著书一段时间。小说《家德》大约于此时完成，主人公的生活原形即是硖石家中的老佣人。

12月中，为避战祸，准备乘船去上海，因经济拮据（是时其父已先离硖石去京，住张幼仪处），靠母舅帮助才筹得盘缠。到上海后，经济状况更糟。

12月26日，在欧洲旅游的胡适致恩厚之信，说徐志摩和陆小曼"他们两口子在那小地方（指徐志摩家乡硖石——引者）住得太久，就会受害不浅了。他们多方面的才华会浪费消逝于无形"。要求恩厚之"能找出办法把志摩夫妇送到英国或欧陆地方，让他们有两三年时间念点书，那就好极了"。此事得恩厚之答允。

1927 年   31 岁

1月1日《日记》云："新月决定办"。

1月6日《日记》云："今年我要出一本文集，一本诗集，一本小说，两篇戏剧。"

1月5日，致恩厚之信。告同陆小曼结婚事，说："我毕竟胜利了——我击败了一股强悍无比的恶势力，就是人类社会赖以为基础的无知和偏见。"信中另询问了恩厚之按泰戈尔模式建立起来的达廷顿庄情况，亦想重振泰戈尔访华时所定的中国农村建设计划。

1月7日，致正在欧洲旅游的胡适信，请胡适帮助联系到海外去读书（恩厚之答应帮助徐志摩、陆小曼去英留学，后因徐志摩的诸种原因未去成）。信中并谈了在经济上的窘迫和苦闷的心情。

1 月，据郁达夫《日记》：13 日"午后三四点钟上出版部去看信，听到了一个消息说上海的当局封锁创造社出版部，因而就去志摩那里，托他为我写了一封致丁文江的信。"14 日"饭后至创造社看信件，得志摩报说，司令部要通缉的有百五十人，我不晓得在不在内。"（陈从周《徐志摩年谱·增补》）

3 月 7 日，译哈代诗《对句》。

3 月 7 日，恩厚之致徐志摩信，邀徐志摩到欧洲或印度访问，并建议徐到越南、爪哇等地旅游，同时寄给徐志摩 250 英镑旅费。但后来徐收下了旅费而没有去印度和欧洲。

4 月，译文集《英国曼殊斐儿小说集》由上海北新书局出版。

4 月 1 日，致恩厚之信，谈对北伐战争的看法："中国全国正在迅速陷入一个可怕的恶梦中，其中所有的只是理性的死灭和兽性的猖狂。用什么可以挽此狂澜呢？一切明智的力量已遭蹂躏，而且在这个加速崩溃的过程中，余下的一点点也会很快就全然绝迹了。今天是什么人掌权呢？无知工人，职业恶棍，加上大部分二十岁以下的少男少女。不是的，你不要把这账都算给俄国人。他们无疑是了不起的天才策划者，但单有这份伎俩还不会保证他们成功的。中国本土肥沃得很，正适合革命来生根发芽；关键就在于此了。中国目下的动荡局面实在是一场奇怪而好看的把戏，这是以俄国革命为蓝本的一场拙劣的表演"。反共的政治立场昭然若揭。

4 月 20 日，译《哈代八十六自述一首》。作诗《残春》。

是年春，在上海与胡适、邵洵美、余上沅、闻一多等创办新月书店。由徐志摩任总编辑，胡适任董事长，余上沅任经理（后余上沅离沪去京，由张嘉铸接任经理）。书店初设环龙路环龙别墅四号，后设总发行所于望平街，后又迁至四马路中市九十五号。新月书店的成立，徐志摩奔走最积极。书店所筹股本约 2000 元，大股 100 元，小股 50 元。

按：据梁实秋《谈徐志摩》："民国十六年春，国民革命军北伐，占领南京，当时局势很乱"，"同时北平学界的朋友们因为环境的关系纷纷离开故都。上海成为比较最安定的地方"。"上海的新月书店和北平新月社，没有正式关联"。

另据沈从文《徐志摩年谱·批注》（现未发表）："处于大革命前夕，北方出版物受压迫，难以维持，才迁上海。现代评论社也迁上海"。

是年春，在新月书店成立同时，徐志摩又创办一家"云裳服装公司"。在是年8月3日致周作人信中云："新办两家店铺，新月书店想老兄有得听到，还有一爿云裳公司，专为小姐娘们出的。"

6月，译法国伏尔泰作的小说《赣第德》，由上海北新书局出版，列为"欧美名家小说丛刊之一"。

6月起，新月同人开始筹议创办《新月》月刊。

8月，和沈性仁合译的英国詹姆士·司蒂芬的小说《玛丽·玛丽》由新月书店出版。

8月，散文集《巴黎的鳞爪》由新月书店出版，封面为闻一多设计。

8月27日，胡适自英国致徐志摩信。

9月起，应上海光华大学之聘，担任翻译和英文小说派别等课教授。并兼东吴大学法学院英文教授。

9月10日，诗《干着急》在《现代评论》第五卷第一百四十五期发表。

9月17日，在《现代评论》发表诗《俘虏颂》。

9月，第二本诗集《翡冷翠的一夜》由上海新月书店出版，封面图案是翡冷翠（佛罗伦斯）的维查乌大桥的一节景，由江小鹣设计。此书编成后曾给闻一多看。闻认为，"这比《志摩的诗》确乎是进步了。"后他在《猛虎集·序言》中说：《翡冷翠的一夜》"可以说是我的生活上的又一个较大的波折的留痕"。

9月9日，鲁迅作《革"首领"》一文，斥陈西滢、徐志摩称他为"语丝派首领"（刊10月15日《语丝》第一百五十三期）。又于同月19日致章廷谦信，说：新月书店"每种广告都飘飘然，是诗哲（徐志摩的别号——引者）手笔。""最可恶者《闲话》广告将我升为'语丝派首领'，而云曾与'现代评论派主将'陈西滢交战。"

10月4日，胡适自英国致徐志摩信。

秋，泰戈尔在美国、日本讲学结束，于回国途中在上海停留二天，住徐志摩家。

秋，作诗《秋虫》，刊翌年《新月》月刊创刊号。

12月15日，为《上海画报》三百〇三期（为刘海粟出国画展特刊）作《海粟的画》一文，认为"我们不能否认他的胸襟的宽广，他的意境的开展，他的笔致的遒劲，你尽可以不喜欢他的作品，你尽可以从各方面批评他的作品，但在现代作家中你不能忽略他的独占地位。"

12月27日，和陆小曼在上海夏令匹克戏院演《玉堂春·三堂会审》。徐志摩饰蓝袍。

冬，积极筹办《新月》月刊，是时《新月》已决定徐志摩任主编，为筹集稿件四处奔波。

冬，介绍郭子雄同张道藩相识。

12月22日，根陈从周辑《志摩家书》："文字债欠了满身，《新闻报》《申报》都派人来逼着替他们元旦增刊写文章，这倒不要紧，最使我着急的是我们自己的《新月》月刊，至少要八万字，现在只有四万字拿得住，我是负责的总编辑，叫我如何不担心"。又说："我如学商，竟可以一无成就，也许真的会败家，我学会了文学，至少已经得到了国内的认识，我并不是没有力量做这件事，并且在这私欲横流的世界，我如能抱定坚贞的意思，不为名利所摇惑，未始不是做父母的可以觉得安慰的地方。"

年底，应《申报》之约，作《年终便话》，刊于1928年元旦《申报》第三版。

1928年   32岁

是年，仍在上海光华大学、东吴大学法学院任教。

1月，散文集《自剖》在上海新月书店出版，由江小鹣设计封面。

1月28日，胡适致徐志摩信，决计脱离新月书店。信中提及五事：一、准许胡辞去董事长之职；二、准许胡辞去书稿审查委员会会员之职；三、由胡招来的江冬秀、张慰慈、胡思杜三个大股（各一百元的），要退回原主，由他较交；四、胡自己的一股也要退回；五、胡的《白话文学史》稿（时尚未排好）也要抽回，已用去的费用，由胡自己补偿。

2月，著名英国作家哈代逝世。徐志摩于当月作《汤麦士哈代》、《谒见哈代的一个下午》、《哈代的著作略述》等文，另译哈代诗数首，均刊于翌月 10 日《新月》月刊创刊号。

2月，应聘兼任上海大夏大学教授。

3月 10 日，《新月》月刊创刊，徐志摩、闻一多、饶孟侃任主编。在创刊号上，刊登了由徐志摩执笔的《新月的态度》。文章列举并批评了新月同仁们认为的文坛上的十三种派别：一、感伤派，二、颓废派，三、唯美派，四、功利派，五、训世派，六、攻击派，七、偏激派，八、纤巧派，九、淫秽派，十、热狂派，十一、稗贩派，十二、标语派，十三、主义派，打出"健康"与"尊严"两面旗帜，表明了新月同仁们反对马克思主义文艺理论的传播，反对新生的无产阶级革命文艺运动的态度。此文发表后，被鲁迅、彭康等左翼作家严厉批驳。

3月 29 日，回家乡硖石。

4月 10 日和 5月 10 日，在《新月》月刊一卷二期和一卷三期上连载同陆小曼合著的戏剧《卞昆冈》。

4月，应刘海粟之邀，到上海美术专科学校讲演。

5月 3 日，"济南惨案"发生，翌日徐志摩在《日记》中写道："这几天我生平第一次为了国事难受。""上面的政府也真是糟，总司令不能发令的，外交部长是欺骗专家，中央政府是昏庸老朽的收容所，没有一件我们受人家侮辱的事不可以追原到我们自己的昏庸。""我们未尝不想尽点责任，向国外说几句话，但是没有'真理'就没有壮气，我们的话没有出口，先叫自己的舌头给压住了，我们既不能完全一任感情拾起良心来对外说谎，又不能揭开事实的真相对内说实话，这是我们知识阶级现下的两难。"

5月 10 日，在《新月》月刊一卷三期发表纪念哈代的另一文《一个行乞的诗人》，同期又发表诗《残春》。

5月 13 日，参加排演戏剧《卞昆冈》。晚到新新播音台作八分钟的英语演说。

5月 29 日，作《生活》一诗。

5月 31 日，徐申如 57 岁生日，徐志摩和袁汉云、袁美云同去硖石，唱戏三天。

5月，国民党中央宣传委员会开会，郭泰祺提议胡适为上海市宣传部主任，徐志摩为副主任。

6月10日，用"仙鹤"笔名，在《新月》月刊第一卷第四期发表诗《西窗》。

6月14四日，给林语堂书白居易诗《新丰折臂翁》。

6月15日，启程出国，去日本、美国、英国、法国、印度等地旅游。

6月17日，于去日本航途中作《卞昆冈·跋》

6月18日，下午到日本神户，即坐火车去东京，于19日上午到达。

6月20日，到横滨。同日，坐船离日去美国，于月底抵达美国。

7月5日，到纽约。

7月20日，在美国哥伦比亚大学致恩厚之信，谈到国内形势说："虽然国民党是胜利了，但中国经历的灾难仍极为深重。"

7月，在纽约致泰戈尔英籍秘书安德鲁（C.E.Andrews）信，谈到国内形势说："去年（一九二七年）春天，内战白热化，毫无原则的毁灭性行动弄到整个社会结构都动摇了。少数有勇气敢抗议的人简直是在荆棘丛中过日子，摸到脖子，就不禁因脑袋尚存而感觉希奇了！"

8月4日离美国去英国伦敦，于11日到达。

到伦敦后，先去贝潭访问傅来义，后去剑桥大学，又到达廷顿庄看望恩厚之夫妇，并参观了他们创办的农村建设基地。在达廷顿期间，徐志摩向恩厚之夫妇重提 1924 年泰戈尔拟在中国山西省进行的农村建议事。恩厚之夫妇对此极为赞许，并答应在经济上给予帮助。

8月，改订版《志摩的诗》由上海新月书店出版。

9月初，离英去德国、法国。在到法兰克福之前致恩厚之信，提出了农村建议的初步计划："十一月回国后，我第一件要做的事是找张彭春、瞿世英和其他数人，在上海成立一个小组，然后到浙江及江苏两省的内地进行研究。我们要了解实际情况，找出当地的需要，作出实验计划的方案。"

9月10日，恩厚之致徐志摩信，赞同徐的计划，并寄三百英磅作为中国农村建设计划的开办费。信中谈到徐志摩去印度见泰戈尔时说："我想略讲片言。首先，他头脑中实际的一面会强调中国的实际需要，但这只是一时之想；他的另一面，就是艺术家与诗人的气质，会热烈翻飞来欢迎你心魂中和他一致的气质，这样的同气相投，彼此相处水乳交融，你们就会不切实际而强调中国在精神上和艺术上的需要了。"

9 月，到干华尔（Cornwall）看望罗素，"我们对坐长谈，近凌晨两点，几乎还不自觉！"（《徐志摩英文书信集》）

9 月中旬，在巴黎见梁宗岱、谢寿康、周太玄等留法学生，并以《新月》编辑部名义向他们约稿。

9 月 20 日左右，在马赛见狄更生。徐志摩在剑桥大学时未遇狄更生，后徐志摩在从英国到法国一路上接连打电报给狄更生，狄更生接电后一个城市一个城市追寻，两人终于在徐志摩欧游的最后一站马赛相见。

9 月 20 日，致胡适信，告欧游近况及为《新月》约稿诸事（是时胡适在编《新月》)，并说："离别三月，急思归矣。"

9 月下旬，到意大利游佛罗伦斯，同卫礼贤相见。不几日即离意去印度。

10 月上旬，到印度。

10 月 9 日，泰戈尔为徐志摩到印度举行茶话会，泰自任茶话会主席。

10 月 10 日，应泰戈尔邀请，徐志摩去泰戈尔创办的国际大学作关于孔子的演讲。

10 月 11 日，去苏鲁（Surol）参观泰戈尔创办的山迪尼基顿农村建设的实验基地。于 13 日致恩厚之信中，说"从今以后，我能遥指英伦的达廷顿和印度的山迪尼基顿，点明这两个在地球上面积虽小，但精神力量极大的地方，是伟大理想在进行不息，也是爱与光永远辉耀的所在"。

是月，在印度期间，参观了各地的佛教名胜，又观看了泰戈尔的钢笔画展览，并同泰戈尔讨论了中国农村建设计划。

游印度三星期后，于 10 月下旬启程回国。

11 月 1 日，在新加坡作诗二首：《她眼里有你》和《枉然》。

11 月 6 日，坐船到达中国海，作诗《再别康桥》。

11 月上旬，到上海。

11 月 27 日，梁启超病重住院。徐志摩闻讯后，于翌月 8 日启程赴北平探望。

12 月 10 日晚，到达北平。

12 月 11 日，金岳霖为徐志摩召集原北京新月社旧侣聚餐，参加者有任叔永夫妇、熊佛西夫妇、余上沅夫妇、陶孟和夫妇、杨景任、邓叔存、冯友兰、杨振声、丁在君、瞿菊农、张彭春等二十余人。

12 月 15 日，张友松在《春潮》月刊第一卷第三期发表《我的浪费——关于徐诗哲对于曼殊斐儿的小说之修改》，批评徐志摩随意改动曼殊斐儿的小说。

12 月 17 日，去苏州女中作题为《关于女子》的讲演。

12 月 23 日，于北上途中致陆小曼信，对沿路所见的劳动人民生活的凄惨景象深表同情，说："此一带老百姓生活之苦，正不可以言语形容。同车有熟知民间苦状者，为言民生之难堪；如此天时，左近乡村中之死于冻饿者，正不知有多少。即在车上望去，见土屋墙壁破碎，有仅盖席子作顶，聊蔽风雨者。人民都面有菜色，镶手寒战，看了真是难受。回想我辈穿棉食肉，居处奢华，尚嫌不足，这是何处说起。我每当感情激动时，每每自觉惭愧，总有一天我也到苦难的人生中去尝一份甘苦。"

冬，开始进行中国农村建设计划的实地调查工作。

1929 年   33 岁

上半年，在上海光华大学任教授，开英国文学史、英文诗、英美散文、文学批评等四门课程。同时兼中华书局编辑。辞去上海大夏大学、东吴大学法学院教授之职。

1 月 7 日，致恩厚之信，告中国农村建设计划调查结果："我到江苏和浙江跑过了，已决意选择后者。理由之一就是浙江省的人较为淳厚，他们多少仍然保留一点人性的美丽，这是因为与大自然接触，也是因为与文明污染少有关系之故。"同时告恩厚之，已请了几位"专长农科并懂得乡村情况的朋友"作为"旅行考察的助手"。

1月上旬，积极参加南京国民党政府教育部决定举办的第一届全国美术展览会的筹备工作，美展筹备处于14日召开总务会议，徐志摩当选为常委，并决定由徐志摩和杨清馨合编《美展汇刊》（又名《美展》三日刊）。

1月10日，《死城（北京的一晚）》在《新月》月刊发表。

1月19日，梁启超在北京逝世，终年57岁。翌日，徐志摩致胡适信，商量编辑梁启超遗稿和梁启超纪念集及《新月》纪念专号等事。

1月19日，为光华大学学生邢鹏举翻译的《波特莱散文诗》作序。

1月29日，恩厚之致徐志摩信，介绍徐同英国驻华公使法朗兹（Frenth）勋爵相识。

1月23日，致胡适信，谈《新月》出梁启超纪念专号事，并约胡适写一篇论梁启超学术思想的文章。

1月，在沪积极筹备梁启超的追悼会。

1月，中华书局由舒新城主持。因商务印书馆出版《小说月报》和"文学研究会丛书"的影响很大，舒新城为业务竞争，邀请徐志摩主持编辑"新文艺丛书"。徐志摩接编后，共编出13本创作集，17本翻译集，自己也印了一本《轮盘》小说集。13本创作集中大部分稿件由沈从文审阅。但"新文艺丛书"后来并没有达到像舒新城、徐志摩所期望的那样大的影响。

2月1日，诗《在不知名的道旁》在《金屋月刊》第一卷第二期发表。

2月3日，作小说《轮盘》，未单篇发表，收小说集《轮盘》。

2月10日，在《新月》月刊发表诗《拜献》。

2月，组织一班人到江、浙二省进行实地社会调查，准备选定中国农村建设的实验基地。

3月5日，致恩厚之信，告江浙一带调查结果："我痴心的梦想（即建立中国农村建设基地——引者）还是没有实现的机会。治安一事，即使在江浙两省，甚至是南京附近，也是没有保障的。绑票已几乎蔓延全国，抢劫更不用说了，法也是形同虚设的。""所以我们大伙儿都在这儿搁了浅，实在有身不由己之感。"又说："现在有些省份已经沦为民生极度凋敝的人间地狱。我亲眼看过在死亡线上挣扎的北方，每一念及那边的情形，我的血液会骤然变冷。""天平的一头是那些毫无心肝的统治者，另一头是那些默默受苦的民众。这种情形一定会导致即将来临的滔天灾难。即使那些知识阶级人士（他们是一班毫无能力的人）也似乎疲塌到一个个恹恹无神的地步，他们没有勇气去承担任何责任，只是默默地希祈人性有一个彻底的改变。"

3月10日，在《新月》二卷一期发表小说《浓得化不开——香港》和译文《杜威论革命——游俄印象之一》。

3月19日，泰戈尔去日本、美国讲学途经上海，住徐志摩家，于两日后离沪去日本。徐为此在寓所布置了一印度式的房间，不设床铺，用地毯和大型球状坐垫铺设，颇为别致。

4月10日，由徐志摩参加筹备，南京国民党政府教育部主持的第一届全国美术展览会在上海开幕。徐志摩和杨清馨编辑的《美展》三日刊于同日创刊，在创刊号上，徐志摩发表《美展弁言》一文。

4月12日，在《美展》第二期发表《想象的舆论》。

4月上旬，徐悲鸿为《美展》作《惑》一文，文章贬低塞尚与马蒂斯的作品。徐志摩见后十分不满，即予反驳，作《我也惑》一文和《惑》一起刊于4月22日《美展》第五期。5月1日，李毅士也在《美展》发表《我不惑》参加讨论。后来徐悲鸿又作《惑之不解》一文答辩。遂形成了美术界一场比较有影响的关于现代派的讨论。

4月25日，致正在法国的刘海粟信，说："我与悲鸿打架一文，或可引起留法艺术诸君的辩论的兴味"，"悲鸿经此，恐有些哭笑为难，他其实太过，遂谓天下无人也"。

四月，《新月》编辑部改组，由梁实秋、潘光旦、叶公超、饶孟侃、徐志摩五人主编，闻一多离开编辑部。

春，为梁宗岱翻译的梵乐利诗集出版而奔走，但无结果。

春，拟去美国哈佛大学担任中国文学特别讲座教授，因丁文江阻挠而未成。

5月10日，诗《杜鹃》和《生活》在《新月》发表。

5 月，作《轮盘·序》，说："我实在不会写小说，虽则我很想学习，我这路笔，也不知怎么的，就许直着写，没有曲折，也少变化，恐怕我一辈子也写不成一篇如愿的小说，我说如愿的，因为常常想象一篇完全的小说，象一首完全的抒情诗，有它特具的生动的气韵，精密的结构，电异的闪光。"

6月11日，泰戈尔在日、美讲学结束，于归国途中经过上海，住徐志摩家两天。

6 月 28 日，致恩厚之信，说："我从达廷顿和山迪尼基顿带回中国的远景和朝气（那是多么壮美的事物啊），如今已日渐销毁，凄然无助。一切所有，都似乎在一个机能失调的社会被邪恶的势力掳掠殆尽。"

7月起，《新月》由梁秋实一人主编，徐志摩等离开编辑部。

7月31日，作诗《活该》。

9 月起，应聘任南京中央大学教授，讲授西洋诗歌、西洋名著选等课程，同时仍担任上海光华大学教授、中华书局编辑之职，开始在南京、上海之间来回奔波。

秋，在上海暨南大学作题为《秋》的演讲。徐志摩遇难后的第二天，讲稿由赵家璧交上海良友图书馆印刷公司排印，列为"一角丛书"之 33 种出版。

10月10日，在《新月》发表诗《我等候你》。

11 月 17 日，致在英国留学的郭子雄信，介绍他与拉斯基教授相识。

12 月 2 日，恩厚之致徐志摩信，指责英国对华态度："泰晤士报无非使我气在心头，因为他们总是盼望中国糟到一塌胡涂，好叫大英帝国可以一口两口把你们全部吞噬。"

12 月 10 日，致在法留学的刘海粟信，要刘学成回国后"宁弃一学校而全艺术"。

12 月，徐志摩主编的"新文艺丛书"开始出版。

冬，带光华大学学生到中社参观汪亚尘画展。

冬，蒋慰堂（复璁）谋出国留学，徐志摩为之多方奔走。

下半年，在南京中央大学教书期间，同中大学生陈梦家、方玮德等相识。

年底，应聘兼任上海大东书局编辑。

1930年   34岁

是年，仍在上海光华大学和南京中央大学任教，同时兼中华书局和大东书局编辑，并任中英文化基金委员会委员。

1月，开始筹办《诗刊》。

2月1日，致郭有守信，说："我本想重兴新月社。宋春舫已慨捐五分佳地，只要筹得款项，即可动工。房子造起了，叫它 pen 也好，新月也好，都不成问题。我希冀的款的来源，说也惭愧，是梅兰芳。你有甚法力可以多弄钱。我意思不造则已，造则定得有一间大些的屋子，可以容一二百人；作为演戏一类用，开画展也得。"

2月10日，诗《黄鹂》、《季候》在《新月》发表。

3月6日，致郭有守信："我想问问你，联会那文化事业，如稚老不去，教部作何主张？你可否从中计划，把它范围扩充些。我们这边也立一较永久机关，可以多容几个人，说也惭愧，混了这多年，一无本领；只有文化二字似乎是一个够大量的宇宙，还容得我们进去。但这二字也叫说得太烂了，非常些新鲜血液进去，结果怕也免不得腐败。"

4月10日，在《新月》第三卷第二号发表《〈诗刊〉出版预告》："四年前我们在北京晨报出过十一期的《诗刊》。这四年内文学界起了不少的变化，尤其是理论的方面。诗却比较的冷静。有人甚至怀疑新诗还有任何的前途。我们几个《诗刊》的旧友想多约几个对诗有兴味的新友再来一次集合的工作，出一个不定期的《诗刊》，创作当然最注重，理论方面的文章也收"，"我们已约定的朋友有朱湘、闻一多、孙子潜（大雨）、饶子离（孟侃）、胡适之、邵洵美、朱维基、方令孺、谢婉莹、方玮德、徐志摩、陈梦家、梁镇、沈从文、梁实秋诸位，盼望陆续更有多多相熟与不相熟的朋友们加入"。

4月，小说集《轮盘》在中华书局出版，由沈从文作序。

5月中旬，介绍史沫特莱同茅盾相识。

5月中旬，和胡适一起在上海跑马厅华安八楼主持召开"笔会"的"中国分会"筹备会。参加者有蔡元培、杨度、沈从文、俞大伟、陈雪屏、程沧波等十余人。在此之前，徐志摩起草了《笔会缘起》。（徐志摩1930年5月9日致郭有守函和沈从文先生1980年9月4日给笔者信）

8月，为姚苏译泰戈尔《五言飞鸟集》作序。

10月20日，致郭有守信："适之有信来，要我主催笔会。但彼归期，度亦不远；既待之，则待其归而行矣。"但后来由于种种原因徐未能组织起"笔会"的"中国分会"。

10月24日，致梁实秋信："暨大以主任相委，微闻学生早曾提出，校长则以此君过于浪漫，未敢请教，今不知何以忽又竟敢。"拒绝了暨南大学的邀请。

11月底，致梁实秋信，说《诗刊》"一多（闻一多）非得帮忙，近年新诗，多公影响最著，且尽有佳者，多公不当过于韬晦，《诗刊》始业，焉可无多，""乞为转白，多诗不到，刊即不发，多公奈何以一人而失众望？"后闻一多为之作《奇迹》一诗在《诗刊》创刊号发表。

12月19日，致梁实秋函。说"我在献丑一首长诗，起因是一次和适之谈天，一开写竟不可收拾，已有二百多行，看情形非得三百行不办，然而杂乱得很，绝对说不上满意，而且奇怪，白郎宁夫人的鬼似乎在我的腕里转！"此诗即《爱的灵感——奉适之》，于25日作完。

12月，译Edgar Middleton戏剧《墨梭林尼的中饭》在《现代学生》第一卷第三号发表。

冬，国民党上海市党部指使光华大学的国民党学生闹起学潮，徐志摩等被轰出学校。

按：1930年冬徐志摩致郭有守函："市党部于四五日前有正式公文送光华，提出四个条件：（一）恢复闹事被斥党员（国民党——引者）学生杨树春。（二）辞退廖副校长及教职员会所选出之执行委员七人（内有兄弟[徐志摩——引者]）。（三）斥退'所谓'共党学生三人。（四）整理学校。"

年底，辞去南京中央大学教授之职。

是年，中国航空公司财务组主任保君建赠徐志摩免费飞车券（飞机票）。

是年，与郑孝胥同被选为英国诗社社员。

1931 年   35 岁

1 月 17 日，胡也频在上海东方饭店被国民党反动政府逮捕。是时沈从文正从武汉大学到上海不久，胡从狱中送出一纸条，嘱沈请胡适、蔡元培设法营救，徐志摩亦写信给南京国民党政府熟人，并为沈等营救活动提供经费。

1 月 20 日，徐志摩主编的《诗刊》创刊。徐志摩发表《序语》，谈《诗刊》的缘起并表明《诗刊》同人的态度。

1 月，开始为上海大东书局编辑"新文学丛书"。

2 月，应北京大学教务长胡适邀请去北大任英文系教授，同时，经温宁源介绍，兼任北京女子大学教授。仍兼上海中华书局、大东书局编辑。开始在北平、上海之间来回奔波。

2 月 20 日，离沪北上。

2 月 24 日，到北平。

2 月，译劳伦斯《自传小记》在《新月》第三卷第四期发表。

2 月，沈从文为营救胡也频，耽误了回武汉大学的时间，被武大辞退，生活发生困难。徐志摩得知后为沈解决了两本书出版问题，解除了沈从文生活困难。

3 月，新月书店准备出版"现代文化丛书"，徐志摩参加了丛书计划的制订工作。

4 月初，应燕京大学、清华大学邀请，去两校作回驳胡先骕攻击新诗的讲演。

4 月 5 日，回上海。7 日，去硖石探母病。

4 月 20 日，《诗刊》第二期出版，徐志摩发表诗《两个月亮》、《车上》和译诗《猛虎》（William Blake 作）。

4 月 23 日，母亲病逝。

约于 4 月底，在上海致胡适信："昨夜在中社为《新月》扩充股份，开会成绩极佳。现决定另招三万（股不足，以透支足之），分十五组经招，每组任两千。""计划（现代文化丛书——引者）不久印得，大致拟岁出书至少五十种，此外办《新月》及书报流通社。"

春，将卞之琳诗稿一束带回上海，除发表数篇在《诗刊》外，余交沈从文编成一集，起名《群鸦集》，后因徐志摩遇难而未能出版。

5月5日，离沪回北平。

5月20日，《新月》主编罗隆基致徐志摩信："《新月》内容非大家负责不可。……你的稿亦太少了，《新月》内容的退步，大家都要负责任的。"

5月25日，离北平南下，27日到上海，28日去硖石。

5月，续成七年前残稿《在病中》，刊《诗刊》第三期。

6月，帮助沈从文筹措送丁玲母子回湘西常德的路费。

6月，请胡适、杨杏佛等人为陆小曼画的山水卷题诗（均未发表）。胡适题："画山要看山，画马要看马。闭门造云岚，终算不得画。小曼聪明人，莫走这条路。拼得死功夫，自成真意趣。"杨杏佛题："手底忽现桃花源，胸中自有云梦泽。造化游戏成溪山，莫将耳目为梏桎。"

7月10日，作完《醒世姻缘·序》。

7月12日，离北平南下，十四日到上海。

7月19日，作诗《火车擒住轨》。

7月，作诗《雁儿们》。9月发表于丁玲主编的《北斗》创刊号。

7月，作诗《云游》，初以《献词》为题收《猛虎集》。徐志摩遇难后以《云游》为题收遗诗集《云游》。

夏，据陈梦家回忆："今年夏天志摩先生说到新诗的题材走到今天太狭隘了，词藻也太少新颖，他提出对于这些问题作一回公开的讨论。"（《诗刊》第四期《叙语》）讨论分八个方面进行：一、作者各人写诗的经验；二、诗的格律与体裁的研究；三、诗的题材的研究；四、"新"诗与"旧"诗、词的关系的研究；五、诗与散文；六、怎样研究西洋诗；七、新诗词藻的研究；八、诗的节奏与散文的研究。

8月6日，罗隆基致胡适函："此间志摩、淘美等为维持《新月》营业计，主张《新月》今后不谈政治。'向后转'未免太快，我不以为然。"《新月》的立场，在争言论思想的自由。为营业而取消立场，实不应该。相当的顾到营业则可，放弃一切主张，来做书店生意，想非《新月》本来的目的。"

8月22日，致刘海粟信。信中介绍刘同留法的任纯武、郭子雄相识。

8月，诗集《猛虎集》在新月书店出版，由闻一多设计封面。在《序》中，徐志摩谈了自己的诗歌创作道路。

暑假后，又兼南京中央大学教授之职。

9月，《诗刊》第三期发稿后，移交邵洵美和陈梦家负责。

9月，未作完的以丁玲、沈从文为生活原形的小说《珰女士》在《新月》第三卷第十一号发表。

秋，拟给梅兰芳编剧未成。

秋，应文化基金会之邀，开始翻译莎士比亚名剧。

秋，介绍沈从文去青岛大学任教。

10月5日，诗《别拧我，疼》、《你去》在《诗刊》第三期发表。

10月，为摆脱因陆小曼在上海耗费太大所造成的经济上的困境，开辟财源，充当蒋百里出售上海愚园路住宅的中人。

10月29日，致陆小曼信，说"大雨家贝当路那块地立即要出卖，他要我们给他想法"。"事成我要二厘五（佣金——引者）的一半"。

11月上旬，蒋百里致徐志摩函，请他来上海在出售住宅的契约上签字。

11月11日，离北京南下，于13日到达上海。

11月14日，参观刘海粟海外归来的新作。

11月18日，坐早班火车到南京。

11月19日，上午八时坐"济南号"邮机从南京起飞，到达济南附近党家庄时遇上大雾，飞机触山失事，遇难身亡。终年35岁。

第二辑

徐志摩生平、思想和文学活动自述

启行赴美文

徐志摩

　　诸先生既祖饯之，复临送之，其惠于摩者至，抑其期于摩者深矣。窃闻之，谋不出几席者，忧隐于眉睫，足不逾闾里者，知拘于蓬蒿。诸先生于志摩之行也，岂不曰国难方兴，忧心如捣，室如悬磬，野无青草，嗟尔青年，维国之宝，慎尔所习，以骍我脑。诚哉，是摩之所以引惕而自励也。《传》曰：父母在，不远游。今弃祖国五万里，违父母之养，入异俗之域，舍安乐而耽劳苦，固未尝不痛心欲泣，而卒不得已者，将以忍小剧而克大绪也。耻德业之不立，遑恤斯须之辛苦，悼邦国之殄瘁，敢恋晨昏之小节，刘子舞剑，良有以也。祖生击楫，岂徒然哉？惟以华夏文物之邦，不能使有志之士，左右逢源，至于跋涉间关，乞他人之糟粕，作无谬之妄想，其亦可悲而可恸矣。垂髫之年，辄抵掌慷慨，以破浪乘风为人生至乐，今自出海以来，身之所历，目之所触，皆足悲哭呜咽，不自知涕之何从也。而何有于乐？我国自戊戌政变，渡海求学者，岁积月增，比其返也，与闻国政者有之，置身实业者有之，投闲置散者有之。其上焉者，非无宏才也，或蔽于利。其中焉者，非无绩学也，或绌于用。其下焉者，非鲋涸无援，即枉寻直尺。悲夫！是国之宝也，而颠倒错乱若是。岂无志士，曷不急起直追，取法意大利之三杰，而犹徘徊因循，岂待穷途日暮而后奋博浪之椎，效韩安之狙，须知世杰秀夫不得迴珠崖之飓，哥修士哥不获续波兰之祀，所谓青年爱国者何如？尝试论之：夫读书至于感怀国难，决然远迈，方其浮海而东也，岂不慨然以天下为己任。及其足履目击，动魄刬心，未尝不握拳呼天，油然发其爱国之忱，其竟学而归，又未尝不思善用其所学，以利导我国家。虽然，我徒见其初而已，得志而后，能毋徇私营利，犯天下之大不韪者鲜矣。又安望以性命任天下之重哉？夫西人贾竖之属，皆知爱其国，而吾所恃以为国宝者，咻咻乎不举其国而售之不止。即有一二英俊不诎之士，号呼奔走，而大厦将倾，固非一木所能支，且社会道德日益滔滔，庸庸者流引鸩自绝，而莫之止，虽欲不死得乎？窃以是窥其隐矣。游学生之不竞，何以故？以其内无所确持，外无所信约。人非生而知之，固将困而学之也。内无所持，故怯、故蔽、故易诱，外无所信约，故贪、故谲、故披猖。怯则畏难而耽安，蔽则蒙利而蔑义，易诱则天真日汩，耆欲日深。腐于内则溃其皮，表其本，斯败其行，贪以求、谲以伎，放行无忌，万恶骈生，得志则祸天下，委伏则乱乡党，如水就下，不得其道则泛滥横溢，势也，不可得而御也。如之何则可？曰：疏其源，导其流，而水为民利矣。我故曰："必内有所确持，外有所信约者，此疏导之法也。"庄生曰："内外犍。"朱子曰："内外交养。"皆是术也。确持奈何？言致其诚，习其勤，言诚自不欺，言勤自夙兴，庄敬笃励，意趣神明，志足以自固，识足以自督，恒足以自立。若是乎，金石可穿，鬼神可格，物虽欲厉之，容可信乎！信约奈何？人之生也，必有严师友督饬之，而后能规化于善，圣人忧民生之无度也，为之礼乐以范之，伦常以约之，方今沧海横流之际，固非一二人之力可以排奡而砥柱，必也集同志，严誓约，明气节，革弊俗，积之深，而后发之大，众志成城，而后可有为于天下。若是乎，虽欲为不善，而势有所不能。而况益之以内养之功，光明灿烂，蔚为世表，贤者尽其才，而不肖者止于无咎，拨乱反正，雪耻振威，其在斯乎？其在斯乎？或曰：子言之易欤，行子之道者有之而未成也，奈何？然则必其持之未确也，约之未信也，偏于内则俭，骛于外则紊，世有英彦，必证吾言，况今日之世，内忧外患，志士贲兴，所谓时势造英雄也。时乎！时乎！国运以苟延也今日，作波韩之续也今日，而今日之事，吾属青年，实负其责，勿以地大物博，妄自夸诞，往者不可追，来者犹可谏。夫朝野之醉生梦死，固足自亡绝，而况他人之鱼肉我耶？志摩满怀悽怆，不觉其言之冗而气之激，瞻彼弁髦，怒如祷兮，有不得不一吐其愚以商榷于我诸先进之前也。摩少鄙，不知世界之大，感社会之恶流，几何不丧其所操，而入醉生梦死之途，此其自为悲怜不暇，故益自奋勉，将悃悃愊愊，致其忠诚，以践今日之言。幸而有成，亦所以答诸先生期望之心于万一也。

八月三十一日徐志摩在太平洋舟中记。

（原载于 1949 年陈从周编《徐志摩年谱》）

《康桥西野暮色》序

徐志摩

我常以为文字韵散的圈点并非绝对的必要。我们口里说笔上写得清利晓畅的时侯段落语气自然分明何必多添枝叶去加点画，近来我们崇拜西洋了，非但现在做的文字都要循规蹈矩，应"新圈钟"，就是无辜的圣经贤传红楼水浒，也叫一班无事忙的先生，支离宰割，这里添了几只钩，那边画上几枝怕人的黑杠！！！真好文字其实没有圈点的必要，就怕那些"科学的"先生们倒有省事的必要。你们不要骂我守旧，我至少比你们新些。现在大家喜欢讲流新的、色彩新的，所以我也只好随波逐流跟着维新。唯着为要新潮新鲜所以我胆敢主张一部分的诗文废弃圈点。这并不是我的创见，自今以后我们多少免不了仰西洋的鼻息。我想你们应该知道英国的小说家 George Choon，你们要看过他的名著《Krook Kerith》就知道散文的新定义新趣味新音节。

还有一位爱尔兰人叫做 James Gorce，他在国际文学界的名气恐怕和蓝宁在国际政治界上差不多，一样的受人崇拜，受人攻击。他五六年前出版了一部《The Postrait of an Autristag Young Men》独创体裁，在散文里开了一个新纪元。恐怕这就是一个不朽的贡献。他又做了一部书叫《Ulyssis》，英国美国谁都不肯不敢替他印，后来他自己在巴黎印行。这部书恐怕非但是今年，也是这时期最有趣味的（全书共七百几十页）。那真纯料的"Prose"象牛酪一样润滑，象教堂石坛一样光澄，非但大写字母没有，连""，……？：—；！（ ）等可厌的符号一齐灭迹，也不分章节，只有一大股清利浩瀚的文章排齐而前，象一大匹白罗披泻，一大卷瀑布倒挂，丝毫不露痕迹，真是大手笔！

至于新体诗的废句须大写，废句法点画，更属寻常，用不着征引，但这部是乘便的饶舌。下面一首乱词，并非故意不用句读，实在没有句读的必要，所以画好了蛇没有添足上去。

（诗略）

（原载 1923 年 7 月 7 日上海《时事新报》副刊《学灯》）

艺术与人生

徐志摩　作

虞建华　邵华强　译

　　倘若不首先指斥我们每个人都不得不随遇而安的现行社会状况，艺术或人生便无从谈起；而对社会现状的抨击，无论怎样激烈也不会过分。我们现今习以为常地将实利主义的西方看作是一个没有心脏的文明，如果是这样，那么，我们的文明则是没有灵魂的文明，或者说至少从没意识到其灵魂的存在。如果说西方人被他们自己的高效机械，被一片喧扰忙闹拖向无人所知的去处，那么，我们所知的这个社会，则是一潭死水，带着污泥的脏黑，成群结队的虫蝇在它上方嗡嗡营营，在四周拥挤嘈杂，只有陈腐和僵死才是它的口味。确实，不只是极端愤世嫉俗的人才会断言，在中国，人们看到的是一个由体质上的弱者理智上的残废道德上的懦夫以及精神上的乞丐组成的堂皇国家。在我们这样的社会里，人们几乎体验不到音乐的激情、理智上的振奋、高尚的爱的悲喜或宗教上、美学上的极乐瞬间；任何形式的理想主义即使能够出现，也不仅不能被接受，而且必然遭到误解遭到嘲笑挖苦。在这里，人们拥有的是没有灵魂的躯壳，或者如雪莱所说那样，是精神上的死亡。

　　现在让我们环顾四周，看看我们的艺术景况如何——看看我们的音乐、绘画、诗歌、雕塑、戏剧、建筑和舞蹈。在十四或十五个世纪以前的北魏时期，我们的雕塑就非常繁盛，且不说也许展示了世界雕塑最杰出成就之一的辉煌的山西云岗石窟，我们之中有几个看到过并真正欣赏过这一古代艺术的甚至一鳞半甲？音乐很久很久以前已成了我们丢失的天堂，也许再也不能失而复得了。而今天，音乐的神圣职能可悲地败落到了粗俗的京胡手琵琶手手里，用来为所谓的剧场和落子馆造气氛。绘画也同样令人沮丧。我们曾看到过吴道子开阔流畅的画面，领略过王维宽广精细的构图，年代近一些的，欣赏过金冬心平静稳健的景致，只稍对这一事实尚有的模糊记忆，我们就无法忍受目前的状况：多少日子来我们看到的，充其量只不过是熟练的技工，假冒的模仿者和直接了当的行骗，根本没有独到之处和创造力。还有的就是那些第九流的欧洲创作法的追随者，他们技巧上的幼稚就如他们想象力的贫乏一样，他们比驯顺地从事传统板式绘图的画家们更糟，因为后者往往还能使人感到舒畅，还能使人微笑，而前者则常常破坏人的情绪，激起虐待狂变态心理。戏剧作为一种艺术是不足挂齿的，虽然一些老式戏剧作为一种大众娱乐形式还是令人敬佩的，很好地说明了狄更生先生所说的中国人的幽默感。杰出的戏剧批评家格兰维尔·巴克说："一个民族之伟大，一个种族灵魂之深沉，要以它在悲剧性的诗歌和戏剧方面的成就来衡量。"悲剧的实质是精神危机的一种艺术再现，我们中国人尚未产生这种艺术，也没有任何足以取而代之的东西，因此无法测定我们自己的悲剧的程度；或者说，我们从未意识到既美好又可怕的灵魂的现实，为自己无疑明智地选择了全然回避、忽视现实的安全之道而感到沾沾自喜。现代建筑也毫无艺术价值，就拿北京来说，我发现建筑学在"公理战胜"纪念碑上达到丑恶的顶点，当你走进中央公园，这座纪念碑必然使你顿感扫兴。至于舞蹈，不用说，我们十分满足于梅兰芳或琴雪芳在《天女散花》或《嫦娥奔月》中的优美动作。

谈及诗歌，我们想不出更贫乏的处境了。如果把樊樊山和易宾甫算作我们的诗人，只要提及他们的名字就够令人作呕了。庚子爱国诗人白淌了他们的眼泪，他们悲天恸地，却没能让人们记住他们的诗。诗歌的作者确实比比皆是，但是真正的诗人，我们几世纪来拭目而待，却无从发现。但是有人会说，我们还有所谓的新诗。不错，这几乎是我们还不至于绝望的唯一东西。然而一个有希望的前途也许不能够使我们的批评才能就此罢休，不能诱发我们相信我们确实已经有了真正的诗歌。而相反，迄今为止的尝试无所成就但到处都有——杂志上、报纸上、学校年刊上、情书中——人们不可避免地要遇到我所说的生搬硬套没消化的理论这一过程。新诗的表面上是现实主义，然而其显著的特征却是它的根本的非现实性；此外还有毫不自然的自然主义；还有象征主义，成功地发明了没有意义的象征。也就是说，达到了何种主义，没人再敢称它诗了。我这里不一一举例来证明我的评判，但是你们中间了解这一运动的人会知道，在我不恭维的评决中，我并不偏激过火。

好吧，我这一扼要的评述也就是想说明我们没有艺术可言。问题随之产生了：为什么这一可悲的事态能够存在？它是如何产生的？在我看来，答案很简单：我们没有艺术正因为我们没有生活。

我们中国人虽然是一个有善德有品行的种族，但是我们却从来没有完全认识自己、表达自己，而希腊人、罗马人则通过艺术认识、表达了他们，这种艺术就是对生活的觉悟。"在东方人的思想中"，杰出的批评家沃尔特·佩特说："到处是对人生的模糊慨念，但却没有精神上对人生本身的真正赏识，不懂得人本性的特征。人类对其本身的意识中，仍把自己与动植物世界异想天开的、变幻莫测的生活混同起来。"佩特提出这些与希腊雕塑作对照。他精辟地指出，希腊雕塑中建立了"心灵的统治"，向人的眼睛、手、脚施发权威和神力。

"没有精神上对人生本身的真正赏识，对崇高的人类特性无所认识"。这是我所知的对我们的文化最有说服力的批判。我们的圣人，就象今日的布尔什维克领袖一样（虽然也许形式不同），致力于一项本身并不容易的事业：平衡、协调人与人间共有的明显的欲望冲动，如食物、性等等。但是很遗憾，他们忘记考虑到人不仅是物质的人，而且也是精神的人，需要精神上照顾和食粮。因此孔教虽说令人敬佩，但经过后人的歪曲篡改后用于实践，产生的只是一种安坐于感伤基础之上的文化，也许使人感到亲切，但除了多愁善感，别无所有，把人的精神当作不值得理会的东西。

由于他们忘却了精神，他们压制感觉。孔夫子大手一挥，把我们委托给一个他从未说明过的准则，也就是礼，从而给人的感觉外延和享乐划定了范围。

老子和庄子用更动听的声音，使我们迷惘的头脑意识到，生活达到圆满是一个理想的怪物，这个怪物就象莎士比亚笔下年已古稀的老娃娃一样，没有牙齿，没有眼睛，没有口味，没有一切。要是那位混沌绅士长了感觉器官，就不能保存他必不可少的完整。他们认为这种感觉不但会分散而且会摧毁人的固有精力。愚蠢的墨子也是一样，要是人类满足于吃青草住洞穴，抛弃我们的自然感官可能发现的一切乐趣，那么他就欣喜万分了。

中国人没有认识他的灵魂，否认了他的知觉，而且他的固有生力，部分地通过镇压，部分地通过升华，被一种现行的高明手法引进了"安全"和实惠的渠道。这样，他就变成了一种生物——当然还是人——但却既不懂宗教、不懂爱，也确实不会进行任何精神的探险。我们对待生活的冷静态度，有节制的爱，我们的通情达理和妥协谦让等等，都被我们真诚的朋友如狄更生、罗素和艾琳·鲍尔小姐等所赞慕。我们是值得称赞的，但在接受这种称赞的同时，比如说我，不禁感到在这背后辛辣的讽刺。因为对待生活的冷静态度，除了是把感情的神圣火焰闷得几乎熄灭外，除了显然是对生活的否定外，还能是什么呢？所谓生活的节制，除了是作为思想、行为胆怯，生活浅薄贫乏的圆滑借口外，还能是什么呢？受人奉承的理性主义和谦让精神，只是产生了一种普遍的懒惰习性，产生了让我们学作中华民国政府的荒唐怪物！呵！我们的朋友们是否知道，我们化了多大的代价，才终于维持了一个近来为极端主义的、动乱的西方所妒忌羡慕的貌似安宁而其实不然的生活方式？H·G·威尔斯先生曾对我说："我们今天所需要的，是安宁，安宁，再安宁，但请你注意，不是那种懦怯、单调、死气沉沉、懒散轻松之类——那不是我所说的安宁——而必须是积极的、生动的、有创造力的安宁，比方说古代雅典人曾实现的那种安宁。"既然如此，那么我们确实已是太出于理性，太合乎情理，因而我们不能产生热烈的爱，就如我们没有热烈的宗教观念一样。至于柏拉图称作"神圣的疯狂"的爱，决非是合乎情理的东西，熟悉天主教教义的人可能听到过，在他们的信条中，爱被视作"伟大的圣餐"，最后导致化体——爱确实与这一圣礼相似——它不合理性正是因为它超然于理性之上。科文特里·帕特莫尔写道："的确，这一激情的极端非理性成了蠢人们百般辱骂的原因，但这种极端非理性是爱的最可靠的保证之一，也是爱永不枯竭的情趣和力量的主要源泉。因为除了科学家，谁还会对那些比我们自己低等因而能被我们理解的东西大加赞赏，被这些东西深深打动呢？"因此，爱就象宗教一样（宗教本身也是神圣的宇宙的爱），是超越，是纯化，由于被那种神秘的力量所纯化，人凡俗的眼睛就能看见属于精神领域的图景，这种图景是实际眼光通常无法看到的；人的耳朵将充满庄严崇高的音乐，象浩瀚的海浪自天际滚滚而来。人的精神只有通过这样的升华超脱，以前无生气的潜在创造力才得以解放自己，以它自己选择的某种途径，努力认识自己的体积和形态。"爱比其它任何感情更深的扎根于土地上，因此它的头象圣树那样高高耸入天堂。深度提供了物质和可信性，高度需要深度，证明了深度的必要。"把爱说成是最有生气最有潜力的创造源泉，实不是言过其实。如果在欧洲文学艺术中抽去性激情以及一切与其有关的成分，你会吃惊地看到这一文化不可挽回的破产。任何男女，无须是弗洛伊德的信徒，只要他不否定或曲解人生和真理，都会承认，或者至少会感觉到爱虽然最不严肃，但却是万事中最最意义深刻的。然而这一简单的真理，在使人难忍的漫长的中国历史中，从未被认识过。甚至今天，我的个人经历告诉我，这方面中国只有两类人：一类是蔑视爱的挖苦者，另一类是害怕爱的懦夫。要是知识之树长在中华帝国的中央，而不在伊甸园里，那么亚当和夏娃将仍然是完美的创造物，他们的心和他们的眼睛一样没有识别能力，对内在的生活呼唤麻木不仁。上帝本人也无须由于蛇的英雄主义和夏娃的好奇心造成的结果而大动肝火，也无须为此感到烦恼不安。

这位圣人为我们划定安排的人生范围几乎是一系列乏味的伦理陈词滥调，这种限制还有另一个严重后果，它的影响剥夺、抑制了我们的想象能力。只需看一下我们的小说和诗歌，我们就能认识到想象的作用在其中是何等的狭窄。我们的诗人中，大概除了李白外，没人可以被说成是世界性的人物，这难道不说明什么吗？在我们文学伟人的名册里，找不到有一点儿接近象歌德、雪莱、华滋华斯的人来，更不用说但丁和莎士比亚了，这难道不令人吃惊吗？在其它艺术方面，有谁能与米盖朗琪罗、达·芬奇、特纳、伽里略、瓦格纳、贝多芬等等众多的天才相伦比？那么是不是在艺术或其它方面，我们种族的本性决定我们总是与世界其它地方不同，既然不同是程度上的而不是类别上的，是不是我们的想象力注定营养不足发育不良，因此我们所拥有的艺术遗产，由于不能在总的方面包含生活，而在本质上比西方的低等呢？一切伟大的艺术作品都必须包含生活。我们从小开始接受视觉和意识上的训练，以便应付实用的细琐，适应平淡生活的合适礼节；这种训练不为人们开拓伟大生活的神秘迷人的前景，而是无休无止地造就着杰出的庸才，这是中国教育的最大失败，也招致了真正人格的死亡。

人生与欢乐的根本，想象的能力，这些自然的泉流遭到了无情的阻截，我们世间的生存还剩有的显然十分可怜了。人生的贫乏必然导致艺术的贫乏，而丰满美好的人生，自发地会绽放出实体的美，这种美最终将影响我们对永恒的概念。一棵充满活力的树必将丰盛多产：或者枝叶繁茂，或者硕果累累；同样，充满自我意识的人生，必定有它思想上的结晶，那就是艺术，或行动上的结晶，那将是值得记忆的行为。因此要丰富、扩大、繁衍、激化你们的生活，最主要的要赋予它精神上的意义，这样艺术就会随之而来了。

中国艺术和人生的呆滞与肤浅方面，我已经说明或者谴责得够多了。让我们现在稍停片刻，粗略地看一下西方历史上显示的艺术与人生的一致性；就象在其它方面一样，我们最好还是求助于古希腊和文艺复兴时期的意大利，以得到启迪与智慧。

在我看来希腊文化最光辉的成就，不是政治，更不是科学和玄学，而是发现了人身体的尊严和美。伟大的德国文艺复兴艺术家温凯尔曼说："没有任何民族象希腊人那样珍重美。主管在埃加礼拜年轻的朱庇特神的，礼拜伊斯米尼的阿波罗神的牧师们，还有走在塔纳格拉礼拜墨丘利神的行列之首，肩上抬着羔羊的牧师，那些人总是受过美的荣誉的青年……由于希腊人如此渴望，如此珍视美，每个漂亮的人都试图使自己的美貌为众人所知，更主要的，每个人都想向艺术家证实自己的美，因为艺术家授予这样荣誉；艺术家一直有在面前欣赏至上美的机会。美甚至能带来名声：我们在希腊历史中看到了最美丽的民族。对美的普遍尊重如此强烈，致使斯巴达的妇女们在她们的卧室里放上一张传说中的美男子纳里厄斯、或纳西休斯或海厄西斯的像，希望她们生下的孩子也美貌无比。"在这里，就象在其它方面一样，自然也有着其一份重要的作用。希腊人非常乐于热切地将他们对自己的看法以及他们同普遍世界的关系转化成感官能接受的物体，这决非偶然：他们有着体型上的美，也有着理智上的理解能力。向感觉发出轻捷甜美呼唤的优雅姿态，美丽的自然风貌，得天独厚的健美体型，人面容的清秀轮廓：这些是希腊人走进人生时的幸运。美象天才或高贵的地位一样，成为一种荣誉。翻开人种学书本，看看其比较生理学中各种族裸露的人体，或者读一读也许是法国人库里埃（我不知记得对不对）对日本裸体舞蹈者作的无掩饰的描写，然后再看一看维纳斯或阿波罗这样的绝世美女美男子，你会产生一种神奇但又令人不安的感觉，你会感到自然在塑造不同民族的不同体型和比例中——更别提黑人的不同肤色不同气味了——所开的不公正的玩笑。

然而这种对美的热衷并不说明希腊人由此便是一个不负责任的唯美主义者组成的民族。相反，希腊人注重美，只由于美对实现好的生活的贡献，美在极其和谐地将心灵各成分融合一体方面的作用。由于希腊人杰出健全的智力，最终的善才能通过美得到理解，最终得到表达。布拉图的《共和国》是人类最伟大的文献之一，本身也从头至尾充满美，这个文献讲的是建立善与美之间的联系，这种联系的建立使我们看到理想的公民身份与美好的生活的同一性。希腊人的与众不同之处，是他们以同样的态度对待人生和艺术。在他们眼里，只有在他们眼里，人生与艺术才是个统一体。用以衡量艺术与人生的标准也是相同的：在希腊人看来，艺术就是人生的觉悟。他们"上等人"这一词是"kalos kagathos"，意思是美丽的善，这点也意味深长。

如果说希腊人留给我们的宝贵遗产是对人体的发现，那么十五世纪意大利文艺复兴带给我们的礼物就是对人精神的发现和体现。就象现时的中国一样，文艺复兴是一个伟大的反叛时期，是一个多方面但又统一的运动，人们长时期遭受压迫和抑制后，在这一运动中努力恢复他们的尊严和独立，恢复对理智和想象的事物的爱，恢复更自由更美好地建立生活的愿望，努力使自己有所作为，激发有这种愿望的人一个又一个地发掘理智享受或想象享受的意义，引导他们不仅去发现这种享受过去的被人遗忘的源泉，而且去预见其新的源泉——新的生活经验，新的诗歌主题，新的艺术形式。这是一个个性丰富、多面、集中、完整的时代——洛伦佐的时代好比培里克里斯的时代。"在这里，艺术家和哲学家，以及那些在世间活动中变得高尚敏锐的人，并不孤立地生活着，他们呼吸同样的空气，互相在别人的思想上，找到光和热。他们中存在着普遍向上的精神和人人开诚布公的启蒙精神。精神上的一致带来了文艺复兴一切产物的一致性。十五世纪意大利的尊严和她对世界的影响，很大程度上取决与精神的密切联盟，取决于与这个时代最先进思想的结合。"

这种精神统一是十分重要的，它遍及人生和艺术的每一部分。促使无数杰出人物诞生的同一力量，也促使了他们在美术中的鼎盛，表现了充满人生热情的极度的美，表达了人类灵魂能够表达的最深切最崇高的感情。这一力量促使人们逐渐认识完全自我表达的个人权力，最终达到完全自我表达；也促使了对宇宙客观现实的逐渐认识，从而开创了科学的方法，导致了随之而来的众多发现。

我选择了希腊和文艺复兴时期，而不谈其它的运动，因为这两个时期比任何其它时期都更清楚地显示了人的精神在一个文化统一体中，在生活能量最大限度的协调发挥中所享有的认识自己的幸福时机，而这种生活是充分、激烈、生动和自觉的。文艺复兴这个名称对我们的现代中国也不是全然不适用的。如果我们能在西方历史中学点什么的话，我们必须认真注意希腊文化和复兴精神。至于过分自信的理性主义和起源于十八世纪风靡于十九世纪的秃了头的唯物主义，它们可爱地转了向，最后自相矛盾，不可收拾，只剩下几个伪科学家疯狂地死抱着他们的实验工具，以及一些乐观的布尔什维克，在一个把博爱作为自己的信条，把艺术作为自己宗教的新的理想主义普遍觉醒的背景中，把卡尔·马克思当作一贯正确的上帝崇拜。如果中国还没有完全耗尽她的活力，扼杀她的天才，我们将带着欣喜的心和觉悟的魂，相信她会投身于这场运动，并最终证明她无愧于中国的古老传统。倘是这样，我们摆脱作为中国文化特点的昏沉习惯和传统桎梏将为期不远。在漫长的间隔之后，就象在欧洲中世纪之后出现文艺复兴一样，我们将又能看到理想的人性（必须承认我们至今很少找到这种迹象）

以及能够体现、表达全人类的，特别是我们种族的根本方面的艺术品，并为此欢欣鼓舞。我自己总是在想，要是我们能有一个不仅能恢复我们过去丢失的东西，而且能奏响我们伟大民族长期压制的呼声的伟大音乐家，或者应该说作曲家，他也许会预示我们萌芽状态的精神成熟结果。因为音乐与其它艺术不同，是真正的艺术类型，是衡量完美艺术的尺度；音乐能更深地打动人心的素质，能更信服，更不可阻挡，更强有力，更理想地向有鉴赏力的人传递思想和感情。

让我把我在这篇讲演中想说的总括一下：我非常粗略地说明了在完全通过想象能力理解、说明人生总体方面，为什么中国的艺术失败，而欧洲的艺术或多或少获得成功，我探讨了我们的人生与艺术的相对地位，后者是前者的反映，前者对后者负责。

我也列举了希腊的古典和意大利文艺复兴的成就，说明以完美的艺术形式出现的精神的统一，这种艺术主要地是人道主义的。我们的艺术也必须如此。

我也冒昧地断言：人生丰富艺术必繁荣。所谓的人生丰富，我指的是有意识地开发我们本性中固有的自然资源，利用每一个机会将它转化为有益的东西——换句话说，我们必须有意识地培养我们的自我觉悟，有了这种觉悟后，让内在的创造精神自行发挥其作用。说实话，在座的很少有人敢说："我已经完全认识了自己。"请记住，对表达的追求总会带来自我揭示和理解，常常会使自己也感到吃惊。内在之物的开发有赖于从外部吸收的东西中得到灵感和效验。在这方面，美的赏鉴是一个重要因素。美的敏感比强烈的理智或道德品性对人生的意义更重要，更富有成效。只要努力追求艺术的激情，你就能懂得美和生活的意义。如果你没被《哈姆莱特》或《解放了的普罗米修斯》所感动，这怪不得莎士比亚和雪莱。如果一个指挥得当、演奏热烈的贝多芬交响乐不能把你带入陶醉的心境，那么你最好找一下耳科医生，查一查听觉器官是否正常。如果《特里斯坦和依索尔德》不能打动你的心灵深处（除非瓦格那的作品不合你的口味），你至少应该象数学或体操不及格一样感到羞愧——当然这样说是客气的。如果你站在罗马或科隆大教堂前，面对摩西的雕像而无动于衷，如果你在特纳、惠斯勒和马蒂斯的绘画中只看到一组漂亮的颜色，那么你可以放心地说服自己，你受的教育远不象你认为的那样好。如果你走过顺治门的内院，看到堂皇的陶瓷艺术品精致地陈列在肃穆的古墙边而不发现有内心的欢乐，你最好别费神去欣赏后期印象派画家，如塞尚，你还是躺在安乐椅上为好，诅咒周围世界太破落，没有美。当然我并不是说，我们每个人不须经过训练，事先无所了解，就都能象专业批评家一样轻而易举地爱上欧洲艺术；恰恰相反，西方艺术和技术体现的根本思想，由于一般东方人比较陌生，往往使人迷惑不解。我猜想中国留学生中，有超于肤浅的感官乐趣之外的起码艺术感的人，大概还不到百分之一。但别忘了，值得获取的东西从不是唾手可得的东西。我们不能感受、欣赏事物的原貌，毕竟是愚蠢的教育和懒散的习惯带来的后果。排除这些因素，你就能恢复审美的直觉，这种直觉也许由于饥饿而变得贪婪强烈，敏锐炽热。然后，生活本身应被当作一件艺术品，一个艺术问题来对待。我们凡俗的身体、头脑和心脏很象艺术家绘图或雕刻的主题和场景。如果我们如愿地掌握了物质材料，当我们将画笔或刻刀伸向有限的脆弱的材料时，我们难道不应该觉得有一种责任感吗？我们的一刀一笔，可能把原材料转变成美的杰作，也可能把它糟踏了。正如意大利激情的诗人丹农雪乌说的，只要我们愿意并努力，即使在这个世界上，我们还是能够将我们的生活变成一个美好的寓言。达到善的最好方法是通过美；既然我们十分乐意追随希腊人的智慧，我们的审美直觉，比起我们含糊其词难以捉摸的道德善感来，是一个安全得多，可靠得多的最终标准。生活是一件艺术品！所以，为你的最后回顾作好准备吧。当你到了七十岁，青春的红云变成了皮肤上难看的皱纹，甜柔的嗓音变成老年沙哑的咳嗽时，再追溯一下你是不是对用自己的双手帮助形成建立的丰富的一生感到欣慰。读一读歌德之类伟人的传记，次要点的人物也可以，并以此作为衡量你自己一生的尺度，看一看对比的结果是什么。象歌德这样伟大的一生，完全可以被视为一件成功的艺术品，一件杰作，较之罗马圣·彼得的杰作毫不逊色，同样充满着美的神秘和神秘的美。至于高尚、敏锐的生活中能得到的告诫以及这种生活的原则是什么，我想最好还是再一次引用沃尔特·佩特对文艺复兴研究中著名的《结论》里的话：

"哲学、理性修养对人精神的作用是唤起它，惊醒它，使它敏锐、热切地去观察；每一瞬间某种形态在手上脸上变得完美；来自山上海里的某种声音比其它的更动听；某种热情、顿悟、或理智兴奋显得无比真实，有吸引力——一切只为了那样的瞬间。不是经历的果实而是经历本身才是目的。在我们多样的、戏剧性的一生中，脉搏跳动的次数是有限的。我们怎样在这些跳动的次数中，以最敏感的知觉看一看所能看到的一切呢？我们怎样最迅速地经过一个又一个的位置，总是在生命力聚集了它最纯能量的焦点上出现呢？永远与这种炽烈的宝石般的火焰一起燃烧，永远保持这种心醉神迷的心境，这就是人生的成功。"

他又说：

"正如雨果所说：我们都是罪人，我们都被判了死刑，只是缓刑的期限不明确：我们都有这么一个时期，过后，这个世界再也不知道我们了。有些人在倦怠中，有些人在激情中度过了这一时期，最聪明的——至少在'这一世界的孩子们'中最聪明的人，则在艺术和歌声中度过一生。我们唯有的机会在于扩大这个时期，在限定的年月内，最大可能地增加脉搏的跳动。伟大的激情能给我们带来苏醒的生活感、爱的悲伤与欢乐以及热烈活动的各种形式，不管我们关心与否，这些形式自然地降落在我们的许多人中间。但必须真正是激情——真正给你带来苏醒的、扩大的意识成果的激情。诗的激情、美的愿望以及为艺术而对艺术的热爱蕴藏着最丰富的智慧。艺术向你走来时坦率地宣声，它带给你流逝的生命瞬间的，只是最高的品质；它的到来也仅仅是为了这些生命的瞬间。"

（原文系英文，标题是《Art and Life》，载 1922 年
《创造季刊》第 1 卷第 2 期）

看了《黑将军》以后（节选）

徐志摩

　　好的剧本，不论是希腊古代的悲剧，莫利庵的趣剧，莎士比亚的史剧，伊卜生的社会剧，都是高品的艺术。好戏要好艺员来演，要不然原著作的意义与价值与效用，就不能充分显出。出一个真诗人不容易，出一个真好戏子也不容易。戏子做得好的时候，真能在台上神化剧中的情节，真能充分的发挥剧本里应有尽有的意味，也许有时还加入他个人人格的贡献，他便是个创造的艺术家，他的演术便能独立的要求艺术的品评，他便是编剧者最深的知己。莎士比亚，我们只有一个；在台上解释莎士比亚的真艺术家也不常有，更不多有。譬如 Henny Irving（欧文·亨利）便是莎翁的三百年来难得的一个知己，他是戏台上的天才，入化境的艺术家。他扮海姆雷德，便是莎士比亚想象中的海姆雷德，真的活现的丹麦王子。他扮夏洛克，便是莎翁想象中的夏洛克，真的活现的犹太佬。我们常听人说老谭唱碰碑，便是个真老令公，唱卖马，便是个活现潦倒的秦二爷，黄三去曹操，真是人人想象中的真阿瞒，这就是他们扮演凭着艺术的天才能入化境，能给人一个艺术化的真的印象。老谭，杨小楼，乃至梅兰芳，在旧戏范围之内，不能说不是很难得的艺术家。我们戏剧价值不高的理由，在于剧本材料之不高，我们至多有几个玩世不恭的狄卡唐脱的元曲子，而从没有智力无边的萧伯纳，从没有个理想高超的席勒，不要说葛德，莎士比亚，或是希腊的老前辈了。

　　所以我虽则不否认中国的戏剧，不论昆曲皮黄，犹之中国的音乐与画，是艺术，而且有时是很精的艺术，我却不能不抱怨我国艺术范围之浅之狭。我是认定了便（？）艺术一定从真丰富的生命里自然地流出来或是强迫地榨出来的，所以我看了现在艺术的浅薄无聊，益发认定了艺术的问题，就是生命的问题。艺术与生命是互为因果的。承古圣贤的恩典，把生命的大海用礼教的大幔子障住了，却用伦常的手指，点给我们看一个平波无浪的小潭，说这就是生命的全部，这就是我们智力可以合法游泳的界限，也就是我们创造本能可以活动的边沿。结果是八股文章，姨太太，冬烘头脑，"三六"调，七律诗，……一面浅薄的生命，产出了浅薄的艺术，反过来浅薄的艺术，又限制了创造的意境，掩塞了生命强烈的冲动。

在戏剧里，不错，我们有很俏皮的趣剧，情节串插，有时我看比欧美的结构更有趣些，但如葛德说的一民族能表现天下最集中的仪式，是悲剧，我们的悲剧却在哪里？

悲剧不仅是不团圆的爱史，不仅是全台上都横满死尸的戏情，不仅是妻儿被强盗抢去的悲伤，不仅是做了一辈子老童生的凄惨；这些和相类的情节，我们可以承认都含有悲剧的味儿，但不是艺术上的悲剧。

真粹的悲剧是表现在生命本质里所蕴伏的矛盾现象冲突之艺术。心灵与肉体之冲突，理想与现实之冲突，先天的烈情与后天的责任与必要之冲突，冷酷的智力与热奋的冲动之冲突，意志与命运之冲突，这些才是真纯悲剧的材料。生活的外象只是内心的理想不完全的符号。所以真悲剧奏演的场地，不仅在事实可寻可按的外界，而是在深奥无底的人的灵府里。要使啮噬，搅扰，烧烙，撕裂，磨毁，人的灵魂的纤微之事实经过，真实地化成文字，编为戏剧，那便是艺术，那便是悲剧的艺术化。

（我并不是在下悲剧的定义，我只在略说悲剧组成的主要原则。）

一般的中国人，和平习惯成性，调和敷衍苟且习惯成性的民族，根本上就懂不得悲剧的意义与价值，因为一则他们在生活里从没有过依稀仿佛的经验，二则我们从没有出过悲剧的大诗人，从没有人曾经深入灵府里最秘奥最可怕亦最伟大的境界去探过险，回来用文艺的方法记载他希有的经验。用一山水的比喻，我们现有较为有价值的悲剧，说得最好也无非是一个西湖；小小的山，小小的水，小小的亭台楼阁；这也未尝不是精品，但有谁，除了从不曾见过世面的江浙人，敢说西湖是世上唯一的名胜，可以代表所有山水的变化。中国的艺术，也一样的，除了从没有开过眼的爱国志士，谁敢说便是人间最高的艺术，就可以代表所有艺术的深浅。我们在艺术界里，都只是看惯了西湖和城隍山的人，平常就很难想象到泰岳的庄严，阿尔伯斯的雄丽，等等。我们只能领略和风丽日，浅水清波的情味，而不能体会绝海大洋，惊浪洪涛的意趣，平常又是娇养惯了的，禁不起风浪，就使有时面对着宇宙的大观，也只会瑟瑟的嚷头痛脚冷，再也不能放怀恣赏。

所以我们就是有机会遇见真伟大的艺术，我们也不会认识的；我们就是看了烈情的悲剧，我们也很难同情的。我们如其要眼界进步，如其要艺术的同情心扩大，第一个条件就在打破浅陋的成见；成见都是浅陋的，都应该打破的。

……

（原载 1923 年 4 月 11 日《晨报副刊》）

泰戈尔来华

徐志摩

　　泰戈尔在中国，不仅已得普遍的知名，竟是受普遍的景仰。问他爱念谁的英文诗，十余岁的小学生，就自信不疑的答说泰戈尔。在新诗界中，除了几位最有名神形毕肖的泰戈尔的私淑弟子以外，十首作品里至少有八九首是受他直接或间接的影响的。这是很可惊的状况，一个外国的诗人，能有这样普及的引力。

　　现在他快到中国来了，在他青年的崇拜者听了，不消说：当然是最可喜的消息，他们不仅天天竖耳企踵的在盼望，就是他们梦里的颜色，我猜想，也一定多增了几分妩媚。现世界是个堕落沉寂的世界；我们往常要求一二伟大圣洁的人格，给我们精神的慰安时，每每不得已上溯已往的历史，与神化的学士艺才，结想象的姻缘。哲士，诗人，与艺术家，代表一民族一时代特具的天才；可怜华族，千年来只在精神穷窭中度活，真生命只是个追忆不全的梦境，真人格亦只似昏夜池水里的花草映影，在有无虚实之间，谁不想念春秋战国才智之盛，谁不永慕屈子之悲歌，司马之大声，李白之仙音；谁不长念庄生之逍遥，东坡之风流，渊明之冲淡？我每想及过去的光荣，不禁疑问现时人荒心死的现象，莫非是噩梦的虚景，否则何以我们民族的灵海中，曾经有过偌大的潮迹，如今何至于沉寂如此？孔陵前子贡手植的楷树，圣庙中孔子手植的桧树，如其传话是可信的，过了二千几百年，经了几度的灾劫，到现在还不时有新枝从旧根上生发；我们华族天才的活力，难道还不如此桧此楷？

什么是自由？自由是不绝的心灵活动之表现。斯拉夫民族自开国起直至十九世纪中期，只是个庞大暗哑在无光的空气中苟活的怪物，但近六七十年来天才累出，突发大声，不但惊醒了自身，并且惊醒了所有迷梦的邻居。斯拉夫伟奥可怖的灵魂之发现，是百年来人类史上最伟大的一件事绩。华族往往以睡狮自比，这又泄漏我们想象力之堕落；期望一民族回复或取得吃人噬兽的暴力者，只是最下流"富国强兵教"的信徒，我们希望以后文化的意义与人类的目的明定以后，这类的谬见可以渐渐的销匿。

精神的自由，决不有待于政治或经济或社会制度之妥协。我们且看印度。印度不是我我们所谓已亡之国吗？我们常以印度朝鲜波兰并称，以为亡国的前例。我敢说我们见了印度人，不是心发怜悯，就是意存鄙蔑（我想印度是最受一班人误解的民族，虽则同在亚洲：大部分人以为印度人与马路上的红头阿三是一种同样的东西！）就政治看来，说我们比他们比较的有自由，这话勉强还可以说。但要论精神的自由，我们只似从前的俄国，是个庞大暗哑在无光的气圈中苟活的怪物，他们（印度）却有心灵活动的成绩，证明他们表面政治的奴溥非但不曾压倒，而且激动了他们潜伏的天才。在这时期他们连出了一个宗教性质的政治领袖——甘地——一个实行的托尔斯泰；两个大诗人，加立大塞 Kalidasa 与泰戈尔。单是甘地与泰戈尔的名字，就是印度民族不死的铁证。

东方人能以人格与作为，取得普遍的崇拜与荣名者，不出在"国富兵强"的日本，不出在政权独立的中国，而出于亡国民族之印度——这不是应发人猛省的事实吗？

泰戈尔在世界文学中，究占如何位置，我们此时还不能定，他的诗是否可算独立的贡献，他的思想是否可以代表印族复兴之潜流，他的哲学（知其他有哲学）是否有独到的境界——这些问题，我们没有回答的能力。但有一事我们可断言肯定的，就是他不朽的人格，他的诗歌，他的思想，他的一切，都有遭遗忘与失时之可能，但他一生热奋的生涯所养成的人格，却是我们不易磨翳的纪念。〔泰戈尔生平的经过，我总觉得非是东方的，也许印度原不能算东方（陈寅恪君在海外，常常大放厥词，辩印度之为非东方的。）〕所以他这回来华，我个人最大的盼望，不在他更推广他诗艺的影响，不在传说他宗教的哲学的乃至于玄学的思想，而在他可爱的人格，给我们见得到他的青年，一个伟大深入的神感。他一生所走的路，正是我们现代努力于文艺的青年不可免的方向。他一生只是个不断的热烈的努力，向内开豁他天赋的才智，自然吸收应有的营养。他境遇虽则一流顺利，但物质生活的平易，并不反射他精神生活之不艰险。我们知道诗人艺术家的生活，集中在外人捉摸不到的内心境界，历史上也许有大名人一生不受物质的苦难，但决没有不经心灵界的狂风暴雨与沉郁黑暗时期者。葛德是一生不愁衣食的显例，但他在七十六岁那年对他的友人说他一生不曾有过四星期的幸福，一生只是在烦恼痛苦劳力中。泰戈尔是东方的一个显例，他的伤痕也都在奥秘的灵府中的。

我们所以加倍的欢迎泰戈尔来华，因为他那高超和谐的人格，可以给我们不可计量的慰安，可以开发我们原来淤塞的心灵泉源，可以指示我们努力的方向与标准，可以纠正现代狂放恣纵的反常行为，可以摩挲我们想见古人的忧心，可以消平我们过渡时期张皇的意气，可以使我们扩大同情与爱心，可以引导我们入完全的梦境。

如其一时期的问题，可以综合成一个现代的问题，就只是"怎样做一个人？"泰戈尔在与我们所处相仿的境地中，已经很高尚的解决了他个人的问题，所以他是我们的导师，榜样。

他是个诗人，尤其是一个男子，一个纯粹的人；他最伟大的作品就是他的人格。这话是极普遍的话，我所以要在此重复的说，为的是怕误解。人不怕受人崇拜，但最怕受误解的崇拜。葛德说，最使人难受的是无意识的崇拜。泰戈尔自己也常说及，他最初最后只是个诗人——艺术家如其你愿意——他即使有宗教的或哲理的思想，也只是他诗心偶然的流露，决不为哲学家谈哲学，或为宗教而训宗教的。有人喜欢拿他的思想比这个那个西洋的哲学，以为他是表现东方一部的时代精神与西方合流的；或是研究他究竟有几分的耶稣教，几分是印度教，——这类的比较学也许在性质偏爱的人觉得有意思，但于泰戈尔之为泰戈尔，是绝对无所发明的。譬如有人见了他在山氏尼开顿 Santiniketan 学校里所用的晨祷：

"Thou art our Father, Do thou help us to Know Thee as Father.
We bow down to Thee.Do thou never affict us, O Father, by causing
a separation between Thee and us. O thou self-revlaling One, O Thou
Parent of the universe, Purge away the multitude of our sino, and
sendunto us whatever is good and noble.To Thee.from whom spring
joy and goodness nay Who art all goodness thyself, to Thee we bow
downnow and for ever."

耶教人见了这段祷告一定拉本家，说泰戈尔准是皈依基督的，但
回头又听见他们的晚祷，——

"The Deity who is in fire and water, nay, who pervades the
Uuiverse through and throu-gh, and Makes His abode in tiny plants
and towering forests-to such a Deity we bow down forever & ever"

这不是最明显的泛神论吗？这里也许有 Lucoetins，也许有
Spinoza，也许有 Upanishads，但决不是天父云云的神教，谁都看得出
来。回头在《揭檀迦利》的诗里，又发现什么 Lia 既不是耶教的，又
不是泛神论。结果把一般专好拿封条题签来支配一切的，绝对的糊涂
住了，他们一看这事不易办，就说泰戈尔的宗教思想不彻底，等等。
实际上唯一的解释是泰戈尔是诗人，不是宗教家。也不是专门的哲学
家。管他神是一个或是两个或是无数或是没有，诗人的标准，只是诗
的境界之真；在一般人看来是不相容纳的冲突，（因为他们只见字面）
他看来只是一体的谐合（因为他能超文字而悟实在）。

同样的在哲理方面，也就有人分别研究，说他的人格论是近于讹
的，说他的艺术论是受讹影响的⋯⋯这也是劳而无功的。自从有了大
学教授以来，尤其是美国的教授，学生忙的是：比较学，比较宪法学，
比较人种学，比较宗教学，比较教育学，比较这样，比较那样，结果
他们竟想把最高粹的思想艺术，也用比较的方法来研究——我看倒不
如来一门比较大学教授学还有趣些！

思想之不是糟粕，艺术之不是凡品，就在他们本身有完全，独立，

纯粹不可分析的性质。类不同就没有可比较性，拿西洋现成的宗教哲学的派别去比凑一个创造的艺术家，犹之拿唐采芝或王玉峰去比附真纯创造的音乐家，一样的可笑，一样的隔着靴子搔痒。

我们只要能够体会泰戈尔诗化的人格，与领略他满充人格的诗文，已经尽够的了，此外的事自有专门的书呆子去顾管，不劳我们费心。

我乘便又想起一件事，一九一三年泰戈尔被选得诺贝尔奖金的电报到印度时，印度人听了立即发疯一般的狂喜，满街上小孩大人一齐欢呼庆祝，但诗人在家里，非但不乐，而且叹道："我从此没有安闲日子过了！"接着下年英政府又封他为爵士，从此，真的，他不曾有过安闲时日。他的山氏尼开顿竟变了朝拜的中心，他出游欧美时，到处受无上的欢迎，瑞典丹麦几处学生，好象都为他举行火把会与提灯会，在德国听他讲演的往往累万，美国招待他的盛况，恐怕不在英国皇太子之下。但这是诗人所心愿的幸福吗？固然我不敢说诗人便能完全免除虚荣心，但这类群众的哄动，大部分只是葛德所谓无意识的崇拜，真诗人决不会艳羡的，最可厌是西洋一般社交太太们，他们的宗教照例是英雄崇拜，英雄愈新奇，她们愈乐意，泰戈尔那样的道貌岸然，宽袍布帽，当然加倍的搔痒了她们的好奇心，大家要来和这远东的诗圣，握握手，亲热亲热，说几句照例的肉麻话……这是近代享盛名的一点小报应，我想性爱恬淡的泰戈尔先生，临到这种情形，真也是说不出的苦。据他的英友恩厚之告诉我们说他近来愈发厌烦嘈杂了，又且他身体也不十分能耐劳，但他就使不愿意却也很少显示于外，所以他这次来华，虽则不至受社交太太们之窘，但我们有机会瞻仰他言论丰采的人，应该格外的体谅他，谈论时不过分去劳乏他，演讲能节省处节省，使他和我们能如家人一般的相与，能如在家乡一般的舒服，那才对得起他高年跋涉的一番至意。

七月六日

（原载 1923 年 9 月 10 日《小说月报》第 14 卷第 9 号）

75

征 译 诗 启

徐志摩

（此篇本登昨天《文学旬刊》，因稿件过多，故移登于此。）

我们都承认短的抒情诗之可爱；我们也知道真纯的抒情诗才（Lyricalgenius）之希罕：——谁不曾见过野外的草花，但何以华茨华士的《野水仙》独传不朽，谁不曾听过空中的鸟鸣，但何以雪莱的《云雀歌》最享殊名，谁不曾见过燕子的飞舞，但何以只有谭宜生与史温庞能从这样寻常的经验里紬出异常的情调与音响？（Tennyson："O Swallow, Swallow, flying, flying south;" Swinburne: "Itylua"）华茨华士见了地上的一棵小花，止不住惊讶与赞美？诗人兰涛（Savage Landor）说我们人只是风与气，大海与大地所造成的；我们不应得说我们可贵的性灵的生活大半是诗人与艺术家的厚惠？"诗是最高尚最愉快的心灵经历了最愉快最高尚的俄顷所遗留的痕迹"：但这痕迹是永久的，不可磨灭的；如其我们应得用爱赏文学的热心，研究古宗教的典籍，我们正应得预备宗教的虔诚，接近伟大的艺术的作品，不论是古希腊残缺的雕像，贝德花芬断片的音乐，或开茨与雪莱的短歌。因为什么是宗教只是感化与解放的力量；什么是文艺只是启示与感动的功能；在最高的境界，宗教与哲理与文艺无区别，犹之在诗人最超轶的想象中美与真与善，亦不更不辨涯沿。

"最高尚最愉快的心灵的最愉快最高尚的俄顷的遗迹"，是何等的可贵可爱！我们相信凭着想象的同情与黾勉的心力可以领悟事物的真际，融通人生的经验，体会创造的几微；我们想要征求爱文艺的诸君，曾经相识与否，破费一点工夫，做一番更认真的译诗的尝试：用一种不同的文字，翻来最纯粹的灵感的印迹。我们说"更认真的"；因为肤浅的或疏忽的甚至亵渎的译品我们不能认为是满意的工作；我们也不盼望移植巨著的勇敢；我们所期望的是要从认真的翻译研究中国文字解放后表现致密的思想与有法度的声调与音节之可能；研究这新发现的达意的工具究竟有什么程度的弹力性与柔韧性与一般的应变性；究竟比我们旧有的方式是如何的各别；如其较为优胜，优胜在哪里？为什么，譬如，苏曼殊的拜轮译不如郭沫若的部分的莪麦译，（这里的标准当然不是就译论译，而是比照译文与所从译）；为什么旧诗格所不能表现的意致的声调，现在草创时期的新体诗即使不能满意的，至少可以约略的传达？如其这一点是有凭据的，是可以共认的，我们岂不应该依着新开辟的途径，凭着新放露的光明，各自的同时也是共同的致力，上帝知道前面没有更可喜更可惊更不可信的发现！

我现在随便提出三四首短诗，请你们愿意的先来尝试，译稿（全译不全译随便）请于一月内寄北京西单石虎胡同七号，或交王剑三君亦可。将来或许有极薄的赠品，但也或许没有。译稿选登《小说月报》或《文学旬刊》。我还得声明我并不敢居"主考"的地位，将来我想请胡适之先生与陈通伯先生做"阅卷大臣"，但也不曾定规，总之此次征译，与其说是相互竞争，不如说是共同研究的性质，所以我们同时也欢迎译诗的讨论。

徐志摩敬启

（原载 1924 年 3 月 22 日《晨报副刊》）

译菩特莱尔诗《死尸》的序

徐志摩

　　这首《死尸》是菩特莱尔的《恶之花》诗集里最恶亦最奇艳的一朵不朽的花。翻译当然只是糟蹋。他诗的音调与色彩象是夕阳余烬里反射出来的青芒——辽远的，惨淡的，往下沉的。他不是夜鹗；更不是云雀；他象是一只受伤的子规鲜血呕尽后的余音。他的栖息处却不是青林，更不是幽谷，他象是奇居在希腊古淫后克利内姆推司德拉坼裂的墓窟里，坟边长着一株尖刺的青蒲，从这叶罅里他望见梅圣里古狮子门上的落照。他又象是赤带上的一种毒草，长条的叶瓣象鳄鱼的尾巴，大朵的花象开满着的绸伞，他的臭味是奇毒的，但也是奇香的，你便让他醉死了也忘不了他那异味，十九世纪下半期文学的欧洲全闻着了他的异臭，被他毒死了的不少，被他毒醉了的更多，现在死去的已经复活，醉昏的已经醒转，他们不但不怨恨他，并且还来钟爱他，深深的惆怅那样异常的香息也叫重浊的时灰压灭了。如今他们便嗅穿了鼻孔也拓不回他那消散了的臭味！……

　　我自己更是一个乡下人，他的原诗我只能诵而不能懂；但真音乐原只要你听：水边的虫叫，梁间的燕语，山壑里的水响，松林里的涛声——都只要你有耳朵听，你真能听时，这"听"便是"懂"。那虫叫，那燕语，那水响，那涛声，都是有意义的；但他们各个的意义却只与你"爱人"嘴唇上的香味一样——都在你自己的想象里；你不信你去叫住一个秋虫，一只长尾巴的燕，掬一把泉水，或是攀下一段松枝，你去问他们说的是什么话——他们只能对你跳腿或是摇头：咒你真是乡下人！活该！

所以诗的真妙处不在它的字义里，却在它的不可捉摸的音节里；它刺戟着也不是你的皮肤（那本来就太粗太厚！）却是你自己一样不可捉摸的魂灵——象恋爱似的，两对唇皮的接触只是一个象征；真相接触的，真相结合的，是你们的魂灵。我虽则是乡下人，我可爱音乐，"真"的音乐——意思是除外救世军的那面怕人的大鼓与你们夫人的"披霞娜"。区区的猖狂还不止此哪！我不仅会听有音的乐（其实也有音你听不见）。我直认我是一个甘脆的 Mystic。为什么不？我深信宇宙的底质，人生的底质，一切有形的事物和一切无形的思想的底质——只是音乐，绝妙的音乐。天上的星，水里的泅的乳白鸭，树林里冒的烟，朋友的信，战场上的炮，坟堆里的鬼磷，巷口那只石狮子，我昨夜的梦……无一不是音乐做成的，无一不是音乐。你就把我送进疯人院去，我还是咬定牙龈认帐的。是的，都是音乐——庄周说的天籁地籁人籁；全是的。你听不着就该怨你的耳轮太笨，或是皮粗，别怨我。你能数一二三四能雇洋车能做白话新诗或是能整理国故那一点子机灵儿真是细小有限的可怜哪！生命大着，天地大着，你的灵性大着。

回到菩特莱尔的《恶之花》。我这里大胆地仿制了一朵恶的花。冒牌：纸做的。破纸做的，布做的，烂布做的。就象个样儿；没有生命，没有魂灵，所以也没有他那异样的香与毒。你尽闻尽尝不碍事。我看过三两种英译也全不成；——玉泉的水只准在玉泉流着。

（原载 1924 年 12 月 1 日《语丝》周刊第 3 期）

欧 游 漫 录

第一函：给新月

徐志摩

　　新月的朋友，这时候你们在那里？太阳还不曾下山，我料想你们各有各的职务，在学堂的，上衙门的，有在公园散步的，也有弄笔墨的调颜色的，我亲爱的朋友们，我在这里想念着你们！

　　我现在的地方是你们大多数不曾到过的。你们知道西伯利亚有一个贝加尔湖；这半天，我们的车就绕着那湖的沿岸走。我现在靠窗口震震的写字，左首只是巉岩与绝壁，右面就是那大湖；什么湖，简直是一个雪海，上帝知道这底下冰结得多深，对岸是重峦叠嶂的山岭，无数戴雪帽的高峰在晚霞中自傲着他们的高洁。这里的天光也好象是格外的澄清，方才下午的天真是一青到底，一层云气都没有，这时侯沿湖蒸起了薄霭，也有三两条古铜色的冻云在对岸的山峰间横亘着。方才我写信给一个朋友说这雪地里的静是一种特有的意境，最使人发生遐想。我面对着这伟大的自然，不由我不内动了感兴；我的身体虽只是这冰天雪地里的一个微蚁，但我内心顿觉扩大了的思想与情感却仿佛要冲破这渺小的躯体，向没遮拦的天空飞去。朋友们，你们有我的想念；我早已想写信给你们，要你们知道我是随时记着你们的，我不曾早着笔也有我的打算；这一路来忙着转车，不曾有一半天的安逸；长白山边，松花江畔，都叫利欲的人间熏改了气味，那时我便提笔亦只有厌恶和愤慨；今我难得有这贝加尔湖的晴爽，难得有我自己心怀的舒畅，所以我抖擞精神，决意来开始这番漫游的通信。

今天我不仅想念我的朋友，我也想念我的新月。

我快离京的时候有几位朋友，听说我要到欧洲去，就很替新月社担忧；他们说你这一去新月社一定受影响，即使不至于关门恐怕难免狼狈。这话我听了很不愿意，因为在这话里可以看出一般人对于新月社究竟是什么一会事并没有应有的了解。但这也不能深怪，因为我们志愿虽则有，到现在为止却并不曾有相当的事迹来证实我们的志愿，所以外界如其不甚了解乃至误解新月社的旨趣时，我们除了自己还怨谁去？我是发起这志愿最早的一个人，凭这个资格我想来说几句关于新月的话。

组织是有形的，理想是看不见的，新月初起时只是少数人共同的一个想望，那时的新月社也只是个口头的名称，与现在松树胡同七号那个新月社俱乐部可以说并没有怎样密切的血统关系。我们当初想望的是什么呢？当然只是书果子们的梦想。我们想做戏，我们想集合几个人的力量，自编戏自演，要得的请人来看，要不得的反正自己好玩。说也可惨，去年四月里演的《契玦腊》要算是我们这一年来唯一的成绩，而且还得多谢泰谷尔老先生的生日逼出来的！去年年底也曾忙了两三个星期想排演西林先生的几个小戏，也不知怎的始终没有排成。随时产生的主意尽有，想做这样，想做那样，但结果还是一事无成。

同时新月社的俱乐部，多谢黄子美先生的能干与劳力，居然有了着落。房子不错，布置不坏，厨子合式，什么都好，就是一件事为难——经费。开办费是徐申如先生（我的父亲）与黄子美先生垫在那里的，据我所知，分文都没有归清。经常费当然单靠社员的月费，照现在社员的名单计算，假如社员一个个都能按月交费，收支勉强可以相抵。但实际上社费不易收齐，支出却不能减少，单就一二两月看，已经不免有百数以外的亏空。有亏空时间谁借钱弥补去？当然是问管事的。——但这情形是决不可以为常的。黄先生替我们大家当差，做总管事，社里大小的事情那一样能免得了烦他，他不问我们要酬劳已是我们的便宜，再要他每日自掏腰包贴钱，实在是太说不过去了。所以怪不得他最初听说我要到欧洲去，他真的眼睛都瞪红了。他说你这不是成心拆台，我非给你拼命不可！固然黄先生把我与新月社的关系看得太过分些，但在他的确有他的苦衷，这里也不必细说，反正我住在里面，碰着缓急时他总还可以抓着一个，如果我要是一溜烟走了，跟着大爷们爱不交费就不交费，爱不上门就不上门。这一来黄爷岂不吃饱了黄连，含着一口的苦水叫他怎么办？原先他贴赔工夫费心思原想博大家一个高兴，如个 [果？] 要是大家一翻脸说办什么俱乐部这不是你自个儿活该，那可不是随便开的玩笑？黄爷一灰心，不用提第一个就咒徐志摩，他真会拿手枪来找我都难说哩！所以我就为预防我个人的安全起见也得奉求诸位朋友们协力帮助，维持这俱乐部的生命。

这当然是笑语。认真说，假如大多数的社员的进社都是为敷衍交情来的，实际上对于新月社的旨趣及他的前途并没有多大的同情，那事情倒好办。新月社有的是现成的设备，也不能算恶劣，我们尽可以趁早来拍卖，好在西交民巷就在间壁，不怕没有主顾，有余利可赚都说不定哩！搭台难坍台还不容易，要好难，下流还的容易。银行家要不出相当的价钱，政客先生们那里也可以想法，反正只要开办费有了着落，大家散伙就完事。

但那是顶凄惨的末路，不必要的一个设想；我们尽可以向有光亮处寻路。我们现在不必问社员们究竟要不要这俱乐部，俱乐部已经在那儿，只要大家尽一分子的力量，事情就好办。问题是在我们这一群人，在这新月的名义下结成一体，宽紧不论，究竟想做些什么？我们几个创始人得承认在这两月内我们并没有露我们的棱角（在有棱角可露的）几乎是我们对人对己两负的一种义务。有一个要得的俱乐部，有舒服的沙发躺，有可口的饭菜吃，有相当的书报看，也就不坏；但这躺沙发决不是我们结社的宗旨，吃好菜也不是我们的目的。不错，我们曾经开过会来，新年有年会，但这许多会也只能算是时令的点缀，社友偶尔的兴致，决不是真正新月的清光，决不是我们想象中的棱角。假如我们的设备止是书画琴棋外加茶酒，假如我们举措的目标止是有产有业阶级的先生太太们的娱乐消遣，那我们新月社岂不变了一个古式的新世界或新式的旧世界了吗？这 Petty Bourgeois 的味儿我第一个就受不了！

同时神经敏锐的先生们对我们新月社已经发生了不少奇妙的揣

详。因为我们社友里有在银行里做事的就有人说我们是资本家的机关。因为我们社友有一两位出名的政客就有人说我们是某党某系的机关。因为我们社友里有不少北大的同事就有人说我们是北大学阀的机关。因为我们社友里有男有女就有人说我们是过激派。这类闲话多着哩；但这类的脑筋正仿佛那位躺在床上喊救命的先生，他睡梦中见一只车轮大的怪物张着血盆大口要来吃他，其实只是他夫人那里的一个跳蚤爬上了他的腹部！

跳蚤我们是不怕的，但露不出棱角来是可耻的。这时侯，我一个人在西伯利亚大雪地里吹也没有用，将来要有事情做，也得大家协力帮忙才行。几个爱做梦的人，一点子创作的能力，一点子不服输的傻气，合在一起，什么朝代推不翻，什么事业做不成？当初罗刹蒂一家几个兄妹合起莫利思朋琼司几个朋友在艺术界里就打开了一条新路。萧伯讷卫伯夫妇合在一起在政治思想界里也就开辟了一条新道。新年新月，难道我们这新月便是用纸版剪的不成？朋友们等着，兄弟上阿尔帕斯的时侯再与你们谈天。

三月十四日西伯利亚

（原载 1925 年 4 月 2 日《晨报副刊》）

83

谒列宁遗体回想

徐志摩

过莫斯科的人大概没有一个不去瞻仰列宁的"金刚不烂"身的。我们那天在雪冰里足足站了半点多钟（真对不起使馆里那位屠太太，她为引导我们鞋袜都湿一个净透），才挨着一个入地的机会。

进门朝北壁上挂着一架软木做展平的地球模型；从北极到南极，从东极到西极（姑且这么说），一体是血色，旁边一把血染的镰刀，一个血染的锤子。那样大胆的空前的预言，摩西见了都许会失色，何况我们不禁吓的凡胎俗骨。

我不敢批评苏维埃的共产制，我不配，我也配不来，笔头上批评只是一半骗人，一半自骗。早几年我胆子大得多，罗素批评了苏维埃，我批评了罗素，话怎么说法，记不得了，也不关紧要，我只记得罗素说："我到俄国去的时候是一个共产党，但……"意思是说他一到俄国，就取消了他红色的信仰。我先前挖苦了他。这回我自己也到那空气里去呼吸了几天，我没有取消信仰的必要，因为我从不曾有过信仰，共产或不共产。但我的确比先前明白了些，为什么罗素不能不向后转。我怕我自己的脾胃多少也不免的带些旧气息，老家里还有几件东西总觉得有些舍不得——例如个人的自由，也许等到我有信仰的日子就舍得也难说，但那日子似乎不很近。我不但旧，并且还有我的迷信；有时候我简直是一个宿命论者——例如我觉得这世界的罪孽实在太深了，枝节的改变，是要不到的，人们不根本悔悟的时候，不免遭大劫，但执行大劫的使者，不是安琪儿，也不是魔鬼，还是人类自己。莫斯科就仿佛负有那样的使命。他们相信天堂是有的，可以实现的，但在现世界与天堂的中间却隔着一座海，一座血污海，人类泅得过这血海，才能登彼岸，他们决定先实现那血海。

再说认真一点，比如先前有人说中国有过激趋向，我再也不信，种瓜栽树也得辨土性，不是随便可以乱插的。现在我消极的把握都没有了。"怨毒"已经弥漫在空中，进了血管，长出来时是小疽是大痈，说不定，开刀总躲不了，淤着的一大包脓，总得有个出路。别国我不敢说，我最亲爱的母国，其实是堕落得太不成话了；血液里有毒，细胞里有菌，性灵里有最不堪的污秽，皮肤上有麻疯。血污池里洗澡或许是一个对症的治法，我究竟不是医生，不敢妄断。同时我对我们一部分真有血性的青年们也忍不住有几句话说。我决不怪你们信服共产主义，我相信只有骨里有髓管里有血的人才肯牺牲一切，为一主义做事；只要十个青年里七个或是六个都象你们，我们民族的前途不至这样的黑暗。但同时我要对你们说一句话，你们不要生气：你们口里说的话大部分是借来的，你们不一定明白，你们说话背后，真正的意思是什么；还有，照你们的理想，我们应得准备的代价，你们也不一定计算过或是认清楚；血海的滋味，换一句话说，我们终究还不曾大规模的尝过。叫政府逮捕下狱，或是与巡警对打折了半只臂膀，那固然是英雄气概的一斑，但更痛快更响亮的事业多着，——耶稣对他的妈（她走了远道去寻他）说，"妇人，去你的！""你们要跟从我，"他的书再也买不到。你有了书也是再也不能看的——你的反感怎样？我们在中国别的事情不说，比较的个人自由我看来是比别国强的多，有时简直太自由了，我们随便骂人，随便谣言，随便说谎，也没人干涉，除了我们自己的良心，那也是不很肯管闲事的。假如这部分里的个人自由有一天叫无形的国家威权取缔到零度以下，你的感想又怎样？你当然想做那时代表国家威权的人，但万一轮不到你又怎样？

莫斯科是似乎做定了命运的代理人了。只要世界上，不论那一处，多翻一阵血浪，他们便自以为离他们的理想近一步，你站在他们的地位看出来，这并不背谬，十分的合理。

但就这一点（我搔着我的头发），我说有考虑的必要。我们要救度自己，也许不免流血；但为什么我们不能发明一个新鲜的流法，既然这是我们自己的血，为什么我们就这样的贫，理想是得问人家借（原稿有漏字——编者）。耶稣对他的门徒说，"就得渔夫抛弃他的网，儿子他的父母，丈夫他的妻儿。"又有人问他我的老子才死，你让我埋了他再来跟你，还是丢了尸首不管专来跟你，耶稣说，让死人埋死人去。不要笑我背圣经，我知道你们不相信的，我也不相信，但这几段话是引称，是比况，我想你们懂得，就是说，照你现在的办法做下去时，你们不久就会觉得你们不知怎的叫人家放在老虎背上去，那时候下来的好，还是不下来的好？你们现在理论时代，下笔做文章时代，事情究竟好办，话不圆也得说他圆来，方的说把四个角剪了去不就圆了，回头你自己也忘了角是你剪的，只以为原来就是圆的，那我懂得。比如说到了那一天有人拿一把火种一把快刀交在你的手里，叫你到自己的村庄你的家族里去见房子放火见人动刀——你干不干？话说不可怕一点，假如有那一天你想看某作者的书，算是托尔斯泰的，可是有人告诉你不但的，方法又得问人家借？不错，他们不说莫斯科，他们口口声声说国际，因此他们的就是我们的。那是骗人，我说；讲和平，讲人道主义，许可以加上国际的字样，那也待考，至于杀人流血有什么国际？你们要是躲懒，不去自己发明流自己血的方法，却只图现成，听人家的话，我说你们就不配，你们辜负你们骨里的髓，辜负你们管里的血！

英国有一个麦克唐诺尔德便是一个不躲懒的榜样，你们去查考查考他的言论与行事。意大利有个莫索利尼是另一种榜样，虽则法西斯的主义你们与我都不一定佩服，他那不躲懒是一个实在。

俄国的橘子卖七毛五一只，为什么？国内收下来的重税，大半得运到国外去津贴宣传，因此生活程度便不免过分的提高，他们国内在饿殍的边沿上走路的百姓们正多着哩！我听了那话觉着伤心；我只盼望我们中国人还不至于去领他们的津贴叫他们国内人民多挨一分饿！

我不是主张国家主义的人，但讲到革命，便不得不讲国家主义。为什么自己革命自己作不了军师，还得运外国主义来筹划流血？那也是一种可耻的堕落。

革英国命的是克朗威尔；革法国命的是卢骚、丹当、罗培士披亚、罗兰夫人；革意大利命的是马志尼加利包尔提；革俄国命的是列宁——你们要记着。假如革中国命的是孙中山你们要小心了，不要让外国来的野鬼钻进了孙中山先生的棺材里去！

翡冷翠山中一九二五年五月二十九日

（选自 1928 年 1 月上海新月书店版《自剖》）

我为什么来办我想怎么办

徐志摩

　　我早就想办一份报，最早想办《理想月刊》，随后有了"新月社"又想办新月周刊或月刊；没有办成的大原因不是没有人，不是没有钱，倒是为我自己的"心不定"：一个朋友叫我云中鹤，又一个朋友笑我"脚跟无线如蓬转"，我自己也老是"今日不知明日事"的心理，因此这几年只是虚度，什么事都没办成，说也惭愧。我认识陈博生，因此时常替《晨报》写些杂格的东西。去年黄子美随便说起要我去办副刊，我听都没有听；在这社会上办报本来就是没有奈何的勾当，一个月来一回比较还可以支持，一星期开一次口已经是极勉强了，每天要说话简直是不可思议——垃圾还可以当肥料用，拿泻药打出来的烂话有什么去路！我当然不听。三月间我要到欧洲去，一班朋友都不肯放我走，内中顶蛮横不讲理的是陈博生与黄子美，我急了只得行贿，我说你们放我走我回来时替你们办副刊，他们果然上了当立刻取消了他们的蛮横，并且还请我吃饭饯行。其实我只是当笑话说，那时赌咒也不信有人能牵住我办日报，我心想到欧洲去孝敬他们几封通信也就两开不是？七月间我回来了，他们逼着我要履行前约，比上次更蛮横了，真象是讨债。有一天博生约了几个朋友谈，有人完全反对我办副刊，说我不配，象我这类人只配东飘西荡的偶尔挤出几首小诗来给他们解解闷也就完事一宗；有人进一步说不仅反对我办副刊并且副刊这办法根本就要不得，早几年许是一种投机，现在可早该取消了。那晚陈通伯也在座，他坐着不出声，听至副刊早就该死的话他倒说话了，他说得俏皮，他说他本来也不赞成我办副刊的，他也是最厌恶副刊的一个；但为要处死副刊，趁早扑灭这流行病，他倒换了意见，反而赞成我来办《晨报副刊》，第一步逼死别家的副刊，第二步掐死自己的副刊，从此人类可永免副刊的灾殃。他话是俏皮，可是太恭维我了；倒象我真有能力在掐死自己之前逼死旁人似的！那晚还是无结果。后来博生再拿实际的利害引诱我，他说你还不是成天想办报，但假如你另起炉灶的话，管你理想不理想，新月不新月，第一件事你就得准备贴钱，对不对？反过来说，副刊是现成的，你来我们有薪水给你，可以免得做游民，岂不是一举两得！这利害的确是很分明，我不能打冥了；但我一想起每天出一张的办法还是脑袋发胀，我说我也愿意帮忙，但日刊其实太难，假如《晨报》周刊或是甚至三日刊的话，我总可以商量……这来我可被他抓住了，他立即说好，那我们就为你特别想法，你就管三天的副刊那总合适了。我再不好意思拒绝，他们这样的恳切。过一天他又来疏通说三天其实转不过来，至少得四天。我说那我只能在字数里做伸缩，我想尽我能力的限度只能每周管三万多字，实在三天匀不过来的话，那我只能把三天的材料摊成四分，反正多少不是好歹的标准不是？他说那就随你了。这一来笑话就变成了实事，我自己可想不到的。但同时我又警告博生，我说我办就办，办法可得完全由我，我爱登什么就登什么，万一将来犯什么忌讳出了乱子累及《晨报》本身的话，只要我自以为有交待，他可不能怨我；还有一层，在他虽则看得起我，以为我办不至于怎样的不堪，但我自问我决不是一个会投机的主笔，迎合群众心理，我是不来的，谀附言论界的权威者我是不来的，取媚社会的愚闇与褊浅我是不来的；我来只认识我自己，只知对我自己负责任，我不愿意说的话你逼我求我我都不说的，我要说的话你逼我求我我都不能不说的：我来就是个全权的记者，但这来为他们报纸营业着想却是一个问题。因为我自信每回我说话比较自以为象话的时候，听得进听得懂的读者就按比例的减少；一个作者往往因为不肯牺牲自己思想的忠实结果暗伤读者的私心，这也是应得虑到的，所以我来接手时即使不闹大乱子也难免使一部分读者失望的危险（这就是一个理由日报不应有副刊）。你不久许会听着各方面的抱怨，说"从前的副刊即使不十分出色总还是妥妥贴贴看得过去，这来你瞧尽让一个疯子在那里说疯话，我们可没有闲工夫来消化，我们再也不请教副刊了。"本来报纸这东西是跟着平民主义工商文明一套来的；现代最大的特色是一班人心灵的懒；教一个人能自己想，是教育最后的成功，但一班人与其费脑力想还不如上澡堂躺着打盹去，谁愿意想来？反面说有思想人唯一的目标是要激动一班人的心灵活动，他要叫你听了他的话不舒服，不痛快，逼着你张着眼睛看，笃着你领起精神想；他不来替你出现成的主意象政府的命令，或是说模棱两可的油话，象日报上的社论，或是通知你某处有兵打架某处有草棚子着火，象所有的新闻；他不来替你菜蔬里添油，不来替你铺地毯省得你脚心疼；他第一叫你难受；第二叫你难受，第三还是叫你难受。这样的人来办报在营业上十九是不免失败的。也许本来这思想的事业是少数人的特权与天职；报纸是为一班人设的，这就根本不能与思想做紧邻。但这番话读者你也许说对。我们那位大主笔先生还是不信，他最后一句话是"你来办就得了！"

所以我不能不来试试。同时我自己也并不感觉我说话的卤莽；《晨报副刊》嘿！说起来头大着哩！你们不见《晨报》的广告上说什么"思想的前驱"，这大约是指副刊的。因为我们不能在正张新闻里找思想，更不能在经济界什么界里找前驱。不，我也很知道《晨副》过去光荣的历史，现在谁知道却轮着我来续貂！所以假如我上面的话有地方犯什么亵渎或夸口的嫌疑，我赶快在这里告无心的罪；我这一条臂膀有多大能耐，能举起多少分量？不靠朋友帮忙是做不成事的，我也很放心是我的朋友（相识或不相识）决不会袖手的，要不然我哪敢冒昧承当这副重担；我只盼望我值得你们的帮忙。这回封面广告的大字是"副刊的提高及革新"，那大概是营业部拟的启事，我并没有那样的把握，革新还可以说，至少办事方面换了手，印刷方面也换了样那就是革新，提高的话可就难说了，我就不明白高低的标准在哪里，我得事前声明；我知道的只是在我职期内尽我的力量来办就是。

我自己是不免开口，并且恐怕常常要开口，不比先前的副刊主任们来得知趣解事，不到必要的时候是很少开口的。我盼望不久就有人厌弃我，这消息传到了我的上司那边，我就有恢复自由的希望了！同时我约了几位朋友常常替我帮忙。我特别要介绍我们朋友里最多才多艺的赵元任生生，他从天上的星到我们肠子里的微菌，从广东话到四川话，从音学到玄学，没有一样不精；他是一个真的通人；但他顶出名的是他的"幽默"，谁要听赵先生讲演不发笑，他一定可以进圣庙吃冷肉去！我想给他特辟一栏，随他天南地北的乱说，反正他口里没有没趣味的材料。他已经答应投稿；但我为防他懒，所以第一天就替他特别登广告，生生的抓住了他再说。老话说的"一将难求"，我这才高兴哪！此外前辈方面，梁任公先生那杆长江大河的笔是永远流不尽的，我们这小报也还得沾光他的润泽。张奚若先生，先前政治学报的主笔，是一位有名的炮手；我这回也特请他把他的大炮安在顺治门大街的后背。金龙荪傅孟真罗志希几位先生此时还在欧洲，他们的文章我盼望不久也会来光我们的篇幅。我们特请姚茫父余越园先生谈中国美术，刘海粟钱稻荪邓以蛰诸先生谈西洋艺术；余上沅赵太侔先生谈戏剧，闻一多先生谈文学；翁文灏任叔永诸先生专撰科学的论文，肖友梅赵元任先生谈西洋音乐。李济之先生谈中国音乐，上海方面我亲自约定了郭沫若吴德生张东荪诸先生随时来稿；武昌方面，不用说，有我们钟爱的郁达夫与杨金甫。陈衡哲女士也到北京来了，我们常可以在副刊上读她的作品，这也是个可喜的消息；我此时是随笔列举，并不详备；至于我们日常见面的几位朋友，如西林西滢胡适之张歆海陶孟和江绍原沈性仁女士凌叔华女士等更不必我烦言，他们是不会旷课的，万一他们躲懒我要叫他们知道我的爱处厉害！新近的作者如沈从文焦菊隐于成泽钟天心陈镈鲍廷蔚诸先生也一定常有崭新的作品给我们欣赏。宗白华先生又是一位多方面的学者，他新从德国回来，一位江西谢先生快从德国回来，专研文学的；我盼望他们两位也可以给我们帮助。

这是就我个人相知的说，我们当然更盼望随时有外来精卓的稿件，要不然我们虽则有上面一大串的名字，还是不易支持的。酬报是个问题；我是主张一律给相当酬润的，但据陈博生说《晨报》的经济也很支绌，假如要论文付值的话报馆破产的日子就不在远，我也知道他们的困难，但无论如何我总想法不叫人家完全白做，负责公平交易的话永远说不上；这一点我倒立定主意想提高，多少不论；靠卖文过活的不必说。拿到一点酬报可以多买一点纸笔，就是不介意稿费的，拿到一点酬劳也算是我们家乡话说的一点"希奇子"，可以多买几包糖炒良乡吃。同时我当然不敢保证进来的稿件都有登的希望，虽则难免遗珠，我这里选择也不得不谨慎，即使我极熟的朋友的来件也一样有得到"退还不用"的快乐。我预先声明保留这点看稿的为难的必要；我永远托庇你们的宽容。

（原载 1925 年 10 月 1 日《晨报副刊》）

"迎上前去"

徐志摩

这回我不撒谎，不打隐谜，不唱反调，不来烘托；我要说几句至少我自己信得过的话，我要痛快的招认我自己的虚实，我愿意把我的花押画在这张供状的末尾。

我要求你们大量的容许准我，在我第一天接手《晨报副刊》的时候，介绍我自己，解释我自己，鼓励我自己。

我相信真的理想主义者是受得住眼看他往常保持着的理想萎成灰，碎成断片，烂成泥，在这灰这断片这泥的底里他再来发现他更伟大更光明的理想。我就是这样的一个。

只有信生病是荣耀的人们才来不知耻的高声叫痛；这时候他听着有脚步声，他以为有帮助他的人向着他来，谁知是他自己的灵性离了他去！真有志气的病人，在不能自己豁脱苦痛的时候，宁可死休，不来忍受医药与慈善的侮辱。我又是这样的一个。

我们在这生命里到处碰头失望，连续遭逢"幻灭"，头顶只见乌云，地下满是黑影；同时我们的年岁，病痛，工作，习惯，恶狠狠的压上我们的肩背，一天重似一天，在无形中嘲讽的呼喝着，"倒，倒，你这不量力的蠢才！"因此你看这满路的倒尸，有全死的，有半死的，有爬着挣扎的，有默无声息的……嘿！生命这十字架，有几个人抗得起来？

但生命还不是顶重的担负，比生命更重实更压得死人的是思想那十字架。人类心灵的历史里能有几个天成的孟贲乌育？在思想可怕的战场上我们就只有数得清有限的几具光荣的尸体。

我不敢非分的自夸；我不够狂，不够妄。我认识我自己力量的止境，但我却不能制止我看了这时候国内思想界萎癃现象的愤懑与羞恶。我要一把抓住这时代的脑袋，问他要一点真思想的精神给我看看——不是借来的税来的冒来的描来的东西，不是纸糊的老虎，摇头的傀儡，蜘蛛网幕面的偶像；我要的是筋骨里迸出来，血液里激出来，性灵里跳出来，生命里震荡出来的真纯的思想。我不来问他要，是我的懦怯；他拿不出来给我看，是他的耻辱。朋友，我要你选定一边，假如你不能站在我的对面，拿出我要的东西来给我看，你就得站在我这一边，帮看我对这时代的挑战。

我预料有人笑骂我的大话。是的，大话。我正嫌这年头的话太小了，我们得造一个比小更小的字来形容这年头听着的说话，写下印成的文字；我们得请一个想象力细致如史魏夫脱（Dean Swift）的来描写那些说小话的小口，说尖话的尖嘴。一大群的食蚁兽！他们最大的快乐是忙着他们的尖喙在泥土里垦寻细微的蚂蚁。蚂蚁是吃不完的，同时这可笑的尖嘴却益发不住向尖的地方进化，小心再隔几代连蚂蚁这食料都显得太大了！

我不来谈学问，我不配，我书本的知识是真的十二分的有限。年轻的时候我念过几本极普通的中国书，这几年不但没有知新，温故都说不上，我实在是固陋，但我却抱定孔子的一句话"知之为知之，不知为不知，是知也"，决不来强不知为知；我并不看不起国学与研究国学的学者，我十二分尊敬他们，只是这部分的工作我只能艳羡的看他们去做，我自己恐怕不但今天，竟许这辈子都没希望参加的了。外国书呢？看过的书虽则有几本，但是真说得上"我看过的"能有多少，说多一点，三两篇戏，十来首诗，五六篇文章，不过这样罢了。

科学我是不懂的，我不曾受过正式的训练，最简单的物理化理者说不明白，我要是不预备就去考中学校，十分里有九分是落第，你信不信！天上我只认识几颗大星，地上几棵大树；这也不是先生教我认的；先生那里学来的，十几年学校教育给我的，究竟有些什么，我实在想不起，说不上，我记得的只是几个教授可笑的嘴脸与课堂里强烈催眠的空气。

我人事的经验与知识也是同样的有限，我不曾做过工；我不曾尝味过生活的艰难，我不曾打过仗，不曾坐过监，不曾进过什么秘密党，不曾杀过人，不曾做过买卖，发过一个大的财。

所以你看，我只是个极平常的人，没有出人头地的学问，更没有非常的经验。但同时我自信我也有我与人不同的地方。我不曾投降这世界。我不受它的拘束。

我是一只没有笼头的野马，我从来不曾站定过。我人是在这社会里活着，我却不是这社会的一个，象是有离魂病似的，我这躯壳的动静是一件事，我那梦魂的去处又是一件事。我是一个傻子：我曾经妄想在这流动的生里发现一些不变的价值，在这打谎的世上寻出一些不磨灭的真，在我这灵魂的冒险是生命核心里的意义；我永远在无形的经验的巉岩上爬着的。

冒险——痛苦——失败——失望，是跟着来的，存心冒险的人就得打算他最后的失望；但失望却不是绝望，这分别很大。我是曾经遭受失望的打击，我的头是流着血，但我的脖子还是硬的；我不能让绝望的重量压住我的呼吸，不能让悲观的慢性病侵蚀我的精神，更不能让厌世的恶质染黑我的血液。厌世观与生命是不能并存的；我是一个生命的信徒，初起是的，今天还是的，将来我敢说，也是的。我决不容忍性灵的颓唐，那是最不可救药的堕落，同时却继续躯壳的存在；在我，单这开口说话，提笔写字的事实就表示后背有一个基本的信仰，完全的没有破绽的信仰；否则我何必再做什么文章，办什么报刊？

但这并不是说我不感受人生遭遇的痛创；我决不是那童騃性的乐观主义者；我决不来指着黑影说这是阳光，指着云雾说这是青天，指着分明的恶说这是善；我并不否认黑影，云雾与恶，我只是不怀疑阳光与青天与善的实在；暂时的掩蔽与侵蚀不能使我们绝望，这正应得加倍的激动我们寻求光明的决心。前几天我觉得异常懊丧的时候无意中翻着尼采的一句话，极简单的几个字却涵有无穷的意义与强悍的力量，正如天上星斗的纵横与山川的经纬在无声中暗示你人生的奥义，祛除你的迷惘，照亮你的思路，他说"受苦的人没有悲观的权利"（The sufferer has no right to pessimism）我那时感受一种异样的惊心，一种异样的澈悟：——

我不辞痛苦，因为我要认识你，上帝；

我甘心，甘心在火焰里存身，

到最后那时辰见我的真，

见我的真，我定了主意，上帝，再不迟疑！

所以我这次从南边回来，决意改变我对人生的态度，我写信给朋友说这来要来认真做一点"人的事业"了。——

我再不想成仙，蓬莱不是我的分；

我只要这地面，情愿安分的做人。

在我这"决心做人，决心做一点认真的事业"，是一个思想的大转变；因为先前我对这人生只是不调和不承认的态度，因此我与这现世界并没有什么相互的关系，我是我，它是它，它不能责备我，我也不来批评它。但这来我决心做人的宣言就把我放进了一个有关系，负责任的地位，我再不能张着眼睛做梦，从今起得把现实当现实看；我要来察看，我要来检查，我要来清除，我要来颠扑，我要来挑战，我要来破坏。

人生到底是什么？我得先对我自己给一个相当的答案。人生究竟是什么？为什么这形形色色的，纷扰不清的现象——宗教，政治，社会，道德，艺术，男女，经济？我来是来了，可还是一肚子的不明白，我得慢慢的看古玩似的，一件件拿在手里看一个清切再来说话，我不敢保证我的话一定在行，我敢担保的只是我自己思想的忠实；我前面说过我的学识是极浅陋的，但我却并不因此自馁，有时学问是一种束缚，知识是一层障碍，我只要能信得过我能看的眼，能感受的心，我就有我的话说；至于我说的话有没有人听，有没有人懂，那是另外一件事我管不着了——"有的人身死了才出世的，"谁知道一个人有没有真的出世那一天？

是的，我从今起要迎上前去！生命第一个消息是活动，第二个消息是搏斗，第三个消息是决定；思想也是的，活动的下文就是搏斗。搏斗就包含一个搏斗的对象，许是人，许是问题，许是现象，许是思想本体。一个武士最大的期望是寻着一个相当的敌手，思想家也是的，他也要一个可以较量他充分的力量的对象，"攻击是我的本性"，一个哲学家说，"要与你的对手相当——这是一个正直决斗的第一个条件。你心存鄙夷的时候你不能搏斗。你占上风，你认定对手无能的时候你不应当搏斗，我的战略可以约成四个原则：——第一，我专打正占胜利的对象——在必要时我暂缓我的攻击等他胜利了再开手。第二，我专打没有人打的对象，我这边不会有助手，我单独的站定一边——在这搏斗中我难为的只是我自己。第三，我永远不来对人的攻击——在必要时我只拿一个人格当显微镜用，借它来显出某种普遍的，但却隐遁不易踪迹的恶性。第四，我攻击某事物的动机，不包含私人嫌隙的关系，在我攻击是一个善意的，而且在某种情况下，感恩的凭证。"

　　这位哲学家的战略，我现在借引作我自己的战略，我盼望我将来不至于在搏斗的沉酣中忽略了预定的规律，万一疏忽时我恳求你们随时提醒。我现在戴我的手套去！

（选自 1928 年 1 月上海新月书店版《自剖》）

海滩上种花（节录）

徐志摩

　　我正发窘的时候，来了一个救星——就是我手里这一小幅画，等我来讲道理给你们听。这张画是我的拜年片，一个朋友替我制的。你们看这个小孩子在海边沙滩上独自的玩，赤脚穿着草鞋，右手提着一枝花，使劲把它往沙里栽，左手提着一把浇花的水壶，壶里水点一滴滴的往下吊着。离着小孩不远看得见海里翻动着的波澜。

　　你们看出了这画的意思没有？

　　在海砂里种花。在海砂里种花！那小孩这一番种花的热心怕是白费的了。砂碛是养不活鲜花的，这几点淡水是不能帮忙的；也许等不到小孩转身，这一朵小花已经支不住阳光的逼迫，就得交卸他有限的生命；枯萎了去。况且那海水的浪头也快打过来了，海浪冲来时不说这朵小小的花，就是大根的树也怕站不住——所以这花落在海边上是绝望的了，小孩这番力量准是白化的了。

　　你们一定很能明白这个意思。我的朋友是很聪明的，他拿这画意来比我们一群呆子，乐意在白天里做梦的呆子，满心想在海砂里种花的傻子。画里的小孩拿着有限的几滴淡水想维持花的生命，我们一群梦人也想在现在比沙漠还要干枯比沙滩更没有生命的社会里，凭着最有限的力量，想下几颗文艺与思想的种子，这不是一样的绝望，一样的傻？想在海砂里种花，想在海砂里种花，多可笑呀！但我的聪明的朋友说，这幅小小画里的意思还不止此；讽刺不是她的目的。她要我们更深一层看。在我们看来海砂里种花是傻气，但在那小孩自己却不觉得。他的思想是单纯的，他的信仰也是单纯的。他知道的是什么？他知道花是可爱的，可爱的东西应当帮助他生长；他平常看见花草都是从地土里长出来的，他看来海砂也只是地，为什么海砂里不能长花他没有想到，也不必想到，他就知道拿花来栽，拿水去浇，只要那花在地上站直了他就欢喜，他就乐，他就会跳他的舞，唱他的歌，来赞美这美丽的生命，以后怎么样，海砂的性质，花的运命，他全管不着！我们知道小孩们怎样的崇拜自然，他的身体虽则小，他的灵魂却是大着，他的衣服也许脏，他的心可是洁净的。这里还有一幅画，这是自然的崇拜，你们看这孩子在月光下跪着拜一朵低头的百合花，这时候他的心与月光一般的清洁，与花一般的美丽，与夜一般的安静。我们可以知道到海边上来种花那孩子的思想与这月下拜花的孩子的思想会得跪下的——单纯，清洁，我们可以想象那一个孩子把花栽好了也是一样来对着花膜拜祈祷——他能把花暂时栽了起来便是他的成功，此外以后怎么样不是他的事情了。

你们看这个象征不仅美，并且有力量；因为它告诉我们单纯的信心是创作的泉源——这单纯的烂漫的天真是最永久最有力量的东西，阳光烧不焦他，狂风吹不倒他，海水冲不了他，黑暗掩不了他——地面上的花朵有被摧残有消灭的时侯，但小孩爱花种花这一点："真"却有的是永久的生命。

我们来放远一点看。我们现有的文化只是人类在历史上努力与牺牲的成绩。为什么人们肯努力肯牺牲？因为他们有天生的信心；他们的灵魂认识什么是真什么是善什么是美，虽则他们的肉体与知识有时侯会诱惑他们反着方向走路；但只要他们认明一件事情是有永久价值的时侯，他们就自然的会得兴奋，不期然的自己牺牲，要在这匆匆变动的声色的世界里，赎出几个永久不变的原则的凭证来。耶稣为什么不怕上十字架？密尔顿何以瞎了眼还要做诗，贝德芬何以聋了还要制音乐，密仡郎其罗为什么肯积受几个月的潮湿不顾自己的皮肉与靴子连成一片的用心思，为的只是要解决一个小小的美术问题？为什么永远有人到冰洋尽头雪山顶上去探险？为什么科学家肯在显微镜底下或是数目字中间研究一般人眼看不到心想不通的道理消磨他一生的光阴？

为的是这些人道的英雄都有他们不可摇动的信心；象我们在海砂里种花的孩子一样，他们的思想是单纯的——宗教家为善的原则牺牲；科学家为真的原则牺牲，艺术家为美的原则牺牲——这一切牺牲的结果便是我们现有的有限的文化。

你们想想在这地面上做事难道还不是一样的傻气——这地面还不与海砂一样不容你生根；在这里的事业还不是与鲜花一样的娇嫩？——潮水过来可以冲掉，狂风吹来可以折坏，阳光晒来可以薰焦我们小孩子手里拿着往砂里栽的鲜花，同样的，我们文化的全体还不一样有随时可以冲掉折坏薰焦的可能吗？巴比伦的文明现在那里？碙碪城曾经在地下埋过千百年，克利脱的文明直到最近五六十年间才完全发现。并且有时一件事实体的存在并不能证明他生命的继续。这区区地球的本体就有一千万个毁灭的可能。人们怕死不错，我们怕死人，但最可怕的不是死的死人，是活的死人，单有躯壳生命没有灵性生活是莫大的悲惨；文化也有这种情形，死的文化到也罢了，最可怜的是勉强喘着气的半死的文化。你们如其问我要例子，我就不迟疑的回答你说，朋友们，贵国的文化便是一个喘着气的活死人！时候已经很久的了，自从我们最后的几个祖宗为了不变的原则牺牲他们的呼吸与血液，为了不死的生命牺牲他们有限的存在，为了单纯的信心遭受当时人的讪笑与侮辱。时候已经很久的了，自从我们最后听见普遍的声音象湖水似的充满着地面。时候已经很久的了，自从我们最后看见强然的光明象卫星似的扫掠过地面。时候已经很久的了，自从我们最后为某种主义流过火热的鲜血。时候已经很久的了，自从我们的骨髓里有胆量，我们的说话里有分量。这是一个极伤心的反省！我真不知道这时代犯了什么不可赦的大罪，上帝竟狠心的赏给我们这样恶毒的刑罚？你看看去这年头到那里去找一个完全的男子或是一个完全的女子——你们去看去，这年头那一个男子不是阳痿，那一个女子不是鼓胀！要形容我们现在受罪的时期，我们得发明一个比丑更丑比脏更脏比下流更下流比苟且更苟且比懦怯更懦怯的一类生字去！朋友们，真的我心里常常害怕，害怕下回东风带来的不是我们盼望中的春天，不是鲜花青草蝴蝶飞鸟，我怕他带来一个比冬天更枯槁更凄惨更寂寞的死天——因为丑陋的脸子不配穿漂亮的衣服，我们这样丑陋的变态的人心与社会凭什么权利可以问青天要阳光，问地面要青草，问飞鸟要音乐，问花朵要颜色？你问我明天天会不会放亮？我回答说我不知道，竟许不！

归根是我们失去了我们灵性努力的重心，那就是一个单纯的信仰，一点烂漫的童真！不要说到海滩去种花——我们都是聪明人谁愿意做傻瓜去——就是在你自己院子里种花你都懒怕动手哪！最可怕的怀疑的鬼与厌世的黑影已经占住了我们的灵魂！

所以朋友们，你们都是青年，都是春雷声响不曾停止时破绽出来的鲜花，你们再不可堕落了——虽则陷井的大口满张在你的跟前，你不要怕，你把你的烂漫的天真倒下去，填平了它再往前走——你们要保持那一点的信心，这里面连着来的就是精力与勇敢与灵感——你们要不怕做小傻瓜，尽量在这人道的海滩边种你的鲜花去——花也许会消灭，但这种花的精神是不烂的！

（选自 1926 年 6 月北京北新书局版《落叶》）

又从苏俄回讲到副刊

勉己先生来稿的书后

徐志摩

　　勉己先生今早交来一篇文章，要我立即在副刊上登出，并且得"登在与张奚若先生论文同位置"，所以我遵令将原稿一字不动的付印。他在他的来信里还许我自由说话，对他的意见不妨尽量批评。勉己先生可以放心，自由说话不仅是我认为我的特权并且也是我的责任；要我不自由说话或是说话不自由，在我有自由可享的时候，怕不是怎样容易的事。这次《社会周刊》载了陈启修先生一篇论文这件事，分明引起了不少人的兴趣，或者我应该说兴奋。张奚若先生第一个就忍不住说了话。现在勉己先生又来了一篇，并且还预告在《晨报》正张与《社会周刊》里还有更详尽的文章。这是好消息，在我看来。中国对苏俄的问题，乃至共产主义与中国，和国内共产党一类问题，到今天为止，始终是不曾开刀或破口的一个大疽，里面的脓水已经痈聚到一个无可再淤的地步，同时各地显著与隐伏着的乱像已经不容我们须臾的忽视。假如在这时候，少数有独立见解的人再不应用理智这把快刀，直剖这些急迫问题的中心，我怕多吃一碗饭多抽一支烟的耽误就可以使我们追悔来不及。理智是一把解决纠纷的快刀，我信。我前天那篇论文《从小说讲到大事》也就只希望少数有思想力的人有胆量认清眼前的事实独立的从头想一个透彻，因为只有忠实的思想才可以给我们机会到我们自己的心灵底里去发现单纯的理想与信心；就只单纯的理想与信心可以灵感我们到救度我们自身伟大的事业。我恨的是糊涂的头脑，它是个偾事的专家；我敬爱的是锐利的理智，它是把破妖法的神剑。中国人灵魂是完全没有的，那是没有问题的；现在我们要知道的是中国人究竟有多少脑筋，有多少真的思想力：有力的思想，不是挑小差错说俏皮话或是"打偷来拳头"那一套可笑的猴子戏。没有灵魂的下文是不能进天国，那倒是省却不少麻烦；但是欠缺头脑或是甚至完全没有头脑那可不是玩儿，结果我们勉强在地面上过活的机会都会叫旁人抢了去的。我们目前的政府仿佛是很奋发有为，多的是这样那样"整理会"。我倒想上一个条陈请政府来个更根本的，最根本的"思想整理会"清理清理我们的头脑才是道理哪！

勉己先生这篇文章的题目是《应怎样对苏俄》，但他这题目只是一张"期票"，要取现钱你得等到《晨报》正张与《社会周刊》里的文章印出。他讲了他——《社会周刊》主任的他——为什么登载陈启修先生那篇论文的理由；说明了《晨报》正副的界限，怎样应该保持副刊"学术性的门墙"；但"应怎样对苏俄"的本题几于完全没有说到，所以我这里也不来多说话，且等勉己先生更切题的文章出来了再看。

但有一点勉己先生的论断我以为还不十分精密。他说副刊是完全学术性的，因此政治战略的口号是不应得侵入它的门墙的。我完全赞成；但这句话的涵义却并不是，请你们注意，我们就可以容忍巧妙的宣传文字大踏步跨入我们严密的学术性的门墙，就只为它来的时候穿上了一件科学，哲学，或是旁的什么学的外衣。（这话我声明，并不反射到启修先生那篇论文，我只是泛论。）还有，反对某种事情固然往往是政治的或是什么战略作用，但同时忠实的思想，在接触现世界事物时，也可以引致我们，有时甚至逼迫我们，到一个坚决的行为上的结论赞成或是反对。我办什么报，不论是副刊或是什么，要保持的第一是思想的尊严与它的独立性，这是不能让步的。单这一句话，别看说出口容易，就包含极大的危险与责任。为了这一点不让步，苏格腊底斯老头就得吞毒药，勃罗诺进火焰去，加立里窝受刑讯，最近罗素坐监牢。因为我当初不敢冒昧的接手副刊，因为说小一点，有时副刊许不免受报馆主张大纲的影响。后来博生允许给我全权我才来的。所以这来我更高兴这个机会有勉己先生再来声明一次副刊的独立性，主任的可以绝对不受牵制的发表他的思想，登载他的稿件。奚若先生责备《晨报》主张不一致的话因此并不完全对，却也不是不对。《晨报》正张的宗旨我不与闻，至于我办副刊期内所认定的一个标准只是思想的忠实，此外都不关紧要。危险我是不怕的。

（原载 1925 年 10 月 10 日《晨报副刊》）

"仇友赤白的仇友赤白"

徐志摩

一、前言　记者的声明

先前有人告诉我办副刊的一个秘诀是引起问题的争论。照往例看，问题越浅薄，告奋勇的人越多。编辑先生只要在旁边扇；越扇越旺，副刊就不愁填不满空白了。我是一个滴青外行——不论做什么事。又是天生的傲气，内行话老成话我都不愿听，宁可办糟了吃他们的"如何！我告诉你的！"

也真巧，我才来，问题就跟着到。而且我信这回的问题决不是浅薄的。但这话有语病，因为问题本身只有宽窄大小的区别，浅薄不浅薄看你怎样讨论法。

有时谈小问题可以发见大道理，同时大题目底下的文章不定是高明。

这回的问题，说狭一点，是中俄邦交问题；说大一点，是中国将来的国运问题，包括国民生活全部可能的变态的。这题目不能算小。自从陈启修张奚若在本副刊对垒以来，来稿真不少，有的说是仇，有的说是友，有的说是赤，有的说是白。

假如我们一起发表的话，每期都是这问题的专号了！这是应该的。但同时我以做副刊记者的资格，也以我个人的资格，得在这里声明几句话，免得一部分人误解。这时代，我有时想，有的就是误解，存心或不存心。我每回想着看着觉得就难受，因为这一点分明反映时代的心理。

我第一要声明的是本副刊（每周星一星三星四星六是志摩主编的，此外不关我的事）决不是任何党派的宣传机关；本副刊撰稿选稿是我个人完全除外的特权，与责任。《晨报》主人有一天干涉我的时候，竟许就是我解职的时候，因为我不能忍受不完全的信任。《晨报》本身的主张绝对不与闻，我也管不着，也不想管。我知道的只是凭我自定的标准与能力编辑这每周四张的副刊。办好是我的成功，办坏是我的罪，没有第二人分得着。再讲切实一点，就比如这回在讨论中的中俄问题，我个人自信是无成见的。我天天抓紧了拳头问这时代要的只是忠实的思想，不问它是任何的倾向。谁要看懂我上星期那篇《从小说讲到大事》，他就认清了我的评价的标准。我恨一切私利动机的活动，我恨作伪，恨愚闇，恨懦怯，恨下流，恨威吓与诬陷。我爱真理，爱真实，爱勇敢，爱坦白，爱一切真实的思想。我曾经登载张奚若反对俄国人帮助中国人进天堂的文章，因为我信得过张奚若的见解至少是独立的，不含别种动机的，忠实的。他也许错误，他也许有他看不到的地方，谁知道；但他的议论至少是对他自己完全忠实的。同时我决不拒绝反驳他的文章，只要来者合我的标准——忠实。有一部分我不刊出的来稿，是为它本身没有什么新发见，或是写得太不清楚；但我决不以正反定取舍。奚若最初说《晨报》不应该登载赞成或隐利苏俄的文章，我不这样想。我心目中的友只是我上面列举的几条"我爱"；我的敌人也就是上面列举的几条我恨。这标准似乎很空泛，不着实际，但我再也想不出更合理的标准。绍原说我"尚不失赤子之心"，我觉着安慰，因为我信得过他这句话里没有混入"爱伦内"。就凭这一点"赤子之心"，如果我真的不曾完全失去，我才敢来与你们相见。

我现在特辟这《仇友赤白的仇友赤白》一栏，专为登载关于中俄关系乃至联起的中国将来国运问题，盼望国内有思想的特权与责任的朋友们共同来讨论这件大事。

（原载 1925 年 10 月 15 日《晨报副刊》）

我所知道的康桥

徐志摩

（一）

　　我这一生的周折，大都寻得出感情的线索。不论别的，单说求学。我到英国是为要从罗素。罗素来中国时，我已经在美国。他那不确的死耗传到的时候，我真的出眼泪不够，还做悼诗来了。他没有死，我自然高兴。我摆脱了哥伦比亚大学博士衔的引诱，买船要过大西洋，想跟这位二十世纪的福禄泰尔认真念一点书去。谁知一到英国才知道事情变样了：一为他在战时主张和平，二为他离婚，罗素叫康桥给除名了，他原来是 Trinity college 的 Fellow，这来他的 Fellowship 也给取消了。他回英国后就在伦敦住下，夫妻两人卖文章过日子。因此我也不曾遂我从学的始愿。我在伦敦政治经济学院里混了半年，正感着闷想换路走的时候，我认识了狄更生先生。狄更生——Galsworthy Lowes Dickinson——是一个有名的作者，他的《一个中国人通信》（Letters From John Chinaman）与《一个现代聚餐谈话》（A Modern Symposium）两本小册子早得了我的景仰。我第一次会着他是在伦敦国际联盟协会席上，那天林宗孟先生演说，他做主席；第二次是宗孟寓里吃茶，有他。以后我常到他家里去。他看出我的烦闷，劝我到康桥去，他自己是王家学院（Kings College）的 Fellow。我就写信去问两个学院，回信都说学额早满了，随后还是狄更生先生替我去在他的学院里说好了，给我一个特别生的资格，随意选科听讲。从此黑方巾黑披袍的风光也被我占着了。初起我在离康桥六英里的乡下叫沙士顿地方租了几间小屋住下,同居的有我从前的夫人张幼仪女士与郭虞裳君。每天一早我坐街车(有时自行车)上学,到晚回家。这样的生活过了一个春,但我在康桥还只是个陌生人,谁都不认识,康桥的生活,可以说完全不曾尝着,我知道的只是一个图书馆,几个课室,和三两个吃便宜饭的茶食铺子。狄更生常在伦敦或是大陆上,所以也不常见他。那年的秋季我一个人回到康桥,整整有一学年,那时我才有机会接近真正的康桥生活,同时我也慢慢的"发现"了康桥。我不曾知道过更大的愉快。

(二)

"单独"是一个耐寻味的现象。我有时想它是任何发现的第一个条件。你要发现你的朋友的"真",你得有与他单独的机会。你要发现你自己的真,你得给你自己一个单独的机会。你要发现一个地方(地方一样有灵性),你也得有单独玩的机会。我们这一辈子,认真说,能认识几个人?能认识几个地方?我们都是太匆忙,太没有单独的机会。说实话,我连我的本乡都没有什么了解。康桥我要算是有相当交情的,再次许只有新认识的翡冷翠了。阿,那些清晨,那些黄昏,我一个人发痴似的在康桥!绝对的单独。

但一个人要写他最心爱的对象,不论是人是地,是多么使他为难的一个工作?你怕,你怕描坏了它,你怕说过分了恼了它,你怕说太谨慎了辜负了它。我现在想写康桥,也正是这样的心理,我不曾写,我就知道这回是写不好的——况且又是临时逼出来的事情。但我却不能不写,上期预告已经出去了。我想勉强分两节写,一是我所知道的康桥的天然景色,一是我所知道的康桥的学生生活。我今晚只能极简的写些,等以后有兴会时再补。

(三)

康桥的灵性全在一条河上;康河,我敢说,是全世界最秀丽的一条水。河的名字是葛兰大（Granta），也有叫康河（River Cim）的，许有上下流的区别，我不甚清楚。河身多的是曲折，上游是有名的拜伦潭——"Byrou's Poal"——当年拜伦常在那里玩的；有一个老村子叫格兰骞斯德，有一个果子园，你可以躺在累累的桃李树荫下吃茶，花果会吊入你的茶杯，小雀子会到你桌上来啄食，那真是别有一番天地。这是上游；下游是从骞斯德顿下去，河面展开，那是春夏间竞舟的场所。上下河分界处有一个坝筑，水流急得很，在星光下听水声，听近村晚钟声，听河畔倦牛刍草声，是我康桥经验中最神秘的一种：大自然的优美，宁静，调谐在这星光与波光的默契中不期然的淹入了你的性灵。

但康河的精华是在它的中部，著名的"Backs"，这两岸是几个最蜚声的学院的建筑。从上面下来是 Pembroke，St.Katharine's，King's，Clare，Trinity，St.John's。最令人留连的一节是克莱亚与王家学院的毗连处，克莱亚的秀丽紧邻着王家教堂（King's Chapel）的宏伟。别的地方尽有更美更庄严的建筑，例如巴黎赛因河的罗浮宫一带，威尼斯的利阿尔多大桥的两岸，翡冷翠维基乌大桥的周遭；但康桥的"Backs"自有它的特长，这不容易用一二个状词来概括，它那脱尽尘埃气的一种清澈秀逸的意境可说是超出了画图而化生了音乐的神味。再没有比这一群建筑更调谐更匀称的了！论画，可比的许只有柯罗（Corot）的田野；论音乐，可比的许只有萧班（Chopin）的夜曲。就这也不能给你依稀的印象，它给你的美感简直是神灵性的一种。

假如你站在王家学院桥边的那棵大掬树荫下眺望，右侧面，隔着一大方浅草坪，是我们的校友居（Fellows Building），那年代并不早，但它的妩媚也是不可掩的，它那苍白的石壁上春夏间满缀着艳色的蔷薇在和风中摇颤，更移左是那教堂，森林似的尖阁不可浼的永远直指着天空；更左是克莱亚，啊！那不可信的玲珑的方庭，谁说这不是圣克莱亚（St Clare）的化身，那一块石上不闪耀着她当年圣洁的精神？在克莱亚后背隐约可辨的是康桥最潇贵最骄纵的三清学院（Trinity），它那临河的图书楼上坐镇着拜伦神采惊人的雕像。

但这时你的注意早已叫克莱亚的三环洞桥魔术似的摄住。你见过西湖白堤上的西泠断桥不是？（可怜它们早已叫代表近代丑恶精神的汽车公司给踩平了，现在它们跟着苍凉的雷峰永远辞别了人间。）你忘不了那桥上斑驳的苍苔木栅的古巴，与那桥拱下泄露的湖光与山色不是？克莱亚并没有那样体面的衬托，它也不比庐山楼贤寺旁的观音桥，上瞰五老的奇峰，下临深潭与飞瀑；它只是怯怜怜的一座三环洞的小桥，它那桥洞间也只掩映着细纹的波鳞与婆娑的树影，它那桥上栉比的小穿阑与阑节顶上双双的白石球，也只是村姑子头上不夸张的香草与野花一类的装饰；但你凝神的看着，更凝神的看着，你再反省你的心境，看还有一丝屑的俗念沾滞不？只要你审美的本能不曾泯灭时，这是你的机会实现纯粹美感的神奇！

但你还得选你赏鉴的时辰。英国的天时与气候是走极端的。冬天是荒谬的坏，逢着连绵的雾盲天你一定不迟疑的甘愿进地狱本身去试试；春天（英国是几乎没有夏天的）是更荒谬的可爱，尤其是它那四五月间最渐缓最艳丽的黄昏，那才真是寸寸黄金。在康河边上过一个黄昏是一服灵魂的补剂。阿！我那时蜜甜的单独，那时蜜甜的闲暇。一晚又一晚的，只见我出神似的倚在桥阑上向天凝望：——

> 看一回凝静的桥影，
> 数一数螺钿的波纹；
> 我倚暖了石阑的青苔，
> 青苔凉透了我的心坎；……

还有几句更笨重的怎能仿佛那游丝似轻妙的情景：

> 难忘七月的黄昏，远树凝寂，
> 象墨泼的山形，衬出轻柔暝色，
> 密稠稠，七分鹅黄，三分橘绿，
> 那妙意只可去秋梦边缘捕捉；……

（四）

这河身的两岸都是四季常青最葱翠的草坪。从校友居的楼上望去，对岸草场上，不论早晚，永远有十数匹黄牛与白马，胫蹄没在恣蔓的草丛中，从容的在咬嚼，星星的黄花在风中动荡，应和着它们尾鬃的扫拂。桥的两端有斜倚的垂柳与掩荫护住。水是彻底的清澄，深不足四尺，匀匀的长着长条的水草。这岸边的草坪又是我的爱宠，在清朝，在傍晚，我常去这天然的织锦上坐地，有时读书，有时看水；有时仰卧着看天空的行云，有时反仆着搂抱大地的温软。

但河上的风流还不止两岸的秀丽。你得买船去玩。船不止一种：有普通的双桨划船，有轻快的薄皮舟（Canoe），有最别致的长形撑篙船（Punt）。最末的一种是别处不常有的：约莫有二丈长，三尺宽，你站直在船梢上用长竿撑着走的。这撑是一种技术。我手脚太蠢，始终不曾学会。你初起手尝试时，容易把船身横住河中，东颠西撞的狼狈。英国人是不轻易开口笑人的，但是小心他们不出声的皱眉！也不知有多少次河中本来优闲的秩序叫我这莽撞的外行给捣乱了。我真的始终不曾学会；每回我不服输跑去租船再试的时候，有一个白胡子的船家往往带讥讽的对我说："先生，这撑船费劲，天热累人，还是拿个薄皮舟溜溜吧！"我那里肯听话，长篙子一点就把船撑了开去，结果还是把河身一段段的腰斩了去！

你站在桥上去看人家撑，那多不费劲，多美！尤其在礼拜天有几个专家的女郎，穿一身缟素衣服，裙裾在风前悠悠的飘着，戴一顶宽边的薄纱帽，帽影在水草间颤动，你看她们出桥洞的姿态，捻起一根竟象没分量的长竿，只轻轻的，不经心的往波心里一点，身子微微的一蹲，这船身便波的转出了桥影，翠条鱼似的向前滑了去。她们那敏捷，那闲暇，那轻盈，真是值得歌咏的。

在初夏阳光渐暖时你去买一支小船，划去桥边荫下躺着念你的书或是做你的梦，槐花香在水面上飘浮，鱼群的唼喋声在你的耳边挑逗。或是在初秋的黄昏，近着新月的寒光，望上流僻静处远去。爱热闹的少年们携着他们的女友，在船沿上支着双双的东洋彩纸灯带着话匣子，船心里用软垫铺着，也开向无人迹处去享他们的野福——谁不爱听那水底翻的音乐在静定的河上描写梦意与春光！

住惯城市的人不易知道季候的变迁。看见叶子掉知道是秋，看见叶子绿知道是春；天冷了装炉子，天热了拆炉子；脱下棉袍，换上夹袍，脱下夹袍，穿上单袍：不过如此罢了。天上星斗的消息，地下泥土里的消息，空中风吹的消息，都不关我们的事。忙着哪，这样那样事情多着，谁耐烦管星星的移转，花草的消长，风云的变幻？同时我们抱怨我们的生活，苦痛，烦闷，拘束，枯燥，谁肯承认做人是快乐？谁不多少回咒诅人生？

但不满意的生活大都是由于自取的。我是一个生命的信仰者，我信生活决不是我们大多数人仅仅从自身经验推得的那样暗惨。我们的病根是在"忘本"。人是自然的产儿，就比枝头的花与鸟是自然的产儿；但我们不幸是文明人，入世深似一天，离自然远似一天。离开了泥土的花草，离开了水的鱼，能快活吗？能生存吗？从大自然，我们取得我们的生命；从大自然，我们应分取得我们继续的资养。那一株婆娑的大木没有盘错的根柢深入在无尽藏的地里？我们是永远不能独立的。有幸福是永远不离母亲抚育的孩子，有健康是永远接近自然的人们。不必一定与鹿豕游，不必一定回"洞府"去；为医治我们当前生活的枯窘，只要"不完全遗忘自然"一张轻淡的药方我们的病象就有缓和的希望。在青草里打几个滚，到海水里洗几次浴，到高处去看几次朝霞与晚照——你肩上的负担就会轻松了去的。

这是极肤浅的道理，当然。但我要没有过过康桥的日子，我就不会有这样的自信。我这一辈子就只那一春，说也可怜，算是不曾虚度。就只那一春，我的生活是自然的，是真愉快的！（虽则碰巧那也是我最感受人生痛苦的时期。）我那时有的是闲暇，有的是自由，有的是绝对单独的机会。说也奇怪，竟象是第一次，我辨认了星月的光明，草的青，花的香，流水的殷勤。我能忘记那初春的睥睨吗？曾经有多少个清晨我独自冒着冷去薄霜铺地的林子里闲步——为听鸟语，为盼朝阳，为寻泥土里渐次苏醒的花草，为体会最微细最神妙的春信。阿，那是新来的画眉在那边涧不尽的青枝上试的新声！阿，这是第一朵小雪球花挣出了半冻的地面！阿，这不是新来的潮润沾上了寂寞的柳条？

静极了，这朝来水溶溶的大道，只远处牛奶车的铃声，点缀这周遭的沉默。顺着这大道走去，走到尽头，再转入林子里的小径，往烟雾浓密处走去，头顶是交枝的榆荫，透露着漠楞楞的曙色；再往前走去，走尽这林子，当前是平坦的原野，望见了村舍，初青的麦田，更远三两个馒形的小山掩住了一条通道。天边是雾茫茫的，尖尖的黑影是近村的教寺。听，那晓钟和缓的清音。这一带是此邦中部的平原，地形象是海里的轻波，默沉沉的起伏；山岭是望不见的，有的是常青的草原与沃腴的田壤。登那土阜上望去，康桥只是一带茂林，拥戴着几处娉婷的尖阁。妩媚的康河也望不见踪迹，你只能循着那绵带似的林木想象那一流清浅。村舍与树林是这地盘上的棋子，有村舍处有佳荫，有佳荫处有村舍。这早起是看炊烟的时辰：朝雾渐渐的升起，揭开了这灰苍苍的天幕，（最好是微霰后的光景）远近的炊烟，成丝的，成缕的，轻快的，迟重的，浓灰的，淡青的，惨白的，在静定的朝气里渐渐的上腾，渐渐的不见，仿佛是朝来人们的祈祷，参差的羼入了天厅。朝阳是难得见的，这初春的天气。但它来时是起早人莫大的愉快。顷刻间这田野添深了颜色，一层轻纱似的金粉糁上了这草，这树，这通道，这庄舍。顷刻间这周遭弥漫了清晨富丽的温柔。顷刻间你的心怀也分润了白天诞生的光荣。"春！"这胜利的晴空仿佛在你的耳边私语。"春！"你那快活的灵魂也仿佛在那里回响。

（五）

伺候着河上的风光，这春来一天有一天的消息。关心石上的苔痕，关心败草里的花鲜，关心这水流的缓急，关心水草的滋长，关心天上的云霞，关心新来的鸟语。怯怜怜的小雪球是探春信的小使。铃兰与香草是欢喜的初声。窈窕的莲馨，玲珑的石水仙，爱热闹的克罗克斯，耐辛苦的蒲公英与雏菊——这时候春光已是漫烂在人间，更不须殷勤问讯。

瑰丽的春放。这是你野游的时期。可爱的路政，这里不比中国，那一处不是坦荡荡的大道？徒步是一个愉快，但骑自转车是一个更大的愉快。在康桥骑车是普遍的技术；妇人，稚子，老翁，一致享受这双轮舞的快乐。（在康桥听说自转车是不怕人偷的，就为人人都自己有车，没人要偷。）任你选一个方向，任你上一条通道，顺着这带草味的和风，放轮远去，保管你这半天的逍遥是你性灵的补剂。这道上有的清荫与美草，随地都可以供你休憩。你如爱花，这里多的是锦绣似的草原。你如爱鸟，这里多的是巧啭的鸣禽。你如爱儿童，这乡间到处是可亲的稚子。你如爱人情，这里多的是不嫌远客的乡人，你到处可以"挂单"借宿，有酪浆与嫩薯供你饱餐，有夺目的果鲜恣你尝新。你如爱酒，这乡间每"望"都为你储有上好的新酿，黑啤如太浓，苹果酒姜酒都是供你解渴润肺。……带一卷书，走十里路，选一块清静地，看天，听鸟，读书，倦了时，和身在草绵绵处寻梦去——你能想象更适情更适性的消遣吗？

陆放翁有一联诗句："传呼快马迎新月，却上轻舆趁晚凉；"这是做地方官的风流。我在康桥时虽没马骑，没轿子坐，却也有我的风流：我常常在夕阳西晒时骑了车迎着天边扁大的日头直追。日头是追不到的，我没有夸父的荒诞，但晚景的温存却被我这样偷尝了不少。有三两幅画图似的经验至今还是栩栩的留着。只说看夕阳，我们平常只知道登山或是临海，但实际只须辽阔的天际，平地上的晚霞有时也是一样的神奇。有一次我赶到一个地方，手把着一家村庄的篱笆，隔着一大田的麦浪，看西天的变幻。有一次是正冲着一条宽广的大道，过来一大群羊，放草归来的，偌大的太阳在它们后背放射着万缕的金辉，天上却是乌青青的，只剩这不可逼视的威光中的一条大路，一群生物！我心头顿时感着神异性的压迫，我真的跪下了，对着这冉冉渐翳的金光。再有一次是更不可忘的奇景，那是临着一大片望不到头的草原，满开着艳红罂粟，在青草里亭亭的象是万盏的金灯，阳光从褐色云里斜着过来，幻成一种异样的紫色，透明似的不可逼视，霎那间在我迷眩了的视觉中，这草田变成了……不说也罢，说来你们也是不信的！

一别二年多了，康桥，谁知我这思乡的隐忧？也不想别的，我只要那晚钟撼动的黄昏，没遮拦的田野，独自斜倚在软草里，看第一个大星在天边出现！

（十五年一月十五日）

（选自 1927 年 8 月上海新月书店版《巴黎的鳞爪》）

自　　剖

徐志摩

我是个好动的人：每回我身体行动的时候，我的思想也仿佛就跟着跳荡。我做的诗，不论它们是怎样的"无聊"，有不少是在行旅期中想起的。我爱动，爱看动的事物，爱活泼的人，爱水，爱空中的飞鸟，爱车窗外掣过的田野山水。星光的闪动，草叶上露珠的颤动，花须在微风中的摇动，雷雨时云空的变动，大海中波涛的汹涌，都是在触动我感兴的情景。是动，不论是什么性质，就是我的兴趣，我的灵感。是动就会催快我的呼吸，加添我的生命。

近来却大大的变样了。第一我自身的肢体，已不如原先灵活；我的心也同样的感受了不知是年岁还是什么的拘絷。动的现象再不能给我欢喜，给我启示。先前我看着在阳光中闪烁的金波，就仿佛看见了神仙宫阙——什么荒诞美丽的幻觉，不在我的脑中一闪闪的掠过；现在不同了，阳光只是阳光，流波只是流波，任凭景色怎样的灿烂，再也照不化我的呆木的心灵。我的思想，如其偶尔有，也只似岩石上的藤萝，贴着枯干的粗糙的石面，极困难的蜒着；颜色是苍黑的，姿态是崛强的。

我自己也不懂得何以这变迁来得这样的兀突，这样的深彻。原先我在人前自觉竟是一注的流泉，在在有飞沫，在在有闪光；现在这泉眼，如其还在，仿佛是叫一块石板不留余隙的给镇住了。我再没有先前那样蓬勃的情趣，每回我想说话的时候，就觉着那石块的重压，怎么也掀不动，怎么也推不开，结果只能自安沉默！"你再不用想什么了，你再没有什么可想的了";"你再不用开口了,你再没有什么话可说的了",我常觉得我沉闷的心府里有这样半嘲讽半吊唁的谆嘱。

说来我思想上或经验上也并不曾经受什么过分剧烈的戟刺。我处境是向来顺的,现在,如其有不同,只是更顺了的。那么为什么这变迁?远的不说,就比如我年前到欧洲去时的心境:啊!我那时还不是一只初长毛角的野鹿?什么颜色不激动我的视觉,什么香味不兴奋我的嗅觉?我记得我在意大利写游记的时候,情绪是何等的活泼,兴趣何等的醇厚,一路来眼见耳听心感的种种,那一样不活栩栩的丛集在我的笔端,争求充分的表现!如今呢?我这次到南方去,来回也有一个多月的光景,这期内眼见耳听心感的事物也该有不少。我未动身前,又何尝不自喜此去又可以有机会饱餐西湖的风色,邓尉的梅香——单提一两件最合我脾胃的事。有好多朋友也曾期望我在这闲暇的假期中采集一点江南风趣,归来时,至少也该带回一两篇爽口的诗文,给在北京泥土的空气中活命的朋友们一些清醒的消遣。但在事实上不但在南中时我白瞪着大眼,看天亮换天昏,又闭上了眼,拼天昏换天亮,一枝秃笔跟着我涉海去,又跟着我涉海回来,正如岩洞里的一根石笋,压根儿就没一点摇动的消息;就在我回京后这十来天,任凭朋友们怎样的催促,自己良心怎样的责备,我的笔尖上还是滴不出一点墨汁来。我也曾勉强想想,勉强想写,但到底还是白费!可怕是这心灵骤然的呆顿。完全死了不成?我自己在疑惑。

说来是时局也许有关系。我到京几天就逢着空前的血案。五卅事件发生时我正在意大利山中,采茉莉花编花篮儿玩,翡冷翠山中只见明显与流萤的交唤,花香与山色的温存,俗氛是吹不到的。直到七月间到了伦敦,我才理会国内风光的惨淡,等得我赶回来时,设想中的激昂,又早变成了明日黄花,看得见的痕迹只有满城黄墙上墨彩斑斓的"泣告"!

这回却不同。屠杀的事实不仅是在我住的城子里发见,我有时竟觉得是我自己的灵府里的一个惨象。杀死的不仅是青年们的生命,我自己的思想也仿佛遭着了致命的打击,比是国务院前的断残肢,再也不能回复生动与连贯。但这深刻的难受在我是无名的,是不能完全解释的。这回事变的奇惨性引起愤慨与悲切是一件事,但同时我们也知道在这根本起变态作用的社会里，什么怪诞的情形都是可能的。屠杀无辜，远不是年来最平常的现象。自从内战纠结以来，在受战祸的区域内，那一处村落不曾分到过遭奸污的女性，屠残的骨肉，供牺牲的生命财产？这无非是给冤氛团结的地面上多添一团更集中更鲜艳的怨毒。再说那一个民族的解放史能不浓浓的染着 Martyrs❶的腔血？俄国革命的开幕就是二十年前冬宫的血景。只要我们有识力认定，有胆量实行，我们理想中的革命，这回羔羊的血就不会是白涂的。所以我个人的沉闷决不完全是这回惨案引起的感情作用。

爱和平是我的生性。在怨毒，猜忌，残杀的空气中，我的神经每每感受一种不可名状的压迫。记得前年奉直战争时我过的那日子简直是一团黑漆，每晚更深时，独自抱着脑壳伏在书桌上受罪，仿佛整个时代的沉闷盖在我的头顶——直到写下了《毒药》那几首不成形的咒诅诗以后，我心头的紧张才渐渐的缓和下去。这回又有同样的情形；只觉着烦，只觉着闷，感想来时只是破碎，笔头只是笨滞。结果身体也不舒畅，象是蜡油抹住了全身毛窍似的难过，一天过去了又是一天，我这里又在重演更深独坐箍紧脑壳的姿势，窗外皎洁的月光，分明是在嘲讽我内心的枯窘！

不，我还得往更深处按。我不能叫这时局来替我思想骤然的呆顿负责，我得往我自己生活的底里找去。

平常有几种原因可以影响我们的心灵活动。实际生活的牵掣可以劫去我们心灵所需要的闲暇，积成一种压迫。在某种热烈的想望不曾得满足时，我们感觉精神上的烦闷与焦躁，失望更是颠覆内心平衡的一个大原因；较剧烈的种类可以麻痹我们的灵智，淹没我们的理性。但这些都合不上我的病源；因为我在实际生活里已经得到十分的幸运，我的潜在意识里，我敢说不该有什么压着的欲望在作怪。

但是在实际上反过来看，另有一种情形可以阻塞或是减少你心灵的活动。我们知道舒服，健康，幸福，是人生的目标，我们因此推想我们痛苦的起点是在望见那些目标而得不到的时候。我们常听人说"假如我象某人那样生活无忧我一定可以好好的做事，不比现在整天的精

---

❶ 英语，烈士。

神全化在琐碎的烦恼上"。我们又听说"我不能做事就为身体太坏，若是精神来得，那就……"我们又常常设想幸福的境界，我们想"只要有一个意中人在跟前那我一定奋发，什么事做不到？"但是不，在事实上，舒服，健康，幸福，不但不一定是帮助或奖励心灵生活的条件，它们有时正得相反的效果。我们看不起有钱人，在社会上得意人，肌肉过分发展的运动家，也正在此；至于年少人幻想中的美满幸福，我敢说等得当真有了红袖添香，你的书也就读不出所以然来，且不说什么在学问上或艺术上更认真的工作。

那末生活的满足是我的病源吗？

"在先前的日子，"一个真知我的朋友，就说："正为是你生活不得平衡，正为你有欲望不得满足，你的压在内里的 Libido❶就形成一种升华的现象，结果你就借文学来发泄你生理上的郁结（你不常说你从事文学是一件不预期的事吗？）；这情形又容易在你的意识里形成一种虚幻的希望，因为你的写作得到一部分赞许，你就自以为确有相当创作的天赋以及独立思想的能力。但你只是自冤自，实在你并没有什么超人一等的天赋，你的设想多半是虚荣，你的以前的成绩只是升华的结果。所以现在等得你生活换了样，感情上有了安顿，你就发见你向来写作的来源顿呈萎缩甚至枯竭的现象；而你又不愿意承认这情形的实在，妄想到你身子以外去找你思想枯窘的原因，所以你就不由的感到深刻的烦闷。你只是对你自己生气，不甘心承认你自己的本相。不，你原来并没有三头六臂的！

"你对文艺并没有真兴趣，对学问并没有真热心。你本来没有什么更高的志愿，除了相当合理的生活，你只配安分做一个平常人，享你命里铸定的'幸福'；在事业界，在文艺创作界，在学问界内，全没有你的位置，你真的没有那能耐。不信你要自问在你心里的心里有没有那无形的'推力'，整天整夜的恼着你，逼着你，督着你，放开实际生活的全部，单望着不可捉摸的创作境界里去冒险？是的，顶明显的关键就是那无形的推力或是冲动（The Impulse），没有它人类就没有科学，没有文学，没有艺术，没有一切超越功利实用性质的创作。你知

---

❶ 英语，性欲。

道在国外（国内当然也有，许没那样多）有多少人被这无形的推力驱使著，在实际生活上变成一种离魂病性质的变态动物，不但人间所有的虚荣永远沾不上他们的思想，就连维持生命的睡眠饮食，在他们都失了重要，他们全部的心力只是在他们那无形的推力所指示的特殊方向上集中应用。怪不得有人说天才是疯癫；我们在巴黎、伦敦不就到处碰得着这类怪人？如其他是一个美术家，恼着他的就只怎样可以完全表现他那理想中的形体；一个线条的准确，某种色彩的调谐，在他会得比他生身父母的生死与国家的存亡更重要，更迫切，更要求注意。我们知道专门学者有终身掘坟墓的，研究蚊虫生理的，观察亿万万里外一个星的动定的。并且他们决不问社会对于他们的劳力有否任何的认识，那就是虚荣的进路；他们是被一点无形的推力的魔鬼蛊定了的。

"这是关于文艺创作的话。你自问有没有这种情形。你也许经验过什么'灵感'，那也许有，但你却不要把刹那误认作永久的，虚幻认作真实。至于说思想与真实学问的话，那也得背后有一种推力，方向许不同，性质还是不变。做学问你得有原动的好奇心，得有天然热情的态度去做求知识的工夫。真思想家的准备，除了特强的理智，还得有一种原动的信仰；信仰或寻求信仰，是一切思想的出发点：极端的怀疑派思想也只是期望重新位置信仰的一种努力。从古来没有一个思想家不是宗教性的。在他们，各按各的倾向，一切人生的和理智的问题是实在有的；神的有无，善与恶，本体问题，认识问题，意志自由问题，在他们看来都是含逼迫性的现象，要求合理的解答——比山岭的崇高，水的流动，爱的甜蜜更真，更实在，更耸动。他们的一点心灵，就永远在他们设想的一种或多种问题的周围飞舞，旋绕，正如灯蛾之于火焰：牺牲自身来贯彻火焰中心的秘密，是他们共有的决心。

"这种惨烈的情形，你怕也没有吧？我不说你的心幕上就没有思想的影子；但它们怕只是虚影，象水面上的云影，云过影子就跟着消散，不是石上的溜痕越日久越深刻。

"这样说下来，你倒可以安心了！因为个人最大的悲剧是设想一个虚无的境界来谎骗你自己；骗不到底的时候你就得忍受'幻灭'的莫大苦痛。与其那样，还不如及早认清自己的深浅，不要把不必要的负担，放上支撑不住的肩背，压坏你自己，还难免旁人的笑话！朋友，不要迷了，定下心来享你现成的福分吧；思想不是你的分，文艺创作不是你的分，独立的事业更不是你的分！天生抗了重担来的那也没法想（那一个天才不是活受罪！）你是原来轻松的，这是多可羡慕，多可贺喜的一个发见！算了吧，朋友！"

一九二六年三月二十五至四月一日作

（原载 1926 年 4 月 3 日《晨报副刊》，选自
1928 年 1 月上海新月书店版《自剖》）

再　剖

徐志摩

你们知道喝醉了想吐吐不出或是吐不爽快的难受不是？这就是我现在的苦恼；肠胃里一阵阵的作恶，腥腻从食道里往上泛，但这喉关偏跟你别纽，它捏住你，逼住你，逗着你——不，它且不给你痛快哪！前天那篇《自剖》，就比是吐出来的几口苦水，过后只是更难受，更觉着往上冒。我告你我想要怎么样。我要孤寂：要一个静极了的地方——森林的中心，山洞里，牢狱的暗室里——再没有外界的影响来逼迫或引诱你的分心，再不须计较旁人的意见，喝采或是嘲笑；当前唯一的对象是你自己：你的思想，你的感情，你的本性。那时它们再不会躲避，不会隐遁，不会装作；赤裸裸的听凭你察看，检验，审问。你可以放胆解去你最后的一缕遮盖，袒露你最自怜的创伤，最掩讳的私亵。那才是你痛快一吐的机会。

但我现在的生活情形不容我有那样一个时机。白天太忙（在人前一个人的灵性永远是蜷缩在壳内的蜗牛），到夜间，比如此刻，静是静了，人可又倦了，惦着明天的事情又不得不早些休息。阿，我真羡慕我台上放着那块唐砖上的佛像，他在他的莲台上瞑目坐着，什么都摇不动他那入定的圆澄。我们只是在烦恼网里过日子的众生，怎敢企望那光明无碍的境界！有鞭子下来，我们躲；见好吃的，我们垂涎；听声响，我们着忙；逢着痛痒，我们着恼。我们是鼠，是狗，是刺猬，是天上星星与地上泥土间爬着的虫。那里有工夫，即使你有心想亲近你自己？那里有机会，即使你想痛快的一吐？

前几天也不知无形中经过几度挣扎，才呕出那几口苦水，这在我虽则难受还是照旧，但多少总算是发泄。事后我私下觉着愧悔，因为我不该拿我一己苦闷的骨鲠，强读者们陪着我吞咽。是苦水就不免薰蒸的恶味。我承认这完全是我自私的行为，不敢望恕的。我唯一的解嘲是这几口苦水的确是从我自己的肠胃里呕出——不是去脏水桶里舀来的。我不曾期望同情，我只要朋友们认识我的深浅——（我的浅？）我最怕朋友们的容宠容易形成一种虚拟的期望；我这操刀自剖的一个目的，就在及早解卸我本不该扛上的担负。

是的，我还得往底里按，往更深处剖。

最初我来编辑副刊，我有一个愿心。我想把我自己整个儿交给能容纳我的读者们，我心目中的读者们，说实话，就只这时代的青年。我觉着只有青年们的心窝里有容我的空隙，我要偎着他们的热血，听他们的脉搏，我要在我自己的情感里发见他们的情感，在我自己的思想里反映他们的思想。假如编辑的意义只是选稿，配版，付印，拉稿，那还不如去做银行的伙计——有出息得多。我接受编辑晨副的机会，就为这不单是机械性的一种任务。（感谢《晨报》主人的信任与容忍，）晨副变了我的喇叭，从这管口里我有自由吹弄我古怪的不调谐的音调，它是我的镜子，在这平面上描画出我古怪的不调谐的形状。我也决不掩讳我的原形：我就是我。记得我第一次与读者们相见，就是一篇供状。我的经过，我的深浅，我的偏见，我的希望，我都曾经再三的声明，怕是你们早听厌了。但初起我有一种期望是真的——期望我自己。也不知那时间为什么原因我竟有那活棱棱的一副勇气。我宣言我自己跳进了这现实的世界，存心想来对准人生的面目认他一个仔细。我信我自己的热心（不是知识）多少可以给我一些对敌力量的。我想拼这一天，把我的血肉与灵魂，放进这现实世界的磨盘里去推，锯齿下去拉，——我就要尝那味儿！只有这样，我想，才可以期望我主办的刊物多少是一个有生命气息的东西；才可以期望在作者与读者间发生一种活的关系；才可以期望读者们觉着这一长条报纸与黑的字印的背后，的确至少有一个活着的人与一个动着的心，他的把握是在你的腕上，他的呼吸吹在你的脸上，他的欢喜，他的惆怅，他的迷惑，他的伤悲，就比是你自己的，的确是从一个可认识的主体上发出来的变化——是站在台上人的姿态，——不是投射在白幕上的虚影。

并且我当初也并不是没有我的信念与理想。有我崇拜的德性，有我信仰的原则，有我爱护的事物，也有我痛疾的事物。往理性的方向走，往爱心与同情的方向走，往光明的方向走，往真的方向走，往健康快乐的方向走，往生命，更多更大更高的生命方向走——这是我那时的一点"赤子之心"。我恨的是这时代的病象，什么都是病象：猜忌，诡诈，小巧，倾轧，挑拨，残杀，互杀，自杀，忧愁，作伪，肮脏。我不是医生，不会治病；我就有一双手，趁它们活灵的时候，我想，或许可以替这时代打开几扇窗，多少让空气流通些，浊的毒性的出去，清醒的洁净的进来。

但紧接着我的狂妄的招摇，我最敬畏的一个前辈（看了我的吊刘叔和文）就给我当头一棒：——

"……既立意来办报而且郑重宣言'决意改变我对人的态度'。那么自己的思想就得先磨冶一番，不能单凭主觉，随便说了就算完事。迎上前去，不要又退了回来！一时的兴奋，是无用的，说话越觉得响亮起劲，跳踯有力，其实即是内心的虚弱，何况说出衰颓懊丧的语气，教一般青年看了，更给他们以可怕的影响，似乎不是志摩这番挺身出马的本意！……"

迎上前去，不要又退了回来！这一喝这几个月来就没有一天不在我"虚弱的内心"里回响。实际上自从我喊出"迎上前去"以后，即使不曾撑开了往后退，至少我自己觉不得我的脚步曾经向前挪动。今天我再不能容我自己这梦梦的下去，算清亏欠，在还算得清的时侯，总比窝着浑着强。我不能不自剖。冒着"说出衰颓懊丧的语气"的危险，我不能不利用这反省的锋刃，劈去纠着我心身的累赘淤积，或许这来倒有自我真得解放的希望！

想来这做人真是奥妙。我信我们的生活至少是复性的。看得见，觉得着的生活是我们的显明的生活，但同时另有一种生活，跟着知识的开豁逐渐胚胎，成形，活动，最后支配前一种的生活，比是我们投在地上的身影，跟着光亮的增加渐渐由模糊化成清晰，形体是不可捉的，但它自有它的奥妙的存在。你动它跟着动，你不动它跟着不动。在实际生活的匆遽中，我们不易辨认另一种无形的生活的并存，正如我们在阴地里不见我们的影子；但到了某时候某境地忽的发见了它，不容否认的踵接着你的脚跟，比如你晚间步月时发见你自己的身影。它是你的性灵的或精神的生活。你觉到你有超实际生活的性灵生活的俄倾，是你一生的一个大关键！你许到极迟才觉悟（有人一辈子不得机会），但你实际生活中的经验，动作，思想，没有一丝一屑不同时在你那跟着长成的性灵生活中留着"对号的存根"，正如你的影子不放过你的一举一动，虽则你不注意到或看不见。

我这时候就比是一个人初次发见他有影子的情形。惊骇，讶异，迷惑，耸悚，猜疑，恍惚同时并起，在这辨认你自身另有一个存在的时候。我这辈子只是在生活的道上盲目的前冲，一时踹入一个泥潭，一时踏折一支草花，只是这无目的的奔驰；从那里来，向那里去，现在在那里，该怎么走，这些根本的问题却从不曾到我的心上。但这时候突然的，恍然的我惊觉了。仿佛是一向跟着我形体奔波的影子忽然阻住了我的前路，责问我这匆匆的究竟是什么！

一种新意识的诞生。这来我再不能盲冲，我至少得认明来踪与去迹，该怎样走法如其有目的地，该怎样准备如其前程还在遥远？

阿，我何尝愿意吞这果子，早知有这多的麻烦！现在我第一要考查明白的是"我"究竟是怎么一回事；然后再决定掉落在这生活道上的"我"的赶路方法。以前种种动作是没有这新意识作主宰的；此后，什么都得由它。

一九二六年四月五日作

（原载 1926 年 4 月 7 日《晨报副刊》，选自
1928 年 1 月上海新月书店版《自剖》）

想　飞

徐志摩

　　假如这时候窗子外有雪——街上，城墙上，屋脊上，都是雪，胡同口一家屋檐下偎着一个戴黑兜帽的巡警，半拢着睡眼，看棉团似的雪花在半空中跳着玩……假如这夜是一个深极了的啊，不是壁上挂钟的时针指示给我们看的深夜，这深就比是一个山洞的深，一个往下钻螺旋形的山洞的深……

　　假如我能有这样一个深夜，它那无底的阴森捻起我遍体的毫管；再能有窗子外不住往下筛的雪，筛淡了远近间飓动的市谣，筛泯了在泥道上挣扎的车轮，筛灭了脑壳中不妥协的潜流……

　　我要那深，我要那静。那在树荫浓密处躲着的夜鹰轻易不敢在天光还在照亮时出来睁眼。思想；它也得等。

　　青天里有一点子黑的。正冲着太阳耀眼，望不真，你把手遮着眼，对着那两株树缝里瞧，黑的，有榧子来大，不，有桃子来大——嘿，又移着往西了！

　　我们吃了中饭出来到海边去。（这是英国康槐尔极南的一角，三面是大西洋。）勠丽丽的叫响从我们的脚底下均匀的往上颤，齐着腰，到了肩高，过了头顶，高入了云，高出了云。啊，你能不能把一种急震的乐音想象成一阵光明的细雨，从蓝天里冲着这平铺着青绿的地面不住的下？不，那雨点都是跳舞的小脚，安琪儿的。云雀们也吃过了饭，离开了它们卑微的地巢飞往高处做工去。上帝给它们的工作，替上帝做的工作。瞧看，这儿一只，那边又起了两！一起就冲着天顶飞，小翅膀动活的多快活，圆圆的，不踌躇的飞——它们就认识青天。一起就开口唱，小嗓子动活的多快活，一颗颗小精圆珠子直往外唾，亮亮的唾，脆脆的唾，——它们赞美的是青天。瞧着，这飞得多高，有豆子大，有芝麻大，黑刺刺的一屑，直顶着无底的天顶细细的摇，——这全看不见了，影子都没了！但这光明的细雨还是不住的下着……

　　飞。"其翼若垂天之云……背负苍天，而莫之夭阏者"；那不容易见着。我们镇上东关厢外有一座黄泥山，山顶上有一座七层的塔，塔尖顶着天。塔院里常常打钟，钟声响动时，那在太阳西晒的时侯多，一枝艳艳的大红花贴在西山的鬓边回照着塔山上的云彩，——钟声响动时，绕着塔顶尖，摩着塔顶天，穿着塔顶云，有一只两只有时三只四只有时五只六只蜷着爪往地面瞧的"饿老鹰"，撑开了它们灰苍苍的大翅膀没挂恋似的在盘旋，在半空中浮着，在晚风中泅着，仿佛是按着塔院钟的波荡来练习圆舞似的。那是我做孩子时的"大鹏"。有时好天抬头不见一瓣云的时候听着鴞忧忧的叫响，我们就知道那是宝塔上的饿老鹰寻食吃来了，这一想象半天里秃顶圆睛的英雄，我们背上的小翅膀骨上就仿佛豁出了一锉锉铁刷似的羽毛，摇起来呼呼响的，只一摆就冲出了书房门，钻入了玳瑁镶边的白云里玩儿去，谁耐烦站在先生书桌前晃着身子背早上上的多难背的书！啊，飞！不是那在树枝上矮矮的跳着的麻雀儿的飞；不是那凑天黑从堂扁后背冲出来赶蚊子吃的蝙蝠的飞；也不是那软尾巴软嗓子做窠在堂檐上的燕子的飞。要飞就得满天飞，风拦不住云挡不住的飞，一翅膀就跳过一座山头，影子下来遮得阴二十亩稻田的飞，到天晚飞倦了就来绕着那塔顶尖顺着风向打圆圈做梦……听说饿老鹰会抓小鸡！

　　飞。人们原来都是会飞的。天使们有翅膀，会飞，我们初来时也有翅膀，会飞。我们最初来就是飞了来的，有的做完了事还是飞了去，他们是可羡慕的。但大多数人是忘了飞的，有的翅膀上吊了毛不长再也飞不起来，有的翅膀叫胶水给胶住了再也拉不开，有的羽毛叫人给修短了象鸽子似的只会在地上跳，有的拿背上一对翅膀上当铺去典钱使过了期再也赎不回……真的，我们一过了做孩子的日子就掉了飞的本领。但没了翅膀或是翅膀坏了不能用是一件可怕的事。因为你再也飞不回去，你蹲在地上呆望着飞不上去的天，看旁人有福气的一程一程的在青云里逍遥，那多可怜。而且翅膀又不比是你脚上的鞋，穿烂了可以再问妈要一双去，翅膀可不成，折了一根毛就是一根，没法给补的。还有，单顾着你翅膀也还不定规到时候能飞，你这身子要是不谨慎养太肥了，翅膀力量小再也拖不起，也是一样难不是？一对小翅膀驮不起一个胖肚子，那情形多可笑！到时候你听人家高声的招呼说，朋友，回去罢，趁这天还有紫色的光，你听他们的翅膀在半空中沙沙的摇响，朵朵的春云跳过来拥着他们的肩背，望着最光明的来处翩翩的，冉冉的，轻烟似的化出了你的视域，象云雀似的只留下一泻光明的骤雨——"Thou art unseen，but yet I hear thy shrill delight" ❶——那你，独自在泥涂里淹着，够多难受，够多懊恼，够多寒伧！趁早留神你的翅膀，朋友。

是人没有不想飞的。老是在这地面上爬着够多厌烦，不说别的。飞出这圈子，飞出这圈子！到云端里去，到云端里去！那个心里不成天千百遍的这么想？飞上天空去浮着，看地球这弹丸在太空里滚着，从陆地看到海，从海再看回陆地。凌空去看一个明白——这才是做人的趣味，做人的权威，做人的交代。这皮囊要是太重挪不动，就掷了它，可能的话，飞出这圈子，飞出这圈子！

人类初发明用石器的时候，已经想长翅膀。想飞。原人洞壁上画的四不象，它的背上掮着翅膀；拿着弓箭赶野兽的，他那肩背上也给安了翅膀。小爱神是有一对粉嫩的肉翅的。挨开拉斯（Icarus）❷是人类飞行史里第一个英雄，第一次牺牲。安琪儿（那是理想化的人）第一个标记是帮助他们飞行的翅膀。那也有沿革——你看西洋画上的表现。最初象是一对小精致的令旗，蝴蝶似的粘在安琪儿们的背上，象真的，不灵动的。渐渐的翅膀长大了，地位安准了，毛羽丰满了。画

❶ 雪莱《致云雀》的一行："你虽然看不见，我可听见你尖声的快乐。"
❷ 今译伊卡洛斯，希腊神话中的人物，逃亡时因飞近太阳，装在身上的蜡翼融化坠海而死。

图上的天使们长上了真的可能的翅膀。人类初次实现了翅膀的观念，彻悟了飞行的意义。挨开拉斯闪不死的灵魂，回来投生又投生。人类最大的使命，是制造翅膀；最大的成功是飞！理想的极度，想象的止境，从人到神！诗是翅膀上出世的；哲理是在空中盘旋的。飞：超脱一切，笼盖一切，扫荡一切，吞吐一切。

你上那边山峰顶上试去，要是度不到这边山峰上，你就得到这万丈的深渊里去找你的葬身地！"这人形的鸟会有一天试他第一次的飞行，给这世界惊骇，使所有的著作赞美，给他所从来的栖息处永久的光荣。"啊达文骞！

但是飞？自从挨开拉斯以来，人类的工作是制造翅膀，还是束缚翅膀？这翅膀，承上了文明的重量，还能飞吗？都是飞了来的，还都能飞了回去吗？钳住了，烙住了，压住了，——这人形的鸟会有试他第一次飞行的一天吗？……

同时天上那一点子黑的已经迫近在我的头顶，形成了一架鸟形的机器，忽的机沿一侧，一球光直往下注，硼的一声炸响，——炸碎了我在飞行中的幻想，青天里平添了几堆破碎的浮云。

一九二六年四月十四日至十六日作

（原载 1926 年 4 月 19 日《晨报副刊》，选自
1928 年 1 月上海新月书店版《自剖》）

《诗刊》弁言

徐志摩

　　我们几个朋友想借副刊的地位，每星期发行一次《诗刊》，专载创作的新诗与关于诗或诗学的批评及研究文章。

　　本来这一句话就够说明我们出《诗刊》的意思；但本期有的是篇幅，当编辑的得想法补满它；容我先说这《诗刊》的起因，再说我个人对于新诗的意见。

　　我在早三两天前才知道闻一多的家是一群新诗人的乐窝，他们常常会面，彼此互相批评作品，讨论学理。上星期六我也去了。一多那三间画室，布置的意味先就怪。他把墙壁涂成一体墨黑，狭狭的给镶上金边，像一个裸体的非洲女子手臂上脚踝上套着细金圈似的情调。有一间屋子朝外壁上挖出一个方形的神龛，供着的，不消说，当然是米鲁薇纳丝一类的雕像。他的那个也够尺外高，石色黄澄澄的像蒸熟的糯米，衬着一体黑的背景，别饶一种澹远的梦趣，看了叫人想起一片倦阳中的荒芜的草原，有几条牛尾几个羊头在草丛中掉动。这是他的客室。那边一间是他做工的屋子，基角上支着画架，壁上挂着几幅油色不曾干的画。屋子极小，但你在屋里觉不出你的身子大；带金圈上的黑公主有些杀伐气，但她不至于吓瘟你的灵性；裸体的女神（她屈着一支腿挽着往下沉的亵衣），免不了几分引诱性，但她决不容许你逾分的妄想。白天有太阳进来，黑壁上也沾着光；晚快黑影进来，屋子里仿佛有梅斐士滔佛利士的踪迹；夜间黑影与灯光交斗，幻出种种不成形的怪像。

这是一多手造的阿房，确是一个别有气象的所在，不比我们单知道买花洋纸糊墙、买花席子铺地，买洋式木器填屋子的乡蠢。有意识的安排，不论是一间屋，一身衣服，一瓶花，就有一种激发想象的暗示，就有一种特具的引力。难怪一多家里见天有那些诗人去团聚——我羡慕他！

我写那几间屋子因为它们不仅是一多自己习艺的背景，它们也就是我们这《诗刊》的背景。这搭题居然被我做上了；我期望我们将来不至辜负这制背景人的匠心，不辜负那发糯米光的爱神，不辜负那戴金圈的黑姑娘，不辜负那梅斐士滔佛利士出没的空气！

我们的大话是：要把创格的新诗当一件认真事情做。这话转到了我个人对于新诗的浅见。我第一得声明我决没有厚颜，自诩有什么诗才。新近我见一则短文上写"没有人会以为徐志摩是一个诗人……"；对极，至少我自己决不敢这样想，因为诗人总得有天才，天才的担负是一种压得死人的担负，我想着就害怕，我那敢？实际上我写成了诗式的东西借机会发表，完全是又一件事，这决不证明我是诗人，要不然诗人真的可以充汗牛之栋了！

一个时代见不着一个真诗人，是常例；有一两个露面已够例外；再盼望多简直是疯想。象我个人，归根说，能认识几个字，能懂得多少物理人情，做一个平常人还怕不够格，何况更高的？我又何尝懂得诗，兴致来时随笔写下的就能算诗吗，怕没有这样容易！我性灵里即使有些微创作的光亮，那光亮也就微细得可怜，象板缝里逸出的一线豆油灯光，痛苦就在这里；这一丝 Willo Wisp❶若隐若现的晃着，我料定是我终身不得（性灵的）安宁的原因。

我如其胆敢尝试过文艺的作品，也无非是在黑弄里弄班斧，始终是其妙莫名，完全没有理智的批准，没有可以自信的目标。你们单看我第一部集子的杂乱，荒伧，就可以知道我这里的供状决不是矫情。我这生转上文学的路径是极兀突的一件事；我的出发是单独的，我的旅程是寂寞的，我的前途是蒙昧的。直到最近我才发见在这道上摸索的，不止我一个；旅伴实际上尽有，止是彼此不曾有机会携手。这发

---

❶ 英语，意为磷火，鬼火。

见在我是一种不可言喻的快乐，欣慰。管得这道终究是通是绝，单这在患难中找得同情，已够酬劳这颠沛的辛苦。管得前途有否天晓，单这在黑暗中叫应，彼此诉说曾经的磨折，已够暂时忘却肢体的疲倦。

再说具体一点，我们几个人都共同着一点信心：我们信诗是表现人类创造力的一个工具，与音乐与美术是同等同性质的；我们信我们这民族这时期的精神解放或精神革命没有一部象样的诗式的表现是不完全的；我们信我们自身灵性里以及周遭空气里多的是要求投胎的思想的灵魂，我们的责任是替它们搏造适当的躯壳，这就是诗文与各种美术的新格式与新音节的发见；我们信完美的形体是完美的精神唯一的表现；我们信文艺的生命是无形的灵感加上有意识的耐心与勤力的成绩；最后我们信我们的新文艺，正如我们的民族本体，是有一个伟大美丽的将来的。

上面写的似乎太近宣言式的铺张，那并不是上等的口味，但我这杆野马性的笔是没法驾驭的；我的期望是至少在我们几个人中间，我的话可以取得相当的认可。

同时我也感觉一种戒惧。我第一不敢担保这《诗刊》有多久的生命；第二不敢担保这《诗刊》的内容可以满足读者们最低限度的笃责。这当然全在我们自己；这年头多的是虎头蛇尾的现象，且看我们这群人终究能避免这时髦否？

此后《诗刊》准每星期四印出，我们欢迎外来的投稿。

这第一期是三月十八血案的专号，参看闻一多的下文。

一九二六年三月三十日夜深时作

（原载 1926 年 4 月 1 日《晨报副刊·诗镌》）

《诗刊》放假

徐志摩

　　《诗刊》以本期为止，暂告收束。此后本刊地位，改印《剧刊》，详情另文发表。

　　《诗刊》暂停的原由，一为在暑期内同人离京的多，稿事方不便，一为热心戏剧的几个朋友，急于想借本刊地位，来一次集合的宣传的努力，给社会上一个新剧的正确的解释，期望引起他们对于新剧的真纯的兴趣，诗与剧本是艺术中的姊妹行，同人当然愿意暂时奉让这个机会。按我们的预算，想来十期或十二期《剧刊》，此后仍请《诗刊》复辟，假如这初期的试验在有同情的读者们看来还算是有交待的话。

　　《诗刊》总共出了十一期，在这其间内我们少数同人的工作，该得多少分数，当然不该我们自己来擅自评定，我们决不来厚颜表功，但本刊既然暂行结束，我们正不妨回头看看：究竟我们做了点儿什么？因为开篇是我唱的，这尾声（他们说）也得我来。实际上我虽则忝居编辑的地位，我对《诗刊》的贡献，即使有，也是无可称的。在同人中最卖力气的要首推饶孟侃与闻一多两位；朱湘君，凭他的能耐与热心，应分是我们这团体里的大将兼先行，但不幸（我们与读者们的不幸）他中途误了卯，始终没有赶上，这是我们觉得最可致憾的；但我们还希冀将来重整旗鼓时，他依旧会来告奋勇，帮助我们作战。我们该得致谢邓以蛰余上沅两位先生各人给我们一篇精心选作的论文；这算是我们借来的"番兵"。杨子惠孙子潜两位应受处分，因为他们也是中途失散，不曾尽他们应尽的责任；他们此时正在西湖边乘凉作乐，却忘了我们还在这大热天的京城里奋斗。说起外来的投稿，我们早就该有声明：来稿确是不少，约计至少在二百以上，我们一面感谢他们的盛意，一面道歉不曾如量采用，那在事实上是不可能的。在选稿上，我们有我们的偏见是不容讳言的，但是天知道，我们决不曾存心"排外"！这一点我们得求曾经惠稿诸君的亮恕。

但我们究竟做了点儿什么，这是问题。第一在理论方面，我们讨论过新诗的音节与格律，我们干脆承认我们是"旧派"——假如"新"的意义不能与"安那其"的意义分离的话。想是我们的天资低，想是我们"犯贱"，分明有了时代解放给我们的充分自由不来享受，却甘心来自造镣铐给自己套上；放着随口曲的真新诗不做，却来试验什么画方豆腐干式一类的体例！一多分明是我们中间最乐观的，他说："新诗的音节……确乎有了一种具体的方式可寻。这种音节的方式发现以后，我断言新诗不久定要走进一个新的建设的时期了。无论如何，我们应该承认这在新诗的历史里是一个轩然大波。这一个大波的荡动是进步还是退化，不久也就自有定论。"这话不免有点"老气"的嫌疑，许有很多人不能附和这乐观论，这是当然的；但就最近的成绩看，至少我们不该气馁，这发见虽则离完成期日还远着，但决不能说这点子端倪不是一个强有力的奖励。只要你有勇气不怕难，凭这点子光亮往前继续的走去，不愁走不出道儿来；绕弯，闪腿，刺脚，一类的事，都许有的，但不碍事，希望比困难大得多！

再说具体一点，我们觉悟了诗是艺术；艺术的涵义是当事人自觉的运用某种题材，不是不经心的一任题材的支配。我们也感觉到一首诗应分是一个有生机的整体，部分与部分相关连，部分对全体有比例的一种东西；正如一个人身的秘密是它的血脉的流通，一首诗的秘密也就是它的内含的音节的匀整与流动。这当然是原则上极粗浅的比喻，实际上的变化与奥妙是讲不尽也说不清的，那还得做诗人自己悉心体会去。明白了诗的生命是在它的内在音节（Internal rhythm）的道理，我们才能领会到诗的真的趣味；不论思想怎样高尚，情绪怎样热烈，你得拿来彻底的"音节化"、（那就是诗化）才可以取得诗的认识，要不然思想自思想，情绪自情绪，都不能说是诗。但这原则却并不在外形上制定某式不是诗某式才是诗，谁要是拘拘的在行数字句间求字句的整齐，我说他是错了。行数的长短，字句的整齐或不整齐的决定，全得凭你体会到的音节的波动性；这里先后主从的关系在韵学的最应得认清楚，否则就容易陷入一种新近已经流行的谬见，就是误认字句的整齐（那是外形的）是音节（那是内在的）的担保。实际上字句间尽你去剪裁个齐整，诗的境界离你还是一样的远着；你拿车辆放在牲口的前面，你那还赶得动你的车？

我们还可以进一步说，正如字句的排列有恃于全诗的音节，音节的本身还得起原于真纯的"诗感"。再拿人身作比，一首诗的字句是身体的外形，音节是血脉，"诗感"或原动的诗意是心脏的跳动，有它才有血脉的流转。要不然

> 他戴了一顶草帽到街上去走，
> 碰见了一只猫，又碰见一只狗，

一类的谐句都是诗了！我不惮烦的疏说这一点，就为我们，说也惭愧，已经发见了我们所标榜的"格律"的可怕的流弊！谁都会运用白话，谁都会切豆腐似的切齐字句，谁都能似是而非的安排音节——但是诗，它连影儿都还没有跟你见面！所以说来我们学做诗的一开步就有双层的危险，单讲"内容"容易落了恶滥的"生铁门笃儿主义"或是"假哲理的唯晦学派"；反过来说，单讲外表的结果只是无意义乃至无意识的形式主义。就我们《诗刊》的榜样说，我们为要指摘前者的弊病，难免有引起后者弊病的倾向，这是我们应分时刻引以为戒的。关于这点，《诗刊》第八期上钟天君给我们的诤言是值得注意的。

我已经多占了篇幅，赶快得结束这尾声。在理论上我们已经发挥了我们的"大言"，但我们的作品终究能跟到什么地位，我此时实在不敢断言。就我自己说，我开头是瞎摸，现在还是瞎摸，虽则我受《诗刊》同人的鼓励是不可量的。在我们刊出的作品中，可以"上讲台"的虽则不多，总还有；就我自己的偏好说，我最喜欢一多三首诗：《春光》，《死水》，都是完全站得住的；《黄昏》的意境，也是上乘，但似乎还可以改好，孟侃从踢球变到做诗，只是半年间的事，但他运用诗句的纯熟，已经使我们老童生们有望尘莫及的感想，一多说是"奇迹"，

谁说不是？但我们都还是学徒，谁知道谁有出师那天的希望？我们各自勉力上进吧！

　　最后我盼望将来继续《诗刊》或是另行别种计划的时侯，我们这几个朋友依旧能保持这次合作的友爱的精神。

星二侵晨鸡啼雀噪时

　　　　（原载 1926 年 6 月 10 日《晨报副刊·诗镌》第 11 期）

剧 刊 始 业

徐志摩

歌德（Goethe）一生轻易不生气，但有一次他真的恼了。他当时是槐马（Weimar）剧院的"总办"，什么都得听他指挥，但有一天他突然上了辞职书，措辞十分的愤慨。为的是他听说"内庭"要去招一班有名的狗戏到槐马来在他的剧场里开演！这在他是一种莫大的耻辱，绝对不能容忍。什么，哈姆雷德，华伦斯丹，衣飞琴妮等出现的圣洁的场所，可以随便让狗子们的蹄子给踢一个稀脏！

我们在现代的中国却用不着着急。戏先就是游戏，唱戏是下流，管得台上的是什么蹄子？这"说不得"的现象里包含的原因当然是不简单，但就这机会从不曾把戏剧看认真，在他们心目中从没有一个适当的"剧"的观念的一点，就够碍路。

真碍路！同时我们回过头来想在所谓创作界里找一个莫利哀，一个莎士比亚，一个席勒，一个槐格纳，或是一个契诃甫的七分之一的影子……一个永远规不正的圈子，那头你也拿不住。

这年头，这世界也够叫人挫气，那件事不是透里透？好容易你从你冷落极了的梦底里捞起了一半轮的希望，象是从山谷里采得了几茎百合花，但是你往那里安去，左右没有安希望的瓶子，也没有养希望的净水，眼看这鲜花在你自己的手上变了颜色，一瓣瓣的往下萎，黄了，焦了，枯了，吊了，结果只是伤惨！

谁说我们这群人不是梦人，不是傻子？但在完全诀别我们的梦境以前，在完全投降给绝望以前，我们今天又捞着了一把希望的鲜花，最后的一把，想拿来供养在一个艺术的瓶子里，看它有没有生命的幸运。这再要是完事，我们也就从此完事了。

戏剧是艺术的艺术。因为它不仅包含诗，文学，画，雕刻，建筑，音乐，舞蹈各类的艺术，它最主要的成分尤其是人生的艺术。古希腊的大师说艺术是人生的模仿，近代的评衡家说艺术是人生的批评：随你怎么看法，那一样艺术能有戏剧那样集中性的，概括性的，"模仿"或是"批评"人生？如其艺术是激发乃至赋予灵性的一种法术，哪一样艺术有戏剧那样打得透，钻得深，摇得猛，开得足？小之振荡个人的灵性，大之摇撼一民族的神魂，已往的事迹曾经给我们明证，戏剧在各项艺术中是一个最不可错误的势力。

但戏是要人做舞台来演的；戏尤其是集合性的东西，你得配合多人不同的努力才可以收获某种期望的效果，不比是一首诗或是一幅画可以由一个人单独做成的。先不说它那效力有多大，一个戏的成功是一件极复杂，极柔纤，极繁琐，不容有一丝漏缝的一种工作：一句话声调的高矮，一盏灯光线的强弱，一种姿势的配合，一扇门窗的位置，在一个戏里都占有不容含糊的重要。这幻景，这演台上的"真"，是完全人造的，但一极小部分的不到家往往可以使这幻景的全体破裂。这不仅是集合性的艺术，这也是集合性的技术。技术的意思是够格的在行。

我们有几个朋友，对于戏剧的技术（不说艺术）多少可以说是在行，虽则够格不够格还得看下文。我们想合起来做一点事。这回不光是"写"一两个剧本，或是"做"一两次戏就算完事；我们的意思是要在最短的期内办起一个"小剧院"——记住，一个剧院。这是第一部工作，然后再从小剧院做起点，我们想集合我们大部分可能的精力与能耐从事戏剧的艺术。我们现在已经有了小小的根据地，那就是艺专的戏剧科，我们现在借《晨副》地位发行每周的《剧刊》，再下去就盼望小剧院的实现。这是我们几个梦人梦想中的花与花瓶。我这里单说我们这《剧刊》是怎么回事。

第一是宣传：给社会一个剧的观念，引起一班人的同情与注意，因为这戏剧这件事没有社会相当的助力是永远做不成器的。第二是讨论：我们不限定派别，不论那一类表现法，只要它是戏剧范围内的，我们都认为有讨论的价值，同时，当然，我们就自以为见得到的特别拿来发挥，只是我们决不在中外新旧间在讨论上有什么势利的成心。第三是批评与介绍：批评国内的剧本，已有的及将来的；介绍世界的名著。第四是研究：关于剧艺各类在行的研究，例如剧场的布置，配景学，光影学，导演术等等，这是大概；同时我们也征求剧本，虽则为篇幅关系，不能在本刊上发表。我们打算另出丛书，印行剧本以及论剧的著作，详细的办法随后再发表。

最后我个人还有一点感想。我今天替《剧刊》闹场，不由的不记起三年前初办新月社时的热心。最初是"聚餐会"，从聚餐会产生"新月社"，又从新月社产生"七号"的俱乐部，结果大约是"俱不乐部"！这来切题的唯一成绩就只前年四月八日在协和演了一次泰谷尔的《契玦腊》，此后一半是人散，一半是心散，第二篇文章就没有做起。所以在事实上看分明是失败，但这也并不是无理可说：我们当初凭藉的只是一股空热心，真在行人可是说绝无仅有——只有张仲述一个。这回我的胆又壮起来也不是无理可说，因这回我们不仅有热心，加倍的热心，并且有真正的行家，这终究是少不了的。啊，我真高兴，我希望——但这是不用说的。说来我自己真叫是惭愧，因为我始终只是一个摇旗呐喊的小兵。我于戏是一个嫡亲外行，既不能编，又不能演，实际的学问更不必问：我是绝对的无用的一个，啊，但是要是知道我的热心，朋友，我的热心……

端节后一日作

（原载 1926 年 6 月 17 日《晨报副刊·剧刊》第 1 期）

《落叶》序

徐志摩

　　这是我的散文集，一半是讲演稿：《落叶》是在师大，《话》在燕大，《海滩上种花》在附属中学讲的。《青年运动》与《政治生活与王家三阿嫂》是为始终不出世的《理想》写的；此外三篇——《论自杀》，《列宁忌日——谈革命》，《守旧与"玩旧"》——都是先后在《晨报副刊》上登过的。原来我想加入的还有四篇东西：一是《吃茶》，平民中学的讲演，但原稿本来不完全，近来几次搬动以后，连那残的也找不到了；一是《论新文体》，原稿只剩了几页，重写都不行；还有两篇是英文，一是曾登《创造月刊》的《艺术与人生》，一是一次"文友会"的讲演——"Personal Impressions of H,G,Wells, Edward Carpenter, and Katerine Mansfield"，——但如今看来都有些面目可憎，所以决意给割了去。

　　我的懒是没法想的，要不为有人逼着我，我是决不会自己发心来印什么书。促成这本小书，是孙伏园兄与北新主人李小峰兄，我不能不在此谢谢他们的好意与助力。

　　这书的书名，有犯抄袭的嫌疑，该得声明一句。《落叶》是前年九月间写的，去年三月欧行前伏园兄问我来印书，我就决定用那个名字，不想新近郭沫若君印了一部小说也叫《落叶》，我本想改，但转念同名的书，正如同名的人，也是常有的事，没有多大关系，并且北新的广告早一年前已经出去，所以也就随它。好在此书与郭书性质完全异样，想来沫若兄量气大，不至拿冒牌顶替的罪名来加给我吧。末了，我谢谢我的朋友一多因为他在百忙中替我制了这书面的图案。

上面是作者在这篇序里该得声明的话；我还想顺便添上几句不必要的。我印这本书，多少不免踌躇。这样几篇杂凑的东西，值得留成书吗？我是个为学一无所成的人，偶尔弄弄笔头也只是随兴，那够得上说思想？就这书的内容说，除了第一篇《落叶》反映前年秋天一个异常的心境多少有点份量或许还值得留，此外那几篇都不能算是满意的文章，不是质地太杂，就是笔法太乱或是太松，尤其是《话》与《青年运动》两篇，那简直太"年轻"了，思想是不经爬梳的，字句是不经洗炼的，就比小孩拿木片瓦块放在一堆，却要人相信那是一座皇宫——且不说高明的读者，就我这回自己校看的时侯，也不免替那位大胆厚颜的"作者"捏一大把冷汗！

我有一次问顾颉刚先生他一天读多少时侯书。他说除了吃饭和睡觉！我们可以想象我们《古史辨》的作者就在每天拿着饭箸每晚头放在枕上的时候还是念念不忘他的"禹"与他的"孟姜女"！这才是做学问；象他那样出书才可以无愧。象我这样人那里说得上？我虽则未尝不想学好，但天生这不受羁绊的性情，一方在人事上未能绝俗，一方在学业上又不曾受过站得住的训练，结果只能这"狄来咭"式的东拉西凑；近来益发感觉到活力的单薄与意识的虚浮，比如阶砌间的一凹止水，闇涩涩的时刻有枯竭的恐怖，那还敢存什么"源远流长"的妄想？

志 摩
六月二十八日，北京。

（选自 1926 年 6 月北京北新书局版《落叶》）

南 行 杂 记

徐志摩

二 劳资问题

我不曾出国的时候只听人说振兴实业是救国的唯一路子，振兴实业的意思是多开工厂；开工厂一来可以解决贫民生计问题，二来可以塞住"漏卮"。那时我见着高矗的烟囱，心里就发生油然的敬意，如同翻开一本善书似的。

罗斯金❶与马克思最初修正我对于烟囱的见解（那时已在美国），等到我离开纽约那一年，我看了自由神的雕像都感着厌恶，因为它使我联想起烟囱。

我不喜欢烟囱另有一个理由。我那历史教师讲英国十九世纪初年的工业状况，以及工厂待遇工人的黑暗情形，内中有一条是叫年轻的小孩子钻进烟囱里去清理醴醨，不时有被薰焦了的。我不能不恨烟囱了。

我同情社会主义的起点是看了一部小说，内中讲芝加哥一个制肉糜厂，用极小的孩子看看机器的工作的；有一个小孩不小心把自己的小手臂也叫碾了进去，和着猪肉一起做了肉糜。那一厂的出货是行销东方各大城的，所以那一星期至少有几万人分尝到了那小孩的臂膀。肉厂是资本家开的，因此我不能不恨资本家。

---

❶ John Ruskin（1819—1900），从唯心主义的审美观点批判资本主义社会的英国政论家、艺术批评家。

我最初看到的社会主义是马克思前期的，劳勃脱欧温❶一派，人道主义，慈善主义，以及乌托邦主义混成一起的。正合我的脾胃。我最容易感情冲动，这题目够我的发泄了：我立定主意研究社会主义。

我在纽约那一年有一部分中国人叫我做鲍尔雪微克❷，因为——为什么？——因为我房间里书架上碰巧有几本讲苏俄一类的书。到了英国我对劳工的同情益发分明了。在报纸上看到劳工就比是看《三国志》看到诸葛亮赵云，《水浒》看到李逵鲁智深，总是"帮"的。那时有机会接近的也是工党一边的人物，贵族，资本家；这类字样一提着就觳挖苦！劳工，多响亮，多神圣的名词！直到我回国，我自问是个激烈派，一个社会主义者，即使不是个鲍尔雪微克，萧伯纳的话牢牢的记着，他说：一个在三十岁以下的人看了现代社会的状况而不是个革命家，他不是个痴子，定是个傻瓜。我年纪轻轻，不愿痴，也不愿意傻，所以当然是个革命家。

到了中国以后，也不知怎的，原来热烈的态度忽然变了温和；原来一任感情的浮动，现在似乎要暂时遏住了感情，让脑筋凉些了仔细的想一想。但不幸这部分工夫始终不会有机会做，虽则我知道我对这问题迟早得跻蹰出一个究竟来：不经心的偶然的摔打不易把米粒从糠皮中分出。人是无远虑的多。我们在国外时劳资斗争是一个见天感受得到的实在：一个内阁的成功与失败全看它对失业问题有否相当的办法，罢工的危险性可以使你的房东太太整天在发愁与赌咒中过日子。这就不容你不取定一个态度，袒护资本还是同情劳工？中国究竟还差得远：资本和劳工同样说不到大规模的组织，日常生活与所谓近代工业主义看不出什么迫切的关系，同时疯狂性的内战完全占住了我们的注意，因此虽则近来罢工一类的事实有得听见，这劳资问题实在在一般人的心目中总还是远着一步的。尤其是在北京一类地方，除了洋车夫与粪夫，见不到什么劳工社会，资本更说不上，所以仅凭"打倒资本主义"一类的呼声怎样激昂，我们

---

❶ 今译罗伯特·欧文（RobrtOwen，1771—1859），英国空想社会主义思想家和慈善家，主要著作有《新社会观》等。

❷ 即布尔什维克。

的血温还是不会增高的。就我自己说，这三四年来简直因为常住北京的缘故，我竟于几乎完全忘却了这原来极想用力研究的问题。这北京生活是该咒诅的：它在无形中散布一种惰性的迷醉剂，使你早晚得受传染；使你不自觉的退入了"反革命"的死胡同里去。新近有一个朋友来京，他一边羡慕我们的闲暇，一边却十分惊讶他几个旧友的改变：从青年改成暮年，从思想的勇猛改成生活的萎靡——他发现了一群已成和将成的"圈子"！

这所谓"智识阶级"的确有觉悟的迫要。他们离国民的生活太远了，离社会问题的真际太远了，离激荡思想的势力太远了。本来单凭书本子的学问已够不完全，何况现在的智识阶级连翻书本子的工夫都捐给了女太太小孩子们的起居痛痒！

又一个朋友新近到了苏俄也发生了极肫挚的反省：他在那边不发见什么恐怖与危机，他发见的是一团伟大勇猛的精神在那里伟大的勇猛的为全社会做事；他发见的是不容否认的理想主义与各项在实施中的理想；他发见的是一个有生命有力量的民族，他们所试验的事业即使不免有可议的地方，也决不是完全在醉生梦死中的中国人有丝毫的权利来批评的。听着：决不是完全在醉生梦死中的中国人有丝毫的权利来批评的！

在篇首说到烟囱原为要讲此次在南方一点子关于工厂的阅历，不想笔头又掉远了。说也奇怪，我可以说从不曾看过一间工厂。在国外"参观"过的当然有，但每回进工厂看的是建筑与机器等类的设备，往往因为领导人讲解得太详尽了，结果你什么也没有听到，没有看到。我从不曾进工厂去看过工人们做工的情形。这次却有了机会，而且在我的本乡；不但是本乡，而且是我自家父亲一手经营起的。我回硖石那天，我父亲就领了我去参观。那是一个丝厂，今年夏间才办成，屋子什么全是新的。工人有一百多，全是工头从绍兴包雇来的女人，有好多是带了孩子来的。机器间我先后去了三回，都是工作时间，我先说说大概情形，再及我的感想。房子造得极宽敞，空气尽够流通，约略一百多架"丝车"分成两行，相对的排着，女工们坐在丝车与热汤盆的中间，在机轧声中几百双手不住的抽着汤盒里泡着的丝茧，在每个汤盆的跟前站着一个自八九岁到十二三岁的女孩子拿着勺子向汤水里捞出已经抽尽丝的茧壳。就女工们的姿态及手技看，她们都是熟练的老手，神情也都闲暇自若，在我们走过的时候有很多抬起头带笑容的看着我们，这可见她们在工作时并不感受过分的难堪。那天是六月中旬，天气已经节节高向上加热，大约在荫凉处已够几十度光景，我们初进机器间因为两旁通风并不觉热，但走近中段就不同，走转身的时候我浑身汗透，我说不定温度有多高，但因为外来的太阳光（第一次去看芦苇不曾做得，随后就有了。）与丝车的沸汤的夹攻，中间呆坐着做工人的滋味，你可以揣想。工人的汗流被面的固然多，但坦然的也仅有。据说这工作她们上八府人是一半身体坚实一半做惯了吃得起，要是本地人去，半天都办不了的。这话我信因为我自谅我要是生下去的话怕不消三四个钟头竟会昏了去的。那些捞茧的女孩子们，十个里有九个是头面上长有热疮热疖的，这就可见一斑。

这班工人，前面说过，是工头包雇来的，厂里有宿舍给她们住，饭食也是厂里包的，除了放假日外，女工们是一例不准出门的。夏天是五点半放头螺，六点上工，十二时停工半小时吃饭，十二时半再开工到下午六时放工，共计做十一时有半的工。放假是一个月两天，初一与月半。

工资是按钟点算的，仿佛每工人可得五角或是四角八大洋的工资，每月抛去饭资每人可得净工资十元光景，厂里替她们办储蓄，有利息，这一层待遇情形据说比较并不坏，一个女工到外府来做工每年年底可以捧一百多现洋钱回家，确是很可自傲的了。

我说过这是我第一次看厂工做工。看过了心里觉着一种难受。那么大热的天在那么热的屋子里连着做将近十二小时的工！外面的帐房计算给我们听，从买进生茧到卖出熟丝的层层周折，抛去开销，每丝可以赚多少钱。呒，马克思的剩余价值论！这不是剥削工人们的劳力？我们是听惯八小时工作八小时睡眠八小时自由论的，这十一二小时的工作如何听得顺耳？"那末这大热天何妨让工人们少做一点时间呢？"我代工人们求恳似的问。"工人们那里肯？她们只要多做，不要少做：多做多赚钱，少做少赚钱。"我没得话说了。"那末为什么不按星期放工呢？""她们连那两天都不愿意闲空哪！"我又没得话说了。一群猪羊似的工人们关在牢狱似的厂房里拼了血汗替自己家里赚小钱，替出资本办厂的财主们赚大钱？这情形其实有点看不顺眼——难受。"这大热天工人们不发病吗？"我又替她们担忧似的问。"她们才叫牢靠哪，很少病的；厂里也备了各种痧药，以后还请镇上一个西医每天来一半个钟头：厂里也够卫生的。""那末有这么许多孩子，何妨附近设一个学校让她们有空认几个字也好不是？""这——我们不赞成；工人们认了字有了知识，就会什么罢工造反，那有什么好处！"我又没得话说了。

　　我真不知道怎样想才是。在一边看，这种的工作情形实在是太不人道，太近剥削；但换一边看，这多的工人，原来也许在乡间挨饿的，这来有生计，多少可以赚一点钱回去养家，又不能完全说是没有好处；并且厂内另选茧一类轻易的工作，的确也替本乡无业的妇女们开一条糊口过活的路。你要是去问工人们自己满意不满意，我敢说她们是不会（因为知识不到）出怨言的。那你这是白着急？可是我总觉得心上难受，异常的难受，仿佛自身作了什么亏心事似的。自从看了厂以后，我至今还不忘记那机器间的情形，尤其在南方天气最热的那几天，我到那儿那儿都惦着那一群每天得做十一二小时工作的可怜的生灵们！也许是我的感情作用；我在国外时也何尝不曾剧烈的同情劳工，但我从不曾经验过这样深刻的感念，我这才亲眼看到劳工的劳，这才看到一般人受生计逼迫无可奈何的实在，这才看到资本主义（在现在中国）是怎样一个必要的作孽，这才重新觉悟到我们社会生活问题有立即通盘筹划趁早设施的迫切，就治本说，发展实业是否只能听其自然的委给有资产阶级，抑或国家和地方有集中经营的余地，就治标说，保护劳工法的种种条例有切实施行的必要，否则劳资问题的冲突逃不了一天乱似一天的。总之乌托邦既然是不可能，彻底的生计革命又一时不可期待，单就社会的安宁以及维持人道起见，我们自命有头脑的少数人，赶快得起来尽一分的责任；自觉的努力，不论走那一个方向，总是生命力还在活动的表现，否则这醉生梦死的难道真的死透了绝望了吗？

一九二六年八月作

（原载 1926 年 8 月 9 日、23 日《晨报副刊》）

致 胡 适

（一九二七年一月七日）

适之：

　　生命薄弱的时侯，一封信都不易产出，愈是知心的朋友，信愈不易写。你走后，我那一天不想着你，何尝不愿意象慰慈那样勤写信，但是每回一提笔就觉着一种枯窘，生命、思想、那样都没有波动。在硖石的一个月，不错，总算享到了清闲寂静的幸福。但不幸这福气又是不久长的，小曼旧病又发作，还得扶病逃难，到上海来过最不健康的栈房生活，转眼已是二十天，曼还是不见好。方才去你的同乡王仲奇处看了病，他的医道却还有些把握，但曼的身体根本是神经衰弱，本原太亏，非在适当地方有长期间的静养是不得见效的，碰巧这世乱荒荒，那还有清静的地方容你去安住，这是我最大的一件心事。你信上说起见恩厚之夫妇，或许有办法把我们弄到国外去的话，简直叫我惝恍了这两天！我那一天不想往外国跑，翡冷翠与康桥最惹我相思，但事实上的可能性小到我梦都不敢重做。朋友里如彭春最赞成我们俩出去一次，老梁也劝我们去，只是叫我们那里去找机会？中国本来是无可恋，近来更不是世界，我又是绝对无意于名利的，所要的只是"草青人远，一流冷涧"。这扰攘日子，说实话，我其实难过。你的新来的兴奋，我也未尝不曾感到过，但你我虽则兄弟们的交好，襟怀性情地位的不同处，正大着；另一句话说，你在社会上是负定了一种使命的，你不能不斗到底，你不能不向前迈步，尤其是这次回来，你愈不能不危险地过日子，我至少决不用消极的话来挫折你的勇气。但我自己却另是一回事，早几年我也不免有一点年轻人的夸大，但现在我看清楚些了，才，学，力，我是没有一样过人的，事业的世界我早已决心谢绝，我唯一的希望是能得到一种生活的状态，可以容我集中有限的力量，在文字上做一点工作。好在小曼也不慕任何的浮荣，她也只要我清闲度日，始终一个读书人。我怎么能不感谢上苍，假如我能达到我的志愿！

留在中国的话，第一种逼迫就是生活问题。我决不能长此厚颜依赖我的父母。因为这经济不能独立，我们新近受了不少的闷气。转眼又到阴历年了，我到那里好？干什么好？曼是想回北京，她最舍不得她娘，但在北京教书是没有钱的，《晨副》我又不愿重去接手（你一定懂得我意思），生活费省是省，每月二百元总得有不是？另寻不相干的差事我又是不来的，所以回北京难。留在上海也不妥当，第一我不喜欢这地方，第二急切也没有合我脾胃的事情做。最好当然是在家乡耽着，家里新房子住得顶舒服的，又可以承欢膝下，但我又怕我父母不能原谅，只当我是没出息，这老大还得靠着家，其实只要他们能懂得我，我倒十分愿意暂时在家里休养，也着实可以读书做工，且过几时等时局安静些再设法活动。目下闷处在上海，无聊到不可言状，曼又早晚常病，连个可与谈的朋友都难得有（吴德生做了推事，忙极了的），硖石一时又回不去，你看多糟！你能早些回来，我们能早日相见，固然是好，但看时局如此凌乱，你好容易呼吸了些海外的新鲜空气，又得回向溷浊里，急切要求地上的痛快怕是难的。

我们几个朋友的情形你大概知道，在君仍在医院里，他太太病颇不轻，acute headache❶他辞职看来已有决心，你骂他的信或许有点影响，君励已辞去政治大学，听说南方有杏佛与经农经营江苏教育事业的话，看来颇近情。老傅已受中山大学聘，现在山东，即日回来，但前日达夫来说广大亦欠薪不少，老傅去，一半为钱，那又何必。通伯、叔华安居乐业，梦麟在上海，文伯在汉口，百里潦倒在沪，最可怜。小曼说短信没有意思，长信没力气写，爽性不写，

---

❶ 英语，剧烈头痛。

她想你带些东西来给她；皮包、袜子之类。你的相片瘦了，倒象一个鲍雪微克！

　　隔天再谈，一切保重。

志摩、小曼同候

十六年一月七日

（选自 1979 年 5 月中华书局版《胡适往来书信选》上册）

致恩厚之❶

（一九二七年四月一日）

厚之：

约十日前读到来信，翌日又收到汇票二百五十磅❷。可是，厚之，对于你的隆情深意，我怎样谢谢你才好呢？在这暗无天日的环境下，从真情流露出来的举动，简直使人满怀感谢和惊喜而感到目瞪口呆。在这多难的日子里，知道世界某一角落至少还有一位朋友在百忙中不遗在远，并且极力伸出支援之手，这对于受惠的当事人，是一件多么了不起的大事！你问中国成了个什么样子，你能略加想像吗？我肯定你不会相信的。中国全国正在陷入一个可怕的恶梦中，其中所有的只是理性的死灭和兽性的猖狂。用什么可以挽此狂澜呢？一切明智的力量已遭蹂躏，而且在这个加速崩溃的过程中，余下的一点点也会很快就全部绝灭的。今天是什么人掌权呢？无知的工人，职业恶棍，加上大部分二十岁上下的少男少女。不是的，你不要把这笔账都算给俄国人。他们无疑是了不起的天才策划者，但单有这份伎俩还不会保证他们成功的。中国本土肥沃得很，正适合革命来生根发芽：关键就在于此了。中国目下的动荡局面实在是一场奇怪而好看的把戏，这是以俄国革命为蓝本的一场拙劣的滑稽表演。

❶ 恩厚之（L.K.Elmhjrst），英国人，泰戈尔的秘书。原信为英文。选自梁锡华编译、香港乐文出版社版《徐志摩的英文信》。收入本书时，编者略有文字上的校改。

❷ 指恩厚之赠给徐志摩的一笔款子。

最后的结果会怎样呢？天晓得；这事连幕后拉线者也不知道。但可以肯定的，就是俄国所忍受的痛苦，其中多少有一部分，将来也会临到我们头上来。如果说俄国革命很成功地根绝贵族和资产阶级，这里的革命也是以此为目的。从我看来，共产党目前在这里最伟大的成就不但划分了阶级，更造成了阶级仇恨。你是清楚的，在以前中国社会里是根本没有这东西的，所以说现在是魔鬼得势了。以前有些地方还可以享受一点和平与秩序，但一经它的影响，便立刻充满仇恨。知识界人士面对口号泛滥和暴民运动的狂潮，变得毫无办法也毫无能力。所有的价值都颠倒，一切的标准都转向。打倒理性！打倒智慧！打倒敢作独立思考的人！这样的地方，当然不适宜我辈生活。我们的朋友张君劢满怀忧愤，已决定永远离开中国并要放弃中国国籍（顺便提一下，政府对他已下了逮捕令。）胡适在半个月内将从美国回来，还是满脑子无可救药的潘葛洛斯主义❶，也梦想来一个"新自由主义"的势力。他的话当然是没人听的，甚至是否给他说话的权利，也大有疑问。

我自己半年来是完全闭口了，我在这里的一所大学里教书，赚点钱过日子。我已决定不再倚赖家父，他自己的也不好过。（我家乡镇上的流氓已开始找他麻烦；事实上他们已霸占了我们的新房子。）我目前的心情是无法诉诸笔墨的。我唯一的希望是两口子能跑得动，离开中国一段日子。你们夫妇俩独立优闲地朝着自己已策划的目标来工作，我是多么羡慕你们啊。是的，厚之，我们再谋聚首岂不是大乐事吗？但问题是：我们两口子能派什么用场呢？我不知道你和狄老❷之间作了什么协商，若能到山迪尼基顿跟我们亲爱的老戈爹同住一个时候，这就是我近年来唯一的梦想实现了。但我们怎么走呢？我们夫妇俩当然不能全靠你来负责旅费，你说是不是？另一方面，要是这里的形势没有好转之兆，我看即使是一笔小款也没有办法从家里打主意的，况且目前我的妻子又体弱不适宜做长途旅行，印度的夏天会要她半条性命的！所以我们要等炎暑过后才能作访印的打算。大概我们去那边最合

---

❶ 潘葛洛斯（Pangloss），系伏尔泰小说《赣第德》（Gandide）里的一位博士，讲实验自然哲学，提倡乐观主义。

❷ 狄更生（G.H.Dickinson），英国剑桥大学王家学院院友，徐志摩的好友。

适的时间是十月，如果百事就手，我们还可以找张彭春同往。请你想想，在老人身边再次绕膝谈心是多快乐啊！这个若不能实现，我的心总不会安宁。我当然要写信给狄老，我早就该写了。他对我真是太好了。是啊，要做的是，再见泰戈尔；加上造访特尼斯你那令人流连的大府，享受点和平日子吧！

多乐芙❶好吗？请告诉她，要是我娇小的妻子到英国，一定会给她一个大麻烦，因为小曼是个淘气的小家伙，需要好好照管的。请再来信，我们等你的信，就如等候救世主的福音。好吧，让我们盼望好机会。就写到这里。再见吧亲爱的朋友。

我和小曼向你和多乐芙致以爱的问候：

徐志摩

一九二七年四月一日上海环龙路花园别墅十一号

---

❶ 多乐芙（Dorthy），恩厚之妻子的小名。

《新月》的态度

徐志摩执笔

And God said, Let there be light: and there was light—The Gensis If winter comes, can Spring be far behind? —shelley

我们这月刊题名《新月》，不是因为曾经有过什么"新月社"，那早已消散，也不是因为有"新月书店"，那是单独一种营业，它和本刊的关系只是担任印刷与发行。《新月》月刊是独立的。

我们舍不得新月这名字，因为它虽则不是一个怎样强有力的象征，但它那纤弱的一弯分明暗示着，怀抱着未来的圆满。

我们这几个朋友，没有什么组织除了这月刊本身，没有什么结合除了在文艺和学术上的努力，没有什么一致除了几个共同的理想。

凭这点集合的力量，我们希望为这时代的思想增加一些体魄，为这时代的生命添厚一些光辉。

但不幸我们正逢着一个荒歉的年头，收成的希望是枉然的，这又是个混乱的年头，一切价值的标准，是颠倒了的。

要寻找荒歉的原因并且给它一个适当的补救，要收拾一个曾经大恐慌蹂躏过的市场；再进一步要扫除一切恶魔的势力，为要重见天日的清明，要浚治活力的来源，为要解放不可制止的创造的活动——这项巨大的事业当然不是少数，尤其不是我们这少数人所敢妄想完全担当的。

但我们自分还是有我们可做的一部分的事。连着别的事情我们想贡献一个谦卑的态度。这态度，就正面说，有它特别侧重的地方，就反面说，也有它郑重矜持的地方。

先说我们这态度所不容的。我们不妨把思想（广义的，现代刊物的内容的一个简称。）比作一个市场，我们来看看现代我们这市场上看得见的是些什么？如同在别的市场上，这思想的市场上也是摆满了摊子，开满了店铺，挂满了招牌，扯满了旗号，贴满了广告。这一眼看去辨认得清的至少有十来种行业，各有各的色彩，各有各的引诱。我们把它们列举起来看看：——

  一 伤感派

  二 颓废派

  三 唯美派

  四 功利派

  五 训世派

  六 攻击派

  七 偏激派

  八 纤巧派

  九 淫秽派

  十 狂热派

  十一 稗贩派

  十二 标语派

  十三 主义派

商业上有自由，不错。思想上言论上更应得有充分的自由，不错。但得在相当的条件下。最主要的两个条件是（一）不妨害健康的原则，（二）不折辱尊严的原则。买卖毒药买卖身体，是应得受干涉的，因为这类的买卖直接违反健康与尊严两个原则。同时这些非法的或不正当的营业还是一样在现代的大都会里公然的进行——鸦片，毒药，淫业，那一宗不是利市三倍的好买卖？但我们却不能因它们的存在就说它们不是不正当而默许它们存在的特权。在这类的买卖上我们不能应用商业自由的原则。我们正应得觉到切肤的羞恶，眼见这些危害性的下流的买卖公然在我们所存在的社会里占有它们现有的地位。

同时在思想的市场上我们也看到种种非常的行业，例如上面列举的许多门类。我们不说这些全是些"不正当"的行业，但我们不能不说这里有很多是与我们所标举的两大原则——健康与尊严——不相容的。我们敢说这现象是新来的，因为连着别的东西思想自由这观念本身就是新来的。这也是个反动的现象，因此，我们敢说，或许是暂时的。先前我们在思想上是绝对没有自由，结果是奴性的沉默，现在我们在思想上是有了绝对的自由，结果是无政府的凌乱。思想上的花式加多本来不是件坏事，在一个活力磅礴的文化社会里往往看得到，偎傍着刚直的本干，普盖的青荫，不少盘错的旁枝，以及恣蔓的藤萝。那本不关事，但现代的可尤正是为了一个颠倒的情形。盘错的，恣蔓的尽有，这里那里都是的，却不见了那刚直的与普盖的。这就比是一个商业社会上不见了正宗的企业，却只有种种不正当的营业盘据着整个的市场，那不成了笑话？

即如我们上面随笔写下的所谓现代思想或言论市场上的十多种行业，除了"攻击"，"纤巧"，"淫秽"诸宗是人类不怎样上流的根性得到了自由（放纵）当然的发展，此外多少是由外国转运来的投机事业。我们不说这时代就没有认真做买卖的人，我们指摘的是这些买卖本身的可疑。碍着一个迷误的自由的观念，顾着一个容忍的美名，我们往往忘却思想是一个园地，它的美观是靠着我们随时的种植与除铲，又是一股水流，它的无限的效用有时可以转变成不可收拾的奇灾。

我们不敢附和唯美与颓废，因为我们不甘愿牺牲人生的阔大，为要雕镂一只金镶玉嵌的酒杯。美我们是尊重而且爱好的，但与其咀嚼罪恶的美辞还不如省念德性的永恒，与其到海陀罗凹腔里去收集珊瑚色的妙乐还不如置身在扰攘的人间倾听人道那幽静的悲凉的清商。

我们不敢赞许伤感与热狂，因为我们相信感情不经理性的清滤是一注恶浊的乱泉，它那无方向的激射至少是一种精力的耗废。我们未尝不知道放火是一桩新鲜的玩艺，但我们却不忍为一时的快意造成不可救济的惨象。"狂风暴雨"有时是要来的，但狂风暴雨是不可终朝的。我们愿意在更平静的时刻中提防天时的诡变，不愿意藉口风雨的猖狂放弃清风白日的希冀。我们当然不反对解放情感，但在这头骏悍的野马的身背上我们不能不谨慎的安上理性的鞍索。

我们不崇拜任何的偏激，因为我们相信社会的纪纲是靠着积极的情感来维系的，在一个常态社会的天平上，情爱的分量一定超过仇恨的分量，互助的精神一定超过互害与互杀的动机。我们不愿意套上着色眼镜来武断宇宙的光景。我们希望看一个真，看一个正。

我们不能归附功利，因为我们不信任价格可以混淆价值，物质可以替代精神。在这一切商业化恶浊化的急坡上我们要留住我们倾颤的脚步。我们不能依傍训世，因为我们不相信现成的道德观念可以用作评价的准则，我们不能听任思想矫健僵化成冬烘的壅肿。标准，纪律，规范，不能没有，但每一个时代都得独立去发见它的需要，维护它的健康与尊严，思想懒惰是一切准则颠覆的主要的根由。

末了还有标语与主义。这是一条天上安琪儿们怕践足的蹊径。可怜这些时间与空间，那一间不叫标语与主义的芒刺给扎一个鲜艳！我们的眼是迷眩了的，我们的耳是震聋了的，我们的头脑是闹翻了的。辨认已是难事，评判更是不易。我们不否认这些殷勤的叫卖与斑斓的招贴中尽有耐人寻味的去处，尽有诱惑的迷宫。因此我们更不能不审慎，我们更不能不磨厉我们的理智，那剖解一切纠纷的锋刃，澄清我们的感觉，那辩别真伪和虚实的本能，放胆到这嘈杂的市场上去做一番审查和整理的工作。我们当然不敢预约我们的成绩，同时我们不踌躇预告我们的愿望。

这混杂的现象是不能容许它继续存在的，如其我们文化的前途还留有一线的希望。这现象是不能继续存在的，如其我们这民族的活力还不曾消竭到完全无望的地步，因为我们认定了这时代是变态，是病态，不是常态。是病就有治。绝望不是治法。我们不能绝望。我们在绝望的边缘搜求希望的根芽。

严重是这时代的变态。除了盘错的，恣蔓的寄生，那是遍地都看得见，几于这思想的田园内更不见生命的消息。梦人们妄想着花草的鲜明与林木的郁茀。但他们有什么根据除了飘渺的记忆与想象？

但记忆与想象！这就是一个灿烂的将来的根芽！悲惨是那个民族，它回头望不见一个庄严的已往。那个民族不是我们。该得灭亡是那个民族，它的眼前没有一个异象的展开。那个民族也不应得是我们。

我们对我们光明的过去负有创造一个伟大的将来的使命；对光明的未来又负有结束这黑暗的现在的责任。我们第一要提醒这个使命与责任。我们前面说起过人生的尊严与健康。在我们不曾发见更简赅的信仰的象征，我们要充分的发挥这一双伟大的原则——尊严与健康。尊严，它的声音可以唤回在歧路上徬徨的人生。健康，它的力量可以消灭一切侵蚀思想与生活的病菌。

我们要把人生看作一个整的。支离的，偏激的看法，不论怎样的巧妙，怎样的生动，不是我们的看法。我们要走大路。我们要走正路。我们要从根本上做工夫。我们只求平庸，不出奇。

我们相信一部纯正的思想是人生改造的第一个需要。纯正的思想是活泼的新鲜的血球，它的力量可以抵抗，可以克胜，可以消灭一切致病的微菌。纯正的思想，是我们自身活力得到解放以后自然的产物，不是租借来的零星的工具，也不是稗贩来的琐碎的技术。我们先求解放我们的活力。

我们说解放，因为我们不怀疑活力的来源。淤塞是有的，但还不是枯竭。这些浮苲，这些绿腻，这些潦泥，这些腐生的蝇蚋——可怜的清泉，它即使有奔放的雄心，也不易透出这些寄生的重围。但它是在着，没有死。你只须拨开一些污潦就可以发见它还是在那里汩汩的溢出，在可爱的泉眼里，一颗颗珍珠似的急流着。这正是我们工作的机会。爬梳这壅塞，粪除这秽浊，浚理这瘀积，消灭这腐化；开深这潴水的池潭，解放这江湖的来源。信心，忍耐。谁说这"一举手一投足"的勤劳不是一件伟大事业的开端，谁说这涓涓的细流不是一个壮丽的大河流域的先声？

要从恶浊的底里解放圣洁的泉源，要从时代的破腐里规复人生的尊严——这是我们的志愿。成见不是我们的，我们先不问风是在那一个方向吹。功利也不是我们的，我们不计较稻穗的饱满是在那一天。无常是造物的喜怒，茫昧是生物的前途，临到"闭幕"的那俄顷，更不分凡夫与英雄，痴愚与贤圣，谁都得撒手，谁都得走；但在那最后的黑暗还不曾覆盖一切以前，我们还不一样的得认真来扮演我们的名分？生命从它的核心里供给我们信仰，供给我们忍耐与勇敢。为此我们方能在黑暗中不害怕，在失败中不颓丧，在痛苦中不绝望。生命是一切理想的根源，它那无限而有规律的创造性给我们在心灵的活动上一个强大的灵感。它不仅暗示我们，逼迫我们，永远望创造的，生命的方向走，它并且启示给我们的想象，物体的死只是生的一个节目，不是结束，它的威吓只是一个谎骗，我们最高的努力的目标是与生命本体同绵延的，是超越死线的，是与天外的群星相感召的。为此，虽则生命的势力有时不免比较的消歇，到了相当的时候，人们不能不醒起。我们不能不醒起，不能不奋争，尤其在人与生的尊严与健康横受凌辱与侵袭的时日！来罢，那天边白隐隐的一线，还不是这时代的"创造的理想主义"的高潮的前驱？来罢，我们想象中曙光似的闪动，还不是生命的又一个阳光充满清朝的预告？

（原载 1928 年 3 月 10 日《新月》月刊第 1 卷第 1 期）

哈代的悲观

徐志摩

　　哈代的名字，我国常见与悲观厌世等字样相联；说他是个悲观主义者，说他是个厌世主义者，说他是个定命论者，等等。我们不抱怨一般专拿什么主义什么派别来区分，来标类作者；他们有他们的作用，犹之旅行指南，舟车一览等也有他们的作用。他们都是一种"新发明的便利"。但真诚的读者与真诚的游客却不愿意随便吞咽旁人嚼过的糟粕，什么都得亲口尝味。所以即使哈代是悲观的，或是勃郎宁是乐观的，我们也还应得费工夫去寻出他一个"所以然"来。艺术不是科学，精采不在他的结论，或是证明什么；艺术不是逻辑。在艺术里，题材也许有限，但运用的方法各各的不同；不论表现方法是什么，不问"主义"是什么，艺术作品成功的秘密就在能够满足他那特定形式本体所要求满足的条件，产生一个整个的完全的独一的审美的印象抽象的形容词，例如悲观浪漫等等，在用字有轻重的作者手里，未始没有他们适当的用处，但如用以概状文艺家的基本态度，对生命或对艺术，那时错误的机会就大了。即如悲观一名词，我们可以说叔本华的哲学是悲观的，夏都勃理安是悲观的，理巴第的诗是悲观的，马尔萨斯的人口论是悲观的，或是哈代的哲学是悲观的；但除非我们为这几位悲观的思想家各下一个更正确的状词，更亲切的叙述他们思想的特点，仅仅悲观一个字的总冒，绝对不能满足我们对这各作者的好奇心。在现在教科书式的文学批评盛行的时代，我们如其真有爱好文艺的热诚，除了耐心去直接研究各大家的作品，为自己定一个"口味"（Taste）的标准，再没有别的速成的路径了。

"哈代是个悲观主义者，"这话的涵义就象哈代有了悲观或厌世的成心，再去做他的小说，制他的诗歌的。"成心"是艺术的死仇，也是思想的大障。哈代不曾写裴德来证明他的悲观主义，犹之雪莱与华茨华士不曾自觉的提倡"浪漫主义"，或"自然主义"。我们可以听他自己的辩护。去年他印行的那本诗集（Late Lyries and Earlier）的前面作者的自叙里，有辨明一般误解他基本态度的话，当时很引起文学界注意的。他说他做诗的本旨，同华茨华士当时一样，决不为迁就群众好恶的习惯，不是为讴歌社会的偶像。什么是诚实的思想家，除了大胆的，无隐讳的，袒露他的疑问，他的见解，人生的经验与自然的现象影响他心灵的真相。百年前海涅说的"灵魂有她永久的特权，不是法典所能翳障也不是钟声的乐音所能催眠"哈代但求保存他的思想的自由，保存他灵魂永有的特权。——保存他的 Obstinate questionings（崛强的疑问）的特权。实际上一般人所谓他的悲观主义（Pessimism）其实只是一个人生实在的探险者的疑问；他引证他一首诗里的诗句：——

If way to the better there be，it exacts afull look at the worst

这话是现代思想家，例如罗素，萧伯讷，华理士常说的，也许说法各有不同；意思就是："即使人生是有希望改善的，我们也不应故意的掩盖这时代的丑陋，只装没有这回事。实际上除非彻底的认明了丑陋的所在，我们就不容易走入改善的正道。"一般人也许很愿意承认现在世界是"可能的最好"，人生是有价值的，有意义的，有希望的，幸福与快乐是本分，不幸与挫折是例外或偶然，云雾散了还是青天，黑夜完了还是清晨。但这种浅薄的乐观，当然经不起更深入的考察，当然只能激起彻底的思想家的冷笑；在哈代看来，这派的口调，只是"骷髅面上的笑容"！

所以如其在哈代的诗歌里，犹之在他的小说里，发现他对于人生的不满足；发现他不倦的探讨着这猜不透的迷谜，发现他暴露灵魂的隐秘与短处；发现他的悲慨阳光之暂忽，冬令的阴霾，发现他冷酷的笑声与悲惨的呼声；发现他不留恋的的戳破虚荣或剖开幻想；发现他尽力的描画人类意志的脆薄与无形的势之残酷；发现他迷失了"跳舞的同伴"的伤感；发现他对于生命本体的嘲讽与厌恶；发现他歌咏"时乘的笑柄"或"境遇的讽刺"，在他只是大胆的，无畏的尽他诗人，思想家应尽的责任，安诺德所谓 Application of ides to life；在他只是披露他内在的"刹那的彻悟"；在他只是反映着，最深刻的也是最真切的，这时代心智的度量。我们如其一定要怪嫌什么，我们还不如怪嫌这不完善的人生，一切文艺最初最后的动机。

至于哈代个人的厌世主义，最妙的按语是英国诗人老伦士平盈（Laurence binyon）的，他说，如其他真是厌世，真是悲观，他也决不会得不倦不厌的歌唱到白头，背上抗着六十年创造文艺的光明。一个作者的价值，本来就不应拿他著作里表现的"哲理"去品评；我们只求领悟他创造的精神，领悟他扩张艺术境界与增富人类经验的消息。况且老先生自己已经量言的否认他是什么悲观或厌世；他只是，在这六十年间，"崛强的疑问"着。

（原载 1928 年 3 月 10 日《新月》月刊第 1 卷第 1 期）

波特莱的散文诗

徐志摩

　　"我们谁不曾，在志愿奢大的期间，梦想过一种诗的散文的奇迹，音乐的却没有节奏与韵，敏锐而脆响，正足以迹象性灵的抒情的动荡，沉思的纡回的轮廓，以及天良的俄然的激发？"波特莱一辈子话说得不多，至少我们所能听见的不多，但他说出口的没有一句是废话。他不说废话因为他不说出口除了在他的意识里长到成熟琢磨得剔透的一些。他的话可以说没有一句不是从心灵新鲜剖摘出来的。象是仙国里的花，他那新鲜，那光泽与香味，是长留不散的。在十九世纪的文学史上，一个佛洛贝，一个华尔德裴特，一个波特莱，必将永远在后人心里唤起一个沉郁，孤独，日夜在自剖的苦痛中求光亮者的意象——有如中古期的"圣士"们。但他们所追求的却不是虚玄的性理的真或超越的宗教的真。他们辛苦的对象是"性灵的抒情的动荡，沉思的纡回的轮廓，天良的俄然的激发。"本来人生深一义的意趣与价值远不是全得向我们深沉，幽玄的意识里去探检出来？全在我们精微的完全的知觉到每一分时带给我们的特意的震动，在我们生命的纤微上留下的不可错误的微妙的印痕，追摹那一些瞬息转变如同雾里的山水的消息，是艺人们，不论用的是那一种工具，最愉快亦最艰苦的工作。想象一支伊和灵弦琴（The Harp Aeolian）在松风中感受万籁的呼吸，同时也从自身灵敏的紧张上散放着不容模拟的妙音！不易，真是不易，这想用一种在定义上不能完美的工具来传达那些微妙的，几于神秘的踪迹——这困难竟比是想捕捉水波上的磷星或是收集兰蕙的香息。果然要能成功，那还不是波特莱说的奇迹？

但可奇的是奇迹亦竟有会发现的时候。你去波特莱的掌握间看，他还不是捕得了星磷的清辉，采得了兰蕙的异息？更可奇的是他给我们的是一它几于有实质的香与光。在他手掌间的事物，不论原来是如何的平凡，结果如同爱俪儿的歌里说的——

suffer a sea——change
Into Something beautiful and strange

对穷苦表示同情不是平常的事，但有谁，除了波特莱，能造作这样神化的文句：——

Avez-vous quel quefois apercu des veuves surces bancs
aolitaires，des veuves pauvres？ Quelles soienten deuilou non，
il est facile de Les reconnaitre.D，ailleurs il ya toujours dans le deuil
du pauvre quelque chose qui manque，une absence d'harmonie qui Le
rend plus navrent。Il est contraint de lêsiner sursa douleur。Le riche
porte La sienne augraud complet

"你有时不看到在冷静的街边坐着的寡妇们吗？她们或是穿着孝或是不，反正你一看就认识。况且就使她们是穿着孝，她们那穿法本身就有些不对劲，象少些什么似的，这神情使人看了更难受。她们在哀伤上也得省俭。有钱的孝也穿得是这样。"

"她们在哀伤上也得省俭"——我们能想象更莹彻的同情，能想象更莹彻的文字吗？这是《恶之华》的作者；也是他，手拿着小物玩具在巴黎市街上分给穷苦的孩子们，望着他们"偷偷的跑开去，象是猫，它咬着了你给他的一点儿非得跑远远再吃去，生怕你给了又要反悔。"（Tte Poor Boy's Toy）也是他——坐在舒适的咖啡店里见着的是站在街上望着店里的"穷人的眼"（Les Yeux des Pauvres）——一个四十来岁的男子，脸上显着疲乏长着灰色须的，一手拉着一个孩子，另一手抱

着一个没有力气再走的小的——虽则在他身旁陪着说笑的是一个脸上
有粉口里有香的美妇人，她的意思是要他叫店伙赶这苦人儿，瞪着大
白眼看人多讨厌！

Tant il est difficile de s'entendre，moncher ange，et tant la pens'ee
est in communicable même entre gens qui s'aiment

他创造了一种新的战傈（A new thrill），嚣俄说。在八十年前是新
的，到今天还是新的。爱默深说："一个时代的经验需要一种新的忏悔，
这世界仿佛常在等候着它的诗人。"波特莱是十九世纪的忏悔者，正如
卢骚是十八世纪的，丹德是中古期的。他们是真的"灵魂的探险者"，
起点是他们自身的意识，终点是一个时代全人类的性灵的总和。比如
飓风，发端许只是一片木叶的颤动，他们的也不过是一次偶然的心震，
一些"bagatelles laborieuses"，但结果——谁能指点到最后一个迸裂的
浪花？自波特莱以来，更新的新鲜，不论在思想或文字上，当然是有
过：麦雷先生（J.M.Murry）说普鲁斯德（Marcel Rrost）是二十世纪的
一个新感性，比方说，但每一种新鲜的发见只使我们更讶异的辨认我
们伟大的"前驱者"与"探险者"当时踪迹的辽远。他们的界碑竟许
还远在我们到现在仍然望不见的天的那一方站着哪，谁知道！在每一
颗新凝成的露珠里，星月存储着它们的光辉——我们怎么能不低头？

一月十九日

（原载 1929 年 12 月 10 日《新月》月刊第 2 卷第 10 期）

致恩厚之❶

（一九二九年三月五日）

厚之：

　　谢谢你一月二十九日来信，因为信封上没有写"从西伯利亚寄递"，所以我五星期后才收到。我时常等候达廷顿的消息，你那个地方在我心中是一圈灿烂异常的光明，是至美的化身，但这光和美，在今天的中国已备受摧残。我常常忆念有鲑鱼出没的达河，那里有的是赏心悦目的柔雅风情，而德温❷晨曦的光艳，在你花园古堡历史悠久的垒垒磬石上处处漫染，更倍觉明丽生辉。此外，在你那儿生活的人群，他们的真挚和乐之情，在各人脸上互相辉映，这种比朝阳更伟大的光华，就见证了生气勃勃的理想矫然卓立这个事实。这一切沁透我心魂并引起无限诗情诗意的回忆，是你所不知道的。在这里当我无法避免去接触每天临到身上的现实环境时，我就更感到怀念之情的痛苦。这里所见的：不是高贵而是卑鄙，不是友谊合作而是敌意和相咬相吞；不是朝气勃勃的原则而是僵化害人的教条；这一切都象行尸走肉，到处为患，要把整个国家带进更大的灾难，也把人们灵魂中创造的源泉阻塞了。现在有些省份已沦为民生极度凋敝的人间地狱。我亲眼看过在死亡线上挣扎的北方，每一念及那边的情形，我的血液会骤然变冷。那

---

❶ 原信为英文，选自梁锡华编译、香港乐文出版社出版《徐志摩的英文信》。收入本集时，编者略有文字上的校改。

❷ 德温（Devon），英国南部郡名，达廷顿的所在地。

些饿得不成人形的孩子真的会为地藓青苔打架。只要他们瘦骨嶙峋的双手能在石缝中挖到一点点，便立刻往嘴里塞。这种不顾死活的生之挣扎，无非为要减弱一下饥饿与寒冷带给他们的痛苦。唉！为什么老天爷要让他们诞生在这世界上呢！

从上述的事实可见，天平的一头是那些毫无心肝的统治者，另一头是那些默默受苦的民众。这种情形一定会导致即将来临的滔天灾难。即使那些知识阶级的人士（他们是一班毫无能力的人）也似乎疲塌到一个恹恹无神的地步；他们没有勇气去承担任何责任，只是默默地希祈人性有一个彻底的改变。

亲爱的厚之，要一个活在中国的人去抵御悲观和战胜沮丧是不容易的。他们没有办法抓到一样可以持守的东西，也没有办法找到同气相投的朋友，去为人生中较崇高，但在目前实效较少的事业一起奋斗。所以活在中国算不得活在世界，因为好象泰戈尔在《飞鸟集》中说过，我们只有爱这世界的时候才是算活在这世界。我真希望有一个中国人能爱他今天所见的中国，但事实上却是不可能的。

环境的黑暗是无可讳言的。人在这种景况下，精神上没有办法不受影响；就是由于这个原故，你信上所流露的厚意和期望❶一入我的眼帘，就使我深感痛苦，其中的意思，也只有你能真切领会。我有幸在达廷顿以及山迪尼基顿从你和泰戈老那里把灵感和鼓舞带回中国，这些都是伟大的事物，但可惜都在毫无希望的时日和人事推移中渐渐黯然无光了。我痴心的梦想还是没有什么实现的机会。治安一事，即使在江浙两省，甚至是南京城附近，也是没有保障的。绑票已几乎蔓延全国，抢劫更不用说了，法律是形同虚设的。上海的生活味同嚼蜡，有时更是可恨可厌，但要拂袖他往，却是难于登天。原因很简单：现在根本无路可逃，所以我们一大伙儿都在这里搁浅了❷，实在有身不由己之感。

最后我要告诉你，有两件事使我一直忙个不停，就是梁启超在我

---

❶ 指恩厚之希望徐志摩早日建立中国农村建设基地一事。

❷ 徐志摩于 1928 年欧游回国后不久，即开始了中国农村建设的实地调查，并请了张彭春、瞿世英一齐参加，但后来没成功。徐志摩在这里说的"搁浅"即是指此事。

离北京后三周，即一月十九日，逝世了，年纪不过五十六岁。这项使人伤感的消息你一定在报上读到了。他的死对于我和不少人，都是一个无可补偿的损失。他比同辈的人伟大多了，就连孙中山先生也不例外，因为在他身上，我们不但看到一个完美学者的形象，而且还看到一个无愧于中国伟大文明传统的人。他在中国现代历史上是带进了一个新的时代；他以个人的力量掀起了一彻底的思想革命，而就是因着这项伟绩，以后接着来的革命才能马到成功。所以他在现代中国的地位确是无人可比的，胡适和我正在编一本约在五月可以见世的纪念刊❶，期望它能对梁先生的伟大人格和多面性的天才作出公正的评价。另一件事就是我在筹备一个全国美术展览❷，约在一个月后开幕。这个展览会无论在范围和设计方面，在中国都是首创的。附有插图的目录印就之后，我会寄一些给你。

达廷顿近况如何？多乐芙好吗？我相信你又快添一个小宝宝了，特别对小露斯来说，这一定是一件使她兴奋的大事。请代我问众朋友好，并告诉他们说，我常常渴慕回到他们中间共同生活，小曼也向你们两位致意。

你的挚友

徐志摩
一九二九年三月五日
于上海福熙路六一三号

再者：我将乐意见法朗兹勋爵。

---

❶ 即《新月》月刊的"梁任公先生纪念专号"，后因故未出。
❷ 第一届全国美术展览会为南京国民党政府主办，徐志摩是展览会筹备处的理事。

《轮盘》自序

徐志摩

在这集子里，《春痕》，原名《一个不很重要的回想》，是登一九二三年的《努力周报》的，故事里的主人翁是在辽东惨死的林宗孟先生。《一个清清的早上》和《船上》，曾载《现代评论》；《两姊妹》，《老李的惨史》，见《小说月报》。《肉艳的巴黎》，即《巴黎的鳞爪》的一则，见《晨报副刊》。《轮盘》不曾发表过。其余的几篇都登过《新月》月刊。

我实在不会写小说，虽则我很想学写。我这路笔，也不知怎么的，就许直着写，没有曲折，也少有变化。恐怕我一辈子也写不出成一篇如愿的小说，我说如愿因为我常常想象一篇完全的小说，象一首完全的抒情诗，有它特具的生动的气韵，精密的结构，灵异的闪光。我念过佛洛贝尔，我佩服。我念过康赖特，我觉得兴奋。我念过契诃甫，曼殊斐儿，我神往。我念过胡尔弗夫人，我拜倒。我也用同样眼光念司德策睿（Lytton Strachey），梅耐尔夫人（Mrs.Alice Meynell），山潭野衲（George Santayana），乔治马（George Moore），赫孙（W.H.Hudson）等的散文，我没有得话说。看；这些大家的作品，我自己对自己说，"这才是文章！文章是要这样写的：完美的字句表达完美的意境。高抑列奇界说诗是 Best Words in best order。但那样的散文何尝不是 Best words in best order。他们把散文做成一种独立的艺术。他们是魔术家。在他们的笔下，没有一个字不是活的。他们能使古奥的字变成新鲜，粗俗的雅训，生硬的灵动。这是什么秘密？除非你也同他们似的能从文字里创造有生命的艺术，趁早别多造孽。"

　　但孽是造定的了！明知是糟蹋文字，明知写下来的几乎全部都是Still-born，还得厚脸来献丑。我只有一句自解的话。除了天赋的限度是事实无可勉强，我敢说我确定是有愿心想把文章当文章写的一个人。至于怎样写才能合时宜，才能博得读者的欢心的一类念头，我从不曾想到过。这也许也是我的限度的一宗。在这一点上，我期望我自己能永远崛强：

　　　　"我不知道风

　　　　是在那一个方向吹"……

　　这册小书我散献给我的好友通伯和叔华。

志摩十八年五月

　　　　　　（选自 1930 年 4 月上海中华书局版《轮盘》）

秋

徐志摩

　　两年前，在北京，有一次，也是这么一个秋风生动的日子，我把一个人的感想比作落叶，从生命那树上掉下来的叶子。落叶，不错，是衰败和凋零的象征，它的情调几乎是悲哀的。但是那些在半空里飘摇，在街道上颠倒的小树叶儿，也未尝没有它们的妩媚，它们的颜色，它们的意味，在少数有心人看来，它们在这宇宙间并不是完全没有地位的。"多谢你们的摧残，使我们得到解放，得到自由。"它们仿佛对无情的秋风说："劳驾你们了，把我们踹成粉，踩成泥，使我们得到解脱，实现消灭，"它们又仿佛对不经心的人们这么说。因为看着，在春风回来的那一天，这叫卑微的生命的种子又会从冰封的泥土里翻成一个新鲜的世界。它们的力量，虽则是看不见，可是不容疑惑的。

　　我那时感着的沉闷，真是一种不可形容的沉闷。它仿佛是一座大山，我整个的生命叫它压在底下。我那时的思想简直是毒的，我有一首诗，题目就叫《毒药》，开头的两行是——

　　　"今天不是，我歌唱的日子，我口边涎着狞恶的冷笑，不是我说笑的日子，我胸怀间插着发冷光的刀剑；

　　　相信我，我的思想是恶毒的，因为这世界是恶毒的，我的灵魂是黑暗的，因为太阳已经灭绝了光彩，我的声调，象是坟堆里的夜枭，因为人间已经杀尽了一切的和谐，我的口音，象是冤鬼责问他的仇人，因为一切的恩已经让路给一切的怨。"

我借这一首不成形的咒诅的诗，发泄了我一腔的闷气，但我却并不绝望，并不悲观，在极深刻的沉闷的底里，我那时还摸着了希望。所以我在《婴儿》——那首不成形诗的最后一节——那诗的后段，在描写一个产妇在她生产的受罪中，还能含有希望的句子。

在我那时带有预言性的想象中，我想望着一个伟大的革命。因此我在那篇《落叶》的末尾，我还有勇气来对付人生的挑战，郑重的宣告一个态度，高声的喊一声"Fverlasting Yea"，借用两个有力量的外国字——"Everlasting Yea"。

"Everlasting Yea"，"Evcrlasting Yea"一年，一年，又过去了两年。这两年间我那时的想望有实现了没有？那伟大的"婴儿"有出世了没有？我们的受罪取得了认识与价值没有？

我不知道，我不知道？我知道的还只是那一大堆丑陋的蛮肿的沉闷，厌得瘗人的沉闷，笼盖着我的思想，我的生命。它在我的筋络里，在我的血液里。我不能抵抗，我再没有力量。

我们靠着维持我们生命的不仅是面包，不仅是饭，我们靠着活命的，用一个诗人的话，是情爱，敬仰心，希望。"We live by love admiration and hope" ❶。这话又包涵一个条件，就是说这世界这人类是能承受我们的爱，值得我们的敬仰，容许我们的希望的。但现代是什么光景？人性的表现，我们看得见听得到的，到底是怎样回事？我想我们都不是外人，用不着掩饰，实在也无从掩饰，这里没有什么人性的表现，除了丑恶，下流，黑暗。太丑恶了，我们火热的胸膛里有爱不能爱，太下流了，我们有敬仰心不能敬仰，太黑暗了，我们要希望也无从希望。太阳给天狗吃了去，我们只能在无边的黑暗中沉默着，永远的沉默着！这仿佛是经过一次强烈的地震的悲惨，思想，感情，人格，全给震成了无可收拾的断片，也不成系统，再也不得连贯，再也没有表现。但你们在这个时候要我来讲话，这使我感到一种异样的难受。难受，因为我自身的悲惨。难受，尤其因为我感到你们的邀请不止是一个寻常讲演的邀请，你们来邀我，当然不是要什么现成的主义，那我是外行，也不为什么专门的学识，那我是草包，你们明知我是一个诗

---

❶ 英语，意为：我们靠着爱、崇敬和希望生活。

人，他的家当，除了几座空中的楼阁，至多只是一颗热烈的心。你们邀我来也许在你们中间也有同我一样感到这时代的悲哀，一种不可解脱不可摆脱的况味，所以邀我这同是这悲哀沉闷中的同志来，希冀万一，可以给你们打几个幽默的比喻，说一点笑话，给一点子安慰，有这么小小的一半时辰，彼此可以在同情的温暖中忘却了时间的冷酷。因此我踌躇，我来怕没有交代，不来又于心不安。我也曾想选几个离着实际的人生较远些的事儿来和你们谈谈，但是相信我，朋友们，这念头是枉然的，因为不论你思想的起点是星光是月是蝴蝶，只一转身，又逢着了人生的基本问题，冷森森的竖着象是几座拦路的墓碑。

不，我们躲不了它们：关于这时代人生的问号，小的，大的，歪的，正的，象蝴蝶的绕满了我们的周遭。正如两年前它们逼迫我宣告一个坚决的态度，今天它们还是逼迫着要我来表示一个坚决的态度。也好，我想，这是我再来清理一次我的思想的机会，在我们完全没有能力解决人生问题时，我们只能承认失败。但我们当前的问题究竟是些什么？如其它们有力量压倒我们，我们至少也得抬起头来认一认我们敌人的面目。再说譬如医病，我们先得看清是什么病而后用药，才可以有希望治病。说我们是有病，那是无可致疑的。但病在那一部，最重要的征候是什么，我们却不一定答得上。至少，各人有各人的答案，决不会一致的。就说这时代的烦闷：烦闷也不能凭空来的不是？它也得有种种造成它的原因，它倒底是怎么回事，我们也得查个明白。换句话说，我们先得确定我们的问题，然后再试第二步的解决。也许在分析我们的病症的研究中，某种对症的医法，就会不期然的显现。我们来试试看。

说到这里，我们可以想象一班乐观派的先生们冷眼的看着我们好笑。他们笑我们无事忙，谈什么人生，谈什么根本问题，人生根本就没有问题，这都是那玄学鬼钻进了懒惰人的脑筋里在那里不相干的捣玄虚来了！做人就是做人，重在这做字上。你天性喜欢工业，你去找工程事情做去就得。你爱谈整理国故，你寻你的国故整理去就得。工作，更多的工作，是唯一的福音。把你的脑力精神一齐放在你愿意做的工作上，你就不会轻易发挥感伤主义，你就不会无病呻吟，你只要尽力去工作，什么问题都没有了。

这话初听到是又生辣又干脆的，本来末，有什么问题，做你的工好了，何必自寻烦恼！但是你仔细一想的时候，这明白晓畅的福音还是有漏洞的。固然这时代很多的呻吟只是懒鬼的装痛，或是虚幻的想象，但我们因此就能说这时代本来是健全的，所谓病痛所谓烦恼无非是心理作用了吗？固然当初德国有一个大诗人，他的伟大的天才使他在什么心智的活动中都找到趣味，他在科学实验室里工作得厌倦了，他就跑出来带住一个女性就发迷，西洋人说的"跌进了恋爱"；回头他又厌倦了或是失恋了，只一感到烦恼，或悲哀的压迫，他又赶快飞进了他的实验室，关上了门，也关上他自己的感情的门，又潜心他的科学研究去了。在他，所谓工作确是一种救济，一种关栏，一种调剂，但我们怎能比得？我们一班青年感情和理智还不能分清的时候，如何能有这样伟大的克制的工夫？所以我们还得来研究我们自身的病痛，想法可能的补救。

并且这工作论是实际上不可能的。因为假如社会的组织，果然能容得我们各人从各人的心愿选定各人的工作并且有机会继续从事这部分的工作，那还不是一个黄金时代？"民各乐其业，安其生。"还有什么问题可谈的？现代是这样一个时候吗？商人能安心做他的生意，学生能安心读他的书，文学家能安心做他的文章吗？正因为这时代从思想起，什么事情都颠倒了，混乱了，所以才会发生这普通的烦闷病，所以才有问题，否则认真吃饱了饭没有事做，大家甘心自寻烦恼不成？

我们来看看我们的病症。

第一个显明的症候是混乱。一个人群社会存在与进行是有条件的。这条件是种种体力与智力的活动的和谐的合作，在这诸种活动中的总线索，总指挥，是无形迹可寻的思想，我们简直可以说哲理的思想，它顺着时代或领着时代规定人类努力的方面，并且在可能时给它一种解释，一种价值的估定与意义的发见。思想的一个使命，是引导人类从非意识的以至无意识的活动进化到有意识的活动，这点子意识性的认识与觉悟，是人类文化史上最光荣的一种胜利。也是最透彻的一种快乐。果然是这部分哲理的思想，统辖得住这人群社会全体的活动，这社会就上了正轨：反面说，这部分思想要是失去了它那总指挥的地位，那就坏了，种种体力和智力的活动，就随时随地有发生冲突的可能，这重心的抽去是种种不平衡现象主要的原因。现在的中国就吃亏在没有了这个重心，结果什么都豁了边，都不合式了。我们这老大国家，说也可惨，在这百年来，根本就没有思想可说。从安逸到宽松，从宽松到怠惰，从怠惰到着忙，从着忙到瞎闯，从瞎闯到混乱，这几个形容词我想可以概括近百年来中国的思想史，——简单说，它完全放弃了总指挥的地位。没有了系统，没有了目标，没有了和谐，结果是现代的中国：一团混乱。

混乱，混乱，那儿都是的。因为思想的无能，所以引起种种混乱的现象，这是一步。再从这种种的混乱，更影响到思想本体，使它也传染了这混乱。好比一个人因为身体软弱才受外感，得了种种的病，这病的蔓延又回来销蚀病人有限的精力，使他变成更软弱了，这是第二步。经济，政治，社会，那儿不是蹊跷，那儿不是混乱？这影响到个人方面是理智与感情的不平衡，感情不受理智的节制就是意气，意气永远是浮的，浅的，无结果的；因为意气占了上风，结果是错误的活动。为了不曾辨认清楚的目标，我们的文人变成了政客，研究科学的，做了非科学的官，学生抛弃了学问的寻求，工人做了野心家的牺牲。这种种混乱现象影响到我们青年是造成烦闷心理的原因的一个。

这一个征候——混乱——又过渡到第二个征候——变态。什么是人群社会的常态？人群是感情的结合。虽则尽有好奇的思想家告诉我们人是互杀互害的，或是人的团结是基本于怕惧的本能，虽则就在有秩序上轨道的社会里，我们也看得见恶性的表现，我们还是相信社会的纪纲是靠着积极的情感来维系的。这是说在一常态社会的天平上，情爱的分量一定超过仇恨的分量，互助的精神一定超过互害互杀的现象。但在一个社会没有了负有指导使命的思想的中心的情形之下，种种离奇的变态的现象，都是可能的产生了。

一个社会不能供给正当的职业时，它即使有严厉的法令，也不能禁止盗匪的横行。一个社会不能保障安全，奖励恒业恒心，结果原来正当的商人，都变成了拿妻子生命财产来做买空卖空的投机家。我们只要翻开我们的日报：就可以知道这现代社会是常态是变态。笼统一点说，他们现在只有两个阶级可分，一个是执行恐怖的主体，强盗，军队，土匪，绑匪，政客，野心的政治家，所有得势的投机家都是的，他们实行的，不论明的暗的，直接间接都是一种恐怖主义。还有一个是被恐怖的。前一阶级永远拿着杀人的利器或是类似的东西在威吓着，压迫着，要求满足他们的私欲，后一阶级永远是在地上爬着，发着抖，喊救命，这不是变态吗？这变态的现象表现在思想上就是种种荒谬的主义离奇的主张。笼统说，我们现在听得见的主义主张，除了平庸不足道的，大都是计算领着我们向死路上走的。这不是变态吗？

这种种变态现象影响到我们青年，又是造成烦闷心理的原因的一个。

这混乱与变态的观众又协同造成了第三种的现象——一切标准的颠倒。人类的生活的条件，不仅仅是衣食住；"人之异于禽兽者几希"，我们一讲到人道，就不能脱离相当的道德观念。这比是无形的空气，他的清鲜是我们健康生活的必要条件。我们不能没有理想，没有信念，我们真生命的寄托决不在单纯的衣食间。我们崇拜英雄！广义的英雄——因为在他们事业上所表现的品性里，我们可以感到精神的满足与灵感，鼓动我们更高尚的天性，勇敢的发挥人道的伟大。你崇拜你的爱人，因为她代表的是女性的美德。你崇拜当代的政治家，因为他们代表的是无私心的努力。你崇拜思想家，因为他们代表的是寻求真理的勇敢。这崇拜的涵义就是标准。时代的风尚尽管变迁，但道义的标准是永远不动提的。这些道义的准则，我们问时代要求的是随时给我们这些道义准则的一个具体的表现。仿佛是在渺茫的人生道上给悬着几颗照路的明星。但现代给我们的是什么？我们何尝没有热烈的崇拜心？我们何尝不在这一件事那一件事上，或是这一个人物那一个人物的身上安放过我们迫切的期望。但是，但是，还用我说吗！有那一件事不使我们重大的迷惑，失望，悲伤？说到人的方面，那有比普遍的人格的破产更可悲悼的？在不知那一种魔鬼主义的秋风里，我们眼见我们心目中的偶像象败叶似的一个个全掉了下来！眼见一个个道义的标准，都叫丑恶的人性给沾上了不可清洗的污秽！标准是没有了的。这种种道德方面人格方面颠倒的现象，影响到我们青年，又是造成烦闷心理的原因的一个。

跟着这种种症候还有一个惊心的现象，是一般创作活动的消沉，这也是当然的结果。因为文艺创作活动的条件是和平有秩序的社会状态，常态的生活，以及思想主义的根据。我们现在却只有混乱，变态，以及精神生活的破产。这仿佛是拿毒药放进了人生的泉源，从这里流出来的思想，那还有什么真善美的表现？

这时代病的症候是说不尽的，这是最复杂的一种病，但单就我们上面说到的几点看来，我们似乎已经可以采得一点消息，至少我个人是这么想。——那一点消息就是生命的枯窘，或是活力的衰耗。我们所以得病是为我们生活的组织上缺少了思想的重心，它的使命是领导与指挥。但这又为什么呢？我的解释，是我们这民族已经到了一个活力枯窘的时期。生命之流的本身，已经是近于干涸了；再加之我们现得的病，又是直接克伐生命本体的致命症候，我们怎么能受得住？这话可又讲远了，但又不能不从本原上讲起。我们第一要记得我们这民族是老得不堪的一个民族。我们知道什么东西都有它天限的寿命；一种树只能青多少年，过了这期限就得衰，一种花也只能开几度花，过此就为死（虽则从另一个看法，它们都是永生的，因为它们本身虽得死，它们的种子还是有机会继续发长）。我们这棵树在人类的树林里，已经算得是寿命极长的了。我们的血统比较又是纯粹的，就连我们的近邻西藏满蒙的民族都等于不和我们混合。还有一个特点是我们历来因为四民制的结果，士之子恒为士，商之子恒为商，思想这任务完全为士民阶级的专利，又因为经济制度的关系，活力最充足的农民简直没有机会读书，因此士民阶级形成了一种孤单的地位。我们要知道知识是一种堕落，尤其从活力的观点看，这士民阶级是特别堕落的一个阶级，再加之我们旧教育观念的褊窄，单就知识论，我们思想本能活动的范围简直是荒谬的狭小。我们只有几本书，一套无生命的陈腐的文字，是我们唯一的工具。这情形就比是本来是一个海湾，和大海是相通的，但后来因为沙地的胀起，这一湾水渐渐的隔离它所从来的海，而变为了湖。这湖原先也许还承受得着几股山水的来源，但后来又经过陵谷的变迁，这部分的来源也断绝了，结果这湖又干成一只小潭，乃至一小潭的止水，胀满了青苔与萍梗，钝迟迟的眼看得见就可以完全干涸了去的一个东西。这是我们受教育的士民阶级相仿情形。现在所谓智识阶级亦无非是这潭死水里比较泥草松动些风来还多少吹得皱的一洼臭水，别瞧它矜矜自喜，可怜它能有多少前程？还能有多少生命？

所以我们这病，虽则症候不止一种，虽然看来复杂，归根只是中医所谓气血两亏的一种本原病。我们现在所感觉的烦闷，也只见沉浸在这一洼离死不远的臭水里的气闷，还有什么可说的？水因为不流所以滋生了水草，这水草的涨性，又帮助浸干这有限的水。同样的，我们的活力因为断绝了来源，所以发生了种种本原性的病症，这些病又回过来侵蚀本原，帮助消尽这点仅存的活力。

病性既是如此，那不是完全绝望了吗？

那也不能这么容易。一棵大树的凋零，一个民族的衰歇，决不是一朝一夕的事儿。我们当然还是要命。只是怎么要法，是我们的问题。我说过我们的病根是在失去了思想的重心，那又是原因于活力的单薄。在事实上，我们这读书阶级形成了一种极孤单的状况，一来因为阶级关系它和民族里活力最充足的农民阶级完全隔绝了，二来因为畸形教育以及社会的风尚的结果，它在生活方面是极端的城市化，腐化，奢侈化，惰化，完全脱离了大自然健全的影响变成自蚀的一种蛀虫，在智力活动方面，只偏向于纤巧的浅薄的诡辩的乃至程式化的一道，再没有创造的力量的表示，渐次的完全失去了它自身的尊严以及统驭领导全社会活动的无上的权威。这一没有了统帅，种种紊乱的现象就都跟着来了。

这畸形的发展是值得寻味的。一方面你有你的读书阶级，中了过度文明的毒，一天一天望腐化僵化的方向走，但你却不能否认它智力的发达，只因为道义标准的颠倒以及理想主义的缺乏，它的活动也全不是在正理上。就说这一堂的翩翩年少——尤其是文化最发旺的江浙的青年，十个虑有九个弱不禁风的。但问题还不在全体力的单薄，尤其是智力活动本身是有了病，它只有毒性的戟刺，没有健全的来源，没有天然的资养。纤巧的新奇的思想不是我们需要的，我们要的是从丰满的生命与强健的活力里流露出来纯正的健全的思想，那才是有力量的思想。

同时我们再看看占我们民族十分之八九的农民阶级。他们生活的简单，脑筋的简单，感情的简单，意识的疏浅，文化的定住，几于使他们形成一种仅仅有生物作用的人类。他们的肌肉是发达的，他们是能工作的，但因为教育的不普及，他们智力的活动简直没有机会，结果按照生物学的公例，因无用而退化，他们的脑筋简直不行的了。乡下孩子当然比城市的孩子不灵，粗人的子弟当然比不上书香人的子弟，这是一定的。但我们现在为救这文化的性命，非得赶快就有健全的活力来补充我们受足了过度文明的毒的读书阶级不可。也有人说这读书阶级是不可救药的了，希望如其有，是在我们民族里还未经开化的农民阶级。我的意思是我们应得利用这部分未开凿的精力来补充我们开凿过分的士民阶级。讲到实施，第一得先打破这无形的阶级界限以及省分界限。通婚和婚是必要的，比较的说，广东湖南乃至北方人比江浙人健全的多，乡下人比城里人健全得多，所以江浙人和北方人非得尽量通婚，城市人非得与农人尽量的通婚不可。但是这话说着容易，实际上是极困难的。讲到结婚，谁愿意放弃自身的艳福，为是渺茫的民族的前途上，那一个翩翩的少年甘心放着窈窕风流的江南女郎不要，而去乡村里找粗蠢的大姑娘作配，谁肯不就近结识血统逼近的姨妹表妹乃至于同学妹，而肯远去异乡到口音不相通的外省人中间去寻配偶？这是难的我知道。但希望并不见完全没有——这希望完全是在教育上。第一我们得赶快认清这时代病无非是一种本原病，什么混乱的变态现象，都无非显示生命的缺乏，这种种病，又都就是直接尅伐生命的，所以我们为要文化与思想的健全，不能不想方法开通路子，使这几洼孤立的呆定的死水重复得到天然泉水的接济，重复灵活起来，一切的障碍与淤塞自然会得消灭——思想非得直接从生命的本体里热烈的迸裂出来才有力量，才是力量。这过度文明的人种非得带它回到生命的本源上去不可，它非得重新生过根不可。按着这个目标，我们在教育上就不能不极力推广教育的机会到健全的农民阶级里去，同时奖励阶级间的通婚。假如国家的力量可以干涉到个人婚姻的话，我们尽可以用强迫的方法叫你们这些翩翩的少年都去娶乡下大姑娘子，而同时把我们窈窕风流的女郎去嫁给农民做媳妇。况且谁知道，我们现在择偶的标准本身就是不健全的。女人要嫁给金钱，奢侈，虚荣，女性的男子；男人的口味也是同样的不妥当。什么都是不健全的，喔，这毒气充塞的文明社会！在我们理想实现的那一天，我们文化如其有救的话，将来的青年男女一定可以兼有士民与农民的特长，体力与智力得到均平的发展，从这类健全的生命树上，我们可以盼望吃得着美丽鲜甜的思想的果子！

至于我们个人方面，我也有一部分的意见，只是今天时光局促了怕没有机会发挥，但总结一句话，我们要认清我们是什么病，这病毒是在我们一个个你我的身体上，血液里，无容讳言的，只要我们不认错了病多少总有办法。我的意见是要多多接近自然，因为自然是健全的纯正的影响，这里面有无穷尽性灵的资养与启发与灵感。这完全靠我们各个个人自觉的修养。我们先得要立志不做时代和时光的奴隶，我们要做我们思想和生命的主人，这暂时的沉闷决不能压倒我们的理想，我们正应得感谢这深刻的沉闷，因为在这里，我们才感悟着一些自度的消息，如我方才说的，我们还是得努力，我们还是得坚持，我们的态度是积极的。正如我两年前《落叶》的结束是喊一声：Everlasting yea。我今天还是要你们跟着我来喊一声 Everlasting Yea！

一九二九年秋天在上海暨南大学讲演稿

（原载 1931 年 11 月上海良友图书印刷公司版《秋》）

《猛虎集》序

徐志摩

  在诗集子前面说话不是一件容易讨好的事。说得近于夸张了，自己面上说不过去，过分谦恭又似乎对不起读者。最甘脆的办法是什么话也不提，好歹让诗篇它们自身去承当。但书店不肯同意；他们说如其作者不来几句序言书店做广告就无从着笔。作者对于生意是完全外行，但他至少也知道书卖得好不仅是书店有利益，他自己的版税也跟着象样，所以书店的意思，他是不能不尊敬的。事实上我已经费了三个晚上，想写一篇可以帮助广告的序。可是不相干，一行行写下来只是仍旧给涂掉，稿纸糟蹋了不少张，诗集的序终究还是写不成。

  况且写诗人一提起写诗他就不由得伤心。世界上再没有比写诗更惨的事；不但惨，而且寒伧。就说一件事，我是天生不长髭须的，但为了一些破烂的句子，就我也不知曾经捻断了多少根想象的长须！

  这姑且不去说它。我记得我印第二集诗的时候曾经表示过此后不再写诗一类的话。现在如何又来了一集，虽则转眼间四个年头已经过去。就算这些诗全是这四年内写的，（实在有几首要早到十三年份）每年平均也只得十首，一个月还派不到一首况且又多是短短一橛的。诗固然不能论长短，如同 Whistler ❶ 说画幅是不能用田亩来丈量的。但事实是咱们这年头一口气总是透不长——诗永远是小诗，戏永远是独幕，小说永远是短篇。每回我望到莎士比亚的戏，丹丁的《神曲》，歌德的

---

  ❶ 惠斯勒（Mcneil l Whistler，1834—1903），美国画家。

《浮士德》一类作品比方说，我就不由的感到气馁，觉得我们即使有一些声音，那声音是微细得随时可以用一个小拇指给掐死的。天呀！那天我们才可以在创作里看到使人起敬的东西？那天我们这些细嗓子才可以豁免混充大花脸的急涨的苦恼？

说到我自己的写诗，那是再没有更意外的事了。我查过我的家谱，从永乐以来我们家里没有写过一行可供传诵的诗句。在二十四岁以前我对于诗的兴味远不如我对于相对论或民约论的兴味。我父亲送我出洋留学是要我将来进"金融界"的，我自己最高的野心是想做一个中国的 Hamilton❶！在二十四岁以前，诗，不论新旧，于我是完全没有相干。我这样一个人如果真会成功一个诗人——那还有什么话说？

但生命的把戏是不可思议的！我们都是受支配的善良的生灵，那件事我们作得了主？整十年前我吹着了一阵奇异的风，也许照着了什么奇异的月色，从此起我的思想就倾向于分行的抒写。一份深刻的忧郁占定了我；这忧郁，我信，竟于渐渐的潜化了我的气质。

话虽如此，我的尘俗的成分并没有甘心退让过；诗灵的稀小的翅膀，尽他们在那里腾扑，还是没有力量带了这整份的累坠往天外飞的。且不说诗化生活一类的理想那是谈何容易实现，就说平常在实际生活的压迫中偶尔挣出八行十二行的诗句都是够艰难的。尤其是最近几年，有时候自己想着了都害怕：日子悠悠的过去内心竟可以一无消息，不透一点亮，不见丝纹的动。我常常疑心这一次是真的干了完了的。如同《契玦腊》❷的一身美是问神道通融得来限定日子要交还的，我也时常疑虑到我这些写诗的日子也是什么神道因为怜悯我的愚蠢暂时借给我享用的非分的奢侈。我希望他们可怜一个人可怜到底！

一眨眼十年已经过去。诗虽则连续的写，自信还是薄弱到极点。"写是这样写下了，"我常自己想，"但准知道这就能算是诗吗？"就经验说，从一点意思的晃动到一篇诗的完成，这中间几乎没有一次不经过唐僧取经似的苦难的。诗不仅是一种分娩，它并且往往是难产！这份甘苦是只有当事人自己知道。一个诗人，到了修养极高的境界，如

---

❶ 汉密尔顿，苏格兰哲学家。
❷ Chitra，泰戈尔的剧本，徐志摩曾参加此剧的演出。

同泰谷尔先生比方说，也许可以一张口就有精圆的珠子吐出来，这事实上我亲眼见过来的不打谎，但象我这样既无天才又少修养的人如何说得上？

只有一个时期我的诗情真有些象是山洪暴发，不分方向的乱冲。那就是我最早写诗那半年，生命受了一种伟大力量的震撼，什么半成熟的未成熟的意念都在指顾间散作缤纷的花雨。我那时是绝无依傍，也不知顾虑，心头有什么郁积，就付托腕底胡乱给爬梳了去，救命似的迫切，那还顾得了什么美丑！我在短时期内写了很多，但几乎全部都是见不得人面的。这是一个教训。

我的第一集诗——《志摩的诗》——是我十一年回国后两年内写的；在这集子里初期的汹涌性虽已消减，但大部分还是情感的无关拦的泛滥，什么诗的艺术或技巧都谈不到。这问题一直要到民国十五年我和一多今甫一群朋友在《晨报副刊》镌行《诗刊》时方才开始讨论到。一多不仅是诗人，他也是最有兴味探讨诗的理论和艺术的一个人。我想这五六年来我们几个写诗的朋友多少都受到《死水》的作者的影响。我的笔本来是最不受羁勒的一匹野马，看到了一多的谨严的作品我方才憬悟到我自己的野性；但我素性的落拓始终不容我追随一多他们在诗的理论方面下过任何细密的工夫。

我的第二集诗——《翡冷翠的一夜》——可以说是我的生活上的又一个较大的波折的留痕。我把诗稿送给一多看，他回信说"这比《志摩的诗》确乎是进步了——一个绝大的进步。"他的好话我是愿意听的，但我在诗的"技巧"方面还是那楞生生的丝毫没有把握。

最近这几年生活不仅是极平凡，简直是到了枯窘的深处。跟着诗的产量也尽"向瘦小里耗"。要不是去年在中大认识了梦家和玮德两个年青的诗人，他们对于诗的热情在无形中又鼓动了我奄奄的诗心，第二次又印《诗刊》，我对于诗的兴味，我信，竟可以销沉到几于完全没有。今年在六个月内在上海与北京间来回奔波了八次，遭了母丧，又有别的不少烦心的事，人是疲乏极了的，但继续的行动与北京的风光却又在无意中摇活了我久蛰的性灵。抬起头居然又见到天了。眼睛睁开了心也跟着开始了跳动。嫩芽的青紫，劳苦社会的光与影，悲欢的图案。一切的动，一切的静，重复在我的眼前展开，有声色与有情感的世界重复为我存在；这仿佛是为了要挽救一个曾经有单纯信仰的流入怀疑的颓废，那在帷幕中隐藏着的神通又在那里栩栩的生动：显示它的博大与精微，要他认清方向，再别错走了路。

我希望这是我的一个真的复活的机会。说也奇怪，一方面虽则明知这些偶尔写下的诗句，尽是些"破破烂烂"的，万谈不到什么久长的生命，但在作者自己，总觉得写得成诗不是一件坏事，这至少证明一点性灵还在那里挣扎，还有它的一口气。我这次印行这第三集诗没有别的话说，我只要藉此告慰我的朋友，让他们知道我还有一口气，还想在实际生活的重重压迫下透出一些声响来的。

你们不能更多的责备。我觉得我已是满头的血水，能不低头已算是好的。你们也不用提醒我这是什么日子；不用告诉我这遍地的灾荒，与现有的以及在隐伏中的更大的变乱，不用向我说正今天就有千万人在大水里和身子浸着，或是有千千万人在极度的饥饿中叫救命；也不用劝告我说几行有韵或无韵的诗句是救不活半条人命的；更不用指点我说我的思想是落伍或是我的韵脚是根据不合时宜的意识形态的……这些，还有别的很多，我知道，我全知道；你们一说到只是叫我难受又难受。我再没有别的话说，我只要你们记得有一种天教歌唱的鸟不到呕血不住口，它的歌里有它独自知道的别一个世界的愉快，也有它独自知道的悲哀与伤痛的鲜明；诗人也是一种痴鸟，他把他的柔软的心窝紧抵着蔷薇的花刺，口里不住的唱着星月的光辉与人类的希望，非到他的心血滴出来把白花染成大红花不住口。他的痛苦与快乐是浑成的一片。

一九三一年夏作

（原载 1931 年 8 月上海新月书店版《猛虎集》）

《诗刊》序语

徐志摩

我们在《新月》月刊的预告中曾经提到前五年载在北京《晨报副刊》上的十一期《诗镌》。那刊物，我们得认是现在这份的前身。在那时候也不知那来的一阵风忽然吹旺了少数朋友研求诗艺的热，虽则为时也不过三个月，但那一点子精神，真而纯粹，实在而不浮夸，是值得纪念的。现在我们这少数朋友，隔了这五六年，重复感到"以诗会友"的兴趣，想再来一次集合的研求，因为我们有共同的信点。

第一我们共信（新）诗是有前途的；同时我们知道这前途不是容易与平坦，得凭很多人共力去开拓。

其次我们共信诗是一个时代最不可错误的声音，由此我们可以听出民族精神的充实抑空虚，华贵抑卑琐，旺盛抑销沉。一个少年人偶尔的抒情的颤动竟许影响到人类的终古的情绪；一支不经意的歌曲，竟许可以开成千百万人热情的鲜花，绽出瑰丽的英雄的果实。

更次我们共信诗是一种艺术。艺术精进的秘密当然是每一个天才不依傍的致力，各自翻出光荣的创例，但有时集合的纯理的探讨与更高的技术的寻求，乃至根据于私交的风尚的兴起，往往可以发生一种特殊的动力，使这一种或那一种艺术更意识的安上坚强的基筑，这类情形在文艺史上可以见到很多。

因此我们这少数天生爱好，与希望认识诗的朋友，想斗胆在功利气息最浓重的地处与时日，结起一个小小的诗坛，谦卑的邀请国内的志向者的参加，希冀早晚可以放露一点小小的光。但一直的向上；小，但不是狂暴的风所能吹熄。我们记得古希加孟龙王战胜的消息传归时，帕南苏斯群山的山顶一致点起燎天的烽火，照出群岛间的雄涛在莽苍的欢舞。我们对着晦盲的未来，岂不也应有同样光明的指望？

我们欣幸我们五年前的旧侣，重复在此聚首，除了远在北地未及加入的几个；我们更欣幸的是我们又多了新来的伙伴，他们的英爽的朝气给了我们不少的鼓舞。但我们同时不能不怅触的记起在这几年内我们已经折损了两个最有光彩的诗友，那就是湖南刘梦苇与浙江杨子惠；我们共同祷祝他们诗魂的永安。

本期稿件的征集是梦家、洵美、志摩的力量居多；编选是大雨、洵美、志摩负责的；封面图案与大体设计是要感谢张光宇、振宇昆仲与洵美，校对梦家与萧克木君。我们尤其得致谢不少投稿的朋友，希望他们以后给我们更多的帮助。割爱是不可避免的事实我们敬求雅意的恕谅。

关于稿件，我们要说《奇迹》是一多"三年不鸣，一鸣惊人"的奇迹；大雨的三首商籁是一个重要的贡献！这竟许从此奠定了一种新的诗体；李惟建的两首"商籁"是他的《祈祷》全部都七十首里选录的；梦家与玮德的唱和是难能的一时的热情的奔放；实秋的论诗小札是本期唯一的论文，这位批评家的见地是从来不容忽略的。

志摩僭拟十二月二十八日

（原载 1931 年 1 月 20 日《诗刊》创刊号）

《诗刊》前言

徐志摩

　　《诗刊》的印行本是少数朋友的兴会所引起；说实话我们当时竟连能否继续这一点都未敢自信。但自《诗刊》出版以来，我们这一点子贡献似乎颇得到读者们一些同情的注意，这使我们意外的感到欣幸，并且因而自勉。同时稿件方面，就本期披露的说，新加入的朋友有卞之琳林徽音尺棰宗白华曹葆华孙洵侯诸位，虽则我们致憾于闻朱饶诸位不曾有新作送来。最难得的是梁宗岱先生从柏林赶来论诗的一通长函，他的词意的谨严是迄今所仅见。

　　大雨的《自己的写照》，是他的一首一千行长诗的一部，我们请求他先在本期发表。这二百多行诗我个人认为十年来（这就是说自有新诗以来）最精心结构的诗作。第一他的概念先就阔大，用整个纽约的城的风光形态来托出一个现代人的错综的意识，这须要的不仅是情感的深厚与观照的严密，虽则我们不曾见到全部，未能下精审的按语，但单看这起势，作者的笔力的雄浑与气魄的莽苍已足使我们浅尝者惊讶。我们热诚的期望他的全诗能早日完成，庶几我们至少有一篇新诗可以时常不颜汗的提到。

　　同时大雨的商籁体的比较的成功已然引起不少响应的尝试。梁实秋先生虽则说"用中文写 Sonnet 永远写不像"，我却以为这种以及别种同性质的尝试，在不是仅学皮毛的手里，正是我们钩寻中国语言的柔韧性乃至探检语体文的浑成，致密，以及别一种单纯"字的音乐"（Word-music）的可能性的较为方便的一条路：方便，因为我们有欧美诗作我们的向导和准则。

现在已经有人担忧到中国文学的特性的消失。他们说，"你们这种尝试固然也未始没有趣味，并且按照你们自己立下的标准竟许有颇像样的东西，但你们不想想如果一直这样子下去，与外国文学竟许可以近似，但与你们自己这份家产的一点精神不是相离日远了吗？你们也许走近了丹德歌德或是别的什么德，但你们怎样对得住你们的屈原陶潜李白？"

因此原来跟着"维新"的人，有不少都感到神明内疚，有的竟已回头去填他们的五言七言，长令短令，有的看到较生硬的欧化的语句引为讪笑的谈助，自己也就格外的往谨慎一边走。

看情形我们是像到了一个分歧的路口——你向那一边走？

但这问题容易说远了去，不久许有别的机会来作更翔实的讨论，在此不过顺便说到罢了。我个人的感觉是在文学上的革命正如在政治上透彻是第一义；最可惜亦是无聊是走了半路就顾忌到这样那样想回头，结果这场辛苦等于白费。就平常间着想，总觉得这时代的解放没有一宗是说得上告段落的，且不说彻底。我们都还是在时代的振荡中胚胎着我们新来的意识，只有在一个波涛低落第二个还不曾继起的一俄顷，我们或许有机会在水面上探起一个半晕眩的头，在水雾昏花里勉强辨认周围的光景。这分明离"静观自得"的境界还差得远。在不曾被潮流卷进的人固然也有，他们也许正站稳在安全的高处指点在潮流中人的狼狈。但这时代不是他们的，我们决不羡慕他们安全的幸福，我们的标准不是安全，也不能是安全，我们是要危险中求更大更真的生活，我们要跟随这潮流的推动，即使肢体碎成粉，我们的愿望永远是光明的彼岸。能到与否乃至有否那一个想像中的彼岸完全是另一个问题，我们意识的守住的只是一点志愿的勇往，同时我们的身体与灵魂在这骇浪的击撞中争一个刹那的生存，谁说这不是无上的快感？不，别对我说天下已经太平，我们只要穿上体面的衣衫，展开一脸的笑容，虔诚的感谢上苍，从容的来粉饰这太平的天下！不，我只觉得我们还不够一半鲁莽，不够一半裂灭，不够一半野化，不够一半凶蛮。在思想上正如在艺术上，我们着实还得往深里走，往不可知的黑暗处走，非得那一天开掘到一泓澄碧的清泉我们决不住手。现在还差得远。

卞之琳与尺棰同是新起的情音。我们觉得欣幸能在本期初次刊印他们的作品。孙大雨的 King Lcar 试译一节也是有趣味的。我们想第一次认真的译莎士比亚，此后也许借用《诗刊》地位发表一些值得研究的片段。

最后我们要致谢各地来稿的朋友，他们的作品我们虽则抱歉不能一齐刊出，但他们同情的帮助是我们最铭感的。选稿本是吃力不讨好的事，得罪人往往不免，但我们既然负责做这件事，就不能不有所去取，标准当然是主观的，这是无可如何的情形。但我们不惮一再要声明的，是我们绝对没有什么派别的成见。做编辑的最大的快乐！永远是作品的发见。

志摩，硖石，四月

（原载 1931 年 4 月 10 日《诗刊》第 2 期）

第三辑

徐志摩研究、评论文章选辑

评徐君《志摩的诗》

朱 湘

　　《志摩的诗》出版了，这本诗约略可以分成五类：散文诗、平民风格的诗、哲理诗、情诗、杂诗。

　　这五类诗里面，据徐君自己的意思，是觉得哲理诗这一类最满意；但是不幸，我的意思刚刚同他相反，我以为徐君在诗歌上自有他的擅长，不过哲理诗却是他的诗歌中最不满人意的。徐君替印度的诗哲当过翻译，哲理诗同时又是新文学先驱胡君适所极力提倡的一种东西，双方面的压力向他逼迫下来，一个人自然也不免动摇起来。其实哲学是一种理智的东西，同主情的文学，尤其是诗，是完全不相容的。哲学家固然可以拿起文人的笔来表现他的哲理，为象我们中国的庄子写他《南华经》那样，好象西方的普拉陀（Plato）写他的许多篇谈话那样，不过哲学的本质依然在那里，是一毫没有变动的。诗家的作品里面固然也有不少的理智成分在其间，但是诗歌中的理智成分同哲学中的理智成分绝对是两件东西。我们就拿英国诗来讲，英国诗人里面最理智的总要算多莱登（Dryden）鲍卜（Pope）两个了，但是他们的理智虽不是用来写一篇抽象的系统的哲学论文，却是用来创造一些精警的句子，记录一些脆利的观察，他们作品中的理智成分同滑稽成分，讽刺成分是分不开的；——我相信哲学里面要是一搀入滑稽或讽刺的成分进去，恐怕就要不成其为哲学了罢。——再看我们中国的诗，可恨！可恨！伦理诗，干燥无味千篇一律的伦理诗，倒是汗牛充栋，而象多鲍的那种干脆警策的诗却只有一个硕果仅存的赵翼，赵氏的诗极

富于理智的成分，如《古诗十九首》的

> "仙者长不死，元会为冬春，安期羡门辈，宜其至今存；何以五代来，但闻吕洞宾？……岂非佺乔流，世远亦就淹，多活数百年，终归堕劫尘？"
>
> "偶遇佳山水，谓如画图里；及观好画图，谓如真山水。"

又如《读史》的

> "衰世尚名义，作事多矫激。郭巨贫养母，惧儿分母食，何防委路旁，而必活埋亟？"
>
> "荆公变祖法，志岂在荣利？盖本豪杰流，欲创富强治。……及思法必行，势须使指臂；群小遂竟进，流毒不可制。"

又如《闲居读书》的

> "一字千万言，犹未得其真，当时无注脚，即以诏愚民，家喻而户晓，毋烦训谆谆。"
>
> "人面仅一尺，竟无一相肖；人心亦如面，意象戈独造。同阅一卷书，各自领其奥；同作一题文，各自擅其妙。问此胡为然？各有天在窍。……所以才智人，不肯自弃暴，力欲争上游，性灵乃其要。"

得了，得了，我抄了这许多时候，还不过是在《瓯北诗抄》第一本的头三题诗里面，以后的例子之多，更不用说了。这些诗人，英国的多莱登，鲍卜，我国的赵翼，他们的作品中诚然是很富于理智的成分，但是谁敢说，这种理智的成分同哲学中的理智成分是一个东西？更进一层：我们研究英国文学的人平常总是听到说施士陂（Shakespeare）的人生哲学，但我们不可因此便说哲理诗是可以成立的。我们要知道文学的对象同哲学中人生观的对象虽同为人生，但一个是用具体的方法去创造人物，一个却是用抽象的方法去探求真理；方法同目的都既然不相同，彼此所得的结果也就因之大相径庭。所以对象同是意志，在夏士陂的刀下，雕刻出了一韩烈特，在叔判毫（Schopenhauer）的机中，却抽理出了一篇"意志论"。这还是说诗剧；至于谈到抒情诗，那同哲学隔的更远了，太戈尔是不是一个哲学家，是另外一个问题；但他是一个诗人，是一个宗教家，我们大家是都承认的，他的诗不能叫作哲理诗，只能叫作宗教诗。只因为他的诗里充满了生、死、永恒、实在等等为宗教同哲学所共有的名词，于是一班头脑笼统的浅尝者便大叫起来道，"哲理诗呀！诗哲呀！"并且捻捻自己的胡须，大声叹道，"德不孤，必有邻！"一班俗人懂得什么，他们也回声道，哲理诗，诗哲。一个人常常容易拿别人幻想中的"我"当作真"我"；太戈尔自有他的"我"在，但我敢断言，他的这"我"决非"诗哲"。太戈尔已经上了人家的当了，徐君难道情愿蹈覆辙吗？

在《志摩的诗》中，从《沪杭车中》起，一直到《默境》，除去几个例外以外，都是徐君的所谓的哲理诗，这些诗有太氏的浅，而无太氏的幽——因为徐君的生性根本上就不近宗教。这些诗固然根本上已属不能成立，但是比较的说来，《默境》一诗更是不满人意中最不满人意的；不单如此，它简直是全本诗中坐红椅的一首诗——全本诗中最完美的一首诗是《雪花的快乐》。《默境》这首诗一刻用韵，一刻又不用，一刻象旧词，一刻又象古文杂乱无章；并且一刻叙事实，一刻说哲理，一刻又抒情绪，令读者恍如置身杂货铺中。这首诗诚然是徐君的一个不得意的时候，但是徐君作别类诗的不得意的时候决不象作这首所谓的哲理诗之时跌得这般重。还有《哀曼殊斐儿》一诗，在徐君的诗中，也是一篇中下的作品。这首诗用韵一点不讲究，有时几段连着用一个韵，有时又一段一韵，这种紊乱的感觉不由得教人联想起拜伦不得意的时候来；全诗段落的布置也不惬意，尤其是第三段到第六段，这几段接得一点不自然，一点不活泼，一点不明顺，使人联想起魏兹渥士（Wordsworth）不得意的时候的僵硬，勉强。这首诗的题材本来极好，而结果却作得这般不好，其中的原故并不是因为徐君缺乏才气，——作得出《雪花的快乐》的人决不至于令人生疑他作不出好的情诗来。——而是，又是，哲理诗这怪物在中作梗；哲学的对象是永恒的，情诗的对象是刹那的，哲学是理智中的理智，情诗是情感中的情感；两种相离到从九天之上到十八层地狱之下的田地，相异到从太阳的火到月亮的冰的程度的东西，而想把它们融合在一起，不说徐君，就是复起施士陂于地下，他也一定是要谨谢不敏的。哲学这种学问未尝不好，我自己就是一个很预备将来用一大部分精力时间在这种学问上的人，但是我们决不可把哲学拦入诗——正同我们决不可把诗拦入哲学一样。因为哲理诗这个东西从中作怪，所以拿《哀曼殊斐儿》的那样好的题材让徐君，新诗中最擅长于情诗的人，来作，都失败了，——除开两行，

> "我昨夜梦登高峰，
> 见一颗光明泪自天坠落。

关于《志摩的诗》的哲理诗的讨论让我们既此而止；让我们现在把口胃移来有味得多的散文诗上。散文诗这种体裁，我们大家都知道的是创自法国的波得雷尔同英国的王尔德美国的惠特曼；这种诗谢绝音韵的帮助，而想专靠节奏同想象来传达出一种诗境。我们知道，节奏同文字有最密切的关系。英法的文字是双音，一字的各音读时有轻重之分，文法上又很复杂，所以这两种文字是富于节奏的可能的；在这种节奏的可能性上，要是再加上艺术同想象，散文诗的灿烂的收获是可期而得的。不过我们中国的文字，一种单音的文法简单的文字，若是拿来作散文诗，它这方面的指望一定不十分大。中国文字自有它活动的领域，如《三百篇》同五言的简洁，七言的活泼，乐府长短句的和谐，五绝的古茂，七绝的悠扬，律诗的铿锵，《楚辞》的嘹亮，词的柔和，曲的流走，这些从中国文字产生出的诗体拿来同西方古今任何国的相比，都是毫无逊色的；不过我敢断言一句，散文诗却不在它的王畿以内。散文诗在我国文字里面顶多不过能升到一种附庸的地位，它的命运将要同四六一样，它们中的箭垛，它们裏的马革，同时是——骈俪。为什么呢？节奏是散文诗的灵魂，我们中国的文字既没有多音字，读音的抑扬、文法的变化以创造节奏，便势不得不求救于双声叠

韵同字句段落的排比；双声叠韵同字句段落的排比这两种工具的可能性是极有限的，偶尔作个几回，未尝没有一点新鲜的色采，但是一作多了，单调的毛病也就随之出现了。所以我说，骈俪是中国散文诗的最高潮，同时也是它的致命伤。

徐君的散文诗便已经上了这条路。我们任看他的那一篇散文诗，都可以看出这种排比的痕迹；即如它们的头篇，头一篇的头一段，就是两个读排比起来的。徐君作的这些散文诗，平均的说来，都还不弱。我们看它们的时候，可以看出作者的想象在这时候特别活泼，即如《婴儿》一诗里面的

> "你看她那遍体的筋络都在她薄嫩的皮肤底里暴涨着，可怕的青色与紫色，象受惊的水青蛇在田沟急泅似的，"

这里面的观察是多么敏锐；又如《天宁寺闻礼忏声》一诗里面的

> "有如在月夜的沙漠里，月光温柔的手指，轻轻的抚摩着一颗颗热伤了的砂砾，在鹅绒般软滑的热带空气里，听一个骆驼的铃声，轻灵的，轻灵的，在远处响着，近了，近了，又远了，"

这里面的境地是多么清远。又如《毒药》一诗里面的

> "在人道恶浊的涧水里流着，浮荇似的，五具残缺的尸体，他们是仁义礼智信，向着时间无尽的海澜里流去，"

这里面的思想本来是抽象的，但是作者用了一种具体的譬喻来写，所以结果写得极其明显，亲切，最妙的是"浮荇似的"四个字，这四个字是比喻中用比喻，用得把效力增加了不少。还有一段，也是极想象的，这段在《毒药》里面，是：

> "贪心搂抱着正义，猜忌逼迫着同情，懦怯狎亵着勇敢，肉欲侮弄着恋爱，暴力侵凌着人道，黑暗践踏着光明，"

这一段文章里面要不是有"逼迫"和"侵凌"犯雷同之病的这一点小疵，我真要把它拿来代表新文学中的散文诗了。《毒药》这诗，就本质上说来，就艺术上说来，可以说是这几年来散文诗里面最好的一首。我对于这首诗，除开上述的一点吹求外，另外还有一个地方要批评，就是，我觉得第六段的末节"是的，猜疑淹没了一切……池潭里只见烂破的鲜艳的荷花"可以删去。

一个作家发现了一种工具的用途以后，自然是极其高兴，并且极其喜欢把它常拿出来使用；不过一种工具并非万能的，有些题材用得到它，但其他的题材则非用它来所可奏效的；正象一个小孩子发见了小刀有削梨的功用以后，快活的了不得，碰到铅笔也削，碰到纸也裁，碰到了自己的手指头，一刀划去，血出来了，自己也哭出来了。徐君在他的散文诗里面常常有

> "你们让你们熬着、壅着、进裂着、滚沸着的眼泪流，直流、狂流、自由的流，痛快的流，尽性的流，象山水出峡似的流，象暴雨倾盆似的流。"

这一类堆叠的写法；这种写法在散文诗里是可以容得，并且有徐君这样得法的写来，还是很好的。但是徐君一转而用这种方法来写"诗"，可就失败了。《自然与人生》失之破碎，《地中海》失之平庸，《灰色的人生》失之畸倾。这个所以用在一种体裁上成功、用在另一种体裁上反来失败的原因便是因为这两种体裁根本上不同：散文诗是拿段作单位，"诗"却是拿行作单位的。散文诗既然是拿段来作单位，容量就比较大得多，所以它这一方面的可能性是比较的大的。不过我们要是作"诗"，以行为单位的"诗"，则我们便不得不顾到行的独立同行的匀配。行的独立是说每首"诗"的各行每个都得站的住，并且每个从头一个字到末一个字是一气流走，令人读起来时不至于生疲弱的感觉；行的匀配便是说每首"诗"的各行的长短必得要按一种比例，按一种规则安排，不能无理的忽长忽短，教人读起来时得到紊乱的感觉、不调和的感觉。《自然与人生》的第三段破碎；《地中海》全篇疲弱；《灰色的人生》第一段本来整齐划一，但第二段却同上一段不配合，

第三段更是首尾不称，好象一个矮子有一双尺半的大脚似的。这就是一种工具用错了地方的时候作者该得的惩罚。但是天才的光芒是不可掩抑的，所以就是在这种不通行的地方，它都能迸裂出些钻石似的火星来，即如《灰色的人生》里面的头一段，又如同一首诗里面的

> "我一把揪住了西北风，问他要落叶的颜色，
> 我一把揪住了东南风，问他要嫩芽的光泽。"

　　徐君的平民风格的诗自然是学的吉卜林（Kipling）的乖了。这些诗里面，除去几首胡适博士式的人力车诗不值得我们去讨论以外，另外都是些很有趣味的尝试。拿军营生活作题材的有《太平景象》，拿乡村生活作题材的有《一条金色的光痕》，拿爬穷生活作题材的有《一小幅的穷乐图》，还有《卡尔佛里》，用这种文体来写耶稣的就刑，《残诗》用这种文体来写清宫的封闭。另外有《盖上几张油纸》一首诗，虽是用的平民生活作题材，但却不是用的土白体写出来的。这些诗里虽然还没有完全成功的作品，但《盖上几张油纸》一诗的情调同《卡尔佛里》一诗的艺术也就卓卓不凡了。徐君的这些诗有两点特别的地方，一是取材平民的生活，一是采用土白的文体。取材平民生活的诗我们中国是早已有了，如《孤儿行》就是一个极好的例子；不过拿土白来作诗，在我们中国，除了民歌不能算数以外，倒是没有看见一个诗人这样作过的。这种土白诗，在美国说来，吉卜林其实也不是创始的人，以前的淡尼生白朗宁就都作过这种诗，更早还有白恩士（Burns），那是顶有名的了，拿土白来作诗，不过表面上的一时新鲜，作得多了，要是诗中的本质很稀薄，那时候也就惹人厌。但是拿土白作诗，或作文，却另外有一方面可以充分发展，这便是某一种土白中有些说话的方法特别有趣，有些词语极为美丽，极为精警，极为新颖，是别种土白或官话中所无的，这些文法的结构同词语便是文人极好的材料，可以拿来建造起佳妙的作品。从前爱尔兰的辛格（Synge）就是走的这条路，他作出了些极高的被人称为散文诗的戏剧来。所以我们不想作土白诗则已，要是想作土白诗，我们也必得走这条路上去发展。

　　徐君现在虽然还没有注意到我上面所说的一条路，但是就他的已

成的平民风格的诗看来，也就可观了。《卡尔佛里》描写刑场的形形色色无处不到，令人看到这篇诗的时候，就象曾经身临其地的样子，不是想象细密，艺术周到，是作不了的。《一条金色的光痕》的：

> "——得罪那，问声点看，
> 我要来求见徐家格位太太，有点事体……
> 认真则，格位就是太太，真是老太婆哩，
> 眼睛赤花，连太太都勿认得哩！"

写这妇人当下改口，真是写得势利如画。《盖上几张油纸》虽然第三第四两段写得勉强一点，头四段用一个韵，以后的几段又一段一个韵，用韵用得欠整齐一点，但是情调丰富，短促的句子又恰好能把这种情调表出，在现今的新诗里而确算得一首罕见的诗了。

如今要谈徐君的情诗了。在徐君的诗里面，有《去罢》的活泼，有《难得》的低徊，有《石虎胡同七号》一诗中

> "雨过的苍茫与满庭荫绿，织成无声幽暝，
> 小蛙独坐在残兰的胸前，听隔院蚓鸣，"

两行诗的清秀的一类诗，自然是情诗了；在这些情诗里面，有《她是睡着了》一诗中

> "她是睡着了——
> 星光下一朵斜欹的白莲；
> 她入梦境了——
> 香炉里袅起一缕碧螺烟。
>
> 她是眠熟了——
> 涧泉幽抑了喧响的琴弦；
> 她在梦乡了——
> 粉蝶儿，翠蝶儿，翻飞的欢恋。"

两段的想象，有《落叶小唱》的情调，并且有这两首诗所没有的音乐的一首诗，自然是《雪花的快乐》了。我曾经对朋友说过，徐君是一个词人，我所以这样说的原故，就是因为徐君的想象正是古代词人的那种细腻的想象，徐君诗中的音节也正是词中的那种和婉的音节。情诗正是徐君的本色行当。走过了哲理诗的枯寂的此巷不通行的荒径，走过了散文诗的逼仄的一条路程很短的小巷，走过了土白诗的陌生的由大街岔进去的胡同，到了最后，走上了情诗的大街，街上有挂满了美丽幻妙的小灯笼的灯笼铺，有雕金门面浅蓝招牌的茶叶店，有喷出晚香玉的芬芳的花厂！并且从堆满了红边的黑漆桶的酸梅汤店里飘出一片清脆的敲铜片的声音。不要多嘴！不要乱叫！在这里用不着开口，除非让涨在你喉间的赞美声进出来；也可以张口，也可以张口，但你的张口必得象一个初到北京的乡下人进了五色陆离五音繁会的庙会惊奇得嘴唇合不拢来的时候张口一样。

我们对于徐君的期望实在太殷，我们对于徐君的希望实在太大，这种期望使我们不得不更加严格，更加吹求，所以我现在总括的来把徐君的艺术批评一下。我们现在大家都是少年，徐君也还是一个少年，有缺点不要紧，只要以后慢慢的自己补救，有弱点也不要紧，最怕的就是执拗不化不单不肯向别人认错并且不肯向自己认错了。这并不是说徐君就是此中人的一个，不过是这些话久蓄在喉间现在藉此一吐，痛快一下罢了。徐君艺术上的第一个缺点要算土音入韵，这种用土音入韵的例子俯拾即是，实在数不胜数，就拿开卷第一页的这页来讲，就已经有了两个例子，"发"同"脚"，"背"同"海"，这种土音的韵教人家看来很不畅快；尤其是在抒情诗里面，音韵为造成印象的一个很大的要素，现在忽然间插进一个土音到里面去，这真象吸凉粉吸得滑溜有趣，忽然间一个隔逆，把趣味隔去了九霄云外的样子。推其原故，这便是因为徐君作土白诗作得太滑溜，不知不觉的也就拿土音来押韵了。徐君艺术上的第二个缺点要算骈句韵（rnymed coplet）不讲究。用骈句韵的时候第一忌的是上一联骈句的韵同下一联骈句的韵不分，第二忌的是这一联骈句的韵同再下一联骈句的韵重复。不幸这两种毛病徐君都犯了，《多谢天我的心又一度的跳荡》一诗内的"处、露、酷、木"四韵连用便是犯了第一种毛病，同一首诗内的"荡、光、爽、惘"便是犯了第二种毛病。《残诗》里面的"雷、灰、莓、尾、喂"更是大犯而特犯其第一毛病。徐君艺术上的第三个缺点要算用韵有时不妥。这种用韵的缺点在上面谈《盖上几张油纸》同《哀曼殊斐儿》两首诗的时候曾经提到过，还有《希望的埋葬》一诗，全诗的音韵杂乱无章，《她是睡着了》一诗本是两段用一韵的，但是到了最后两段又毫无理由的改了用韵的方法。徐君艺术上的第四个缺点要算用字有时欠当。好比《留别日本》一诗末段的"壮旷"，《五老峰》一诗首段的"不可摇撼的'神奇'"，《希望的埋葬》一诗第六段的"'冷残'的衣裳"我都觉得是可以再斟酌的。还有《问谁》一诗第六段的"徘徊"同下面的"凄迷"在音韵上差得太远，依我看，不如把"徘徊"改作"低徊"，虽然依旧不能算是押得很满意，但比较的总算接近多了。徐君艺术上的第五缺点要算诗行有时站不住。关于这一点，我在上面讨论徐君的散文诗的时候曾经谈到过。我的意思是：你要是想作散文诗，也好，各人有他的自由，我不反对；不过你既然作散文诗，你就得一段段的来写它，不能够把它分成行写；凡是成行写的文章我都要向它要"行的独立"，不然，又何必分行呢？无论你的散文诗是多么好，不过你既不安本分的把它分行写出，我就要向你要行的独立，没有，我就大声说，这不是"诗"！我在上面举过的诗行站不住的诗现在搁开一边不提，只说《石虎胡同七号》一首诗末了一段的"一斤、两斤，杯底喝尽，满怀酒欢，满面酒红"这一行，《先生！先生！》一首诗第五段的"飞奔，急转的双轮，紧追，小孩的呼声，"这一行，我们试问，在两行里面，行的节奏，行的紧凑何在！徐君艺术上的第六个缺点要算有时欧化得太生硬了，好象开卷的第一首诗的末行"恋爱，欢欣，自由——辞别了人间，永远"，这"永远"两字便是酿成这行的破碎的罪魁，又象《沙扬娜拉》一首诗里面"想赞美那别样的花酿，我曾经恣尝"这一行的"我曾经恣尝"，《古怪的世界》一首诗里"怜悯！贫苦不是卑贱"这一行的"怜悯"，《在那山道旁》一首里面"向着她我转过身去"这一行的"向着她我"，都是多么生硬！再象《破庙》的"恶狠狠的乌龙巨爪"一行上面可以加个"是"字，《在那山道旁》的"在青草里飘拂，她的洁白的裙衣"一行当中也可以加个"是"字，《希望的埋葬》的"长眠着美丽的希望"一行可以改作"长眠罢，美丽的希望!"便比本来自然多了。还有《在那山道旁》一首诗里的"为什么迟疑，这是最后的时机，在这山道旁，在这雾盲的朝上"一句我看也不如改作"这是最后的时机为什么迟疑，在这山道旁，在这雾盲的朝上"，还比较的近中国语气一点。这首诗好，但是可惜欧化得太生硬了。

这些都是少年诗人所常有的缺点，但同时，徐君也有少年诗人所特有的一种探险的精神。我们只要就用韵一方面来看，便可看出徐君是作了许多韵体上的尝试的。他的这个诗汇里面有《毒药》这一类的散文体诗，《康桥再会罢》这一类的无韵体诗，《残诗》这一类的骈句韵体诗，各种的奇偶韵体诗，《雪花的快乐》这一类的章韵体诗，甚至于还有一篇变相的十四行体诗，《天国的消息》。在这许多韵体里面，哪一种徐君尝试成功了，哪一种没有尝试成功，是另外一个问题。并且每种韵体尝试的次数不多，我们还无从完全判定它是否在新诗里有发展的可能，徐君是否适宜于用它；但是这种大胆的态度，这种冒全国的大不韪而来试用大众所鄙夷蹂躏的韵的精神，已经够引起大家的热烈的敬意了。

我上面的一番话有些说不定是错了，有些说不定徐君自己也已经感觉出来了。徐君的第一本诗已经这样不凡，以后的更是可想而知，我们等着，心中充满了一腔希望的等候着罢。

十月·十六日

陈西滢谈《志摩的诗》和《女神》

  我想起的两种新诗代表作品是郭沫若先生的《女神》，和徐志摩先生的《志摩的诗》。《女神》很早就出版，《志摩的诗》去年秋天印成单行本，放在一块几乎就可以包括了新诗的变迁。并且它们的作者都是诗人，而且都很有些才气。郭沫若先生有的是雄大的气魄。他能在新诗初创期，排开了旧式辞章的束缚！虽然他对于旧诗词，好象很有研究的！自己创造一种新的语句，而且声调很和谐。可是他那时的力量还不足，因此常常象一座空旷的花园，只有面积，没有亭台池沼的点缀。他许多诗的单调的结构，句的重复，行的重复，章的重复，在后面又没有石破天惊的收束，都可以表示郭先生的气魄与力量不相称。我们希望，并且相信，郭先生会有力量撑得起他气魄的一天。他在《文艺论集》的序文里说他的思想，生活，作风，"在最近一两年之内可以说是完全变了。"我们揩揩眼睛，看他将来的作品吧。

  《女神》里的诗几乎是自由诗，很少体制的尝试。《志摩的诗》几乎全是体制的输入和试验。经他试验过有散文诗，自由诗，无韵体诗，骈句韵体诗，奇偶体诗。虽然一时还不能说到它们的成功与失败，它们至少开辟了几条新路。可是徐先生的供献不仅仅在此，他的最大的供献在他的文字。他的文字是受了很深的欧化的，然而它不是我们平常所谓欧化的文字。他的文字是把中国文字，西洋文字，融化在一个洪炉里，炼成的一种特殊的而又曲折如意的工具。它有时也许生硬，有时也许不自然，可是没有时候不流畅，没有时候不达意，没有时候不表示它是徐志摩独有的文字。再加上很丰富的意象，与他的华丽的字句很相称，免了这种文字最易发生的华而不实的大毛病。可是徐先生虽然用功体制的试验，他的艺术的毛病却在太没有约束。是文字方面，有时不免堆砌得太过，甚至叫读者感觉到厌烦，在音调方面，也没有下研究的功夫。因为他喜欢多用实字，双双的叠字，仄声的字，少用虚字，平声的字，他的诗的音调多近羯鼓铙钹，很少提琴洞箫等抑扬缠绵的风趣。他的平民风格的诗，尤其是土白诗，音节就很悦耳，正因为在那些诗里他不能不避去上面所说的毛病。

（原为陈西滢作《新文学运动以来的十部著作》
第十一至十二段，现根据一九二六年北新书局版
《西滢闲话》摘录。标题为本书编者加。）

什么是"健康"与"尊严"?

——《新月的态度》底批评

彭　康

一

　　这是"一个荒歉的年头，收成的希望是枉然的。这又是个混乱的年头，一切价值的标准，是颠倒了的"。

　　一点不错!

　　现在是社会变革的时代，被压迫阶级自图解放的时代。在这解放期间，支配关系次第变更，社会的中坚势力也渐形转换。在这样的客观环境之下，思想界必然地起变动，又因实践的基础不同，一切的价值标准当然也是两样。

　　这本是必然的现象。

　　然而正是这种必然的现象，先前使"醉眼"的鲁迅弄一大篇的"朦胧"出来，现在又使得"小丑"徐志摩，"妥协的唯心论者"胡适一班人不得不表示《新月》的态度。

　　这班名流们与鲁迅不同的是，他以为只是"照旧讲趣味"就可了事，他们却叹这个时代是"不幸"的时代，大发起牢骚来。这是因为社会的支配权要移到一个新的主体，现在的支配阶级无论怎样的用尽巧妙且辛辣的手段，总不能阻止历史的进展，"收成的希望是枉然的"。而新的主体对于一切事物和现象的评价，当然要有它自身的标准，所以从前"一切的价值标准，是颠倒了的"。

这的确是使他们不得不叹为"不幸"的"一个荒歉的年头"，"又是个混乱的年头"！

相应着这个混乱的年头，在他们的"着色眼镜"里，又映着有一个思想上的"嘈杂的市场"。

在这个年头，我们可以看到新兴阶级的出现；在这市场上，我们可以看到新兴阶级的理论的确立。

这更使得支配阶级的走狗这班小丑们不得不叹气，更不得不自告奋勇，卖气力，替支配阶级图挽既倒的狂澜。

于是藏在《新月》的旗下，挂着"创造的理想主义"的幌子，还提了"健康"与"尊严"这两个原则，"放胆到这嘈杂的市场上去做一番审查和整理的工作"，来"为这时代的思想增加一些体魄，为这时代的生命增加一些光辉"。

这是徐志摩胡适一班人的《新月》月刊的态度，然而是多么一个有"体魄"且有"光辉"的态度啊！

看吧！

"创造的理想主义"！好一个漂亮的名字！

然而创造了什么理想！

"健康"与"尊严"！好一双"伟大的原则"！

然而"健康"是谁的"健康"？"尊严"又是谁的"尊严"？

在这"健康"与"尊严"的绅士的礼仪之下，我们可以看到一位"诗哲"，"一手奠定文坛的健将"，和一位"文学革命的领袖"，"文化运动的哲学家"板着"矜持"的面孔，做着小丑的姿势，对一般青年们说：做情诗来"解放活力"罢！"整理国故"来"创造文明"罢！

然而不相干！活力解放不得，文明也创造不出，"一切价值的标准颠倒了"，再也扶不转来——历史的使命原是如此规定的。

更"不幸"的是他们的态度是为"我们这态度所不容的"，为要"浚治"意识形态的战野，为要解放被压迫的阶级，我们也不得不来"做一番审查和整理的工作"，由它当作"恶魔的势力"来"扫除"罢。

二

"健康"与"尊严"？在现在社会变革期中是谁要这两种东西？

你们"认定了这时代是变态是病态，不是常态"吗？因此你们觉得在这时代里有损你们的"健康"与"尊严"？

这在支配阶级的工具们或者是如此！因为在从前革命的时期中，那班道学先生们也叹过"世道反常"，"人心不古"来了。

然而旧社会形态的没落和消灭，新社会形态的发展和体现，在辩证法的唯物论者（不是"创造理想主义"者！）看来，一切都是必然的合理的，无所谓变态，也无所谓病态。

在这种不是病态的，必然的社会发展的过程中，新社会形态是从旧社会形态的胎里发生的，因而旧社会的瓦解过程即是新社会的体现过程。意识形态是与这过程取同一的步骤的，旧意识形态的崩坏过程必然地又是新意识形态的确立过程。这样，在社会变革期中，与旧支配势力下的思想和文艺对立的，必定有代表新兴势力的思想和文艺。

可是这些新兴势力与代表它的思想和文艺，在支配阶级及它的工具们看来，简直是"折辱尊严""妨害健康"。怪不得我们的"诗哲"徐志摩一班人提着这两个原则大声疾呼地要来做"扫除"的工作了！

何况他们还要找寻第 X 次，第 Y 次的爱人，要串演《小放牛》,《玉堂春》，做情诗，谁值得与那些"穷人"，"饿人"，"破人"（？）"败人"（？）去鬼混？谁更值得谈那些"贫民主义"（？），"劳民主义"（？）？

这便是他们所谓的"健康"与"尊严"了！

可是事实上，他们能够维持这样的"尊严"与"健康"吗？

历史的进展不惜把一切冠冕堂皇的，神圣不可侵犯的东西都要消灭下去，它是不容许有所谓永久的存在的。

在现在这样的"混乱的年头"，旧支配势力是注定了要消灭的命运，他们的"尊严"与"健康"是无论怎样都保持不住的。

不但如此！"折辱"了他们的"尊严"，即是新兴的革命阶级获得了尊严，"妨害"了他们的"健康"，即是新兴的革命阶级增进了健康。

小丑还是去串演《玉堂春》，工具主义者还是去当工具，别要枉费气力了罢!

三

带着"健康"与"尊严"的"着色眼镜",他们在思想这市场上看见了些什么?据他们"随笔写下的"都有"十多种行业",真是五花八门,极其"嘈杂"了!怪不得他们要来做"审查和整理的工作"了。

审查的结果,他们以为这"十多种行业"都是些"鸦片,毒药,淫业","全是些不正当的行业",与他们"所标举的两大原则——健康与尊严——不相容的"。

而所以有此现象,是因为"碍着一个迷误的自由的观念"。"先前我们在思想上是绝对没有自由,结果是奴性的沉默,现在,我们在思想上是有了绝对的自由,结果是无政府的凌乱"——这是他们所发现的"绝对的"原因了。

但是,现在我们在思想上有了绝对的自由吗?只要一看现在是什么情形,谁都不会相信这句话。不是有因带了某种书籍而被杀的么?不是有被封的杂志和书店么?自由在那里?更何言"绝对"!

在现在正要因斗争而获得思想和言论的自由的时候,"新月"的先生们却叹着气,以为是太自由了,因而要来"扫除"那些"邪说","异端",将思想从"无政府的凌乱"救出,定于一尊,一统天下。你看这是什么一种实践的要求!是替谁说话!

现在我们在思想上并没有自由,要有自由就须得有适应的客观的条件,"不幸"的是他们竟对于这个盲目!

思想和文艺的发生,必须有一定的社会的根据,因为思想和文艺本是客观的反映。正确地反映了客观的,从真正的认识出发的思想,才是合理的思想,它是"一个真",它是"一个正"。这样的真的正的思想是有实践的价值和变更社会的权能的,因而在社会变革期中,它是为一切的"标准""纪律""规范"。

"唯美"与"颓废"当然得不到它的允许,因为这只是懦弱的卑怯的逃避者底行为,固然"我们不甘愿牺牲人生的阔大,为要雕镂一只金镶玉嵌的酒杯",然而更不许"置身在扰攘的人间倾听人道那幽静的悲凉的清商",来缓和及蒙蔽社会的现实的斗争。

在真正地把握了社会认识的人们,一切都是必然的经过,他们不怎样的害怕"狂风暴雨",也不怎样的眷恋"清风白日",因而不"感伤"也不"热狂",他们经得起失败,也经得起成功。

"偏激"吗?只有没有把握社会底全体的无知者才是这样。然而我们对于同一的阶级自然会"互助",会"情爱",而对于敌对的阶级一定要"仇恨",要斗争。这就是现在转换期间的"社会的纪纲",也就是"真",也就是"正"。

"我们不能归附功利",这只有浅薄的现实主义者和堕落的工具主义者才是这样。然而"价格"是从"价值"发生的,"精神"要受"物质"的规定,是她底复杂的机能。思想要有实践的根据和实践的证明,它要供给革命阶级一个斗争的武器。

"我们不能依傍训世",更"不能听任思想的矫健僵化成冬烘的壅肿"。可是从社会的客观的根据而构成的思想,要用来注入于革命的民众,他们也要受制于从阶级的利益上发生的"标准","纪律","规范"。他们要受教导。

末了"还有一条天上安琪儿们怕践足的蹊径"。他们"在这些时间与空间",叫"标语"与"主义"迷眩了眼,震聋了耳,闹翻了头脑吗?这只是证明了他们的网膜不全,耳鼓不健,头脑不清罢!真是"可怜"!然而在我们看来,这是变革期中思想上的斗争,辨认更不难,评判也容易,哪些是反动的,哪些是革命的,一看都知道。

现在我们也将他们要干涉的思想市场上的买卖审查和整理过了。然而所谓健康与尊严这两个原则并不能为它的标准,我们要从社会的根据和阶级的意义去检讨的。

可是不幸的是,在这样的检讨之下,不但他们所列举起来的思想上的派别是"随笔写下的",没有一点根据,乱杂得可笑!就是他们用以抨击这些派别的所谓两大原则及"创造的理想主义",也只是"盘错的旁枝,恣蔓的藤萝",并不是什么"商业社会上"的"正宗的企业",我们是不能容许它继续存在的。

四

"创造的理想主义"？现在在思想和文艺上，是否容许这样的东西？

生产力底一定的发展程度决定在社会的生产过程中的人类相互的对立关系，社会形态是为表现这个关系的。适应这形态的有精神和风习底一定的状态，宗教，哲学，文学和艺术等是要与这一定的状态所产生的能力，趣味倾向及嗜好等一致的。

这是思想和文艺的发生缘由，因为思维本是受存在底规定的。

思想是社会的产物，这是不能否认的。可是社会空间地是一个整个的全体，时间地是一个历史发展的阶段。不能把握它的全体，或离开历史发展的思想只是一朵虚花，虽然也有它的根土，但即刻就要消灭的。

《新月》的"创造的理想主义"的根据在哪里？有根据吗？"他们有什么根据除了飘渺的记忆与想象"？

"飘渺的记忆与想象"！布尔乔亚泛曾经，并且现在也还在，支配社会的一切，这是多么一个"庄严的已往"！沉着在这样支配的梦中，将一切绝对化，永远化，以为可以万世拖住他们的生命，在"想象"中不又有"一个异象的展开"？然而历史的车轮推他们上了没落的墓道，现在则到处都响彻了他们的吊钟！

这"记忆与想象"真是太"飘渺"了！因此，《新月》的人们记忆他们"光明的过去"，则考证《红楼梦》，想象他们"光明的未来"，则做情诗，堆砌爱美艳丽的王国。

这便是他们的"使命"，这便是他们的"责任"，然而是多么一个"平庸"的，"不出奇"的使命与责任啊！

可是他们却以为这是"尊严与健康"，这样可以解放他们的活力，产生纯正的思想，因为他们"相信一部纯正的思想是人生改造的第一个需要"。他们也觉得人生要改造，而且需要思想了！

这倒不错。现在社会是需要变更了，而且没有革命的理论，则没有革命的行动。但这样的理论没有所谓"纯正的"，也不是"活力"能产生的。

活力是什么？生命罢。生命又是什么？精神罢。精神将融和生活的内外两方面的感觉灵化，努力创造，于是产生灿烂的文化，伟大的艺术。又使这种创造力深化，内面化，集中而为精神自身底自由的发展，生命更给我们在心灵的活动上一个强大的灵感，达到自我的完成，这不是光耀的"创造的理想主义"吗？

然而不要太高兴了，《新月》的先生们！

辩证法的唯物论告诉我们：

精神是物质的复杂的机能，要受它底规定。

人不能离开社会的物质的生活，那里会有"绵延的"，"超越死线的"，"与天上的群星相感召的""生命本体"？

辩证法的唯物论又要求一切的理论要有实践的价值，变更社会的权能。这样的理论要怎样才能产生呢？

社会是一个整个的体系，在这体系中内在地含有矛盾，矛盾促进发展，它底过程是旧社会崩坏，新社会发生，而新社会又是在旧社会自身的胎内孕着的。发展是必然的，方向是一定的。

认识了这些矛盾，把握了这个方向思想才是实践的思想，文艺才是革命的文艺。这样的思想和文艺才"可以唤回在歧路上彷徨的人生"，才"可以消灭一切侵蚀思想与生活的病菌"。

要有这样的思想家和文艺家，文化的前途才有希望。但是他们又知道要一定的文化，必须有能产生它的社会的客观的条件，所以先要造成它底条件，然后文化才能产生。

客观的条件，因为社会的发展是必然的，只要加以意识的实践的行动就可造成。所以辩证法的唯物论的思想家和文艺家决不绝望，颓丧，纵使现在是怎样的黑暗。他们有信仰，他们有忍耐与勇敢，他们的肩上担着光荣的历史的使命，他们的眼前展着灿烂的光明的未来。

这是有历史的保障，具体的例证，决不象那"记忆"与"想象"那样的飘渺了，然而这正是"尊严"与"健康"！

十四，五，一九二八

（原载 1928 年 7 月 10 日《创造月刊》第 1 卷第 12 期）

《卞昆冈》序

余上沅

　　不知是什么缘故，志摩小曼都和意大利的戏剧发生了一种关系：志摩译过《死城》，小曼译过《海市蜃楼》。或许是偶然的罢，他俩最近合作的《卞昆冈》，在我个人看，也仿佛有一点意大利的气息。

　　提到意大利的戏剧，我们便不能不想到他们的两个重要时期：文艺复兴以后和现代。文艺复兴以后的意大利戏剧观念是"食古不化"，变本加厉；批评家误解了亚里士多德及何瑞思的原理，把它们铸成了一堆死的规律。他们蔑视中世纪的成绩，蔑视民间的戏剧，他们不明白编剧家与剧场演员及观众间的关系：结果是意大利没有戏剧除掉一些仿古的空洞作品，一般人没有品味除掉维持粗俗的短打和蒙面喜剧。经过了十八世纪的法国影响和十九世纪的沉寂，四十年来，意大利的戏剧在世界文艺上终于占了一个地位。从近代意大利戏剧里，我们看得见诗同戏剧的密切关系，我们看得出他们能够领略人生的奥秘，并且能够火焰般的把它宣达出来。急进一步，他们中间并且创立了所谓之未来派的戏剧，虽然它不能得到生命的延长。在意大利的现代戏剧里，除了一两个作家之外，能够持平不偏的几乎再没有了。但是他们的气魄，他们的胆量，总是配受相当的敬意的罢。

　　刚才我不是说志摩小曼合作的《卞昆冈》仿佛有一点意大利的气息么？这话可又得说回来了，这个仿佛是有限制的，并不是绝对的。虽然《卞昆冈》也多少有些古典的体制，可它并不是死守那文艺复兴以后的呆板理论，并且，我还以为作者在动笔以先不曾想到过任何戏剧理论。至于气魄和胆量，《卞昆冈》倒比较和意大利现代剧接近得多。在有意无意之间，作者怕免不了《死城》和《海市蜃楼》一类的影响罢。这都是我妄测的，作者及读者都不见得肯和我同意，我知道。

其实，志摩根本上是个诗人，这也是在《卞昆冈》里处处流露出来的。我们且看它字句的工整，看它音节的自然，看它想象的丰富，看它人物的选择，看它——不，也得留一些让读者自己去看不是？他的内助在故事及对话上的贡献，那是我个人知道的。志摩的北京话不能完全脱去峡石土腔，有时他自己也不否认；《卞昆冈》的对话之所以如此动人逼真，那不含糊的是小曼的贡献，——尤其是剧中女人说的话。故事的大纲也是小曼的；如果在穿插呼应及其他在技术上有不妥当的地方，那得由志摩负责，因为我看见原稿，那是大部分志摩执笔的。两人合作一个剧本实在是不很容易，谁都不敢冒这两人打架的危险。象布孟（Beaumont）弗雷琪（Fletcher）两人那样和气不是常有的事。诗人叶芝（W.B.Yeats）同格里各雷夫人（Lady Gregory）合作剧本时是否也曾经打架，我不得而知，不过我想用他们来比譬志摩小曼的合作，而且我以为这个比譬是再切贴没有的了。至于究竟是否切贴，我也不在此多说，还是请读者去看一看"The Unicorn from the Stars"罢。

说志摩根本上是个诗人，在此地并不含有恭维他的意思。假使莎士比亚不进剧场，没有白贝治一班朋友，也许他只继续写他的商籁（Sonnet）。诗人上再加戏剧两个字是非经过剧场的训练不可的，这件事似乎在历史上还没有过例外。我曾劝志摩约几个朋友排演《卞昆冈》，把它排印单行本我也是怂恿最力的一个（因此志摩便责我写一篇序）。那末，有不妥当的地方以后我们及作者自己都好避免，而我们更乐得领会它的长处。我们的戏剧界沉闷极了，有它出来给我们一个刺戟多少是件好事不是？新戏剧的成功早晚就要到的，《卞昆冈》正好做一个起点。

我不希望《卞昆冈》有人把它当一件杰作，因为作者还有无穷的希望，而这个无穷的希望又是在《卞昆冈》里可以感觉得到的。我更不希望只是《卞昆冈》的作者有无穷的希望，因为建设新戏剧决不是一两个人的私事。

上　沅

十七年六月，上海

（选自 1928 年上海新月书店版《卞昆冈》）

徐志摩先生的自画像

钱杏邨

　　　　徐志摩先生的梦——他的"返乎自然"主义——永远不成系统的思想——他的"自剖"——他所隶属的阶级——从天上回到人间——徐志摩先生"冲"向那里去？——从"飞"的人生到"冲"的人生——对人生勇于怀疑的精神——不调谐的人道的音籁——政治意识与社会观察——他的技巧

一

徐志摩先生的自画像

　　代表中国的资产阶级的作家徐志摩是曾经在《自剖》集里把自己一剖再剖的。他是很精细的为着他自己作成了一幅自画像，和他的拜门师梁启超先生一样，用着化学的方法在分析着自己。但是，分析的结果究竟何如呢？说到这一点，我们就不能不请徐志摩先生自己出场了。

　　所以，在这篇断片的考察开始的时候，我们不得不请我们的读者先洗耳恭听徐先生的一曲清歌。

　　读者诸君！我们的徐志摩先生在开始唱了：

　　　　"我是一只酣醉了的花蜂，我饱吃了芬芳，我不讳我的猖狂……我是一只幽谷里的夜蝶，在草丛间成形。……我是一枝漂

泊的黄叶，在旋风里漂泊。……我是一颗不幸的水滴，在泥潭里
匍匐。……我欲化一阵春风，一阵吹嘘生命的春风，催促那寂寞
的大木，惊破他深长的迷梦。……我亦愿意赞美这神奇的宇宙，
我亦愿意忘却了人间的忧愁，象一只没挂罩的梅花雀。……我要
那洗度灵魂的圣泉，洗掉这皮囊肮脏，解放内里的囚犯，化一缕
青烟，化一朵青莲。……假如我是一朵雪花，在半空里娟娟的飞
舞，等着她来花园里探望，她身上有珠砂梅的清香，那时我凭藉
我的身轻，溶入她柔波似的心胸。"

我们的徐志摩先生便是这样的人物。当然我也能以说出这都是一
些所谓"文学的想象"，可是，我们的徐志摩先生每天是怎样的度过他
的生活，耗费他的光阴，于此是可以想见的。对于现实既没有怎样的
不满，每天只是追逐于过去未来的幻想，做着怎样才能"飞"到天上
的梦，这便是我们的徐志摩先生！这种浪费的思想，这种超人间的渴
望，这种幻梦一般的生活，我们是不要详加诠解就可以认识这是一种
资产阶级生活的表现！被压迫，被践踏，被损害的人们，是永远做不
出这样的绮丽的梦的！我们是更不必精细的指出这其间所表现的阶级
意识以及生活形态了！……

除去做梦一般的每天追逐幻想而外，我们的徐志摩先生所具有的，
占据他的内心的最重要的部分的，可以说是镇日价的追忆儿时，渴望
着童年的回来。他高唱着"返乎自然"的口号，他是一面渴望着更奢
侈的生活，一面又渴望着回到自然。追求着奢侈生活当然是为着享乐，
怀念自然也不外这样的希冀，是没有伟大的哲学的内含。他所以如此，
不过是公子哥儿，闲来无事，在安逸生活之外想一逛青山绿水的愿望
的扩大罢了！《乡村里的音籁》一歌就是这种思想最具体的表现：

"白云在蓝天里飞行，我欲把恼人的年岁，我欲把恼人的情爱，
托附与无涯的空灵——消泯；回复我纯朴的美丽的童心：象山谷里
的冷泉一勺，象晓风里的白头乳鹊，象池畔的草花，自然的鲜明。"

这样的苦闷就是徐志摩先生最中心的苦闷。既不能变成一只梅花

雀，以遂其高"飞"上天的心愿；对于现实又不能感到充分的愉快；追怀过去的生涯，又觉得事实上是难以再见的；这结果，当然的要如他自己所说，"我更不问我的希望，我的惆怅，未来与过去，只是渺茫的幻想"(《多谢天》)了。然而，他终不能抛弃未来，而继续的做着种种的幻梦，也不能忘怀过去，结果是因回忆而增加了他的伤感。所以只要一涉及过去，我们的徐志摩先生便不免悲从中来了。同时，他的脱离现实的幻梦，也是常常的被现实把它打得粉碎的，往往是"今天的希望变成明天的惆怅"(《大沽口外》)，"希望不曾站稳又毁"(《消息》)而使他有凄然之感。这样，他感到一切的过去，现在，和未来都是苦痛的了。只是风花雪月能给他以生命的愉快，能使他沉醉。于是，他的"返乎自然"的思想便因此而构成。他想离开人间，他还是想高"飞"上天。所以，他在《去罢》篇里唱道：

> "去罢，人间，去罢！我独立在高山的峰上；去罢，人间，去罢！我面对着无极的穹苍。……去罢，种种，去罢！当前有插天的高峰；去罢，一切，去罢！当前有无穷的无穷。"

徐志摩先生便是这样的一个人物。他对于贵族的现实的生活仍然的不感到愉快，总希望有更美的能以满足他的幻想的生活到来。然而不可能。这就不能不使他抛弃未来，追忆梦一般的天真的童年时代了。对于现实的社会既觉到不自由，总想海阔天空的去把握得尽量的发展的生命，他便对空间舒卷自如的彩云生羡，而沉醉自然，想有解除一切的束缚"返乎自然"的一日。

话虽如此说，徐志摩先生的思想在实际上并不象上面所讲的那样有系统。他是没有稳定的思想的，只如天空的一缕轻烟，四向飞扬，随风飘荡而已。他的思想是飘浮的。因此，他想脱离现实，然而他终于歌颂了现实；他想形成种种的美梦，他又知道美梦是没有实现的可能；他不得不联带的咒诅过去是空幻，然而，他终竟要追怀过去。我们固然不能绝对的说他的思想没有一种固定倾向，不过终不免于是一种浮浅的而已！他的思想是没有稳定的！

215

这一点，徐志摩先生自己很知道。因此，在《落叶》篇里他就很痛快的说，"我的思想——如其我有思想——永远不是成系统的"。在《翡冷翠的一夜》的前序里也序下这样的两行：

> "我不是诗人，我自己一天明白似一天，更不须隐讳狂妄的虚潮早经销退；余积的只一片精确的不生产的砂田，在海天的荒凉中自艾。"

他又在下面承认他的一个朋友对他的"志摩感情之浮，使他不能为诗人，思想之杂，使他不能为文人"的评语为恰当。上面的考察，证以他自己的"自剖"，我们可以看到他的思想是怎样的不稳定。

然而，他不是不思索，他有时是思索得很厉害，有时思索得很苦恼，他一面考察人生，一面又解剖自己。关于人生的考察，我们不妨留在下面，这里我们且结束他自己解剖的终结。

徐志摩先生究竟是怎样的一个人物呢？除开上面所说明的以外，在他的散文集里还可以找到下列的结论。这些都是他的自剖，他的自白。

> "我是个好动的人；每回我身体行动的时候，我的思想也仿佛就跟着跳荡。是动，不论是什么性质，就是我的兴趣，我的灵感。是动，就会催快我的呼吸，加添我的生命。"（《自剖》）
>
> "我的思想，如其偶尔有，也只似岩石上的藤萝，贴着枯干粗糙的石面，极困难的蜒着；颜色是苍黑的，姿态是倔强的。"（《自剖》）
>
> "爱和平是我的生性。在怨毒猜忌，残杀的空气中，我的神经每每感受一种不可名状的压迫。"（《自剖》）
>
> "我人事的经验与知识也是同样的有限，我不曾做过工，我不曾尝味过生活的艰难，我不曾打过仗，不曾坐过监，不曾进过什么秘密党，不曾杀过人，不曾做过买卖，发过一个大的财。"（《迎上前去》）
>
> "我只是个极平常的人，没有出人头地的学问，但同时我自信

我也有我与人不同的地方，我不曾投降这世界，我不受它的拘束。我是一只没笼头的野马，我从来不曾站定过，我人是在社会里活着，我却不是这社会里的一个，象有离魂病似的。我这躯壳的动静是一件事，我那魂梦的去处又是一件事。"（《迎上前去》）

"我是一只不羁的野狗，我往往纵容想象的猖狂，诡辩人生的现实，比如凭藉凹折玻璃，觉察堂前景色。"（《我的祖母的死》）

"我怕我自己的脾胃多少也不免带些旧气息，我不但旧，并且还有我的迷信；有的时候我简直是一个宿命论者。"（《欧游漫录》）

"我是一个信仰感情的人，也许我自己天生就是一个感情性的人。"（《落叶》）

"我是一个不可教训的个人主义者，这并不高深，这只是说我只道知个人，只认得清个人，只信得过个人的，我信德漠克拉西，意义只是普遍的个人主义。"（《列宁忌日——谈革命》）

"说来我思想上或经验上也并不曾经受过什么过分激烈的激刺。我处境是向来顺的。"（《自剖》）

我们根据徐志摩先生自己的一剖再剖，是很容易看到他的自画像的轮廓的。他是这样的一个人：他可以说是生长在养尊处优的环境里，他是一个个人主义者，虽然他的环境很好，生活很优裕，然而，他是感到种种的不满足，种种的束缚，加以受了近代的个人主义的自由思想的哲学的陶薰，所以他极力的想获得个人的绝对的自由。同时，他没有稳定的思想，而感情又极浮动，事实上他不会有深刻的探讨，只沉醉于幻想的生活，"张着眼睛做梦"。他不但没有亲切的看到社会下层，他根本就不曾认清社会，他没有解决一切社会问题的能力。他不满于现实，只是为着个人，他的种种的幻想，也只是要满足他个人的欲望。从他所解剖的看去，他不曾直接的感受到社会制度的压迫，对现实社会只是一种单纯的不满足。他的意识，他的生活形态，是无往的不表现着他的资产阶级人物的根性。我们若再综合以下所考察的看去，我们是必然的得着这样的一个结论：

我们的徐志摩先生彻头彻尾的是中国的资产阶级（外国的资产阶级的代言者的思想没有这样的贫弱可怜）的进步分子的代言者，他是彻头彻尾的一个进步的资产阶级作家。

徐志摩先生毕竟是很聪明的。虽然到现在还是对幻想闹得"浓得化不开",但在他偶而清晰的时候,他还能明白自己。在这里我们就可以看看他曾经有过的一回对于自己睁着眼睛做梦的批判。这个批判是很正确的,可惜他的浮定思想不能够使他长久的克服下去。他的话是:

> "所以我这次从南边回来,决意改变我对人生的态度。因为我先前对这人生只是不调和不承认的态度,因此我与这世界并没有什么互相的关系,我是我,它是它,它不能责备我,我也不能批评它。但这来我决心做人的宣言却就把我放进了一个有关系,负责任的地位,我再不能张着眼睛做梦,从今起得把现实当现实看,我要来察看,我要来检查,我要来清除,我要来颠扑,我要来挑战,我要来破坏。"(《迎上前去》)

话虽说的漂亮,但是梦还是一直做了下去,他在这期间写了四句诗道:"我再不想成仙,蓬莱不是我的分,我只要这地面,情愿安分的做人。"但是结果何如呢?仙既学不成,人也做不好,公子哥儿终于是一位公子哥而已!做人云乎哉!

这就是我们的徐志摩先生的一幅自画像。

二
徐志摩先生冲向那里去?
——从"飞的"人生到"冲的"人生

徐志摩先生对这个人间是老大的不满意的,是想高高的飞上天去的。所以他认为"人类最大的使命,是制造翅膀,最大的成功是飞"!他要"飞出这圈子,飞出这圈子!到云端里去,到云端里去!这才是做人的趣味,做人的权威,做人的交代"(《想飞》)。这自然是由于他在人生的过程中感到了种种的冲突与矛盾(《青年运动》),也是由于他在生活的过程中感受了种种的刺激。据他自己说,他是"肉搏过刀山,炮烙，闯度了奈何桥"(《一个祈祷》)。他是"曾经遭受失望的打击"(《迎上前去》)的。然而，结果何如呢？这就如被孩子们执着了线头的氢气球一般，自己虽然拼命的想向上而攒可是始终却还是在孩子的手里；挣脱不了，也只好摇摇摆摆的在孩子们手中过它的日子了。我们的徐志摩先生也是如此。他既飞不上天边，只好依旧住在人间了。然而他终竟是一个"迎上前去"的聪明的勇敢的人物。当他自己发现了他的"飞"的人生的路是去不通了的时候，他马上的改变了他的策略。这样，他的"飞"的人生观就一变而为"冲"的人生观了。

但是，我们的徐志摩先生究竟冲到那里去了呢？

如是，话更不得不回了转来，我们不得不谈一谈我们的徐志摩先生所看到的人生的各方面。然后，我们才能说到他的"冲"的人生论的终结。在这里，我第一要指出，是徐志摩先生感觉到"人生如朝露"，所以他"在这蔓草丛中过路，无端的内感，惆怅与警讶，在这迷雾里，在这岩壁下，思忖着，泪怦怦的，人生与鲜露？"(《朝雾里的小草花》)，而在《沪杭车中》也就忍不住的要唱"催老了人生"的歌曲，在《青年曲》里劝青年们不必枉费了青春了。第二要指出的，是徐志摩先生感觉到"人生是灰色的"。因此他唱了"一个野蛮的大胆的骇人的新歌"，"要来"邀你们到民间去，听衰老的，病痛的，贫苦的，残毁的，受压迫的，烦闷的，奴服的，懦怯的，丑陋的，自杀的，——和着深秋的风声与雨声！合唱的"灰色的人生"！(《灰色的人生》)这样，他对于人生，就不得不感到"人生"的惶恐，悲哀，惆怅，与短促(《天国的消息》)了。他觉得在"这年头活着不易"，人生是悲哀的，"世界是恶毒的"——是"毒性的，咒诅的，燎灼的，虚无的……人欲与兽性"！第三要指出的，是徐志摩先生感觉到"人生是变幻的"。他具体的用《自然与人生》一诗来说明这种原理。因此，他在煞段里唱道："变幻的自然，变幻的人生，瞬息的转变，暴烈与和平，刮心的惨剧与怡神的宁静：——谁是主，谁是宾，谁幻复谁真？"弄得他对人生的真幻又糊涂起来了，对"运命的逻辑"也有了同感了。从这观点出发，他的人生见解，遂不免具有"虚无的"倾向了，然而，这种色调并不浓厚。第四要指出的，是徐志摩先生感觉到"人生的矛盾的"。所谓"习惯与良心冲突责任与个性冲突，教育与本能冲突，肉体与灵魂冲突，现实

219

与理想冲突，此外社会政治宗教道德买卖外交，都只是混沌，更不必说"。他在这种矛盾，冲突的生活中感到极端的苦闷。……话虽如此，我们的徐志摩先生终于是一个勇敢的战士，他一面固然对人间感到极端的痛苦，同时，也依旧的对人生感到了兴味。他对于人生仍然具有积极的见解。他同意于"非到山穷水尽的时候，决不肯认输，退后，收下旗帜；并且即使承认了绝望的表示，他往往直接向生存本体的取决，不来半不阑珊的收回了步子向后退"（《天目山中笔记》）的见解。他对人生依旧的感到趣味。仍旧的"享过许多福"。他体验得人生的神妙；所谓"我暗地思量人生的奥妙，我正想谱一折人生的新歌，啊，那芦笛（碎了）再不成音调"。（《西伯利亚道中》）……到那里，我想讲到徐志摩先生对于人生的又一面了。那就是话虽如上所说，他是积极向上的，但有时也不免幻灭起来，高唱起"谁说死不就是个悠久的遗忘的境界？谁说墓窟不就是真解放的进斗？"（《吊刘叔和》）的调子。他也是"灰心而又想到死"……话虽如此，我们还是放弃这种地方，回到的积极的人生的意义的探讨罢。我们看一看我们志摩先生的"冲的人生论"。

我们的徐志摩先生到底冲到那里去了呢？

读者诸君！在这里，让我先介绍他的"冲"的哲学：

"是的，我从今起我要迎上前去！生命第一个消息是活动，第二个消息是搏斗，第三个消息是决定：思想也是的，活动的下文就是搏斗。搏斗的就包含一个搏斗的对象，许是人，许是问题，许是现象，许是现象本体"。（《迎上前去》）

"一种新意识的诞生。这来我再不能盲冲，我至少得认明来踪与去迹，该怎样去法如其盲目的地，该怎样准备如其前程还在遥远。"（《再剖》）

这个见解是对的，为着前途我们应该奋斗，而且奋斗有奋斗的方法，奋斗的对象，不能盲目的奋斗——盲目的冲！是原则当然没有什么缺陷。无如我们的徐志摩先生，并没有认识人生真谛的徐志摩先生，发议论就象拨付不兑现的钞票一般的徐志摩先生，他虽是一个"生命的信仰者"，可不是一个真正的把握得人生的积极的意义的。这样，他的"冲"的人生哲学在事实上是徒有其名了，虽然他也似乎有他的方向。结果是留下了这一段漂亮的歌词：

> 退后？——昏夜一般的吞蚀血染的来踪，
> 倒地？——这懦怯的累赘问谁去收容？
> 前冲——啊，前冲！冲破这黑暗的冥凶，
> 冲破一切的恐怖，迟疑，畏葸，苦痛。
> 血淋漓的践踏过三角棱的的劲刺，
> 丛莽中伏兽的利爪，蜒蜿的虫豸！
>
> ——《无题》

统观以上各节，徐志摩先生是怎样的观察人生的各面，我们可以得到一回大体的认识。终结他的主张是向"前冲"的，我们应该"迎上前去"，然而向什么地方去"冲"呢？这就是徐志摩先生自己说的，所谓什么是"冲"的"目的"了。

这里我们讲徐志摩先生的"冲"的目的。

徐志摩先生"冲"的方向，约略的说可以分为两点。第一点，是"冲"到自然的怀抱里去。第二点，是"冲"到漂亮女人的怀抱里去。能做到这两点，"冲"的人生哲学便算完成了。

这里，先解释第一点：

徐志摩先生说："我是一个生命的信仰者，我信生活决不是我们大多数人仅仅从自身经验推得的那样暗惨。我们的病根是在'忘本'。人是自然的产儿，就比枝头的花与鸟是自然的产儿；但我们不幸是文明人，入世深似一天，离自然远似一天。离开了泥土的花草，离开了水的鱼，能快活吗？能生存吗？从大自然，我们取得我们的生命；从大自然，我们应分取得我们继续的资养"（《我所知道的康桥》）。"所以只有你单身奔赴大自然的怀抱时，象一个裸体的小孩扑入他母亲的怀抱时，你才知道灵魂的愉快是怎样的，单是活着的快乐是怎样的，单就呼吸，单就走道，单就张眼看耸耳听的幸福是怎样的。"（《翡冷翠山居闲话》）在他的意思，所谓人生，不必再及其他，只要你能滚入自然的

221

怀抱，享受着自然给予你的恩赐，那才算是真正幸福的。他的择想的
生活，于是便不得不象在《石虎胡同七号》篇里所说：

> 我们的小园庭，有时沉浸在快乐之中；雨后的黄昏，满院只
> 美荫，清香与凉风，大量的寨翁，巨樽在手，寨足直指天空，一
> 斤，两斤，杯底喝尽，满怀酒欢，满面酒红，连珠的笑响中，浮
> 沉着神仙似的酒翁——我们的小园庭，有时沉浸在快乐之中。

他是期望着这种生活的久长，他觉得只有这样的生活才是"神仙不
啻也"。他觉得只有这样的生活，这样的清闲，是比死人还要快活的。
我们可以举《沙杨娜拉》篇里的二节为证：

> 趁航在轻涛间，悠悠的，
> 我见有一星星古式的渔舟，
> 象一群无忧的海鸟，
> 在黄昏的波光里息羽优游，
> 沙杨娜拉！

> 听几折风前的流莺，
> 看阔翅的鹰鹞穿度浮云，
> 我倚着一本古松暝眸，
> 问墓中人何似墓上人的清闲？——
> 沙杨娜拉！

这两节诗，前节颇有郭沫若题《莎乐美》卷头诗的风趣，后一节的生活
当然是同样的令人神往。这种生活，我们的徐志摩先生是饱受着了，可惜他
还不能满足，对人生仍旧感到不满，还要进一步的"冲"。可是，在这里，我
真不知道还要"冲"到那里去了。——难不成真个要"高飞上天"吗？……
　　第二的目的，是"冲"到漂亮女人的怀抱里去。
　　因为这样，他就有变做雪花的愿望，好使他飞到漂亮女人身上去。
他以为除了自然，只有漂亮的女人，是使他最难忘怀的。我们可以看

他的自白：

> 但供给我沉酣的陶醉，
> 不仅是杜鹃花的幽芳；
> 倍胜于娇柔的杜鹃，
> 最难忘更娇柔的女郎！
> 沙杨娜拉！
>
> 我爱慕她们体态的轻盈，
> 妩媚是天生，妩媚是天生！
> 我爱慕她们颜色的调匀，
> 蛱蝶似的光，蛱蝶似的轻盈——
> 沙杨娜拉！

> 不辜负造化主的匠心，
> 她们流动着有无限的殷勤；
> 比如薰与花香似的自由，
> 我餐不尽他们的笑靥与柔情——
> 沙杨娜拉！

　　我们的徐志摩先生不仅"最难忘"这样的女郎。而且遇着了这样的女郎，他也似乎就"周身俱软，魄散魂飞"，他觉得死在这样女人的怀抱里（注意：这不是俗谚所说的："牡丹花下死，做鬼也风流"。），比五百次的投生还要强：

> 爱，就让我在这儿清静的国内，
> 闭着眼，死在你的胸前，多美！
> ………………………………
> 我到了那三环洞的桥上再停步，
> 听你在这儿抱着我半暖的身体，
> 悲声的叫我，亲我，摇我，哑我；……

我就微笑的再跟着清风走，
随他领着我，天堂，地狱，那儿都成，
反正丢了这可厌的人生，实现这死
在爱里，这爱中心的死，不强如
五百次的投生？……

——《翡冷翠的一夜》

象这样的诗，不知道可引出多少，现在就止于此吧。总之，徐志摩先生是把"这"当做人生至宝的，是认此种生活为人生的最上的表现的。他曾经享受了不少的这样的幸福，最近更是陶醉于这种生活之中。所以他在《巴黎鳞爪》前序里写给"他的陆小曼"道：

"这几篇短文，小曼，大都是在你的小书桌上写得的，在你的书桌上写得，意思是不容易。设想一只没遮拦的小猫尽跟你捣乱：抓破你的稿纸，踏翻你的墨盂，袭击你正摇着的笔杆，还来你鬓发边擦一下，手腕上咬一口，偎着你鼻尖'爱我'的一声叫又跳跑了！但我就爱这捣乱，蛮甜的捣乱，抓破了我的手背我都不怨，我的乖！"

然而，事实的愿望还有什么没有完成呢？已经"滚"到"乖"的怀抱里了，还要向那里"滚"呢？……我们还是说"冲"吧，我们的徐志摩先生在女人的怀抱里，究竟还要"冲"向那个地方去呢？

那么，我们且在此地带住罢。

我想，是或许有人会说的，说徐志摩先生的"冲"的人生观并非指的这两点，这话我并非绝对的不相信，在理想上他也许指的不是这两面，然而，他在事实上所表现的却始终是这两面。不然，他的"冲"的哲学在事实上那就是一种"空"的哲学了。

"冲"的哲学也好，"空"的哲学也好，"事实总是事实"，我们的徐志摩先生所表现的"事实"是如此。

徐志摩先生是曾经想"飞"的，但是没有"飞"得成。后来他转变了方向，变"飞"而为"冲"，可是他徒有"冲"的议论，没有"冲"

的事实。而"自然"与"女人"为他的生活的最高理想，他的精神，所谓"冲"的精神，是在这两方面耗尽了。

这里，让我写下一个结论吧：

我们的徐志摩先生对于人生的勇于怀疑的精神是值得我们敬佩的。他的探讨人生的态度，所谓："把宇宙与人生的究竟，当做一朵盛开的大红玫瑰，一把抓在手掌中心，狠劲的紧挤，把花的色、香、灵肉，和我们自己爱美爱色爱香的烈情，绞和在一起，实现一个彻底的痛快"(《话》)：是十二分适当的。不过，他的出发点，他的方法是错误的，他是始终没有抛弃了个人主义的立场去探讨，他也没有抛弃了他的唯心的立场去探讨。这结果，遂陷于他自己所说的，探讨的结果，总不免是"在生命的户外徘徊，也许偶而猜想到几分墙内的动静，但总是浮的浅的，不切实的，甚至完全隔膜的"(《我的祖母之死》)，他对于人生是不曾探讨得什么来，正如他在《为要寻一个明星》里所说的一样：

　　　我骑着一匹拐腿的瞎马，
　　　　向着黑夜里加鞭；——
　　　　向着黑夜里加鞭，
　　　我跨着一匹拐腿的瞎马！

他的马太不成了，你叫他如何能探讨得人生的究竟来呢？结果，明星既寻不着，怎能不还是驰骋在暗黑之中呢？他拼命探讨的结果，虽然发现了"飞"是不可能，而不得不回到人间，向前"冲"去的原则，可是因为他的出发点的错误，结果，只算是仅有这个原则而已。他并没有努力去进一步探讨应该怎样的回到人间，怎样的向前"冲"去，以及"冲"的目的。议论天高，事实却告诉我们他依然徘徊于"自然"和"女人"的二者之间，并没有"飞"出自然的怀抱，也没有飞出女人的股掌。这样，你叫他怎能不失望大呼，高喊"人生探讨不着"呢？

我们的徐志摩先生自从发现了"飞"的路不通行以后，他确确实实的是想"冲"的，但是，一直到现在他并没有"冲"到那里去。

徐志摩先生！勒住"冲"的缰绳，再来思索一下罢？过去的关于人生问题的探讨，是早变成"飞、冲、空"的固定公式了。

徐志摩先生"冲"于何有？

三

是谁吹弄着那不调谐的人道的音籁
——一直说到徐志摩创作的技巧

有钱的人每到年终，总喜欢买些米分送贫民，说是可以减轻他们的死后的罪愆，在我们家乡叫做"散米票子"。听说在大都市里的有钱人，往往的也从压榨来的纯利里抽出微细的一部分做公益，来买一块"慈善家"的匾。好象不如此不成其为富人，但是他们对于穷人是没有丝毫的诚意的，正和有钱的贵妇人在庙门口撒着钱，让乞丐来抢，给自己欣赏的一样。不仅是浅薄的人道主义者，简直是虚伪的人道主义，是骗子。

在文坛上的现象也是如此，有许多文坛上的贵族，代表资产阶级的作家，他们对于穷人的态度是和都市的富人们一样的。他们不了解穷人，他们表现穷人是用他们自己阶级的意识——贵妇人在庙门前撒钱的意识。结果只是毫无同情心的，做作的，玩弄的。作者的阶级规定作者的意识，那么，资产阶级文学的作家事实上不会有真正的劳动作的。所以徐志摩虽有许多的劳动作，结果，只不过是浅薄的人道主义者（？）的玩意罢了。

这里且选出他的最好的一首劳动作，曾被人选入教科书的于下：

《一小幅的穷乐图》

巷口一大堆新倒的垃圾，
大概是红漆门里倒出来的垃圾，
其中不尽是灰，还有烧不尽的煤，
不尽是残骨，也许骨中有髓，
骨拗里还粘着一丝半缕的肉片，

226

还有半烂的布条，不破的报纸，
两三梗取灯儿，一半枝的残烟；

这垃圾堆好比是这金山，
山上满偻着寻求黄金者，
一队的褴褛，破烂的布裤蓝袄，
一个两个数不清高揪的臀腰，
有小女孩，有中年妇，有老婆婆，
一手挽着筐子，一手拿着树条，
深深的弯着腰，不咳嗽，不唠叨，
也不争闹，只是向灰堆里寻捞，
向前捞捞，向后捞捞，两边捞捞，
肩挨肩儿，头对头儿，拨拨挑挑，
老婆婆捡了一块布条，上好一块布条！
有人专捡煤渣，满地多的煤渣，
妈呀，一个女孩叫道，我捡了一块鲜
肉骨头！回头熬老豆腐吃好不好？

一队的褴褛，好比个走马灯儿，
转了过来，又转了过去，又过来了，
有中年妇，有女孩小，有婆婆老，
还有夹在人堆里趁热闹的黄狗几条。

　　不要多引，只这一首已经够了，已经够我们看出徐志摩先生是怎样的"奠定中国文坛"了。其他的劳动作如《一条金色的光痕》，（P.33）如《先生！先生！》（P.44）如《叫化活该》（P.81）如"我在深夜坐着车回家，一褴褛的老头他使着劲儿拉"的同情于车夫的名作《谁知道》，都具有同样的风趣的。至于："浩唉！浩唉！"的被自己所珍视的《庐山石工歌》，那在事实上也是没有"悲壮的呼声"，只有"眼底的风物"的，不过《一小幅穷乐图》这一首是值得特别介绍。请从这些诗看一看我前面所说，是不是在"含血喷人！"请仔细的研究一回，看他的劳动作对于下面的问题是给予了什么样的解答：

1. 作者的意识究竟是那个阶级的意识？
2. 作者的劳动作究竟是那个阶级的诗？
3. 作者的劳动作究竟有没有热烈的情绪？
4. 作者的劳动作的态度是不是庄严的？
5. 从作者的劳动作里所表现的看去，资产阶级是怎样的在同情无产者？

假使因此而联带的说及他的人道主义的非战的名作，如《大帅》，如《人变兽》，如《太平景象》，那我们老实不客气的说，我们的徐志摩先生并不是在"非战"，他是含讥带讪的在玩着滑稽的戏法。我们说他是浅薄的人道主义者，委实还是宽容一点。我们是不用举"卖油条的，来六根——再来六根"的。

所以，有人要根据徐志摩写的劳动作来说他是一个同情于无产阶级的人，那简直是大笑话。徐志摩对无产者不仅没有同情，也始终的还不曾认识。他是一个资产阶级的大少爷。

所以，讲到他的人道主义的精神，我就觉得有特殊的指出一回的必要。同时，关于他的这种精神的批判，认为最适当的是引用他的《古怪的世界》里的两行来结论，是很适当的：

> "我独自的，独自的沉思这世界古怪，是谁吹弄着那不调谐的
> 人道的音籁？"

至于他的政治意识的缺乏，甚至于说，政治常识的没有，那更是无可讳言的事。因为他喜欢谈政治，我们在这里，事实上不能不附带的说一点。先琐碎的说几句。比如：我们的徐志摩先生，他就不相信政治上应该有主义的，他说"主义是疯癫"。他就把社会的一切事件，看做与经济没有关联，他把一切的事件都离开经济与阶级的关系去看。他相信假使要谈革命，那一定是要主张国家主义的，不讲革命时是没有关系的。……象这一类琐碎的见解是很多的。为着系统的考察一回起见，我想在这里看看他的一篇有系统的记载，那就是他的《欧游漫录》。我们可以看他是用着怎样的政治眼光在考察举世注意的苏俄。从

这里也可以证实他的政治常识究竟是有还是没有。

我们的徐志摩先生，以"一个头戴獭皮大帽，身穿海龙领（假的）的皮大氅的外客，"去游历了一次苏俄，而后转到"翡冷翠的山中"，写出了他从苏俄得到的印象，在这里，他表示了他的几种不满。

第一，使我们徐志摩先生认为不满意的，是苏俄的"仆欧们"太不客气。所以，"每回来招呼吃饭，就象上官发命令，斜瞟着一双睛，使动着一个不耐烦的指头，舌尖上滚着几个铁质的字音，磅的合上你的房门又到间壁去发命令了！"（《自剖》）（P.139）这是苏俄令人不满意的第一点。

第二，使我们的徐志摩先生认为不满意的，是苏俄的人民的生活虽"艰难，缄默，忍耐，"但除了"可怖的面目"而外，他们是太不讲礼节了。比如他们"不但一件整齐的褂子不容易看见，简直连一个象样的结子都难得，你竟可以疑心他们晚上就那样子，溜进被窝里去，早上也就那样子钻出被窝来。"（P.183）这样，怎能不叫我们的徐志摩先生"坐在他们中间，只是觉着不安，不一定背上有刺，或是孟子说的穿了朝衣朝冠去坐在涂炭上，但总是不舒服，好象在这里不应得到我的位置似的"（P.182）呢？这是苏俄令人不满意的第二点。

第三，使我们的徐志摩先生认为不满意的，是苏俄人民对苏俄不说苏俄而说国际，口口声声的说国际，这太不对了，所以他发着愤慨说，"我说，讲和平，讲人道主义，许可以加上国际的字样，那也待考，至于杀人流血有什么国际？"（P.209）他的意想，杀人流血是可以的，但必定要"自己发明流自己的血的方法"（P.209），这是苏俄令人不满意的第三点。

第四，使我们的徐志摩先生认为不满意的，是杀人流血就不能说国际，所以，每一国的革命方法应该由每一国去独创。因此，他"不是主张国家主义的人，但讲到革命便不得不讲国家主义。为什么革命自己作不了军师，还得运外国主义来筹划流血？那也是一种可耻的堕落"（P.210)！这是苏俄令人不满意的第四点。

这是主要的四点。不过，事实既然如此，那苏俄给予徐志摩先生就没有好的印象，就没有使他"舒服"的吗？说到这问题，我说，据我所知道的，徐志摩先生从苏俄得到的好印象也有一点，那就是"国际车还咴啥!"所以,他谆谆的劝告游历苏俄的人说,"但从赤塔到俄京那一星期的路程,我劝你们不必省这几拾块钱(不到五十),因为那国际车真是舒服,听说战前连洗澡都有设备的,比普通车位相差太远。"(P.136)这是唯一令人满意的地方。

读者诸位!关于这一点我不愿说什么话,在这样的百不自由的环境之下,我们是没有说话的自由的。希望你们认取其这其间所表现的我们资产阶级作家徐志摩先生的政治常识,与社会考察的方法罢。

呜呼!是这样的贫弱可怜!

这里,我们展入他的技巧的考察。

关于徐志摩先生的技巧的考察,我们可以分两方面去说,一是诗的技巧,一是散文的技巧。他主要的著作是这两种。

艺术的形式与内容本来是一致的,徐志摩先生创作的内容既是资产阶级的,他的技巧当然也是资产阶级的,这是毫无疑义的事。

不过,他的诗的技巧的特色,是自从有了徐志摩的诗以后,新诗坛上多了许多种新的格式。他很欢喜用新的格式写诗。最普通的是一种规律的四行诗。这一种诗的写法,大都是二三两行各低下二格。全篇都是四行。如:

再不见雷峰,雷峰坍成一座大荒冢,
顶上有不少交抱的青葱;
顶上有不少交抱的青葱,
再不见雷峰,雷峰坍成一座大荒冢。

他是很喜欢用这样的叠句。不但欢喜用叠句,有时还欢喜用排句,使全诗成一种特殊的音调。这,我们也可以举例于下:

1、这鼓一声,钟一声,磬一声,木鱼一声,佛号一声。
这一声佛号,这一声钟,这一声鼓,这一声木鱼,这一声磬。
2、象一阵凄风,象一阵惨雨,象一阵落花。
3、但这莺,这一树花,这半轮月。

4、匆匆匆！催催催！
　　一卷烟，一片山，几点云影，
　　一道水，一条桥，一枝橹声，
　　一林松，一丛竹，红叶纷纷。

　　除开四行诗而外，是受着希腊诗的精神影响而作的注重节奏、震
动的诗。这一类的诗特殊的多。就中足以代表的要算《自然与人生》。
举一节作例：

　　　　风，雨，雷霆，山岳的震怒——
　　　　　猛进，猛进！
　　　　矫捷的，猛烈的，吼着，打击着，咆哮着：
　　　　烈情的火焰，在层云中狂穿；
　　　　恋爱，妒嫉，诅咒，嘲讽，报复，牺牲，烦闷，
　　　　疯犬似的跳着，追着，噪着，咬着，
　　　　毒蟒似的绞着，翻着，扫着，舐着——
　　　　　猛进，猛进！
　　　　狂风，暴雨，电闪，雷霆；
　　　　烈情的人生！

231

　　其次，要算是采取着散文形式写的诗歌，如《地中海》,《灰色
的人生》,《毒药》,《白旗》,《婴儿》,各种不同的歌曲。又其次，就
是因着奔进的情绪一气写成的类似长歌的诗了；这可以举《翡冷翠
的一夜》一诗为例，当然《康桥再会罢》也是这一类的东西。……
关于他的独（？）创的诗的形式是很多的，这里不能一一的列举研究。
假使要精细的研究，是非另成篇不可的。这里，再录下《半夜深梦
琵琶》一诗来看一看他的又一体。然后，我们就作一个关于他的诗
歌的技巧的结论罢：

　　　　又被它从睡梦中惊醒，深夜里的琵琶！
　　　　　是谁的悲思，

是谁的手指，

象一阵凄风，象一阵惨雨，象一阵落花，

在这夜深深时，

在这睡昏昏时，

拨动着紧促的弦索，乱弹着宫商角徵，

和着这深夜荒街，

柳梢头有残月挂，

啊，半轮的残月，象是破碎的希望他，

他头戴一顶开花帽，

身上戴着铁链条，

在光阴的道上疯了似的跳，疯了似的笑，

完了，他说，吹糊你的灯，

她在坟墓的那一边等，

等你去亲吻，等你去亲吻，等你去亲吻？

　　我对于我们的"诗哲"徐志摩先生的诗的技巧的结论，简单的可以说出这几点，包括了说明和总结：

　　第一，徐志摩先生的诗有许多其他的作家所没有的新的形式。

　　第二，徐志摩先生的诗是特殊的注重震动，节奏，和力的。

　　第三，徐志摩先生的诗是欢喜堆砌，很多的地方是做作的。

　　第四，徐志摩先生的诗是多采用叠句和排句的。

　　第五，徐志摩先生的诗是和他的文一样，"华而不实"的。

　　第六，徐志摩先生的诗的形式完全是资产阶级诗的形式。

　　说到徐志摩先生，当然要以他的诗为主体，然而我们也得谈一谈他的散文的技巧。对于他的散文的考察，我在形式上所得的结论，可以说是和他的诗歌完全一样，是"华而不实"的。是常常的在"笔头上纽了好半天，结果还是没有结果"的，他写东西实在好象是"笔头上有什么来，我就往纸上写，管得选择，管得体裁，管得体面"的。他的诗没有浓厚的诗的情绪，他的散文也没有系统的思想。就形式一方面说，他的散文的技巧和他的诗歌的技巧，也是同一样的。是一样的讲新的形式，讲节奏震动，堆砌做作，喜用叠句，排句，取着资产阶级的形式，都是些"华而不实"的。附下《拜伦》中的一节作例：

> 山上有急湍，有冰河，有漫天的松林，有奇伟的石景。瀑布象是疯癫的恋人，在荆棘丛中跳跃，从崚岩上滚坠，在磊石间震碎，激起无量数的珠子，圆的，长的，乳白的，透明的，阳光斜落在急流的中腰，幻成五彩的虹纹。这急湍的顶上是一座突出的危崖，象一个猛兽的头颅，两旁幽邃的松林，象是一颈的长须，一阵阵的瀑雷，象是他的吼声。在这绝壁的边沿站着一个丈夫，一个不凡的男子，怪石一般的峥嵘，朝旭一般的美丽，劲瀑似的杰傲；松林似的恍郁。他站着，交抱着手臂，翻起一双大眼，凝视着无极的青天，三个阿尔帕斯的鸷鹰在他的头顶不息的盘旋，水声，松涛的呜咽，牧羊人的笛声，前峰的崩雪声——他凝神的听着。

233

关于徐志摩先生考察的断片，我想于此结束，虽然我的原意还未尽十一。本来，我是想很有系统的写一篇的，可是因着生活的压迫，不得不把整好的材料搁置至四个月之久。经过很长的时间，才开始写作；又因着其他的工作，约半个月才写成这几点断片的考察。在我自己是不满意极了。然而，我对徐先生的主要意见都已写了出来，从这不整齐的断片中，我们是可以认识徐先生的，在目前我只能这样的完成我的愿望了。

十二月，一九二八年。

（选自1930年3月上海泰东书局版《现代中国文学作家》第三卷）

追悼志摩

胡适之

悄悄的我走了，
　　正如我悄悄的来，
我挥一挥衣袖，
　　不带走一片云彩。

　　　　　　　——《再别康桥》

志摩这一回真走了！可不是悄悄的走。在那淋漓的大雨里，在那迷濛的大雾里，一个猛烈的大震动，三百匹马力的飞机碰在一座终古不动的山上，我们的朋友额上受了一下致命的撞伤，大概立刻失去了知觉。半空中起了一团天火，象天上陨了一颗大星似的直掉下地去。我们的志摩和他的两个同伴就死在那烈焰里了！

我们初得着他的死信，都不肯相信，都不信志摩这样一个可爱的人会死的这么惨酷。但在那几天的精神大震撼稍稍过去之后，我们忍不住要想，那样的死法也许只有志摩最配。我们不相信志摩会"悄悄的走了"，也不忍想志摩会一个"平凡的死"，死在天空中，大雨淋着，大雾笼罩着，大火焚烧着，那撞不倒的山头在旁边冷眼瞧着，我们时代的新诗人，就是要自己挑一种死法，也挑不出更合式、更悲壮的了。

志摩走了，我们这个世界里被他带走了不少的云彩。他在我们这些朋友之中，真是一片最可爱的云彩，永远是温暖的颜色，永远是美的花样，永远是可爱。他常说，

　　我不知道风
　　　是在哪一个方向吹——

　　我们也不知风是在哪一个方向吹，可是狂风过去之后，我们的天空变惨淡了，变寂寞了，我们才感觉我们的天上的一片最可爱的云彩被狂风卷走了，永远不回来了！

　　这十几天里，常有朋友到家里来谈志摩，谈起来常常有人痛苦。在别处痛哭他的，一定还不少。志摩所以能使朋友这样哀念他，只是因为他的为人整个的只是一团同情心，只是一团爱。叶公超先生说：

　　他对于任何人，任何事，从未有过绝对的怨恨，甚至于无意中都没有表示过一些憎嫉的神气。

　　陈通伯先生说：

　　尤其朋友里缺不了他。他是我们的连索，他是粘着的，发酵的。在这七八年中，国内文艺界里起了不少风波，吵了不少架的，许多很熟的朋友往往弄的不能见面。但我没有听见有人怨恨过志摩。谁也不能抵抗志摩的同情心，谁也不能避开他的粘着性。他才是和事的无穷的同情，使我们的老，他总是朋友中间的"连索"。他从没有疑心，他从不会妒忌。他使这些多疑善妒的人们十分惭愧，又十分羡慕。

　　他的一生真是爱的象征。爱是他的宗教，他的上帝。

　　　　我攀登了万仞的高冈，
　　　　荆棘扎烂了我的衣裳，
　　　　我向飘渺的云天外望——
　　　　上帝，我望不见你——
　　　　……
　　　　我在道旁见一个小孩，
　　　　活泼，秀丽，褴褛的衣衫，
　　　　他叫声"妈"，眼里亮着爱——
　　　　上帝，他眼里有你——

　　　　　　　　　　《他眼里有你》

志摩今年在他的《猛虎集》（自序）里曾说他的心境是"一个曾经有单纯信仰的流入怀疑的颓废"。这句话是他最好的自述。他的人生观真是一种"单纯的信仰"，这里面只有三个大字：一个是爱，一个是自由，一个是美。他梦想这三个理想的条件能够会合在一个人生里，这是他的"单纯信仰"。他的一生的历史，只是他追求这个单纯信仰的实现的历史。

社会上对于他的行为，往往有不能谅解的地方，都只因为社会上判评他的人不曾懂得志摩的"单纯信仰"的人生观。他的离婚和他的第二次结婚，是他一生最受社会严厉批评的两件事。现在志摩的棺已盖了，而社会上的议论还未定。但我们知道这件事的人，都能明白，至少在志摩的方面，这两件事最可以代表志摩的单纯理想的追求。他万分诚恳的相信那两件事都是他实现他那"美与爱与自由"的人生的正当步骤。这两件事的结果，在别人看来，似乎都不曾能够实现志摩的理想生活。但到了今日，我们还忍用成败来议论他吗？

我忍不住我的历史癖，今天我要引用一点神圣的历史材料，来说明志摩决心离婚时的心理。民国十一年三月，他正式同他的夫人提议离婚，他告诉她，他们不应该继续他们的没有爱情没有自由的结婚生活了，他提议"自由之偿还自由"，他认为这是"彼此重见生命之曙光，不世之荣业"。他说：

> 故转夜为日，转地狱为天堂，直指顾间事矣。……真生命必自奋斗求得来，真幸福亦必自奋斗求得来，真恋爱亦必自奋斗直求得来！彼此前途无限，……彼此改良社会之心，彼此有造福人类之心，其先自作榜样，勇决智断，彼此尊重人格，自由离婚，止绝苦痛，始兆幸福，皆在此矣。

这信里完全是青年的志摩的单纯的理想主义，他觉得那没有爱又没有自由的家庭是可以摧毁他们的人格的，所以他下了决心，要把自由偿还自由，要从自由求得他们的真生命，真幸福，真恋爱。

后来他回国了，婚是离了，而家庭和社会都不能谅解他。最奇怪的是他和他已经离婚的夫人通信更勤，感情更好。社会上的人更不明白了。志摩是梁任公先生最爱护的学生，所以民国十二年任公先生曾写一封很长很恳切的信去劝他。在这信里，任公提出两点：

> 其一，万不容以他人之苦痛，易自己之快乐。弟之此举，其于弟将来之快乐能得与否，殆茫如捕风，然先已予多数人以无量之苦痛。
>
> 其二，恋爱神圣为今之少年所乐道。……兹事盖可遇而不可求。……说多情多感之人，其幻想起落鹘突，而得满足得宁帖也极难，所想之神圣境界恐终不可得，徒以烦恼终其身已耳。

任公又说：

> 呜呼志摩！天下岂有圆满之宇宙？……当吾侪以不求圆满为生活态度，斯可以领略生活之妙味矣。……若沉迷于不可必得之梦境，挫折数次，生意尽矣，忧邑侘傺以死，死为无名，死犹可也，最可畏者，不死不生而堕落至不能自拔。呜呼志摩，无可惧耶！可无惧耶！（十二年一月二日信）

任公一眼看透了志摩的行为是追求一种"梦想的神圣境界"，他料到他必要失望，又怕他少年人受不起几次挫折，就会死，就会堕落。所以他以老师的资格警告他："天下岂有圆满之宇宙？"

但这种反理想主义是志摩所不能承认的。他答复任公的信，第一不承认他是把他人的苦痛来换自己的快乐。他说：

> 我之甘冒世之不韪，竭全力以斗者，非特求免凶惨之苦痛，实求良心之安顿，求人格之确立，求灵魂之救度耳。
>
> 人谁不求庸德？人谁不安现成？人谁不畏艰险？然且有突围而出者，夫岂得已而然哉？

第二，他承认恋爱是可遇而不可求的，但他不能不去追求。他说：

> 我将于茫茫人海中访我唯一灵魂之伴侣；得之，我幸；不得，

我命，如此而已。

他又相信他的理想是可以创造培养出来的。他对任公说：

> 嗟夫吾师！我尝奋我灵魂之精髓，以凝成一理想之明珠，涵
> 之以热满之心血，朗照我深奥之灵府。而庸俗忌之疾之，辄欲磨
> 木其灵魂，捣碎其理想，杀灭其希望，污毁其纯洁！我之不流入
> 堕落，流入庸儒，流入卑活，其几亦微矣！

我今天发表这三封不曾发表过的信，因为这几封信最能表现那个
单纯的理想主义者徐志摩。他深信理想的人生必须有爱，必须有自由，
必须有美；他深信这种三位一体的人生是可以追求的，至少是可以用
纯洁的心血培养出来的。——我们若从这个观点来观察志摩的一生，
他这十年中的一切行为就全可以了解了。我还可以说，只有从这个观
点上才可以了解志摩的行为；我们必须先认清了他的单纯信仰的人生
观，方才认得清志摩的为人。

志摩最近几年的生活，他承认是失败。他有一首《生活》的诗，
诗的暗惨的可怕：

> 阴沉，黑暗，毒蛇似的蜿蜒，
> 生活逼成了一条甬道：
> 一度陷入，你只可向前，
> 手扪索着冷壁粘潮，
>
> 在妖魔的脏腑内挣扎，
> 头顶不见一线的天光，
> 这魂魄，在恐怖的压迫下，
> 除了消灭更有什么愿望？

（十九年五月二十九日）

他的失败是一个单纯理想主义者的失败。他的追求，使我们惭愧，

因为我们的信心太小了，从不敢梦想他的梦想。他的失败，也应该使我们对他表示更深的恭敬与同情，因为偌大的世界之中，只有他有信心，冒了绝大的危险，费了无数的麻烦，牺牲了一切平凡的安逸，牺牲了家庭的亲谊和人间的名誉，去追求，去试验一个"梦想之神圣境界"，而终于免不了惨酷的失败，也不完全是他的人生观的失败。他的失败是因为他的信仰太单纯了，而这个现实世界太复杂了，他的单纯的信仰禁不起这个现实世界的摧毁；正如易卜生的诗剧 Braild 里的那个理想主义者，抱着他的理想，在人间处处碰钉子，碰的焦头烂额，失败而死。

然而我们志摩"在这恐怖的压迫下"，从不叫一声"我投降了"——他从不曾完全绝望，他从不曾绝对怨恨谁。他对我们说：

你们不能更多的责备。我觉得我已是满头的血水，能不低头算是好的。（《猛虎集》自序）

是的，他不曾低头。他仍旧昂起头来做人；他仍旧是他那一团的同情心，一团的爱。我们看他替朋友做事，替团体做事，他总是仍旧那样热心，仍旧那样高兴。几年的挫折，失败，苦痛，似乎使他更成熟了，更可爱了。

他在苦痛之中，仍旧继续他的歌唱。他的诗作风也更成熟了。他所谓"初期的汹涌性"固然是没有了，作品也减少了；但是他的意境变深厚了，笔致变淡远了，技术和风格都更进步了。这是读《猛虎集》的人都能感觉到的。

志摩自己希望今年是他的"一个真的复活的机会"。他说：

抬起头居然又见到天了。眼睛睁开了，心也跟着开始跳动。

我们一班朋友都替他高兴。他这几年来想用心血浇灌的花树也许是枯萎的了；但他的同情，他的鼓舞，早又在别的园地里种出了无数的可爱的小树，开出了无数可爱的鲜花。他自己歌唱有一个时代是几乎消沉了；但他的歌声引起了他的园地外无数的歌喉，嘹亮的唱，哀怨的唱，美丽的唱。这都是他的安慰，都使他高兴。

谁也想不到在这个最有希望的复活时代，他竟丢了我们走了！他的《猛虎集》里有一首咏一只黄鹂的诗，现在重读了，好象他在那里描写他自己的死，和我们对他的死的悲哀：

> 等候他唱，我们静着望，
> 怕惊了他。
> 　　　但他一展翅
> 冲破浓密，化一朵彩雾：
> 飞来了，不见了，没了！——
> 象是春光，火焰，象是热情。

志摩这样一个可爱的人，真是一片春光，一团火焰，一腔热情。现在难道都光了？决不——决不——志摩最爱他自己的一首小诗，题目叫做《偶然》，在他的《卞昆冈》剧本里，在那个可爱的孩子阿明临死时，那个瞎子弹着三弦，唱着这首诗：

> 我是天空里的一片云，
> 偶尔投彩在你的波心！——
> 　　你不必讶异，
> 　　更无须欢喜！——
> 在转瞬间消灭了踪影。
> 你我相逢在黑夜的上海，
> 你有你的，我有我的方向。
> 　　你记得也好，
> 　　最好你忘掉，
> 在这交会时互放光芒！

朋友们，志摩走了，但他投的影子会永远留在我们心里，他放的光亮也会永远留在人间，他不曾白来了一世。我们有了他做朋友，也可以安慰自己说不曾白来了一世。我们忘不了。和我们在那交会时互放的光亮！

　　二十年、十二月，三夜5（同时在北平《晨学田》发表）

　　　　（原载 1932 年 1 月《新月》月刊第 4 卷第 1 期）

谈志摩的散文

梁实秋

　　我一向爱志摩的散文。我和叶公超一样，以为志摩的散文在他的诗以上。志摩的可爱处，在他的散文里表现最清楚最活动。我现在谈谈志摩的散文的妙处。

　　志摩的散文，无论写的是什么题目，永远的保持一个亲热的态度。我实在找不出比"亲热的"更好的形容词。他的散文不是板起面孔来写的，——他这人根本就很少有板面孔的时候。他的散文里充满了同情和幽默。他的散文没有教训的气味，没有演讲的气味，而是象和知心朋友的谈话。无论谁，只要一读志摩的文章，就不知不觉的非站在他的朋友的地位上不可。志摩提起笔来，毫不矜持，把他心里的话真掏出来说，把他的读者做顶亲近的人。他不怕得罪读者，他不怕说寒伧话，他不避免土话，他也不避免说大话，他更尽量的讲笑话，总之，他写起文章来真是痛快淋漓，使得读者开不得口，只有点头只有微笑只有倾服的份儿！他在文章里永远不忘记他的读者，他一面说着话，一面和你指点和你商量，真跟好朋友谈话一样，读志摩的文章的人，非成为他的朋友不可。他的散文有这样的魔力！例是无须举的，因为例太多。没有细心咀嚼过志摩的散文的人，我劝他看《自剖》《再剖》《求医》《想飞》《迎上前去》（俱在（《自剖》文集里），他将不仅在这几篇文章里感觉文章的美，并且还要在字里行间认识出一个鲜龙活虎般的人。

　　文章写得亲热，不是一件容易的事，这不是能学得到的艺术。必须一个人的内心有充实的生命力，然后笔锋上的情感才能逼人而来。据我看，有很多人都有模仿志摩的笔调的样子，但是模仿得不象，有时还来得呕人，因为魄力不够而在外表上学得一些志摩的 Mannerism 自然成为无聊的效颦。志摩的散文有很明鲜的 Style（这个字不好译，意思是文体上一个人所特有的种种毛病），但是除此之外，他还有他的风调（Style）。风调是模仿不来的。只有志摩能写出来志摩的散文。

志摩常说他写文章象是"跑野马"。他的意思是说，他写起文章来任性，信笔拈来，扯到山南海北，兜了无数的圈子，然后好费事的才回到本题。他的文章真是"跑野马"；但是跑得好。志摩的文章本来用不着题目随他写去，永远有风趣。严格的讲，文章里多生枝节（Digression）原不是好处，但是有时那枝节本身来得妙，读者便全神倾注在那枝节上，不回到本题也不要紧。志摩的散文几乎全是小品文的性质，不比是说理的论文，所以他的"跑野马"的文笔不但不算毛病，转觉得可爱了。我以为志摩的散文优于他的诗的缘故，就是因为他在诗里为格局所限不能"跑野马"，以至于不能痛快的显露他的才华。

"跑野马"不是随意胡写的意思。志摩的文章无论扯离题多远，他的文章永远是用心写的。文章是要用心写，要聚精会神的写，才成。我记得胡适之先生第一集《文存》的序里好象有这么一句："我这集里没有一篇文章不是用心做的。"我最佩服这个态度。不用心写的文章，发表出来是造孽。胡先生的文章之用心，偏向于思想方面处较多于散文艺术方面；志摩的用心，却大半在散文艺术方面。志摩在《轮盘》自序里说："我敢说我确是有愿心想把文章当文章写的一个人"。我最佩服这个态度。《轮盘》集里有二篇《浓得化不开》，志摩写好了之后有一次读给我听，我觉得志摩并不善于读，但是他真用心的读，真郑重的读。想见他对于他的作品是用心的。诚然，他有许多文章都是为了报纸杂志逼出来的，并且在极短的时候写出来的，但是这不能证明他不用心，文章的潦草并不能视所用时间长短而定，犹之是不能视底稿上涂改的多少而定。志摩的文章往往是倾刻而就，但是谁知道那些文章在他脑子里盘旋了几久？看他的《自剖》《巴黎的鳞爪》，选词造句，无懈可击。志摩的散文有自觉的艺术（Conscious Workmanship）。

志摩的天才是多方面的，诗、戏剧、小说、散文，他全来得。记得约翰孙博士赞美他的朋友高尔斯密好象有这么一句：There is nothing that he did not touch, and he touched nothing that he did not adorn。大意是"没有一件事他没有干过，他也没有干过一件他没干好的事"。志摩之多才多艺，正可受这样的一句赞美。不过我觉得在他所努力过的各种文学体裁里，他最高的成就是在他的散文方面。

（原载 1932 年 1 月 10 日《新月》月刊第 4 卷第 1 期）

论徐志摩的诗

沈从文

　　一九二三年顷，中国新文学运动，有了新的展开，结束了初期文学运动关于枝节的纷争。创作的道德问题，诗歌的分行，用字，以及所含教训问题，皆得到了一时休息。凡为与过去一时代文学而战的事情，渐趋于冷静，作家与读者的兴味，转移到作品质量上面后，国内刊物风起，皆有沉默向前之势。创造社以感情的结合，作冤屈的申诉，特张一军，作由文学革命而衍化产生的文学研究会团体，取对立姿势《小说月报》与《创造》，乃支配了国内一般青年人文学兴味。以彻头彻尾浪漫主义倾向相号召的创造社同人，对文学研究会作猛烈袭击，在批评方面，所熟悉的名字，是成仿吾。在创作方面，张资平贡献给赞者的是若干恋爱故事。郁达夫，用一种崭新的形式，将作品注入颓废的病的情感，嵌进每一个年青人心中后，使年青人皆感到一种同情的动摇。在诗，则有郭沫若，以英雄的，原始的，夸张情绪，写成了他的《女神》。

　　在北方，由胡适之陈独秀等所领导的思想与文学革命运动，呈了分歧，《响导》与《努力》，各异其趣，且因时代略呈向前跃进样子，"文学运动"在昨日所引起的纠纷，已得到了解决。新的文学由新的兴味所拥护，渐脱离理论，接近实际，独向新的标准努力。文学估价又因为有创造社的另一运动，提出较宽泛的要求后，注意的中心，便归到《小说月报》与《创造》月季刊方面了。另外，由于每月的刊行，以及历史原因，且所在地方，又为北京，由孙伏园所主编的《晨报副刊》，其影响所及，似较之两定期刊物为大。

这时的诗歌，在北方，在保守着五四文学运动胡适之先生等所提出的诗歌各条件，是刘复、俞平伯、康白情诸人。使诗歌，离开韵律，离开词藻，以散文新形式为译作试验，是周作人。以小诗捕捉一个印象，说明一个观念，以小诗抒情，以小诗显出聪明睿知对于人生的解释，同时因作品中不缺少女性的优美，细腻，明慧，以及其对自然的爱好，冰心女士的小诗，为人所注意，鉴赏，模仿，呈前此未有的情形。由于《小说月报》的介绍，朱自清与徐玉诺的作品，也各以较新组织，较新要求，写作诗歌，常常见到。王统照，则在其自编的《文学周刊》（附于《晨报副刊》），有他的对人生与爱，作一朦胧体念朦胧说明的诗歌。创造社除郭沫若外，有邓均吾的诗，为人所知，另外较为人注意的，是天津的文学社同人，与上海的浅草社同人，在诗歌方面，焦菊隐，林如稷，是两个不甚陌生的名字。

文学运动已告了一个结束，照着当时的要求，新的胜利是已如一般所期望，为诸人所得到了的。另一时，为海派文学所醉心的青年，已经成为新的鉴赏者与同情者了。为了新的风格新的表现，渐为年青人所习惯，由《尝试集》所引起的争论，从新的作品上再无从发生。基于新的要求，徐志摩，以他特殊风格的新诗与散文，发表于《小说月报》。同时，使散文与诗，由一个新的手段，作成一种结合，也是这个人。（使诗还元朴素，为胡适。从还元的诗抽除关于成立诗的韵节，成完全如散文的作品为周作人。）使散文具诗的精灵，融化美与丑劣句子，使想象徘徊于星光与污泥之间，同时，属于诗所专有，而又为当时新诗所缺乏的音乐韵律的流动，加入于散文内，徐志摩的试验，由新月印行之散文集《巴黎鳞爪》，以及北新印行之《落叶》，实有惊人的成就。到近来试检察作者唯一创作集《轮盘》，其文字风格，便具一切诗的气氛。文字中揉合有诗的灵魂，华丽与流畅，在中国，作者散文所达到的高点，一般作者中，是还无一个人能与并肩的。

作者在散文方面，给读者保留的印象，是华丽与奢侈的眩目。在诗歌，则加上了韵的和谐与完整。

在诗《志摩的诗》一集中，代表到作者作品所显示的特殊的一面，如《灰色的人生》下面的一列句子：

> 我想——我想放宽我的宽阔的粗暴的嗓音，唱一支野蛮的骇人的新歌；
>
> 我想拉破我的袍服，我的整齐的袍服，露出我的胸膛，肚腹，肋骨与筋络；我想放散我的头发……………
>
> 我要调谐我的嗓音，傲慢的，粗暴的，唱一阕荒唐的摧残的弥满的歌调；
>
> …………
>
> 我一把揪住了西北风，问他要落叶的颜色，我一把……来，我邀你到海边去，听风涛震撼太空的声调：……来，我邀你到民间去，听衰老的，病痛的，贫苦的，残毁的，
>
> ……和着深秋的风声与雨声，——合唱"灰色的人生"！

又如《毒药》，写着那样粗犷的言语——

> 今天不是我的歌唱的日子，我口边涎着狞恶的微笑，不是我说笑的日子，……
>
> 相信我，我的思想是毒恶的，因为这世界是毒恶的。我的灵魂是黑暗的，因为太阳已经绝灭了光彩。我的声调是坟堆的夜鸮，因为……
>
> ……
>
> 在人道恶浊的涧水里流着，浮荇似的，五具残骸的尸体，他们是仁义礼智信，向着时间无尽的海澜里流去；
>
> 这海是不安静的海，……在每个浪头的小白帽上分明的写着人欲与兽性。
>
> 到处是奸淫的现象：贪心搂抱着主义，猜忌逼迫着同情，懦怯狎亵着勇敢，肉欲侮弄着恋爱，暴力侵凌着人道，黑暗践踏着光明；
>
> ……

一种奢侈的想象，挖掘出心的深处的苦闷，一种恣纵的，热情

的，力的奔驰，作者的诗，最先与读者的友谊，是成立于这样篇章
中的。这些诗并不完全说明到作者诗歌成就的高点。这类诗只显示
作者的一面，是青年的血，如何为百事所燃烧。不安定的灵魂，在
寻觅中，追究中，失望中，如何起着吓人的翻腾。爱情，道德，人
生，各样名词以及属于这名词的虚伪与实质，为初入世的眼所见到，
为初入世的灵魂所感触，如何使作者激动。作者这类诗，只说明了
一个现象，便是新的一切，使诗人如何惊讶愤怒的姿态。与这诗同
类的还有一首《白旗》那激动的热情，疯狂的叫号，略与前者不同。
这里若以一个诗的最高目的，是"以温柔悦耳的音节，优美繁丽的
文字，作为真理的启示与爱情的低诉"，作者这类诗，并不是完全无
疵的好诗。另外有一个《无题》，则由苦闷，昏瞀，回复了清明的理
性，如暴风雨的过去，天空明朗的月色，虫声与水声的合奏，以一
种勇敢的说明，作为鞭策与鼓励，使自己向那"最高峰"走去。这
里"最高峰"，作者所指的意义，是应当从第二个集子找寻那说明的。
凡是《志摩的诗》一集中，所表现作者的欲望焦躁，以及意识的恐
怖，畏葸，苦痛，在作者次一集中，有说明那"跋涉的酬劳"自白
存在。

在《志摩的诗》中另外一倾向上，如《雪花的快乐》：

假如我是一朵雪花，
翩翩的在半空里潇洒，——
　我一定认清我的方向——
　飞扬，飞扬，飞扬，——
这地面有我的方向。

不去那冷寞的幽谷，
不去那凄清的山麓，

　也不上荒街去惆怅，
　飞扬的飞扬，飞扬，——
你看，我有我的方向！

在半空里娟娟的飞舞，
认明了那清幽的住处，
　　等着她来探望——
　　飞扬，飞扬，飞扬，——
啊，她身上有硃砂梅的清香！
那时我凭藉我的身轻，
　　盈盈的，沾着了她的襟，
　　贴近她柔波似的心胸——
　　消溶，消溶，消溶，——
溶入了她柔波似的心胸！

这里是作者为爱所煎熬，略返凝静，所作的低诉。柔软的调子中交织着热情，得到一种近于神奇的完美。

使一个爱欲的幻想，容纳到柔和轻盈的节奏中，写成了这样优美的诗，是同时一般诗人所没有的。在同样风格中，带着一点儿虚弱，一点儿忧郁，一点病，有《在那山道旁》一诗。使作者的笔，转入到一个纯诗人的视觉触觉所领会到的自然方面去，以一种丰富的想象，为一片光色，一朵野花，一株野草，付以诗人所予的生命，如《石虎胡同七号》，如《残诗》如《常州天宁寺闻礼忏声》，皆显示到作者性灵的光耀。细碎，反复，俞平伯在《西还》描写景物作品中，所有因此成为塌茸的文字，在《志摩的诗》如上各篇中，欲缺少那塌茸处。正以排列组织的最高手段，琐碎与反复，乃完全成为必须的旋律，也是作者这一类散文的诗歌。在《多谢天！我的心又一度的跳荡》一诗中，则作者的文字，简直成为一条光明的小河了。

"星海里的光彩，大千世界的音籁，真生命的洪流"；作者文字的光芒，正如在《常州天宁寺闻礼忏声》一诗中所说及。以洪流的生命，作无往不及的悬注，文字游泳在星光里，永远流动不息，与一切音籁的综合，乃成为自然的音乐。一切的动，一切的静，青天，白水，一声佛号，一声钟，冲突与和谐，壮严与悲惨，作者是无不以一颗青春的心，去鉴赏，感受而加以微带矜持的注意去说明的。

作者以珠玉的散文，为爱欲，以及为基于爱欲启示于诗人的火焰热情，在以《翡冷翠的一夜》名篇的一诗中，写得最好。作者在平时，是以所谓"善于写作情诗"而为人所知的，从《翡冷翠的一夜》诗中看去，"热情的贪婪"这名词以之称呼作者，并不为过甚其词。《再休怪我脸沉》，在这诗中，便代表了作者整个的创作重心，同时，在这诗上，也可看到作者所长，是以爱欲为题，所有联想，如何展开，如光明中的羽翅飞向一切人间。在这诗中以及《翡冷翠的一夜》其他篇章中，是一种热情在恣肆中的喘息。是一种豪放的呐喊，为爱的喜悦而起的呐喊。是清歌，歌唱一切爱的完美。作者由于生活一面的完全，使炽热的心，到另一时，失去了纷乱的机会，反回沉静以后，便只能在那较沉静生活中，为所经验的人生，作若干素描，因此作者第二个集子中，有极多诗所描画的却只是爱情的一点感想。俨然一个自然诗人的感情，去对于所已习惯认识分明的爱，作诚虔的歌唱，是第二个集子中的特点。因为缺少使作者焦躁的种种，忧郁气氛在作者第二个集子中也没有了。

因此有人评这集子为"情欲的诗歌"，具"烂熟颓废气息"。然而作者使方向转到爱情以外，如《西伯利亚》一诗，那种融合纤细与粗犷成一片锦绣的组织，仍然是极好的诗，又如《西伯利亚道中忆西湖秋雪庵芦色作歌》，那种和谐，那种离去爱情的琐碎与亵渎，但孤独的抑郁的抽出乡情系恋的丝，从容的又复略近于女性的明朗抒情调子，美丽而庄严，是较之作者先一时期所提及《在那山道旁》一类诗有更多动人处的。

在作者第二集子中，为人所爱读，同时也为作者所深喜的，是一首名为《海韵》的长歌。

"女郎，单身的女郎：
你为什么留恋
这黄昏的海边？——
女郎，回家罢，女郎！"
"啊不；回家我不回，
我爱这晚风吹："——

在沙滩上，在暮霭里，
有一个散发的女郎，——
　　徘徊，徘徊。
"女郎，散发的女郎，
你为什么傍徨
在这冷清的海上？
女郎，回家罢，女郎！"
"啊不；你听我唱歌，
大海，我唱，你来和："——
在星光下，在凉风里，
轻荡着少女的清音——
　　高吟低哦。

"女郎，胆大的女郎！
那天边扯起了黑幕，
这顷刻有恶风波，——
女郎，回家罢，女郎！"
"啊不；你看我凌空舞，
学一个海鸥没海波："——
在夜色里，在沙滩上，
急旋着一个苗条的身影，——
　　婆娑，婆，娑。

"听呀，那大海的震怒，
女郎回家罢，女郎！
看呀，那猛兽似的海波，
女郎，你回家罢，女郎！"
"啊不；海波他不来吞我，
我爱这大海的颠簸！"
在潮声里，在波光里，
呵，一个慌张的少女在海沫里，

蹉跎，蹉跎。

"女郎，在那里，女郎？
　在那里，你嘹亮的歌声，
在那里，你窈窕的身影？
　在那里，阿，勇敢的女郎？
黑夜吞没了星辉，
　这海边再没有光芒；
海潮吞没了沙滩，
　沙滩上再不见那女郎，——
　　再不见女郎！

　　以这类诗歌，使作者作品，带着淡淡的哀戚，搀入读者的灵魂，除《海韵》以外，尚有一风格略有不同名为《苏苏》的一诗。

苏苏是一个痴心的女子，
　象一朵野蔷薇，她的丰姿；
　象一朵野蔷薇，她的丰姿——
来一阵暴风雨，摧残了她的身世。
这荒草地里有她的墓碑，
　淹没在蔓草里，她的伤悲；
　淹没在蔓草里，她的伤悲——
啊！这荒土里化生了血染的蔷薇！

那蔷薇……
　在清早上受清露的滋润，
　到黄昏时有晚风来温存，
更有那夜的慰安，看星斗纵横。
……

　　关于这一类诗，朱湘《草莽集》中有相似篇章。在朱湘作《志摩的诗评》时，对于这类诗是加以赞美的，如《大帅》《人变兽》《叫化活该》《太平景象》《盖上几张油纸》等等以社会平民生活的印象，作一度素描，或由对话的言语中，浮绘人生可悲悯的平凡的一面，在风格上，闻一多《死水》集中，常有极相近处。在这一方面，若诚如作者在第二个集子所自引的诗句那样：

　　　　"我不想成仙，蓬莱不是我的分；我只要地面，情愿安分的做人。"

　　则作者那样对另一种做人的描写，是较之对"自然"与"爱情"的认识，为稍稍疏远了一点的。作者只愿"安分"做人，这安分，便是一个奢侈，与作者凝眸听见到的"人"是两样的。作者所要求的是心上波涛静止于爱的抚慰中。作者自己虽极自谦卑似的，说"自己不能成为诗人"，引用着熟人的一句话在那序上，但作者，却正因为到底是一个"诗人"，把人生的另一面，平凡中所隐藏的严肃，与苦闷，与愤怒，有了隔膜，不及一个曾经生活到那现在一般生活中的人了。钱杏邨，在他那略近于苛索的检讨文章上面，曾代表了另一意见有所述及，由作品追寻思想，为《志摩的诗》作者画了一个肖像。但由作者作品中的名为《自剖》这几段文字，追寻一切，疏忽了其他各方面，那画像却是不甚确切的。

　　作者所长是使一切诗的形式，使一切由文中不习惯的诗式，嵌入自己作品，皆能在试验中契合无间。如《我来扬子江边买一把莲蓬》，如《客中》，如《决断》，如《苏苏》，如《西伯利亚》，如《翡冷翠之一夜》，都差不多在一种崭新的组织下，给读者以极大的感兴。

　　作者的小品，如一粒珠子，一片云，也各有他那完全的生命。如《沙扬娜拉》一首，

　　　　最是那一低头的温柔，
　　　　　象一朵水莲花不胜凉风的娇羞，
　　　　道一声珍重，道一声珍重，

那一声珍重里有甜蜜的忧愁——
沙扬娜拉！

　　读者的"甜密的忧愁"，是读过这类诗的时就可以得到的。如《在那山道旁》《落叶小唱》，也使人有同类感觉。有人曾评作者的诗，说是多成就于音乐方面。与作者同时的其他作者，如朱湘，如闻一多，用韵、节奏，皆不甚相远，诗中却缺少这微带病态的忧郁气氛，使读者从《志摩的诗》作者作品中所得到的"甜密的忧愁"，是无从由朱湘闻一多作品中得到的。

　　因为那所歌颂人类的爱，人生的爱，到近来，作者是在静止中凝眸，重新有所见，有所感，作者近日的诗，似乎取得了新的形式，正有所写作，从近日出版之《新月》月刊所载小诗可以明白。

　　使作者诗歌与朱湘、闻一多等诗歌，于读者留下一个极深印象，且使诗的地位由忽视中转到他应有位置上去，为人所尊重，是作者在民十五年时代编辑《晨报副刊》时所发起之诗会与《诗刊》。在这周刊上，以及诗会的座中，有闻一多、朱湘、饶子离、刘梦苇、于赓虞、蹇先艾、朱大枬诸人及其作品。刘梦苇于十六年死去。于赓虞，由于生活所影响，对于诗的态度不同，以绝望的、厌世的、烦乱的病废的情感，使诗的外形，成为划一的整齐，使诗的内含，又浸在萧森鬼气里去。对生存的厌倦，在任何诗篇上皆不使这态度转成欢悦，且同时，表现近代人为现世所烦闷的种种，感到文字的不足，却使一切古典的文字，以及过去的东方人的警讶与叹息与愤怒的符号，一律复活于诗歌中，也是于先生的诗。朱湘有一个《草莽集》，《草莽集》中所代表的"静"，是无人作品可及的。闻一多有《死水集》，刘梦苇有《白鹤集》，……

　　诗会中作者作品，是以各样不同姿态表现的，与《志摩的诗》完全相似，在当时并无一个人。在较新作者中，有邵洵美。邵洵美在那名为《花一般罪恶》的小小集子里，所表现的是一个近代人对爱欲微带夸张神情的颂歌。以一种几乎是野蛮的，直感的单纯，——同时又是最近代的颓废，成为诗的每一章的骨骸与灵魂，是邵洵美诗歌的特质。然而那充实一首诗外观的肌肉，使诗带着诱人的芬芳的词藻，使诗生着翅膀从容飞入每一个读者心中去的韵律,邵洵美所做到的去《翡冷翠一夜》集中的完全,距离是很远很远的。

　　作者的诗歌,凡带着被抑制的欲望,作爱情的低诉,如《雪花的快乐》,在韵节中,较之以散文写作具复杂情感的如《翡冷翠一夜》诸诗,易于为读者领会。

　　　　　　　　　　（原载 1932 年 8 月《现代学生》第 2 卷第 2 期）

徐志摩论

茅 盾

一

故诗人徐志摩有一首诗，起句是：

> 我不知道风
> 是在那一个方向吹——

《新月》"志摩纪念号"内胡适之的《追悼志摩》一文，谓志摩在时，常说这两句。光景徐志摩自己很喜欢这首诗。我们现在就拿来研究研究。这首诗共六章，章四句，而每章首三句都是一样的"章法"，所以全诗实在只有六句。原诗是这样的：

> 我不知道风
> 是在那一个方向吹——
> 我是在梦中，
> 在梦的轻波里依洄。

> 我不知道风
> 是在那一个方向吹——
> 我是在梦中，

她的温存，我的迷醉。

我不知道风
是在那一个方向吹——
我是在梦中，
甜美是梦里的光辉。

我不知道风
是在那一个方向吹——
我是在梦中，
她的负心，我的伤悲。

我不知道风
是在那一个方向吹——
我是在梦中，
在梦的悲哀里心碎！

我不知道风
是在那一个方向吹——
我是在梦中，
暗淡是梦里的光辉。

　　我们读一遍，再读一遍：我们能够指出这首诗形式上的美丽：章法很整饬，音调是铿锵的。但是这位诗人告诉了我们什么呢？这就只有很少很少一点儿，我们可以说，首章的末句"在梦的轻波里依洄"差不多就包括了说明了这首诗的全体。诗人所咏叹的，就只是这么一点"回肠荡气"的伤感的情绪；我们所能感染的，也只有那么一点微波似的轻烟似的情绪。然而这是一种"体"，——或一"派"，不是徐志摩，做不出这首诗！《猛虎集》是志摩的"中坚作品"，是技巧上最成熟的作品；圆熟的外形，配着淡到几乎没有的内容，而且这淡极了的内容也不外乎伤感的情绪，——轻烟似的微哀，神秘的象征的依恋感喟追求：而志摩是中国文坛上杰出的代表者，志摩以后的继起者未见有能并驾齐驱，我称他为"末代的诗人"，就是指这一点而说的。

二

比《猛虎集》早了十年光景的《志摩的诗》是志摩的"第一期"作品；志摩在《猛虎集》的序文中自述他这第一诗集"是十一年回国后两年内写的；在这集子里，初期的汹涌性虽已消灭，但大部分还是情感的无关阑的泛滥，什么诗的艺术或技巧都谈不到。"这是诗人很忠实的"自我批评"，现在我们再拿这《志摩的诗》来研究，看看志摩的第一期作品和他的成熟作品《猛虎集》除了"诗的艺术或技巧"外，还有什么不同的地方没有。

我拣取了《婴儿》这一首来做例子。这首诗，据志摩在《自剖集》的第一篇《自剖》中说，那是他在"奉直战争时"，"过的那日子简直是一团漆黑，每晚更深时，独自抱着脑壳伏在书桌上受罪，仿佛整个时代的沉闷盖在我的头顶"——那样的时候写成的。(《自剖集》页八)在《落叶集》里第一篇文章《落叶》(这是志摩的讲演稿)，志摩又引用这首诗。光景这首诗也是志摩不能随便忘记的作品，不是随便写写玩儿的。原诗是这样：

> 我们要盼望一个伟大的事实出现，我们要守候一个馨香的婴儿出世——
>
> 你看他那母亲在她生产的床上受罪！
>
> 她那少妇的安详，柔和，端丽，现在在剧烈的阵痛里变形成不可信的丑恶，你看她那遍体的筋络都在她薄嫩的皮肤底里暴涨着，可怕的青色与紫色，象受惊水青蛇在田沟里急泅似，汗珠沾在她的前额上象一颗颗的黄豆，她的四肢与身体猛烈的抽搐，畸屈着，奋挺着，纠旋着，仿佛她垫着的席子是用针尖编成的，仿佛她的帐围是用火焰织成的；
>
> 一个安祥的，镇定的，端庄的，美丽的少妇，现在在阵痛的残酷里变形成魔鬼似的可怖，她的眼，一时紧紧的阖着，一时巨

大的睁着，她那眼，原来象冬夜池潭里反映着的明星，现在吐露着青黄色的凶焰，眼珠象是烧红的炭火，映射出她灵魂最后的奋斗，她的原来朱红色的口唇，现在像是炉底的冷炭，她的口颤着，撅着，死神的热烈的亲吻不容许她一息的平安，她的发是散披着，横在口边，漫在胸前，像揪乱的麻丝，她的手指间紧抓着几穗拧下来的乱发；

这母亲在她生产的床上受罪：——

但她还不曾绝望，她的生命挣扎着血与肉与骨与肢体的纤维，在危崖的边沿上，抵抗着，搏斗着死神的逼迫；

她还不曾放手，因为她知道（她的灵魂知道！）这苦痛不是无因的，因为她知道她的胎宫里孕育着一点比她更伟大的生命的种子，包涵着一个比一切更永久的婴儿；

因为她知道这苦痛是婴儿要求出世的征候，是种子在泥土里爆裂成美丽的生命的消息，是她完成她自己生命的使命的时机；

因为她知道这忍耐是有结果的，在她剧痛的昏瞀中她仿佛听着上帝准许人间祈祷的声音，她仿佛听着天使们赞美未来的光明的声音；

因此她忍耐着……她抵拼绷断她统体的纤维，她要赎出在她那胎宫里动荡着的生命，在她一个完全美丽的婴儿出世的盼望中，最锐利最沉酣的痛感逼成了最锐利最沉酣的快感……

这首《婴儿》里的感情和思想，显然不是志摩以后的诗集，——《翡冷翠的一夜》和《猛虎集》内所找得出来的。这是"在怨毒，猜忌，残杀的空气中，……感受一种不可名状的压迫"（《自剖》页八）的时候的产物，而且是诗人对于他的"理想"——《婴儿》的出世，尚未绝望时的产物。在技术上，这首《婴儿》是幼稚的，然这在内容，却是"言之有物"而且没有伤感的色调。

那么，这"婴儿的出世"究竟象征着什么呢？我们先听听志摩自己的解释。在《落叶》第十八页，志摩引用了这首诗后，（同时还引用了他的《毒药》和《白旗》，）就紧接着说："这也许是无聊的希冀，但是谁不愿意活命，就使到了绝望最后的边沿，我们也还要妄

259

想希望的手臂从黑暗里伸出来挽着我们。我们不能不想望这苦痛的现在只是准备着一个更光荣的将来，我们要盼望一个洁白的肥胖的活泼的婴儿出世！"

志摩这自注，已经很显明的了，可是我们不妨再加以申说：他所谓"苦痛的现在"就指直奉军阀的混战以及国内从民元以来的生民涂炭，因而他所盼望的"洁白的肥胖的活泼的婴儿出世"就暗指新的政治，新的人生。在讲演《落叶》后两年志摩对上海光华大学学生讲演《秋》（今有单行本，良友一角丛书第十三种），则更有明显的说明："在我那时带有预言性的想象中，我想象着一个伟大的革命。"就是这样一种盼望使他那时相信"这苦痛的现在只是准备着一个更光荣的将来。"

可是志摩在《婴儿》中只描写了"产妇"在"她生产的床上受罪"，只宣言了"这苦痛的现在只是准备着一个更光荣的将来"，而对于那"婴儿"却除了一两句抽象的赞颂，例如"比一切更永久"，"未来的光明"，"完全美丽"等等而外，更没有详细的描写，这是一个重要点。究竟志摩所抽象地赞颂的"未来的婴儿"是怎样一个面目呢？在"生产的床上受罪"的产妇——中华民族，那时正在国际帝国主义和国内封建军阀双重的压迫下，中国是封建的并且殖民地资本主义统治下的中国，因而这"产妇"所能诞生的婴孩可以假定它或者是德莫克拉西，或者是民主政权；究竟志摩所谓"婴儿"是指的前者呢，或后者？志摩没有明说。然而我们读了志摩的全部作品就知道他所谓"婴儿"是指英美式的德莫克拉西，他见了民主政权是连影子都怕的。

然而年复一年，徐志摩盼望中的"婴儿"竟没有产生下来，"产妇"的受罪却年复一年厉害；有一次好象要"生产"了，却不料是"小产"甚至连"人样"都不象。志摩虽则不是政治经济学者，却也看到中国终于不能从买办资产阶级的原形中蜕化出来成为独立的民族，因而志摩盼望中的德莫克拉西——这"婴儿"，不用说"生产不出来"，并且还没有怀孕，——永远不会怀孕的了！于是志摩也不得不失望了！

他这"失望"的证据就是《志摩的诗》以后的作品，《翡冷翠的一夜》和《猛虎集》。

三

《志摩的诗》共计四十一首，长短都有；除了上引的《婴儿》，其余大部分是苦闷愤怒的"情感的无关阑的泛滥"。虽然也有些"悲观"的作品，例如《消息》和《谁知道》等篇，但大部分是充满了诗人的"理想主义"和乐观。在《落叶》内，志摩自己说：

> "说也奇怪，这几千年历史的传统精神非但不曾供给我们社会一个巩固的基础，我们现在到了再不容隐讳的时候，谁知道发现我们的桩子只是在黄河里造桥，打在流沙里的！虽怪悲观主义变成了流行的时髦！但我们年轻人，我们的身体里还有生命跳动，脉管里多少还有鲜血的年轻人，都不应当沾染这最致命的时髦，不应当学那随地躺得下去的猪，不应当学那苟且专家的耗子，（志摩在这篇文章里曾经解释那苟且专家的耗子道：它的天才只是害怕，它的伎俩只是小偷。——盾注）现在时候逼迫了，再不容我们霎那的含糊，……"（《落叶》页三十二）

说这样话的徐志摩和《毒药》、《婴儿》等诗是非常调和的。那时，他是中国的预言的乐观的诗人。然而他那时的思想也不免太"杂"——他的一个朋友给他的评语中的所谓"杂"（见《翡冷翠的一夜》的代序）我们可以举出一个显明的例子来，就是《落叶》里的几句话：

> "那红色是一个伟大的象征，代表人类历史里最伟大的一个时期；不仅标示俄国民族流血的成绩，却也为人类立下了一个勇敢尝试的榜样。在那旗子抖动的声响里我不仅仿佛听出了这近十年来那斯拉夫民族失败与胜利的呼声，我也想象到百数十年前法国革命时的狂热，一七八九年七月四日那天巴黎市民攻破巴士梯亚牢狱时的疯癫。……自由，平等，友爱！友爱，平等，自由！法国人在百几十年前猖狂的叫着。这叫声还在人类的性灵里荡着。我们不好象听见吗，虽则隔着百几十年前光阴的旷野。如今凶恶

的巴士梯亚又在我们的面前堵着；我们如其再不发疯，他那牢门上的铁钉，一个个都快刺透我们的心胸了！（《落叶》页十九—二十）

在这里，志摩不但赞美法国的七月革命，（这是一个可怕的革命，紧接着是皇帝皇后上了断头台，而且有恐怖时代）又赞美苏俄的革命是"人类史里最伟大的一个时期"，"为人类立下了一个勇敢尝试的榜样"了。无怪志摩的一个朋友要批评他"思想之杂"和"感情之浮"了！而且这"浮"这"杂"，又是多么可怕呀！但这是反映"一个异常的心境"罢了。（语见《落叶》的志摩自序）以后他就没有那么"杂"。他说"俄国革命是人类史上最惨酷苦痛的一件事实，有俄国人的英雄性才能忍耐到今天这日子的。"（见《列宁忌日——谈革命》，《落叶》页一二六）此外在《自剖集》，在《巴黎的鳞爪》，还有许多同样的话。这是不足为奇的。可是一方面志摩感情和思想的"浮"和"杂"好些了，一方面他的诗便也失去了勇敢乐观犷悍的色调。自然这两者中间说不上什么因果关系，但有一点却不能忽视，这就是悲痛地认明了自己一阶级的运命的诗人的心一方面忍俊不住在诗篇里流露了颓唐和悲观，一方面，却也更胆小地见着革命的"影子"就怕起来：这是一个心情的两面。也就在这一点上，我们不能不说志摩的作品是中国最忠实的反映。

现在让我们再回到志摩的作品罢。我们来看《翡冷翠的一夜》，志摩的第二诗集。这和他的第一诗集多么不同呀！这里几乎完全是颓唐失望的叹息。我们举一个例，《三月十二深夜大沽口外》：

今夜困守在大沽口外：
　绝海里的俘虏，
　对着忧愁申诉：
桅上的孤灯在风前摇摆：
　天昏昏有层云裹，
　那掣电是探海火！

你说不自由是这变乱的时光？

　　但变乱还有时罢休，

　　谁敢说人生有自由？

今天的希望变作明天的怅惘；

　　星光在天外冷眼瞅，

　　人生是浪花里的浮沤！

我此时在凄冷的甲板上徘徊，

　　听海涛迟迟的吐沫，

　　心空如不波的湖水；

只一丝云影在这湖心里晃动——

　　不曾渗透的一个迷梦，

　　不忍渗透的一个迷梦！

　　这首诗就写出了"一个曾经有单纯信仰的，流入怀疑的颓废"(《猛虎集》志摩自序)。然而这不过是开端罢了，这《翡冷翠的一夜》中也还有些不很"灰色"的诗，例如那第一首《翡冷翠的一夜》。但这首太长了，我们另举首短的更把诗人的"希望"表现得明显些的《望月》：

月，我隔着窗纱，在黑暗中，

望她从峥岩的山肩挣起——

一轮惺忪的不整的光华：

象一个处女，怀抱着贞洁，

惊惶的，挣出强暴的爪牙；

这使我想起你，我爱，当初

也曾在恶运的利齿间捱！

但如今，正如蓝天里明月。

你已升起在幸福的前峰，

洒光辉照亮地面的坎坷！

只有在《猛虎集》中，我们简直找不出什么带些"光明"的诗句来。"怀疑的颓废"到这时完全成熟，正和那些诗的技巧上"成熟"了一样。同是以月亮为题材的《秋月》和《两个月亮》，比之那《望月》是很不同了。在《秋月》这首诗里，志摩描写了秋月的光"展开在道路上"，"飘闪在水面上"，……都是悲哀的颓废的描写；而结尾却又转入了神秘的出世的聊自慰安。那结尾几句是这样的：

> 听那四野的吟声——
> 永恒的卑微的谐和，
> 悲哀揉和着欢畅，
> 怨仇与恩爱，
> 晦冥交哀着火电，
> 在这夐绝的秋夜与秋野的
> 苍茫中，
> "解化"的伟大
> 在一切纤维的深处
> 展开了
> 婴儿的微笑！

《两个月亮》这首诗和那《望月》比着读，就更有意义了，两首诗的章法是相似的，两边都是整整齐齐的两章；两首诗的结构也是相似的，第一章都是描写真实的月亮，第二章却写象征的月亮。但是两首诗里所流露的诗人的"哲理"却是多么不同呀！我们把这首《两个月亮》也抄出来看一看；

> 我望见有两个月亮；
> 一般的样，不同的相。
> 一个这时正在天上，
> 披敞着雀毛的衣裳；
> 她不吝惜她的恩情，
> 满地全是她的金银。

她不忘故宫的琉璃，
三海间有她的清丽。
她跳出云头，跳上树，
又躲进新绿的藤萝。
她那样玲珑，那样美。
水底的鱼儿也得醉：
但她有一点子不好，
她老爱向瘦小里耗；
有时满天只见星点，
没了那迷人的圆脸，
虽则到时候照样回来，
但这份相思有些难挨！

还有那个你看不见，
虽则不提有多么艳！
她也有她醉涡的笑，
还有转动时的灵妙；
说慷慨她也从不让人，
可惜你望不到我的园林！
可贵是她无边的法力，
常把我灵波向高里提；
我最爱那银涛的汹涌，
浪花里有音乐的银钟；
就那些马尾似的白沫，
也比得珠宝经过雕琢。
一轮完美的明月，
又况是永不残缺！
只要我闭上这一双眼，
她就婷婷的升上了天！

我们把这首《两个月亮》和那首《望月》比着读，第一使我们感到的是诗人的感情一冷一热，相差很远；第二，在《望月》中，诗人借月亮来宣言"奋斗"的不是徒劳，诗人对于"现实"还有热烈的希望，但在《两个月亮》中，诗人却只表示了这样无力的哲理："真实"永远有缺陷，"理想"方有"无边的法力"；而他这"理想"却又表现得异常虚无缥缈，我们读了《两个月亮》这首诗的第二章把握不到明快切实的印象。这是蒙了神秘的纱的"理想"！

最后，我们再举一首"暗惨到可怕"的诗来代表《猛虎集》罢。这诗题名为《生活》：

阴沉，黑暗，毒蛇似的蜿蜒，
生活逼成了一条甬道：
一度陷入，你只可向前，
手扪索着冷壁的粘潮。

在妖魔的脏腑内挣扎，
头顶不见一线的天光，
这魂魄，在恐怖的压迫下，
除了消灭更有什么愿望？

四

所以从《翡冷翠的一夜》以后，志摩的诗一步一步走入怀疑悲观颓唐的"粘潮的冷壁"的甬道里去了。这是大家有眼共见的。志摩的好朋友胡适之也这么承认。但同时还有一个很可注意的现象：志摩作品的数量也跟着减少了。志摩在《猛虎集》自序中说：

"尤其是最近几年，有时候自己想着了都害怕：日子悠悠的过去，内心竟可以一无消息，不透一点亮，不见丝纹的动。我常常疑心这一次是真的干了完了的。……只有一个时间我的诗情真有些象是山洪暴发，不分方向的乱冲。那就是我最早写诗那半年，生命受了一种伟大力量的震撼，什么半成熟的未成熟的意念都在

指顾间散作缤纷的花雨，我那时是绝无依傍，也不知顾虑，心头
有什么郁积，就付托腕底胡乱给爬梳了去，救命似的迫切，那还
顾得了什么美丑！我在短时期内写了很多，但几乎全部都是见不
得人面的。这是一个教训。我的第一集诗——《志摩的诗》——
是我十一年间回国后两年内写的；在这集子里，初期的汹涌性虽
已消灭，但大部分还是情感的无关阑的泛滥，什么诗的艺术或技
巧都谈不到。这问题一直要到民国十五年我和一多，今甫，一群
朋友在《晨报副刊》镌行《诗刊》时方才开始讨论到。……我的
笔本来是最不受羁勒的一匹野马，看到了一多的谨严的作品，我
方才领悟到我自己的野性；但我索性的落拓始终不容我追随一多
他们在诗的理论方面下这任何细密的工夫。……最近这几年生活不
仅是极平凡，简直是到了枯窘的深处。跟着诗的产量也尽'向瘦小
里耗。要不是去年在中大认识了梦家和玮德两个年青的诗人，他们
对于诗的热情在无形中又鼓动了我奄奄的诗心，第二次又印《诗
刊》，我对于诗的兴味，我信，竟可以消沉到几乎完全没有。……"

这一段话是志摩十年创作生涯的小史，很有价值的自白。《翡冷翠
的一夜》(《诗集》) 印于一九二七年九月，志摩有一篇"代序"，也说
"狂妄的虚潮早经消退，余剩的只一片粗确的不生产的砂田，在海天的
荒凉中自艾。……我如其曾经有过一星星诗的本能，这几年都市的生
活早就把它压死。这一年间我只淘成了一首诗，前途更渺茫!"依这两
段话来推算，志摩诗情横溢的时期就只民国十一到十二三年这两年的
工夫；以后就逐渐"枯窘"了。他自己把这"枯窘"的原因归之于"生
活的平凡"，归之于敛才就范的"讲究诗的艺术和技巧"——就是不肯
乱做；然而这是真正的原因么？我以为不是的。对于这种"唯心的"
解释，我们不能满足。

我们先看"生活的平凡"是否志摩诗情枯窘的原因。

诗，和其它文艺作品一样，是生活的产物；所以"生活的平凡"
会影响到诗情而终至于"向瘦小里耗"，这话原也相对的正确。但是"生
活"这一词的意义，决不是仅指作家个人的私生活，也包括了社会生
活在内。诗这东西，也不仅是作家个人情感的抒写，而是社会生活通

过了作家的感情意识之综合的表现。所以一位诗人假使不是独居荒岛而尚与复杂万变的社会生活相接触，那么，虽然他个人生活中没有大波浪，他理应有题材而不会感到诗情的枯窘。志摩近年来并没躲在荒岛上过隐士的生活；而他所在的社会却又掀起了惊天动地的大风浪，生活实在供给了志摩很多的诗料。然而志摩却以诗情枯窘自悲了！难道是志摩"才尽"，所以不能从生活中摄取诗材了么？当然不是的。我以为志摩诗情的枯窘和生活有关系，但决不是因为生活平凡而是因为他对于眼前的大变动不能了解且不愿意去了解！他只认到自己从前想望中的"婴儿"永远不会出世的了，可是他却不能且不愿承认的另一个"婴儿"已经呱呱堕地了。于是他怀疑颓废了！他自己说"一个曾经有单纯信仰的，流入怀疑的颓废"，就是最好的自白。因为他对于社会的大变动抱着不可解的怀疑，而又因为他是时时刻刻不肯让绝望的重量压住他的呼吸，他要和悲观和怀疑挣扎，（看他的《自剖集》页五一，及《猛虎集》自序最后一段）而且他又再不肯象最早写诗那时候把半成熟未成熟的意念都"付托腕底胡乱给爬梳了去"，于是他就只有"沉默"的一道了！这是一位作家和社会生活不调和的时候常有的现象。

可是志摩的"单纯信仰"又是怎样的呢？关于这一点，有过胡适之的解释了。胡适之先生在《追忆志摩》中说："他的人生观真是一种单纯的信仰，这里面只有三个大字：一个是爱，一个是自由，一个是美。他梦想这三个理想的条件能够会合在一个人生里，这是他的单纯信仰。他的一生的历史，只是他追求这个单纯信仰的实现的历史，……他的失败是因为他的信仰太单纯了，而这个现实世界太复杂了，他的单纯的信仰禁不起这个现实世界的摧毁；正如易卜生的诗剧 Brand 里的那个理想主义者，抱着他的理想，在人间处处碰钉子，碰的焦头烂额，失败而死"。（《新月》四卷一期《志摩纪念号》）胡先生这解释，我不能同意。我以为志摩的单纯信仰是他在作品里（诗集《志摩的诗》和散文《落叶》,《自剖》等）屡次说过的一句抽象的话："苦痛的现在只是准备着一个更光荣的将来"。这就是他"曾经有过的"单纯信仰！他的第一期作品就以这单纯信仰作酵母。我以为志摩的许多披着恋爱的外衣的诗不能够把来当作单纯的情诗看的；透过那恋爱的外衣，有他的那个对于人生的单纯信仰。一旦人生的转变出乎他意料之外，而且超过了他期待的耐心，于是他的曾经有过的单纯信仰发生动摇，于是他流入于怀疑的颓废了！他并不象 Brand 那样至死不怀疑于自己的理想。（一九二八年元旦的《申报》纪念文中有他的一篇文章，怀疑的色彩很浓；"把理想砍成小块，放在希望的火上慢慢地煨"，——有那样意思的话。）

并且志摩的怀疑，也是一种社会现象。近年来的学者谁不被怀疑的毒蛇咬着心呀？只不过志摩是坦白的天真的热情的，所以肯放声大叫罢了！不但是中国，西欧的学者不是也怀疑了他们的文化生活社会组织么？虽然他们死不肯转换方向看一看，但是他们的怀疑却忍俊不住了！

心目中的"婴儿"既已绝望，"光荣的将来"又越看越远，于是徐志摩由单纯信仰而流入了怀疑的颓废，于是他的诗的产量"往瘦小里耗"，于是即使呕心血吐出几句来也无非是悲观失望，暗惨得可怕了！然而他还有一个地方可以躲一下：艺术至上主义！这里，我们就要讨论到"诗的艺术或技巧"的研求是否成为志摩作品稀少的一个原因了。

这显然不是的。向技巧的完美方面研求，并不影响到诗情因而至于枯窘：这有古今中外许多诗人的创作经验可以为例证。所以这是不成理由的。然而从另一方面看，诗人和社会生活不调和的时候，往往遁入艺术至上主义的"宝岛"。志摩虽也一度进去，可是他自己说他"素性的落拓"始终不容他在诗的理论方面下过任何细密的工夫。换一句话说，他虽然时时感到"不能抵抗，再没有力量"，（见志摩的讲演稿，《秋》）他还不肯一头逃到那"宝岛"死不出来，他在那里徘徊，直到死。

五

我觉得新诗人中间的志摩最可以注意。因为他的作品最足供我们研究，他是一个诗人，但是他的政治意识非常浓烈。我们再看他在一九二九年（？）的一篇讲演《秋》（良友《一角丛书》第十三种，在志摩死后出版的），那中间有几句：

"我借这一首不成形的咒诅的诗，（指《毒药》——盾注）发泄了我一腔的闷气，但我却并不绝望，并不悲观，在极深刻的沉闷的底里，我那时还摸着了希望。所以我在《婴儿》——那首不成形诗的最后一节，那诗的后段，在描写一个产妇在她生产的受罪中，还能含有希望的句子。

在我那时带有预言性的想象中，我想往着一个伟大的革命。因此我在那篇《落叶》的末尾，我还有勇气来对付人生的挑战，郑重的宣告一个态度，高声的喊一声：'Everlasting Yea!'……

'一年，一年，又过去了两年。这两年间我那时的想望有实现了没有？那伟大的'婴儿，有出世了没有？我们的受罪取得了认识与价值没有？'我不知道，我不知道。我知道的还只是那一大堆丑陋的蛮肿的沉闷，厌得瘿人的沉闷，笼盖着我的思想，我的生命。它在我的筋络里，在我的血液里。我不能抵抗，我再没有力量。'"

看了这样的话，能够不对徐志摩的"沉闷"同情么？许多人同情他。但是我们却觉得同情是无聊的，我们要指出来：徐志摩的生活所产生的思想意识，必不可免地要使他感得这沉闷，而且不能抵抗，再没有力量！而且他的生活，他的阶级背景——他的思想意识又不容许他看见那沉闷已破了一角，已经耀出万丈的光芒！

最后值得我们注意的，是徐志摩在《猛虎集》的自序中又告白了他的"复活的机会"。他说："抬起头居然又见到天了。眼睛睁开了，心也跟着开始了跳动。嫩芽的青紫，劳苦社会的光与影，悲观的图案，一切的动，一切的静，重复在我的眼前展开，有声色与有情感的世界重复为我存在；这仿佛为了要挽救一个曾经有单纯信仰的流入怀疑的颓废，那在帷幔中隐藏着的神通又在那里栩栩的生动；显示它的博大与精微，要他认清方向，再别错走了路"。

然而他不幸死了。我们没有看见"复活"后的他走了怎样的路，这一个谜，我们不便乱猜。

一九三二，十二，二五

（原载 1933 年 2 月 1 日《现代》第 2 卷第 4 期）

徐志摩论

——他的思想与艺术

穆木天

上

　　虽然他的大部分的作品是"五卅"以后制作的，诗人徐志摩总算是"五四"时代的诗人。他的创作活动，是从"五四"运动开始的。他的作品中反映的，也正是"五四"时代之一部分的知识分子的心理意识。如果说"五四"时代的代表的诗人是郭沫若、王独清和徐志摩的话，那么代表初期的狂飙时代的，是小市民的流浪人的浪漫主义者郭沫若，代表末期的颓废的空气的是落难公子王独清，而代表中间期的，则是"新月"诗派的最大的诗人徐志摩了。

　　虽然没有郭沫若那样庞大的野心，到一切的文学的领域去作广泛的尝试，虽然他活动范围什九是止于诗歌之内，——因为他的大部的散文，是诗的一种形式，而他的小说《轮盘》是不成为小说，——可是徐志摩是有着他的伟大的存在的意义（raison d'etre）。他不止是"新月派"的盟主，而且，他的全部诗作，是代表着"新月派"的诗歌之发展过程。在他的"灵魂的冒险"中——在他，"这灵魂的冒险是生命核心里的意义"（《迎上前去》）——可以说包含着"新月派"诗歌之一切。虽然在他的多量的诗作中，含有着好些唯美主义印象主义的要素，可是诗人徐志摩不是颓废的，而是积极的。他是现代中国的一位尼采，他深信着他是一位中国的查拉图斯脱拉。他要求着象大鹏似地作逍遥的云游。对于他不满意的现代中国社会，他不抱厌世观，而更不抱那"孩童性的乐观主义"。虽然他的人生观，是值得我们分析和判断的，可是他始终"是一个生命的信徒"（《迎上前去》）。他"是一只没有笼头的野马"。他的诗歌的创作，是他对于社会不调和的表现。换言之，他的诗歌，就是它的"灵魂的冒险"的象征。

诗人徐志摩始终是"一个生命的信徒"。他始终对于他所憎恶的时代挑战。他的口号是 Everlasting yea，Everlasting yea。在《落叶》里他那样地呐喊，在末期的散文作品《秋》的里边，他也是那样的呐喊。他认为"人原来是行为的动物"（《落叶》）。他主张"积极的态度对命运宣战"。因为"这是精神的胜利，这是伟大"，这是"不可摇的信心，不可动的自信力"的表现。对于社会，他所要求的是"彻底的来过"（《青年运动》）。在诗篇《婴儿》里边，他说："我们要盼望一个伟大的事实出现，我们要守候一个馨香的婴儿出现"。诗人徐志摩，信仰着他的理想，一生的努力，就是目标着他那个"馨香的婴儿"之创造。

诗人徐志摩对于人生之这种积极的态度，是须要从他的生活环境去说明的。诗人的家庭，是相当地资本主义化了的地主家庭，在《猛虎集》的序文中，诗人徐志摩说："在二十四岁以前我对于诗的兴味远不如我对于相对论或民约论的兴味。我父亲送我出洋留学是想要我将来进'金融界'的，我自己最高的野心是想做一个中国的 Hamilton"。想使儿子进金融界之那种企图，是证明着诗人的父亲是相当地都市市民化了。想作中国的哈弥尔敦之那种野心，是足以反映出来诗人的青年时代是有着狂飙般的政治的要求。这种向上的市民的要求，使诗人徐志摩成为"一个不可教训的个人主义者"，（《列宁忌日——谈革命》）使他接受了西洋入世的思想。在《天目山中笔记》里，他说："我们承认西洋人生观洗礼的，容易把做人看得太积极，入世的要求太猛烈，太不肯退让，把住这个热虎虎的一个身子一个人放进生活的轧床去，不叫他留存半点汁水回去。"他的那两个有力量的外国字 Everlasting yea，自然是他那种个人主义的表现。然而，诗人虽然到了美洲的大陆，可是他从美国所受的影响，并不见得怎么显著。诗人是从士大夫的环境转变到市民的环境的。从他的作品看，诗人身上，是充满着二重的性格。我们也或者可以说，如法国的服尔德似地，他是一个贵族的市民。因之，大都市的工业社会的文明与他无有多大的缘分。惠特曼一类的诗人没有给与过他多大的影响。而法国的孔德一流的实证主义的哲学，也象是没有给过他若干熏陶。他"摆脱了哥仑比亚大博士衔的引诱，买船票过大西洋，想跟二十世纪的福禄泰尔（福尔德）认真念一点书去"，（《我所知道的康桥》）这也足证明他对于不夜城纽约的都市生活表示着不调和了，他认为"实利主义的重量完全压倒人的灵性的表现"（《论自杀》），如印度的泰戈尔老人似地，他否定二十世纪的文明，要回到自然。他感到"文明只是堕落"，他诅骂"文明人"（《海滩上种花》）。同美国的风尚不相合，到了康桥，徐志摩接受了吸烟的文化。康桥使诗人作了一个重新的开始。在《吸烟与文化》里边，他说："我在康桥的日子真是幸福，深怕这辈子再也得不到那样甜密的机会了。我不敢说康桥结了我多少学问或是教会了我什么。我不敢说受了康桥的洗礼，一个人就会变气息，脱凡胎。我敢说的只是——就我个人说我的眼是康桥教我睁的，我的求知欲是康桥给我拨动的，我的自我的意识是康桥给我胚胎的。"在康桥的那种贵族的世界中，他忙着散步，划船，骑自转车，抽烟，闲谈，吃五点钟茶牛油烤饼，看闲书。在那个心欲的国土里，他建立了他的理想主义的哲学，他的自然崇拜的理想。那种陶养，使他深感到"浪漫的怀乡病"，憧憬到"草深人远，一流冷涧"的境界。强烈的个人主义的 Everlasting yea 和浪漫的怀乡病，因之，成为了这位"朝山客"，这位"不羁之马"的思想的中心。他的艺术人生观——"生活是艺术"（《话》）——在康桥是被胚胎出来了。

贵族的市民出身的诗人徐志摩在康桥同当时的贵族化的英国市民社会融合一起。他深受了英国的世纪末的唯美主义印象主义文学的影响。同时，他更接受了英国的贵族的浪漫诗人的熏陶。如果有人对于英国十九世纪末的文学同徐志摩的作品对照起来，作一个比较研究，我以为是很有趣味的。在十九世纪末期的英国，资本主义到达了极绚烂极成熟的时代，寄生的社会层得到了过剩的生活余裕，于是应运产生出来对于世界的全然唯美的态度，人生之最高的意义在于美的主张。达到了帝国主义的成熟期的英国，拥着广大的殖民地，在欧战之后，

273

其资产者社会仍持续着过着寄生生活。而且在欧战期，英国没有直接地蒙着战祸，它的牛津仍是牛津，它的康桥仍是康桥。从那种贵族化的市民社会，诗人徐志摩发现了他的理想的糕粮。他发现了他的理想的政治与理想的革命。(《政治生活与王家三阿嫂》)而是在那里他发现了他所心爱的诸作家。在他以为，他那些"生活的趣味"都是些"不预期的发现"。他告诉过我们裴德（W·pater）、歌德、柏拉图、雪莱、杜思退益夫斯基、托尔斯泰、丹农雪乌、卢梭、波多莱尔之所以被他发现，"都是邂逅，不是约会。"(《济慈的夜莺歌》)他认为是偶然的。然而他没深注意到英国的诸现实主义的巨家，而把主义放到济慈、渥兹渥斯、卜雷克、拜轮和半个雪莱的上面，把注意更放在卢瑟谛、哈代、梅垒代斯、曼殊裴尔、西蒙兹、哈得生（Huason）、裴德的上面，是不是偶然的呢？他接受了泰戈尔、托尔斯泰、罗曼罗兰、尼采、丹农雪乌、达文謇、哥德，我们很清楚地看出来那里边存在着必然性。在他所翻译的东西之中，有沦亡的贵族福凯（Fouque）的骑士故事《涡堤孩》，有贵族的市民服尔德的《赣第德》，有闺秀作家曼殊裴尔的小说，有丹农雪乌的《死城》，都是多少带有贵族性的东西。徐志摩对于西洋文学之接受，自然是由于他的强烈的主观出发的了。

具有如上的生活环境的徐志摩是极端地肯定着他的理想主义。他不住地要求自我实现。他的创作是自我实现，他的翻译，也是自我实现。他有着单纯的信心，在他认为"单纯的信心是创作的泉源"(《海滩上种花》)。他的理想主义是不住地在更新着。在《迎上前去》里，他说："我相信真的理想主义者是受得住眼看他往常保持着的理想萎成灰，碎成断片，烂成泥，在这灰这断片这泥的底里他再来发现他更伟大更光明的理想。我就是这样的一个"。诗人的一生，是"冒险——痛苦——失败——失望"的动变，是"认识——实现——圆满"的过程。然而，在一生中，他什么都未有完成。他的一切的完成，可以说全是散叶子的零碎札记。他的思想，当然也是同样。在《落叶》里，他说："我的思想——如其我有思想——永远不是成系统的。我没有那样的天才。我的心灵的活动是冲动性的，简直可以说痉挛性的。"冲动性痉挛性的，是他的思想，他的为人是非常好动的。在《自剖》里，他说："我是个好动的人：每回我身体行动的时候，我的思想也仿佛跟着动荡。"他喜欢飞机，也喜欢自转车，他喜欢旅行，也喜欢云游。在《想飞》中，他说："人类最大的使命，是制造翅膀；最大的成功是飞！理想的极度，想象的止境，从人到神！诗是翅膀上出世的；哲理是在空中盘旋的。飞：超脱一切，笼盖一切，扫荡一切，吞吐一切。"从人到神，这种超人哲学，是一种尼采主义。他在《吊刘叔和》里边说："他仿佛跟着查拉图斯脱登了哲理的山峰。"使他不住的喊出 Everlasting yea 的，也是这种尼采主义。尼采说："受苦的人没有悲观的权利。"此语在徐志摩的身上，是有很大的反抗作用的。

从康桥回到中国，那是民国十一年。"五四"运动已经低潮。中国仍是半殖民地。这里没有康桥，没有英国那样的贵族社会。战后帝国主义之变本加厉地向中国进攻，使中国越发呈出紊乱的状态。那一种紊乱的环境，是诗人徐志摩所不忍目睹，所不能安居的。他的理想主义与浪漫主义碰了壁。然而他不能正确地说明此路不通的原故。他不把主要的原因归之于洋大人，而认为是民族的堕落，是民族的倒运，是民族的破产。从《落叶》以至于《秋》，这种思想是一贯着的。我们民族破了产的，道德、政治、社会、宗教、文艺，一切都是破产了的。其原因呢？于是乎他说了："不要以为这样混沌的现象是原因于经济的不平等，或是政治的不安定，或是少数人的放肆的野心。""我们的自身是我们的运命的原因。"(《落叶》)他又说："我认识我自己力量的止境，但我却不能制止我看了这时候国内思想萎瘪现象的愤懑与羞恶。"(《迎上前去》)他悲愤仁义礼智信成了五具残缺的尸体。(《毒药》)他悲愤地说："儒教的珍品——耻节——到那里去了。"(《从小说讲到大事》)他怎么看我们的民族呢？在《求医》中，他说："我们这倒运的民族眼下只有两种人可分，一种是在死的边沿过活的，又一种简直是在死里面过活的。"对着这种"普遍死化的凶潮"，对着这种"人道的幽微的悲切的音乐"，他闭上了眼睛，他发现了另一个悲惨世界，在那里，他的感情、思想、意志、经验、理想，没有一样是和谐的，没有一样是容许他安静的。他发现了"实际的生活逼得越紧，理想的生活宕得越空"(《求医》)。现实的生活与理想的生活之矛盾所生出来的失望没有使他绝望，反之，却使他对于自己更加强烈地，更加精细地去做解剖的工作，然而，他不求援于科学，他说："科学我是不懂的。"

（《迎上前去》）宁可以说，他是否定科学的。在《落叶》里，他说："我们决不可以为单凭学科的进步就能看破宇宙结构的秘密。"而在《论自杀》中，他又说："在我们一班信仰（你可以说迷信）精神，精神生命的痴人，在我们还有土可守的日子，决不能让实利主义的重量完全压倒人的灵性的表现，更不能容忍某时代迷信（在中世纪是宗教，现代是科学）的黑影完全淹没了宇宙间不变的价值。"他相信灵性。他说："单有躯壳生命没有灵性生活是莫大的悲惨。"（《海滩上种花》）他爱大自然，因为大自然有灵性。康桥有康桥的灵性，翡冷翠山中，也有它的灵性。"自然是最伟大的一部书"。（《翡冷翠山居闲话》）它给你以"灵性的迷醉"。由于同中国社会之矛盾，他感到："实际生活的牵制可以劫去我们灵性所需要的闲暇，积成一种压迫。"（《自剖》）然而，对于生活的压迫，他不感绝望。他要"迎上前去"。在《再剖》里，他说："我宁言我自己跳进了这现实的世界，存心想来对准人生的面目认他一个仔细。"他不断地作他的"灵魂的冒险"，"要在这匆匆变动的声色的世界里，赎出几个永久不变的原则的凭证来。"（《海滩上种花》）可是，他的玄学的追求，是终没有完成的答案，哟！在《自剖》、《再剖》之后，他思想上起了转变。他背起了他的十字架，由盲冲转变到有意识的行动，从对于社会之不调和不承认的态度，转变到"迎上前去"。在《迎上前去》里，他肯定地说："是的，我从今要迎上前去！生命第一个消息是活动，第二个消息是搏斗，第三个消息是决定；思想也是的，活动的下文就是搏斗。"他的"赤子之心"，他的"单纯的信心"，使他积极地作他所谓的"理想中的革命"。

单纯的信仰给了他勇敢。单纯的理想给了他力量。他的灵性的勇敢使他崇拜拜伦，说出来"他是一个美丽的恶魔，一个光荣的叛儿"。（《拜伦》）他崇拜耶稣、托尔斯泰、哥德、密尔顿、悲特文、密其郎及罗、文天祥、黄梨洲等等人物。他崇拜他们，是因为他们有不可动摇的 simple faith。是因为他们的思想是单纯的——"宗教家为善的原则牺牲，科学家为真的原则牺牲，艺术家为美的原则牺牲——这一切牺牲的结果便是我们现有的有限的文化。"（《海滩上种花》）是因为黄梨洲文天祥在非常的时候，"为他们的民族争人格，争人之所以为人。"他的"理想中的革命"的要求，使他在《落叶》里，赞美俄国革命，赞美俄国国旗说："那红色是一个伟大的象征，代表人类史里最伟大的一个时期；不仅标示俄国民族流血的成绩，却也为人类立下了一个勇敢尝试的榜样"，使他在同篇中，更赞美法兰西的大革命，说："巴士梯亚是代表阻碍自由的努力，巴黎市民的攻击是代表全人类争自由的努力，巴士梯亚的'下'是人类理想胜利的凭证。"在《自剖》里，他又说："那一个民族的解放史能不浓浓的染着 Martyrs 的腔血？俄国革命的开幕，就是二十年前冬宫的血景。只要我们有识力认定，有胆量实行，我们的理想中的革命，这回羔羊的血就不会是白费的。"可是流血的事情，是他所不喜欢的。诗人徐志摩的革命的要求，只是在于争"灵魂的自由"。而且，他的理想政治是英国的政治，是希腊的政治。他所理想的革命，是不流血的革命，在《政治生活与王家三阿嫂》之中，他说："英国人是'自由'的，但不是激烈的，是保守的，但不是顽固的。自由与保守并不是冲突的，这是造成他们政治生活的两个原则；唯其是自由而不激烈，所以历史上并没有大流血的痕迹，（如大陆诸国）而却有革命的实在，唯其是保守而不是顽固，所以虽则'不为天下先'，而却没有化石性的僵。"然而，英国对于殖民地的剥削与压迫，希腊的奴隶社会，他一概不提。爱和平是他的天性。因之，对于罗曼罗兰，他表示出来深挚的共鸣。罗兰的空想的英雄主义，他认为是一种最高的理想。他以为罗兰是勇敢的人道的战士，是同托尔斯泰、杜斯退益夫斯基、泰戈尔、甘地同样，立脚于高高的山巅上，俯瞰着人间社会。"打破我执的偏见来认识精神的统一；打破国界的偏见认识人道的统一。这是罗兰与他同理想者的教训。解脱怨毒的束缚来实现思想的自由；反抗时代的压迫来恢复灵性的尊严。这是罗兰与他同理想者的教训。"（《罗曼罗兰》）尼采所说的"受苦的人没有悲观的权利"那句话，是他的座右铭，"在苦痛中领会人生的实际"，"在痛苦中实现生命，实现艺术，实现宗教，实现一切的奥义"之这种人道的英雄主义，也在此地成了他的理想了。游了莫斯科，对于革命后之俄国社会表示不满，接着他就自命为马兰〔罗兰？〕的同理想者了。在《吊刘叔和》文中，他认为"五卅"前后的中国国内情形是一幅大西洋的天变，而难得是少数共患难的旅伴。因之，在大的社会中，诗人徐志摩是感到孤独的。诗人徐志摩所要求的，是反抗现代的堕落与物质主义的革命运动，是心灵解放的革命。他的这种要求，是从那有士大夫性的个人主义出发的。到最后，在《秋》里，他悲叹士民阶级之没落，而结论到"我们现在为救这文化的性命，非得赶快就有健全的活力来补充我们受足了文明的毒的读书阶级不可。在《话》里，他说："真伟大的消息都蕴伏在万事万物的本体里，要听真值得一听的话，只有请教两位最伟大的先生。……就是生活本体与大自然。"在《秋》里，他仍然贯彻着这种思想。他依然是主张过度文明的人种带回到生命的本源上。他主张人多接近自然。一方来补充开凿过多分的士民阶级，一方极力把教育的机会推广到健全的农民阶级里。打破阶级界限及省分界限，奖励阶级间的通婚。不过这一种理想，是不是可以实现的呢？这种对于士民和农民的关心，是表明着诗人徐志摩的 simple faith 之所由来了。

虽然诗人徐志摩要求着"一种要新发现的国魂"，可是，那是从他的个人出发的。他，在《列宁忌日——谈革命》里，说："我是一个不可教训的个人主义者。这并不高深，这只是说我只知道个人，只认得清个人，只信得过个人。我相信德谟克拉西只是普遍的个人主义；在各个人自觉的意识与自觉的努力中涵有真纯的德谟克拉西的精神。"他崇拜列宁，说列宁有如耶稣的伟大，是崇拜个人，而不是主义。他认为"生命只是个性的表现"，而是感情把一些个体的组织起来的。他是一个信仰感情的人。在《落叶》里，他说："人在社会里本来是不相连系的个体。感情，先天的与后天的，是一种线索，一种经纬，把原来分散的各体组织成有文章的整体。"徐志摩是一个感情性的人。他的一生，就是要实现"生活是艺术"的主张，他的感情，使他在苦痛中在时代悲哀中实现他自己。他的感情和生产，就是他的诗歌。他忠实地去创造新的人生准则。他在《话》里说："不能在我的生命里实现人之所以为人，我对不起自己。在为人为的生活里，不能实现我之所以为我。我对不起革命，这个原则我们也应该时时放在心里。"感情性的诗人徐志摩，藉着诗歌实现了自己。在《秋》里，诗人引过一个别的诗人的话说："我们靠着活命的是情爱，敬仰心，希望"（W-elive by love, admiration and hope）情爱、敬仰心，希望，则是诗人在诗的创作中所靠着生活的了。

下

诗人徐志摩在他的短促一生中，遗留给我们四部诗集：《志摩的诗》、《翡冷翠的一夜》、《猛虎集》、《云游》，三部散文集：《落叶》、《自剖》、《巴黎鳞爪》，和一篇散文《秋》，以及一部小说集《轮盘》，与一篇戏曲《卞昆冈》。其中成为作品的，只有诗和散文，但是，他的散文，便是诗的一个形式。他的散文，什九是散文诗。在其中一贯着的，是他的个人的感情。诗人徐志摩长于流露抒发自己的感情而拙于描写社会生活。譬如《轮盘》中的《春痕》，只是形容词的堆砌，而其主题，则是才子佳人式的恋爱。诗人徐志摩只是一个寄生生活者，他的境遇比较顺，而又与生产无直接的关系。对于社会的现实，他不能把握。从社会生活中，他抽不出有意义的主题来。对于丑恶的现实社会，他是回避的，否定的。在《迎上前去》中，他说："我敢担保的，只是我自己思想的忠实。"而那止于是主观的忠实。他是一个信仰感情的人，他不懂科学。而抒情诗，抒情的散文是足以作他的感情的表现之工具而有余。抒情诗，抒情的散文，是足以包容他的思想的。法国的博威（Ernest Bovet）把文字发达史分成为抒情、叙事、剧之三个阶段。徐志摩恐怕算是其第一个阶段上的人物了。

在《我所知道的康桥》里诗人徐志摩说："我这一生的周折，大都寻得出感情的线索。"诗人的创作活动之过程，也是有迹可寻的。《话》、《济慈的夜莺歌》、《海滩上种花》诸篇，如果可以说是徐志摩的艺术论或者是诗学，那么，《翡冷翠的一夜》，和《猛虎集》中的两篇序文，则是他的创作活动之自我批判，创作生活之回顾了。如果把这两篇序文和《自剖》中之《自剖》、《再剖》、《求医》、《想飞》、《迎上前去》诸篇详细分析一下，我们很可以找出来他的创作活动的。徐志摩的创作活动可以分为四个时期。第一期是最早写诗的半年。《猛虎集》的《序文》告诉我们说：那一个时期他的感情真如山洪暴发，不分方向地乱冲，生命受了一种伟大的力量的震撼，什么半成熟的未成熟的意念都在指顾间散作缤纷的花雨。"可是那个时期的感情奔放的浪漫谛克的诗，据说虽然为量甚多，但几乎都见不得人。所以我们也无从研究了。

279

不过我们可以想象到当时他是一匹狂暴的野马。徐志摩的创作活动的
第二个时期，是由《志摩的诗》所代表着的。那是他民国十一年回国
后两年间的作品。代表这个时期的散文，是《落叶》里的大部分。《落
叶》诸篇是充满着浪漫谛克的自白，充满着康桥时代的憧憬。在《志
摩的诗》的里边，要据诗人自己说："初期的汹涌性虽已消灭，但大部
分还是感情的无关阑的泛滥，什么诗的艺术与技巧都谈不到。"（《猛虎
集序文》不过，在我们看，这一个时期，虽然诗的艺术与技巧都谈不
到，然而其内容是比较充实的。志摩的诗作，是随着形式之追求与完
成而减少其内容的充实性的。在《志摩的诗》里，我们是看得出浪漫
主义的气息，渐渐地，流为印象主义的气息之倾向的。《志摩的诗》时
代是可以说志摩的"五四"时代。徐志摩的创作活动的第三个时期，
是由《翡冷翠的一夜》、《自剖》、《巴黎鳞爪》所代表着的。在这个期
间，中国产生了"五卅"运动，徐志摩在其后，目睹了各种更为不满
的现象，在生活上起了很大的波折，在思想上起了一个大的转变。在
《迎上前去》里，在《翡冷翠的一夜》的序文里，他都肯定地重复出来
他在诗篇《恋爱到底是什么一回事》所说的那两句话：

> 我再不想成仙，蓬莱不是我的分；
> 我只要这地面，情愿安分地做人。

这就是他所谓的"决心做人，决心做一点事情"的时代。理想主
义碰了壁，他要求行动。他努力自剖。他要贯彻他的尼采主义。在这
时期形式虽日趋工整，可是他失却了生产的力量了。因为他的理想主
义同社会现实愈趋冲突了。在《翡冷翠的一夜》的序文中，他说："我
如其曾经有一星星诗的本能，这几年都市生活早就把它压死。这一年
间我只淘成了一首诗，前途更是渺茫。……这一卷诗，大约是末一卷
罢。"这一个期间，真正地代表着他的情感的诗作，与其说是韵文诗，
宁是那些散文诗：《自剖》和《巴黎鳞爪》中的诸篇。一方面追求定型
律，一方面主观的忠实使制作那些散文诗，这里是不是有着一种矛盾
呢？这一个时期是徐志摩的创作活动之最高峰。最后，就是他的创作
活动的第四期，也就是其没落期。在那种回光返照之中所产生出来的，

就是《猛虎集》、《云游》和散文《秋》。毫不待言地，这几个不同的时期是有着连系的，其间存在着发展的线索的。

诗人徐志摩的思想是杂的，而他的作品也是杂的。他有称王称霸的雄心。他不只想做一个诗歌的作者，而且，他还想作一个诗歌的理论者。虽然他一无所完成，可是他作了各种的尝试。他不只想作一个艺术家，而且，想作一个科学家。他所译的那段《达文謇的剪影》，正是表示着他的这种多样复杂的要求。徐志摩的一切的翻译，是反映着他自己的主观，换言之，他的翻译，也是他的自我实现。(《生命的报酬》、《鸡鹰与芙蓉雀》、《达文謇的剪影》、《死城》、《涡提孩》等。)他的翻译，是同一般的手艺人的翻译不同的。其中处处是反映着他的强烈的主观的要求。《达文謇的剪影》，可以说是他的 self-justification 的宣言。基乌凡尼鲍尔脱拉飞屋在日记里记着："謇沙里说梁那图是一个最不了的落拓家。他写下了有二十本关于自然科学的书，但没有一本完全的，全是散叶子的零碎杂记。"又记着"什么东西在旁人看来已经是尽善尽美的，在他看来通体都是错。他要的是至高无上的，不可得的，人的力量永远够不到的。因此他的作品都没有作完全的。"这好象是诗人徐志摩对于自己的批判。

诗人徐志摩不止是要求创作，而且更作原理的追求。如果我们要研究他的诗学的话，《济慈的夜莺歌》、《海滩上种花》、《话》诸篇，以及《自剖》与《秋》，都多少可以供给我们资料的。徐志摩的诗论，同样地，全是散叶子的零碎杂记。在《自剖》里，他告诉我们说："我做的诗有不少是在行旅期中想起的。……是动，不论是什么性质，就是我的兴趣，我的灵感。"在《海滩上种花》，他告诉我们说："单纯的信心是创作的泉源。"在《话》中，他说诗人们除了做梦再没有正当的职业。真的诗人梦境最深，神魂远在祥云缥缈之间，那时候随意吐露出来零句断片。在《秋》里，他又说："你们明知我是一个诗人，他的家当，除了几座空中楼阁，至少是一颗热烈的心。"这样说来，志摩的诗歌，是在动的里边，一颗热烈的心所想的几座空中楼阁了。那是真纯的个性之表现。是自由的灵魂的翱翔之反映。他反映的生命现象之不可思议是大自然之奥妙。诗心是一种神往。徐志摩对于诗歌的见解，是深具着神秘主义的色彩了。诗人徐志摩，对于诗歌，是一个星象学者，一个点金术者，一个预言者的态度。可是，现在的世界已不是玄学的时代了。而特别是现在中国又呈现了紊乱的局面。整理这种局面，玄学又是无力。现实的社会状态，使诗人徐志摩找不出诗的营养来了。于是，在《秋》里，他又说："跟着这种种症候还有一个惊心的现象，是一般创作活动的消沉，这也是当然的结果。因为文艺创作活动的条件是和平有秩序的社会状态，常态的生活，以及理想主义的根据。我们现在却只有混乱，变态，以及精神生活的破产。"由此可以看得出徐志摩的诗作生活之幻灭，是由于玄学世界之幻灭了。

在诗人徐志摩的创作生活中，由《志摩的诗》和《落叶》所代表的时期，可以称之为"浪漫期"。在这一个时期，他的诗歌所表现的，有恋爱、自然、社会诸动机。这一个期间，他是一个"朝山人"。面对着冥盲的前程，无有止境地，奔那远在白云环拱处的山岭，没有止息地望着他那理想的高峰。然而他是有酬劳的。因为他感到那最理想的高峰，已涌现在当前，莲苞似的玲珑，在蓝天里，在月华中，称艳崇高。（《无题》）他从各处找他的象征。在各个的象征，他求他的自我实现。他乐观着，他的情感奔放着。在《雪花的快乐》中，他说："这地面上有我的方向"。在《这是一个懦怯的世界》中，他要逃出了现实的世界的牢笼，恢复他的自由，他歌唱：

> 跟着我来，
> 我的恋爱！
> 人间已经掉落在我们的后背，——
> 看呀，这不是白茫茫的大海？
> 白茫茫的大海，
> 白茫茫的大海，
> 无边的自由，我与你与恋爱。
>
> ——《这是一个懦怯的世界》

他自命是一个超人，在《去罢》里边，他说：

> 去罢，人间，去罢，

> 我独立在高山的峰上；
> 去罢，人间，去罢，
> 我面对着无极的穹苍。
>
> ——《去罢》

他爱天上的明星。（《我有一个恋爱》）为要寻一个明星，他冲入了黑绵绵的昏夜，他冲入黑茫茫的荒野（《为要寻一个明星》）。他追求恋爱，他所求的恋爱是 Platonique 的。（《雪花的快乐》、《沙扬娜拉》。）他寻求天国的消息，在稚子的欢迎声里，想见了天国。（《天国的消息》）他倾听乡村里的声籁，又一度与童年的情景默契（《乡村里的音籁》）。然而，他对于恋爱感到忧郁，对于农村感到没落了。在《沙扬娜拉》中，他歌唱：

> 这是那一低头的温柔，
>   象一朵水莲花不胜凉风的娇羞，
> 道一声珍重，道一声珍重，
>   那一声珍重有甜蜜的忧愁！
> 沙扬娜拉！
>
> ——《沙扬娜拉一首》

而在《乡村里的音籁》里他歌唱：

> 这是清脆的稚儿的呼唤，
>   田场上工作纷纭，
>   竹篱边犬吠鸡鸣，
> 这是无端的悲戚与凄惋。
>
> ——《村里的音籁》

诗人徐志摩之二重性，一方面，使他独立在半山的石上，而他方面，则使他感到胸中是一星微焰。（《一星弱火》）在秋风落叶之中，他感到自己是一个"独孤的梦魂"，（《夜半松风》）在这冰冷的世界里，只有少数同情的心。(《难得》)一方面，诗人在追求着无穷的无穷，(《去罢》)而他方面他却感到他那蚕茧似不生产的生存之无有前途。(《多谢天》)一方，他感到有悠然的神明给他解了忧愁，重见宇宙间的欢欣，有了生命的重新的机兆，(《多谢天》)而另一方面，他又感到希望之不可靠了。在《猛虎集》的《序文》中，指着当时的情景，诗人徐志摩说："一份深刻的忧郁占定了我；这忧郁，我信，竟于渐渐地溶化了我的气质"。这种忧郁，自是诗人身上的二重性之矛盾所产生出来的了。看见月下的雷峰塔影而起封建的幻梦，(《月下雷峰影片》)看见田野的秋景而感到韶光催人老，(《沪杭车中》)看见悲伤的乡村老妇而起人道主义的同情，是反映出来徐志摩的心理意识为如何了。在《不再是我的乖乖》中，他说"前天我是一个小孩，昨天我是一个情种，可是，今天暗潮侵蚀了砂字的痕迹，却冲不淡我悲惨的颜色"。在《石虎胡同七号》里，他告诉出来他们的小世界，他的小园庭：

　　我们的小园庭，有时荡漾着无限的温柔……
　　我们的小园庭，有时淡描着依稀的梦景……
　　我们的小园庭，有时轻唱着一声奈何……
　　我们的小园庭，有时浸沉在快乐之中……

这令我们清楚地看出他的感情的二重性了。不能作向上的冲去，诗人是只有作他的封建的回顾。不能圆满他的柏拉图式的恋爱，他转回头去看农村的社会。于是他的吟诵自然的诗歌被产生出来。诗人徐志摩的吟诵自然的诗令我想起渥兹渥斯来。从卢梭以来，好多人都跟着高唱着"归到自然"。可归的方式，因为不同，卢梭要求平等的原始时代之复归，而诗人徐志摩所要求的，则是未受资本主义侵凌的封建农村。诗人徐志摩的眼中，只看得起士农，而对于工商是否定的。他那种补充士民阶级健全农民阶级的主张就是同他的自然的崇拜相一致的。诗人所吟诵的自然，是五老峰，是西湖的雷峰，是江南的小风景。他把它们理想化了讴歌它的灵性。(《五老峰》，《月下雷峰影片》)在那种封建的自然中，他爱山寺、破庙、没落的农民。虽然他不相信宗教，但是他欢喜宗教的神秘性。他到常州天宁寺去听礼忏声，而领悟涅槃之极乐。(《常州天宁寺闻礼忏声》）这种回顾农业社会的要求，使他眼看到从农村社会没落下的人们：拉车夫，叫化等等，而且用他们所用的粗俗的语言——北京土语，硖石土白——写他们的落难生活。(《先生先生》，《叫化活该》，《谁知道》，《盖上几张油纸》，《太平景象》，《一条金色的光痕》。）而在一般的时候，他的诗，是充满着香艳的词句的。在这时代，他的感情的无关阑的泛滥，虽然没能使他采取广泛的主题，（他的好些诗里重复之点颇多）可是使他把不同条件的类似的感情，用各种不同的形式包容起来。形式的变化，是《志摩的诗》之一个特色。有一些诗里，他做了很好的感情的 Montage。如在《五老峰》中，律动真同大自然的起伏相一致，在《天宁寺》中，节奏真是同钟声相同极印象主义之完成。《去罢》诸作的律动真表示他的超人的情绪。他更用散文诗式写诗，我以为，也许是他模仿查拉图斯特拉的语录。(《毒药》，《白旗》，《婴儿》）这个时代，他的诗形虽未成格律，但还是很整的。从浪漫主义的倾向到印象主义的唯美主义的倾向之转变，从比较自由的定型律，一方发展为严正的格律，而他方发展为散文诗之转变，是这个时期之一个特征。在《落叶》（散文集）中，就发现了这种倾向。那篇讲演《落叶》、《话》、《海滩上种花》，以及《青年运动》，都是夹着诗的散文，其中抒泄出来分行抒情文字所不能写出来的感情。这种散文诗化的倾向，一方面是表示着同社会实生活相接触的结果，诗人的情感已不是短的抒情诗所能包容的，一方面，是表示着诗人理想主义的碰壁，不能产生出新的主题来。散文《落叶》、《话》、《青年运动》，以及诗篇《毒药》、《白旗》、《婴儿》、《灰色的人生》、《恋爱到底是什么一回事》是代表着从这个浪漫时期到次一个时期的作品。在《婴儿》里，他说：

> 我们要盼望一个伟大的事实出现，我们要守候一个馨香的婴儿出世，

在《灰色的人生》中，他歌唱道：

> 我只是狂喜地大踏步地向前——向前——口唱着暴烈的粗伧

的，不成章的歌调；

来，我邀你们到海边去，听风涛震撼太空的声调；

来，我邀你们到山中去，听一柄利斧砍伐老树的清音；

来，我邀你们到密室里去，听残废的寂寞的灵魂的呻吟；

来，我邀你们到云霄外去，听古怪的大鸟孤独的哀鸣！

来，我邀你们到民间去，听衰老的，苦痛的，贫苦的，残毁的，受压迫的，烦闷的，奴眼的，懦怯的，丑陋的，罪恶的，自杀的——和着深秋的风声与雨声——合唱的"灰色的人生"。

由《翡冷翠的一夜》和《自剖》所代表的时期，可以名之为"自剖期"。这一个期间代表的作品，与其说是韵文诗宁是散文诗。在量上，散文诗的生产多了起来，而在质上，散文诗也更能较好地表现他的感情、思想和本性。在这个时期中，他的韵文诗已失掉了强的感情，形式上的努力似乎多了些。但是，形式之追求正反映着内容之日趋贫弱。诗集《翡冷翠的一夜》中的第一辑，都是些情诗。那些诗是很 intime 的。在爱的里边，诗人徐志摩寻求刹那的陶醉。他要丢开了这可厌的人生，实现死在爱里，爱中心的死，是强过五百次的投生的。他以为，除了在爱人的心里没有生命，所以他说："爱，你永远是我头顶的一颗明星。"（《翡冷翠的一夜》）Welive by love admiration and hope 是诗人的理想。他要在爱里，赞美神奇的宇宙，流露他的清水似的诗句。（《呻吟语》）他要求"爱墙"中的自由。（《造起一座墙》）他以为爱是洗度灵魂的灵泉可洗掉他的内皮囊的腌臜。（《再休怪我的阴沉》）可是，一方，他要求在爱人的怀里变成天神似的英雄，（《天神似的英雄》）而他方，他则感到爱的凋谢与缺残了。因为生、爱、死是三连环的哑谜。（《决断》）在爱的陶醉中，他作死的陶醉《变与不变》一诗，是足以表示他的矛盾的。他的心感到"冷酷的西风里的褪色的凋零"，而他的灵魂则说是"一样鲜明"了。可是他的 Platonique 的恋爱，是这个世界所不能实现的。这位乏力的朝山客只能在倦废中沉默了。他的爱的幻灭是从该集的第二辑《再不见雷峰》里反映出来。在《运命的逻辑》、《两地相思》诸作，可以看见对于商品的女性的诅咒来了。而女人胸后挂着的一串不是珍珠，而是男子们的骷髅了。求理想的爱的人，要从爱中求得灵魂的人也只是苏苏，只是涡堤孩了。他愈感没落。《大帅》、《人变兽》、《这年头活着不易》诸作中，他诅咒着荼凌、战乱的社会。在西伯利亚的道中，他想起庐山石工生活苦，作了《庐山石工歌》，赞美他们的不颓丧的精神。他在庐山时感到石工之歌是痛苦人间的呼吁。可是他们的真实生活的情形，以及吃苦的原因，他不晓得，也不想去晓得，他更不会管那是否同他的康桥有关系了。那止于是士大夫的同情心，他的著作的动机是与作《叫化活该》、《先生！先生！》时同样，不过，主观上积极一些。他把石工看成为美术品，如同在《海滩上种花》把英国压迫下之印度野人看成艺术品一样。然而，对旧社会的怀恋是越发深了。在西伯利亚道中他回忆西湖的芦色，（《西伯利亚道中忆西湖秋雪庵芦色作歌》）在 Exeter 教堂前，他表露凭吊的悲哀。（《在哀克刹脱教堂前》）《志摩的诗》中的《月下雷峰影片》，是被《再不见雷峰》一诗所否定了。他热爱雷峰，在散文《济慈的夜莺歌》，他说："在我们南方，古迹而兼是艺术品的，止淘成了西湖上一座孤单的雷峰塔，这千百年来雷峰塔的文学还不曾见面，雷峰塔的映影已经永别了波心。"他说：

> 再不见雷峰，雷峰坍成了一座大荒冢
> ……
> 再没有雷峰，雷峰从此掩埋在人的记忆中……
>
> ——《再不见雷峰》

这足证明诗人的心境了。诗集《翡冷翠的一夜》中的作品，大部分已是半生不死的了。这个时代，为了解自己，为说明自己的创作生活之贫困，他作《自剖》工作，用散文的形式抒发自己的感情。在《自剖》中之《自剖辑》中，他给我们看他的真的情态的要求。《自剖》、《再剖》、《求医》、《想飞》，以至《迎上前去》、《北戴河海滨》、《幻想》诸作，述明了他转变的过程，他的"活动"，"搏斗"，"决定"的要求。在《翡冷翠山居闲话》、《吸烟与文化》、《我所知道的康桥》、《天目山中笔记》，他描写出他的自然崇拜的感情，他唯美地活跃地使自己的所感到自然的灵性流露出来。在《拜伦》（是一件很好的造形艺术品）和《罗曼罗兰》（这是一篇很好的情热的诗）他提出他的精神革命的理想。这一切散文是他的内心的象征。其中，是情爱，是敬仰心，是希望，其中是他的思想，他的感情，他的本性。然而，对于社会认识之不足，他把宇宙只看做神奇，把人生只看做肮脏，他虽然用放翁的话："百无一用是书生"来叹息自己，但是他对于社会的生活相仍是捉握不到。在《哀思辑》中之五篇深挚的吊文，与其说是他对于死者之凭吊，宁是自己的抒情了。因为，在一切之中他是求自我实现的。他的东西，始终是反映着他的个人，始终是他的忠实的主观的产物。这一个，自剖期中的作品是令我们清晰地看出了他的全部的人格来。而散文集两部，《自剖》、《巴黎鳞爪》（其中的译品都包含在内）是最 Personnel 的东西了。

由《猛虎集》与《云游》和一篇讲演《秋》所代表的期间，我们可以谓之为"云游期"。在这"云游期"中，他要求着"云游"。在这个时期，虽然他还喊着 Everasting yea，可是他的理想主义是越发地碰壁了。虽然一时，如回光返照似地产了一些诗，可是他创作的源泉枯干了。在《猛虎集》的序文里他说："最近这几年生活不仅是极平凡，简直是到了枯窘的深处"。跟着诗的产量也尽"向瘦小处耗"。虽然他真地希望一个复活的机会，可是写下的诗句，总是"破破烂烂"的。那只是他的"一点性灵还在那里挣扎，还有它的一口气"的表现罢了。就是在《落叶》的续编，散文《秋》中的 Everlasting yea，已同《落叶》不同，没有以前那样的积极性了。在初年的散文《青年运动》中，他引了福士德博士（青年运动领袖之一）的一句话："西方文明的坠落只有一法可以挽救，就在继起的时代产生新的精神的与生命的努力，"可是，在《秋》里，他所想的救济办法，恐怕他自己都行不通。可是，叫他娶一个农女，恐怕是做不到，他一定会说她没有灵性。虽然他以为他所处的环境是暂时的沉闷，要"迎上前去"，可是他的诗作给我露出了虚无主义的消息了。在《春的投生中》，他说："春投生入残冬的尸体"。他已不唱"我独立在高山的峰上"而注意到"雪地里挣扎的小花"（《拜献》）了。他在《渺小》中，说"阳光描出我的渺小，"在《阔的海》中他说："望着西天边不死的一条缝，一点光，一分钟。"虽然他还赞儿童，（《他眼里有你》、《车上》）在心中有理想的农村，可是恋爱幻灭了，在《再别康桥》中，是表示着如何地空虚的实感哟：

> 悄悄地我走了，
> 　正如我悄悄地来，
> 我挥一挥衣袖，
> 　不带走一片云彩
>
> 　　　　　　——《再别康桥》

在《秋虫》中，他痛恨他所痛恨的几种主义说："思想被主义奸污得很"，他歌唱道：

> 秋虫，你为什么来人间？
> 早不是旧时候的清闲；
> 　这青草，这白露，也是呆；
> 再也没有用，这些诗材！
> 黄金才是人们的新宠，
> 　他占了白天，又霸住梦！
>
> 　　　　　　——《秋虫》

在《西窗》里，他同样地，诅骂他所不满意的一切。被"露水润了枯芽"的他，感到是残破（《残破》）是残春（《残春》）了。在《枉然》里，他咒诅女性，在《一块晦色的路碑》里，他叫人凭吊"遭冤屈的最纯洁的灵魂"。在《山中》他想"攀附月色化一阵清风"，在《两个月亮》里，他憧憬着那颗把他的"灵波向高处提"，"永不残缺"的"一轮完美的明月"。他的要求到了清风明月之间了。对于人生他更感丑恶与黑暗（《生活》），在《活该》里，他感到"热情已变死灰"。他又说：

> 不论你梦有多么圆，
> 　周围是黑暗没有边。
>
> 　　　　　　——《活该》

《残破》一首，可以同《再别康桥》成为姊妹篇，在那里，他说：

> 我有的只是些残破的呼吸，
> 　如同封锁在壁椽间的群鼠
> 追逐着，追求着黑暗与虚无
>
> 　　　　　　　　　　——《残破》

他越发憎恶人世的丑恶，越发感到空虚了。(《火车禽住轨》、《雁儿们》)
在遗作长诗《云游》中，他说：

> 脱离了这世界，飘渺的，
> 不知到了哪儿，仿佛有
> 一朵莲花似的虚拥着我，
> （脸上浮着莲花的笑）
> 拥着到了远极的地方去……
> 唉，我真不希罕再回来，
> 人说解脱，那许就是罢！
>
> 　　　　　　　　　　——《云游》

长诗《云游》，是他的真挚的 Confession 里边，实现着他的真挚的自
我。他的一生的变迁，从里面可以看得出来。他要求死，说死"是
光明与自由的诞生"。那是他的最后的诗作罢。那也许是预言者徐志
摩的遗嘱罢。在从《猛虎集》到《云游》之间的诗，在形式上是特
别地纯正了，内容方面，只是"残破的思潮"。那是"黑暗与虚无"
之追求了。

诗人是轻轻地悄悄地走了的。在这世界上，虽是遗留了些"散
叶子上的零碎杂记"，然而也算他达到了他的"认识、实现、圆
满"。他到那边山顶上试去，可是他到底达到了那山峰上还是坠
到万丈的深渊了呢？他完成了"新月"诗派的全运命。他在《云
游》里说：

一年，又一年，再过一年，

新月望到圆，圆望到缺。

——《云游》

"志摩感情之浮，使他不能为诗人，思想之杂，使他不能成为文人，"这是他引他朋友的话。可是他自己倒说"我的一生的周折，大都寻得出感情的线索。"那么，他的"云游"，是不是有他的 Simple faith 的感情的线索的呢？

（一九三四年五月廿三日至六月六日）

追记：

在完稿后七天之今日，始在赵景深先生处看见了北新原版之《志摩的诗》。新月版是由作者删过了的。因为根据新月版之故，也许失掉不少的好材料。同时由两种不同的版本之差异所表示出来的作者之思想之变迁未被估量，这不能不算我的一个过失，特此追记。

六月十二日夜

（原载 1934 年 7 月 1 日《文学》第 3 卷第 1 期）

291

《翡冷翠的一夜》

朱 湘

翻开徐君志摩的第二个诗汇，第一首便是与书名相同的《翡冷翠的一夜》。看完这首诗，倒觉得满意。我心里想，要是这本书篇篇都是这样，那就也算得现今国内诗坛上一本水平线上的作品了。

那知道看下去，一首疲弱过一首，直到压轴一首《罪与罚》，我看了简直要呕出来。

这首诗想学白朗宁（Robert Browning）而学得肉麻。一般翻过《英国文学史》的人都知道，白氏的长处在观察细密。所以我替徐君着想，要是想把这篇《罪与罚》作得像个样子，他就应该描摹那守活寡的女子的心理以及那一对姊妹是怎样受愚的，这样庶几诗中能有精彩，但是徐君不能这样作，他只是用一个肉麻的干柴烈火的成语，便把那活寡妇一笔勾销了，再用一个上海滩臭味十足的并蒂莲比喻便把那一对姊妹敷衍过去了。干柴烈火，一拍就上，这是谁也知道，并且几百年前夕已有人说过了。要在这新诗坛上拿这题目来作一首诗，那时我们便要作者告诉我们那干柴的心理那烈火的心理以及它们是怎样拍上的。他如若只能把这一句话再背一遍，那就我们这班读者只好冷笑一声或痛骂一阵。这首诗的主人翁不单写得肉麻，并且令人作恶。我们只听到他说自己的性情是这样，但作者并不曾罗举出事实来证明这主人翁实在生性如此，并非自动堕落。他又说他忏悔了，这又谁不会说？作者应该写出他因忏悔而发生的行为以证明他实已忏悔，并非空口说白话才对呀！

自从托尔斯泰作《复活》以来，这种题目在西方久已作滥了。拿一个作滥了的题目来作，结果只作出了这样一个东西，我真替作者流汗。白朗宁的短处大家都知道是复杂碎啰唆，这两种特点徐君倒学着了。

再讲用韵。不管是土白诗也好，国语诗也好，作者既然用了韵，这韵就得照规矩用。真的规矩极其简单，这规矩就是：作那种土白诗用那种土白韵，作国语诗用国语韵。徐君一面"压根儿""这年头儿"的在那里像煞有介事的不单是作国语诗简直是作京兆土白诗了，但是作到一行的尽头，看官免不了打寒噤，因为在那里徐君用的是硖石土白韵。

真能像刘半农那样作一本不愧为土白文学的《瓦釜集》，我们是要很欢迎的。我个人以前曾经作文介绍过鲁迅的《呐喊》，以前曾经作文介绍过杨晦的戏剧，便是想提醒大家对地方文学与土白文学的注意，要作"压根儿"的京兆土白诗在外国饭店的跳舞场上决作不起来，作硖石土白诗的地方也决不是花园别墅。

徐君没有汪静之的灵感，没有郭沫若的奔放，没有闻一多的幽玄，没有刘梦苇的清秀，徐君只有——借用徐君朋友批评徐君的话——浮浅。

（选自朱湘著，上海生活书店版《中书集》）

徐志摩小品序

阿 英

作为一代的诗人徐志摩死了。在他死后，周作人写了一篇《志摩纪念》，其间，论他的文章道，"散文方面，志摩的成就也并不小。据我个人的愚见，中国散文现有几派，适之仲甫一派的文章清新明白，长于说理讲学，好象西瓜之有口皆甜。平伯废名一派涩如青果。志摩可以与冰心女士归在一派，仿佛是鸭儿梨的样子，流丽清脆，在白话的基本上加入古文方言欧化种种成分，使引车卖浆之徒的话进而为一种富有表现力的文章，这就是单从文体变迁上讲也是很大的一个贡献了。"这话是很对的，徐志摩在诗的方面对中国诗的运动有着很大的贡献，同样的，在散文方面，也着实尽了不少力。

这里，我想说一说他的散文和小品。他的这一类作品，第一是充满着丰富的想象力；作为诗人的徐志摩，在想象力方面，本是特殊强的，这一样的反映在小品文方面，那些作品，大都是"流丽轻脆"，到处都反映了他的想象之流，如一只银翅在任何地方闪烁。第二，是那勇猛的探索光明的热情。徐志摩对于现状是不满的，他的心，什么时候都渴望着光明，在小品文方面一样的显示着。第三，可以说到文字了。志摩的文字，前面已经说过，是一种新的文体，组织繁复，词藻富丽。周作人说他可以和冰心合起来成一派，我的意思，二者的确是不同的，徐志摩应作为一个独立的体系论。

在小品文的写作上，徐志摩的发展，也是多方面的，他最喜欢写的，大概是属于瞑想的一类的小品，用一颗宁静的心，抓住了一个问题的中心，慢慢地发展开去，而且发展得很远，甚至把问题的每个细胞，也同样的加以发展又发展。如《北戴河海滨的幻想》，如《想飞》，都是属于这一类。其次，就是哀悼的小品了，一种真挚的热爱的感情，在每一篇里都是深蚀着，如《我的祖母》之类。其三，是记游的小品文，徐志摩的记游，是很少写景物的。他是以更大的力量写人情事件，如《游俄辑》，如《南行杂记》，是这一类。最后就是其他的小品了，如《天目山中的笔记》、《翡冷翠山居闲话》等等的富于田园诗人风之作，以及叙述外国作家的文章，关于刘梦苇的启事，他的题材的范围是非常的开扩。

茅盾有一篇《徐志摩论》，很深刻地说明这一作家道：志摩的诗"所咏叹的，就只是这么一点'回肠荡气'的伤感的情绪；我们所能感染的，也只有那么一点微波似的轻烟似的情绪。然而这是一种'体'——或一'派'，是我们这错综乱动的社会内某一部分人的生活和意识在文艺上的反映。不是徐志摩，做不出这首诗！他是中国布尔乔亚'开山'的同时又是'末代'的诗人。《猛虎集》是志摩的'中坚作品'，是技巧上最成熟的作品；圆熟的外形，配着淡到几乎没有的内容，而且这淡极了的内容也不外乎感伤的情绪，——轻烟似的微哀，神秘的象征的依恋感喟追求"，这些都是发展到最后一阶段的现代布尔乔亚诗人的特色。这论断，是很对的，就是从他的小品文看来，所能得到的结论，也是如此。和发展到了高度的现在世界一样，外形无论怎样的圆熟，内容日渐空虚的，只有驰骋着的想象，堆砌的修词，来作内容贫乏的挽救。

徐志摩在新文学运动中，他是一个优秀的作家，他有他的贡献，也有他的特点，如前面所说的一样。但他是"为谁辛苦为谁忙"呢？这是应该认取的。不仅对徐志摩，对任何作家，也应该有同样的了解。徐志摩死了，"我不知道风向那一方向吹"，这最后的怅惘，现在大概还是同样存在许多作家的心中吧。然而，怎么办呢？

（选自阿英编《现代十六家小品》[上海光明书局
1935年10月再版] 第385～387页）

谈谈徐志摩的诗

陈梦家

　　五四时代所出现的初期白话诗，是想冲破旧诗的诗式用语体来表现新的时代的内容。那时间白话诗的形式，有些还多少残余着他们意图冲破的旧诗词的形骸，有些又表现为比较零散的小诗，似乎都不曾找到比较恰当的表现形式。人们还是回忆着旧诗词的音调和它的可以吟诵上口的好处。但是，由于在旧形式的束缚中解放出来，追求一种时代的新精神，因此固然在形式上有各种不同方向的试探，白话诗到底更自由的叙述了五四时代人们的思想感情。

　　大约在一九二四年，徐志摩用宣纸仿宋体所印的一册新诗集出版了。初印本是线装的，蓝色的封面，共收五十五首。一九二八年改订为四十一首，新书装订，内容也有了部分的修改，仍然叫做《志摩的诗》。他的清新活泼的诗句，曾经受过读者的喜爱；由于他两次编辑过《诗刊》，他的诗也影响过同时其它的诗作。从一九二二年起到一九三一年止，他一共印了四本诗集。和同时代的作者相比，他写过比较多的诗。这些诗，尽管已经过了二十五年以上，我们当时读过的而今日重翻一遍，觉得其中有些首都并没有忘记。徐志摩的诗的好处之一，就在于此。

　　初印本第一首诗是《这是一个怯懦的世界》（容不得恋爱，容不得恋爱）。在第二节中他说：

　　　　听凭荆棘把我们的脚心刺透，

听凭冰雹劈破我们的头，
你跟着我走，
我拉着你的手
逃出了牢笼，恢复我们的自由！

　　这代表志摩当时对于个性自由的热烈的要求。这时候正是他和他
第一次结婚的妻子离婚，受到当时社会和亲族的反对，在他第一集诗
中有过不少同类的呼声。我记得他曾说过，他的离婚是为了反对旧式
的不自由的婚姻，他要反对这种制度，无论付出多么大的代价。不幸
的是他第二次自主婚姻以后，在生活上受到了更大的折磨与痛苦。但
是，对此他没有表示悔恨。在他十年写诗的期间，对于旧社会的黑暗、
冷酷与顽固，他是有过咒诅的，但是他一直愉快而乐观的活着，不曾
颓废过。就象上述一诗中的末了所说：

　　　去到那理想的天庭——
　　　恋爱，欢欣，自由——辞别了人间，永远！

他希望把现实的人间忘记，而逗留在他"理想"中间。
　　然而，现实世界种种，是不能如他所愿的"去罢"。他还是生活在
"血红的太阳，满天照耀，照出一个我，一座破庙！"（《破庙》）在《志
摩的诗》内有两组诗是值得提出的。一组是长句子近于散文的《灰色
的人生》、《毒药》、《白旗》、《婴儿》等四首，充满着青年人对于现实
的不满的许多热情的呼吁。这些感情是有些混乱的。不能忍受"灰色
的人生"，不能忍受"暴力侵凌着人道，黑暗践踏着光明"；他要一切
受抑制的感情"象暴雨倾盆似的流"，他要"盼望一个伟大的事实出现"。
这些诗句虽然有对于现实的激愤与反抗，但是正如他自己一首诗的题
目所说的，"我不知道风是在那一个方向吹"。对于个人的恋爱自由，
他是斗争到底的；对于整个社会的黑暗面，他只能表现为同情，人道
主义的同情。在另一组诗中，对于打内战的兵士《太平景象》、求帮忙
埋葬别人的好心妇人《一条金色的光痕》、一个死了儿子的妇人《盖上
几张油纸》、一群捡垃圾的人《一小幅的穷乐图》、一个乞讨的女孩《先

生先生》、一对老妇人《古怪的世界》、一个叫化子《叫化活该》等，他都很细致的描绘了他的比较深厚的情感。这些诗的题目，有些是很明显的讽刺，有些是用太美丽的字眼去掩盖一些可痛心的不幸。在重订本中，不知为什么删去了《一小幅穷乐图》，这首诗的确把这些不幸者写得太乐天了。

《志摩的诗》中，占篇幅较多而当时为人称赏的还是他的抒情和写景诗。虽然他自己说，"在这个集子里初期的汹涌性虽已消灭，但大部分还是情感的无关阑的泛滥，什么诗的艺术与技巧都谈不到"（《猛虎集》序文）。但是他对于诗的形式，在当时实在作过不少的试探，也有过成功的经验。虽然他自己说"在二十四岁以前，诗不论新旧，于我完全不相干"（《猛虎集》序文）但是他少年时曾有过旧诗古文的修养，对于他的炼字造句是有影响的。虽然他自己承认"不懂得音乐"（《庐山石工歌》附记），他写诗的确是推敲节奏音调的。譬如《残诗》的头二行：

> 怨谁？怨谁？这不是青天里打雷？
> 关着，锁上；赶明儿瓷花砖上堆灰！

他自以为得音声之妙。在土白俚语之中，他尝欲从其间吸取精华。中国的口语是丰富的而且有音乐性的，我个人总以为这一条道路是正确的。

在诗的形式上，他多少受了十九世纪英、美诗的影响。有些人以为《志摩的诗》是欧化的句子，我想这不大对。倒是在形式上，他的诗很象英文诗。在《猛虎集》中，他的吊"哈代"的诗和他所译的"哈代"的诗，很有相似之处。他所译白雷客的《猛虎》很象他自己的诗的作风。在他集子内，创作和译作很融和的印在一起。然而在用词和语法结构上，我觉得是得于旧诗文和留心口语二事。他的诗，很难说是欧化，也不能说是口语。我们举《沙扬娜拉》一首为例：

> 最是那一低头的温柔，
> 象一朵水莲花不胜凉风的娇羞，

> 道一声珍重，道一声珍重，
>
> 那一声珍重里有甜蜜的忧愁——
>
> 沙扬娜拉！

这一节诗，正是他自己所说的"温柔"，在形式上和他以后所作的《再别康桥》（《猛虎集》）：

> 轻轻的我走了，
>
> 正如我轻轻的来，
>
> 我轻轻的招手，
>
> 作别西天的云彩。

虽稍稍有点不同，后者更精炼一点；然而在情趣上是大致相同的。这些轻松而清新的诗句，可说是志摩的诗的特色。

我以为，志摩的第一集诗比他后来的诗更值得注意一点。这中间有的很粗犷，有的很细致；有的是感情自由的奔放，有的是有意的雕琢。一九二七年他出版了第二集诗——《翡冷翠的一夜》，他自己说这是"我的生活上又一个较大的波折的留痕。……在诗的技巧方面还是那楞生生的丝毫没有把握。"他又说"一多不仅是诗人，他也是最有兴味探讨诗的理论和艺术的一个人。我想这五六年来我们几个写诗的朋友多少都受到《死水》的作者的影响。我的笔本来是最不受羁勒的一匹野马，看到了一多的谨严的作品我方才憬悟到我自己的野性；但我素性的落拓始终不容我追随一多他们在诗的理论方面下过任何细密的工夫。"（《猛虎集》序言）

一多对于这集诗说是"确是进步了——一个绝大的进步"，大约是指诗的技巧。在此第二集诗中，那些粗犷的无关阑的泛滥的情感已经宁静了，那些"灰色的人生""古怪的世界"也没有了。这里大多数是爱情和风景的歌颂。在形式上比以前更精炼一些，用他自己的意思来说，更纯了更美了。只是在这里我们不再论这些诗，而提出比较不同的少数几首。

一九二五年三月，他在西伯利亚道中曾记述他写作《庐山石工歌》

的动机，由于听到了那感人的石工们的"痛苦人间的呼吁"。他说"夏里亚平，俄国著名歌者，有一首叫做《鄂尔加河上的舟人歌》，是用回返重复的低音的仿佛鄂尔加河沉着的涛声，表现俄国民族伟大沉默的悲哀。我当时听了庐山石工的叫声，就想起他的音乐，这三段石工歌便是从那个经验里化成的。"

在第二集中，他有过两首反对内战的诗（《大帅》，《人变兽》）和一首纪念三一八的诗（《梅雪争春》）。我们今天重读他的《梅雪争春》觉得太艳丽了，而他所纪念的是鲜血。但志摩是爱国的，这一点应该肯定。一九二八年五卅惨案以后，他在日记上写道："这几天我生平第一次为了国事难受，固然我第一年在美国时，得到了五四的消息，曾经'感情激发不能自己'过。大前年从欧洲回来的时候，曾经十分'忧愁'过，但这回的难受情形有所些不同。……一方面日本人当然可恶……上面的政府也真是糟，总司令不能发令的，外交部长是欺骗专家，中央政府是昏庸老朽收容所。……"

从一九二七年到一九三一年，他定居于上海，他的诗收在《猛虎集》和《云游》两集中。后者是他死后编成的，用云游两个字哀悼他的早死。在《猛虎集》中有一首《黄鹂》，很象是志摩一生的写照：

> 一掠颜色飞上了树。
> "看，一只黄鹂！"有人说。
> 翘着尾尖，它不作声，
> 艳异照亮了浓密——
> 象是春光，火焰，象是热情。
> 等候它唱，我们静着望，
> 怕惊了它。但它一展翅，
> 冲破浓密，化一朵彩云；
> 它飞了，不见了，没了——
> 象是春光，火焰，象是热情。

这首诗也可以作为他晚期的典型。这一个时期，如他在（《猛虎集》序文）所说的"最近几年生活不仅是极平凡，简直是到了枯窘的深处"。

这是很确实的，不仅是枯窘，简直是窘迫了。

他本来是个笑容满面的人，总是谈诗说文，很少涉及他自己的生活。一九三一年十一月，我和他有过仅仅一次，也是最后一次，严肃的谈话。那是在鸡鸣寺的楼上，窗外是玄武湖的秋光。他无心赏阅深秋的景色，和我谈起他的生活来了。他说这样活不下去了，"这样的生活，什么生活，这一回一定要下决心，彻底改变一下。"他并没有说怎样改，我那时也不大懂。第二天他坐飞机上北京，在泰山附近坠机而亡。他活了整三十五岁。

志摩的出身、教育、经验与对于西洋文学的爱好，都和一多有些相似的地方。但是他后来的方向不同，结局也不同。志摩的诗是温柔的、多情的、自由奔放的、更多一些个人的情感；一多的诗是敦厚的、热情的、谨严的、更多一些爱国主义的情绪。志摩的为人是温和的，一多的为人是激烈的。他们后来所处的环境也不同：一多始终在北方大学里教书，而志摩住在十里洋场之中。志摩如他自己所说的，为都市生活压死的；而一多的晚年为革命而牺牲。一个是意外的可惋惜的早死，一个是至死不屈的悲壮的成仁。他们两个人的不同的性格，在他们的诗中也可以看出。

志摩去世已经二十五年，中国已经有了根本的巨大的变化。他所生活的时代和社会，已经成为历史的陈迹。中国正朝着一个社会主义的方向向前进，作为五四以后一个青年的志摩的苦闷已根本不存在了。在我们文学事业向前跃进的时候，我们不妨回顾一下五四以来文学走过的道路，这中间的好处坏处都同样可以有益于未来的文学实践。因此，我以志摩的诗作为五四以来新文学发展过程中的资料，试加以初步的叙述。根据了我以上所叙述的，我个人以为他的诗还是可以重选，并应该加以适当的说明。

（原载 1957 年 2 月 25 日《诗刊》第 2 期）

301

也谈徐志摩的诗

巴 人

读了陈梦家的《谈谈徐志摩的诗》，也读了徐志摩的四册诗集——《志摩的诗》，《翡冷翠的一夜》，《猛虎集》，《云游》。我不能同意陈梦家的意见，对徐志摩的诗是过分赞扬了。我还是保留着二十年前的意见。

二十年前，即一九三七年，《文学》出版了一册新诗专号。在那里我用屈轶的笔名，发表过一篇《论新诗的踪迹与其出路》。在那篇文章里我把新月派的诗，是看作失掉了革命性的资产阶级的诗派。"一九二七年的大革命，并没有给资产阶级诗人以一种若何新的力量与生命，反而更使他们在'优闲的感情的享乐，与'美幻的事物的追求中'，向形式的桎梏里沉落下去。所谓新月派的诗就在这种情形里滋长着。他们把五四前后文学革命的大众化的形式，幻化成另一种美术的装饰画了。这就成为艺术的新贵族，益发远离了大众的生活内容。"

这里所指的新月派，就是徐志摩。但是，要求象徐志摩那样的资产阶级诗人的诗有大众的生活的内容，那是我那时的天真想法。

陈梦家认为徐志摩的诗的好处，至少有如下几点：

第一，他创造了"清新活泼"的新诗的形式。第二，他表现了"对于个性自由的热烈的要求"，他诅咒过"旧社会的黑暗、冷酷与顽固"，"充满着青年人对于现实的不满的许多热情的呼吁"，他还表现了"人道主义的同情"，并且还都很细致的描绘了他的比较深厚的感情。第三，他为徐志摩的《庐山石工歌》特表一笔，仿佛徐志摩是个革命诗人似

302

的了。

对以上这三点意见，我有不同的看法。

我按着年代次序读了徐志摩的诗，我觉得表现在他诗里的生活内容越到后来越空虚，因而他的诗的形式也越到后来越做作，叫人读了"莫名其妙"。我们知道：形式主要是由内容决定的。诗人有丰富的生活的感受，然后才能有多采的诗的形式。有饱经忧患的杜甫的生活，才有纪事、述怀、写景、叙情，婉转自如的《北征》那样光辉诗篇。诗的形式不限于格律，格律仅是诗的形式的一个条件，然而专门注意诗的格律的人，不仅会损害诗的内容和意境，也会损害诗的形式。我以为徐志摩是那样一种诗人：自我以外没有世界，生活的天地是很小的。因之，人也就象动物似的，性爱成为他唯一的灵感的泉源。这是谈不到什么个性解放的。他的诗大半是一些爱情诗，然而又由于绅士的性格，好修饰，爱雕琢，连爱情诗也看不到有什么内容，象拜伦在《唐璜》中所抒发的。他的诗大半是从一些生活的感触而发，但不是有什么深厚的感受。他从这小小感触中来大做文章，雕琢字句，这自然不能引起别人的感动。例如，他最后的一首诗：《爱的灵感》，注明是"奉适之"的。并且说"下面这些诗行好歹是他撩拨出来的，正如这十年来大多数的诗行好歹是他拨出来的！"。这一首几乎有四百行的诗，句子是齐整极了，几乎每句九字，有时仿佛压脚韵，有时又没有。有时，一句话，截做两半分行写，顺着念下去，又象是散文。我反复读了三遍，既感染不了它们的感情，也摸不出它的意思。还有不少生造的句子，什么"一发的青山"、"一翳微妙的晕"、"我开口唱，悠扬里有你"，象这样不合语法的句子，在徐志摩的诗里是常见的。就以陈梦家认为是"正确的道路"的《残诗》一首来说吧，我认为那样的诗，就是音节推敲得怎样铿锵，也不过是"文字游戏"罢了。我们不妨把它全首录了下来。

怨谁？怨谁？这不是青天里打雷？
关着，锁上，赶明儿瓷花砖上堆灰！
别瞧这白石台阶儿光滑，赶明儿，唉，
石缝里长草，石板上青青的全是莓！

那廊下的青玉缸里养着鱼，真凤尾，
可还有谁给换水，谁给捞草，谁给喂？
要不了三五天准翻着白肚鼓着眼，
不浮着死，也就让冰分儿压一个扁！
顶可怜是那几个红嘴绿毛的鹦哥，
让娘娘教得顶乖，会跟着洞箫唱歌，
真娇养惯，喂食一迟，就叫人名儿骂，
现在，你叫去，就剩空院子给你答话！

    试念这首诗可有引起我们"感伤之情"的力量吗？没有！但这原因何在呢？由于他在《残诗》中所表现的故家的衰败，显然是一种在自己颓废心情中对未来的拟想而不是有什么真实的感受。这是不同于曹雪芹在林黛玉的葬花词中所表现的自己身世凄凉的感受的。但他为了掩饰这种虚伪和虚幻的感情，就不得不从事于文字的雕琢、音节的推敲了。陈梦家说，从土白俚语中去吸取"音乐性"的精华是一条正确的道路，徐志摩就是这样走过来的。但我以为诗人首先还是应该从人民生活中去吸取思想感情的精华，从人民的欢乐与高歌中去吸取诗的"音乐性"的精华，有与人民打成一片的生活，才有和人民相共同的语言的。

    徐志摩的确有些"同情"穷苦人的诗，也有些反对军阀混战的诗。但那些诗里所表现的人道主义，是虚伪的，不真实的，是脱离不了他那资产阶级的舍施观点的。用硖石和白土写的《一条金色的光痕》，就是描写一个妇人，为了掩埋一个死了的邻人孤老姓李的，向有钱老太太讨件旧衣裳做殓衣的一段经过。最后几句是这样的：

    喔唷，太太认真好来，真体邮我拉穷人……格套衣裳正好……喔唷，害太太还要难为洋钿……喔唷，喔唷，……我只得朝太太磕一个响头，代故世欧谢谢！喔唷，那末真多谢，真欧，太太……

    全诗与其说是抒发自己对穷苦人的"同情"，还不如说主要是歌颂对富人的舍施的"人道"，所以诗人把这认为是人间的"一条金色的光痕"了。徐志摩的"人道主义的同情",倒是站稳了他那资产阶级的立场的。这同有些伟大作家背叛了自己的阶级的人道主义,例如托尔斯泰之在《复活》中所表现的,是完全不同的。在徐志摩诗中给予"叫化","兵士","死了儿子的妇人"等等人们的感情,是偶发的怜悯,而不是真切的同情。

就因为如此,徐志摩可以在庐山听到石工的歌声,写《庐山石工歌》,但在另一方面却痛恨无产阶级文学。陈梦家说是由于他听到了那感人的石工们的"痛苦人间的呼吁",所以写这诗的。其实与其说徐志摩真的因石工的苦痛生活而有所感动,还不如说,他在悠闲的享乐的生活中欣赏地听着石工的歌声。所以他在后记中说:"我那时住在小天地,正对鄱阳湖,每天早上太阳不曾驱净雾气,天地还只暗沉沉的时候,石工们已经开始工作,浩埃的声音从邻近的山上度过来,听了别有一个悲凉的情调,天快黑的时候,这浩埃的声音也特别动人。"这不就等于说,只不过石工的歌声和节奏,感动了我们的诗人的灵魂,而对于石工的苦痛的生活是否有所感受呢?没有的。形式主义的诗人是善于抽掉生活的内容来欣赏生活的形式的。连别人的苦痛的生活,也"当作"自己的美感来享受的。我们只要一读那《庐山石工歌》,除了满篇唉浩以外,就只插叙些早上,中午和晚上的景色的变化。他之所以写这篇《庐山石工歌》,就因为在石工的"唉浩"声中感到了什么音节之美吧!有什么丝毫"苦痛人间的呼吁"的表现呢?

在这里,看来陈梦家是想把徐志摩装扮为一个革命诗人的,但这心机是落空的。请读一下《西窗》的诗的一节吧:

> 再有从上帝的创造里单独创造出来曾向农商部呈请创造专刊
> 的文学先生们,这是个奇迹的奇迹,
> 正如狐狸精对着月光吞吐她的命珠,
> 他们也是在月光勾引潮汐时学得他们的职业秘密。
> 青年的血,尤其是滚沸过的心血,是可口的。——
> 他们借用普罗列塔里亚的瓢匙在彼此请呀请的舀着喝,
> 他们将来铜像的地位一定望得见朱温张献忠的。

你瞧，徐志摩是不是切齿咬牙地痛恨那时提倡无产阶级文学的革命者呢？无产阶级要革命，对资产阶级诗人说来，自然是不得不痛恨了。可惜，陈梦家不能理解已故徐志摩的遗志，竟把他的铜像的地位望得见工农兵了。

　　但我并不完全否定徐志摩在新诗上的一定的成就，并且也不反对出版社出版他的诗的选集，在徐志摩的四册诗集里，也有一些好诗。从诗的生活内容和感情的健康方面来说，那么《志摩的诗》较之后三册是更好些的。他那表现资产阶级的人道主义的诗，对今天的读者说来，也不至于有害，同时，读者也还可以从它们看出一些时代的影子。作为五四以来新诗的发展过程中的一个流派——资产阶级文学的流派，如果也可以在我们的文艺园地中留下一道痕迹，那么，徐志摩的诗是有代表性的。从徐志摩的诗中，我们也可以看出中国资产阶级的软弱、动摇和找不到自己出路的那种苦闷的精神。

我骑着一匹拐腿的瞎马，
　　向着黑夜里加鞭；——
向着黑夜里加鞭，
我跨着一匹拐腿的瞎马！

我冲入这黑绵绵的昏夜，
　　为要寻一颗明星；——
　　为要寻一颗明星，
我冲入这黑茫茫的荒野。

累坏了，累坏了我跨下的牲口，
　　那明星还不出现；——
　　那明星还不出现，
累坏了，累坏了马鞍上的身手。

这回天上透出了水晶似的光明，
　　荒野里倒着一只牲口，

黑夜里躺着一具尸首——
这回天上透出了水晶似的光明。

　　这首题叫《为要寻求一颗明星》的诗，我以为确是徐志摩的命运的写照——一个中国资产阶级诗人的命运的写照。今天诗空上出现的明星自然不是他们的了。

（原载 1957 年 11 月《诗刊》第 11 号）

307

徐志摩的反动诗歌

复旦大学中文系现代文学教研室

　　徐志摩是买办资产阶级诗人，是新月派的代表人物。他著有诗集《志摩的诗》、《翡冷翠的一夜》、《猛虎集》、《云游》，散文集《自剖》、《巴黎的鳞爪》，小说《轮盘小说集》，剧本《卞昆冈》（与陆小曼合作），日记《爱眉小札》。他从一九二二年留英回国到一九三一年飞机失事死亡，在中国文坛上活动了大约十年。在资产阶级右翼从新文学的统一战线中分化出去以后，他一直是作为资产阶级文学的代表人物与革命文学相对抗的。就是他死后，资产阶级也一直拿着他的灵牌，妄图对抗、抵制文学革命。

　　徐志摩宣扬"为艺术而艺求"，鼓吹"天才论"、"灵感论"等唯心主义的文艺思想。但只要看看他的作品，就很容易看到，"为艺术而艺术"只不过是一块破烂的遮羞布。他就在这块遮羞布的遮盖之下，随着阶级斗争的发展，越来越反动。

　　徐志摩写过许多名为爱情实则色情的诗。这些诗不是写"她的负心，我的伤悲"就是写无聊的两性追求和恋爱中的磨难。或者是男女间的庸俗的调情。肉麻、下流的字眼，如"腰身""酥胸""香唇"等，在他的诗中是屡见不鲜的。他所欣赏的是"别拧我，疼——一个精圆的半吐。"这一类诗，丝毫没有反封建意义，只有腐蚀读者尤其是青年的反动作用。

　　徐志摩有一些诗，站在地主、买办的立场，美化在三座大山压榨下劳动人民的苦难生活，描写财主的"慈善"，抹煞尖锐的阶级矛盾，鼓吹阶级调和。他在《一小幅的穷乐图》里，把垃圾堆比作"是个金山"，而衣衫破烂的拾荒的老婆婆、中年妇女、小女孩比作"寻求黄金者"，她们为拣到"上好一块布条"，"一块鲜肉骨头"而欣喜非常。大家都怡然自得，乐在其中，似乎垃圾堆是一个天堂。而《一条金色的光痕》则是描写财主如何大发慈悲，施舍钱财，施舍棺材给那些乡下的穷苦人，这就是"一条金色的光痕"！

徐志摩对于反动统治者——清朝最后一个皇帝溥仪被赶出皇宫则表现十分深切的同情。

> 怨谁？怨谁？这不是青天里打雷！
> 关上，锁上；赶明儿瓷花砖上堆灰！
> 别瞧这白石台阶儿光滑，赶明儿，唉！
> 石缝里长草，石板上青青的全是莓！
> ……
> 顶可怜的是那几个红嘴绿毛的鹦哥，
> 让娘娘教得顶乖，会跟着洞箫唱歌，
> 真娇养惯，喂食一迟，就叫人名儿骂，
> 现在，您叫去！就剩空院子给您答话！
>
> ——《残诗》

这不是一般的清朝遗老遗少的思想感情，简直是溥仪身边的太监亲信的奴才的思想感情！

当然，徐志摩毕竟与封建遗老遗少有所不同，这就是他的洋奴买办性。徐志摩在剑桥大学留学过，他竭力美化、吹捧、歌颂剑桥大学，写了《康桥》、《再别康桥》、《我所知道的康桥》（康桥即是剑桥——录者注）等诗文。他写道：

> 在康桥的柔波里，
> 我愿作一条水草！
>
> ——《再别康桥》

这比"外国月亮也比中国圆"还走得更远。对于资本主义文化，徐志摩总是大力鼓吹、颂扬备至的。甚至对法西斯御用文人邓南遮，徐志摩也加以无耻的吹捧。

对于革命和革命文学，徐志摩则刻骨仇恨，疯狂反对。他在《列宁忌日——谈革命》一文中说："俄国革命是人类历史上最残刻苦痛的一件事实"，并叫青年人"不要轻易讴歌俄国革命"，"这不是闹着玩的事情"，还公开说他"不希望他的主义（按指列宁主义）传布。我怕他。"对社会主义革命和马克思列宁主义的又恨又怕的心情说得明明白白。当时，陈毅同志写了《在列宁逝世周年纪念日与徐志摩的争论》，对徐志摩的反革命论调作了严正的批判，这是陈毅同志青年时代在思想战线上的一个重要的功绩。徐志摩在他的诗中，也一再地污蔑、攻击革命和革命文学：

> 还有廉耻也告了长假，
> 他躲在沙漠里住家；
> 花尽着开可结不成果，
> 思想被主义奸污得苦。
>
> ——《秋虫》
>
> 青年的血，尤其是滚沸过的血是可口的：——
> 他们借用普罗列塔利亚的瓢匙在彼此请呀请的舀着喝。
> 他们将来铜像的地位一定望得见朱温张献忠的。
>
> ——《西窗》

这根本不是什么诗，而是赤裸裸的反对革命和革命文学的叫嚣，是十足的反革命标语口号！

徐志摩许多诗，在形式上是西洋诗歌的生搬硬套，他的一些十四行诗就是如此，还有另外一些诗由于无视于汉语的特点和中国诗歌传统，也搞得不伦不类。徐志摩大多数的诗都刻意雕琢，有不少写得矫揉造作，但也有一部分是有一定的技巧、有一定的艺术性的。然而，由于其思想腐朽、反动，带有一定艺术性就更能毒害人民，就更有危害作用，所以也就更应该批判。

（选自一九七八年上海复旦大学中文系编印
《中国现代文学史》上册第二编第二章）

评徐志摩的诗

陆耀东

　　徐志摩是中国现代资产阶级文学流派"新月"派的代表人物，以诗人、散文家著称❶。长期以来，人们对他的评价很不一致。二十年代和三十年代，革命文学阵营中鲁迅等许多同志，曾对徐氏进行过尖锐的批评；新月派成员以及徐志摩的其他友人（包括"左联"中的个别同志），则对他及其创作，备加赞扬。五十年代，我国学术界曾就徐志摩的诗，展开过讨论❷。列宁说：我们"应当取得资本主义的一切宝贵东西，取得全部科学和文化。"❸在无产阶级领导人民同帝国主义及其走狗作殊死搏斗的年代，我们着重对徐志摩在政治斗争和文艺思想论战中的错误以及创作中的消极因素进行剖析，以免读者受到不良影响，那是正确的。今天，我们把他的诗，作为历史上的一种文学现象进行全面的分析，作出历史唯物主义的评价，并总结经验教训，也是必要的。

一

　　作家的创作，是一定社会生活在作家头脑中反映的产物。因此，

---

　　❶ 他也写小说，著作有《轮盘》集，但成就甚微。

　　❷ 一九五七年我在《文艺报》第三十五期上发表的一则短文中，曾简略地论及徐诗的评价问题，但只谈了它的消极面，因此也不免有片面性。

　　❸ 《苏维埃政权的成就和困难》，《列宁全集》第二九卷第五四页。

一方面，作品不能不打上作家世界观的烙印；另一方面，忠实于现实的作家，其作品又往往能在或一定程度上形象地反映出现实的某些本质、真实方面。我们分析作品，既不能用对作家思想的分析代替对作品本身的分析，而应以作品实际情况为依据；又不能不了解作家的思想，完全离开了作家的思想是难以正确理解作品的。

徐志摩（一八九六——一九三一）出身于一个封建色彩甚浓的富商家庭。一九一五年进入大学，一九一八年赴美留学，攻银行学及社会学。这时有爱国意识，希望学成有益于国家和民族❶。一九二〇年横渡大西洋，由美抵英，入剑桥大学学习，兴趣转向文学，开始写诗。一九二一年回国，一直在文艺界活动，参加过新月社和现代评论派等社团，同时也常在一些高等学校任教。

徐志摩开始写诗的时候，他的世界观已基本形成。但是后来他还一再声称："我的思想——如其我有思想——永远不是成系统的。"❷确实，他的思想是很驳杂的。然而我们仍可以从中理出一个基本线索。关于徐志摩的思想，胡适曾经说过："他的人生观真是一种'单纯信仰'，这里面只有三个大字：一个是爱，一个是自由，一个是美。他梦想这三个理想的条件能够会合在一个人生里，这是他的'单纯信仰'。他的一生的历史，只是他追求这个'单纯信仰'的实现的历史。"❸我以为，这只是看到了事物的表象，徐志摩的思想核心还是民主个人主义。民主个人主义思想是支配徐志摩的思维活动和实践活动的决定因素。徐氏认为：人类社会发展的根本原因，是在人们的性灵。徐志摩的理想，是个人性灵得到最大自由的发展（对爱、自由的追求和美的享受都包括在内）。

徐志摩不承认生产和经济关系是人类社会人与人之间的基本关系。他说："人在社会里本来是不相连续的个体。感情，先天的与后天的，是一种线索，一种经纬，把原来分散的个体，织成有文章的整体。……感情才是织成大网的线索。"❹

---

❶ 参见《徐志摩年谱》（陈从周编）。

❷ 徐志摩：《落叶》，见散文集《落叶》，北新书局一九二六年版。

❸ 胡适之：《追悼志摩》，载《新月月刊》四卷一期。

❹ 徐志摩：《落叶》。

徐志摩对当时的中国现实也不是不满的，但是他把社会问题的根源归咎为各个人的灵魂的不洁。他说："让我们痛快的宣告我们民族的破产，道德，政治，社会，宗教，文艺，一切都是破产了的。我们的心窝变成了蠹虫的家，我们的灵魂里住着一个可怕的大谎！……我们张开眼来看时，差不多更没有一块干净的土地，那一处不是叫鲜血与眼泪冲毁了的，更没有平安的所在，因为你即使忘得了外面的世界，你还是躲不了你自身的烦闷与苦痛。不要以为这样混沌的现象是原因于经济的不平等，或是政治的不安定，或是少数人的放肆的野心。这种种都是空虚的，欺人自欺的理论，说着容易，听着中听，因为我们只盼望脱卸我们自身的责任，只要不是我的份，我就有权利骂人。但这是，我着重的说，懦弱的行为；这正是我说的我们各个人灵魂里躲着的大谎！你说少数的政客，少数的军人，或是少数的富翁，是现在变乱的原因吗？我现在对你说：先生，你错了，你很大的错了，你太恭维了那少数人，你太瞧不起你自己。让我们一致的来承认，在太阳普遍的光亮底下承认，我们各个人的罪恶，各个人的不洁净，各个人的苟且与懦怯与卑鄙！我们是与最肮脏的一样肮脏，与最丑陋的一般的丑陋，我们自身就是我们运命的原因。"❶从这里，我们可以看出，他反对从社会制度、从经济上、政治上、从反动阶级身上去探求社会黑暗和罪恶的根源，而主张从每一个人的性灵中去寻找。这也就使得他对社会的政治斗争的认识，往往是错误的。对待帝国主义，他虽然还有民族意识与爱国感情，因此不仅不满，有时还觉得是"可恶"，但他认为，帝国主义欺侮我们，主要是我们太昏庸；要解决这个矛盾，得从本身入手，无须进行反帝斗争。对国内的封建势力，徐志摩也是不满的，也同样反对采取革命的手段。

徐志摩还认为，只要谁能使性灵得到自由发展，他就崇拜谁。他说："不论是谁，不论是什么力量，只要他能替我们移去压住我们灵性的一块昏沉，能给我们一种新的自我的意识，能启发我们潜伏的天才与力量来做真的创造的工作，建设真的人的生活与活的文化——不论是谁，我们说，我们都拜倒。列宁，基督，洛克佛拉，甘地；耶稣教，

---

❶ 徐志摩：《落叶》，见《落叶》集。

拜金主义，悟善社，共产党，三民主义；——什么都行，只要他能替我们实现我们所最需要最想望的———个重新发见的国魂。"❶这自然是极而言之，但却很清晰地暴露了他的思想核心。

怎样才能臻于他的理想的境界？他并没有完整的方案，只是说，要"彻底的来过"，"完全的再生"，造出新的洁净的躯体、灵魂和生活；"我们不承认已成的一切，不承认一切的现实；不承认现有的社会，政治，法律，家庭，宗教，娱乐，教育；不承认一切主权与势力。……但我们说不承认已成的一切的束缚的意思，并不是与现实宣战，那是最不经济也太琐碎的办法"❷。他的正面主张比较抽象："往理性的方向走，往爱心与同情的方向走，往光明的方向走，往真的方向走，往健康快乐的方向走，往生命，更大更高的生命方向走……，我恨的是时代的病象，什么都是病象：猜忌，诡诈，小巧，倾轧，挑拨，残杀，互杀，自杀，忧愁，作伪，肮脏。"❸他恨的时代病象都是表面现象，没有看到这些病象产生的根源是社会上存在压迫者和被压迫者，剥削者与被剥削者。

徐志摩公开宣布：

> 我是一个不可教训的个人主义者。这并不高深，这只是说我只知道个人，只认得清个人，只信得过个人。我信德谟克拉西的意义只是普遍的个人主义；在各个人自觉的意识与自觉的努力中涵有真纯德谟克拉西的精神：我要求每一朵花实现它可能的色香，我也要求各个人实现它可能的色香。❹

他在论及人们讲话时，也是用是否表现了个性、性灵的真，作为标准来加以区分。他把"话"分为几类，其中一，"正式集会的演说，不论是运动女子参政或是宣传色彩鲜明的主义；学校里讲台上的演

❶ 徐志摩：《列宁忌日——谈革命》，见《落叶》集。
❷ 徐志摩：《青年运动》，见《落叶》集。
❸ 徐志摩：《再剖》，见《自剖文集》，新月书店一九三一年版。
❹ 徐志摩：《列宁忌日——谈革命》。

讲，……都是无条件的根本的绝对的不值得一听的话。"二，"绝对的值得一听的话，是从不曾经人口道过的，整个的宇宙，只是不断的创造；所有的生命，只是个性的表现。真消息，真意义，内蕴在万物的本质里。"❶

徐志摩对当时国内外重大政治事件的看法、判断和评价，也是从民主个人主义这一基本立场出发。"五四"时，他曾"感情激发不能自已"❷；一九二三年，蔡元培先生等反对北洋军阀任命彭允彝长教育部，徐也站在蔡先生一边，发表文章《就使打破了头，也要保持我灵魂的自由》，称赞了蔡先生"拿人格头颅去撞开狱门的精神"❸；一九二五年，《甲寅》代表封建势力，向新文化反扑时，徐志摩撰《守旧与"玩"旧》，予以回击❹；一九二六年，段祺瑞反动政府制造了"三·一八"惨案，徐志摩在《自剖》中说："这回……屠杀的事实不仅是在我住的城子里发见，我有时竟觉得是我自己灵府的一个惨象。杀死的不仅是青年们的生命，我自己的思想也仿佛遭着了致命的打击，……在怨毒，猜忌，残杀的空气中，我的神经每每感受一种不可名状的压迫。"❺一九二八年，日本帝国主义制造的济南惨案发生，他觉得帝国主义分子"可恶"，并为"国事难受"❻。不过，我们应看到，徐志摩对日本帝国主义和中国的反动政府不满，除爱国感情外，主要只是因为他感觉反动势力的某些行径，太专制、太残暴、太不民主、太不人道，才发出微辞。综合他的全部言论和行动，我们会发现，徐氏并不是从根本上反对这些势力的。

对于十月革命，对于列宁，对于马克思主义，徐志摩也是从民主个人主义的立场出发，采取既有所赞许又加反对的态度。在《落叶》中，徐氏称赞了苏联驻华公使加拉罕在升旗典礼上的神态，说："我觉着了他的人格的尊严，他至少是一个有胆有略的男子，他有为主义牺牲的决心，他的脸上至少没有苟且的痕迹。"这里，并不是称赞作为

❶ 徐志摩：《话》，见《落叶》集。
❷❻《徐志摩日记》，见《徐志摩年谱》。
❸ 刊《努力》第 39 期，参见《徐志摩年谱》。
❹ 见《落叶》集。
❺《自剖》，见《自剖文集》。

共产党人的加拉罕，而只是称赞他个人的人格、品质。文章也颂扬了大使馆升起的红旗，说："那红色是一个伟大的象征，代表人类史里最伟大的一个时期；不仅标示俄国民族流血的成绩，却也为人类立下了一个勇敢尝试的榜样。"这正如作者在同一文章里称赞日本人在大地震之后"不悲观不消极不绝望"一样，是肯定"勇猛的毅力"，肯定俄国人民十月革命中所表现的勇毅精神，而不是革命本身。他在《列宁忌日——谈革命》中说，列宁"的伟大，有如耶稣的伟大，是不容否认的。……他的精神竟可说是弥漫在宇宙间，至少在近百年内是决不会消灭的。但我却不希望他的主义传布。我怕他。……铁不仅是他的手，他的心也是的。……青年人，不要轻易讴歌俄国革命，要知道俄国革命是人类史上最惨刻苦痛的一件事实，有俄国人的英雄性才能忍耐到今天这日子的。"他称赞列宁，只是称赞列宁个人，并不称赞列宁主义；他称赞十月革命中俄国人民的个人的英雄性，并不称赞十月革命的道路。

徐志摩是以他自己的主张为尺子，来衡量当时苏联的一切的。在《〈醒世姻缘〉序》中，他特别推崇苏联的婚姻制度。在革命初期，苏联人一度结婚、离婚很自由，有的甚至看作是随便的事，这与徐志摩的性灵自由发展的思想很吻合，所以他就大加称赞：

> 当代的苏俄是革命可能的最彻底的一个国；苏俄的政府和民众也是在人生的多方面最勇于尝试的政府和民众。关于婚姻和男女的关系，也只有苏俄是最认清"事实"，并且是在认真的制作法令，开辟风气，设备种种的便利，为要消除或减轻人类自从"文明"以来所积受的各方面咒符与桎梏的魔力。❶

在这篇文章中，他虽然也说"苏俄是不能学的"，但肯定多于否定；而在《欧游漫录（西伯利亚杂记）》中，则觉得十月革命后苏联的无产阶级专政妨碍了人的性灵的自由。带着有色眼镜，怀着恐惧，观察和描写当时苏联的状况。文中有很多对革命进行歪曲、攻击之词。为什

---

❶ 载《新月月刊》四卷一期。

么这样？他也作了承认：

> 我怕我自己的脾胃多少也不免带些旧气息，老家里还有几件东西总觉得有些舍不得——例如个人的自由，也许等到我有信仰的日子就舍得也难说，但那日子似乎不很近。❶

在这一组游记里，他甚至向黑暗的旧中国奉献了颂辞，说什么"我们在中国别的事情不说，比较的个人自由我看来是比别国强的多，有时简直太自由了，我们随便骂人，随便谣言，随便说谎，也没人干涉，除了我们自己的良心，那也是不很肯管闲事的。假如这部分里的个人自由有一天叫无形的国家威权取缔到零度以下，你的感想又怎样？"❷

这些看法，处处呈露着他的民主个人主义的灵魂。

对于欧美各国的政治状况，徐志摩最欣赏的是英国式的资产阶级政治。在《政治生活与王家三阿嫂》❸中，他对德、法、美、南欧、拉丁民族都有所不满，唯独称赞英国。他说："比较象样的只有英国。……英国人是'自由'的，但不是激烈的；是保守的，但不是顽固的。"在英国工党和保守党两党中，徐志摩又最赞赏工党的一个领袖麦克唐纳尔，并曾为之竞选过。

徐志摩曾受尼采、泰戈尔、佛教等等的影响，但只是在某一点、某一方面。他喜爱尼采，是从尼采那里获取性灵得到自由发展、不承认一切、不要消极悲观的精神力量❹。他景慕泰戈尔，正如他的《泰戈尔来华》❺一文所说：

> 我们所以加倍的欢迎泰戈尔来华，因为他那高超和谐的人格，可以给我们不可计量的慰安，可以开发我们原来瘀塞的心灵泉源，可以指示我们努力的方向与标准，可以纠正现代狂放恣纵的反常行

---

❶《自剖文集·游俄辑第三·十血》。
❷《自剖文集·游俄辑第三·十血》。
❸ 见《落叶》集。
❹ 参见《自剖文集》中的《迎上前去》等文。
❺ 载《小说月报》第一四卷九期。

为，可以摩挲我们想见古人的忧心，可以消平我们过渡时期张皇的意气，可以使我们扩大同情与爱心，可以引导我们入完全的梦境。

徐志摩最崇拜哈代、托尔斯泰、罗曼·罗兰、泰戈尔、罗素，他说这几个人对生活作的"结论是相调和相呼应的"、"他们的柔和的声音永远叫唤着人们天性里柔和的成份，要它们醒起来，凭着爱的无边的力量，来扫除种种障碍我们相爱的势力，来医治种种激荡我们恶性的狂疯，来消灭种种束缚我们的自由与污辱人道尊严的主义与宣传。"❶

徐志摩有时神往佛教的天国，常常礼赞自然，这也与他追求性灵的解脱有关。自然，他和一般人一样，"在人事上未能绝俗"❷。在二十世纪的中国，民主个人主义的思想只是幻梦，不可能实现。内战频仍，血流成河，灾荒连年，哀鸿遍野，这个现实社会并非徐志摩的理想之乡；革命作家对他的严肃批判，以及他在离婚、恋爱、再婚时所招致的物议，也使他虽有富裕的物质生活和所谓甜蜜的爱情，却不可能终日飘飘然。

从徐志摩的思想发展趋势看，是在向右的政治势力靠拢，向消极方面发展，在大革命失败后，尤为显著。在"五卅"前，他还属于新文学阵营中的左翼，后来逐渐发展到与革命文艺阵营对立。

我认为：对一个作家或诗人，仅仅研究他的思想实质是不够的，还必须了解他的思想的全部复杂性，必须了解他的个性。否则，也会妨碍我们对作家作品的理解。例如，就在《晨报》办《诗刊》的时候，闻一多先生与徐志摩同是主要成员，他们的思想实质从体系上说基本上同属于民主个人主义范畴，但又有很大区别，闻先生的爱国主义感情远比徐浓烈，徐氏的作风也不如闻先生踏实。

徐志摩说："我是一个信仰感情的人"❸，"我是一只没笼头的野马"❹，"我是一个好动的人"❺，这是实话，贯穿于他的行动中。他对人热情，长于交际，好结识名士；他有文学、音乐、美术、戏剧的

---

❶ 徐志摩：《汤麦士哈代》，载《新月月刊》创刊号。

❷ 见《落叶》。

❸《落叶》，见《落叶》集。

❹《迎上前去》，见《自剖文集》。

❺《自剖》，见《自剖文集》。

素养，爱幻想，有雄心，但又易陷于虚无、颓废；有时他想远离人间，忘掉苦恼，却往往执着于世事；他不无图清高之意，但有时又流于庸俗；他有时很坚强，有时又很脆弱；他是花花公子，也是诗人。

二

徐志摩最早写的那些诗，人们已无法读到。据他自己说："只有一个时期我的诗情真有些象是山洪暴发，不分方向的乱冲。那就是我最早写诗那半年，生命受了一种伟大力量的震撼，什么半成熟的未成熟的意念都在指顾间散作缤纷的花雨。"❶他的第一个诗集《志摩的诗》出版于一九二五年，诗人说，它"是我十一年回国后两年内写的；在这集子里初期的汹涌虽已消灭，但大部分还是情感的无关阑的泛滥"❷。

"五四"是一次伟大的爱国运动、民主运动和思想解放运动。在伟大的时代潮流激荡下，那些站在时代潮流当中的人，自不待说；即使象徐志摩这样身处万里重洋之外的异域，只是观潮人，他的作品，也有时代声音的回响。《志摩的诗》❸虽写于"五四"退潮后，但却直接间接地表现了"五四"精神。这个诗集中艺术上最具特色的写理想与爱情的诗篇，也有着"五四"光华的折光。

《雪花的快乐》，托物寓情，那轻盈地飞向美丽清幽的理想境界的雪花，正是诗人对理想充满信心的欢快情绪的自然流露。《这是一个懦怯的世界》，与其说是写恋爱，不如说写诗人的理想：冲破现实的牢笼，从荆棘中和冰雹下闯出一条路来——

> 顺着我的指头看，
> 那天边一小星的蓝——
> 那是一座岛，岛上有青草，
> 鲜花，美丽的走兽与飞鸟；

❶❷ 《猛虎集·序文》。

❸ 《志摩的诗》，初版本系线装本，收诗五十五首。后删去十四首和《沙杨娜拉》中的十七节，改由新月书店出版。本文据线装本。

> 快上这轻快的小艇，
> 去到那理想的天庭——
>   恋爱，欢欣，自由——辞别了人间，永远！

这理想的境界实际上就是两个字：自由，即性灵的自由，恋爱婚姻的自由。这些诗在当时，客观上具有反封建的意义。

《为要寻一个明星》中的那颗明星，也是理想的别名。这首诗，用形象的比喻，显露了诗人的决心：即使累死，能寻到理想的境界，也是乐意的。略带悲凉气氛，但蕴热切之情。

《我有一个恋爱》的构思，与《为要寻一个明星》完全不同，意境也迥异，但两首诗中"我"所爱和所追求的明星，则是二而一的东西。《我有一个恋爱》最后一节写道：

> 我袒露我的坦白的胸襟，
> 献爱与一天的明星；
> 任凭人生是幻是真，
> 地球存在或是消泯——
>   太空中永远有不昧的明星！

对理想的信念，异常坚定。这种思想感情，属于那些富有青春的活力，对人生并不绝望的诗人。它给予读者的影响是积极的。

《无题》中的朝山人，不"退后"，不"倒地"，决心前冲：

> 前冲？啊，前冲！冲破这黑暗的冥凶，
> 冲破一切的恐怖，迟疑，畏葸，苦痛，
> 血淋淋的践踏过这三角棱的劲刺，
> 丛莽中伏兽的利爪，蜿蜒的虫豸！

清醒地看到了现实的严峻，道路的多艰，然而，为了攀登那"最理想的高峰"，不顾一切向前冲。这种勇猛进取精神，对于一切前进中的战士，都具有鼓舞作用。

　　徐志摩的生活视野不能说很广阔，但他也不是钻在象牙之塔里，中国社会各个阶级、阶层人们的生活图景不时扑入他的眼帘，因此，诗人说：

　　　　来，我邀你们到密室里去，听残废的，寂寞的灵魂的呻吟；
　　　　来，我邀你们到云霄外去，听古怪的大鸟孤独的悲鸣；
　　　　来，我邀你们到民间去，听衰老的，病痛的，贫苦的，残毁的，
　　　　　　受压迫的，烦闷的，奴服的，懦怯的，丑陋的，罪恶的，自
　　　　　　杀的——和着深秋的风声与雨声——合唱的"灰色的人生"！
　　　　　　　　　　　　　　　　　　　　　　——《灰色的人生》

　　诗人已看到了被剥削被压迫者，看到了精神上郁积着痛苦的人；这灰色的人生图，是当时社会一角的写真。如果说这还只是一个略图的话，那么，《先生！先生！》、《叫化活该》、《谁知道》、《盖上几张油纸》、《太平景象》、《一条金色的光痕》、《一小幅的穷乐图》、《毒药》、《婴儿》等篇，则是更明晰具体的摄影。诗人或同情于下层人民的贫困痛苦的生活和处境，或痛感实现的黑暗。

　　《先生！先生！》朴实地描写严冬中，一个身着单衣的小女孩，追着向坐在漂亮车上的"先生"要钱，她的母亲"又饿又冻又病，躺在道儿边直呻"。作者在"冰冷的世界"里，感到难得"同情心"，对那位吝啬的"先生"给予了谴责。《盖上几张油纸》，写一个农妇为三岁小孩冻死而哭泣。《太平景象》写反动军队中的士兵，意识到自己作了炮灰，因而感到悲凄与绝望。《一小幅的穷乐图》描绘了这样一幅图画：一群穷人和狗一起，在垃圾堆中寻找肉骨头和其他废物。《一条金色的光痕》，用作家故乡的方言，通过一个为在饥寒交迫中死去的孤老太婆化棺材的妇人的口，反映了穷苦人的悲剧。

　　徐志摩的这类诗作，反映了社会生活的一定本质真实，字里行间流露了对于穷苦人民的同情。当时就有人指出，这些诗"受了自然主义和平民文学的影响"。❶我以为更主要的是，作者思想中的民主主义因素起着决定性的作用，它才是孕育这些诗作的母亲。

---

　　❶ 周容：《评志摩的诗》，载《晨报副刊》一二九一号。

321

在这些诗中，诗人对穷苦人的态度虽然只是限于人道主义的同情，并没有揭示产生这些悲剧的根源，笔下没有透露人民因苦难而对社会愤恨乃至反抗、斗争的火星，因而诗作缺乏我们革命诗歌所具有的那种鼓动力。但具体的生动的艺术形象远较概念化的东西丰富，它至少可以诱导读者去思考，去回答诗的艺术整体所提出的问题。应该指出：民主个人主义者在同情穷苦人这一点上，与进步作家、革命作家是相通的。而在半封建半殖民地的中国，一切真正同情穷苦人的作家，不管他的立场如何，只要坚持下去，敢于面对现实，立志究明真相，在一定条件下，他就会转到人民大众这一方面来，转到中国共产党的革命旗帜下来。遗憾得很，徐志摩后来没有朝这个方向走，又没有来得及转变方向就逝世了。

徐志摩在写《志摩的诗》的时候，政治上并没有爬上统治者上层中去，思想上对当时的社会、对帝国主义和封建势力的某些方面是不满的，有时感到自己同穷人、乞儿的窘境有相似之处。他在日记中写道："我只是个乞儿，轻拍着人道与同情紧闭着的大门，妄想门内人或许有一念的慈悲，赐给一方便——但我在门外站久了，门内不闻声响，门外劲刻的凉风，却反向着我褴褛的躯骸狂扑——我好冷呀，大门内慈悲的人们呀！"❶发而为诗，在《叫化活该》中，遂在写一群乞丐在富户大门前求乞后叹息道：

> 我也是战栗的黑影一堆，
>   蠕伏在人道的前街；
> 我也只要一些同情的温暖，
>   遮掩我的剐残的余骸——。

如果诗人不曾具有民主主义的思想因素，不渴望人道与同情布于大地；如果他已踏在人民的头顶上，或者已是不闻人间烟火味的神灵，那就不会有这种感情了。

在《谁知道》中，诗人写道：

---

❶ 《志摩日记》，上海晨光出版公司一九四七年三月初版。

> 我在深夜里坐着车回家，
>
> 一堆不相识的褴褛他，使着劲儿拉；
>
> 天上不明一颗星，
>
> 道上不见一只灯：
>
> 车上只那点小火
>
> 袅着道儿上的土——
>
> 左一个颠簸，右一个颠簸，
>
> 拉车的跨着他的蹒跚步。

　　诗实写"我"坐车回家的情景，又明显的具有象征的意义：诗人在人生的道路上奔波，就象黑夜中坐车回家，道途崎岖不平，曲折漫长，尘土飞扬，经过荒街、旷野、坟地，还不知被载向何处。虽有淡淡的神秘色彩，但主要还是哀人生道途之多艰。

　　《志摩的诗》中也有愤激之声。在直奉战争后，他怀着满腔愤懑，采用尼采《苏鲁支语录》那种散文诗的形式，写下了《毒药》等诗章。他在《自剖》中曾谈到这几首诗的创作过程：

> 　　爱和平是我的生性。在怨毒，猜忌，残杀的空气中，我的神经每每感受一种不可名状的压迫。记得前年奉直战争时我过的那日子简直是一团黑漆，每晚更深时，独自抱着脑壳伏在书桌上受罪，仿佛整个时代的沉闷盖在我的头顶——直到写下了《毒药》那几首不成形的咒诅诗以后，我的心头的紧张才渐渐的缓和下去。

　　在《毒药》中，诗人写道："只因为我的心里充满着比毒药更强烈，比诅咒更狠毒，比火焰更猖狂，比死更深奥的不忍心与怜悯心与爱心，所以我说的话是毒性的，咒诅的，燎灼的，虚无的！"诗人感到天昏地暗，不知人间何世，"一切的准则是死了的"，"一切的信心是烂了的"、人道象尸体被人欲与兽性的恶浪吞没，"虎狼在热闹的市街里，强盗在你们妻子的床上，罪恶在你们深奥的灵魂里"。温柔的诗人徐志摩，在这里成了一个怒不可遏、咬牙切齿的汉子，对社会黑暗势力的鞭笞是沉重的。

323

　　总的说来，积极因素居主导地位的诗篇，在《志摩的诗》中占大多数。

　　此外，诗集中抒写淡淡的愁的诗，有的是追念逝去了的爱情（《落叶小唱》、《问谁》）；有的叹息时光匆匆逸去，"生命，颜色，美丽"褪色（《为谁》）；有的显露了心头"渗雾与愁云"密布中的"一星弱火"（《一星弱火》）；为"希望，不曾站稳，又毁了"而惋惜的《消息》，有感于"烈情的惨剧与人生的坎坷"，即使遁世，灵魂也不得安宁而作的《夜半松风》；觉得只有在大自然中也许可以寻"一个完全的梦境"的《月下雷峰影片》；哀叹人生似鲜露的《朝雾里的小草花》；以及写重温昔日与心爱的人分别时欲说还休情景的《在那山道旁》。这些诗情况较为复杂，往往是既有积极因素，也有消极因素。在那些感叹人生的诗里，有的也曲折地反映了某些社会问题；那些写追忆昔日爱情的诗，也不可全盘否定，珍贵自己过去的并非庸俗的爱情，这种心理不可厚非。自然，这些诗毕竟不能给人以积极的鼓舞力量，这一方面，决不应忽视。

　　在《志摩的诗》中，消极因素较多的诗篇，我以为是《常州天宁寺闻礼忏声》、《去罢》、《天国的消息》、《五老峰》等。《常州天宁寺闻礼忏声》，以虔诚的佛教徒感情，禁不住唱出了赞美"涅槃"的心声；《去罢》，将尼采的超人思想与佛门的虚幻观念揉在一起，追求解脱的境界；《天国的消息》从宁静乡间竹篱村舍小女儿的笑语中，想见了天国；《五老峰》赞叹那里：

> 更无有人事的虚荣，
> 　　更无有尘世的仓促与噩梦，
> 灵魂！记取这从容与伟大，
> 　　在五老峰前饱啜自由的山风！

上述作品表明：徐志摩对当时的社会是不满意的，因此寄情于山水，流连于寺庙，向往清静幽美之所在。这与那些热衷于反动政治舞台名利场的骚人墨客当然大不相同。但这类作品的总的思想感情倾向是虚无情绪，遁世思想。

徐志摩的诗歌创作起点并不坏，仅就其思想内容而言，和同时代的许多民主主义作家相去不远。

徐氏的第二诗集《翡冷翠的一夜》❶写于一九二五、一九二六年。闻一多先生曾给予肯定，说"这比《志摩的诗》确乎是进步了——一个绝大的进步。"❷闻先生如果指的是艺术方面，那是正确的；如果指的是思想内容，则大相径庭，我们将两个诗集加以比较，就会发现：徐志摩的视野，开始缩小；他的感情的烈焰，大多是在个人情爱上燃烧。

是的，在《翡冷翠的一夜》中，也有思想感情健康，反映了社会现实问题的诗作。《大帅》是针对军阀对前线兵士"随死掩埋，间有未死者，即被活埋"一事而发，在貌似客观冷静的描写中，对"大帅"进行了谴责。《人变兽》描绘了一幅少女被强奸、乌鸦争食人尸的可怕画面，《这年头活着不易》，借桂花被风雨摧残作比兴，提出了当时一个颇为普遍的社会问题：

果然这桂子林也不能给我点子欢喜：

枝上只见焦萎的细蕊，

看着凄惨，无妄的灾！

为什么这到处是憔悴？

这年头活着不易！这年头活着不易！

在诗人的心灵的镜面上，反映着时代的面影；在诗人的琴弦上，奏出人民的心声。这，无疑应该受到肯定和赞扬。

《梅雪争春》系纪念"三一八惨案"之作，把在执政府门前被段祺瑞卫队枪杀的十三岁儿童的鲜血，比作严寒中的红梅。这首诗以"梅雪争春"为题，并以此作为构思，我们再联系作者在《自剖》中就"三一八"惨案讲的几句话，当可更清楚地领会诗人的创作意图，他说：

那一个民族的解放史能不浓浓的染着 Martyrs 的腔血？俄国

<hr>

❶《翡冷翠的一夜》，据新月书店一九三一年版。

❷闻一多先生给徐志摩信，转引自《猛虎集·序文》。

325

革命的开幕就是二十年前冬官的血景。只要我们有识力认定,有
胆量实行,我们思想中的革命,这回羔羊的血就不会是白涂的。

显然,《梅雪争春》中的"春",既是自然界的春天,更是指诗人理想
的春天,也就是诗人"理想中的革命"。这和我们所理解的革命是不同
的,但是,它表明:诗人希望现实有一番改革、变化。

《庐山石工歌》唱出的是劳动者的粗犷雄浑的歌声。据作者给刘
勉己的短信说:"住庐山一个半月,差不多每天都听着那石工的喊
声,……那是痛苦人间的呼吁,还是你听着自己灵魂里的悲哀?"
生活,实际经历,对作家是一股巨大的力量。即使象徐志摩这样在
生活上、情趣上与劳动人民有不短距离的作家,一旦对劳动人民的
具体境况有所了解,也有可能在自己的作品里,或多或少地表达出
其精神。

《翡冷翠的一夜》中大量的是爱情诗。这类诗或通过一个新颖动人
的比喻,或一个别开生面的场面,或一段并不复杂的情节,表现一缕
情思,一点感情波澜,一刹那的幻想。这里所写的爱情,几乎都是痴
情,是甜蜜的忠贞的爱恋。有温柔的细语,有旦旦信誓;有因爱的热
切而生的埋怨,有对恋人的入微体贴。

有一部分爱情诗写爱情给人的幸福和力量,或主要是激励对方勇
敢地冲出环境和习惯的束缚,大胆地实现自由相爱。《决断》中,"我"
用"勇敢"这味药去医治对方的犹豫:

> 要恋爱,
> 要自由,要解脱——
> 这小刀子,
> 许是你我的天国!
>
> 可是不死,
> 就得跑,远远的跑!
> 谁耐烦
> 在这猪圈里捞骚?

《起造一座墙》也以新颖的比喻，寄寓热望爱人坚强之意。这种诗，对那时反对封建礼教、追求自由恋爱的青年男女来说，是容易从中得到共鸣的。

《望月》写"我"是月亮从山岩中挣扎着升起，联想到爱人曾经走过的生活道路，觉得很相似；而今，爱情正象明月，同样发出了光辉，也具有激励人们前进的力量。

《天神似的英雄》是歌颂爱人的美好，自己因获得她的爱情而感到的幸福和自豪。《再休怪我的脸沉》中的"我"，希望爱情升华，因此自剖：

> 我要那洗度灵魂的圣泉，
> 洗掉这皮囊腌臜，
> 解放内裹的囚犯，
> 化一缕青烟，化一朵青莲。

他手中的钢刀，不是用来自杀，而是：

> 劈去生活的余渣，
> 为要生命的精华；
> 给我勇气，阿，唯一的亲亲！

诗最后写"我"希望爱人给他勇气和力量，了解他——"抱住我的思想"！

这些诗的河床里的感情流波，难免含有少量的杂质乃至污水，但总的说来，并非毒品。

对爱情诗，应作具体细致的分析。大家知道，在阶级社会里，人是具有阶级性的，因此，包括爱情在内的人的思想感情，也就带有阶级性。鲁迅说："文学不借人，也无以表示'性'，一用人，而且还在阶级社会里，即断不能免掉所属的阶级性，无需加以束缚，实乃出于必然。"**❶**同时，鲁迅又说过："若据性格感情等，都受'支配于经济'

---

❶ 《二心集》：《"硬译"与"文学的阶级性"》。

（也可以说根据于经济组织或依存于经济组织）之说，则这些就一定都带着阶级性。但是都带，而非'只有'。"❶我们往往把文学的阶级性，理解为"只有"，那是不符合实际情况的。就感情而言，人们对各种事物所表现的感情的阶级性，程度上不都是等同的。对政治事件的感情反应，阶级性就要浓些，鲜明些；在爱情上，阶级性往往淡薄些。我认为：对古今中外的爱情诗，一般说，凡是表现纯真的忠贞的甜蜜的爱情，只要不是庸俗的，低级趣味的、颓废的、肉感色情的东西，都可作适当肯定。对徐志摩的爱情诗，也不例外。

《翡冷翠的一夜》中的爱情诗，内容上存在的问题，一是有的表现出爱情至上的倾向；二是少数诗篇，有些较庸俗的感情。

如果说《翡冷翠的一夜》标志着徐志摩的诗歌创作，还只是开始向离开现实社会的方向发展的话，那么，他在大革命失败后写的《猛虎集》❷和《云游》❸，就是明显地向消极斜坡滑下去了。

不可忽视，这两个诗集中尚有几篇较为积极、健康，具有社会意义的作品。《拜献》，愿将诗、热、光明、血，献给"雪地里挣扎的小草花，路旁冥盲中无告的孤寡，烧死在沙漠里想归去的雏燕——给他们，给宇宙间一切无名的不幸"。这还有一点人道主义的思想。《一块晦色的墓碑》，写路边埋着一个有着美丽灵魂的女性：

> 过路人，假如你也曾
> 在这人间不平的道上颠顿，
> 让你此时的感情凝成最锋利的悲悯，
> 在你的激震着的心叶上，
> 刺出一滴，两滴的鲜血——
> 为这遭冤曲的最纯洁的灵魂！

表达了对蒙冤的纯洁灵魂的同情，和为之不平的思绪。《俘虏颂》是

---

❶《三闲集》：《文学的阶级性》。

❷《猛虎集》，新月书店一九三一年初版。

❸《云游》，新月书店一九三二年初版。

出于对普通士兵的怜悯而发出的反内战的呼声❶。《枉然》斥责了爱情的背叛者。这样一些诗篇，还有积极意义。但是，《猛虎集》和《云游》中的大量诗作，社会的投影很模糊，作者在《志摩的诗》中对黑暗事物的不满和愤懑情绪在这里淡薄甚至消失了；弥漫在诗中的是深深的绝望的忧愁，是带颓废色彩的哀歌，是对死的颂扬，是对生命毁灭后灵魂得到解脱的境界的向往。《残破》说"我"在"残破"的天地里，发出"残破"的音调，抒写的是"残破"的思想；还说：

> 我有的只是些残破的呼吸，
> 　　如同封锁在壁橼间的群鼠，
> 追逐着，追求着黑暗与虚无。

我们把它和《生活》、《我不知道风是在那一个方向吹》等联系起来看，问题就更明显。《生活》的意境是可怖的、绝望的：

> 在妖魔的脏腑内挣扎，
> 头顶不见一线的天光，
> 这魂魄，在恐怖的压迫下，
> 除了消灭更有什么愿望？

在《我不知道风是在那一个方向吹》中，生活则象幻梦一样，虽然也曾使人迷醉过，但现在，只是使人悲哀、黯淡，"是梦里的光辉"。我们姑且不去深究这些诗把社会的黑暗、罪恶归咎于谁，仅就诗论诗，也不能不说：消极颓废的情绪是其基调。

在写爱情的诗中，带着无聊的男女调情的东西也出现了。《别拧我，疼》就是典型的资产阶级趣味：

----

❶ 徐志摩在《附记》里说："此诗原投《现代评论》，刊出后编辑来信，说他擅主割去了末了一段，因为有了那一段诗意即成了，'反革命'，剪了那一段则是'绝妙的一首革命诗'"。徐氏未留底稿，故此诗实为"残诗"。

"别拧我，疼，"……
你说，微锁着眉心。
那"疼"，一个精圆的半吐，
在舌尖上溜——转。

一双眼也在说话，
晴光里漾起
心泉的秘密。

梦
洒开了。
轻纱的网。

"你在那里？"
"让我们死"，你说。

我想，说它是无聊、庸俗、颓废的混合物，大概不算过分吧。《深夜》
也难以入目：

"你害苦了我——冤家！"
她哭，他——不答话。

晓风轻摇着树尖：
掉了早秋的红艳。

后两行虽是用比拟的手法，美丽的词句，装饰了一下，并不能掩盖其
不堪入诗的内容。
《活该》中"我"怨对方早不来，现在"热情已变死灰"，最后说：

这苦脸也不用装，
到头儿总是个忘！

得！我就再亲你一口：
热热的！去，再不许停留。

我们是革命者，不是清教徒，并不反对描写爱情，但将这些东西塞进诗，无异于糟踏了诗，玷污了诗。更何况作者是以欣赏的态度出之，就不能不使人愈加反感。还必须指出：这些诗的出现，实质上是徐志摩在"理想"幻灭后感到绝望的一种歪曲表现形式，正如同封建社会和资本主义社会中某些人在仕途失意之后，沉湎于酒色一样。

在《猛虎集》和《云游》中，还有个别具有反动倾向的作品。《秋虫》，用和秋虫对话的语调写出。说人间已变，人们不再欣赏"诗材"，只热爱金钱；爱情已经消失，"廉耻也告了长假"，接着，诗写道：

花尽着开可结不成果，
思想被主义奸污得苦！
…………
"不管"，他说："听他往下丑——
变猪，变蛆，变蛤蟆，变狗……
过天太阳羞得遮了脸，
月亮残阙了再不肯圆，
到那天人道真灭了种，
我再来打——打革命的钟！

这里说的"思想被主义奸污得苦"，其中的"主义"系泛指政治上的各种主义，联系徐志摩的整个思想看，很显然是包括共产主义、马克思主义在内的。❶在徐志摩看来，政治会限制他的自由，无产阶级专政可怕，因此便加以反对。《西窗》一诗赤裸裸地把矛头指向了革命方向，

❶ 参看《列宁忌日——谈革命》、《自剖·游俄辑第三》等。此外，徐志摩还标榜清高，自以为是脱离"主义"和政治的。他对政治的看法，大概也受曼殊裴尔的影响。曼殊裴尔曾对徐志摩说："现代政治的世界，不论哪一国，只是一乱堆的残暴和罪恶"，并劝徐志摩"不进政治"。见《小说月报》十四卷五期《曼殊裴尔》一文。

这首诗，在讽刺"大人们"之后写道：

> 再有从上帝的创造里单独创造出来曾向农商部呈请创造专利
> 的文学先生们，这是个奇迹的奇迹，正如狐狸精对着月光吞吐他
> 的命珠，他们也是在月光勾引潮汐时学得他们的职业秘密。青年
> 的血，尤其是滚沸过的心血，是可口的——他们借用普罗列塔里
> 亚的瓢匙在彼此请呀请的舀着喝。
>
> 他们将来铜象的地位一定望得见朱温张献忠的。

用不着再征引，已可看出，这不仅是误解，而且是对无产阶级革
命作家和革命文艺的诬蔑和攻击。这种诗在徐志摩的诗作中为数极少，
但错误的性质是严重的；而这些诗写于共产党员和革命人民被屠杀的
一九二七年底，所起的作用尤为恶劣。

三

如果说思想性是文学作品的灵魂，那么，艺术性则是它的生命。
这两个方面既是互相联系又是有区别的。我们评价一个作家的诗作，
不仅要剖析其思想内容，而且应研究其艺术上的成败得失，考察它在
整个新诗发展中所起的作用。

徐志摩的诗，和一般作家的作品一样，各篇往往有自己的特色，
但各篇之间，艺术性并不平衡。仅就徐志摩收进《志摩的诗》、《翡冷
翠的一夜》、《猛虎集》、《云游》四个诗集中的诗而言，艺术上也有少
数系平庸之作，但大多数作品，艺术性较高。由于徐志摩愈到后来愈
在艺术上形式上着力，因此，在这一方面贡献也较大。

徐志摩的诗，不少是抒情诗。而且，正是这些诗，艺术上的
特点突出。当我们读他那些艺术性较高的诗作时，尽管我们的思
想感情和作者显然不同，但我们却不能不承认：这些诗构思巧，
意境新。

《"造起一座墙"》，从内容说，易给人以爱情至上之感，但意境却
是别有天地：在热恋中的人，希望对方：

　　……有纯钢似的强，

在这流动的生里起造一座墙；

任凭秋风吹尽满园的黄叶，

任凭白蚁蛀烂千年的画壁；

就使有一天霹雳震翻了宇宙，——

也震不翻你我"爱墙"内的自由！

——《翡冷翠的一夜》

　　期望爱人修起一道钢铁般的爱墙，不受外界的干扰，从而实现爱情的坚贞、自由。这真是想人之所未想，写人之所未写。别林斯基说："诗歌是表现在形象中的思维，因此如果形象所表现的概念是不具体的，虚伪的，不丰满的，那么形象也就不是艺术性的。"❶徐志摩是长于此的，他把抽象的东西表现得很具体很形象很真切。

　　徐志摩有些诗，感情很纤细，甚至带有女性似的柔弱，艺术上剔透玲珑。《朝雾里的小草花》❷是一个精巧的艺术品，构思很巧妙：一个浓雾的早上，小草花身上带着露珠，在黑暗中盼望着灿烂的阳光。这美丽画面所显示的意义是并不单一的：向往光明；现实与理想的矛盾，因为从长久的意义上说，露珠与阳光二者不可得兼。诗人所抒发的是另一种感受：在此境界中，触景生情，哀叹人生如同鲜露。中国古代一位诗人说："篇终出人意表，或反终篇之意，皆妙。"❸《朝雾里的小草花》有篇终出人意表之妙。诗，如果构思一般化，不管它的思想感情多么正确，也难以通过艺术的桥梁，作用于读者。

　　徐志摩既有象《我不知道风是在那一个方向吹》❹那样直抒胸臆之作，它并不描写具体的客观事物，而只写出诗人的感受。更多的篇章不仅写出了抒情主人公"我"的感情波澜，而且把引起这种情绪的特定事物也生动地传神地呈现在读者面前。《客中》是写"我"在客中对

❶　《别林斯基选集》第二卷第一五页。满涛译，上海文艺出版社一九六三年版。

❷　见《志摩的诗》。

❸　《白石诗说》。

❹　《猛虎集》。

恋人的思念。"我"在半轮月下，在一树开剩的玉兰花前，在闻到濒死的夜莺叫声时，都想起了她。

> 园里有一树开剩的玉兰花
> 　　她有的是爱花癖，
> 　　我爱看她的怜惜——
> 一样是芬芳，她说，满花与残花。

从玉兰花又写出了她在花前的具体情态与话语。"我"对她的感情深深地渗透在字里行间。

> 浓荫里有一只过时的夜莺；
> 　　她受了夜凉，
> 　　不如从前浏亮——
> 快死了，她说，但我不悔我的痴情！
>
> 　　　　　　　　　　——《翡冷翠的一夜》

这是写晨莺，也是写爱人的痴情和声音。

不能说徐志摩的诗作中没有无节制的热情的浮词，和做作的多情怨诉，但大多真实而又自然地表达了他的感情。艺术，特别是诗，是容不得虚假的。一部作品如果其中羼了假的思想感情，那么，连真实的部分也给破坏了。徐志摩的一些诗，给人以亲切之感，我以为实根于此。

有人说，诗歌是感情白热化的产物，这是对的。诗，既然是要以火热的诗句去烫热读者的心，诗人自己感情不激动，怎么能感动别人？但是，也不能把这作形而上学的理解。记得鲁迅先生说过："沪案以后，周刊上常有锋利肃杀的诗，其实是没有意思的。意随事迁，即味如嚼蜡。我以为感情正烈的时候，不宜做诗，否则则锋芒太露，能将'诗美'杀掉。"❶徐志摩在谈自己写诗的体会时也说："诗意亦偶有来者，

---

❶《两地书》（一九二五年，六月二十八日）。

然恍惚即逝，不可捕捉。要以少暇，心不静，如水常扰，景不留也。"❶ 诗，从"筋骨里进出来，血液里流出来，性灵里逃出来，生命里震荡出来的"❷。诗，既要有激情，又要自然，不做作，不露雕琢痕迹，这才容易为读者的感情所接受。

徐志摩的一些诗能给读者以亲切之感，除思想感情真切外，艺术手法、艺术形式也起了重要作用。在一个具体的作品中，形式和内容已水乳交融。那些手法笨拙，缺乏形式美的诗，总是难以使人卒读。徐志摩在写《翡冷翠的一夜》后，更多的注意技巧的形式，但总的说来，他是懂得应使形式和神韵和谐统一的。在谈到译诗时，他说："诗的难处不单是他的形式，也不单是他的神韵，你得把神韵化进形式去，象颜色化入水，又得把形式表现出来。"❸

徐志摩在诗中所用手法多样化。一般说，他的诗是有"诗美"的，比较含蓄，但不流于晦涩；他长于想象，善用比喻，多用暗示而不直说，耐人寻味。《黄鹂》第一节写黄鹂飞上树，"艳异照亮了浓密"，第二节接着写道：

> 等候它唱，我们静着望，
> 怕惊了它。但它一展翅，
> 冲破浓密，化一朵彩云，
> 它飞了，不见了，没了——
>
> 象是春光，火焰，象是热情。
>
> ——《猛虎集》

实写黄鹂，虚写诗人的感受：感叹春光，火焰，热情一闪即逝。把展翅飞走的黄鹂与春光、火焰、热情联系起来，这想象很新奇，但又神似。《山中》写"我"在庭中月下思念山中的恋人：

---

❶《志摩日记的一页》，载《独立评论》第三号，一九二六年六月五日出版。

❷《自剖》:《迎上前去》。

❸《一个译诗的问题》，载《现代评论》二卷38期。一九二五年八月二十九日出版。

不知今夜山中
　　是何等光景；
想也有月，有松，
　　有更深的静。

我想攀附月色，
　　化一阵清风，
吹醒群松春醉，
　　去山中浮动；
吹下一针新碧，
　　掉在你窗前；
轻柔如同叹息，
　　不惊你安眠！

——《猛虎集》

　　思念的浓情，化为美妙的想象。"我"想攀附月色，化一阵清风，将一针青松叶，吹落在情人的窗前，轻轻的不扰乱她的睡眠。想象的翅膀在空中绕游一圈，把诗人的情思捎给爱人，也捎到了读者的心上。想象很美，很新。如果说，"我"想攀附月色，去看看她，或者说，"我"想化一阵清风，吹拂到她窗前，也未始不可；但感情的浓度和对她的体贴之心就表达得不充分。《山中》这样想象，包含着很丰富的感情内容，除极度思念她的情感外，还包含着对她的无微不至的体贴，感情的浓，柔，甜蜜，全都表现出来了。真是"神思"独运。

　　徐志摩在诗中善于用形象的比喻给读者以暗示。《我等候你》❶写"我"在等候她而她终于未来的全过程中的情绪变化，用了一系列形象的比喻：开始，盼望她来，认为她随时都可能来，作者把这种情绪比作，"希望，在每秒钟上开花"；稍后，"我"不见她来，觉得失望了，作者又把这种情绪比之为"希望在每一秒钟上枯死"；把她不来对"我"的打击，比之为"打死我生命中乍放的阳春"，"打死可怜的希冀的嫩

---

❶《猛虎集》。

芽", "把我，囚犯似的，交付给妒的愁苦，生的羞惭，与绝望的惨酷"。诗最后写道：

> 鸟雀们典去了它们的啁啾，
> 沉默是这一致穿孝的宇宙。
> 钟上的针不断的比着
> 玄妙的手势，象是指点
> 象是同情，象是嘲讽，
> 每一次到点的打动，我听来是
> 我自己的心的
> 活埋的丧钟。

在这里，一切都化成了生动的比喻、具体的形象。死的东西，抽象的东西，变成了有生命力的有感情的有色彩的"动"的物。《生活》❶反映了一个绝望的灵魂的惨叫。它把生活比作"阴沉，黑暗，毒蛇似的蜿蜒的甬道"，比作是"在妖魔的腑脏内挣扎"。生活的难受、可怕，通过比喻，得到了最具体、生动的表现。比拟新奇，形象性强。

诗的比喻，忌落俗套，忌一般化。它应是诗人对事物某一方面的独创性的发现，鲜明却不浅露，暗示而非晦涩，贴切又不粘滞。

徐志摩在新诗创作中实践了闻一多先生的主张，力求诗有三美：绘画美、建筑美、音乐美。徐氏在同文学青年谈话中也说："要真心鉴赏文学，你就得对于绘画音乐，有相当心灵上的训练。"❷徐志摩的诗，《再别康桥》一类象浓妆少女；《大帅》等诗，则不施铅华；许多诗内容与形式统一得较好。

在建筑美方面，徐志摩开始时也写散文诗，如《白旗》、《婴儿》、《毒药》等篇；后来就很重视字句整齐，《怨得》一诗，较为典型：

---

❶ 见《猛虎集》。

❷ 赵家璧：《给飞去的志摩》，见徐志摩《秋》，良友图书公司一九三一年版。

怨得这相逢，
谁作的主？——风！

他就一半句话，
露水润了枯芽。

黑暗——放一箭光；
飞蛾——他受了伤。

偶然，真是的。
惆怅，喔何必！

　　　　　　　——《猛虎集》

　　每节中的两句诗，字数完全一样。一、四节，每句五个字；二三节为六言；大体整齐。

　　自然，任何作家，采用什么形式，任何人都不能武断地作出划一的规定。新诗迄至今天，尚未形成一种成熟的形式，更应鼓励在艺术和形式上大胆探索，勇敢创造。散文化的诗不失为诗之一种，具有严谨的格律和形式的新诗更可贵；中国过去的诗歌形式应该继承，民歌的营养应该汲取，外国的也应借鉴❶，五四以来以及同时代人的经验也应重视。徐志摩的绝大部分诗，都有它本身的形体规律，他至少运用和创造了十几种类型的诗形，有的也有为追求形式而忽视内容或影响内容的毛病，如长诗《爱的灵感》，句子本来长短不一，但为了切成豆腐干形，作者有时把一句硬分成两半，并把句号放在一句中间，这不足取；其他的形式，都有其长处，有的诗以"圆熟的外形，配着淡到几乎没有的内容"❷，也是做到了内容与形式的和谐统一的。仅就诗形来说，徐志摩在新诗发展史上也是有贡献的。

---

　　❶ 徐志摩的诗，受外国诗影响较大。陈西滢在《评哈提》（刊武汉大学文史哲季刊二卷四号）中说：哈代是"徐志摩最心折、常常摹仿的"的作家。

　　❷ 茅盾：《徐志摩论》，见《作家论》，文学出版社一九三六年版。

我以为：徐志摩对新诗的最大贡献是在音乐美方面。他把音乐美放到了诗美诸因素的很重要的位置上，他说：

"一首诗应分是一个有生机的整体，部分的部分相连，部分对全体有比例的一种东西；正如一个人身的秘密是它的血脉的流通，一首诗的秘密也就是它的内含的音节的匀整与流动。……明白了诗的生命是在他的内在的音节（Internal rhythm）的道理，我们才能领会诗的真的趣味；不论思想怎样高尚，情绪怎样热烈，你得拿来彻底的"音节化"（那就是诗化）才可以取得诗的认识，要不然思想自思想，情绪自情绪，却不能说是诗。但这原则却并不在外形上制定某式不是诗某式才是诗；谁要是拘拘的在行数字句间求字句的整齐，我说他是错了。行数的长短，字句的整齐或不整齐的决定，全得凭你体会到得音节的波动性……我们还可以进一步说，正如字句的排列有恃于全诗的音节，音节的本身还得起原于真纯的'诗感'。再拿人身作比，一首诗的字句，是身体的外形，音节是血脉，'诗感'或原动的诗意是心脏的跳动，有它才有血脉的流转。"❶

徐志摩关于诗的音乐美的理论在这里表达得比较系统，他认为：一、音乐美是诗的血脉，音乐美的主要内容是诗的"内含的音节的匀整与流动"；二、音节基于"真纯的'诗感'"；三、行数的长短、字句的整齐与否决定于音节的波动性。徐志摩的这些主张，恐不能完全斥之为"形式主义的"。

在诗歌创作实践中，徐志摩大体上贯彻了他的理论主张。他的许多诗节奏性很鲜明，那些特别典型的作品象乐曲一样，具有相当完整的音乐旋律。而且，这种音乐性与诗意诗情是和谐的。如《沙扬娜拉》、《半夜深巷琵琶》、《再别康桥》、《我不知道风是在那一个方向吹》等等，几乎不仅可以朗诵，而且可以唱。

《沙扬娜拉》写一位温柔的日本女郎，饱含依依难舍的深情，与之

---

❶《诗刊放假》，载《晨报》一九二六年六月十日。

道别：

> 最是那一低头的温柔，
> 　　象一朵水莲花不胜凉风的娇羞，
> 道一声珍重，道一声珍重，
> 　　那一声珍重里有甜蜜的忧愁——
> 沙扬娜拉！
>
> 　　　　　　　　　——《志摩的诗》

第一句第二句的节奏和旋律，是日本女郎与朋友道别时的神态与情绪的绝妙写真，轻微起伏的缓慢节奏，有着细致变化的柔和的旋律，使我们仿佛看到了深情的娇羞的日本女郎那一低头时的带有舞蹈美的姿态。第三行，一连两句重复的平声多于仄声的诗，那是女郎与朋友道别时清脆的声音的艺术表现。第四句从内容说，是对第三行的说明，是描写的深入。音乐上是第三行的延伸和深化，是整个诗乐曲的高潮。第五行，是日本女郎道别时语言的直接记录。

从整个诗看，一、三、五是短句，二、四是长句，每句音节多，音乐旋律起着长短相间的作用；但第三行两句重复，又不同于第一行的旋律。第五行收束时音节短而余音回荡。这一首诗，从音乐节奏上说，人们简直无法增减一个字，无法移动一个标点。我们可以设想：如果把开头"最是"去掉，就会感到这乐曲起得不自然；如果把第三行的两个短句合成一句，那在音乐上就显得呆滞。为了使诗的旋律柔和，诗的每一个音乐中的几个字多数有平有仄，只有两三个音节中的字全是平声。

这首诗，就整个旋律说，是温柔、多情的，却又不令人有丝毫腻烦之感。

《半夜深巷琵琶》，节奏、旋律与内容的悲凄结合得很好：

> 又被它从睡眠中惊醒，深夜里的琵琶！
> 　　是谁的悲思，
> 　　是谁的手指，

象一阵凄风，象一阵惨雨，象一阵落花，
　　在这夜深深时，
　　在这夜深深时。

　　　　　　　　　　　　　——《翡冷翠的一夜》

　　它的音响、节奏、旋律，真仿佛是用琵琶弹出的颤动的声声悲音。

　　徐志摩的那首有名的《再别康桥》，音乐美也为大家所公认。这里姑举其第一、二节：

　　　　　轻轻的我走了
　　　　　　正如我轻轻的来；
　　　　　我轻轻的招手，
　　　　　　作别西天的云彩。

　　　　　那河畔的金柳，
　　　　　　是夕阳中的新娘；
　　　　　波光里的艳影，
　　　　　　在我的心头荡漾。

341

　　　　　　　　　　　　　——《猛虎集》

　　英国的康桥，是徐志摩最喜爱的地方❶。一九二〇年，他在康桥住过；一九二五年，重游康桥。诗即写后一次告别康桥。诗的第一节，前三句旋律上带着细微的弹跳性，仿佛是诗人用脚尖着地走路的声音，象是诗人的飘逸的温柔的风度音乐化。第二节重在抒情，在音乐上象用小提琴拉满弓奏欢乐的曲子，一二和三四两联之间，不拘平仄，但又适度注意，抑扬顿挫，增强了诗的节奏感。读后，它的音乐旋律仍在我们的"心头荡漾"。

　　从徐志摩的这些具有音乐美的诗作中，我们可以得到一点启示：新诗还是应该讲究音乐美，而且，新诗的音乐美并不是不可以赶上乃

---

❶ 参看《巴黎的鳞爪·我所知道的康桥》。

至超过旧体诗词的；闻一多先生的有关主张值得我们重视，闻、徐和其他诗人有关这方面的经验，应该给以科学的总结。新诗从五四时期的反对旧体诗词格律，主张"自然的音节"，到闻、徐的音乐美理论和实践，无疑是一个不小的发展和进步。

总的来说，徐志摩的思想曾经历一个发展变化过程，他的诗作在大革命失败前后有显著变化。《志摩的诗》和《翡冷翠的一夜》中尚有不少具有积极意义的作品，《猛虎集》、《云游》，消极因素较多，且有个别具有严重政治错误之作，但也不是没有一点可取之处；在艺术上，徐志摩的诗有其独到之处，不少地方值得我们借鉴。后面这一点，决不可以轻视。大家知道，在大革命失败后的中国文坛上，资产阶级文学流派在创作上能和进步文学争夺读者的唯一的东西是新月派的诗。而新月派的诗，在内容上无法与进步诗歌比拟，但因为在艺术上有长处，故吸引了一部分并非反动的读者和不少年轻的诗作者。仅仅这一事实本身，就足以发人深省。

一九七九、十、二脱稿

（原载《中国现代文学研究丛刊》1980 年第 2 辑）

徐志摩诗重读志感[*]

卞之琳

　　做人第一，做诗第二。诗成以后，却只能就诗论诗，不应以人论诗。诗以人传，历来也有这种情况。但是作为文学现象，作为艺术产品，诗本身就是一种独立存在，在历史的长河里，载浮载沉，就终于由不得人为的遥控，尽管有的经得起几上几下，翻多少筋斗，历无数沧桑，有的不然。话当然也不能说绝，各时代有各时代的风尚，各人也各有所偏好，不可能纯客观。

　　好象是空谷来风，我一开头说这几句，是有所指的，这就是针对徐志摩先生（1896—1931）和他的诗创作。想当年，"九·一八"事变后两个月，好象恰合他身份似的，老"想飞"的诗人坐飞机（那时候很少人有机会坐飞机）在济南附近触山焚化了。这在当时也曾惹起一番热闹，然后连人带诗寂寂无闻了一长段时间以后，不知怎样的，又受到了注意。今年初，人民文学出版社旧事重提，约我编一本《徐志摩诗选》，并为写序。这几天，《诗刊》也反映读者要求，又催我帮助选他的几首诗，并说几句话。我感到义不容辞，这大概是因为诗的关系，也因为人的关系吧？

　　固然，"志摩与我"（借用当年的热闹题目）在两方面都有一点直

---

　　* 此文原发表于《诗刊》1979 年 9 月号，曾同意修订后给四川人民出版社用作《徐志摩诗集》"代序"，诗集出版后发现又有些错字，现再订正，还添改了几句话，并恢复原题（卞注，1982 年 3 月 14 日）。

接关系。就人的关系说，我做他的正式学生，时间很短，那就是在一九三一年初，他回北京大学教我们课，到十一月十九日他遇难为止，这不足一年的时间；就诗的关系说，我成为他的诗的读者，却远在一九二五年我还在乡下上初级中学的时候。我邮购到《志摩的诗》初版线装本（后来重印的版本颇有删节）。这在我读新诗的经历中，是介乎《女神》和《死水》之间的一大振奋。现在，过了半个世纪，总是增长了一些见识，重读他的几本诗，我敢于不避武断而说几句感想，或者还有助于我们今日的读者。

徐志摩是才气横溢的一路诗人。他给我们在课堂上讲英国浪漫派诗，特别是讲雪莱，眼睛朝着窗外，或者对着天花板，实在是自己在作诗，天马行空，天花乱坠，大概雪莱就是化在这一片空气里了。现在我只记得他在讲课中说过：他自己从小近视，有一天在上海配了一副近视眼镜，到晚上抬头一看，发现满天星斗，感到无比的激动。这或者多少启发了他自己诗创作里常显出的一种灵感。

徐志摩交游极广。他对人热诚，不管是九流三教。周围仕女如云，就象拜伦和雪莱一样，生活上也招致不少物议。他，据中学同学郁达夫先生说，是同学里最顽皮的孩子，可是考试起来门门功课得第一。他自谦不懂科学，可是他老早就发表文章介绍过爱因斯坦的"相对论"。他写过为世所诟病的一行诗："思想被主义奸污得苦"，可是他在《落叶》散文集里写到过"为主义牺牲的决心……那红色是一个伟大的象征，代表人类史里最伟大的一个时期；不仅表示俄国民族流血的成绩，那也是为人类立下了一个勇敢尝试的榜样"。他喜好自引一位朋友对他的批评："感情之浮"、"思想之杂"，其中不无道理。这也和他的身世有关。

徐志摩出身于浙江硖石大镇的一个铜臭熏人而附庸风雅实即封建化、买办化倾向明显的富裕商人家庭。他从小被泡在诗书礼教当中，被训练得能信手写洋洋洒洒的骈四骊六文章。家里要他当银行家，就送他出洋镀金。但是正好在美国，看到欧战结束，举国若狂的兴奋景象，反而促进了他的爱国热肠。美国的资产阶级生活、物质文明，却又促使他违背父辈的初衷，抛下唾手可得的博士学位，跑去英国剑桥大学，吸烟、划船、骑自行车、读闲书，过落后于时代的优游日子。

他在"五四"运动后不久回国前，和由包办而结缡的夫人离婚，力争所谓人格的尊严、恋爱的自由。回国以后，他的所谓"理想主义"（还是"主义"！），所谓要"诗化生活"，在现实面前当然会碰壁。碰壁是好事，他的深度近视眼里也没有能避开过军阀混战、民不聊生的人间疾苦。

这些驳杂的思想感情，在他的诗里都有所表现。他的诗，不论写爱情也罢，写景也罢，写人间疾苦也罢，在五光十色里，有意识无意识，或多或少，直接间接，表现的思想感情，简单化来说，总还有三条积极的主线：爱祖国，反封建，讲"人道"。这三条不是什么"先进"思想。但是这讲起来似乎显得陈腐的三条，在我们的今日和今日的世界，实际上还是可贵的东西。

徐志摩开始大写新诗的日期也说明了和这种思潮有关联的意义。"只有一个时期"，他自己说，"我的诗情真有些象山洪暴发，不分方向的乱冲。那就是我最早写诗那半年，生命受了一种伟大力量的震撼，什么半成熟的未成熟的意念都在指顾间散作缤纷的花雨。""那半年"算起来应是在一九二一年从美国转到英国以后，在他二十五岁的时候。他自己说："在二十四岁以前，诗，不论新旧，于我是完全没有相干。"这正是在"五四"运动后一、二年。这和国家大事有关，和私生活也有关。他在一九二二年秋后回国，两年后所写的就在一九二四年集成《志摩的诗》，一九二五年出版，那时候他已经二十九岁了。这在徐志摩这一路诗人，一个景仰早夭的拜伦、雪莱、济慈的诗人，写诗的起步应说是晚了，想起来不由人感到意外。我们一般写过诗的，往往十来岁就对于"诗，不论新旧"都会试过笔，只是写到成熟一点就多半要折腾个至少十年八年。而徐志摩至多经过"那半年"，"写了很多""但几乎全部见不得人面的"诗（我们也不知道谁见过），到后来收入《志摩的诗》一集的那些作品，就显出十分成熟的样子了。难道所谓"大器晚成"吗？而再过十年，他又什么都完了，连人带诗，真象一颗流星。说来又真显得离奇，我在今日，和过去许多人说过的不同，认为他生前出版过的三本诗集当中，《翡冷翠的一夜》并非他全盛时期的高峰，而是开始走的下坡路，尽管其中和《猛虎集》以及死后别人为他编集出版的《云游》里确有更炉火纯青的地方，最可读的诗还是最多出之于他的第一个诗集。

徐志摩自己在去世那一年出版的《猛虎集》自序文里说，他在《志摩的诗》以后，写诗陷入苦吟，看来确乎关系到他在这时期出尽风头的表面底下的"实际生活"的"波折"和"枯窘"。所以一九三一年"九·一八"事变以前他那一阵诗兴的"复活"，终还是过去的余绪。若天假以年，再在现实里经过几个更大的"波折"，大难不死，可以期望有一个新的开端。事实证明，到他在大雾中飞行触山物化为止，尽管他在《猛虎集》自序里哀叹着"我知道，我全知道"，"这是什么日子"，"遍地的灾荒与现有的以及在隐伏中的更大变乱"，等等，但是他还是"不知道风是在哪一个方向吹"。

说来又好象很怪，尽管徐志摩在身体上、思想上、感情上，好动不好静，海内外奔波"云游"，但是一落到英国、英国的十九世纪浪漫派诗境，他的思想感情发而为诗，就从没有能超出这个笼子。布莱克是浪漫派的先行者，渥滋渥斯、拜伦、雪莱、济慈当然是浪漫派，维多利亚朝诗人、克拉斐尔派以至世纪末的唯美派都是浪漫派的后嗣或庶出。就是写诗最晚的哈代，以他的嘲世思想、森寒格调，影响过徐志摩诗创作，或者可以称为现实主义派吧，其实也还可以说是颠倒过来的浪漫主义者。尽管徐志摩听说译过美国民主诗人惠特曼的自由体诗，确实发表过法国象征派先驱波德莱尔《死尸》的译文，甚至自称模拟过现代派托·斯·艾略特，尽管据说他还对年轻人讲过未来派，他的诗思、诗艺几乎没有越出过十九世纪英国浪漫派雷池一步。

妙处却在于徐志摩用我们的活的汉语白话写起自己的诗来，就深得他们那一路诗的神味、节奏感，虽然他还未能象闻一多先生一样，进一步引进他们所沿用的英诗格律，而在不少诗创作实践里，根据汉语白话的特性，发展出一种新诗格律的雏形。徐志摩自己说，"我的笔本来是最不受羁勒的一匹野马，看到了一多的谨严的作品我方才懔悟到自己的野性……"尽管他说"不容我追随一多他们……下过细密工夫"，还是受了一九二六年北京《晨报》对于诗的形式问题讨论的消极一面的影响，也有点盲目追求以单音字数整齐为建行标准的不合乎现代汉语规律的错误要求，结果和许多人甚至闻一多自己的许多诗篇一样，造成了"方块诗"的不良风气。这也在艺术上配合了徐志摩自己诗创作的日趋枯窘，再没有早期的生气了。

剔除了这些欠缺，我们就容易看出为什么徐志摩还颇有一些诗，特别在艺术上，能令今日的我们觉得耐读，不难欣赏，而且大有可供我们琢磨一番的地方。

"五四"开头，主张写白话文，用白话写"新诗"，甚至讲"全盘西化"，也可说是矫诗过正，从历史意义说，也无可厚非。这些先行者，实际上都不懂西诗是怎样的，写起白话诗来基本上都不脱旧诗、词、曲的窠臼（其中有的人根本毫无诗的感觉，有的人相反，对诗决不是格格不入，那是另外一回事），《女神》是在中国诗史上真正打开一个新局面的，在稍后出版的《志摩的诗》接着巩固了新阵地。两位作者都是从小受过旧词章的"科班"训练，但是当时写起诗来，俨然和旧诗无缘，而深得西诗的神髓，完全实行了"拿来主义"。他们实际上都首先得到了惠特曼的启发，后来才逐渐分道扬镳。《死水》的作者，是对古型文学很有根柢的，但写出成熟的《死水》，却先经过《红烛》那样幼稚的阶段，进一步又以较后问世的《死水》的诗创作实践，用洗炼的白话，特别是口语，作为诗表达的工具，并结合新诗格律的有意识探索，超出了《志摩的诗》。然而，半个世纪前一些先辈共同奠定的用白话写诗的道路，至今还没有成为康庄大道，通行无阻。实际上，我国"五四"运动的纲领之一的反封建任务，至今又何尝彻底完成？讲到这个历史任务，事实是经过了欧洲文艺复兴、英国革命、法国革命、巴黎公社、十月革命，在今日世界上最广大地区，不管经济基础发展到什么地步了，上层建筑发展成什么格局了，大家的身上难道已经都把封建残余思想清除得一干二净了？所以也不足为怪。

《志摩的诗》和《死水》，虽然风格不同，一则轻快，一则凝重，虽然同样"拿来"西诗形式，也羼入一些文言词藻，但用现代汉语，特别是以口语入诗，都能吐出"活"的、干脆利落的声调，很少以喜闻乐见为名，行陈词滥调之实。

更进一步我们就会注意到徐志摩（当然还有闻一多）用白话写诗，即便"自由诗"以至散文诗，也不同于散文，音乐性强。诗的音乐性，并不在于我们旧概念所认为的用"五七唱"、多用脚韵甚至行行押韵，而重要的是不仅有节奏感而且有旋律感。

我国"五四"运动以来写"新诗"的流行方式，经过一些曲折或螺旋式发展，到今天还是回到以分行写白话诗为主流。相反，有的甚至把白话诗就叫"自由诗"。而经过旧诗词以至散曲和民歌的学习，大家好象既不满足于写文言诗，也不完全满足于写"自由诗"这个也是"拿来"的形式，而不由自主地又倾向于写四行一节，押上一种或几种脚韵的白话诗。这大概也是受客观规律的驱使。

四行一节固然是古、西历来如此的最普通形式，但是我国《诗经》和词曲就有多种大体整齐的形式，外国也是如此：多样化。对称也是整齐。诗是文学的一个门类，借鉴外国，也是理所当然。而我们一般诗读者，通过不负责任的翻译，看见外国诗（"自由体"除外）就是七长八短的分行，就是毫无章法押几个脚韵，以为这就是人家写诗的原来样子，也就受了影响。现在我们再读几首徐志摩的艺术形式上较为完美的诗篇，或者还可重感到一些新鲜味道，新鲜花样。他的短诗就不是一个模式。那里的节式就有多样，而大体整齐，那里的脚韵也有多样，还有交错押韵的，说是来自欧西，其实我国《诗经》和《花间集》就有，甚至还有押"阴韵"这个好象完全是外来，其实也是从《诗经》到现代民歌都有的玩意儿。再有叠句或变体的叠句，也不是歌曲里才有，外国诗里才有，看看我国《诗经》有没有?难道我们写新诗用这一套就是浪费吗?精炼，并不在于避免这种重复。节奏也就是一定间隔里的某种重复。

这些都是出于不是随心所欲的讲求诗的"音乐性"，而是在活的语言以内去探求、去找出规律的要求。

而徐志摩自认为写起诗来是"脱缰的野马"，在这些方面，好象出于"天籁"，只是做到个大体而已。这方面还留待写《死水》的闻一多带头在实践与理论上作进一步探索。

一九七九年七月三十一日

（原载 1980 年 1 月四川人民出版社版《徐志摩诗集》）

记徐志摩

陈从周

> 世事沧桑五十年，渐盈白发上华颠，
> 遗文佚史搜堪尽，含笑报君在九泉。
>
> 泪湿车窗景转迷，开山斜日影低垂；
> 招魂欲赋今谁笔，有子怀归在海西。
>
> 诗人逝去知何许，倦鸟投林尚有藏，
> 南北那存清静土，硖川无份况开山。
>
> （硖石又名硖川）

今年春天，我从山东淄博市开会南归，车经济南市附近党家庄车站，党家庄三个字触动了我，五十年前诗人徐志摩就是在这车站附近开山（小地名称白马山）坠机惨死的，我详细审看着山势，想得很多，车轮擒住轨道，轰轰地一直向前驶，不知道是车轮，还是光阴，渐渐地看不到开山山脉，口吟了这三首小诗，总算是五十年后尚有这个小弟弟在怀念着。

志摩的一生，我在一九四九年八月为他编印出版了《徐志摩年谱》，及时地记录了下来，但毕竟是年谱，因为有关体例，若干事是写不进去，更有许多是他死后的事，如今有必要来谈一谈。

我们叙述志摩的生平，家庭关系对他来讲，有应该说明的必要。

志摩父申如先生，是我妻蒋定的舅舅，又是我嫂嫂徐惠君的叔叔，我是由我嫂嫂抚育成人的，因此有着双重戚谊。申如先生活到七十三岁，比志摩要迟去世十二年。他是一位民族资本家，思想比较开朗，在本乡浙江海宁县硖石镇，除了主持经营旧式的徐裕丰酱园、裕通钱庄、人和绸庄等外，最重要的是创办了蚕丝厂、布厂、硖石电灯厂，还有双山习艺所等，在浙江与上海的金融实业两界，也参加了一些事业，他任硖石商会会长的时间较长。硖石是个米丝集散地，商业繁盛，要振兴地方必先开发交通，本来沪杭铁路是过嘉兴直接北向杭州，该路的兴建是商办的，申如先生是集资股东之一，他力争要铁路东弯路过硖石，当时地方上一些落后保守势力，坚持反对这种做法，曾经结队捣毁过他的家，但是铁路并没有因此而改道。今日硖石已成海宁县治，沪杭线的重要城市，工商业日益发达，是与铁路交通分不开的。

志摩是长孙，又是独子，老祖母与母亲又疼爱他，但为父的申如先生，对他教育没有放松，从小即送到杭州去念中学，接受新式教育，毕业后去北京上学，又送出国深造，在当时来说思想还是维新的。

志摩少年，真可说书生意气，挥斥方遒，少年的文笔很象梁启超先生，无怪后来拜门为弟子，在硖石开智小学求学时，写过《论哥舒翰潼关之败》的短论（文见拙著《徐志摩年谱》）。不但古文写得好，书法也秀劲，不信出于一个十四岁的小学生。他书法学北碑张猛龙，有才华，自存风格，在近代文学家中是少见的。在杭州府中学（后改第一中学）时，又发表了《论小说与社会之关系》、《镭锭与地球之历史》，思想是前进的。最重要的一篇文字，是我从他堂弟崇庆那里得到的。1918 年夏出国留学时所写的《徐志摩启行赴美文》，白报纸用大号铅字排，印成经折式的启文，后来我把他全文刊入《年谱》中，成为海内外研究志摩的重要资料。激昂慷慨，真是一个爱国忧民的热血男儿。文中如："耻德业之不立，遑恤斯须之辛苦，悼邦国之殄瘁，敢恋晨昏之小节。刘子舞剑，良有以也。祖生击楫，岂徒然哉？""时乎？时乎？国运以苟延也今日，作波韩之续也今日；而今日之事，吾属青年实负其责"之句。到了美国，在日记上写着："大目如六时起身，七时朝会（激发耻心），晚唱国歌，七时半归寝。日间勤学而外，运动、跑步、阅报。"当第一次世界大战结束，日记上又写着："……方是时也，天地为之开朗，风云为之变色，以与此诚洁挈勇之爱国精神，相腾嬉而私慰。嗟乎！霸业永诎，民主无疆，战士之血，流不诬矣。"正写出了那时一位爱国留学生的纯洁心胸。他对梁老师是崇拜的，日记中屡屡提及："读梁先生之《意大利三杰传》，而志摩血气之勇始见……而先生之文章亦夭矫若神龙之盘空，力可拔山，气可盖世。"这对青年志摩是起很大影响的。这些早年的日记，记得是一九四七年我在徐家，（上海华山路范园徐宅，此屋是志摩殁后所建，以前所居之屋为借张家的。）与志摩离婚的夫人、后来志摩父亲认为寄女的张幼仪在聊天中她从抽屉中拿出一张志摩签名照与两本用连史纸毛笔写的本子，上面写着《志摩随笔》、《志摩日记》，前者下署"谔谔"两字，她对我说："你拿去吧！你对它有感情。"其中一部分是信稿，如上梁先生书之类，一部分是日记，再有一些是读《楚辞》与《说文》的札记。他骈文写得很好，可惜无传，从这些笔记中看出他是下过功夫的。我曾将这两本中较完整的片段整理了出来，刊登于上海报刊上，以及明引入《年谱》中。原稿惜已不存，如今还保存了几页白纸残页，每一展及，辄为黯然。

志摩爱朋友若性命，他死后有人说他是"人人的朋友"，对家人亲戚亦非常热情真诚。其交游之广，一方面是与家庭有关，他父亲是有相当社会地位，接触面广。另一方面亦由他自己个性使然。我曾经作过不完整的统计，真是"士农工商"，"贫富咸宜"，这些广阔的交游中，对他的创作是多少有些关系的。他用硖石土白做的诗，运用了他家乡下的农村词汇，他住在硖石东山不朽祠时常与要饭的一起抽烟谈天，请他们吃饭。在性格上既存有很多旧道德，也充满了外来的新思想。虽然后来在婚姻问题上，父子间有了隔阂，但对老人家，还是尊敬的。他蔑视做阔少爷，宁愿提着皮包，南北奔走，过着清贫的教书生活，钱不够用，也不向父亲及老家要，以至于乘不化钱的飞机而送了命。当噩耗传到他老父时，申如先生凄然叹道："完了！"这两个字中包含了父子间几多复杂的感情啊！此后内外之事都交给了张幼仪去管，希望寄托在唯一的孙子积锴（幼仪生）的身上，又字积锴叫如孙。

志摩的朋友中，有比他长一辈的，他敬爱姑丈蒋谨旃（钦项）先生，称他为"蔼然君子"，向他问学，回到硖石每天总在姑母家。谨旃

先生族弟百里（方震）先生，虽然与志摩同为梁启超先生门人，然总
用百里叔或福叔称之，私交极厚。友人叶公超的伯父恭绰先生，林徽
音（因）父亲长民先生，以及蔡元培、章士钊、张宗祥等诸先生，都
是既尊敬又有友谊。尤其林长民先生之死，他那篇《哀双栝老人》真
是天下哀挽文极则。一九三四年十一月林徽音从浙江宣平与梁思成同
北返，归途火车停硖石站，"凝望着那幽黯的站台，默默回忆许多不相
连的过往残片……如果那时候我的眼泪曾不自主的溢出睫外，我知道
你定会原谅我的心情"，写下了《纪念志摩去世四周年》一文（写于一
九三五年十一月十九日，发表于一九三五年十二月八日天津《大公
报》），同为千古绝唱。她又建议要设"志摩奖金"，来继续鼓励人家努
力诗文的意志。童寯后来告我：一九三一年秋志摩到沈阳东北大学，
与思成、徽音一二日小聚后，南归不久便坠机丧生。诗人短命，如拜
伦、雪莱、济慈，都不过活到廿六、卅六之间，也并非夭年，实文学
史上令人怆然一段。《纪念志摩去世四周年》一文中提到她过硖石，那
年思成到浙江宣平看元朝古庙，夫妇俩在上海和赵渊如（深）、陈直生
（直）与我见了面，竟日盘旋，她总是谈笑风生，滔滔不绝，一次突然
哑口无声，直先问："你怎么不讲啦？"她答："你以为我乃女人家，
总是说个不停吗……"可证她经过志摩家乡与志摩埋骨地后的心境，
促使其以后迸出那篇名作。志摩的两本英文日记，徽音告我她一直保
存着，她死后，我问思成新夫人林洙，说是遍找无着。如果她女儿梁
再冰拿去，但愿仍在人间。小曼死后交我的那一批凌叔华写给志摩的
信，系用仿古诗笺来写，笺上画着帘外双燕，书法是那么秀逸，且仅
文字之美而已。志摩死前晚，在杨铨处留条，是为最后遗笔，杨为精
裱并加长跋，小曼将原件照片给我，惜今已失，唯文字已录入我编的
那本藏在北京图书馆的增订本中。这些足证其友朋之间的交谊，胡适、
闻一多、张奚若、梁思成、金岳霖、杨振声、梁实秋、张慰慈、徐新
六、郁达夫、蒋复璁、张歆海、杨铨、余上沅、方令孺等的关系，在
他们写的哀挽的文章中，都表达了真挚的感情，比他小一辈的学生，
如卞之琳、陈梦家、赵景深、赵家璧、何家槐等，在志摩培植下，皆
成为知名的学者或文学家。而与沈从文谊兼师友，受他的一手提拔，
如今八十高龄，每与我谈及往事，辄老泪纵横，我怕触动过多，常常

"王顾左右而言他",他为我所编写的《年谱》,在志摩后期的生活中,作了一些补充,过誉了对这书的评价,说在材料与编排上,下了极大的功夫,如果那时不收集整理,现在已无法编写了。

志摩不乞于富贵之门,在当时他的亲旧朋友中,着实有些阔人,他前妻张幼仪的二个哥哥张君励与做中国银行总裁的张嘉璈(志摩与幼仪结婚时,张嘉璈任督理浙江军务朱瑞之秘书。)以及部长朱家骅,蒋梦麟,次长郭有守等。蒋梦麟任教育部部长,聘他当司长不就。而另一方面,胡也频烈士在上海龙华就义,沈从文与丁玲乔装夫妇结伴去湖南常德,他冒了危险资送了全部川旅费,离开了上海。他有正义感,爱真理,爱好人,有诗人"赤子之心"。

志摩在国际学术交往上是频繁的,他被选为英国诗社社员,"笔会"中国分会理事,印度老诗人泰戈尔与他最是忘年之交,还有英国哈代、赖斯基、威尔斯,法国罗曼·罗兰等等。他自己曾写道:"我这次到欧洲来倒象是专做清明来的,我不仅上知名的或与我有关系的坟(在莫斯科上契诃夫、克鲁泡金的坟;在柏林上我自己儿子的坟(后迁葬硖石);在枫丹薄罗上曼殊斐尔的坟;在巴黎上茶花女哈哀内的坟;上菩特莱"恶之花"的坟,上密仡郎其罗、梅迪启的坟;日内瓦到 Ravenna 去上浮吉尔 Veigi 的坟),我每过不知的墓园也往往进去留连,那时情绪不定是悲伤,不定是感触,有风听风,在块块的墓碑间且自徘徊、等到斜阳淡了,再计较回家。"(《欧游漫记》)这真是杜甫所写的"不薄今人爱古人"。而志摩自己的死与他的墓葬呢?说也是惨。

志摩的死,沈从文知之甚详,他写给赵家壁信中(也有同样的记录给我过),有这样的一段话:"记得徐先生在山东遇难,得北京电告时,我正在杨金甫(振声)先生家中,和闻一多、梁实秋、赵太侔诸先生谈天,电文中只说'志摩乘飞机于济南时遭遇难,(张)奚若,(金)龙荪(岳霖),(梁)思成等,拟乘×车于×日早可到济南,于齐鲁大学朱经农先生处会齐',使大家都十分惊愕,对电文措词不易理解。我当时表示拟乘晚车去济南看看,必可明白事情经过。大家同意,当晚八点左右上胶济路车,次日一早即到达,去齐鲁大学,即见到张奚若先生等也刚下车不久,此外还有从上海来的徐大公子(积锴)。据经农叙述,才知道已由济南中国银行一工作人员(陈君),把徐先生尸身运到,加以装殓，拟搭晚车去沪。大家吃了早饭，即同去城里一个庙里探看。原来小庙是个卖窑器的店铺，院子里全是大小成堆的罐罐坛坛，小庙里边也搁不少存货，停尸在入门左边贴墙一侧（前后全是大小钵头）。银行中那位上海办事人，极精明能干，早已为收拾得极清洁整齐。照当地能得到的一份寿衣，戴了顶青缎子瓜皮小帽，穿了件浅蓝色绸子长袍，罩上件黑纱马褂，致命伤系在右额角戳了个李子大小洞，左肋下也有个同样微长斜洞，此处无伤。从北京来的几个熟人，带了个径尺大小花圈，记得是用碧绿铁树叶作主体，附上一些白花的（和希腊式相近）。一望而知必思成夫妇亲手作成的。大家都难料想生龙活虎般的一个人，竟会在顷刻间成了古人，而且穿了这么一份不相称的寿衣，独自躺在这个小庙中一角，不由都引起一点人生渺茫悲痛。大家一句话不说，沉默在棺旁站了一会，因为天已落雨，就被经农先生邀回校中。听银行中那个办事人谈了些白马山地势和收殓经过，才知道事实上致命伤只两处，和后来报纸传说全身焚化情形不合，因为当时已商定由张慰慈和徐先生大公子随棺于晚十点南下，其他几位北返，我也在当晚回青岛报告情形。至于徐先生生前那么匆匆南下，又急于北旋，都是在一年后，我到北京时，住在胡适之先生家里楼上（即志摩先生生前住处，胡家中不敢住），半夜里胡先生上楼来和我说起的。徐南去，主要因小曼不乐意去北京，在上海开支大，即或徐先生把南京中央大学和北大教书所得薪金全寄上海，自己只留下三十元化销，上海还不够用，因乘蒋百里先生卖上海愚园里房子时，搞个中人名义，签了个字，得一笔款给小曼，来申多留了几天，急于搭邮件运输机返北京，则因为当天晚上林徽音在协和小礼堂为外国使节讲中国建筑艺术，紧于参加这次讲演，才忙匆匆地搭这次邮运飞机回京。到山东时（白马山只隔济南廿五里）因大雾，飞机下降触山腰，失事致祸，一切都这样凑巧，而成此悲剧，不仅为当时亲友为此含悲，抱恨终身，以国家言，也是一不可挽救之大损失。"梁思成从济南回北京，捡了志摩乘的飞机残骸木板一块，林徽音挂在居中作为纪念品，直到一九三五年四月一日林死为止。志摩死的上半年农历三月初六，志摩母亲去世，徽音正在病中，寄给志摩一张她在病榻中的照，背面还题上了诗。他偷偷地给我妻看过。

志摩后来葬在硖石东山万石窝，据张幼仪对我说，棺运到上海万国殡仪馆，有人提出重殓，她竭力反对而没有惊动遗体，那么志摩仍是用原殓的服装入葬的。一九四六年春积锴母子归葬其祖申如先生于志摩墓旁，且请张宗祥先生书碑，文曰"诗人徐志摩之墓"。所以延到后来才立碑，因等凌叔华所书碑文不就。我参加了这次仪式。一九四八年冬我最后一次去志摩墓，并拍了一些照，同时他的故居新旧两宅也入了镜头，这些皆刊于《年谱》中。一九六六年文化大革命开始，乡民因为听了误传，说志摩堕机后，头是没有了，他父亲换了个金头，要想挖金子，遭到了暴尸的惨遇。那时他的蒋家姑母，我那老岳母已近九十高龄，尚健在硖石，待她说明已来不及了。今日只留下他老父一墓，以及附近西山白水泉旁的次子德生一石。

写到此使我联想到志摩老友"同学同庚"的郁达夫，我去年到富阳参观了他的故居，达夫长子天民招待我，知道中外的朋友去得很多。志摩硖石故居希望能整理保存，修复墓园，正如他在国外参观名人故居与坟墓一样，能给中外人士留连怀想，也许是件有意义的建议吧！

人的感情有时有些莫名其妙，志摩死的那年我才十四岁（实际不足十三岁），正在中学教科书上读他的那篇《想飞》，背诵着"飞其翼若垂天之云，……我们镇上的东关乡"等句。从这篇文章带入了我爱好他作品的境界。引起了我翻找家中藏有的其他作品。说也奇怪，不知什么力量，鞭策了我要想将来为他写一篇传记的心，开始时我在亲友中进行些了解。自从我与他的表妹蒋定结婚后，（结婚证书上介绍人还是写上徐积锴）与徐家往来更加频繁。再加积锴夫人张粹文随我学画，她婆婆张幼仪亦一起来挥挥毫，经常在他家中。再说小曼，自从志摩死后，渐渐地也只有我这个近亲去看她。我从这两个方面得到了许多第一手资料，如照片、家书、手稿等等。而最可感激的是他堂弟崇庆，他爱收藏，将徐氏家谱、信件、少年文稿、出国启文等都交给了我。志摩堂侄启端手抄的志摩哀挽录我也看了。这样日积月累，原始资料渐多，再参以书籍报章上刊有志摩生平的材料，已非传记所能包容，于是排比成了《年谱》的初稿，这已是一九四七年的事了。但发现其中还有许多在编年上不够充实的地方，还需要补充。又访问了许多与志摩有关的人。志摩中学大学的同学、大夏大学同事董任坚收藏的中学大学报刊，出借给我，又作了口头上的补充。志摩中学时代的校长钱均夫先生，乡人张惠衣，志摩的学生赵景深，以及徐悲鸿、李彩霞等皆给我以切实的帮助。晨抄暝写，居然到五月间基本完成，托小曼与张惠衣看了一遍，并请张宗祥先生署了签。在极困难的岁月中付了印，完成了一次感情冲动的行动。不料这书后来流传到海内外，作为研究志摩的重要资料，且海外并据此而重编年谱。幼仪和积锴母子最近才见到我写的《年谱》，幼仪从美国来信说："从周弟：非常感激你，为了志摩的年谱，费心不少，多谢！多谢！"我前几年为纽约大都会博物馆筹建中国庭园"明轩"去美，旅馆正靠近她家，我们见到了多次。每次谈得很夜深，当然其中还是涉及志摩生前生后的事为多。如今积锴也六十四岁了，子女孙辈都在海外，人到了一定年纪，当然有思乡的情绪。回忆我当他解放前去美的时候，我感到他父亲的一些照片，日久要淡色，为了使他在海外永久留作纪念的话，我请胡亚光画师画了志摩头像，并恳张大千师补了衣褶加上了题字，交他随带了去国，如今国外所刊登的这张像，其来源是如此。前几天幼仪又来信说："我去年跌了跤，三个月未出大门……到了八十二岁，就是不跌也有行走困难之事。总算自己尚可料理自己一身，就是不知维持几久而已。"流露了老年人寂寞之感。

小曼一九六五年四月三日病殁于上海华东医院，她生于一九〇三年农历九月十九日，居然也活到六十三岁。小曼自志摩死后，几乎与徐家断绝关系，从不顾问徐家的经济。她公公给她的那张由胡适、徐寄顾、徐新六作证明每月付二百元生活费的笔据也不要了，交给了我去保存，因为她早不去拿钱。她曾去硖石上过志摩坟，做了这首诗："肠断人琴感未消，此心久已寄云峤；年来更识荒寒味，写到湖山总寂寥。"跋云："癸酉（一九三三年）清明回硖石为志摩扫墓，心有所感，因题此博伯父（徐蓉初先生）大人一笑，侄媳小曼敬赠。"此后，身体很坏，但常对我说想再去硖石上志摩坟。临终前还希望我帮助她葬到志摩墓旁，人之将死，其言也善。在志摩生前，小曼不常去北京，外间流言多，有人劝志摩与她离婚，志摩说，如果离了婚，她就毁了，完事了。小曼在这点上是感志摩德的。

最后就拿小曼所编《志摩全集》这件事作此文结束吧，小曼在弥留时嘱咐她的侄女陆宗麟，说离世后将志摩的一些遗物交我保存，其中有她编的《志摩全集》排印样本及纸版，梁启超先生的集宋词长联，以及一些她与志摩的手稿。还有小曼自己画的那张山水长卷，堕机时未毁的纪念品。有胡适、杨铨等的长题。我含泪接受了这些遗物，在回顾萧然的房中，只留下了她与志摩当年同写作的那张大写字台，不久此屋就要易主，我悄悄地别了，留下的是"人去楼空，旧游飞燕能说"的寂寞伤感的情绪。我当时在想，这些东西怎么办？如何保存下去，自己留着还不如送给国家保管妥善，我首先将《志摩全集》校阅了一下，写了一段小跋，交给了北京图书馆。纸版本来何其芳与俞平伯要想由文学研究所保存，因为东西已在志摩堂侄炎炎处，他因循未寄，如今十包中已缺去一包。其他《西湖记》、《眉轩琐记》及小曼的手稿等亦交与北京图书馆，梁联及陆卷浙江博物馆收藏。不料未及五月文化大革命来到，如果我不是这样做，恐怕今天也都不存了。在文革期间我时时忆及它，"四人帮"打倒了，居然仍留人间，我私慰，总算对得起志摩小曼了，"含笑报君在九泉"于愿足矣！我编的《徐志摩年谱》正由上海古籍书店重版。

1981年8月3日写成于同济大学建筑系

（原载《新文学史料》1981年第4期）

徐志摩和他的诗

吴宏聪

　　徐志摩是五四运动高潮过去以后走上中国文坛的诗人。他的主要活动，在一九二二年到一九三一年革命形势发生急遽变化的年代。他生前死后共出版了四本诗集——《志摩的诗》、《翡冷翠的一夜》、《猛虎集》和《云游》，此外还有小说、散文等。在短短的十年期间，拿出那么多的作品和读者见面，在同时代的诗人中是不多见的。

　　关于他的生平已有许多文章作过介绍，不必赘述。然而，解放后报刊上发表的研究文章中，对徐志摩诗歌中反映的不同思想倾向到底该怎么解释，他的创作在中国诗歌发展过程中究竟起了什么作用，意见还很分歧，值得进一步探讨。

　　一般说来，徐志摩早期、中期的诗歌，视野比较开阔，第一本诗集《志摩的诗》就比他去世后别人替他结集出版的《云游》要好。象《毒药》、《盖上几张油纸》、《人变兽》等诗，在一定程度上揭露了封建军阀的黑暗统治，流露出对战乱给劳苦群众带来深重灾难的同情，具有积极的社会意义。他早期的抒情诗歌，有的调子也比较清新。但在《云游》里，这一类的诗却比较少见了。有不少诗表现了一种悲观失望的情绪和个人的悒郁，收在一九三一年出版的《猛虎集》里，还有思想内容反动的诗篇。他的政治倾向是如此明显，这就向读者提出了一个问题：为什么写过《婴儿》、《大帅》、《西伯利亚》等诗的作者，又写了《秋虫》和《西窗》？这里反映的思想矛盾应该如何解释？有的同志提出"做人第一，做诗第二，诗出来以后，却只能就诗论诗，不应以人论诗"❶。这种说法，当然有其一定道理，但是文学是一种社会意识形态，它是社会生活在作家头脑中的反映，象徐志摩这样不忘情政治的诗人，受过欧美的教育和欧洲许多作家的影响，编辑过《晨报》副刊和《新月》月刊、《诗刊》，办过新月书店……跟社会有那么广泛的联系，如果就诗论诗，撇开了"人"，有些现象恐怕很难解释，要对作品进行具体分析就更受限制了。

不过，徐志摩先后发表了《自剖》、《再剖》、《求医》、《想飞》、《迎上前去》、和《〈猛虎集〉序文》等文章，多少可以帮助我们了解徐志摩对生活的感受和这些感受在创作中的表现。他的思想发展的来龙去脉还是清楚的。

徐志摩说过，他"这一生的周折，大都寻得出感情的线索"，这话的确是真的。我们不妨按照时间的顺序看下去。首先，是一九一八他出国留学时写的那篇《志摩启行赴美文》，这篇洋洋洒洒的文言文，直抒胸臆，不失其真。他痛感国难方兴，忧心如擣，许下了匡时济世的宏愿，很有自己的抱负。列宁说："每个被压迫民族的资产阶级民族主义，都含有反对压迫的一般民主主义内容"❷，徐志摩早期的民主思想有其内在的根据，他的思想和许多作家一样也有一个发展过程。

"五四"运动那一年，徐志摩正在美国留学，一九二二年回国。那时，民主科学的口号，风靡一时，徐志摩一方面竭力鼓吹欧美资产阶级最高的意识形态，向往资产阶级自由、民主、平等、博爱，成为欧美资产阶级民主政治的热情拥护者；另一方面却又接受空想社会主义，认为造成社会祸害的根本原因是人们不懂得自己的本性。他一开始并没有把共产主义看作是"洪水猛兽"，"异端邪说"。他怀疑传统，反对传统，不承认已成的一切，扬言"一切都重新来过"。但是他和那些空想社会主义者一样，把希望寄托在统治阶级身上，企图取得他们的帮助和支持，建立起所谓"新村"式的伊甸乐园。这两种思想在他的诗歌中都有不同程度的表现。他对中国封建军阀黑暗统治的揭露和抨击，对战祸频仍、流离失所的人民痛苦生活的同情，固然带有浓厚的人道

❶《徐志摩诗重读志感》，《诗刊》1979 年 9 月号。

❷ 列宁：《论民族自决权》，《列宁选集》第 2 卷，第 524 页，人民出版社 1972 年版。

主义色彩，他歌咏自然，崇拜性灵，景仰没有"污染"的文明，更具有"返朴归真"的乌托邦性质。《南行杂记》中他对自己接受空想社会主义的经过有相当详细的叙述，很值得注意。他说："我最初看到的社会主义是马克思前期的，劳勃脱欧温一派，人道主义，慈善主义，以及乌托邦主义混成一起的，正合我的脾胃。我最容易感情冲动，这题目够我发泄了；我立定主意研究社会主义。"过去，空想社会主义对徐志摩的思想影响，一直很少人提到，他自己说过的"单纯信仰"也有各种不同的解释。事实上，他在《南行杂记》中已经交代了他在未出国之前原来相信"实业救国"，"见着高耸的烟囱，心里就发生油然的敬意"，到了美国，读了罗斯金、欧文、马克思等人的著作，开始对现代工业起反感。后来，到了英国，对劳工益发同情，感到劳工神圣，甚至感到"贵族、资本家，这类字样一提着就够挖苦"！在同一篇文章中，他还沾沾自喜，说"我自问是个激烈派，一个社会主义者，即使不是个鲍尔雪微克"等等。

　　现在我们还不大了解他在美国究竟读了欧文等人的哪些书，在实际生活中也看不出他有什么"激烈"的行动。唯一值得注意的是徐志摩不止一次说他是个不可教训的个人主义者，是个理想主义者。这是理解他的思想的一个主要方面。但是，这里的个人主义是不能单纯从字面上去寻求解释的。从他诗歌来看，"个人主义"更多的是指个性解放、自我表现等等。至于"理想主义"，恐怕要和空想社会主义联系起来考察，特别是跟泰戈尔❶鼓吹的所谓"农村建设计划"联系起来考察，才能找到"感情的线索"。一九二四年印度泰戈尔来华的时候，徐志摩充当他的翻译，随侍左右并写文章赞誉泰戈尔，说泰戈尔"这次来华，我个人最大的盼望，不在他更推广他诗艺的影响，不在传说他宗教的哲学乃至玄学的思想，而在于他可爱的人格。"❷在他给泰戈尔的信中，甚至吹捧对方为"世上一位伟大无比的人物"，"他的人格就是我们认识至圣至善的最近捷的近路，光明和荣耀都出于此。"事实上，泰戈尔访华并不是单纯宣扬印度的哲理思想和他所服膺的所谓东方文化，他

---

❶ 泰戈尔（Tagore，1861——1911），印度诗人，曾获 1912 年诺贝尔文学奖。

❷《泰戈尔来华》，1922 年《小说月报》第 14 卷，第 9 期。

还想在中国推行他的"农村建设计划"。徐志摩对泰戈尔鼓吹的所谓农村建设计划也同样表示了浓厚的兴趣。不过，令人感到奇怪的是他在诗文中从来没有提到过这件事。近年出版的《徐志摩英文书信集》❶详细地介绍了一九二四年泰戈尔来华时徐志摩陪同泰戈尔和他的助手恩厚之❷一行到山西太原去见山西军阀阎锡山的活动，他们准备争取阎锡山的支持，在中国推行"农村建设计划"。《徐志摩英文书信集》为我们提供了徐志摩思想的重要材料。据说当时阎锡山表示愿意接受这笔外援，并且答应拨给山西晋祠一带地方作为实验基地。他们的具体目标是在农村建立学校、救火队、医疗队、蓄水池、合作社，加强畜牧业和手工业，提倡全民性的文艺运动等等。但是这个计划，由于军阀混战，社会动荡不安而胎死腹中。到了一九二八年徐志摩第三次出国，分别访问了英国恩厚之在英国德温郡置地买园建立的达廷顿庄（Dartington Hall）和印度泰戈尔自己在印度苏鲁主持的山迪尼基顿庄（Satinlketan Hall）以后，他们又旧事重提，要在中国试验泰戈尔的农村建设计划。徐志摩回国后亲自到江苏、浙江进行调查，选择地点。这回是由英国的恩厚之出钱，在上海的银行开了户口，并从英国汇来了巨款。但也因为时局的影响，计划没有实现。

达廷顿庄是泰戈尔农村建设计划在英国的样板，徐志摩参观达廷顿庄后给恩厚之夫妇的信中这样说："根据我在这个世界的阅历，达廷顿的道路是直达人类理想乐园的捷径。"他访问印度后给恩厚之信中还重重的加了几笔，说什么"从今以后，我能遥指英伦的达廷顿和印度的山迪尼基顿，点明这两个在地球上面积虽小，但精神力量极大的地方，是伟大理想在进行不息，也是爱与光永远辉耀的所在。"这段话可以说是徐志摩所标榜的理想主义最好的注脚，也是研究徐志摩思想变化的最重要材料。因此，我认为他诗歌中反映的复杂的思想矛盾，很大程度上是现实生活跟他的空想社会主义的矛盾。他日夜盼望出现的"馨香的婴儿"，与其说是欧美民主政治，不如说是达廷顿山庄。

徐志摩的思想是很芜杂很矛盾的，这从他的诗歌中就可以看出来。

361

---

❶《徐志摩英文书信集》，梁锡华编译，台湾台北市联经出版事业公司出版。

❷ 恩厚之（L.K.Elmhinst），英国人，曾任泰戈尔助手。

最能说明他思想矛盾的诗，恐怕要数《西窗》和《秋虫》了。这两首诗都是一九二七年大革命失败后历史进入新时期的作品。在《西窗》这首诗里，徐志摩带着阶级偏见，攻击和咒骂普罗文学运动。《秋虫》的感情色彩又是那样的强烈，即使"思想被主义奸污得苦"中的"主义"不指实为共产主义，也掩饰不了这个时期他思想上的沉重的负担。他在《迎上前去》中直言不讳地承认："生命还不是顶重的负担，比生命更重实更压得死人的是思想那十字架"。一九二七年大革命失败后，有不少人对生活失去了信心，对革命发生了怀疑、抵触，徐志摩就是其中一个。他诗里所反映的矛盾，不仅是他个人的思想矛盾，而且也是一种社会现象。在一九二五——一九二七年的大革命中，资产阶级原来就是革命中的右翼，徐志摩所依附的阶级——资产阶级既然从反帝反封建的革命统一战线中分化出来，他根本就找不到什么社会力量，也不知道新出现的社会将是什么样子。他向往的"性灵"，他号召的"Ever Lasting yea"，他的"单纯信仰"，他的"理想主义"等等，通通成为一句空话。所谓"空想社会主义"，更失去共任何实践的意义和任何理论根据。如果联系徐志摩一九二七年的思想状况来看，这种矛盾也是徐志摩思想无法避免的矛盾。《徐志摩英文书信集》里，收辑了一九二七年四月一日徐志摩致其英国友人恩厚之的一封信，他这样写道："……你问中国成了个什么样子；你能略加想像吗？唔，我肯定你不会相信的。中国全国正在迅速陷入一个可怕的恶梦中，其中所有的只是理性的死灭和兽性的猖狂。用什么可以挽此狂澜呢？一切明智的力量已遭蹂躏，而且在这个加速崩溃的过程中，余下的一点点也会很快就全然绝迹了。今天是什么人掌权呢？无知工人，职业恶棍，加上大部份二十岁以下的少男少女。不是的，你不要把这帐都算给俄国人。他们无疑是了不起的天才策划者。但单有这份伎俩还不会保证他们成功的。中国本土肥沃得很，正适合革命来生根发芽：关键就在于此了。中国目下的动荡局面实在是一场奇怪而好看的把戏，这是以俄国革命为蓝本的一场拙劣的滑稽表演。""如果说俄国革命很成功地根绝贵族和资产阶级，这里的革命也是以此为目的。以我看来，共产党目前在这里最伟大的成就不但划分了阶级，更造成阶级仇恨。你是知道的，中国在以往的世代根本没有这劳什子，所以现在是魔鬼得势了。昔日有些地方还可以享受一点和平与秩序，但一经他的影响，就立刻充满仇恨。……所有的价值都颠倒，一切的尺度都转向。打倒理性！打倒智慧！打倒敢作独立思考的人！这样的一个地方，当然不适宜我辈生活。"这封信很长，不能全录，但已经足够表明他的思想倾向。他既不了解俄国革命，也不了解中国革命。从时间上看，这封信是紧接着一九二七年三月上海工人三次武装起义取得辉煌胜利之后写的，他把事实颠倒过来，对革命形势作了如此的描绘，他的立场，他的态度，不是十分明显吗？我之所以不厌其详地引证一些材料，并不是想据此给他下政治结论。俄国革命后，苏联就有一些知名作家不了解十月革命的伟大意义。以人品和创作而论，在沙俄这个阴暗帝国连被称为大才大智、最光明磊落的人物之一的柯罗连科，开头对共产党人也"有过非常严重的分歧"❶。不过柯罗连科没有把共产主义当作罪恶，并且承认共产党人是一支为人民造福的部队，但他"无法从美学上理解革命"❷，"在道德上也不能接受革命"❸。可见情况往往是很复杂的。当然柯罗连科跟徐志摩不能相提并论。我举柯罗连科的例子无非是想在这里说明两点：第一，徐志摩对二十年代后期发生的一场暴风骤雨式的革命持这种态度不是不可理解的；第二，我不同意分析他的诗歌的时候，回避矛盾，或有意无意地替他辩解。细心的读者，可以发现一九二五年他出国经过苏联，眼看到十月革命后俄罗斯土地上发生的翻天覆地的变化，给他留下了深刻的印象；无产阶级为解放全人类而献身的精神，也使他很受感动。他曾经赞扬俄国十月革命为人类立下了一个勇敢的尝试的榜样。但他也带着忐忑不安的心情凝神注视着无产阶级革命的进一步发展，最后又板起脸孔告诫年轻人："不要轻易讴歌俄国革命，要知道俄国革命是人类史上最惨刻最苦痛的一件事实。"这一切该怎样解释呢？在半封建半殖民地的中国资产阶级，受到帝国主义和封建主义的双重压迫，注定他们不喜欢封建主义，反抗民族压迫并在一定程度上同情工农，同情革命；但到革命起来，触及到他们阶级的利益的时候，他们又害怕工农，害怕革命。这种资产阶级两面性，在徐志摩身上表现得极其充分，使我们很清楚地看到了中国资产阶级在时

---

❶❷❸　卢那察尔斯基：《符·加·柯罗连柯》，见《论文学》，人民文学出版社 1978 年版。

代洪流冲击下精神破产的全部过程。

当然，他对"四·一二"反革命政变后篡夺了革命果实的国民党反动政权并不怀着什么希望。一九二九年他给恩厚之的信中特别提到当时北方遭受到特大天灾的人民苦难生活，说"天平的一头是那些毫无心肝的统治者，另一头是那些默然受苦的民众。这种情形，一定会导致即将来临的滔天灾难"。看上去，徐志摩在现实面前，已经没有勇气承担任何责任，也没有办法抓到一样可以持守的东西了。他向谁去呼吁呢？谁也不相信他的"理想主义"，谁也不注意他对现存制度的批判。所以尽管他在《〈猛虎集〉序文》中说他"抬起头居然又见到天了"，而且"相信真的理想主义者是受得住眼看他往常保持着的理想萎成灰，碎成断片，烂成泥"❶，却始终摆脱不了"理想主义"者的空虚和幻灭。他自己不就分明说了吗？

> 不妨事了，你先坐着罢，
> 这阵子可不轻，我当是
> 已经完了，已经整个的
> 脱离了这个世界，飘渺的，
> 不知到了那儿，仿佛有
> 一朵莲花似的云拥着我，
> （她脸上浮着莲花似的笑）
> 拥着到远极了的地方去……
> 唉，我真不希罕再回来，
> 人说解脱，那许就是罢！
> ……
>
> ——《爱的灵感》

早在一九三二年，茅盾便认为"新诗人中间的徐志摩最可以注意。因为他的作品最足供我们研究。他是布尔乔亚的代表诗人"。❷这个观点很有见地，直到现在我仍然认为值得重视。因为它在中国文学史上

---

❶ 徐志摩：《迎上前去》。
❷ 茅盾：《徐志摩论》，《现代》1933 年第 2 卷，第 4 期。

第一次指出徐志摩是中国资产阶级"开山"的同时又是"末代"的诗人，他的作品"是中国布尔乔亚心境最忠实的反映"！"百年来的布尔乔亚文学已经发展到最后一阶段，除了光滑的外形和神秘缥渺的内容以外，不能再开出新花来了！这悲哀不是志摩一个人的！"说得多好！难道事实不正是这样吗？由于徐志摩的出身和教养，他熟悉资产阶级生活，在他的作品里对这种生活作了极其精确的描绘，揭开了二十年代中国资产阶级精神世界的一角，使我们看到在郭沫若、蒋光慈等人的诗歌中完全不相同的天地。翻开《志摩的诗》，开篇第一首《雪花的快乐》中头两节就这样写道：

假如我是一朵雪花，
翩翩的在半空里潇洒，
　我一定认清我的方向——
　飞扬，飞扬，飞扬，——
这地面上有我的方向。

不去那冷寞的幽谷，
不去那凄清的山麓，
　也不上荒街去惆怅——
　飞扬，飞扬，飞扬，——
你看，我有我的方向！
……

　　这是一首浪漫主义的抒情独白，"是作者为爱所煎熬，略返凝静，所作的低诉。柔软的调子中交织着热情，得到一种近于神奇的完美"。❶你看字里行间所表现的那种矜持，那种自诩，跟后来他写的《我不知道风是在那一个方向吹》的感情、风格，多么的不同啊！这里的雪花，可以说就是自我陶醉中的诗人的写照。
　　在同一诗集中的《石虎胡同七号》也很典型，也很清晰地留下"高

---

❶ 沈从文：《论徐志摩的诗》，《现代学生》。

门巨族"的声音笑貌，不妨抄录其中的两节来看看：

························

> 我们的小园庭，有时轻喟着一声奈何；
> 奈何在暴雨时，雨捶下捣烂鲜红无数，
> 奈何在新秋时，未凋的青叶惆怅地辞树，
> 奈何在深夜里，月儿乘云艇归去，西墙已度，
> 远巷蕤露的乐音，一阵阵被冷风吹过——
> 我们的小园庭，有时轻喟着一声奈何。
>
> 我们的小园庭，有时沉浸在快乐之中；
> 雨后的黄昏，满院只美荫，清香与凉风，
> 大量的塞翁，巨樽在手，搴足直指天空，
> 一斤，两斤，杯底喝尽，满怀酒欢，满面酒红，
> 连珠的笑声中，浮沉着神仙似的酒翁——
> 我们的小园庭，有时沉浸在快乐之中。

石虎胡同七号并不算是什么高楼大厦，但通篇写的是什么呢？狂篇醉句，不就是"良辰美景奈何天，赏心乐事谁家院"的流风余韵？徐志摩擅长写情诗，他有不少抒情诗歌，抒发了个人爱情的追求以及理想和现实的冲突，但评价很不一致。一首被人传颂的诗，不论长短，总得从生活中来，写得比较真实，不仅饱和着作者的感情，而且能够概括典型的感受，才具有艺术感染力量，何其芳同志认为一首情诗，"虽然是为爱情所触发，它的意义却并不限于爱情"。❶被鲁迅称为"中国最为杰出的抒情诗人"冯至的诗，表达了"一种沉重的浓郁的感情，好象就是这种感情本身构成了它的艺术魅力"❷。冯至自己也说他的"诗里抒写的是狭窄的情感，个人的哀愁，如果说他们还有些许意义，那就是从这里边还看得出'五四'以后一部分青年的苦闷"❸。这说明渴

---

❶❷ 何其芳：《诗歌欣赏》，人民文学出版社 1978 年版。
❸ 冯至：《〈冯至诗文选集〉序》，人民文学出版社 1978 年版。

望爱情和在爱情中感到痛苦，正是当时一部分青年的苦闷，是有典型性的。徐志摩的抒情诗呢？用他自己的话来说："它的歌里有它独自知道的另一种世界的愉快，也有它独自知道的悲哀与伤痛。"这里也同样可以看得出"五四"以后一部分青年的苦闷。我认为徐志摩的抒情诗的长处和缺点也可以据此进行评价，不能一概排斥。不过他有一些抒情诗，似乎有一种病态，跟冯至的抒情诗迥然不同，这也许受他的一波三折的爱情生活的影响吧！象《别拧我，疼》一类诗里还有不少轻佻放荡的痴情话，是应该批判的。

在"五四"诗人中，徐志摩并没有提出什么完整的有关诗歌的理论。他自己说过："我素性的落拓始终不容我追随一多他们在诗的理论方面下过任何细密的工夫。"其实，他在艺术实践上倒是很认真的。他写过各种形式的诗，用现代白话写诗，用方言入诗，对诗歌的表现形式和表现手法都作过一些尝试。他不但注意形象、意境、音节、用字，还注意怎么去调动艺术手段，使诗韵更能挑逗读者，具有更大的魅力。例如《常州天宁寺闻礼忏声》中，他把"这鼓一声，钟一声，磬一声，木鱼一声，佛号一声……乐音在大殿里，迂缓的，漫长的回荡着，无数冲突的波流谐合了"换个句子，写成"这一声佛号，一声钟，一声鼓，一声木鱼，一声磬，谐音盘礴在宇宙间"。他认为经过这番渲染、安排，天宁寺的礼忏声仿佛就成了"天籁"。接下去自然就是他憧憬的大千世界——

> 大圆觉底里流出的欢喜，在伟大的，庄严的，
> 寂灭的，无疆的，
> 和谐的静定中实现了。
>
> 颂美呀，涅槃！赞美呀，涅槃！

说实在的，这首内容"神秘缥缈"的诗毫不新奇，并不是什么好诗，但可以从中看到徐志摩是怎样写诗的。他对诗歌的构思、选题、用字、遣词、押韵、渲染气氛、表现技巧等都很讲究，他是十分重视艺术表现形式和艺术表现方法的诗人。

但是，我们也不能说徐志摩不重视诗歌的内容。问题是什么内容。

一九二三年他应清华大学的邀请作过一次题为《艺术与人生》的演讲，鼓吹"生活是一件艺术品"。他认为"只要将你的生活丰富起来，扩大起来，加多，加强，更重要是把它灵性化，这样艺术自然就来了"。随后，他又强调"单纯的信心是创作的源泉"。这两种观点，显然是矛盾的，但作为一个诗人，徐志摩还是努力使他的诗歌的内容与形式尽量统一的。他的诗歌音乐感、节奏感比较强，这是许多人承认的。他的诗集中，最常见的四行一节的抒情诗就很注意音节、韵脚，加上他善于运用叠句、譬喻、对偶、排比，诗到了他的手里，往往就显得有许多变化。就拿《再别康桥》来说：

…………

那河畔的金柳，
是夕阳中的新娘；
波光里的艳影，
在我的心头荡漾。

软泥上的青荇，
油油的在水底招摇；
在康桥的柔波里
我甘心做一条水草！

感情色彩跟《我所知道的康桥》这篇散文多么相似，他差不多没有说过一句《我所知道的康桥》中没有说过的话。但前者是诗，后者是散文，各以它不同的艺术形式去感染读者，使人不感重复，不显得多余。再如《沙扬娜拉》，论情节再简单不过了：一个年轻的日本女郎，临别的时候不胜依依，温柔地、羞涩地说了一声再见（"再见"日语沙扬娜拉）。这在日常生活里似乎人人都有可能碰到的事，但徐志摩用中国旧诗中常用的"最是那"的句式起头，用"沙扬娜拉"结束。一瞥惊鸿，把视觉形象和听觉形象揉合在一起，使他梦魂萦绕，也给读者留下了广阔的想象的天地，显出徐志摩的诗歌特有的情韵。"五四"时期，为了打破旧诗的框框，许多作者用现代白话写诗，自由体诗、小诗，风靡一时，徐志摩同样用现代白话写诗，但他分行押韵的诗，音乐感、旋律感比较强，确有自己的风格。他的诗，有的调子比较清新，语言朴素，简直象白描，但仍具有音乐感，容易上口。例如《我来扬子江边买一把莲蓬》，他用"心比莲心苦"的通俗比喻来表现他强烈的感情和思念，这首诗跟《沙扬娜拉》一样，表现形式和所表现的内容是和谐的。"新月派"诗人中，他在诗坛上影响最大，他曾经用方言入诗（如《一条金色的光痕》)，并不成功。但他善用口语，象《再休怪我的脸沉》、《决断》，就没有什么矫揉造作，比较自然。甚至格律严谨的诗《再不见雷峰》、《半夜深巷琵琶》、《她是睡着了》等也显得圆熟、轻巧、挥洒自如。他受西洋诗歌的影响，又极力摆脱这些影响，另辟蹊径，给"五四"以后的自由体、格律诗带来一种新的气息。

徐志摩有好些诗意境完整，形象鲜明。如《为要寻一个明星》、《无题》、《海韵》等诗都是被认为意境比较完整或形象比较鲜明的诗。例如《无题》中的朝山客成为一种象征，那里有他对理想的追求，对幸福的憧憬，诗歌所概括的就不是个人的感受。再如《海韵》，以一个对着大海高吟低哦，最后被浪涛所吞没的女郎的形象入诗，开头结尾都用"女郎，啊女郎"的重迭句式，回环往复，富于节奏感，悲剧气氛也很浓，近乎王国维在《人间词话》里所说的"意与境浑"了。

陈梦家先生在《<新月诗选>序》里说，《我等候你》是徐志摩"一首最好的抒情诗"。但论意境，论形象，我认为《鲤跳》、《杜鹃》、《黄鹂》就比《我等候你》更有特色。这几首都是短诗，《黄鹂》只有十句：

> 一掠颜色飞上树，
> "看，一只黄鹂"有人说。
> 翘着尾尖，它不作声，
> 艳异照亮了浓密——
> 象是春光，火焰，象是热情。
>
> 等候它唱，我们静着望，
> 怕惊了它。但它一展翅，
> 冲破浓密，化一朵彩云；

> 它飞了，不见了，没了——
> 象是春光，火焰，象是热情。

的确写得很形象，很细腻，难怪有的人把这首诗里的黄鹂看作是徐志摩的化身。最后两句，一语成谶，引起了不少人的叹惜。一九三一年他乘飞机失事意外身亡以后，胡适等人写的哀悼文章便引了这首诗，把他比作翘着尾尖，爱唱不唱的黄鹂。我想，这首诗歌如果缺乏完整的意境和艺术形象，要引起这样强烈的共鸣是很难想象的。

当然，徐志摩的诗歌还有它的特点，有自己的风格的。他的诗歌，词藻华丽、浓艳。例如《在病中》：

> 我是在病中，这恹恹的倦卧，
> 看窗外云天，听木叶在风中……
> ………
>
> 有谁上山去漫步，静悄悄的，
> 去落叶林中捡三两瓣菩提？
> 有谁去佛殿上披拂着尘封，
> 在夜色里辨认金碧的神容？
> ………

他把"病中的心情一瞬间的回忆"，比作碧水潭中过路的天空；闪过雪白墙隅的阴影；袅袅不断的缕缕炊烟；飞不成字的寒雁……。他一口气用了七个比喻，仿佛要把心中的积愫全部倾泻出来，不留半点余地。在其他诗中，也有类似内容空虚，音色俱美，引人注目的句子。不过他刻意求工的诗，难免有点过分的雕琢。例如感情强烈得有点刺睛的《翡冷翠的一夜》就有斧凿的痕迹。长诗《爱的灵感》也不例外。个别诗句甚至经不起推敲。关于这一点，早已有人写过文章❶不再赘述了。这里要谈的是中外作家对徐志摩到底有什么影响的问题。徐志摩是梁启超的弟子，林语堂说他的文章得力于宋词和元曲。根据何在？

---

❶ 均戡：《评〈志摩的诗〉》，《武汉文艺》1932年第1卷，第4期。

林语堂没有说明，在同时代的诗人中，他自己倒说了受闻一多《死水》的影响，这大概是指他的格律诗。全面来看，徐志摩受西洋诗的熏陶比较明显。他心目中认为了不起的西洋诗人多得很，他赞赏拜伦，称赞拜伦"是一个美丽的恶魔，一个光荣的叛儿"。他崇拜意大利的丹农雪乌和英国的哈代。特别是哈代，徐志摩对他佩服得五体投地。一九二五年他第二次出国旅行，他说自己这次旅行完全是一次"感情作用的旅行"。他除了想去会见泰戈尔以外，还想见见法国的罗曼罗兰，意大利的丹农雪乌，英国的哈代。关于泰戈尔，前面已略有论述，这里只想简单介绍一下徐志摩与丹农雪乌和哈代的"交往"。这两个人对他的诗风的影响，实在太明显了。

丹农雪乌（Dannunzio，一八六三——一九三八年，通译邓南遮）是意大利的诗人、小说家、戏剧家，其创作倾向主要是唯美主义。他年轻的时候发表了诗歌集《新歌》和小说集《处女地》，文字艳丽，轰动欧洲，后来又发表了《死的胜利》，更名噪一时。尽管丹农雪乌在第一次世界大战时，拥护帝国主义战争，日趋反动，徐志摩对他仍十分崇拜，盛赞丹农雪乌运用感性意象的手法表达出来的音、色俱美的文章和浓得化不开的诗句。他在意大利并没有见到丹农雪乌，但他在意大利居留期间和离开意大利后不久，先后写了《丹农雪乌》、《丹农雪乌的作品》、《丹农雪乌的小说》、《丹农雪乌的戏剧》等文章。他认为丹农雪乌以爱和死作主题的《死的胜利》这本小说是"最成熟的作品"。他后来对丹雪雪乌的兴趣越来越淡，不知是什么原因。不过可以肯定，徐志摩赞美爱和死，认为为了爱而牺牲是一桩伟大的事业，也是实现崇高理想的一项手段，决不是偶然的，而是受了丹农雪乌的某些影响。

还有哈代（Thomas Hardy，一八四〇——一九二八年）这位英国老诗人的气质、诗风对徐志摩也有影响。在徐志摩介绍外国诗人的文章中，哈代占了第一位。他后期一些探索爱情、生死而又悲观色彩很浓的诗歌，就有哈代的影子。他在《汤麦斯哈代》一文中曾说："不能随便用悲观主义来形容哈代。"但在《哈代》这首诗中却称"哈代是厌世的，不爱活的"，看法前后颇有出入。是什么缘故呢？我手头资料不足，不便妄猜。然而在英国诗人中他最崇拜哈代而且在思想中有共鸣那是毫无疑问的。有的文章说徐志摩一直是"乐观的"，这不符合实际。徐志摩在《〈猛虎集〉序文》中就说过这样的话："一份深刻的忧郁占定了我，这忧郁，我信，竟于渐渐的潜化了我的气质。"试把《问谁》、《生活》、《火车擒住轨》、《难忘》等诗跟《爱眉小札》参照一下，诗人何尝乐观来？

　　据说徐志摩最爱他自己收到《翡冷翠的一夜》里的《偶然》❶，在他与陆小曼合编的剧本《卞昆岗》里，还让那个瞎子弹着三弦，唱着这首小诗：

> 我是天空里的一片云，
> 偶尔投影在你的波心——
> 你不必讶异，
> 更无须欢喜——
> 在转瞬间消灭了踪影。
>
> 你我相逢在黑夜的海上，
> 你有你的，我有我的，方向；
> 你记得也好，
> 最好你忘掉，
> 在这交会时互放的光亮！

我不太了解他为什么最喜欢这首诗，但如果能把有关材料包括丹农雪乌、哈代等人的代表作品和徐志摩自己的诗、书信、日记等作一番比较、研究，我相信对他的诗歌的评价，肯定是有帮助的。

（原载《中山大学学报》1982年第2期）

---

❶ 胡适：《追悼徐志摩》，《新月》月刊第4卷，第1期。

《徐志摩选集》序（节录）

卞之琳

　　人总不可能是完人。徐志摩作品选集也应该说是有片面性的。象任何作家的作品一样，徐志摩诗文也可以一分为二。一卷本选集不是为专门研究者提供重要资料。一般说对于"五四"以来文学有贡献，也有两重意义。同样对于新文学的成长、巩固和发展有所推动有所建树，就作品本身说，一则经不起时间的淘汰，一则还可以传诵。诗文选集应是一般文学读物，应取后一方面，即所选作品本身有成就，有特色，即在今日还多少可以有分寸地欣赏，多少可以有鉴别地学习，堪称艺术品的产物。而这个"片面"又只能首先出之于对"全面"的掂斤簸两。

　　徐志摩不是思想家。他的思想，"杂"是有名的，变也是显著的。他师事过梁启超，求教过罗素，景仰过列宁，佩服过罗兰，结织过泰戈尔，等等，他搬弄过柏拉图、卢梭、尼采等等，杂而又杂，变来变去，却不足为奇。胡适为他概括出"爱"、"自由"、"美"的所谓"单纯信仰"，不免从空到空。茅盾说他有"政治意识"无可否认，但是他自己，尽管并不意识到，在政治倾向上，总不出资产阶级"民主""自由"的范畴。他实际上倒不怎样讲为艺术而艺术（他认为"生活的贫乏必然产生艺术的贫乏"）。他要"人生是艺术"，要"诗化生活"，固然也不限于吟风弄月、谈情说爱等等，为理想的奋斗，为事业的献身等等，似乎也可以说是生活"诗化"，但是对于他，生活的含义显然不够宽广，不够实际。所以用什么话来概括他的思想，总不免简单化。

思想本身也不就等于艺术。徐志摩作品在思想上较多消极因素的，大都也没有多大文学价值，在思想上较有积极意义的，也不见得有较高的文学价值。他往往脱口成章，妙语连篇，却没有写过一篇认真讲什么大道理的文章（那篇在《创造季刊》上发表过的题为《艺术与人生》的英文讲稿，倒象是例外，但是他后来自己说"面目可憎"也不是纯出于自谦）。当然，他的诗文总还是他的思想表现。

徐志摩，严格说，不是学者。他涉猎很广，但是对哪一个"面"或哪一个"点"也都缺少钻研。他讲西方诗，特别是英国诗，应说是当行，讲起来也时有精彩的体会，却率多借题发挥，跑野马，有时候引了大段以至整篇原文，有时候加上译文，作为课堂讲义也不合规格。他讲法国象征先驱波德莱尔固然有些隔靴搔痒，他讲英国浪漫派大家拜伦也废话太多，就是到后来讲哈代，也既不成其为有分量的学术性论作，也不是有创见的印象式论评。他的学识、修养却自然也磨炼了他诗文创作的功力。

徐志摩不仅是才人，也是热情人。他对接触到的男女老少，总是谊重情深。但是社会关系、私生活，对个人也许至关重要，不一定都是文学材料，若不经艺术过程，具有超出局部的意义，形诸笔墨可能也没有什么文学价值。日记、书信，大都只是对于作家研究，可能是有用的资料。徐志摩发表过的爱情诗，尚且已大可挑剔，其中有的所谓香艳，就难免肉麻，他的情书和志情日记或者可以说只是富有文学性而已。所以他的一位朋友处所存而过去"不肯拿出来的"一些"日记"或一些"文字"，本来据我确知，在"文化大革命"期间终于消失了（倒不是直接出于"打、砸、抢"），可惜也不太可惜。他的才、情，正是在他发表过的诗文里得到了充分的表露。

所以徐志摩的主要文学贡献，就是他的诗与一般散文创作（包括个别小说）。

诗与散文创作，在徐志摩的场合，自然还有成就高低的问题。一般人都承认徐志摩是诗人，他写散文，实际上也象是写诗，所以诗胜于文。但是过去也颇有人（例如杨振声）认为徐志摩写散文，少受拘束，所以文比诗好。两说都有一定的道理。

徐志摩的诗创作，一般说来，最大的艺术特色，是富于音乐性（节奏感以至旋律感），而又不同于音乐（歌）而基于活的语言，主要是口语（不一定靠土白），它们既不是直接为了唱的（那还需要经过音乐家谱曲处理），也不是象旧诗一样为了吟的（所谓"吟"的，那也不等于有音乐修养的"徒唱"），也不是为了象演戏一样在舞台上吼的，而是为了用自然的说话调子来念的（比日常说话稍突出声调的鲜明性）。这是象话剧、新体小说一样从西方"拿来"的文学形式，也是在内容拓展以外，新文学之所以为"新"，白话新诗之所以为"新"的基本特点。"五四"初期，许多写新诗的，摆脱不了旧诗（词、曲）老调子，或者相反，写成了平板、拖沓、松散的分行散文，就因为掌握不住这一点。新体小说、话剧，在"五四"以后，早就在中国为一般人接受，而白话新诗，要能为普通读者所接受，还得经过较长期的考验。过去许多读书人，习惯于读中国旧诗（词、曲）以至读西方诗而自己不写诗的（例如林语堂等）还是读到了徐志摩的新诗才感到白话新体诗也真象诗。这样，徐志摩以他的创作为白话新体诗，在一般读者里，站住脚跟，作出了一份不小的贡献，基本原因就是象他这样运用白话（俚语以至方言）写诗也可以"登大雅之堂"，能显出另有一种基于言语本身的音乐性。

这样基本用白话写诗而显出这个特点，最关键所在，连徐志摩自己最初也并不意识到，所以说也可谓出于"天籁"。他在较为成熟的初期诗里也还常常套用文言和旧词、曲调子以达到音乐性的效果。而那个最关键所在，就是到后来，他也还并没有明确意识到，不象他的侪辈闻一多、饶孟侃、孙大雨（他首先提出"音组"）等，也不象较早以至持续到较后的语言学家兼诗人陆志韦（他主张以"拍"建行）等，认真作过理论与实践的捉摸。这些较早的探讨与试验就是白话新诗格律化的探索，新诗的语言音乐性固然并不繁于格律（自由体也可以有语言音乐性），但是新诗，不论格律体或自由体总首先还得有象这种探索所涉及的语言规律性的感觉。

徐志摩的语言感觉力是锐敏的（他讲普通话以至京白是能得其神的，虽然也是带江、浙口音），但是他对现代汉语的客观规律，并没有理性认识，他说"不能随一多他们……下过任何细密的工夫"，即在于此。朱湘对徐志摩的诗艺有过精辟的评论，但是他严格在声律上的指摘也往往以此而不中要害。他忽略了白话与文言基本区别所在，他以为白话也和文言一样，基本单位是单音字，没有注意到现代汉语的说话规律是自然停逗，二、三个音节一顿最多，一音节一顿或者连收尾一音节语助词（虚字）在内的四音节一顿也有，符合我们的单、复音节词或基本词组（不完全一致则因为一音节词往往可以粘连上下文双音词一起作一顿，而不带语助词的四音节词或词组，也又当分为两音节一顿）。我们的汉语从书写上看是单音字，但也和任何语种一样决不是单音语言（所以现在的汉语拼音就显示了这点真实性）。朱湘还是照旧诗按文言规律的做法，硬算单字数以求诗行、诗节的整齐、匀称，不仅是他在声律方面评诗的致命弱点，也是他自己写诗、译诗在形式要求上的致命弱点——硬要搞"方块诗"（虽然他后来，也和徐志摩、闻一多又回过头来一样，也能赏识别人的自由诗）。他对徐志摩诗语言所以生动、音乐性所以是内在的，并不了然。至于他在韵律方面批评《志摩的诗》应该说基本正确。

徐志摩对于自己的诗创作还是有自知之明的。他自认"最初写诗那半年""写了很多"，而"几乎全部都是见不得人面的"，因此极少收入他的第一本诗集。时间虽短，他写诗终还和别人一样，也有一个幼稚阶段。另一方面，他的自知之明也有限度。说好，是他能虚心接受别人的意见；说不好，是他缺少把握。他在《志摩的诗》新版里把朱湘指摘的许多诗极大部分都删去了，删得合理，而他把朱湘认为最好的一首诗《雪花的快乐》改排在卷首，把朱湘认为最坏的一首诗《默境》也删了，则未免有些盲从。撇开内容的浮浅不论，朱湘赏识《雪花的快乐》，主要是因为它的音乐性，虽不照他自己算字数的严格要求，也就是推崇它各行各节的整齐、匀称。实际上照较合语言规律以"音组"或"顿"作为每行格律单位的标准衡量，这首诗也算不得完整，每节各行换韵也并不统一，规律化。朱湘批评《默境》这首诗"一刻用韵，一刻又不用，一刻象旧词，一刻又象古文，杂乱无章"，说得对，但是非议它"一刻叙事实，一刻说哲理，一刻又抒情绪"，未免迂阔。这首诗（和同期写的后来也删去的《康桥再会吧》一样，即也同样有另几首初期诗所犯的白话、文言杂揉的毛病），虽然犯了徐志摩有意模仿的英语"素体诗"（无韵格律诗）形式上的大忌，却在吞吐、跌宕的节奏上深得"素体诗"的神味。其实，徐志摩诗，极大多数象格律诗，本没有一首经得起严格分析的格律诗，他有时也和闻一多在实践里一样，写出朱湘一路的"方块诗"——着眼在"字数划一"的所谓"格律诗"。

大家看得出，徐志摩后期，随了思想感情的日益消极、消沉，写诗技巧日益圆熟。但是他的音律实践既始终不注意严格以"音组"或"顿"来衡量，他的韵律（押韵方式）也还是不大讲究。即使在《志摩的诗》里已经达到用口语写诗而珠圆玉润的"残诗"，诚如朱湘所指出的，头三对（联）并不每对换韵，是犯了偶韵体（双行一韵体）基本大忌。到后来朱湘所指出的徐志摩用韵毛病（包括"土音入韵"）也只是有所改进而已。不过朱湘要求他的（和自己的）用韵谨严，按他们用的英美诗标准来看，也已过时。原因是：朱湘和他也曾被划入的所谓新月派同辈诗人一样，情调上没有超出十九世纪英美浪漫派诗及其二十世纪余绪的范畴，并不注意英美现代格律诗已经不仅较多不讲究用行行整齐的抑扬格等办法（这倒与我们不讲轻重音位置安排的"音组"或"顿"更近似），而且，也为了避免单调或为了要取得特殊效果而用了假韵、近似韵之类。但是我们是借鉴人家的格律诗而在自由体以外，试建立新格律，第一步自应从严为好，就象过去学写律、绝旧诗，不应首先学写"拗体"才是。徐志摩办不到这一点，一方面是因为没有认识新格律的正确基础和要求。一方面还是因为他的笔如他自己所说，"是一匹最不受羁勒的野马"。所以他用散文形式来写作自有于他有利的条件。

徐志摩在新文学史上作为散文家的地位似乎还有待确认。他的杂样散文，可以归入文学创作类的，一般都与众不同，自有特色，别具一格：生动、活泼、干脆、利落，多彩多姿，有气有势。他写散文，以白话，特别以口语为基本，配量加上文言词藻、土俚片语、欧化句法，在大多数场合，融会无间。但是他也常常象写骈骊文一样，行文中铺张，浮夸，太多排比，太多堆砌，甚至装腔作势、矫揉造作。张炎批评吴文英词："如七宝楼台，眩人眼目，碎拆下来，不成片段。"徐志摩被誉为"富丽"的不少散文作品，固然也"眩人眼目"，可惜首先就不成其为"楼台"。诗体的约束，即使对于徐志摩也往往能起净化、提炼作用，有助于让思想感情在语言表达中不致泛滥成灾。

徐志摩较为成熟的个别短篇小说也可以归入狭义的散文范畴。这里却有一个更为明显的特点。徐志摩写诗，要说还是和二十世纪英美现代派有缘，那么也仅限于和哈代（如果可以说作为诗人的哈代也是跨到二十世纪英国现代派的桥梁）。他曾自己标明"仿托·斯·艾略特"的一首诗却一点也不象艾略特的诗风。倒是他的《轮盘》这篇小说不但有一点象凯瑟林·曼斯斐尔德（曼殊斐儿）现代小说，而还有一点维吉妮亚·伍尔孚意识流小说的味道。如其不错，那么他在小说创作里可能是最早引进意识流手法（后来在 1934 年林微音发表的短篇小说《九十九度中》更显得有意学维吉妮兰·伍尔孚而更为成功）。

现在有人指出废名的一些小说也早有意识流手法，此说也可能成立。就我所知，废名自己虽说"从外国文学学会了写小说"，至少在写近似这一类小说以前（以后也没有再写小说）没有接触过现代西方意识流小说，与徐志摩完全不同，正如他们两人的文风截然不同。废名自己又说他写小说"同唐人写绝句一样"，而徐志摩写散文（包括个别小说），就中国传统继承而论，或者可以说属于《文选》派。另一方面，徐志摩直接读过英美现代派诗，例如他说读过托·斯·艾略特的《荒原》，而自己写起诗来极少显出有这一路诗的风貌，而废名从没有直接读过，自己后来写起诗来却颇有这一路诗的风味，（包括缺点，特别是晦涩的毛病。这也就涉及文学比较研究上各时代、各国、各家产品异同，互相渗透（有迹可寻的互相影响）、互相呼应（无迹可寻的合拍）等等繁复现象和规律的课题。这也涉及作者本人的世界观（那是会变的）、阶级性（那也是会变的）、个人素养、个人气质的复杂因素。就在回国同时代的作者之间，例如这里用废名来对比，从仅仅一点的相近中，也可以更显出徐志摩散文创作成就的艺术特色。

说来说去，总起来看，我在这里，无非由于时间和经验的助益，就是倚老卖老吧，敢于在重申前人评论里的一些中肯处，指出欠妥处以外，较多补充一些还不十分为人注意和理解的地方。篇幅也不容许对徐志摩诗文，举例引证，作具体分析。我在这里也决不是妄图给徐志摩诗文创作作定论。我现在谈徐志摩诗文（包括入选的诗文），挑剔特多，几乎象古典派批评浪漫派，也难免偏颇，有失公允。这里提供的意见，对于徐志摩诗文的读者和论者或者有作为线索的价值，促进实事求是，独立思考，减免人云亦云或信口雌黄。

我不惮絮聒，归终是为了想以后闲话少说。

六月二十四日（1982）

（原载《上海师范学院学报》1982 年第 3 期）

关于徐志摩

梁实秋

　　文艺是有永久性的。好的作品永远也不会被人遗忘。志摩的作品在他生时即已享盛名。死后仍然是被许多真正爱好文艺的人所喜爱。最近我还遇见几位真正认真写新诗的人，谈论起来都异口同声的说志摩的诗是最优秀的几个之一，值得研究欣赏。……我不拟批评他的成就，我现在且谈谈徐志摩这个人。他的为人全貌，不是我所能描绘的，我只是从普通的角度来测探他的性格之一斑。

　　普鲁士王佛得利克大帝初见歌德，叹曰："这才是一个人！"在同一意义之下，也许具体而微的，我们也可以估量徐志摩说："这才是一个人！"我的意思是说，志摩是一个活力充沛的人。活力充沛的人在世间并不太多，往往要打着灯笼去找的。《世说新语》里有一则记载王导的风度：

　　　　"王丞相拜杨州，宾客数百人，并加沾接，人人有悦色。唯有临海一客，姓任，及数胡人，为未洽。公因便还到任边云：'君出临海，便无复人'。任大喜悦。因过胡人前，弹指云：'兰阇，兰阇，'群胡同笑。四座并欢。"

　　一个人都使四座同欢，并不专靠恭维应酬，他自己须辐射一种力量，使大家感到温暖。徐志摩便是这样的一个人。我记得在民国十七、八年之际，我们常于每星期六晚在胡适之先生极斯菲尔路寓所聚餐，胡先生也是一个生龙活虎一般的人，但于和蔼中寓有严肃，真正一团和气使四座并欢的是志摩。他有时迟到，举座奄奄无生气，他一赶到，象一阵旋风卷来，横扫四座。又象是一把火炬把每个人的心都点燃，他有说，有笑，有表情，有动作，至不济也要在这个的肩上拍一下，那一个的脸上摸一把，不是腋下夹着一卷有趣的书报，便是袋里藏着有趣的信札，弄得大家都欢喜不置。自从志摩死后，我所接触的人还不曾有一个在这一点上能比得上他。但是因此也有人要批评他，说他性格太浮。这批评也是对的。他的老师梁任公先生在给他与陆小曼结婚典礼中证婚时便曾当众指着他说："徐志摩！这个人，性情太浮，所以学问作不好！……"这是志摩的又一面。

志摩对任何人从无疾言厉色。我不曾看见过他和人吵过架，也不曾看见过他和人打过笔墨仗。我们住在上海的时候，文艺界正在多事之秋，所谓"左翼"，所谓"普罗文学"，正在锣鼓喧天，苏俄的文艺政策正由鲁迅翻译出来而隐隐然支配着若干大小据点。《新月》杂志是在这个时候在上海问世的。第一卷第一期卷首的一篇宣言《我们的态度》❶，内中揭诸"尊严"与"健康"二义，是志摩的手笔，虽然他没有署名。《新月》的总编辑对我和志摩都先后担任过。志摩时常是被人攻击的目标之一，他从不曾反击，有人说他怯懦，有人说他宽容。他的精神和力量用在文艺创刊上，则是一项无可否认的事实。《新月》杂志在文艺方面如有一点成绩，志摩的贡献是最多的一个。

志摩的家世很优裕，他的父亲是银号的经理，他在美国在德国又住了很久，所以他有富家子的习惯外加上一些洋气，总之颇有一点任性。民国十六年，暨南大学改组，由郑洪年任校长，叶公超为外文系主任，我也在那里教书，我们想把志摩也拖去教书，郑洪年不肯，他说："徐志摩？此人品行不端！"其实他的"品行不端"处究竟何在，我倒看不出来，平心而论，他只是任性而已。他的离婚再娶，我不大明白，不敢议论。在许多小节上，可以看出他的一些性格。他到过印度，认识了印度的诗人泰戈尔，颇心仪其人，除了招待泰戈尔到中国来了一趟之外，后来他还在福熙新邨寓所里三层楼的亭子间布置了一

---

❶ 应为《新月的态度》。—编者

间印度式的房间，里面没有桌椅，只有堆满软靠垫的短榻和厚茸茸的地毯，他进入里面便随地打滚。他在光华大学也教一点书，但他不是职业的教师，他是一个浪漫的自由主义者。他曾对我说过，尊严与健康的那篇宣言，不但纠正时间，也纠正了他自己。他所最服膺的一个人是胡适之先生，胡先生也最爱护他。听说胡先生之所以约他到北京大学去教书，实在的动机是要他离开烦嚣的上海，改换一种较朴素的北平式的生活。不料因此而遭遇到意外的惨死。……

（选自香港文化图书公司版《徐志摩全集》）

《徐志摩新传》结语

梁锡华

　　徐志摩一生的思想行为，都可以从他少年时代受梁启超的爱国思想影响说起。由于中国积弱不振，当时有识之士，皆以爱国为务，结果自然上天下地，日夕谋求救国之道。志摩初期的献身政治经济，以至以后在西方对新事物的向往精神和试验精神，都是一脉相承。在求道的过程中，志摩认识到理想之重要——国家缺理想尤如个人缺理想，结果会成沧海浮萍，随环境之风浪而飘泊无定。有理想方有奋斗的目标可言；从这一点探讨钻研下去，志摩成了个他时刻自诩的理想主义者。

　　理想是美的，不然怎能成为理想？掉过来说，真正的美是理想，不然怎能成为美？

　　志摩之求与原配夫人离婚，也是追求理想的表现。他要理想的婚姻，要美的婚姻，这个美，不一定是在外形，而是二人结合而达到的一个高超的境界，就如白朗宁夫妇私奔定居意大利，从事文学创作的光景。

　　很明显，志摩接受西方思想，认为夫妇的理想结合应根据爱情，而爱情的基础是相同的志趣和一致的人生目标；按此推论，一对夫妇到一天，相互关系已不符上述标准，解决的办法当然是离婚而不是双方痛苦地作挂名伴侣。以此观之，志摩离婚并无不合，因为，至少据他的意见，他和张幼仪之间缺乏爱情基础，而奋斗目标又殊不一致。他要与妻子在文艺的领域上共辟新土，这个妻子不错应该是所谓"中国第一才女"林徽音这一类人物。

五四以后，中国的新人物都反对买卖式的婚姻，都拥护自由恋爱，所以在徐志摩同辈的文人中，离婚别恋者有多起。例如鲁迅、郁达夫、郭沫若、吴宓等都是，但他们并不象志摩那样为此发过什么高言大智的话，也没有扯起什么理想主义之旗。志摩受罗素和尼采影响，是一个向旧道德旧标准冲锋陷阵的斗士，其勇可嘉，其诚可感，但所行之事是愚是智，那又是另外一回事了。

徐志摩的离婚，虽不能以"不该"二字或"不道德"三字绳之，但他以后跟陆小曼的结合，却显然是一件错事；这个错不在伦理道德方面而在他个人估计方面。他以为陆小曼这样一个秀外慧中的可人儿，要是环境合适，就必显示一个理想的形象，但人的外貌不可靠，外才也同样不可靠。志摩在民国十六年以后认识自己所铸成的大错，按他当日对婚姻的看法，他该作第二次离婚。他却没有这样做，只努力赚钱维持家计。从这一点看来，他似乎怕再度丢脸，也惧社会舆论之压力，所以只好把战斗大旗收卷，不再求理想婚姻的实现了。

志摩之乐交朋友，也可解释为追寻理想与美的一点表现。人不在各方面多作探讨，广结友情，理想与美岂能垂手可得？

从理想到爱美，从爱美到自然崇拜，那是顺序发展的，何况大自然除了予人美感之外，绝无人性之缺点和软弱。自然的变幻固然繁多，但不论暴风雨或艳阳天，都各有其可取可赏之处，各有其慰藉或鼓舞心魂的作用，人在其中可以忘世忘机，或思接千载。志摩倡自然为师之说，不无道理。

志摩自经过西欧的文化洗礼，便以文学为务，不但崇尚创作，并且一生推动文艺事业不遗余力，这也是他追求理想的一种具体行动。文学是美的，它的影响力是大的，是精神革命的一支生力军；从事文学，与爱国爱民，为国为民的思想完全可以配合。不但如此，文学的成就，可以在"人类进化发展史上画高一道水平线"，那比之美，是更进一步了。志摩努力文学，岂是偶然？

志摩一生有崇拜英雄的倾向，这也是源于他的理想主义。英雄是在某方面有大成就的人，也就是在某一个文化范畴内达至理想或近乎理想的豪杰之士。所以理想主义者崇拜英雄是顺理成章的。他高举梁启超、狄更生、罗素、哈代、罗曼罗兰、丹农雪乌、泰戈尔等人，都源出于此。

志摩从爱国始；在思想发展过程中，他发现古往今来，人类有各种理想，而又有各种表现理想的手段。共产主义社会是一个理想，他曾一度向往，但不旋踵惊觉，这个理想在宣传家口中虽美，但实现无由；而退一万步说，即使有实现之可能，必需通过人类最大浩劫之"血海"，方能得达彼岸。他认为，要作出这样空前惨酷的牺牲，要付出这样重大无比的代价，该理想已丑恶万状，无美可言，因此也失去它为理想的起码条件，以至不成为理想了。他接受西方的民主思想，肯定不论任何理想，必需在思想自由的环境下，才有实现之可能。自由乃达至理想之路。而且，理想之可宝可贵，亦唯有在自由的环境中，才能给人享受，给人美感，使个人身心获益，使社会发展进步。

既强调自由，必需同时强调反共，这是一而二二而一的事。志摩"坚决反俄反共"，绝非一时之意气。他跟创造社郭、成等人初为同志终为路人，即使不因那篇导火线的文章（《杂记》），其至终结果，亦可预卜。"不同道不相为谋"，理也，至于以后他跟其他左派人士的关系无法和谐，也是必然的。

志摩反专制爱自由的思想，表现在文艺方面就是他的浪漫主义。我们用浪漫主义把他归类，他泉下有知，一定恶心！因为他反对文艺学术上的分类。他曾向"主义"二字大泼冷水，特别写了《唁死木死》一文以讥之。他爱对树林作整体的瞭望与欣赏，而对解剖分析片片树叶，则痛加非议。志摩崇印象、贬剖析，重灵感、抑技巧，所以他在诗艺上，与闻一多等人颇不相同；带脚镣而跳舞，即专制与喜乐相结合，这对志摩来说，是荒谬绝伦之事。跳舞的目的若是求欢，无脚镣的自由乃先决条件。而在文艺创作上，志摩所宝贵的是与风云并驱的灵感，这简直是自由的最高表象，志摩在创作上是浪漫派，在文艺批评上是印象派，固所宜也。

不但如此，志摩在教学上也是浪漫的。他的思想倾向，注定他不能潜心学术，因为研究学术不能不讲究方法、派别、比较等，而他对这些"学术之道"却持否定态度。既然不专注学术，作为一个大学教师，当然有所欠缺。胡适于民国十五年时盼望他能到欧洲继续进修，基因于此。至于志摩在多间大学普遍受学生欢迎一事，并不是因他有湛深的学问，而是因他具娓娓动人的口才，蔼然可亲的态度，以及广博的一般知识。他身上闪熠生辉的是那一股带热力、媚力、动力的才华，不是大学者身上那种森然井然、金字塔样又广又高、层次分明的学问。学问功夫既未臻善境，却又满怀热切要作"传道者"，向国人宣扬他的理想，志摩回国之初所作种种，不免给人以装腔作势的印象。他在各处的演讲，办新月社时日思夕虑的"露棱角"，以及稍后主编《晨副》时的雄心壮志，都是明证。虽然如此，志摩在人际关系中，一般而言从来不是惹厌的对象。不但不惹厌，更十分讨人欢喜。梁实秋先生就说过，"我数十年来奔走四方，遇见的人也不算少，但是还没见到一个人比徐志摩更讨人欢喜。"胡适说，"谁也不能抵抗志摩的同情心，谁也不能避开他的粘着性。"周作人则说，"志摩这人很可爱，他有他的主张，他有他的派路，或者也许有他的小毛病，但是他的态度和说话总是和蔼直率，令人觉得可亲近。凡见过志摩几面的人，差不多都受到这种感化，引起一种好感；就是有些小毛病小缺点，也好象脸上某处的一颗小黑痣，也是造成好感的一小小部分，只令人微笑点头，并没有嫌憎之感。"以上所引，都是知人之言。志摩在人际关系中的成功，主要由于他具赤子之心。诚然，谁能抗拒孩子的纯真烂漫？谁能向孩子的顽皮无知，动起心底的火气？不爱孩子的人总是少数。

志摩不但在物质条件丰厚的环境中长大，也在爱的薰陶里从襁褓踏入成年，所以他爱和平、重情感、尊人性。当他在求知过程中一接触到人道主义，全人心魂立刻欢然响应。他一生所崇拜最重要的几位当代俊彦：狄更生、罗素、梁启超和泰戈尔，都服膺人道主义，而在他英雄榜上的其他人物，莫不胸怀温情，心存博爱。

共产政权在志摩眼中既是暴虐的同义词，他作为一个人道主义者当然攻之反之；同样，剥削的资本主义杀人不见血，志摩也同样深加谴责。但资本主义世界尚给人以自由，所以志摩觉得总比极权统治优胜，但要在资本主义的制度下求个两全之法，他的折衷之道是拥护英国工党——既能节制资本，也能给人以相当的自由，而对下层人士亦提供多方面的社会福利和受教育的机会。

人道主义表现在个人关系上就是对人同情、关怀和乐助。这些都是志摩身上的美德。志摩既然是人道主义者，他当然没有当时左派文人那种杀伐气，因而所得的罪名是不革命甚至反革命。他的爱是泛爱而不是"同志爱"，所以甚至能出手帮助胡也频和丁玲。

人到底是有其缺点及矛盾的。人道主义者的志摩，也有其亏缺人道的时候——当原配妻子张幼仪在英国怀孕时他竟能弃之而不顾，这件事是志摩一生最为人所诟病的地方。解释是有的：他当时爱上林徽音，而爱的丑恶面是使人糊涂，使人残忍；志摩不幸竟有这方面的表现！

志摩认为人在追求理想追求自由的道路上是冒一个大险，可能遭遇困难甚至失败失望，但他说："失望却不是绝望"，人不应因此而裹足踌躇或气馁妥协，还得扛起生命的十字架，继续勇猛往前。在再婚的事上，他的确实践了自己的主张，小曼使他失望，但他负起责任照顾她的生活，甚至照顾她的挥霍。当然，在第二次婚后生活这件事上，志摩咬紧牙关忍受的时候多，向人敞开私隐的时候少；他有为自己面子的打算，但基本上，他的为人，有义无返顾的勇气，即使看见面前展开的是悲剧，他也昂然开步，去接受并完成其悲剧英雄的使命。

恩厚之对徐志摩，可谓情至义尽，而志摩最后忽尔断绝通信，不管所因何故，到底情理两亏，人格上白璧微瑕之讥，恐不能免。但人非上帝，虽圣贤亦难免有错，要为志摩辩，只能诉诸此类弱辞。至于实情如何，不出两个可能：①志摩在民国十七年至二十年间常感手头拮据，乃将农村建设基金化公为私；所谓私者，并非满足个人享受欲，而是填入小曼挥霍及病患的无底深渊。②款子大部分的确花在调查研究上，但因所谋无成，愧对知己，而生活逼人，执笔亦如他自己所说"惘惘不知所云"，所以原来通信之热情，娓娓谈心的兴趣，就一落千丈，至终搁笔——只汲汲于求利求生求安，再难兼顾万里之外的友谊了。从事实看来，志摩所谓在浙江省作调查一事，据说系由多人组成之调查团进行，而征诸近代文史，过后没有一个所谓当事人有只字道及。另外，在志摩远近知交中，连胡适在内，对第二次农村建设事，亦全未知闻。所谓调查之真实性，乃使人大起疑问，若说志摩从开头就假公济私，他就真是愚不可及了；因为万一恩厚之有远东之行而重会当日的旧友，志摩的马脚定然显露。志摩聪明人，这一点应该会考虑及之，既然想到，就即使有燃眉之急，也不至出此中饱的下策，何况恩厚之是肝胆照人的恂恂君子！若因一点金钱而牺牲一份伟大的友情，除笨蛋外，天下少有人为，志摩非阉，他会为求渡彼岸而履足薄冰吗？

关于这件公案，在未有十足证据时颇难下最后的结论。虽说上述第一个可能成份较高，但采存疑的态度似较稳妥。

综观志摩一生，他最后的一年可称为"大复活"的起头，一切的迹象，都似乎显示他生命的严冬已过，新春鲜绿，又映入眼帘。他在民十五年所写《迎上前去》一文中的豪语：

> 我相信真的理想主义者是受得住眼看他往常保持着的理想萎成灰，碎成断片，烂成泥，在这灰这断片这泥底里他再来发现他更伟大更光明的理想。我就是这样的一个。

可是他自己在人生最后一段路程的写照。我们有理由相信，若志摩多活十年（且莫说几十年），他在文学上的成就，智慧上的成熟，必然可观的多。

在今天这个不是残酷暴虐就是尔虞我诈的世界，我们不能不特别怀念志摩对朋友以至一般人的种种真情和雅意。在这个以黄金白银为衡量一切价值的今天，我们不能不特别怀念志摩对文艺谬司那一点始终不渝的赤诚。志摩身后的名声，直到如今，还是毁誉参半。有些文士把他捧上三层天，另一班则把他打下十八层地狱。不过，他既非天使，更非上帝，亦非魔鬼，他是一个人！所以他并不完全，正如大千世界的芸芸众生一样；但在他身上若干灿比朝霞的美德，在这面具舞会般的社会中，即使亮起明灯，也难得寻见。他属白昼，不属黑夜。有一位我所崇敬的前辈，多年前在泛论徐志摩时曾说："世界不可没有志摩这一类人，但不可太多。"按今天的光景看来，那句话或可改成："世界该有志摩这一类人，但可惜太少。"

（选自梁锡华著、一九七九年十一月台湾传记文学出版社版《徐志摩新传》）

论徐志摩

[苏] JI·E·契尔卡斯基 著

理 然 译

　　对徐志摩的诗，中国有很多评论。他的非凡的天才，复杂矛盾的观点，尖锐的见解，引起了批评界愤怒的抗议或热烈的赞扬。几十年来，对徐志摩作品的评价没有取得过一致的意见。

　　徐志摩 1895 年出生于浙江省一个银行家的家庭。童年时代，他受过普通的传统教育，然后到上海一所西方式专科学校念书。1918 年，徐志摩出国深造。他先就读于马萨诸塞大学和哥伦比亚大学，然而正如许芥昱所说，美国的生活无法满足他那不安的灵魂，他认为，美国既不能给他以教育，也不能给他以充沛的感情。于是徐志摩登上了开往英国的轮船。多年之后他写道："我父亲送我出洋留学是想要我将来进'金融界'的，我自己最高的野心是想做一个中国的 Hamilton！在二十四年以前，诗，不论新旧，于我是完全没有相干。我这样一个人如果真会成为一个诗人——那还有什么话说？"

　　徐志摩没有成为中国政府的财政部长，他没有步他理想的美国十八世纪的活动家哈密尔顿的后尘而飞黄腾达。他选择了另一条生活道路。

　　当徐志摩踏进剑桥大学这座英国最古老的学府的校门，他命运中的一切都发生了变化。后来，他曾为剑桥写过热情洋溢的诗篇和优美动人的散文。他为剑桥给予他的幸福和充实的生活而歌颂它，感谢它。他在这个贵族世界里度着时光，同朋友们促膝谈心，如饥似渴地读书，有时也去划船。在《我所知道的康桥》一文中徐志摩承认，要没有过过剑桥的日子，他不会有这样的自信。在学校里他结识了著名的哈代，他对这位作家的作品和人格五体投地，极力去摹仿他，遵循他的教诲。但徐志摩从哈代那里接受的主要是悲观主义和"世界之恶"的宿命论观点。史文朋和罗塞蒂也对徐志摩产生了深刻影响。史文朋诗中的色情这个逃避复杂沉重的生活的避难所的情调吸引了徐志摩，《生活之屋》和《神女》的作者罗塞蒂诗里的神秘的激昂情绪和通过对肉欲的崇拜来调和神秘主义和色情主义的尝试，使他激动不已。那位把第一本诗集同爱妻的遗体一起埋葬，然后又把诗集从地下挖出的诗人的生活史激发了未来的《翡冷翠的一夜》和《猛虎集》的作者的想象力。

当然，哈代、史文朋和罗塞蒂的诗的其他方面，他们对社会不平的批判，他们大无畏的反叛精神，也对徐志摩产生了影响，特别是托马斯·哈代这位资产阶级道德、虚伪和愚昧的无情揭露者。徐志摩第一本诗集中可以感觉到的正是英国诗歌这些特点的良好影响。这位中国诗人终生都深深爱着英国诗歌，他还把布莱克、罗塞蒂、哈代、史文朋、西蒙兹的作品译成了中文。

英国诗歌及短篇小说家凯特琳·曼殊斐尔的友谊使徐志摩产生了要在文学上成名的念头。关于这个想法诗人这样说过："整十年前我吹着了一阵奇异的风，也许照着了什么奇异的月色，从此起我的思想就倾向于分行的抒写。"这个自白指的就是诗人在剑桥的那段生活，1922年他从那里回到祖国。

这时徐志摩闹起了家庭纠纷。他二十岁上结了婚，妻子出身于中国的一家名门望族，聪明而有教养。早在英国时徐志摩就常常考虑要自由恋爱，而且为他自己没有爱的婚姻而感到惊讶。1922年3月，回国前不久，他给妻子写了封信要求离婚。他写道："真正的生活要通过自己的努力和斗争去追求，真正的幸福应该通过自己的努力和斗争去追求，真正的爱情也应该通过自己的努力和斗争去追求。"

徐志摩回国后离了婚，但社会却不原谅他的无礼，常常提到他这次不义之举。连与徐志摩结交甚厚的梁启超也给他写信说："万不容以他人的痛苦，易自己的快乐"。徐志摩在回信中说明，他的举动是"求良善之安顿，求人格之确立，求灵魂之救度"。不过他的第二次婚姻也并不幸福。

到北京后徐志摩迅速投入了文学生涯。他一面写作，做编辑，一面还教书。同访问中国的泰戈尔的会见在他心中留下了深深的印痕。

普实克在他的《中国的土地，我的姐妹》一书中是这样描写这位印度诗人、哲学家的中国之行的："他象在施展魔法，学生们微笑着拜倒在他的脚下，而他呢，讲的是极为明白然而又仿佛非常遥远的话。时而在你眼前缓缓升起一团薄雾，时而你好象在梦中想起念经的母亲或外祖母，想起荷花，这一切又如此清晰如此神秘地交织在一起。他讲课，徐志摩做翻译。到处象欢迎国王一样欢迎泰戈尔。至今东方对诗歌和术士还有着浓厚的兴趣。"

1923 年，徐志摩和他的同道们一起创立了"新月社"。据许芥昱说，这个团体的名称可能来自泰戈尔的《新月集》的书名。这本书和《飞鸟集》一样，二十年代在中国很受欢迎。

1926 年 4 月，为"鼓励发展形式"，徐志摩和闻一多开始出《诗镌》杂志❶，徐志摩在杂志中写道："我们相信完美的形体是完美的精神唯一的表现。"

此时，国家生活中发生了重大事变，这不能不反映到徐志摩的命运和立场上。他的政治上的同情和恶感划分得越来越清楚，特别是 1928 年使文学战线上的思想斗争极度尖锐化的《新月》月刊创办之后。

生活给诗人带来的只是失望。沮丧的情绪在他的诗行里流淌。在《翡冷翠的一夜》中，特别是在《猛虎集》和《云游》中，已经听不到二十年代初期的欢快的旋律。1926 年 3 月，徐志摩在《自剖》中写道："我的心也同样地感受了不知是年岁还是什么的拘挚……说来是时局也许有关系。我到京几天就逢着空前的血案。"

他在《猛虎集》自序里写道："最近这几年生活不仅是极平凡，简直到了苦窘的深处。"

诗人类似的话不知凡几。1929 和 1930 年是他一生中最糟糕的年头。他的精神几乎堕落了。在《猛虎集》自序里他曾朦胧地暗示要开始新的生活，茅盾就此写道："我们没有看见'复活'后的他走了怎样的路。这是一个谜，我们不便乱猜。"

徐志摩没有来得及"复活"。1931 年 11 月 19 日，他从上海❷飞往

---

❶ 应为《晨报副刊·诗镌》。——编者

❷ 应为"从南京飞往北京"。——译注

北京，飞机在雾中坠落在泰山附近。徐志摩死时年仅 36 岁。

诗人陈梦家谈到同徐志摩最后一次见面时回忆道："他本来是个笑容满面的人，总是谈诗说文，很少涉及他自己的生活。1931 年 11 月，我和他仅仅有过一次，也是最后一次，严肃的谈话。……他说这样活不下去了，'这样的生活，什么生活，这一回一定要下决心，彻底改变一下'。他并没有说怎样改，我那时也不大懂。"

陆小曼在徐志摩遗作《云游》序中说诗人很喜欢交际，"他始终不肯独自静静的去写，人家写东西，我知道是大半喜欢在人静更深时动笔的，他可不然，最喜欢在人多的地方……"他的平易近人，对人热情真诚博得了郁达夫的好感。郁达夫回忆说，在他的客厅里可以遇到富人和穷人，成年和少年，文人、学者、官吏、美人和失意的同学。普实克写道："谁知道他能成为什么人，能干出什么事情？但飞机途中失事，遇雾撞到了山上，于是这位本来能给当代中国以语汇和韵律的人就什么也没有留下。他是唯一能建树这样功勋的人。也许他的遭遇总的说来不是一件不幸？也许命运比我们对一个如此早逝的人的痛惜更为明智？因为谁能知道，一个人有没有力量走完从水上飘浮的柳絮、从溪上小桥的绿影到马达轰鸣的工厂这段漫长的道路？走完之后还能否依然是位诗人？他有没有力量去征服十八个世纪？从描写情人的扇子的格律诗，到刻划为了糊口一天十二小时用瘦弱的肌肉同整个世界进行英勇超人的斗争的人力车夫的诗，他能否一跃而过？……

"……需要用语言来表达出一种情绪，即当一个人看到土地开始散发芳香，在废墟里，在草丛的荫影下出现一些僻静的角落，从那里传出切切的私语和朗朗的笑声时，他所感受到的情绪。还要表现出另一种情绪，即游行队伍天崩地裂般的呼喊声。但这一切他不愿照老样子去写。他应该找到新的形式，新的语汇，新的形象。"

诗人的文学遗产不丰：四本诗集，几本散文，一个剧本和一本日记书信。

穆木天在一篇详细论述徐志摩的文章里把他的创作道路分为四个时期：第一时期仅仅半年，除了不成熟的诗外，无甚特色，用徐志摩的话说，"还是感情的无关拦的泛滥"。第二时期是以 1922 年回国后两年间写的收入《志摩的诗》中的诗以及散文集《落叶》为代表的。穆木天称这个时期为"浪漫期"。诗人渴望着自由和爱情，到处寻找象征，在每个象征中去实现自我表现。他非常乐观，感情激越奔放。可以说《志摩的诗》的时代就是诗人的五四时代。第三时期为"自剖"时期，代表作是《翡冷翠的一夜》、《自剖》、《巴黎的鳞爪》。诗人在剑桥大学培育出的理想主义碰了壁。1925年，中国发生了五·卅惨案。这时需要的是行动。而徐志摩相当苦恼，他不知出路何在。他那些自剖诗在形式上是无可指摘的，问题在内容上。穆木天认为，第三时期是徐志摩诗歌才华的鼎盛时期。《猛虎集》、《云游》、散文集《秋》为"没落"期，因为诗人的创作源泉已告枯竭，他的呼喊也失去了昔日的积极性，《秋》已与《落叶》不同。

文学研究者吴宏聪在《资产阶级诗歌的堕落——评徐志摩的诗》这篇长文中从题材方面论述了诗人的作品。他把徐志摩的诗分为"对于资产阶级生活的赞美"，"对于令人心醉的爱情的咏叹"，"追求幻灭后的悲伤和那浅薄的人道主义的说教"等几类。

吴宏聪对徐志摩的诗的完全否定的态度是显而易见的，而穆木天的分期也有它的缺点。把徐志摩正在构思《志摩的诗》的第一时期（而且是那样短暂）同第二时期分开未必合理，"浪漫"时期无疑也应包括写《志摩的诗》和《落叶》的年代及这些书出版前的一段时间。

我们还可以把第三、第四时期合二而一，称之为"自剖与云游"时期，因为我们认为，第三时期的倾向在第四时期逻辑上是完成了的。换句话说，在《翡冷翠的一夜》和《猛虎集》之间看不到明显的界限。

这样，徐志摩的创作就明确地分为两个时期，即积极浪漫主义时期（《志摩的诗》）和"自剖与云游"时期《翡冷翠的一夜》、《猛虎集》、《云游》）。关于徐志摩的散文，我们只是在与他的诗歌创作有关时再谈。

《志摩的诗》于1925年问世并受到读者和批评界的热烈欢迎，因为诗中涉及了主要问题，如个人与社会的关系，爱情与人的尊严。诗人的沉思体抒情诗产生了反响，发人深思，其热情和力量感人至深。

不论徐志摩（或他的抒情主人公）是遇到挚友并同他一起"只静静地坐对着一炉火"（《堆得》），是童年时在岸边匍伏在沙堆上画字，涌上来的海浪为他修改（《不再是我的乖乖》），还是凝视着惨淡的弱火一星（《一星弱火》），或者倾听那伤鸟似地猛旋（《为谁》）的落叶的小

唱（《落叶小唱》），对于"冷寞的幽谷"，"无边的黑夜"。"秋声"，"没
了美丽"的生活的思索无时无地不在缠绕着他。

他写了一首《残诗》，诗中对旧世界灭亡的感觉特别显得病态，因
为诗人在现实生活中看不到未来的萌芽，看到的是黑暗、是残酷，以
及实际上是现代社会中残酷现象的培养基，然而由于艺术眼光的偏差
却显得完美的过去时代。

> 关着，锁上；赶明儿瓷花砖上堆灰！
> 别瞧这白石台阶儿光润，赶明儿，唉，
> 石缝里长草，石板上青青的全是莓！
> 那廊下的青玉缸里养着鱼，真凤尾，
> 可还有谁给换水，谁给捞草，谁给喂？

旧世界不仅在物的表现方面已经崩毁，诗人眼见人与人的关系、
联系也发生了质的变化，产生了不容忽视、不能置之不理的矛盾。

莫非是爱情能把诗人同复杂的动荡不安的生活隔绝？徐志摩写下
了类似海涅的抒情诗的《雪花的快乐》、《她是睡着了》等优美的诗篇。
浪漫主义者徐志摩认为爱情是一种与人间隔膜相抗衡的积极力量。但
是，欢快的、一点也不晦暗的爱情诗他写得不多，因为爱情同生活发
生了冲突。

《这是一个懦怯的世界》、《恋爱到底是什么一回事》、《去罢》、《灰
色的人生》这些诗人作品中的重要篇章贯穿着对爱情和自由（这二者
常常是同义的）的渴求。这些诗是他的观点、他的脱离现实的"单纯
信仰"（其实质必须认清）的集中表现。

在《追悼志摩》一文里，胡适从他一系列观点（确切些说，是观
点的总和）中选出了包括爱、自由和美的"单纯信仰"。胡适认为，徐
志摩梦想这三个理想的条件能够会合在一个人生里，这是他的单纯信
仰。但是，大家知道，徐志摩失败了。胡适认为失败的原因一方面是
因为他的信仰太单纯了，另一方面是这个现实世界太复杂了。

引起异议的是关于诗人一生中观点固定不变的说法，当然也有作
为这种假设的结果的胡适对导致他悲剧性下场的原因的结论。

茅盾不同意胡适的观点。他认为，在不同的创作时期，徐志摩的"单纯信仰"的内容也不同，因为社会的动荡和变革在很大程度上影响了诗人的观点和精神状态。如果说在《志摩的诗》的写作时期作为徐志摩诗的"基础"的"单纯信仰"表现了诗人对未来的信心的话，后来的动摇就使他流入于"怀疑的颓废"。诗人憧憬的"更光荣的将来"不仅没有实现，反而更加遥远了。"怀疑的颓废"产生了"悲观和失望"。

对闯入诗人"单纯信仰"的动摇和失望，茅盾不是作为徐志摩性格特征的表现，而是作为不可避免的社会现象来看的。茅盾写道："近年来的布尔乔亚学者谁不被怀疑的毒蛇咬着心呀？不但是中国的布尔乔亚学者，西欧的布尔乔亚学者不是也怀疑了他们的文化生活社会组织么？"茅盾接着说，但是"他们死不肯转换方向看一看"，也就是说不能摆脱自己的阶级属性。

徐志摩也不能摆脱他的阶级属性。他的悲剧不在于他所尊奉的"单纯信仰""禁不起这个现实世界的摧毁"，而在于在这个现实世界的摧毁下，诗人自己对信仰失去了信心并抛弃了它，以连他自己也不能吸引的理想取代了他的"单纯信仰"。

他 1926 年 3 月在《自剖》中写道"可怕是这心灵骤然的呆顿。完全死了不成？我自己在疑惑。说来是时局也许有关……屠杀的事实不仅是在我住的城子里发现，有时竟觉得是我自己的灵府里的一个惨象。杀死的不仅是青年们的生命，我自己的思想也仿佛遭着了致命的打击。"

1928 年 5 月 3 日日本军国主义者在济南制造屠杀数以千计的中国人的惨案之后，徐志摩在日记中写道："日本人当然可恶……总司令不能发号令的，外交部长是欺骗专家，中央政府是昏庸老朽收容所……"

生活每天都闯入诗人的浪漫主义天地，他无处躲藏。甚至在"艺术王国"里，在"天边"的"绿洲"上，他也不得安宁。

在《秋》（1929）这篇愁苦凄绝的作品中，徐志摩怨艾他的希望注定落空，生活的磨难对他一无教益。

徐志摩不懂得他的阶级的理想不能实现的历史必然性，他也不懂得，与他格格不入的人为大众的真正自由，为不受金钱和儒家礼教所束缚的爱，为全人类的美，已开始了艰苦卓绝的斗争。

不过，我们还是回头来看看上面提到的第一本诗集（其"单纯信仰"尚是创作的崇高的愤怒的诗篇的"基础"）中的诗吧：

> 这是一个懦怯的世界：
>   容不得恋爱，容不得恋爱！
> 披散你的满头发，
> 赤露你的一双脚；
> 跟着我来，我的恋爱，
> 抛弃这个世界，
> 殉我们的恋爱！

《这是一个懦怯的世界》是一首自传性的诗。据陈梦家说，诗中反映的个人悲剧，是他同第一个妻子的离异。然而，不言而喻，这首诗的意义远远超出了家庭悲剧的范围。它的主题思想是"逃出了现实的世界的牢笼，恢复他的自由"（穆木天语）。这样的思想也表现在《去罢》一诗中，但这里同人类的孤军作战具有一种异样的色彩。如果说在《这是一个懦怯的世界》中，因为世界残酷而容不得恋爱，诗人在逃避世界，那么在《去罢》一诗中他仿佛高踞于世界之上，在嘲弄它；他是一个超人，世界在他眼里是那样渺小，微不足道：

> 去罢，人间，去罢！
>   我独立在高山的峰上；
> 去罢，人间，去罢！
>   我面对着无极的穹苍。
> ……
> 去罢，梦乡，去罢！
>   我把幻景的玉杯摔破。
> 去罢，梦乡，去罢！
>   我笑受山风与海涛之贺。
>
> 去罢，种种，去罢！

当前有插天的高峰！

去罢，一切，去罢！

当前有无穷的无穷！

建立一个与现实相抗衡的幻想世界，是徐志摩积极浪漫主义的一个方面；另一方面是他对他所仇恨的现实的批判。徐志摩诅咒社会，也许《残诗》中与现代社会截然不同的过去在诗人眼里是那样诱人，因为他没有发现时代的联系，看不到现代社会中过去时代的丑态。在《灰色的人生》中他嘲弄他热情激昂地反对的周围世界：

我想——我想开放我的宽阔的粗暴的嗓音，唱一支野蛮的大胆的骇人的新歌；我想拉破我的袍服，我的整齐的袍服，露出我的胸膛，肚腹，肋骨与筋络；我想放散我一头长发，象一个游方僧似的披散着一头的乱发；

我也想跣我的脚，跣我的脚，在峻牙似的道上，快活地，无畏地走着。……

我只是狂喜地大踏步地向前——向前——口唱着暴烈的，粗伧的，不成章的歌调；

来，我邀你们到海边去，听风涛震憾太空的声调；

来，我邀你们到山中去，听一柄利斧伐老树的清音；

来，我邀你们到密室里去，听残废的，寂寞的灵魂的呻吟；

来，我邀你们到云霄外去，听古怪的大鸟孤独的悲鸣；

来，我邀你们到民间去，听衰老的，病痛的，贫苦的，残毁的，受压迫的，烦闷的，奴役的，懦怯的，丑陋的，罪恶的，自杀的，——和着深秋的风声与雨声——合唱的"灰色的人生"！

因为无力解决个人与社会之间的冲突，或越出他称之为"灰色的人生"的界限，诗人去到农村，走向大自然的怀抱，走向清幽的溪边和寂静的山岗，怀着"单纯信仰"在大地上漫游。

浪漫主义主人公感情积极而行动消极这个著名观念在这里得到了

充分的证实。

> 雷雨暂时收敛了，雾霭中现出了彩虹，夭娇，鲜艳，生动，好天气的征兆！但乌云又卷来了，彩虹消失了，刚刚复活的希望又破灭了（《消息》）。

> 冬日的夜晚，万籁俱寂。山坡下有一座冷落的僧庐，庐内一个孤独的梦魂，在忏悔中祈祷，在绝望中沉沦。突然传来了怒嗷与狂啸，鼍与金钲与虎与豹，这彷徨的梦魂与冷落的僧庐又一度被潮水似的淹没了（《夜半松风》）。

> 神奇的雷峰塔！月光泻影在眠熟的波心。（《月下雷峰影片》）

> 小舟在垂柳荫间缓泛，一阵阵初秋的凉风，吹来两岸乡村里的音籁。但无端的悲感与凄惋来到心间，欲把恼人的年岁，恼人的爱情，托付与无涯的空灵——消泯；回复那纯朴的美丽的童心。（《乡村里的音籁》）

> 小巧玲珑的野花的出现岂是偶然！为什么看到它无端的内感惆怅与惊讶？于是思忖着，泪怦怦的，人生与鲜露（《朝雾里的小草花》）。

气势宏伟的"反叛"诗渐渐变了样，已没有浪漫主义艺术特有的咆哮的海浪和骤雨狂风。对徐志摩来说，大自然是苦闷灵魂的灵化的栖身之处。

诗人的写景诗有两个有趣的特点。徐志摩的眼光很少停留在静止不动的无生物上，根本不愿去描绘凝固片刻的事物、停滞瞬间的行为和现象；他渴望表现生命的运动——风、云、浪、光、树叶、声音、色彩、思想。连他感到佛塔可爱也只是因为月景在塔上游动，在塔顶和墙上漫流，从而使塔有了生气。徐志摩对二十年代风靡一时的极力去描绘"静静的一瞬"的小诗如此冷漠也绝非偶然。徐志摩的审美观点是沿着另一条道路发展的，他在《自剖》中说："我爱动，爱看动的事物，爱活泼的人，爱水，爱空中的飞鸟，爱车窗外掣过的田野山水。星光的闪动，草叶上露珠的颤动，花须在微风中的摇动，雷雨时云空的变动，大海中的波涛汹涌，都是在触动我感兴的情景。是功，不论是什么性质，就是我的兴趣，我的灵感。是动就会催快我的呼吸，加添我的生命。"

我们认为，徐志摩写景诗的另一个特点，是诗人经常努力把他得之于自然景物的直接印象投射到现实上面去；这些印象并未与世隔绝，而总是寻求并找到一个出口，从这里通向普遍的，较之最初感受更为意义重大的境界。诗人经常离开他灵化的栖身之处。

《石虎胡同七号》就是这样一个典型的例子：

> "我们的小园庭，有时荡漾着无限湿柔：善笑的藤娘，袒酥怀任团团的柿掌绸缪……""我们的小园庭，有时淡描着依稀的梦景；雨过苍茫与满庭荫绿，织成无声幽暝"。"我们的小园庭，有时轻喟着一声奈何；奈何在暴雨时，雨捶捣乱鲜红无数"。"我们的小园庭，有时沉浸在快乐之中；雨后的黄昏，满院只美荫，清香与凉风，大量的塞翁，巨樽在手，塞足直指天空，一斤，两斤，杯底喝尽，满怀酒欢，满面酒红，连珠的笑响中，浮沉着神仙似的酒翁——我们的小园庭，有时沉浸在快乐之中。"

"小园庭"一开始被描绘成一个拯救灵魂的绿洲。这里有无限的温柔，有宜人的梦景和无穷的快乐。但实际上徐志摩自己也不相信世间会有这样一块绿洲。温柔过于安闲恬适，梦景似乎不长，快乐也不是幸福人的快乐。最后一行包含了这首诗的基本思想。诗人是带着无限的感伤来说"无穷的快乐"的，因为那里并没有快乐，只有一个塞翁和他的辛酸。当他喝醉了酒，"满面酒红"，他才象"神仙"，小园庭才沉浸在无穷的快乐之中。当没有酒的时候，一个人坐在椅子上，"塞足直指天空"，就没有什么妨碍他去思考那不仅夺去了他的一条腿，而且夺去了他世上的一切（包括这"无穷的快乐"）的生活。诗人塑造了一个一条残废的腿向天上翘着的人的形象。这条腿象一杆枪，是对天意在人间制造不平的抗议。

刘半农的《拟装木脚者语》一诗有这样几句序："欧战初完时，欧洲街市上的装木脚的，可就太多了。……"诗人描写了伦敦一家客栈的房客一天晚上在客堂中跳舞的情景。刘半农在序中写道："不跳舞的只是我们几个不会的，和一个装木脚的先生。"这位装木脚的先生在想些什么呢？

> 我还是多抽一两斗烟，
> 把我从前的欢乐思想；
> 我还是把我的木脚
> 在地板上点几下板，
> 便算是帮同了他们快乐，
> 便算是我自己也快乐了一场。

徐志摩诗中的塞翁不也属于那些"快乐的人"吗？对此，作者只字未提。他只是提醒读者，他的同时代人：在这个世界上不管什么园庭，什么梦景，都无法保护人不受现实生活的袭击，这种现实生活或者以往日的牺牲，或者以眼前的牺牲来显示它的存在，它还警告人们会有新的牺牲的危险。这就是从抒情的小天地通向"普遍的"境界，通向那谁也不得安宁然而还要在其中生活的世界的出口。

到大自然中，到"荡漾着无限温柔的小园庭"中去寻求"单纯信仰"，结果一无所获。诗歌经常与苦难的现实发生冲突。徐志摩第一本诗集中许多作品的社会倾向性具有进攻的人道主义性质。诗人描写了死于毫无意义的混战的士兵（《太平景象》），失去孩子的妇女（《盖上几张油纸》），为饥病中的母亲求乞的女孩（《先生！先生！》），徒劳地敲富人的门的乞丐（《叫化活该》），昏暗的路上的老车夫（《谁知道》），徐志摩写这些诗是严肃的，富于人道精神的。他不吝惜黑色和晦暗的色调。当然，有时徐志摩在满怀怜悯和痛苦描绘这些使他激动的场面，却忽然忘记了叙述的目的，并欣赏起他成功地找到的细节，或企图站到他的主人公的位置上，并不感到这样作的虚伪和不妥。于是，我们面前出现了一个唯美主义的资产者，诗人的善良意图也就象水流在沙滩一样消失了。一个衣衫褴褛、冻得嗦嗦发抖的女孩追赶着黄包车，乞求可怜可怜她和她生病的母亲。她几乎看不见车上坐着的先生。在可怜的女孩跟前只是银晃晃的车轮。女孩看见那车轮不住地飞奔，诗人也如痴如呆地朝那里望着。他也只看到飞奔的、银晃晃的、远去的车轮。细节则比思想更为有力，这首诗里出现的车轮太多了。另一首诗里，诗人描写在贵妇人门前求乞的情景后自叙的那段话有些莫名其妙："我也是颤僳的黑影一堆，蠕伏在人道的前街；我也只要一些同情的温暖，遮掩我剐残的余骸——"同上述描写相比，这些话显得过分奇巧和做作。

但徐志摩诗中更多的是高度悲剧性的灼热的忧患和痛苦。他的散文诗《毒药》、《白旗》、《婴儿》就属于这一类。前二首写在中国血腥内战的日子里。1926 年 3 月徐志摩写道："爱和平是我的生性。在怨毒、猜忌、残杀的空气中，我神经每每感受一种不可名状的压迫。记得前年直奉战争时，过的那日子简直是一团黑漆，仿佛整个时代的沉闷盖在我的头顶——直到写下了《毒药》那几首不成形的诅咒诗以后，心头的紧张才渐渐地缓和下去。"

我们来摘录《毒药》和《白旗》里的几段：

相信我，猜疑的巨大的黑影：象一块乌云似的，已经笼盖了人间一切的关系：儿子不再悲哭他新死的亲娘，兄弟不再来携着他姐妹的手，朋友变成了寇仇，看家的狗回头来咬他主人的腿：是的，猜疑淹没了一切；在路旁坐着啼哭的，在街心里站着的，在你窗前探望的，都是被奸污的处女：池潭里只见些烂破的鲜艳的荷花；

在人道恶浊的洞水里流着，浮荇似的，五具残缺的尸体，他们是仁义礼智信，向着时间无尽的海澜里流去；

这海是一个不安静的海，波涛猖獗的翻着，在每个浪头的小白帽上分明的写着人欲与兽性；

到处是奸淫的现象；贪心地搂抱着正义，猜忌逼迫着同情，需怯狎亵着勇敢，肉欲侮弄着恋爱，暴力侵凌着人道，黑暗践踏着光明；

听呀，这一片淫猥的声响，听呀，这一片残暴的声响；

虎狼在热闹的市街里，强盗在你们的妻子的床上，罪恶在你们深奥的灵魂里……

《毒药》

来，跟着我来，拿一面白旗在你们的手里——不是上面写着
激动怨毒，鼓励残杀字样的白旗，也不是涂着不洁净血液的标记
的白旗，也不是回着忏悔咒语的白旗（把忏悔画在你们的心里）；

你们排列着，噤声的，严肃的，象送丧的行列，不容许脸上
留存一丝的颜色，一毫的笑容，严肃的，噤声的，象一队决死的
兵士；

现在时辰到了，一齐举起你们手里的白旗，象举起你们的心
一样，仰看着你们头顶的青天，不转瞬的，恐惶的……，象看着
你们自己的灵魂一样；

在眼泪的沸腾里，在嚎恸的酣彻里，在忏悔的沉寂里，你们
望见了上帝永久的威严。

《白旗》

《毒药》是诗人的猛烈抨击。他在诗中倾吐了心中郁积的全部痛苦。

第二首诗《白旗》象是《毒药》主题的继续发挥。如果说前一首
诗是揭露和诅咒暴力和罪恶的世界，那么第二首则是在痛苦地求救。
地上是没有救星的，于是诗人转而望着天：上帝会来公断。徐志摩也
象莱蒙托夫一样，当然不会期待上帝来拯救，他诉诸天是诉诸人，诉
诸陌生的、但必然会来拯救人类的人。对于上帝的拯救，也象对于整
个宗教一样，徐志摩是不大相信的，因为他在《白旗》里顺便提到过
金漆的神龛，似乎有点否认它的威力。但当写到可怜忏悔的人们时，
徐志摩又作为一个领悟生活真谛、高居于芸芸众生之上的超人出现了。

这两首诗虽然表现的是绝望的情绪，但诗中总的调子还是流露出
了希望。诗人的声音，特别在第一部分，显得坚毅有力，这意味着对
"单纯信仰"的寻求还在继续。

在徐志摩死后发表的《秋》这篇演讲中，诗人回忆起往事，写道，
在《毒药》这首诗里"发泄了我一腔闷气，但我却并不绝望，并不悲
观，在极深刻的沉闷的底里，我那时还摸着了希望"。

早在剑桥留学的时候，徐志摩就倾心于托马斯·卡莱尔的哲学，
特别是他的"不断的肯定"的思想。我们觉得这思想对这位中国诗人
的世界观是产生了强烈的影响的。

"不断肯定"的思想是卡莱尔在《成衣匠的改制》一书中提出来的。他在这本书中提出了一种宗教唯心主义的"衣裳哲学"，这种哲学认为，整个世界和全部历史表现为种种外部的衣着、标志，其后掩盖着神的永恒本质。这本书的《不断的否定》一章表达了成为诗人极端个人主义的表现的饶有兴味的思想。现在我们来看看卡莱尔的这个思想是怎样产生的。卡莱尔抒发了他绝望的悲观情绪，讲到他几乎要自杀，因为世界变得象一片"'黑暗的沙漠'，那里只有野兽的嚎叫或满腔仇恨的人们绝望的哀鸣。"卡莱尔在濒于死亡的苦闷中写道："我这颗一滴天露也不曾滋润过的心在缓缓燃烧的火中化成灰烬。"这种情绪同未来的《毒药》和《白旗》的作者的情绪是遥相呼应的。

这位哲学家灵魂中的一切又突然奇迹般地发生了变化。昔日的悲观情绪化为骄傲、愤怒和力量。"不断的否定"也成了传说故事。卡莱尔在书中详细叙述了这种神奇的变化的原因。他开始忏悔说："在一个热不可耐的日子里，我沿着被太阳烤得象纳乌霍多诺索尔❶时代的炉子一般灼热的大路吃力地走着，这当然不会怎么改善我的情绪。然而我突然产生了一个念头，我自问：你怕什么呢？你为什么象一个懦夫一样，总是忧虑，啜泣，踌躇，颤慄？可卑的两脚动物啊！还有什么能和你面临的种种苦难相比呢？死亡吗？难道你没有勇气吗？无论出现什么情况，难道你都不能忍受吗？不能象一个自由之子（尽管是被放逐的）一样，当烧你祭神时，把托费特❷踏平吗？就这样，让它去吧！我蔑视它！

"当我这样想的时候，就象有一道火流从我心中流过。于是，我永远摆脱了那可鄙的恐惧。我从没有如此坚实有力。我是鬼，甚至是神。从这一刻起，我的不幸的性质永远改变了；现在这已不是恐惧也不是怨诉，而是瞪着火红双眼的愤怒和鄙夷。于是，'不断的否定'威严地响彻我的全身、我的'自我'的各个部分，我的整个'自我'也就在上帝创造的宏伟的大自然之中巍然屹立了起来。大声宣读着我的抗议。因为从心理学的观点出发，这种愤怒和挑战才能恰当地称为抗议，称

---

❶ 巴比伦国王（前 605—562）。

❷ 耶路撒冷南面的一个地方，曾供有莫洛赫神像，以活烧儿童祭之。

为生活中最重大的事件。'不断的否定'说：你看，你没有父亲，你被驱赶出来，而整个世界是属于我（魔鬼）的；对此，我的整个自我现在回答道：'我不属于你，但可以永远自由地仇恨你'。也就从此时起，我开始把火作为我的精神复活或淬火的洗礼。可能不久我就成了一个顶天立地的男子汉。"

卡莱尔接着说：在"淬火洗礼"之后，昔日的"不安愈益增长"，但"这不安并不是完全绝望的"。他睁大眼睛来看外部世界。正如 JI·亨捷尔指出的，卡莱尔经过痛苦的思想斗争才找到归复于现实，归复于"不断肯定"的道路。

徐志摩如此拼命抓住卡莱尔的名言不放的原因也就在于，在中国的现实生活里，"不断的肯定"与这位英国哲学家描写的"黑暗的沙漠"无大差别，这句名言成了这位中国诗人的灵魂的屏障，他的护照和进攻武器。他说："我想望着一个伟大的革命。因此我在那篇《落叶》的末尾，我还有勇气来对付人生的挑战，郑重的宣告一个态度，高声的喊一声：'Everlasting Yea! ……'"《志摩的诗》渗透着卡莱尔的思想。然而，作为消毒剂的"不断肯定"的影响没有持续多久。由于不了解中国历史发展的客观规律，由于于不可能发生处期待变革的发生，诗人渐渐失去了力量和乐观情绪。正如穆木天正确指出的，在"云游期"徐志摩虽然还喊着"Everlasting Yea……"，但他心中已没有往日奔放的热情。

这是后来的事。在这之前，在失败的悲观情绪的废墟上还产生了体现他的希望的著名散文诗《婴儿》。第一个时期，即浪漫时期，到此结束。在形式方面，出现了从比较自由的诗体向严整的格律的转变。《婴儿》的情绪在以后的诗集中再没有出现。徐志摩是一个情感型的人。他在《落叶》中带着热诚的信念说道："我们不应得拒绝感情，或是压迫感情，那是犯罪的行为，与压住泉眼不让往上冲，或是掐住小孩不让喘气一样的犯罪。"

《婴儿》是充满感情与希望的诗篇。诗中描写了一个平凡的奇迹："一个馨香的婴儿出世"。徐志摩以自然主义的手法详细地描绘了一个青年产妇的痛苦："汗珠沾在她的前额上象一颗颗的黄豆，她的四肢与身体猛烈的抽搐着，畸屈着，奋挺着，纠旋着，仿佛她垫着的席子是用针尖编成的，仿佛她的帐围是用火焰织成的"；"她的眼，一时紧紧的合着，一时巨大的睁着，她那眼，原来象冬夜池潭里反映着的明星，现在吐露着青黄色的凶焰，眼珠象是烧红的炭火，映射出她灵魂最后的奋斗，她的原来朱红色的口唇，现在象是炉底冷灰……"

在最后几段中，作者表达了一种信念，即产妇的痛苦是合理的，会得到报偿的，"因为她知道她的胎宫里孕育着一点比她自己更伟大的生命的种子"，所以，"最锐利，最沉酣的痛感逼成了最锐利最沉酣的快感……"

"一个馨香的婴儿出世"到底意味着什么呢？这莫非许是诗人的想象造成的一种象征？好在徐志摩为了防止臆测，自己回答了这个问题："我们不能不想望这苦痛的现在准备着一个更光荣的将来，我们要盼望一个洁白的肥胖的活泼的婴儿出世！"

的确，徐志摩这首诗是有象征意义的。"苦痛的现在"指的是直奉战争，是《毒药》中所描绘的、诗人在《白旗》中寻找其出路的那种可怕的生活。他现在说的就是人间的创造，是"婴儿"在人间的出世，这证实了我们关于徐志摩向上帝的诉说有"人间"潜台词的想法。除了习惯的上帝、忏悔、祈祷之外，诗人能向受苦受难的人们提出什么良策呢？但他自己知道还有一条道路，一条真理，即象征着中国复兴的馨香的婴儿出世。徐志摩在一篇讲演中解释说："在我那时带有预言性的想象中，我想望着一个伟大的革命。"

对《婴儿》的譬喻性解释是引伸出来的。这首诗引人注目首先是因为它那生动具体的、足以包容次要涵义的形象。

徐志摩赞美那伟大的奇迹——人的诞生，祝愿他能在人间久享幸福。当然，"馨香的婴儿"也是中国母亲、中国人民和中国的儿子，是未来的中国，是象征、信念和理想。

在论徐志摩的创作的文章中，作家茅盾试图分析的也是《婴儿》的寓意，只是有点脱离了作品的具体内容。把《婴儿》同徐志摩其他作品和文章作了比较之后，茅盾写道："在生产的床上受罪的产妇——中华民族，那时正在国际帝国主义和国内封建军阀的双重压迫之下，中国是封建的并且殖民地帝国主义统治下的中国，因而这'产妇'所能诞生的婴孩可以假定它或者是资产阶级的德漠克拉西，或者是工农的民主政权；究竟志摩所谓'婴儿'是指的前者呢，或后者？志摩没有说明。然而我们读了志摩的全部作品就知道他所谓'婴儿'是指英美式的资产阶级的德漠克拉西。"

在结束对徐志摩第一本也是最好的一本诗集的评论时，我们引他一首《为要寻一个明星》，用巴人的话说，这首诗是徐志摩命运的写照，我们还可以补充说，是他的"单纯信仰"，是他对"馨香的婴儿出世"的信念的象征的描绘。

我骑着一匹拐腿的瞎马。
　　向着黑暗里加鞭；——
　　向着黑暗里加鞭，
我骑着一匹拐腿的瞎马！

我冲入这黑绵绵的昏夜，
　　为要寻一颗明星；——
　　为要寻一颗明星，
我冲入这黑茫茫的荒野。

累坏了，累坏了我跨下的牲口，
　　那明星还不出现；——
　　那明星还不出现，
累坏了，累坏了马鞍上的身手。

这回天上透出了水晶似的光明，
　　荒野里倒着一只牲口，
　　黑夜里躺着一具尸首。——
这回天上透出了水晶似的光明！

从二十年代中期到遇难，徐志摩经历了一个消失了昔日的浪漫主义激情和力量的"自剖和云游"时期（诗集《翡冷翠的一夜》、《猛虎集》、《云游》和散文集《自剖》、《秋》）对"单纯信仰"的追求是显然无望可求的情况下进行的，而且为了不久以后改变自己的色彩和形象，对现存制度的揭露也采取了怨艾和哀叹的方式。连"单纯信仰"看来也有些朦胧：《猛虎集》和《云游》中的"单纯信仰"与《志摩的诗》中的已截然不同。

徐志摩主要是个抒情诗人。朱湘写道："走过了哲理诗的枯寂的此巷不通行的荒径，走过了散文诗的逼仄的一条路程很短的小巷，走过了土白诗的陌生的由大街岔进去的胡同，到了最后，走上了情诗的大街。"诗人的几本诗集里主要是无韵或押韵的抒情诗、十四行诗和不长的抒情长诗。随着时光的流逝，形式越雕琢越美，而且成了最终目的；随着岁月的推移，他第一本诗集中那种明快的色调也逐渐消失。

中国批评界对《翡冷翠的一夜》的评价是审慎的，多半是否定的。恐怕只有一个穆木天联系 1925 年的五卅惨案，对此书发表过长篇评论。五卅惨案激起了徐志摩的痛苦和愤怒。作者自己称这个集子为"痛苦的伤疤"。徐志摩把世界看成是一种不可思议的可怕的事物，何况生活本身又为这种看法提供了许多根据。

据报纸报导，前线上把战死者草草掩埋，重伤者也被活埋。这条消息后面显示出生活的可怕真象。在《大帅》一诗中，徐志摩虚构的士兵的谈话表现出对这些骇人听闻的事实的疲惫的认定和对时事的可靠性（如果不是合理性的话）的确信。"大帅有命令，以后打死了的尸体再不用往回挪（叫人看了挫气），就在前边挖一个大坑，拿瘪了的弟兄们往里掷，掷满了给平上土，给它一个大糊涂，也不用给做记认，管他是姓贾姓曾！也好，省得他们家里人见了伤心：娘抱着个烂了的头，弟弟提溜着一只手，新娶的媳妇到手个脓包的腰身！"这种报导对世世代代尊敬祖先、祭祀死者灵位的中国人是多大的侮辱！第二个士兵补充说：大前天我还和老丙喝了一壶大白干，现在这朋友的身体却叫子弹穿了许多窟窿，去你的，老丙。第三个小心地插话："听大帅的话没有错"！（《大帅》）

这首诗里，徐志摩的精神之父哈代的《鼓手霍查》一诗的影响是无可争议的：

没有棺材，穿着旧时衣，

把他掩埋后，人们离去。
只有非洲在他周围，
远处的山岗杳无人迹，
异国的繁星
在他坟上升起。

另一首诗是《人变兽》：乌鸦在柳林中争吵不休，狂怒地撕食血红的人肉，而碧绿豆苗也全是用鲜血浇灌。

逃向何方呢？徐志摩梦想的也正是出逃，因为他号召进行精神革命，正是为了逃避斗争。个人主义者的反叛不可能动摇国家基础，也不可能对现存制度作些须改变。

在《翡冷翠的一夜》中，徐志摩没有回避社会问题。然而，如果说在《志摩的诗》中诗人也揭露，也诅咒，但透过黑暗和痛苦还看到了灿烂的星光，那么现在他的诗发出的却是绝望和宿命的调子。《志摩的诗》中的"超人"变成了"小人物"。悲观情绪笼罩了诗人的心，于是他比以往更顽强地抓住爱这个救命的观念不放。浪漫主义者徐志摩的谨慎的爱化作了情欲，诗人以情欲来解愁（《我来扬子江边买一把莲蓬》）。他的天地是恋人的心。她是他的先生和恩人，因为"没有你我那知道天是高，草是青？"（《翡冷翠的一夜》）他觉得，在严酷的年代，他似乎满怀激情地巍然屹立着，当

暴露在最后审判的威灵中
一切的虚伪与虚荣与虚空：
赤裸裸的灵魂们匍匐在主的跟前；——

我爱，那时间你我再不必张皇，
更不须声诉，辩冤，再不必隐藏，——
　你我的心，象一朵雪白的并蒂莲，
　在爱的青梗上秀挺，欢欣，鲜妍，——
在主的跟前，爱是唯一的荣光。

　　　　　　　　　（《最后的那一天》）

　　他觉得恋人的柔情象蕉衣紧裹着他的心，他的爱象纯钢一样坚强，他们一起造起一座"爱的墙"，就使有一天霹雳震翻了宇宙，他们在墙内也能安然无恙（《造起一座墙》）。同恋人在一起诗人感到力大无穷，他已不是"凡庸"，他是"天神似的英雄"。

　　但诗人的天地是脆弱的，不牢固的。"爱的墙"抵挡不住压迫它的力量。徐志摩的爱情诗是自相矛盾的，描写爱情的伟大和威力的诗篇被证明爱情柔弱无力的其他篇章所抵销。于是便产生了死的念头。他想在死神的领地中拯救爱情。他听到疯鬼"在光阴的道上"紧促的私语："吹糊你的灯，她在坟墓的那一边等，等你去亲吻，等你去亲吻，等你去亲吻！"（《半夜深巷琵琶》）可能徐志摩写这首诗时，案头正放着一卷罗塞蒂的书。照徐志摩的话说，生命是一个"皮囊"，"这小刀子"会指出从中解脱到"天国"去的出路，因为"猪圈"里的生活是不堪忍受的（《决断》）。

　　但他只要活着，就要喝干他杯中的酒。《不断的肯定》的作者托马斯·卡莱尔这样教导他。徐志摩的心在高空里飞翔，象一片云拂过恋人的脸庞（《偶然》）或"沉在海水底下"（《珊瑚》）。诗人在路上作书标记，免得迷失方向。莫非一切都从那一天开始？那天他从车窗里看见一位姑娘，为之神往，但他的身子在原地未动，因为无力离开柔软的沙发。他没有为她下车，而是继续着他生活的旅程（《在火车中一次心软》）。火车，也是他的一个象征。徐志摩以阴暗的欣赏心理，对自己幸灾乐祸地描绘着距他的"单纯信仰"万里之遥的"猪圈"里的情景。他还描写一个引得男子们发狂的微笑的女郎，然后说到她的衰老和她那起了皱纹，但用魔法又恢复了昔日的丰韵的脸，最后总结了她的一生，她的贪婪的、如饥似渴的享受：在城隍庙前阶沿上坐着一个老丑，她胸前提着一串男子们的骷髅。看见这可怕的情景，"神道摇头，魔鬼哆嗦。"我们在徐志摩的浪漫主义中看到越来越多的丑恶可怕的事物，这是生活本身里灾难和残酷的产物。徐志摩把这首诗命名为《运命的逻辑》。也许，他在不合逻辑的逻辑中，在对事态的自然进程的无益的干预中看到了这种逻辑。

　　"女人的罪孽"是《罪与罚》一诗的主题。这罪孽是神秘的、深重的。在一个冰冷的深夜，在冰冷的庙前，一个女人的双手扶地在叩拜，她那冰冷的身体里有一颗冰冷的心。她是谁？是被摈弃的妇人，还是尼僧？不，这是个"美妇人"，可怕的美妇人，她到上帝跟前来祈求宽恕。

罗塞蒂的神秘主义及其死而复生的"神女"是徐志摩诗中的常客。爱的形象变得不可捉摸，诗人飞吻给银河边的星，他的爱的最灵动的明睛（《白须的海老儿》），他往日的爱情活在人的记忆中，象昔日美丽的雷峰，如今坍成了一座大荒冢（《再不见雷峰》）。

悲观的情绪越来越经常地笼罩着诗人。当然，这里不无哈代的影响。徐志摩摹仿哈代写了《一个厌世人的墓铭》：

> 太阳往西边落，
> 　　我跟着他赛跑，
> 看谁先赶下地，
> 　　到地里去躲好。
>
> 那时他赶上我前，
> 　　但胜利还是我的，
> 因为他，还得出现，
> 　　我从此躲在地底。

世界压抑着诗人，正如他所说，这世上容不得恋爱，血在流淌，人在死亡。1925年7月，徐志摩在国外写了一首怨诗《在哀克刹脱教堂前》。他问道："是谁负责这离奇的人生？"但教堂中央的塑像瞅着他发愣，仿佛怪嫌这离奇的疑问；那冷郁郁的大星嘲讽似的眨着独眼；那看厌了这半悲惨的人生趣剧的老树，伸出粗劲的树枝荫蔽着战迹碑下的无辜（其中许多人它看见时还是黄口乳儿），只是撒下斑斑的落叶，发一阵叹息。

徐志摩沉思体抒情诗的代表作《在哀克刹脱教堂前》对导致诗人精神崩溃的整个"自剖与云游"时期来说，都是有典型意义的。

在《猛虎集》和《云游》中，爱情诗（有时是佳作），技巧高超的写景小品，献给哈代和摹仿他的诗，对诗人说过的话都无可补充。但在这两本书里，徐志摩从没有如此充分、如此明确地表达了他的政治理想和审美理想（"单纯信仰"在继续变形）。

《猛虎集》里爱在破灭。爱没有使人超脱于日常生活之上，而是杀死他、侮辱他。爱是"鼠与虫"，因为恋人看见他就是这个样子。诗人明白，无论什么妄想和祈求都无法使他和恋人接近。"你再不能叫死的复活"（《枉然》）。宇宙穿上了孝服，时钟每次到点的打动，在他听来都是他自己心灵被活埋的丧钟（《我等候你》）。生活象"阴沉、黑暗，毒蛇似的蜿蜒的甬路"，"不见一线的天光"（《生活》）。灯象梦一般暗淡。烟雾迷里着树。怪得人错走了路（《深夜》）。"春花早变了泥"（《季候》），"热情已变死灰"（《活该》）。风雨报告残春的命运，"你那生命的瓶子里的鲜花也变了样：艳丽的尸体，谁给收敛？"（《残春》）

于精神惶惶之中，徐志摩企图把他对于在生活中未追求到的"单纯信仰"的"残破的思潮"诉诸"枯秃的笔尖"。他在疲惫和愁苦中写道："因为残破，残破是我的思想。"（《残破》）他睁开迷朦的双眼环顾四周，一切都引起他病态的同情。他可怜雪地里挣扎的小草花，可怜路边冥盲中无告的孤寡，可怜烧死在沙漠里想归去的雏燕，于是他发出了"永恒的逍遥"和"无穷的苦厄"的哀叹（《拜献》）。诗人去寻找上帝，却找不到，不论是在飘渺的云天还是在蛇龙们的老巢；只是在道边一个活泼，秀丽，衣衫褴褛的小孩的眼里，他看到了苍天的主宰（《他眼里有你》）。宗教神秘的神魂颠倒攫住了徐志摩。在与不可思议的不祥势力的斗争中，他感到自我的渺小可怜（《渺小》）。超人的"不断的肯定"在覆灭。诗人不再需要"阔的海空的天"，他需要"一条缝"，以便钻进去永远沉默（《阔的海》）。

诗人不幸遇难后，悼念和评论的文章把徐志摩比作他赞颂的没有唱完歌的黄鹂。陈梦家写道，黄鹂是徐志摩一生的写照。这位批评家说得不确切。照巴人的话说，《为要寻一个明星》也是诗人运命的写照。但它象征着徐志摩第一个时期的诗，而《黄鹂》则是他一生的不能令人慰藉的总结。

徐志摩忏悔着来到一个阵营，这里仇恨是首席法官。他终于"看清了"他狂热地崇拜的"个人主义"、"个性自由"、"感情自由"、"精神革命"的不共戴天的敌人。《秋虫》、《西窗》、《我不知道风是在那一个方向吹》等诗表达的就是徐志摩后期的哲学思想。

在《秋虫》一诗中，他看到的世界是这个样子：

"这青草，这白露，也是呆：再也没有用，这些诗材！黄金才是人们的新宠，她占了白天，又霸住梦！"

诗人"单纯信仰"的成份之一的美在死去。

"爱情，象白天里的星星，她早就回避，早没了影。黑天里它们也不得回来，半空里永远有乌云盖。"

爱在逝去，而没有它，诗人的"单纯信仰"也就失去了灵魂，正如巴人明显夸张说的，性爱成了徐志摩唯一的灵感泉源。

"还有廉耻也告了长假，他躲在沙漠里住家。"

精采的自由。廉耻没有消失，显然还活在徐志摩及其朋友的心里。那么诗人要逃避谁呢？是什么逼得使他要在宇宙中找一条缝钻进去呢？

> 花尽着开，可结不成果，
> 思想被主义奸污得苦！

这首诗以下面几行结束：

"过天太阳羞得遮了脸，月亮残阙了再不肯圆，到那天人道真灭了种，我再来打——打革命的钟！"

徐志摩始终"是一个生命的信徒。"他以"不断的肯定"为座右铭，向他憎恶的一切挑战。"不断的肯定"、强烈的个人主义、浪漫的怀乡病是这位"朝山客"思想的中心。徐志摩在生活和创作中积极树立他的"单纯信仰"，认为这是诗歌的主要泉源。

我们认为，穆木天对诗人的理想主义同现实生活的唯物主义发生的冲突，作了很好的说明。他说徐志摩一生没有成就什么事业（不是指诗歌而言），虽然他也认为自己是一个积极好动的人。诗人写道："人类最大的使命，是制造翅膀；最大的成功是飞！思想的极度，想象的止境，从人到神！诗是翅膀上出世的；哲理是在空中盘旋的。飞：超脱一切，笼盖一切，扫荡一切，吞吐一切。"（《想飞》）尼采说过："受苦的人没有悲观的权利。"这句话在徐志摩身上是有很大反抗作用的。

1922 年，当他从剑桥回国后，"五四"运动已趋于低潮，中国依然是半殖民地。这里没有剑桥，没有英国那样的贵族社会，有的只是饥饿屈辱的中国。这种环境是诗人目不忍睹，不能安居的。徐志摩理想主义的浪漫主义撞在中国现实生活的唯物主义上。道德、政治、宗教、文学、艺术，这一切在诗人看来都破了产，现实生活和他的理想之间隔着一条鸿沟，但诗人对宇宙的"精神实质"，对"不断的肯定"的信仰使他变得坚强，使他站稳了脚跟。"单纯信仰"给了他勇气。徐志摩崇拜拜伦、耶稣、托尔斯泰、歌德、米开兰其罗。他崇拜他们，是因为他们的原则是不可动摇的，他们的思想是单纯的："宗教家为善的原则牺牲，科学家为真的原则牺牲，艺术家为美的原则牺牲。"（《海滩上种花》）"理想中的革命"使诗人热烈赞美法国和俄国革命。但徐志摩的革命热情仅限于争"灵魂的自由"，争理性的自由。他这个资产阶级个人主义者宣称他"只知道个人，只认得清个人，只信得过个人"。爱和平是他的天性，所以他对罗曼·罗兰表示出深挚的共鸣，认为他的英雄主义是最高的理想，认为这位著名作家是勇敢的人道战士，象托尔斯泰、陀思妥耶夫斯基、泰戈尔、甘地一样的立脚于高高的山岭上，俯瞰着人间社会。他自命为罗曼·罗兰的共同理想者。

穆木天论述了徐志摩世界观中不可思议的混乱和折衷主义，说到他崇拜哈密尔顿、尼采、托尔斯泰、甘地、拜伦、耶稣、罗兰和哈代。诗人的任凭资产阶级个人主义自由发展的"精神革命"的主要思想，冲破了各种各样的哲学体系和政治学说。"精神实质"（梁实秋"人性"的同义语）似乎能改造人，使他免于毁灭。徐志摩赞美俄国革命，认为那是"理想中的革命"，但革命中的牺牲，"集体主义思想"，"重视生活的经济方面。使他反感，于是他转而歇斯底里地大叫革命的"无情"和"残酷"。徐志摩说他爱和平，并称颂罗曼·罗兰，但他不明白这位伟大的人道主义者并不是他的真正的盟友和"同理想者"，因为罗曼·罗兰不单单反对流血，而且还揭露对人民的欺骗，谴责帝国主义大战，并且证明仇视人类的宣传旨在反对整个进步人类。而徐志摩呢？他主张的只不过是抽象的人道主义，发出的只是一个为自己争精神自由的孤独的个人主义者的哀号……

在《秋虫》一诗中，徐志摩反对共产党的政治纲领和实践活动，对各种"主义"怕得要死。在《西窗》中，诗人攻击年轻的普罗文学和革命文学。他恶毒地讽嘲"向农商部呈请创造专利的""文学先生们"，徐志摩解释说"他们借用普罗列塔利亚的瓢匙在彼此请呀请的舀着喝""青年的血"。张天翼在《鬼土日记》中已经嘲笑过当时流行的关于共产党人的兽行及他们喜欢吸血的职业的荒诞谣言。徐志摩却抓住了这些无稽之谈，并写到了《西窗》里。他写道："我那时的思想简直是毒的。"这真是实话。

现在我们来看看《我不知道风是在那一个方向吹》。这首诗徐志摩很喜欢念，也是研究徐志摩或新诗的人认为必须评论的一首：

> 我不知道风
> 是在那一个方向吹——
> 我是在梦中，
> 在梦的清波里依洄。
>
> 我不知道风
> 是在那一个方向吹——
> 我是在梦中，
> 她的温存，我的迷醉。
>
> 我不知道风
> 是在那一个方向吹——
> 我是在梦中，
> 甜美是梦里的光辉。
>
> 我不知道风
> 是在那个方向吹——
> 我是在梦中，
> 她的负心，我的伤悲。
>
> 我不知道风

是在那一个方向吹——
我是在梦中,
在梦的悲哀里心醉!

我不知道风
是在那一个方向吹——
我是在梦中,
黯淡是梦里的光辉。

刘绶松认为,诗中有对《新月的态度》一文的暗示,文中的思想是这首诗最可信、可靠的注脚。我们以为,关于此诗与此文有直接关系的说法是不正确的。

茅盾对这首诗的看法不同,他认为它的形式是完美的,事实也的确如此。

茅盾认为,首章的末句"在梦的轻波里依洄"差不多就包括了说明了这首诗的全体。这是"社会内某一部人的生活和意识在文艺上的反映",是他们的"不安和感伤"的反映。正如我们看到的,茅盾的意思和刘绶松对新月派的总的倾向的论述并不矛盾。但茅盾只字未提这首诗和新月社宣言的关系,他只是说:"不是徐志摩,做不出这首诗!"

这首象征诗、诅咒诗成功地表达了徐志摩在他的"单纯信仰"破灭时期——确切些说是这种信仰变形时期——的心情。诗人采用了情诗的形式绝非偶然,这首诗就其情绪和内容来说也确是一首情诗。"理想的爱情"的破灭是徐志摩全部观念破灭的基础。以上引用的茅盾的话也应该如此理解。除了徐志摩,的确谁也写不出这首象征爱情悲剧的诗。

中国研究者在对《猛虎集》作总的评价时,指出了徐志摩诗歌艺术技巧的圆熟和内容的贫乏空虚。

赵瑞蕻称《猛虎集》为"纸老虎"。这话是否正确?诗集内容是否符合威廉·布莱克《老虎》一诗的思想(徐志摩曾把此诗译为中文并以其诗题为他的诗集命名?)

415

老虎！老虎！你金色辉煌，

火似地照亮黑夜的林莽，

什么样超凡的手和眼睛，

能塑造你这可怕的匀称？

徐志摩的《猛虎集》既不凶猛也不威武。它虚弱、无力、衰颓。但它不是纸老虎。它是一只有血有肉的虎，是一只垂死的虎。

诗人死后出版的、以集中一首诗的题目命名的《云游》（友人们为悼念诗人的早逝而出的主意）对徐志摩的创作评价无可补充。集中收录的十三首诗（《云游》、《你去》、《在病中》、《别拧我疼》等）都是绝望的，极为晦暗的。集中有几首优美的抒情诗，如《雁儿们》，但决定诗集总的格调的不是这几首诗。在《爱的灵感——奉适之》一诗里，徐志摩写道："我只等待死，等待黑暗"，"我认识了季候……地土……星月……爬虫，飞鸟，河边的小草……我要睡……"

（译自苏联科学出版社 1972 年出版的《中国新诗（20～30 年代）》第一编第六章"浪漫主义者"和第二编第三章"新月派"，原题为《我想开放我的宽阔的粗暴的嗓音……》和《徐志摩"单纯信仰"的破灭》）

徐志摩:伊卡洛斯的狂喜❶

——《中国现代作家的浪漫一代》第八章

〔美〕李欧梵(Leo Ou—fan Lee)著

虞建华　邵华强　译

　　一九二二年回国以后,徐志摩在清华大学发表了最初的一些讲座。遗憾的是,在他的《艺术和人生》❷的演讲中,他的一些重要观点逃过了青年听众的耳朵,因为徐志摩带着牛津学者卖弄学问的姿态朗读了他的英语讲稿,炫耀他学来的英国气度。在这个讲演里,徐志摩事实上根据他从西方学得的东西,指责了整个中国传统。

　　他提出了一个大胆的论题:"因为我们没有生活,所以我们没有艺术。"他对这个论题的发挥也同样的大胆:

　　　　"我们中国人虽然是一个有善德有品行的种族,但是我们却没有完全表达我们自己,而希腊人、罗马人通过艺术表达了他们,这种艺术就是对生活的意识……

　　　　中国人没有认识他的灵魂,否认了他的理智。他的生力,部分地通过镇压,部分地通过升华,被一种现行的高明手法引进了'安全'和实用的渠道。他开始变成一种生物(当然还是人),既

---

　　❶ 译者注:伊卡洛斯是希腊神话中的建筑师和雕刻家代达罗斯之子,逃亡时飞近太阳,装在身上的蜡翼融化,堕海而死。

　　❷ 原文为英文《Art and Life》,刊于 1923 年 5 月 1 日《创造》季刊第二卷第一期。

不懂宗教和爱，也确实不会进行精神的探险。……我们对待生活冷静的态度，有节制的爱，合情合理的妥协和谦让等等，都被我们真诚的朋友如狄更生、罗素等赞慕。我们是值得被称赞的，但在接受这种称赞的同时，比如说我，不禁感到在这背后辛辣的讽刺。因为对待生活的冷静态度，除了是把神圣感情的火焰闷得几乎熄灭外还能是什么呢？这显然是对生活的否定。所谓生活的节制，除了是作为思想和行为的胆怯，人生活动的浅薄和贫乏的推脱借口外，还能是什么呢？受人奉承的理性主义和谦让精神，只是产生了一种普遍的懒惰习性，产生了我们称作中华民国政府的荒唐怪物！

据徐志摩看来，这个文化传统的失败，使得人的生活和艺术想象变得愚钝，"生活的贫困必然招致艺术的贫困。"随后，他抬出了西方文学大师来指责这贫乏的传统：

我们的诗人中，大概除了李白之外，没人可以被说成是世界性的人物，这难道不说明什么吗？在我们文学英豪的名册里，我们找不到有一点儿接近歌德，雪莱，华滋华斯的人物，更不用说但丁和莎士比亚了。在其它艺术方面，有谁能与众多的天才相伦比，如米盖朗琪罗，达·芬奇，特纳，伽里略，瓦格纳，贝多芬等等……我们拥有的艺术遗产，由于不能在总的方面懂得生活，而比西方低等。

徐志摩最后激励中国青年："因此，要丰富、扩大、增加、激化你们的生活，最主要的要赋予它精神上的意义，艺术就会随之而来了。"

生活和爱情的动力

徐志摩对中国传统的激烈抨击以及对西方的过度崇拜，可以被看作是五四运动对传统观念迅猛冲击的典型产物。但是他既然没有投身于这场运动，他的这些看法更可能产生于欧洲学习时自己的观察。他对中国文化中的冷漠、情理和节制感到不耐烦，这点也使人联想起林纾对"中庸"庸俗概念的批判。然而，林纾是站在远距离钦佩更有活力的西方的，这个距离把西方传统与他自己的孔教背景隔开了。徐志摩更进了一大步，他直接同他认为的西方精华拥抱。他承担起了实施和证明他自己信条的任务。从这个角度上，他的生活，不管是公开的还是私下的，都变得非常有意义了。不象苏曼殊和郁达夫那样，徐志摩没有以一个遭受灾祸打击而消极的角色出现，他积极地把自己看作来行使天职的人。

早在一九一八年他写给亲戚朋友的长信（即《启行赴美文分致亲友》——译者）中，这种使命感已经表现出来。他每天的生活安排计划更清楚地示意了一个年青人为他的目标作准备的决心。问题是这些目标他还没有清楚的定义，还停留在爱国主义的模糊地平线上。换句话说，徐志摩与他这代人流行的民族意识产生共鸣。只是在剑桥的那几年，他才渐渐地形成了自己的性情和才能。他先前用来给自己使命下定义的民族主义骨架，渐渐地让位于一个更加个人主义核心；他要作为一个活的象征投身于中国社会，他象征的是他从西学来并赞慕的美德和品质。因此，与郁达夫不同，徐志摩本人正是他描述给别人的形象，不存在他本人和他想象中的自己、他公开生活和私人生活的两个不同物。只是在他一生的最后几年，他的理想主义被绝望的阴郁情绪所摧毁，形象和现实才分了家。

因此我们可以把徐志摩的生活和艺术看作是一个新的个性和一个新的人生哲学的代表和深化，这种人生哲学将取代被他归咎为属于中国文化传统的那些思想和行为习惯。因而，徐志摩从来也不是冷漠的，节制的，也不对他的原则妥协谦让——甚至宁愿担激怒他导师梁启超的风险。他以天真但又热烈的持续感情先是追求林徽音，后又追求陆小曼，因为她们不仅仅是他生活中的两个人。在他生活的那些阶段，她们是他生活的不可分缺部分，是他的原则的典范。他写给陆小曼的情书读起来更象他的自我评判，而不象为赢得她而献上的甜言蜜语。徐志摩发表了他的书信和日记，实际上是想把所有的读者争取到他的哲学这边来。

徐志摩哲学的理论方面，在他的一篇题为《话》的散文里得到了最好的总结。徐志摩承认两个"伟大的先生"：生活和自然。从自然千变万化的现象和运动中——日出，夏夜的星空，海浪，山峰上的白云，甚至春风丽日下的微不足道的野花——人们可以悟出这样的道理来："真伟大的消息都蕴伏在万事万物的本体里。"由此类推，人的生命只是人的个性的表现。徐志摩承认环境对人的影响，但他仍然认为："心灵支配环境的可能性，至少也与环境支配生活的可能性相等"。因而，"不能在我生命里实现人之所以为人，我对不起自己，在为人的生活里不能实现我之所以为我，我对不起生命"。为此，徐志摩仿效严复的忠告是：最充分地认识人的潜力。人生的意义在于发展人的个性。但是人的癖性，外部的生活方法并不能达到他的真正个性，个性需要内部的发挥。是这种内在生命力给人提供了不同于"机械生存"的"有意识的生活。"对徐志摩来说，这种内在生命力的精髓就是爱。他自己的生活和个性就是爱的完美的化身。

胡适曾把徐志摩的世界观描述为包含"'一种单纯信仰'，这个信仰只有三个大字：一个是爱，一个是自由，一个是美。他梦想这三个理想的条件能够合在一个人生里。这是他的'单纯信仰'。他的一生的历史，只是他追求这个单纯信仰实现的历史。"❶梁实秋不把徐志摩的"单纯信念"解释为三个分开的理想，而是已经熔化了这三方面的一个中心理想："志摩的单纯理想，用其它话来说就是浪漫的爱"，这个理想"在追求一个美丽的女子"中得以实现。徐志摩本人也有过许多自我表白——爱是他个性的标志，爱是他精神世界占统治地位的主题："恋爱是生命的中心和精华，恋爱的成功是生命的成功；恋爱的失败，是生命的失败，这是不容疑义的。"❷无疑，他的一生是与对爱的渴求联系在一起的，他把爱作为人的目标，生活的原则以及包罗万象的理想典型。徐志摩把对爱的追求作为人的目标，生活的原则，这点已在他对陆小曼的追求中表现了出来。我们可以从他的诗歌中找到他对爱作为一种概念，一种理想的探索。

在徐志摩的诗歌里，爱情常常和死亡联系在一起，死是爱情的最

---

❶ 胡适《追悼志摩》，见《新月》4卷第1期。

❷ 见《徐志摩全集》第3卷。

终完成。这个主题在他著名的诗《翡冷翠的一夜》中，得到了有力的说明：

> ……爱，我气喘不过来了
> 别亲我了，我受不住这烈火似的活，
> 这阵子我的灵魂就象火砖上的
> 热铁，在爱的锤子下，砸，砸，火花
> 四散的飞洒……我晕了，抱着我，
> 爱，就让我在这儿清静的园内，
> 闭着眼，死在你的胸前，多美！
> ……
> 我就微笑的再跟着清风走，
> 随他领着我，天堂，地狱，哪儿都成，
> 反正丢了这可厌的人生，实现这死
> 在爱里，这爱中的死，不强如
> 五百次的投生？……

　　这首诗是以一个坠落情网的女子表白自叙的形式写成的。在《爱的灵感》中，我们还能看到另一个爱魔缠身的姑娘更长的自叙。这篇诗是徐志摩最后几篇之一，也是最长的一篇，从许多方面来看，这篇诗是徐志摩爱的宗旨的总结。

　　这篇长诗以回忆的方法，讲叙了一个生动的故事。女主人公临死前，躺在床上拉住她情人的手，开始自述：初次碰面，她一见钟情。然而她感到她的情人遥遥莫及，因此她把她的爱隐藏在心底。她离开了家，到灾区农村做救济工作，在那儿，通过想象中对自然的了解，最后达到安宁和成熟。三年艰辛之后，她得了热病，她的哥哥把她带回了家。她的身体在一定程度上有了恢复，但仍然很虚弱，抵挡不住家庭的压力。她屈从了一个旧式的婚姻，生了一个孩子，后来孩子死了。她仍然在心底里埋藏着伟大的爱，但是最后，在一阵昏迷胡话中，她无意泄露了这个秘密。那个她爱了这么些年的男人被叫到面前，他拉着她的手，而她作了最后的坦白。她自我表白后，这首诗以这样几行结束；

> 现在我
> 真真可以死了，我要你
> 这样抱着我直到我去，
> 直到我的眼再不睁开，
> 直到我飞，飞，飞去太空，
> 散成沙，散成光，散成风，
> 啊苦痛，但苦痛是短的，
> 是暂时的，快乐是长的，
> 爱是不死的：
>
> > 我，我要睡。

　　故事的诗行带着《茶花女》的轻微的共鸣，正如西里尔·伯奇所提到的，诗中对永存的预示，带着很强烈的布莱克和泰戈尔的风味。如前面引用过的《翡冷翠的一夜》这首诗中爱情和死亡的联系，似乎象要重弹"爱情就是死亡"这一散漫老调。在他的诗里也还能找到济慈的影响。正如伯奇指出："把死亡当作超越，这个概念仍然存在。但从'厌倦，疾病的烦恼'中进入死亡的方法，对徐志摩临死的姑娘来说，并不是夜莺歌声中的极乐，而是对永恒的理解和切望，爱情使他看到了这个永恒。"从徐志摩所有的作品来看，这个先验的主题只是一个次要部分。我认为，徐志摩爱的概念以及爱与死亡、自由的关系恰恰是充满着"在夜莺歌声中的极乐"。当诗中的姑娘想象着爱的力量，诗的比喻产生在对奔放、狂爱的积极断言中：

> 我只企望着更绵延的
> 时间来收容我的呼吸，
> 灿烂的星做我的眼睛，
> 我的发丝，那般的晶莹，
> 是纷披在天外的云霞，
> 搏大的风在我的腋下

胸前眉宇间盘旋，波涛
冲洗我的胫踝，每一个
激荡涌出光艳的神明！
再有电火做我的思想，
天边掣起蛇龙的交舞，
雷震我的声音，蓦地里
叫醒了春，叫醒了生命。

这些壮观的自然界的比喻，把爱的力量和自然的力量混成一体。
这个痴情姑娘想象中这一幻景的最终来源，也如伯奇指出的那样，
是中国神话中原始的男性形象：盘古。盘古开天地，把自身变成自
然力，是中国少数原动力神话故事之一。不管在想象出这些形象比
喻时徐志摩脑子里有没有盘古，他诗中对爱的动力的回响无疑是占
统治地位的。这样，就连他那些显然是逃避现实的，形而上学的爱
情诗，也好象浸注着积极的意义。爱是一个最高的诚实之举和对抗
行为——剥去自己文明的虚伪，抛弃虚假社会的一切戒律，狂喜地
与自然溶和在一起。爱的终结，可能不可避免地要导致死亡，但也
带来最终的自由。

披散你的满头发，
赤露你的一双脚；
　跟着我来，我的恋爱，
抛弃这世界
殉我们的恋爱！

我拉着你的手，
爱，你跟着我走；
　听凭荆棘把我的脚心刺透，
　听凭冰雹劈破我们的头，
你跟着我走，
我拉着你的手，

逃出了牢笼，恢复我们的自由！

跟着我来，
我的恋爱！
人间已经掉落在我们的后背——
看呀，这不是白茫茫的大海？
白茫茫的大海，
白茫茫的大海，
天边的自由，我与你恋爱！❶

　　总而言之，徐志摩把爱最终看成动力，就象他把自然最终看成是动力一样。爱情，象自然一样，是取之不尽的精力的源泉。"我是幸福的，因为我爱，因为我有爱。多伟大，多充实的一个字！提着它胸胁间就透着热，放着光，滋生着力量。"❷

　　从感情的主题角度来看，徐志摩确实起了很大作用。他不仅坚持赞颂感情（"我是个信仰感情的人；也许我天生就是个感情的人……感情，真正的感情，是难得的，是宝贵的，是应当共有的；我们不该拒绝感情，或是压迫感情，那是犯罪的行为"❸），而且把爱提高到是感情的核心表现和最高总结。郁达夫也声称爱是生活的核心，但徐志摩有过之而无不及，让爱充满了动力的壮观。我们说林纾证明了爱，苏曼殊在爱中漂流，郁达夫创造了他的爱的想象，而徐志摩体现了爱本身。

　　感情的旅行也同样是一个不断西方化的旅行。林纾，苏曼殊，甚至郁达夫都主要是通过书本接近西方的。徐志摩去过美国和欧洲，是从书本和亲身经历两方面学习的。他的个性和人生观，很少包括能清楚地划定是来自中国传统的成份。他的使命感从他去西方的路上开始滋长，他承担了以自己的生活和作品来宣传教育的义务，而宣传的旨

---

❶ 徐志摩《这是一个懦怯的世界》，见《徐志摩全集》第 2 卷。

❷ 徐志摩《死城》，见《轮盘小说集》。

❸ 徐志摩《落叶》，见《落叶》集。

要也大部分来自西方。

英雄和英雄崇拜

徐志摩虽是一个面向西方的诗人，但不能说他追随了西方他同代的卓越人物：艾略特，叶茨或奥登，这些人创导了被称作是"现代派"的诗歌。他与当时的俄国诗人也毫无关系。他的思想没有革命到使他能成为中国的马雅可夫斯基；他对诗体的探索上也远不及格式主义者那样复杂。在司各特·菲茨杰拉德的身上能找到与徐志摩同类的精神，但是相同点主要存在于他们的个性上，而不是文学手法上。莱昂内尔·特里林对菲茨杰拉德和歌德所作的对比，在总的方面也适用于徐志摩。他说他们是"如此潇洒……立刻便赢得了名扬四方的成功……对生活比对艺术更感兴趣，两人都是他们各自动荡一代的发言人和象征。"此外，菲茨杰拉德和徐志摩都有过相似的求爱经历。

但是比较在这里结束。在内容上，徐志摩是个截然不同的作家。为徐志摩提供诗的想象和影响他理智倾向的，并不是美国，而是欧洲，并不是战后幻想破灭的欧洲，而是沸腾向上的十九世纪的欧洲。他的性情和个人境遇，而不是他在理智上和学术上对欧洲文学的掌握，才是原因。

根据他自己的表白，他接触西方文学，偶然和意外得可笑："是一天路上碰着大雨到一家旧书铺去躲避无意中发现的，哥德（Goethe）〈即歌德——译者〉——说来更怪了——是司蒂文孙（R.L.S）介绍给我的，（在他的 Artfor Writing〈即'创作的艺术'——译者〉里他称赞 George Henry Le—wes 的《哥德评传》）；柏拉图是一次在浴室里忽然想着要去拜访他的。雪莱是为他离婚才去请教他的，杜思退也夫斯基，（即陀斯妥也夫斯基——译者）托尔斯泰，丹农雪乌（即邓南遮——译者）波特莱耳，卢骚（即卢梭——译者）这一班人也各有各的来法，反正都不是由正宗的介绍；都是邂逅，不是约会。"❶一旦他了

---

❶ 徐志摩《济慈的夜莺歌》，见《徐志摩全集》第3卷。

解了这些西方大师，他崇拜那些能与他性情吻合的作家。他喜欢济慈
因为《夜莺歌》中低沉颤抖的调子产生一种使他联想起贝多芬田园交
响乐的感觉。(他根据发音，把交响乐译成甜美的"沁芳南"三字，
意思是"沁郁芳香的南方。")拜伦是他最喜欢的英雄之一。他对拜伦
的崇拜与苏曼殊相似；他把拜伦看作是具有急剧性情和超人勇敢的
人。……他踏脚在浪花的尖顶，在阳光中呈露他的无瑕的肌肤，他的
骄傲，他的力量，他的壮丽，是天上瑳奕司与玖必德(即希腊神话中
的宙斯和朱庇特)的忧愁。""他是一个美丽的恶魔，一个光荣的叛
儿。"❶徐志摩在他关于拜伦的长篇文章里，事实上把这位英国诗人描
绘成了超人的希腊上帝，却全然不提他诗歌方面的成就。对徐志摩和
苏曼殊有吸引力的拜伦形象，是一个在短暂的一生中创造了人类历史
的英雄。

徐志摩第一次阅读邓南遮的《死城》时，在日记里写下了他的感想：

> "这是一个无可比拟的巨构，……是生的诗篇与死的圣颂融会
> 交流而成的协奏曲的……生与死，胜利与败亡，荣耀与沉沦，阳
> 光与黑夜，帝国与虚无，乐与哀，在无底深渊中的绝对真理和绝
> 对真美。奋耀啊，勇敢的追求者。"

徐志摩以夸张的渲染，对这位颓废派，色情派的意大利作者作出
反响，这与他对拜伦这样一个更早期的浪漫诗人作出的反映没有什么
区别。

这种动力的基调，把徐志摩的英雄崇拜与郁达夫温和、阴郁的颓
废远远分开，这种颓废在郁达夫对欧内斯特·道森的看法中表现出来。
徐志摩对邓南遮极度奉承，而郁达夫对道森只作悲哀，自我怜悯的乞
灵，这一对比显示了徐、郁两人对这两个作家的两种不同观点，而这
两个作家在西方一般被认为同属于颓废的新浪漫主义这一阵营。此外，
这两个作家都是通过同一途径——亚瑟·西蒙斯的翻译本——同这两
个各持己见的中国文人见面的。

---

❶ 徐志摩《拜伦》，见《徐志摩全集》第3卷。

很明显，徐志摩是印象主义地接受他的西方英雄的，他只从他的英雄身上寻找自己性情的相同点。这是一种缺少理智深度的感情上的反映，在苏曼殊和郁达夫以及许多他们的同代作家身上！也可以找到同样的反映。站在这个"感情"行列中的英雄还有尼采，歌德，托尔斯泰，陀斯妥也夫斯基，泰戈尔，甘地和罗兰。"这是罗兰，勇敢的人道的战士！……他想象到人类更完美的精神的统一，友爱与同情，……他永远不怀疑他的理想是最后的胜利的。在他的前面有托尔斯泰与道施滔奄夫斯基（虽则思想的形式不同），他的同时有泰戈尔与甘地（他们的思想形式也不同）；他们的立场是在高山的顶上，他们的视线在时间上是历史的全部，在空间是人类的全体，他们的声音是天空里的雷霆，他们的赠与是精神的安慰。"❶

徐志摩从没否认过他英雄崇拜的嗜好。他曾写道："山，我们喜欢高山，""人，为什么我们不愿接近伟大的人呢？"❷因此，他特别崇拜他曾亲自拜会过的两个伟大作家：凯瑟琳·曼斯菲尔德和托马斯·哈代。

徐志摩是一九二二年六月的一天，也就是曼斯菲尔德死前六个月，去拜访她和她丈夫约翰·米德尔顿·默里的。从徐志摩自己对这次访问的叙述中，我们只知道默里把他当客人接待，还好心地让徐志摩同他生病的妻子谈了二十分钟话。他们对徐志摩的好客，只不过反映了这对受过高等教育的夫妇的礼貌和友好态度。曼斯菲尔德只是泛泛地谈了文学，没有讲到特别的东西。但是这次会面被徐志摩骄傲地记叙下来，成了他生活的里程碑。"我见过曼殊斐儿（旧译，即曼斯菲尔德——译者），比方说只不过二十分钟模样的谈话"，"但那二十分钟是不死的时间。"曼斯菲尔德小姐的形象，变成了美的真正化身："我看了曼殊斐儿象印度最纯澈的碧玉似的容貌，受着充满了灵魂的电流的凝视，感着她最和软的春风似的神态，听得的总量我只能称之为一整个的美感。她仿佛是一个透明体，你只感讶她粹极的灵彻性，却看不出一些杂质。"❸曼斯菲尔德小姐受肺结核影响的嗓音，在徐志摩听来，

❶ 徐志摩《罗曼·罗兰》，见《徐志摩全集》第3卷。
❷ 徐志摩《哈代》，见《徐志摩全集》第6卷。
❸ 徐志摩《曼殊斐儿》。

象是"奇迹"。她最后送他到门口，她锐利的目光和"音乐般的声音象暴风骤雨，淹没了我的灵魂。在那时，即使我有自我意识，也只能象济慈听到夜莺时那样：

> 我的心发痛，昏然欲睡的麻木创伤了
> 我的感觉，象是我喝了药酒，
> ……
> 这不是因为对你幸福命运的忌妒，
> 而是在你的幸福中我感到极度的欢乐。❶

徐志摩崇拜一个西方作家，就象他崇拜自然和爱一样，充满着同样的强烈陶醉感。他沸腾的感情毫无例外地在他脑子里最后形成了三步曲：美——善——真。他如痴如狂的热情盖没了他"理智"的一方面。假如徐志摩在"不死的二十分钟"里表达了他内心激情的一点儿，真不知这位病疾缠身的温和的曼斯菲尔德小姐怎样来经受他那排山倒海般的敬仰。

徐志摩对托马斯·哈代的印象也同样充满着他着了迷的英雄主义和英雄崇拜的概念。一九二五年他第二次去欧洲，得到了狄更生的一封介绍信。六月份，他拜访了哈代。这位老人对待他的态度少说也是冷淡的。他漫不经心地讨论了几分钟诗以后，把我们的青年诗人领到花园，摘了一朵花给他作纪念，就同他再见了！当哈代在一九二八年逝世时，徐志摩写了长篇的悼念文章，对他高度赞颂，同时他带着感激和崇敬的心情，回顾了那次会面。他不得不附和哈代悲观主义的人生观，这点肯定使他很难受；他当然不是不知道这点，但他把哈代的人生观看作是积极的东西，看作是明察秋毫又有主见的预言家的明智告诫。他为纪念哈代写的诗中有这样几行：

> 为维护这思想的尊严，
> 诗人不敢怠慢，

---

❶ 徐志摩《曼殊斐儿》。

> 高擎着理想，睁大着眼，
> 挑剔人生的错误。

为了更进一步强调哈代思想的尊严，徐志摩写道："哈代但求保存他的思想，保存灵魂永有的特权。——保存他的 Obstinate questioings（倔强的疑问）.的特权。"值得注意的是他把哈代的名言"倔强的疑问"用英文摘下。这说明了徐志摩对哈代悲观的辩护首先是基于哈代本人在他《辩解》一文中所作的辩护："如今对本作者的作品所提出的'悲观主义'，事实上只是对现实探索上的倔强的疑问……这是修缮心灵，也是修缮人体的第一步。"其次，也说明了徐志摩可能没读过多少哈代的小说，这些小说里充满了一种"显而易见的人类无能为力"的感觉。也就是说，他的敬慕几乎完全产生于哈代的诗歌。哈代诗歌中内在的朴实和"明显的真挚语气"，激发了徐志摩哈代诗中的另一段：

> 他可不是没有他的爱——
> 他爱真诚，爱慈悲：
> 人生就说一场梦幻，
> 也不能没有安慰。

毫无疑问，哈代的"这种深沉、动人并易于接近的人性"把徐志摩同他的尊师结合在一起。但是徐志摩看来没领会到哈代诗歌的中心思想，这个中心思想显然是同徐志摩的性情背道而驰的。一位主要的哈代评论家指出，整个地说来，他的诗歌表达了"生活是一系列小而普通的失败这种感觉，以及信仰丧失、'希望破灭'的诚实宣言。"令人吃惊的是，徐志摩挑选了这个深受创痛，愤世嫉俗的人，把他放在从卢梭开始的理智传统行列的末尾："他的（卢梭的）言行里现代'自我解放'与'自我意识'实现了它们正式的诞生。在《忏悔录》到法国革命，从法国革命到浪漫运动，从浪漫运动到尼采（与道施滔奄夫斯基），从尼采到哈代——在这一百七十年间我们看到了人类冲动性的情感，脱离了理性的挟制，火焰似的进窜着，在这火焰里激射出种种

的运动与主义。"❶

徐志摩事实上是以对欧洲浪漫主义总的眼光来描绘从卢梭到哈代的这段传统的。卢梭的《忏悔录》提供了一个"对独特个性表现的长篇分析，这个独特个性，即自我，不同与其它人的个性。"也同样是卢梭"宣布了人感情本性的善，以及感情作为行为指导的功效。"徐志摩的"自我解放"和"自我意识"的观念只不过是动力形象，强调"人感情的浪漫主义信仰"这一卢梭的遗产。徐志摩会把史达尔夫人和乔治·桑德也圈进他这个传统。桑德曾声辩说："如果人的感情中有美德，无疑，感情中最崇高的是爱；因此爱必定是美满的最高表示。"

在徐志摩的英雄万神殿里，许多他最喜爱的西方作家在不同的方面都是属于浪漫主义传统的。卢梭，拜伦，雪莱，济慈，波特莱尔（徐志摩把他看作是十九世纪的代言人，就象卢梭是十八世纪代言人，但丁是中世纪的代言人一样），邓南遮，尼采和罗曼·罗兰。那些不适于徐志摩范畴的文学界人物，他就用自己的浪漫有色眼镜来观察，而后把他们转化为浪漫主义的英雄。就这样，他不费力地对哈代，托尔斯泰，罗兰，泰戈尔和罗素作了结论："他们的柔和的声音永远叫唤着人们天性里柔和的成份，要他们醒起来，凭着爱的无边的力量，来扫除种种障碍，我们相爱的努力，来医治种种激盈我们恶性的狂风，来消灭种种束缚我们自由与污辱人道尊严的主义与宣传。"❷

徐志摩西方英雄的范围，可以从他一九二五年第二次欧洲之行时所提到的一长串名字来测定。他把那次旅行描述为"感伤旅行"至少有两个理由：感情上，他对小曼的爱情要受到考验；理智上，他想在欧洲寻找他同族的精神。他原打算主要再与泰戈尔见次面，也到法国拜访罗曼·罗兰，到意大利拜访邓南遮，到英国拜访哈代。最后他只见到了哈代。他也看了一些演出，消遣消遣。在柏林他看了《死的胜利》（即邓南遮的《死城》），在伦敦看了《哈姆莱特》（由

---

❶ 徐志摩《汤麦士·哈代》，见《徐志摩全集》第6卷。
❷ 徐志摩《汤麦士·哈代》，见《徐志摩全集》第6卷。

约翰·巴里莫尔演主角），在巴黎看了瓦格纳的《特里斯坦和艾索尔德》。他把自己比作特里斯坦，把小曼想象为艾索尔德，与他最后一次见面；这个著名的爱情——死亡场面的内容和音乐象地震一样感动了他。他也有足够的时间去瞻仰一些名人的墓地，如契诃夫、克鲁泡特金、曼斯菲尔德、小仲马、海因（旧译哈哀内）、波特莱尔、伏尔泰、卢梭、雨果、雪莱、济慈、伊利沙白·布朗宁（旧译白朗宁）太太、米盖朗琪罗、梅蒂西斯家族、但丁、圣·弗朗西斯、弗吉尔和他自己的儿子。徐志摩对西方文学的个人倾向在这个名单里清楚地暴露了出来；他是在浪漫主义历史里进行感伤旅行。如果我们把徐志摩翻译过的作者记录下来，就能加强这个浪漫主义的名单。预想得到的作家中有拜伦、雪莱、济慈、罗塞蒂、泰戈尔、哈代、伊利沙白·布朗宁、科尔里奇、斯温伯恩、席勒和惠特曼的诗，以及邓南遮和曼斯菲尔德的短篇小说；有点意外的作者有詹姆斯·斯蒂芬斯的《打杂女工的女儿》，伏尔泰的《赣第德》和弗里德里克·海因里希·卡尔写的神话故事《水中女神》。

伊卡洛斯式的上升

徐志摩对欧洲浪漫主义的迷恋也反映了他的心理。从一页日记中，我们知道他体重一百三十六磅。他的作品集中的几张模糊照片中能看到他和蔼，文雅和有点娇气的外观。他黑色细边眼镜衬托了他椭圆的白净脸和敏感锐利的眼睛。他常常穿一件长衫，不相称地半盖起了一条西式裤。他的形象在许多方面都象郁达夫著名的自画像。但是徐志摩给他朋友的印象，他的著作几乎同郁达夫的忧郁和颓废相反。徐志摩的内部动力与他远非健壮的外表如此不一致，这使他成了十分有趣的人。

徐志摩诗中的爱，常常是用有力的词汇修饰的。此外，爱总是在女子身上人格化了，有些是真的，如陆小曼，有些是想象的如在《爱的灵感》和《翡冷翠的一夜》中作者爱情独自的女讲述者。不论哪一种，徐志摩的女主人都有强烈的感情，几乎没有郁达夫或苏曼殊虚构的作品中那种纤弱的"受迫害的"人物。但是徐志摩在感情上与他的女主人公从来不是完全一致的。在他的两篇题目相同的散文里，徐志摩提供了自己情欲幻想的一个难得例子。这两篇都以《浓得化不开》为题的散文描写了两个梦中的相遇。一个大概发生在香港：男主人公尾随一个谜一般妖艳的姑娘走进了一个神秘的山洞，他的情欲被激起。他最后从山洞出来时，姑娘不见了。突然间接触到的自然美软化了——也纯化了——他的情欲。在第二故事中，背景改到了炎热潮湿的新加坡。同一男主人公梦中遇见一个妖艳的、妓女般的"巧克力"女子，她渐渐地放肆地把她的无比淫荡施加在他虚弱、冒汗的身体上。当我们把前面提到过的两首诗与这两篇散文并列起来，一种渴求又害怕的奇怪结合便暴露出来了。徐志摩曾从一个想象出来的朋友口中，对自己作过"心理分析"："正为是你的生活中不得平衡，正为是你有欲望不得满足，你的压在内里的 Libido（性欲——译者）形成了一种升华的现象。结果你就借文学来发泄你生理上的郁积。"❶于是，《翡冷翠的一夜》中女主人公想象的渴求便产生了。在那个难忘的夜晚，当他虚构的佛罗伦萨女子感到情火焚身时，徐志摩对小曼的思慕实际上正折磨着他。我们发现他一九二五年五月二十七日在佛罗伦萨写给小曼的信："因为我这里只要上床一时睡不着，我就叫'曼'。当曼不答应我，就有些心酸。"

在徐志摩的英雄崇拜里，也可以找到同样的主题。他的英雄形象，都有或是真实的或是想象的威武雄壮的气质。我们特别注意到了他把拜伦描绘成一个年青的非宗教的神，在阳光下炫耀他无瑕的肌体。这使我们想起了，比如说，托马斯·曼的《威尼斯城的死亡》中的那个年青小伙子。徐志摩渴望成为拜伦式的英雄，但却没有高大雄健的体魄，他对大多是外国的，感情激烈的英雄极力抬捧，似乎从中能找到心理上的补足。他对欧洲浪漫主义清醒的，理智的辩解就这样与心理需要混和在一起了。从这个角度上，我们能把他看作是正在接近欧洲浪漫主义真正模型的艺术家，一个伊卡洛斯的形象。

徐志摩一直想飞。在他著名的散文《想飞》中，他写道："是人没

---

❶ 徐志摩《自剖》，见《自剖集》。

有不想飞的。老是在这地面上爬着够多厌烦，不说别的。飞出这圈子，到云端里去，到云端里去！哪个心里不成天千百遍的这么想飞上天空去浮着，看地球这弹丸在太空里滚着，从陆地看到海，从海再看回陆地。凌空去看一个明白——这才是做人的趣味，做人的权威，做人的交代，这皮囊要是太重挪不动，就掷了它，可能的话，飞出这圈子，飞出这圈子！”

这段比喻描写的当然不仅仅是飞的肉体上的振奋。在西奥菲尔·戈蒂埃对十八世纪三十年代，也就是法国浪漫主义的高潮时期，所作的总结中，我们可以找到一个说明问题的类同篇：“伊卡洛斯的命运没有吓倒任何人。翅膀！翅膀！翅膀！他们到处都在喊，虽然我们将会掉落大海。哪怕只是短暂的片刻，人们只有爬上去，才能从天上掉下来。光这样就比一辈子在地球上爬行要美得多。”

徐志摩想腾升于二十世纪中国生活中一切“悲欢离合，奋斗生存”之上，就象法国的浪漫主义者“希望高飞于十九世纪生活的庸碌和现实之上”一样。对徐志摩来说，飞也意味着得到完全自由，摆脱社会习俗。此外，这种凌空飞翔的欲望，是徐志摩和他法国先行者坚持文人自封的优越的象征，他们的艺术天才和敏感的翅膀把他们带到超脱庸俗道德的上空。

从心理角度来看，雨果和徐志摩都可以被看作是享利·A·默里医生所说的伊卡洛斯综合症“高升”性格的很好例子。所谓的伊卡洛斯综合症的特点是“激昂的热情，迅速上升的信心，奇异的想象，得意兴奋的情绪，膨胀的精神和狂喜神秘的向上性。”此外，徐志摩还充分体现了默里博士指出的伊卡洛斯式性格中“空前高涨，过度的心理精力（自发性，创造兴趣，自信和热情）”。正如徐志摩在他的自我解剖中曾描写的，所有这些伊卡洛斯的成份，不仅仅只产生“理想化的现象”。徐志摩并不满足于光把他的心理精力在作品中“理想化”。他的无限激情，他在朋友中“旋风般的”举动，他“一阵阵呼喊和跳跃”，他情绪的起落波动——“突然忧郁，突然欢乐”——所有这些都似乎表明他生活和个性中过量的动力驱策着他成为一个伊卡洛斯。在寻求理想的爱和崇拜英雄伟人中，他确实企图摆脱他自己的“皮囊”。因此在他最终的飞这一行为上，他个性中所有动力品质都达到了顶点；他动力的"向上性"似乎激发他做超过自己能力限度的事。

但是到达感情的天顶后，伊卡洛斯的命运是被天顶的火焰所吞没。在徐志摩身上看来也有这样的暗示。在《想飞》这篇散文结尾时，他写道：突然"……天上那一点子黑已经迫近在我们头顶，形成了一架鸟形的机器，忽的机沿一侧，一光球只往下注，硼的一声炸响了，——炸碎了我在飞行中的幻想。"徐志摩确确实实遇到了伊卡洛斯死亡的结局。

一九二九年以后，由于他教学需要，徐志摩常常乘飞机，先往来于南京与上海之间，后来在上海和北京之间。那时中国商业性的航空业务还只在开始阶段。乘飞机旅行仍然是危险的，但徐志摩喜爱飞机的速度和方便。再者，一个航空公司的朋友给了他一张特别优待卡，他可以免费旅行。一九三一年十一月十九月，他乘飞机从上海去北京，到北京大学继续任教，载着徐志摩和两个飞行员的那架飞机大雾中撞在山东省济南附近的山峰上。徐志摩在他"翅膀"的火焰中，象年青的伊卡洛斯那样，死去了。徐志摩作为一个浪漫主义的人物，独自一人重演了这个原型的神话剧。

徐志摩是在他创造力达到高峰，在他还没被绝望的预示拖下来的时候死去的。这样他就避免了欧洲浪漫主义中伊卡洛斯剧的第二部分——"跌落的伊卡洛斯"的命运，这个倾向表现在由王尔德和波特莱尔为代表的向自我陶醉的颓废退却，在艺术中寻找生活的避难所。在中国，徐志摩幸运地逃脱了郁达夫的命运：艺术向生活妥协，生活向社会妥协。徐志摩也不必面对艺术创作与政治要求两者间作出选择这一越来越凶险的困境，这一处境损伤了他同代的许多左倾的作家。

徐志摩死后，他的朋友们写了许多纪念他的诗，但没有一首看来比徐志摩自己的一首诗更适合于对他的纪念，这首诗有这样几行：

等候它唱，我们静着望，
怕惊了它。但它一展翅，
冲破浓密，化一朵彩云；

它飞了，不见了，没了——
象是春光，火焰，象是热情。❶

　　[译自 1973 年哈佛大学出版社出版，Leo Ou—fan Lee
著《The Romantic Genertion of Modern Chinese Writers》
（《中国现代作家的浪漫一代》）。译文未发表过。]

---

❶ 徐志摩《黄鹂》，见《徐志摩全集》第 2 卷。

第四辑

徐志摩著译系年、书目

徐志摩著译系年

说明：

一、本《系年》按写作时间顺序编入已经查到的徐志摩著译编目，写作时间不明的依据首次发表时间录入。

二、编入《系年》的篇目绝大部分与原刊核对过，限于条件和时间，有个别篇目尚未见到发表的刊物，其出处系从其它有关材料转录而来。

三、《待考》所收为后人整理发表而又无法确定写作年月的篇目。

1913 年

论小说与社会之关系（文言论文）

1913 年春作；

载 1913 年 7 月杭州一中校刊《友声》第 1 期，署名徐章垿；

没有收集。

1914 年

镭锭与地球之历史（文言论文）

1914 年春作；

载 1914 年 5 月杭州一中校刊《友声》第 2 期，署名徐章垿；

没有收集。

挽李干人（挽联）

1914 年 4 月写；

载 1914 年 5 月杭州一中校刊《友声》第 2 期，署名徐章垿；

初收 1969 年台湾传记文学出版社版《徐志摩全集》第 6 辑。

1917 年

致伯父（书信）

1917 年 9 月 23 日写；

载 1949 年 10 月 15 日《子曰》丛刊第 5 期，署名又申；

初收 1980 年台湾时报文化出版事业有限公司版《徐志摩诗文补遗》。

致伯父（书信）

1917 年 10 月 7 日写；

载 1949 年 10 月 15 日《子曰》丛刊第
5 期；

署名章垿；

初收 1980 年台湾时报文化出版事业有
限公司版《徐志摩诗文补遗》。

志摩随笔——汤山温泉（文言散文）

1917 年作，陈从周辑；

载 1947 年 11 月 15 日《申报》；

没有收集。

志摩随笔——天津水眼（文言散文）

1917 年作，陈从周辑；

载 1947 年 11 月 15 日《申报》；

没有收集。

志摩随笔——廖傅文（文言散文）

1917 年作，陈从周辑；

载 1947 年 11 月 15 日《申报》；

没有收集。

志摩随笔——吴语（文言散文）

1917 年作，陈从周辑；

载 1947 年 11 月 15 日《申报》；

没有收集。

志摩随笔——野猪（文言散文）

1917 年作，陈从周辑；

载 1947 年 11 月 15 日《申报》；

没有收集。

志摩随笔——群鼠器（文言散文）

1917 年作，陈从周辑；

载 1947 年 11 月 15 日《申报》；

没有收集。

志摩随笔——摄影奇事（文言散文）

1917 年作，陈从周辑；

载 1947 年 11 月 15 日《申报》；

没有收集。

志摩随笔——京语（文言散文）

1917 年作，陈从周辑：

载 1947 年 11 月 15 日《申报》；

没有收集。

志摩随笔——命相（文言散文）

1917 年作，陈从周辑；

载 1947 年 11 月 15 日《申报》；

没有收集。

志摩随笔——牙牌数（文言散文）

1917 年作，陈从周辑；

载 1947 年 11 月 15 日《申报》；

没有收集。

1918 年

致梁启超（残柬）

1918 年 8 月写，陈从周辑；

载 1949 年陈从周自编自印、1981 年

11 月上海书店复印再版《徐志摩年谱》。

启行赴美文（文言散文）

1918 年 8 月 31 日作；

载 1949 年陈从周自编自印、1981 年 11 月上海书店版复印再版《徐志摩年谱》。

初收 1969 年台湾传记文学出版社版《徐志摩全集》第 6 辑。

志摩杂记（文言散文）

作于 1918 年秋冬，陈从周辑；

载 1948 年 1 月 22 日、4 月 28 日《申报》；

没有收集。

志摩日记

1918 年 11 月 11 日写，陈从周辑；

载 1948 年 3 月 3 日《申报》；

没有收集。

致梁启超（残柬）

1918 年 11 月写；陈从周辑；

载 1949 年陈从周自编自印、1981 年 11 月上海书店复印再版《徐志摩年谱》。

志摩杂记（文言散文）

1918 年 12 月作，陈从周辑；

载 1948 年 6 月 1 日《永安》月刊第 109 期；

没有收集。

1920 年

论中国妇女的地位（英文硕士论文）

1920 年 9 月前作；

未发表，原稿藏美国哥伦比亚大学图书馆。

致双亲（书信）

1920 年 11 月 26 日写；

载 1948 年 10 月 15 日《子曰》丛刊第 5 期，

署名又申；

初收 1980 年台湾时报文化出版事业有限公司版《徐志摩诗文补遗》。

安斯坦相对论（物理界大革命）（论文）

1920 年作；

载 1921 年 4 月 15 日《改造》杂志第 3 卷第 8 期，署名志摩；

初收 1980 年台湾时报文化出版事业有限公司版《徐志摩诗文补遗》。

罗素游俄记书后（论文）

1920 年作；

载 1921 年 6 月 15 日《改造》杂志第 3 卷第 10 期，署名志摩；

初收 1980 年台湾时报文化出版事业有限公司版《徐志摩诗文补遗》。

评韦尔思之游俄记（论文）

1920 年作；

载 1921 年 6 月 15 日《改造》杂志第 3 卷第 10 期。署名志摩；

初收 1980 年台湾时报文化出版事业有限公司版《徐志摩诗文补遗》。

1921 年

致罗素（英文信）

1921 年 10 月 18 日写，梁锡华译；

初收梁锡华编译、1979 年 3 月台湾联经出版事业公司版《徐志摩英文书信集》，又载 1982 年《新文学史料》第 3 辑。

致罗素（英文信）

1921 年 11 月 7 日写，梁锡华译；

初收梁锡华编译、1979 年 3 月台湾联经出版事业公司版《徐志摩英文书信集》，又载 1982 年《新文学史料》第 3 辑。

草上的露珠儿（诗）

1921 年 11 月 23 日作；

未单篇发表，初收 1969 年台湾传记文学出版社版《徐志摩全集》第 1 辑。

致罗素（英文信）

1921 年 12 月 6 日写，梁锡华译；

初收梁锡华编译、1979 年 3 月台湾联经出版事业公司版《徐志摩英文书信集》，又载 1982 年《新文学史料》第 3 辑。

致罗素和罗素夫人（圣诞卡片）

1921 年 12 月下旬写；

初收梁锡华编译、1979 年 3 月台湾联经出版事业公司版《徐志摩英文信集》，署名徐志摩。

1922 年

致罗索和罗素夫人（英文信）

1922 年 1 月 22 日写，梁锡华译；

初收梁锡华编译、1979 年 3 月台湾联经出版事业公司版《徐志摩英文书信集》，又载 1982 年《新文学史料》第 3 辑。

葛露水（译诗）

[英]华滋华斯作，1922 年 1 月 31 日译；

未单篇发表，初收 1969 年台湾传记文学出版社版《徐志摩全集》第 1 辑。

致罗素和罗素夫人（英文）

1922 年 2 月 3 日写，梁锡华译；

初收梁锡华编译、1979 年 3 月台湾联经出版事业公司版《徐志摩英文书信集》，又载 1982 年《新文学史料》第 3 辑。

夏日田间即景（近沙士顿）（诗）

1922 年 4 月 30 日作；

载 1923 年 3 月 14 日上海《时事新报》副刊《学灯》，署名徐志摩；初收 1969 年台湾传记文学出版社版《徐志摩全集》第 1 辑。

听槐格讷（Wagner）乐剧（诗）

1922 年 5 月 25 日作；

载 1923 年 3 月 10 日上海《时事新报》副刊《学灯》，署名徐志摩；初收 1983 年 7 月浙江文艺出版社版《徐志摩诗集》。

春（诗）并序
1922 年春作；
载 1923 年 5 月 30 日上海《时事新报》副刊《学灯》，署名徐志摩；
初收 1983 年 7 月浙江文艺出版社版《徐志摩诗集》。

沙士顿重游随笔（诗）
1922 年春作；
载 1923 年 3 月 13 日上海《时事新报》副刊《学灯》，署名徐志摩；
初收 1983 年 7 月浙江文艺出版社版《徐志摩诗集》。

情死（Liebstch）（诗）
1922 年 6 月作；
载 1923 年 2 月 4 日《努力周报》第 40 期，署名徐志摩；
初收 1969 年台湾传记文学出版社版《徐志摩全集》第 6 辑。

私语（诗）
1922 年 7 月 21 日作；
载 1923 年 4 月 30 日上海《时事新报》副刊《学灯》，署名徐志摩；

初收 1983 年 7 月浙江文艺出版社版《徐志摩诗集》。

小诗（诗）
1922 年 7 月 21 日作；
载 1923 年 4 月 30 日上海《时事新报》副刊《学灯》，署名徐志摩；
初收 1983 年 7 月浙江文艺出版社版《徐志摩诗集》。

夜（诗）
1922 年 7 月作；
载 1923 年 12 月 1 日《晨报·文学旬刊》，署名志摩；
初收 1980 年台湾时报文化出版事业有限公司版《徐志摩诗文补遗》。

"清风吹断春潮梦"（诗）并附言
1922 年 8 月 3 日作；
载 1923 年 6 月 5 日上海《时事新报》副刊《学灯》，署名徐志摩；
初收 1983 年 7 月浙江文艺出版社版《徐志摩诗集》。

雨后虹（散文）
1922 年 8 月 6 日作完；
载 1923 年 7 月 21 日、23 日、24 日上海《时事新报》副刊《学灯》，
署名徐志摩；
没有收集。

"你是谁呀？"（诗）

作于 1922 年 8 月前；

载 1923 年 5 月 4 日上海《时事新报》副刊《学灯》，署名徐志摩；初收 1983 年 7 月浙江文艺出版社版《徐志摩诗集》。

青年杂咏（诗）

作于 1922 年 8 月前；

载 1923 年 3 月 18 日上海《时事新报》副刊《学灯》，署名徐志摩；初收 1983 年 7 月浙江文艺出版社版《徐志摩诗集》。

月夜听琴（诗）

作于 1922 年 8 月前；

载 1923 年 4 月 1 日上海《时事新报》副刊《学灯》，署名徐志摩；初收 1983 年 7 月浙江文艺出版社版《徐志摩诗集》。

人种由来（诗）

作于 1922 年 8 月前；

载 1923 年 6 月 21 日上海《时事新报》副刊《学灯》，署名徐志摩；初收 1983 年 7 月浙江文艺出版社版《徐志摩诗集》。

无儿（诗）

作于 1922 年 8 月前；

载 1923 年 5 月 4 日上海《时事新报》副刊《学灯》，署名徐志摩；初收 1969 年台湾传记文学出版社版《徐志摩全集》第 1 辑（不全），全诗初收 1983 年 7 月浙江文艺出版社版《徐志摩诗集》。

康桥西野暮色（诗）并序

作于 1922 年 8 月前；

载 1923 年 7 月 6 日上海《时事新报》副刊《学灯》，署名徐志摩；初收 1983 年 7 月浙江文艺出版社版《徐志摩诗集》。

悲观（诗）

作于 1922 年 8 月前；

初收 1969 年台湾传记文学出版社版《徐志摩全集》第 1 辑。

Inclusions（译诗）

［英］E.B.Browning 作；译于 1922 年 8 月前；

初收 1969 年台湾传记文学出版社版《徐志摩全集》第 1 辑。

Atalauta's Race（译诗）

［英］Maurice Thompson 作，译于 1922 年 8 月前；

初收 1969 年台湾传记文学出版社版《徐志摩全集》第 1 辑。

Early Bathing（译诗）

［英］Swinburne 作，译于 1922 年 8 月前；

初收 1969 年台湾传记文学出版社版《徐志摩全集》第 1 辑。

Love（译诗）

［英］T.S.Coleridge 作，译于 1922 年 8

月前；

初收 1969 年台湾传记文学出版社版《徐志摩全集》第 1 辑。

To Famy Browne（Sonnet）（译诗）

［英］John Keats 作，译于 1922 年 8 月前；

初收 1969 年台湾传记文学出版社版《徐志摩全集》第 1 辑。

Joseph and Mary（译诗）

［英］Elioy Flecher 作，译于 1922 年 8 月前；

初收 1969 年台湾传记文学出版社版《徐志摩全集》第 1 辑。

John Wilmot Carl of Rochester 1647—1680 To His Mistress（译诗）

初收 1969 年台湾传记文学出版社版《徐志摩全集》第 1 辑。

致傅来义（英文信）

1922 年 8 月 7 日写，梁锡华译；

初收梁锡华编译、1979 年 3 月台湾联经出版事业公司版《徐志摩英文书信集》，又载 1982 年《新文学史料》第 3 辑。

康桥再会罢（诗）

1922 年 8 月 10 日作；

载 1923 年 3 月 12 日上海《时事新报》副刊《学灯》，因格式排错，于同月 25

日重排发表，署名徐志摩；

初收 1925 年 8 月中华书局版《志摩的诗》。

致罗素和罗素夫人（英文信）

1922 年 8 月 29 日写，梁锡华译；

初收梁锡华编译、1979 年 3 月台湾联经出版事业公司版《徐志摩英文书信集》，又载 1982 年《新文学史料》第 3 辑。

"威尼市"（诗）

约于 1922 年 9 月作；

载 1923 年 4 月 28 日上海《时事新报》副刊《学灯》，署名徐志摩；初收 1983 年 7 月浙江文艺出版社版《徐志摩诗集》。

归国杂题一——马赛（诗）

1922 年 9 月作；

载 1922 年 12 月 17 日《努力周报》第 33 期，署名徐志摩；

初收 1969 年台湾传记文学出版社版《徐志摩全集》第 6 辑。

归国杂题二——地中海（诗）

1922 年 9 月作；

载 1922 年 12 月 24 日《努力周报》第 34 期，署名徐志摩；

初收 1925 年 8 月中华书局版《志摩的诗》。

梦游埃及（诗）

1922 年 9 月作；

载 1923 年 5 月 14 日上海《时事新报》副刊《学灯》，署名徐志摩；初收 1983 年 7 月浙江文艺出版社版《徐志摩诗集》。

地中海梦埃及魂入梦（诗）

1922 年 9 月作；

载 1923 年 9 月 4 日上海《时事新报》副刊《学灯》，署名徐志摩；初收 1983 年 7 月浙江文艺出版社版《徐志摩诗集》。

印度洋上的秋思（散文）

1922 年 10 月 6 日作；

载 1922 年 12 月 29 日《晨报副刊》，署名徐志摩；

初收 1980 年台湾时报文化出版事业有限公司版《徐志摩诗文补遗》。

"两尼姑"或"强修行"（诗）

约作于 1922 年 11 月初；

载 1923 年 5 月 5 日上海《时事新报》副刊《学灯》，署名徐志摩；初收 1983 年 7 月浙江文艺出版社版《徐志摩诗集》。

徐志摩张幼仪离婚通告

载 1922 年 11 月 6 日、8 日《新浙江报·新朋友》；

没有收集

笑解烦恼结（诗）

载 1922 年 11 月 8 日《新浙江报·新朋友》；

署名徐志摩；

没有收集。

罗素与中国——读罗素著《中国问题》（论文）

1922 年 11 月 17 日作完；

载 1922 年 12 月 3 日《晨报副刊》，署名徐志摩；

初收 1980 年台湾时报文化出版事业有限公司版《徐志摩诗文补遗》。

艺术与人生（英文讲演稿）

1922 年秋末作并演讲；

载 1923 年 5 月 1 日《创造季刊》第 2 卷第 1 期，署名徐志摩（英文）；

英文稿初收 1980 年台湾时报文化出版事业公司版《徐志摩诗文补遗》，中文译稿初收本集。

默境（诗）并附识

1922 年 12 月作；

载 1923 年 4 月 20 日上海《时事新报》副刊《学灯》，署名徐志摩；诗初收 1925 年 8 月中华书局版《志摩的诗》，附识初收 1983 年 7 月浙江文艺出版社版《徐志摩诗集》。

致傅来义（英文信）

1922年12月15日写；梁锡华译；

初收梁锡华编译、1979年3月台湾联经

出版事业公司版《徐志摩英文书信集》，

又载1982年《新文学史料》第3辑。

1923 年

北方的冬天是冬天（诗）

1923年1月22日作；

载1923年1月28日《努力周报》第

39期，署名志摩；

初收 1969 年台湾传记文学出版社版

《徐志摩全集》第6辑。

希望的埋葬（诗）

1923年1月24日作；

载1923年1月28日《努力周报》第

39期，署名徐志摩，又载 1923 年 6

月1日上海《时事新报》副刊《学灯》；

初收1925年8月中华书局版《志摩的诗》。

就使打破了头，也还要保持我灵魂的

自由（论文）

1923年1月作；

载1923年1月28日《努力周报》第

39期；署名徐志摩；

初收 1969 年台湾传记文学出版社版

《徐志摩全集》第6辑。

一个不很重要的回想（小说）

——一、瑞香花——春；二、红玫瑰

——夏；三、茉莉花——秋；

四、桃花李花处处花。

1923年初作；

载 1923 年 2 月 11 日《努力周报》第

41期，署名徐志摩；

初收 1930 年 4 月中华书局版《轮盘》，

改题名为《春痕》。

一小幅的穷乐图（诗）

1923年2月6日作；

载 1923 年 2 月 24 日《晨报副刊》，署

名志摩；

初收1925年8月中华书局版《志摩的

诗》。

教育中的自由（译文）

[英]罗素作；

载 1923 年 3 月 1 日《民铎》杂志第 4

卷第 1 号，署名徐志摩；

没有收集。

哀曼殊斐儿（诗）

1923 年 3 月 11 日作；

载 1923 年 3 月 18 日《努力周报》第

44 期，署名志摩；

初收 1925 年 8 月中华书局版《志摩

的诗》。

关于《一个不很重要的回想》的讨论

（短论）

1923 年 3 月 15 日作；

载 1923 年 3 月 25 日《努力周报》第 45 期，署名徐志摩；
没有收集。

小花篮（诗）并序
1923 年 3 月 15 日作；
载 1923 年 3 月 23 日《晨报副刊》，署名徐志摩；
初收 1980 年台湾时报文化出版事业有限公司版《徐志摩诗文补遗》。

致成仿吾（书信）
1923 年 3 月 21 日写；
载 1923 年 6 月 3 日《创造周报》第 4 号，署名志摩；
初收 1980 年台湾时报文化出版事业有限公司版《徐志摩诗文补遗》。

月下待杜鹃不来（诗）
载 1923 年 3 月 29 日上海《时事新报》副刊《学灯》，署名徐志摩；初收 1925 年 8 月中华书局版《志摩的诗》。

曼殊斐儿（散文）
1923 年 3 月作；
载 1923 年 5 月 10 日《小说月报》第 14 卷第 5 号，署名徐志摩；初收 1924 年 11 月商务印书馆版《曼殊斐儿》。

看了《黑将军》以后（评论）
1923 年 4 月 3 日作；

载 1923 年 4 月 11 日、12 日、13 日、14 日《晨报副刊》，署名徐志摩；没有收集。

吹胰子泡（小说）
1923 年春作；
载 1923 年 4 月 15 日《努力周报》第 48 期，署名徐志摩；
初收 1969 年台湾传记文学出版社版《徐志摩全集》第 6 辑。

致成仿吾（书信）
1923 年 4 月写；
载 1923 年 6 月 3 日《创造周报》第 4 号，署名志摩；
初收 1980 年台湾时报文化出版事业有限公司版《徐志摩诗文补遗》。

杂记（论文）
1923 年 4 月作；
载 1923 年《努力周报》4 月 22 日第 49 期、5 月 6 日第 51 期，署名徐志摩；
初收 1969 年台湾传记文学出版社版《徐志摩全集》第 6 辑。

得林克华得的《林肯》（评论）
1923 年 4 月 29 日作；
载 1923 年 5 月 3 日、5 日、6 日、7 日《晨报副刊》，署名徐志摩；没有收集。

诗 Will-O-the-wisp〔Lonely is the Soul that sees theVision……〕（诗）

1923 年 5 月 6 日作完；
载 1923 年 5 月 13 日《努力周报》第
52 期，署名徐志摩；
初收 1969 年台湾传记文学出版社版
《徐志摩全集》第 6 辑。

一个理想的家庭（翻译小说）
〔英〕曼殊斐尔作；
载 1923 年 5 月 10 日《小说月报》第
14 卷第 5 号，署名徐志摩；初收 1924
年 11 月商务印书馆版《曼殊斐儿》。

悲思（诗）
1923 年 5 月 13 日作；
载 1923 年 5 月 20 日《努力周报》第
53 期，署名徐志摩；
初收 1969 年台湾传记文学出版社版
《徐志摩全集》第 6 辑。

我们看戏看的是什么（论文）
1923 年 5 月 20 日作；
载 1923 年 5 月 24 日《晨报副刊》，署
名徐志摩；
没有收集。

《涡堤孩》引子
1923 年春作；
收 1923 年 5 月商务印书馆版《涡堤孩》。

《涡堤孩》（翻译小说）
〔英〕高斯著，徐志摩译；

1923 年 5 月商务印书馆初版。

致傅来义（英文信）
1923 年 6 月 5 日写，梁锡华译；
初收梁锡华编译、1979 年 3 月台湾联经
出版事业公司版《徐志摩英文书信集》，
又刊 1982 年《新文学史料》第 3 辑。

致成仿吾——天下本无事（书信）
1923 年 6 月 7 日写；
载 1923 年 6 月 10 日《晨报副刊》，署
名徐志摩，又载 6 月 14 日上海《时事
新报》副刊《学灯》；
初收 1980 年台湾时报文化出版事业有
限公司版《徐志摩诗文补遗》。

童话一则（童话）
1923 年 6 月 10 日作完；
载 1923 年 6 月 24 日《努力周报》第
58 期，署名徐志摩；
初收 1969 年台湾传记文学出版社版
《徐志摩全集》第 6 辑。

破庙（诗）
1923 年 6 月初作；
载 1923 年 6 月 11 日《晨报·文学旬
刊》，署名徐志摩；
初收 1925 年 8 月中华书局版《志摩的诗》。

国际著作者协社（通讯）
1923 年 6 月初作；

载 1923 年 6 月 11 日《晨报·文学旬刊》，署名徐志摩；

初收 1980 年台湾时报文化出版事业有限公司版《徐志摩诗文补遗》。

奥文满垒狄斯的诗（译诗）并序

［英］Owen Meredith 作，译于 1923 年 6 月 10 日；

载 1923 年 7 月 10 日《小说月报》第 14 卷第 7 号，署名徐志摩；

初收 1932 年 7 月上海新月书店版《云游》。

我过的端阳节（散文）

1923 年 6 月 20 日作；

载 1923 年 6 月 24 日《晨报副刊》，署名徐志摩，又载 7 月 9 日上海《时事新报》副刊《学灯》；

初收 1980 年台湾时报文化出版事业有限公司版《徐志摩诗文补遗》。

金丝雀（译文）

［英］曼殊斐尔作；

载 1923 年 6 月 21 日《晨报·文学旬刊》，署名徐志摩；

初收 1980 年台湾时报文化出版事业有限公司版《徐志摩诗文补遗》。

铁桥歌（诗）

1923 年 6 月作；

载 1923 年 7 月 1 日《努力周报》第 59

期，署名徐志摩；

初收 1969 年台湾传记文学出版社，《徐志摩全集》第 6 辑。

诗人太戈尔（散文）

1923 年 6 月作；

载 1923 年 7 月 1 日《晨报·文学旬刊》，署名 S；

没有收集。

A Prayer（诗）

1923 年 6 月作；

载 1923 年 7 月 1 日《晨报·文学旬刊》，署名徐志摩；

初收 1925 年 8 月中华书局版《志摩的诗》，改题名为中文《一个祈祷》。

太戈尔来华（散文）

1923 年 7 月 6 日作；

载 1923 年 9 月 10 日《小说月报》第 14 卷第 9 号，署名徐志摩；初收 1969 年台湾传记文学出版社版《徐志摩全集》第 6 辑。

一家古怪的店铺（诗）

1923 年 7 月 7 日作；

载 1923 年 7 月 11 日《晨报·文学旬刊》，署名徐志摩；

初收 1925 年 8 月中华书局版《志摩的诗》。

开痕司（论文）

载 1923 年 7 月 8 日《晨报副刊》，署

名徐志摩；

初收 1980 年台湾时报文化出版事业有限公司版《徐志摩诗文补遗》。

致孙伏庐——一封公开信

1923 年 7 月 18 日写；

载 1923 年 7 月 22 日《晨报副刊》，署名徐志摩；

初收 1980 年台湾时报文化出版事业有限公司版《徐志摩诗文补遗》。

泰山日出（散文诗）并序

1923 年 7 月作；

载 1923 年 9 月 10 日《小说月报》第 14 卷第 9 号，署名徐志摩；初收 1969 年台湾传记文学出版社版《徐志摩全集》第 6 辑。

幻想（诗）

1923 年 7 月作；

载 1923 年 9 月 10 日《小说月报》第 14 卷第 9 号，署名徐志摩；初收 1980 年台湾时报文化出版事业有限公司版《徐志摩诗文补遗》。

致泰戈尔（英文信）

1923 年 7 月 26 日写；梁锡华译；

初收梁锡华编译、1979 年 3 月台湾联经出版事业公司版《徐志摩英文书信集》，又载 1982 年《新文学史料》第 3 辑。

石虎胡同七号（诗）

1923 年 7 月作；

载 1923 年 8 月 6 日《文学》周报第 82 期，署名徐志摩；

初收 1925 年 8 月中华书局版《志摩的诗》。

近代英文文学（讲稿）

——第一讲：文学的兴趣

1923 年夏在南开暑期学校讲，赵景深记录整理；

初收赵景深编、1925 年 11 月上海新文化书社版《近代文学丛谈》，又收 1969 年台湾传记文学出版社版《徐志摩全集》第 6 辑。

近代英文文学（讲稿）

——第二讲：怎样读书

1923 年夏在南开暑期学校讲，赵景深记录整理；

初收赵景深编、1925 年 11 月上海新文化书社版《近代文学丛谈》，又收 1969 年台湾传记文学出版社版《徐志摩全集》第 6 辑。

近代英文文学（讲稿）

——第三讲：关于神话的知识

1923 年夏在南开暑期学校讲，赵景深记录整理；

初收赵景深编、1925 年 11 月上海新文化书社版《近代文学丛谈》，又收 1969 年台湾传记文学出版社版《徐志摩全集》第 6 辑。

近代英文文学（讲稿）
——第四讲：哥德的《浮士德》
1923 年夏在南开暑期学校讲，赵景深记录整理；
初收赵景深编、1925 年 11 月上海新文化书社版《近代文学丛谈》，又收 1969 年台湾传记文学出版社版《徐志摩全集》第 6 辑。

近代英文学（讲稿）
——第五讲：怎样研究文学
1923 年夏在南开暑期学校讲，赵景深记录整理；
初收赵景深编、1925 年 11 万上海新文化书社版《近代文学丛谈》，又收 1969 年台湾传记文学出版社版《徐志摩全集》第 6 辑。

近代英文文学（讲稿）
——第六讲：介绍一些英文文学书
1923 年夏在南开暑期学校讲，赵景深记录整理；
初收赵景深编、1925 年 11 月上海新文化书社版《近代文学丛谈》，又收 1969 年台湾传记文学出版社版《徐志摩全集》第 6 辑。

近代英文文学（讲稿）
——第七讲：关于尼采

1923 年夏在南开暑期学校讲，赵景深记录整理；
初收赵景深编、1925 年 11 月上海新文化书社版《近代文学丛谈》，又收 1969 年台湾传记文学出版社版《徐志摩全集》第 6 辑。

近代英文文学（讲稿）
——第八讲：王尔德
1923 年夏在南开暑期学校讲，赵景深记录整理；
初收赵景深编、1925 年 11 月上海新文化书社版《近代文学丛谈》，又收 1969 年台湾传记文学出版社版《徐志摩全集》第 6 辑。

近代英文文学（讲稿）
——第九讲：萧伯纳
1923 年夏在南开暑期学校讲，赵景深记录整理；
初收赵景深编、1925 年 11 月上海新文化书社版《近代文学丛谈》，又收 1969 年台湾传记文学出版社版《徐志摩全集》第 6 辑。

近代英文文学（讲稿）
——第十讲：威尔斯
1923 年夏在南开暑期学校讲，赵景深记录整理；
初收赵景深编、1925 年 11 月上海新文化书社版《近代文学丛谈》，又收 1969

年台湾传记文学出版社版《徐志摩全集》第6辑。

未来派的诗（讲稿）

1923年夏在南开暑期学校讲，赵景深记录整理；

初收赵景深编、1925年11月上海新文化书社版《近代文学丛谈》，又收1969年台湾传记文学出版社版《徐志摩全集》第6辑。

鬼话（散文）

1923年初秋作；

载1924年4月1日《晨报·文学旬刊》，署名徐志摩；

初收1980年台湾时报文化出版事业有限公司版《徐志摩诗文补遗》。

致赵景深（书信）

1923年9月6日写；

载1983年上海文艺出版社版《中国现代文艺资料丛刊》第5辑，署名志摩；没有收集。

西湖记（日记）

1923年9月7日至10月28日写；陆小曼整理；

10月21日一篇发表于1934年4月20日《人间世》，余未单篇发表；初收1947年3月上海晨光出版公司版《志摩日记》。

月下雷峰影片（诗）

1923年9月26日作；

初收1925年8月中华书局版《志摩的诗》。

雷峰塔（诗）

1923年9月作；

载1923年10月12日《晨报·文学旬刊》，署名徐志摩；

初收1925年8月中华书局版《志摩的诗》。

灰色的人生（诗）

1923年10月12日作；

载1923年10月21日《努力周报》第75期，署名徐志摩；

初收1925年8月中华书局版《志摩的诗》。

她的名字（译诗）

〔英〕哈代作；1923年10月16日译；

载1923年11月10日《小说月报》第14卷第11号，署名徐志摩；初收1969年台湾传记文学出版社版《徐志摩全集》第6辑。

窥镜（译诗）

〔英〕哈代作；1923年10月16日译；

载1923年11月10日《小说月报》第14卷第11号，署名徐志摩；初收1969年台湾传记文学出版社版《徐志摩全集》第 6 辑。

太戈尔来华确期（通讯）

1923 年 10 月 21 日作；

载 1923 年 10 月 29 日《文学》周报第 94 期，署名徐志摩，又载《小说月报》第 14 卷第 10 号；

初收 1969 年台湾传记文学出版社版《徐志摩全集》第 6 辑。

致王统照（书信）

1923 年 10 月 22 日写；

载 1923 年 12 月 1 日《晨报·文学旬刊》，署名志摩；

没有收集。

常州天宁寺闻礼忏声（诗）

1923 年 10 月 26 日再稿；

载 1923 年 11 月 11 日《晨报·文学旬刊》，署名志摩；

初收 1925 年 8 月中华书局版《志摩的诗》。

巴克妈妈的行状（翻译小说）

［英］曼殊斐儿作；1923 年 10 月 26 日译完；

载 1923 年 12 月 1 日《晨报五周年纪念增刊》，署名徐志摩；

初收 1927 年 4 月上海北新书局版《英国曼殊斐儿小说集》。

园会（翻译小说）

［英］曼殊斐儿作；1923 年 10 月 29 日译完；

载 1923 年 12 月 1 日《晨报五周年纪念增刊》，署名徐志摩；

初收 1927 年 4 月上海北新书局版《英国曼殊斐儿小说集》。

沪杭道中（诗）

1923 年 10 月 30 日作；

载 1923 年 11 月 10 日《小说月报》第 14 卷第 11 号，署名徐志摩；初收 1925 年 8 月中华书局版《志摩的诗》。

读雪莱诗后（散文）

载 1923 年 11 月 5 日《文学》周报第 95 期，署名 S；

没有收集。

两姐妹（小说）

载 1923 年 11 月 10 日《小说月报》第 14 卷第 11 号，署名徐志摩；初收 1930 年 4 月中华书局版《轮盘》。

先生！先生！（诗）

1923 年 11 月 18 日作；

载 1923 年 12 月 11 日《晨报·文学旬刊》，署名志摩；

初收 1925 年 8 月中华书局版《志摩的诗》。

致伯父（书信）

1923 年 11 月 21 日写；

载 1948 年 10 月 15 日《子曰》丛刊第 5 期，署名志摩；

初收 1980 年台湾时报文化出版事业有限公司版《徐志摩诗文补遗》。

海咏（译诗）

［英］嘉本特作；

载 1923 年 11 月 21 日《晨报·文学旬刊》，署名志摩；

初收 1983 年 7 月浙江文艺出版社版《徐志摩诗集》。

我的祖母之死（散文）

1923 年 11 月 24 日作完；

载 1923 年 12 月 1 日《晨报五周年纪念增刊》，署名徐志摩；

初收 1928 年 1 月上海新月书店版《自剖》。

明星与夜蛾（译诗）

Rose Mary 作；

载 1923 年 12 月 1 日《晨报五周年纪念增刊》，署名徐志摩；

初收 1980 年台湾时报文化出版事业有限公司版《徐志摩诗文补遗》。

分离（译诗）

［英］哈代作；

载 1923 年 12 月 10 日《小说月报》第 14 卷第 12 号，署名徐志摩；

初收 1969 年台湾传记文学出版社版《徐志摩全集》第 6 辑。

伤痕（译诗）

［英］哈代作；

载 1923 年 12 月 10 日《小说月报》第 14 卷第 12 号，署名徐志摩；初收 1669 年台湾传记文学出版社版《徐志摩全集》第 6 辑。

罗素又来说话了（论文）

载 1923 年 12 月 10 日《东方杂志》第 20 卷第 23 期，署名徐志摩；初收 1969 年台湾传记文学出版社版《徐志摩全集》第 6 辑。

盖上几张油纸（诗）并序

诗作于 1923 年冬，序作于 1924 年 11 月；

载 1924 年 11 月 25 日《晨报·文学旬刊》，署名志摩；

诗初收 1925 年 8 月中华书局版《志摩的诗》。

叫化活该（诗）

1923 年冬作；

载 1924 年 12 月 1 日《晨报六周年纪念增刊》，署名徐志摩；

花牛歌（诗）

约作于 1923 年；

载 1937 年 1 月 1 日《文学》第 8 卷第
1 号；

初收 1980 年台湾时报文化出版事业有
限公司版《徐志摩诗文补遗》。

八月的太阳（诗）

约作于 1923 年；

载 1937 年 1 月 1 日《文学》第 8 卷第
1 号；

初收 1980 年台湾时报文化出版事业有
限公司版《徐志摩诗文补遗》。

政治生活与王家三阿嫂（论文）

1923 年冬作；

载 1925 年 1 月 4 日、5 日、6 日《京
报副刊》，署名徐志摩；

初收 1926 年 6 月北京北新书局版《落
叶》。

老李的惨史（小说）

1923 年冬作；

载 1924 年 1 月 10 日《小说月报》第
15 卷第 1 号，署名徐志摩；初收 1930
年 4 月中华书局版《轮盘》，改题名为
《老李》。

玛丽，玛丽（翻译小说）

[英] James Stephens 著，1923 年冬译；

载 1925 年 2 月 12 日、13 日、14 日、
16 日、17 日、18 日《晨报副刊》，署
名徐志摩；

是作徐志摩未译完，后由沈性仁续译，于
1928 年由上海新月书店成集出版。

致太戈尔（英文信）

1923 年 12 月 27 日写，梁锡华译；

初收梁锡华编译、1979 年 3 月台湾联
经出版事业公司版《徐志摩英文书信
集》，又载 1982 年《新文学史料》第
3 辑。

1924 年

东山小曲（诗）

1924 年 1 月 20 日作；

载 1924 年 2 月 10 日《小说月报》第
15 卷第 2 号，署名徐志摩，又载 3 月
21 日《晨报·文学旬刊》。

初收 1925 年 8 月中华书局版《志摩
的诗》。

山中来函——致王统照（书信）

1924 年 1 月 20 日写；

载 1924 年 3 月 11 日《晨报·文学旬
刊》，署名徐志摩；

初收 1983 年 10 月商务印书馆香港分
馆版《徐志摩全集》第四集。

汤麦司哈代的诗（论文）

1924 年 1 月作；

载 1924 年 1 月 25 日《东方杂志》第
21 卷第 2 期，署名徐志摩；初收 1969
年台湾传记文学出版社版《徐志摩全

集》第 6 辑。

致恩厚之（英文信）
1924 年 1 月 22 日写，梁锡华译；
初收梁锡华编译、1979 年 3 月台湾联经出版事业公司版《徐志摩英文书信集》，又载 1982 年《新文学史料》第 3 辑。

一条金色的光痕（诗）并序
1924 年 1 月 29 日作；
载 1924 年 2 月 26 日《晨报副刊》，署名志摩；
诗略作删节后初收 1925 年 8 月中华书局版《志摩的诗》，序及删节部分初收 1980 年台湾时报文化出版事业有限公司版《徐志摩诗文补遗》。

自然与人生（诗）
载 2 月 10 日《小说月报》第 15 卷第 2 号，署名徐志摩；又载 1924 年 2 月 5 日《晨报·文学旬刊》；
初收 1925 年 8 月中华书局版《志摩的诗》。

致魏雷（英文信）
1924 年 2 月 21 日写，梁锡华译；
初收梁锡华编译、1979 年 3 月台湾联经出版事业公司版《徐志摩英文书信集》，又载 1982 年《新文学史料》第 3 辑。

夜半松风（诗）
1924 年 2 月 22 日作；
载 1924 年 7 月 11 日《晨报·文学旬刊》，署名徐志摩；
初收 1925 年 8 月中华书局版《志摩的诗》。

一封信（给抱怨生活干燥的朋友）（散文诗）
1924 年 2 月 26 日作；
载 1924 年 3 月 10 日《小说月报》第 15 卷第 3 号，署名徐志摩，又载 3 月 21 日晨报·文学旬刊》；
初收 1969 年台湾传记文学出版社版《徐志摩全集》第 6 辑。

泰戈尔来信（通讯）
1924 年 2 月 28 日作；
载 1924 年 3 月 7 日《晨报副刊》和上海《时事新报》副刊《学灯》。署名徐志摩；
初收 1983 年 10 月商务印书馆香港分馆版《徐志摩全集》第 4 集（不全）

致胡适（书信）
1924 年 2 月前后写；
载 1979 年 5 月中华书局版《胡适往来书信选》上册，署名志摩。

征译诗启（散文）
1924 年 2 月作；
载 1924 年 3 月 10 日《小说月报》第

15 卷第 3 号，署名徐志摩，又载 3 月 22 日《晨报副刊》；

初收 1969 年台湾传记文学出版社版《徐志摩全集》第 6 辑。

我自己的歌（Songs of Myself）（译诗）

［美］惠特曼作；

载 1924 年 3 月 10 日《小说月报》第 15 卷第 3 号，署名徐志摩；初收 1969 年台湾传记文学出版社版《徐志摩全集》第 6 辑。

Song from Corsair（译诗）

［英］拜伦作；译于 1924 年 3 月；

载 1924 年 4 月 10 日《小说月报》第 15 卷第 4 号，署名徐志摩，又以《Deep in My Soul that Tender Secret Dwells》为题载 4 月 21 日《晨报·文学旬刊》；

初收 1969 年台湾传记文学出版社版《徐志摩全集》第 6 辑。

拜伦（散文）

1924 年 4 月 2 日作完；

部分载 1924 年 4 月 10 日《小说月报》第 15 卷第 4 号，全文载 4 月 21 日《晨报·文学旬刊》，署名徐志摩；

初收 1928 年 8 月上海新月书店版《巴黎的鳞爪》。

新婚与旧鬼（译诗）

［英］罗赛蒂（Christina Rossetti）作；

载 1924 年 4 月 11 日《晨报·文学旬刊》，署名志摩；

初收 1927 年 9 月上海新月书店版《翡冷翠的一夜》。

泰戈尔最近消息——致剑三（书信）

1924 年 4 月 12 日写；

载 1924 年 4 月 19 日《晨报副刊》，署名徐志摩；

初收 1980 年台湾时报文化出版事业有限公司版《徐志摩诗文补遗》。

诗一首（诗）

载 1924 年 5 月 10 日《小说月报》第 15 卷第 5 号，后改名为《去罢》载 6 月 17 日《晨报副刊》，署名徐志摩；

初收 1925 年 8 月中华书局版《志摩的诗》。

太戈尔（讲演稿）

1924 年 5 月 12 日在北京真光剧场讲；

载 1924 年 5 月 19 日《晨报副刊》，又载 6 月 2 日《文学》周报第 124 期，署名徐志摩；

初收 1980 年台湾时报文化出版事业有限公司版《徐志摩诗文补遗》。

致太戈尔（英文信）

1924 年 5 月中旬写，梁锡华译；

初收梁锡华编译、1979 年 3 月台湾联经出版事业公司版《徐志摩英文书信集》，又载 1982 年《新文学史料》第 3 辑。

致林徽音（书信未定稿）
1924 年 5 月 22 日写；
载梁锡华著、1979 年 11 月台湾联经出版事业公司版《徐志摩新传》；
没有收集。

在火车中一次心软（译诗）
［英］哈代作；译于 1924 年 5 月；
载 1924 年 6 月 1 日《晨报·文学旬刊》，署名徐志摩；
初收 1927 年 9 月上海新月书店版《翡冷翠的一夜》，改题名为《在火车上一次心软》。

一个文学革命家的供状（译文）
泰戈尔访华讲演稿，译于 1924 年 5 月；
载 1924 年 6 月 10 日《小说月报》第 15 卷第 6 号，署名徐志摩；初收 1969 年台湾传记文学出版社出版《徐志摩全集》第 6 辑。

太戈尔讲演录（译文）
泰戈尔访华讲演稿，译于 1924 年 5 月；
载 1924 年 7 月 1 日上海《时事新报》副刊《学灯》，后又以《第一次的谈话》为题载 8 月 10 日《小说月报》第 15 卷第 8 号，署名徐志摩；
初收 1980 年台湾时报文化出版事业有限公司版《徐志摩诗文补遗》。

北戴河海滨的幻想（散文）
载 1924 年 6 月 21 日《晨报·文学旬刊》，署名徐志摩；
初收 1928 年 1 月上海新月书店版《自剖》。

沙扬娜拉十八首（诗）
1924 年 7 月作；
发表报刊不详；
初收 1925 年 8 月中华书局版《志摩的诗》。

留别日本（诗）
1924 年 7 月作；
发表报刊不详；
初收 1925 年 8 月中华书局版《志摩的诗》。

致徐崇庆（书信）
1924 年 7 月 16 日写；
载 1949 年 3 月 1 日《永安月刊》第 118 期，署名摩；
没有收集。

清华演讲（译文）
泰戈尔访华讲演稿，1924 年 7 月译；
载 1924 年 10 月 10 日《小说月报》第 15 卷第 10 号，署名徐志摩；初收 1969 年台湾传记文学出版社版《徐志摩全集》第 6 辑。

《清华演讲》附述（短论）

1924年7月26日作；

载1924年10月10日《小说月报》第15卷第10号，署名徐志摩；初收1969年台湾传记文学出版社版《徐志摩全集》第6辑。

告别辞（译文）并"志摩附识"

泰戈尔访华讲稿，1924年7月译；

载1924年8月10日《小说月报》第15卷第8号，署名徐志摩；初收1980年台湾时报文化出版事业有限公司版《徐志摩诗文补遗》。

国际关系（译文）

泰戈尔访华讲演稿，1924年7月译；

载1924年8月10日《东方杂志》第21卷第15号，署名徐志摩；初收1969年台湾传记文学出版社版《徐志摩全集》第6辑。

小赌婆儿的大话（小说）

1924年8月3日作完；

载1924年9月10日《小说月报》第15卷第9号，署名徐志摩；初收1969年台湾传记文学出版社版《徐志摩全集》第6辑。

大阪妇女欢迎会讲词（译文）

泰戈尔访日讲演稿，1924年8月16日译；

载1925年3月5日《晨报·文学旬刊》，署名志摩；

初收1983年10月商务印书馆香港馆版《徐志摩全集》第4集。

飞来峰（译文）

泰戈尔访华在杭州讲演稿，1924年8月19日译；

载1925年3月1日《京报副刊》第75号，署名徐志摩；

初收1980年台湾时报文化出版事业有限公司版《徐志摩诗文补遗》。

大阪女子欢迎会（译文）

泰戈尔访日讲演稿，译于1924年8月；

载1925年3月15日《晨报·文学旬刊》，署名志摩；

初收1980年台湾时报文化出版事业有限公司版《徐志摩诗文补遗》。

庐山小诗两首（一）——朝雾里的小草花（诗）

1924年8月作；

载1924年12月5日《晨报·文学旬刊》，署名志摩；

初收1925年8月中华书局版《志摩的诗》。

庐山小诗两首（二）——山中大雾看景（诗）

1924年8月作；

载 1924 年 12 月 5 日《晨报·文学旬刊》署名志摩；

初收 1983 年 7 月浙江文艺出版社版《徐志摩诗集》。

太平景象（江南即景）（诗）

载 1924 年 8 月 10 日《小说月报》第 15 卷第 8 号，又载 9 月 28 日《晨报副刊》，署名徐志摩；

初收 1925 年 8 月中华书局版《志摩的诗》。

庐山石工歌（诗）

1924 年 8 月作；

载 1925 年 4 月 13 日《晨报副刊》署名徐志摩；

初收 1927 年 9 月上海新月书店版《翡冷翠的一夜》。

科学的位置（译文）

泰戈尔讲演稿，1924 年 8 月译；

载 1924 年 9 月 25 日《东方杂志》第 21 卷第 18 号，署名徐志摩；初收 1969 年台湾传记文学出版社版《徐志摩全集》第 6 辑。

我打死的他（译诗）

［英］哈代作；

载 1924 年 9 月 22 日《文学》周报第 140 期，署名徐志摩，后改题名为《我打死的那个人》载 9 月 28 日《晨报副刊》；

初收 1980 年台湾时报文化出版事业有限公司版《徐志摩诗文补遗》。

毒药（诗）

1924 年 9 月底作；

载 1924 年 10 月 5 日《晨报·文学旬刊》，署名徐志摩；

初收 1925 年 8 月中华书局版《志摩的诗》。

白旗（诗）

1924 年 9 月底作；

载 1924 年 10 月 5 日《晨报·文学旬刊》，署名徐志摩；

初收 1925 年 8 月中华书局版《志摩的诗》。

婴儿（诗）

1924 年 9 月底作；

载 1924 年 10 月 5 日《晨报·文学旬刊》，署名徐志摩；

初收 1925 年 8 月中华书局版《志摩的诗》。

落叶（散文）

1924 年秋作；

载 1924 年 12 月 1 日《晨报六周年纪念增刊》，署名徐志摩；

初收 1926 年 6 月北京北新书局版《落叶》。

志摩遗札之一——致凌叔华（书信）

1924 年秋写，凌叔华辑；

载 1935 年 5 月 24 日《武汉日报·现代文艺》，又载 1983 年《武汉大学学报》第 4 期。

没有收集。

问谁（诗）

作于 1924 年秋；

发表报刊不详；

初收 1925 年 8 月中华书局版《志摩的诗》。

志摩遗札之一——致凌叔华（书信）

1924 年秋作；凌叔华辑；

载 1935 年 5 月 31 日《武汉日报·现代文艺》，又载 1983 年《武汉大学学报》第 4 期。

志摩遗札之一——致凌叔华（书信）

1924 年秋作，凌叔华辑；

载 1935 年 8 月 9 日《武汉日报·现代文艺》，又载 1983 年《武汉大学学报》第 4 期。

志摩遗札（一）——致凌叔华（书信）

1924 年秋写，凌叔华辑；

载 1935 年 10 月 4 日《武汉日报·现代文艺》，又载 1983 年《武汉大学学报》第 4 期。

致胡适（书信）

约写于 1924 年秋；

初收 1969 年台湾传记文学出版社版《徐志摩全集》第 1 辑。

白杨树上（诗）

1924 年秋作；

载 1924 年 10 月 15 日《晨报·文学旬刊》，署名徐志摩；

初收 1925 年 8 月中华书局版《志摩的诗》，改题名为《冢中的岁月》。

公园里的座椅（译诗）

［英］哈代作；

载 1924 年 10 月 29 日《晨报副刊》，署名徐志摩；

初收 1980 年台湾时报文化出版事业有限公司版《徐志摩诗文补遗》。

悼沈叔薇（散文）

1924 年 11 月 1 日作完；

载 1924 年 11 月 19 日《晨报副刊》，署名志摩；

初收 1928 年 1 月上海新月书店版《自剖》。

一个噩梦（诗）

载 1924 年 11 月 2 日《晨报副刊》，署名云中鹤；

初收 1983 年 7 月浙江文艺出版社版《徐志摩诗集》。

两位太太（译诗）并序

［英］哈代作；1324 年 1 月 4 日译；

载 1924 年 11 月 13 日《晨报副刊》，署名徐志摩；

初收 1983 年 7 月浙江文艺出版社版《徐志摩诗集》。

莪默的一首诗（译诗）并前言

载 1924 年 11 月 7 日《晨报副刊》，署名徐志摩；

初收 1980 年台湾时报文化出版事业有限公司版《徐志摩诗文补遗》。

谁知道（诗）

1924 年 11 月上旬作；

载 1924 年 11 月 9 日《晨报副刊》，署名徐志摩；

初收 1925 年 8 月中华书局版《志摩的诗》。

卡尔佛里（诗）

1924 年 11 月 8 日作完；

载 1924 年 11 月 17 日《晨报副刊》，署名徐志摩；

初收 1925 年 8 月中华书局版《志摩的诗》。

死尸（译诗）并序

[法]波特莱尔作，译诗并序均在 1924 年 11 月 13 日完成；

载 1924 年 12 月 1 日《语丝》第 3 期，署名徐志摩；

译诗初收 1931 年 8 月上海新月书店版

《猛虎集》，序初收 1980 年台湾时报文化出版事业有限公司版《徐志摩诗文补遗》。

谢恩（译诗）

泰戈尔作；

载 1924 年 11 月 24 日《晨报副刊》，署名徐志摩；

初收 1980 年台湾时报文化出版事业有限公司版《徐志摩诗文补遗》。

两个世界的老头儿来信（散文）

载 1924 年 11 月 24 日、26 日《晨报副刊》，署名徐志摩；

初收 1980 年台湾时报文化出版事业有限公司版《徐志摩诗文补遗》。

志摩遗札（二）——致凌叔华

1924 年 11 月 23 日晚作；

载 1935 年 10 月 4 日《武汉日报·现代文艺》，又载 1983 年《武汉大学学报》第 4 期；

没有收集。

为要寻一颗明星（诗）

1924 年 11 月 23 日作；

载 1924 年 12 月 1 日《晨报六周年纪念增刊》，署名徐志摩；

初收 1925 年 8 月中华书局版《志摩的诗》，改题名为《为要寻一个明星》。

性的海（译诗）

〔英〕嘉本特作；

载 1924 年 11 月 27 日《晨报副刊》，
署名徐志摩；

初收 1983 年 7 月浙江文艺出版社版
《徐志摩》诗集。

《曼殊斐儿》（翻译小说集）

曼殊斐尔作，徐志摩、陈西滢、沈雁
冰等译；

1924 年 11 月上海商务印书馆初版。

志摩遗札（三）——致凌叔华（书信）

约写于 1924 年冬，凌叔华辑；

载 1935 年 10 月 4 日《武汉日报·现
代文艺》，又载 1983 年《武汉大学学
报》第 4 期。

没有收集。

古怪的世界（诗）

1923 年冬作，1924 年改；

载 1924 年 12 月 1 日《晨报六周年纪
念增刊》，署名徐志摩；

初收 1925 年 8 月中华书局版《志摩
的诗》。

济慈的夜莺歌（散文）

1924 年 12 月 2 日作完；

载 1925 年 2 月《小说月报》第 16 卷
第 2 号，署名徐志摩；

初收 1927 年 8 月上海新月书店版《巴

黎的鳞爪》。

在那山道旁（送韵海）（诗）

载 1924 年 12 月 25 日《晨报·文学旬
刊》，署名志摩；

初收 1925 年 8 月中华书局版《志摩
的诗》。

Gardener Poem 60（译诗）

泰戈尔《园丁集》之六十，1924 年译；

初收 1969 年台湾传记文学出版社版
《徐志摩全集》第 1 辑。

多么深我的苦（How Great My Grief）
（诗）

1924 年作；

初收 1969 年台湾传记文学出版社版
《徐志摩全集》第 1 辑。

To Life（人生）（诗）

1924 年作；

初收 1969 年台湾传记文学出版社版
《徐志摩全集》第 1 辑。

送他的葬（诗）

1924 年作；

初收 1969 年台湾传记文学出版社版
《徐志摩全集》第 1 辑。

在心眼里的颜面（诗）

1924 年作；

初收 1969 年台湾传记文学出版社版《徐志摩全集》第 1 辑。

这回连面子都不顾了（短论）

1924 年 12 月作；

载 1924 年 12 月 20 日《现代评论》第 1 卷第 2 期，署名徐志摩；初收 1980 年台湾时报文化出版事业有限公司版《徐志摩诗文补遗》。

杂碎（散文）

1924 年 12 月下旬作；

载 1925 年 1 月 3 日《现代评论》第 1 卷第 3 期，署名鹤；

没有收集。

消息（诗）

载 1924 年 12 月《孤军》周报第 4 期，署名徐志摩；

初收 1925 年 8 月中华书局版《志摩的诗》。

雪花的快乐（诗）

1924 年 12 月 30 日作；

载 1925 年 1 月 17 日《现代评论》第 1 卷第 6 期，署名徐志摩；初收 1925 年 8 月中华书局版《志摩的诗》。

1925 年

不再是我的乖乖（诗）

1925 年 1 月初作；

载 1925 年 1 月 11 日《京报副刊》，署名徐志摩；

初收 1925 年 8 月中华书局版《志摩的诗》。

残诗一首（诗）

1925 年 1 月作；

载 1925 年 1 月 15 日《晨报·文学旬刊》，署名徐志摩；

初收 1925 年 8 月中华书局版《志摩的诗》，改题名为《残诗》。

有那一天（译诗）

［英］James Elroy Flecker 作；

载 1925 年 1 月 24 日《现代评论》第一卷第 7 期，署名徐志摩；初收 1980 年台湾时报文化出版事业有限公司版《徐志摩诗文补遗》。

《玛丽·玛丽》附记

1925 年 2 月 6 日作；

载 1925 年 2 月 18 日《晨报副刊》，署名志摩；

没有收集。

再来跑一趟野马——致孙伏园（书信）

1925 年 2 月写；

载 1925 年 2 月 16 日《京报副刊》，署名徐志摩；

没有收集。

青年必读书十部（书目）

1925 年 2 月写；

载 1925 年 2 月 16 日《京报副刊》，署名徐志摩；

没有收集。

香水（小说，未完稿）

1925 年 2 月中旬作；

载 1925 年 2 月 24 日、26 日《晨报副刊》，署名志摩；

初收 1980 年台湾时报文化出版事业有限公司版《徐志摩诗文补遗》。

这是一个懦怯的世界（诗）

1925 年 2 月作；

发表报刊不详；

初收 1925 年 8 月中华书局版《志摩的诗》。

青年运动（散文）

1925 年阴历正月廿四日作；

载 1925 年 3 月 13 日《晨报副刊》，署名徐志摩；

初收 1926 年 6 月北京北新书局版《落叶》。

丹农雪乌（一）绪言（论文）

1925 年 2 月作；

载 1925 年 5 月 8 日《晨报副刊》，署名徐志摩；

初收 1983 年 10 月商务印书馆香港分馆版《徐志摩全集》第三集。

丹农雪乌（二）（论文）

1922 年作，1925 年 2 月改作；

载 1925 年 5 月 11 日《晨报副刊》，署名徐志摩；

初收 1980 年台湾时报文化出版事业有限公司版《徐志摩诗文补遗》。

丹农雪乌的青年期（论文）

1922 年作，1925 年 2 月改作；

载 1925 年 5 月 13 日《晨报副刊》，署名徐志摩；

初收 1980 年台湾时报文化出版事业有限公司版《徐志摩诗文补遗》。

丹农雪乌的作品（论文）

1922 年作，1925 年 2 月改作；

载 1925 年 5 月 15 日《晨报·文学旬刊》，署名徐志摩；

初收 1983 年 10 月商务印书馆香港分馆版《徐志摩全集》第 3 集。

丹农雪乌的小说（论文）

1922 年作，1925 年 2 月改作；

载 1925 年 5 月 19 日、21 日、22 日《晨报副刊》，署名徐志摩；初收 1980 年台湾时报文化出版事业有限公司版《徐志摩诗文补遗》。

丹农雪乌的戏剧（论文）

1922 年作，1925 年 2 月改作；

载 1925 年 7 月 5 日《晨报·文学旬报》，

署名徐志摩；

初收 1980 年台湾时报文化出版事业有限公司版《徐志摩诗文补遗》。

死城（翻译戏剧）

［意］邓南遮（旧译丹农雪乌）作；1922年译；1925 年 2 月校改；连载于 1925年 7 月 17 日、19 日、21 日、27 日、29日《晨报副刊》，9 月 5 日《晨报·文学旬刊》，9 月 6 日、12 日、13 日《晨报副刊》，9 月 15 日《晨报·文学旬刊》，9 月 16 日、19 日、21 日、22 日、23 日、24 日、26 日《晨报副刊》；

初收 1980 年台湾时报文化出版事业有限公司版《徐志摩诗文补遗》。

一块晦色的路碑（诗）

1925 年 3 月 1 日作；

载 1925 年 3 月 7 日《晨报副刊》，署名徐志摩；

初收 1931 年 8 月上海新月书店版《猛虎集》。

致陆小曼（书信）

1925 年 3 月 3 日写；

初收 1936 年 3 月上海良友图书印刷公司版《爱眉小札》。

致陆小曼（书信）

1925 年 3 月 4 日写；

初收 1936 年 3 月上海良友图书印刷公司版《爱眉小札》。

在一家饭店里（译诗）

［英］哈代作；

载 1925 年 3 月 9 日《语丝》第 17 期，署名徐志摩；

初收 1980 年台湾时报文化出版事业有限公司版《徐志摩诗文补遗》。

致陆小曼（书信）

1925 年 3 月 10 日写；

初收 1936 年 3 月上海良友图书印刷公司版《爱眉小札》。

夜深时（翻译小说）

［英］曼殊斐儿作；

载 1925 年 3 月 10 日《小说月报》第 16 卷第 3 号，署名徐志摩；初收 1927年 4 月上海北新书局版《英国曼殊斐儿小说集》。

再说一说曼殊斐儿（论文）

载 1925 年 3 月 10 日《小说月报》第 16卷第 3 号，署名徐志摩；没有收集。

涡堤孩（翻译戏剧）

作者不详（刊稿未署作者名）；

载 1925 年 3 月 11 日、12 日、13 日、14 日、16 日、17 日、18 日《晨报副刊》，署名徐志摩；

没有收集。

致陆小曼（书信）

1925 年 3 月 11 日写；

初收 1936 年 3 月上海良友图书印刷公司版《爱眉小札》。

致陆小曼（书信）

1925 年 3 月 12 日写；

初收 1936 年 3 月上海良友图书印刷公司版《爱眉小札》。

一个清清的早上（小说）

载 1925 年 3 月 14 日《现代评论》第 1 卷第 14 期，署名徐志摩；初收 1930 年 4 月上海中华书局版《轮盘》。

致陆小曼（书信）

1925 年 3 月 14 日写；

初收 1936 年 3 月上海良友书图书印刷公司版《爱眉小札》。

欧游漫录——第一函：给新月（通信）

1925 年 3 月 14 日写；

载 1925 年 4 月 2 日《晨报副刊》，署名徐志摩；

初收 1980 年台湾时报文化出版事业有限公司版《徐志摩诗文补遗》。

徐志摩欧游途中来函——致刘勉己（通信）

1925 年 3 月 16 日写；

载 1925 年 4 月 13 日《晨报副刊》，署名志摩。

初收 1927 年 9 月上海新月书店版《翡冷翠的一夜》。

西伯利亚道中忆西湖秋庵芦色作歌（诗）

1925 年 3 月中旬过西伯利亚时作；

载 1925 年 9 月 7 日《晨报副刊》，署名志摩；

初收 1927 年 9 月上海新月书店版《翡冷翠的一夜》。

西伯利亚（诗）

1925 年 3 月中旬过西伯利亚时作；

载 1926 年 4 月 15 日《晨报副刊·诗镌》第 3 期，署名志摩；

初收 1927 年 9 月上海新月书店版《翡冷翠的一夜》。

致陆小曼（书信）

1925 年 3 月 18 日写；

初收 1936 年 3 月上海良友图书印刷公司版《爱眉小札》。

谏词（译诗）

[英] 安诺德作；

载 1925 年 3 月 22 日《晨报副刊》，署名徐志摩；

初收 1931 年 8 月上海新月书店版《猛虎集》。

那一点神明的火焰（诗）
载 1925 年 3 月 25 日《晨报·文学旬刊》，署名徐志摩；
初收 1980 年台湾时报文化出版事业有限公司版《徐志摩诗文补遗》。

致陆小曼（书信）
1925 年 3 月 26 日写；
初收 1936 年 3 月上海良友图书印刷公司版《爱眉小札》。

萧伯纳的格言（译文）
载 1925 年 4 月 1 日、6 日《晨报副刊》，署名徐志摩；
初收 1980 年台湾时报文化出版事业有限公司版《徐志摩诗文补遗》。

致陆小曼（书信）
1925 年 4 月 10 日写；
初收 1936 年 3 月上海良友图书印刷公司版《爱眉小札》。

船上（小说）
载 1925 年 4 月 11 日《现代评论》第 1 卷第 18 期，署名徐志摩；初收 1930 年 4 月上海中华书局版《轮盘》。

唐琼与海（译诗）
［英］拜伦作；
载 1925 年 4 月 15 日《晨报·文学旬刊》，署名徐志摩；

初收 1983 年 7 月浙江文艺出版社版《徐志摩诗集》。

他怕他说出口（诗）
载 1925 年 4 月 25 日《晨报·文学旬刊》，署名徐志摩；
初收 1927 年 9 月上海新月书店《翡冷翠的一夜》。

致泰戈尔（英文信）
1925 年 4 月 30 日写，梁锡华译；
初收梁锡华编译、1979 年 3 月台湾联经出版事业公司版《徐志摩英文书信集》，又载 1982 年《新文学史料》第 3 辑。

幸福（翻译小说）并序
［英］曼殊斐儿作；
序写于 1925 年 5 月 1 日，小说约译于 1925 年 4 月；
载 1925 年 12 月 1 日《晨报七周年纪念增刊》，署名徐志摩；
序没有收集，小说初收 1927 年 9 月上海新月书店版《英国曼殊斐儿小说集》。

苏苏（诗）
1925 年 5 月 5 日作；
载 1925 年 12 月 1 日《晨报七周年纪念增刊》，署名徐志摩；
初收 1927 年 9 月上海新月书店版《翡

冷翠的一夜》。

欧游漫录（二）——西伯利亚游记（散文）

1925 年 5 月上旬作；

载 1925 年 6 月 12 日《晨报副刊》，署名徐志摩；

初收 1928 年 1 月上海新月书店版《自剖》。

欧游漫录（三）——西伯利亚游记（散文）

1925 年 5 月上旬作；

载 1925 年 6 月 17 日《晨报副刊》，署名徐志摩；

初收 1928 年 1 月上海新月书店版《自剖》。

欧游漫录（四）——西伯利亚游记（散文）

1925 年 5 月上旬作；

载 1925 年 6 月 18 日《晨报副刊》，署名徐志摩；

初收 1928 年 1 月上海新月书店版《自剖》。

欧游漫录（五）——西伯利亚游记（散文）

1925 年 5 月上旬作；

载 1925 年 6 月 19 日《晨报副刊》，署名徐志摩；

初收 1928 年 1 月上海新月书店版《自剖》。

欧游漫录（六）——西伯利亚（散文）

1929 年 5 月 9 日作；

载 1925 年 7 月 3 日《晨报副刊》，署名徐志摩；

初收 1928 年 1 月上海新月书店版《自剖》。

欧游漫录（七）——莫斯科（散文）

1925 年 5 月作；

载 1925 年 7 月 6 日《晨报副刊》，署名徐志摩；

初收 1928 年 1 月上海新月书店版《自剖》。

欧游漫录（八）——莫斯科（散文）

1925 年 5 月作；

载 1925 年 7 月 7 日《晨报副刊》，署名徐志摩；

初收 1928 年 1 月上海新月书店版《自剖》。

欧游漫录（九）——莫斯科（散文）

1925 年 5 月作；

载 1925 年 7 月 9 日《晨报副刊》，署名徐志摩；

初收 1928 年 1 月上海新月书店版《自剖》。

欧游漫录（十）——莫斯科（散文）

1925 年 5 月 26 日作；

载 1925 年 7 月 11 日《晨报副刊》，署名徐志摩；

初收 1928 年 1 月上海新月书店版《自剖》。

致陆小曼（书信）

1925 年 5 月 26 日写；

初收 1936 年 3 月上海良友图书印刷公司版《爱眉小札》。

欧游漫录（十一）——托尔斯泰（莫斯科游记续）（散文）

1925 年 5 月作；

载 1925 年 8 月 1 日《晨报副刊》，署名徐志摩；

初收 1928 年 1 月上海新月书店版《自剖》。

欧游漫录（十二）——犹太人的怖梦（莫斯科游记续）（散文）

1925 年 5 月作；

载 1925 年 8 月 2 日《晨报副刊》，署名徐志摩；

初收 1928 年 1 月上海新月书店版《自剖》。

血——莫斯科游记之一（散文）

1925 年 5 月 29 日作；

载 1925 年 8 月 6 日《晨报副刊》，署

名徐志摩；

初收 1928 年 1 月上海新月书店版《自剖》。

一个静美的夜晚——莫斯科游记（散文）

1925 年 5 月作；

载 1925 年 8 月 10 日《晨报副刊》，署名徐志摩；

初收 1928 年 1 月上海新月书店版《自剖》。

翡冷翠日记四页（英文日记残稿）

1925 年 5 月写；

初收 1931 年 11 月上海良友图书印刷公司版《秋》。

翡冷翠山居闲话——欧游漫录之一（散文）

1925 年 6 月初作；

载 1925 年 7 月 4 日《现代评论》第 2 卷第 30 期，又载 8 月 25 日《晨报·文学旬刊》，署名徐志摩；

初收 1927 年 8 月上海新月书店版《巴黎的鳞爪》。

说"是一个男子"（译文）

劳伦斯（D、H.Lawrence）作；

载 1925 年 6 月 5 日《晨报·文学旬刊》，署名徐志摩；

初收 1980 年台湾时报文化出版事业有

限公司版《徐志摩诗文补遗》。

一宿有话（散文）
1925 年 6 月 7 日作；
载 1925 年 8 月 5 日《晨报·文学旬刊》，
署名徐志摩；
初收 1928 年 1 月上海新月书店版
《自剖》。

翡冷翠的一夜（诗）
1925 年 6 月 11 日作；
载 1926 年 1 月 2 日《现代评论》第 3
卷第 56 期，又载 1 月 6 日《晨报副刊》，
署名志摩；
初收 1927 年 9 月上海新月书店版《翡
冷翠的一夜》。

意大利天时小引——欧游漫录之一
（散文）
约作于 1925 年 6 月上旬；
载 1925 年 8 月 19 日《晨报副刊》，署
名志摩；
初收 1980 年台湾时报文化出版事业有
限公司版《徐志摩诗文补遗》。

追悼我的彼得（散文）
约作于 1925 年 6 月上旬；
载 1925 年 8 月 15 日《现代评论》第 2
卷第 36 期，署名徐志摩；初收 1928
年 1 月上海新月书店版《自剖》。

致恩厚之（英文信）
1925 年 6 月 18 日写，梁锡华译；
初收梁锡华编译、1979 年 3 月台湾联
经出版事业公司《徐志摩英文书信
集》，又载 1982 年《新文学史料》第
3 辑。

致陆小曼（书信）
1925 年 6 月 25 日写；
初收 1936 年 3 月上海良友图书印刷公
司版《爱眉小札》。

致陆小曼（书信）
约写于 1925 年 6 月底或 7 月上旬；
初收 1983 年 10 月商务印书馆香港分
馆版《徐志摩全集》第五集。

诗句（诗）
作于 1925 年夏；
载 1925 年 12 月 1 日《晨报七周年纪
念增刊》，署名徐志摩；
初收 1980 台湾时报文化出版事业有限
公司版《徐志摩诗文补遗》。

致恩厚之（英文信）
1925 年 7 月 10 日写，梁锡华译；
初收梁锡华编译、1979 年 3 月台湾联
经出版事业公司版《徐志摩英文书信
集》，又载 1982 年《新文学史料》第
3 辑。

致恩厚之（英文信）

1925 年 7 月 13 日写，梁锡华译；

初收梁锡华编译、1979 年 3 月台湾联经出版事业公司版《徐志摩英文书信集》，又载 1982 年《新文学史料》第 3 辑。

致恩厚之（英文信）

1925 年 7 月 15 日写，梁锡华译；

初收梁锡华编译、1979 年 3 月台湾联经出版事业公司版《徐志摩英文书信集》，又载 1982 年《新文学史料》第 3 辑。

在衰克刹脱教堂前（诗）

1925 年 7 月作；

载 1926 年 5 月 27 日《晨报副刊·诗镌》第 9 号，署名志摩；

初收 1927 年 9 月上海新月书店《翡冷翠的一夜》。

致刘海粟（书信）

写于 1925 年 7 月末；

初收 1933 年 10 月商务印书馆香港分馆版《徐志摩全集》第 5 集。

给母亲（诗）

1925 年 8 月 1 日作；

载 1925 年 8 月 31 日《晨报副刊》，署名徐志摩；

初收 1980 年台湾时报文化出版事业有

限公司版《徐志摩诗文补遗》。

志摩日记

1925 年 8 月 9 日至 8 月 31 日；陆小曼辑；

初收 1936 年 3 月上海良友图书印刷公司版《爱眉小札》。

译 Schiller 诗一首（译诗）

［德］席勒（Schillr）作；

载 1925 年 8 月 11 日《晨报副刊》，署名徐志摩；

初收 1980 年台湾时报文化出版事业有限公司版《徐志摩诗文补遗》。

译 Sappho《一个女子》（译诗）

［希腊］萨福（Sappho）作；

载 1925 年 8 月 12 日《晨报副刊》，署名徐志摩；

初收 1980 年台湾时报文化出版事业有限公司版《徐志摩诗文补遗》。

译葛德四行诗（译诗）

［德］歌德作；

载 1925 年 8 月 15 日《晨报·文学旬刊》，署名徐志摩；

初收 1980 年台湾时报文化出版事业有限公司版《徐志摩诗文补遗》。

海韵（诗）

载 1925 年 8 月 17 日《晨报副刊》，署名徐志摩；

初收 1927 年 9 月上海新月书店版《翡冷翠的一夜》。

四行诗一首（诗）
1925 年 8 月 21 日作；
载 1925 年 8 月 24 日《晨报副刊》，署名徐志摩；
初收 1983 年 10 月浙江文艺出版社版《徐志摩诗集》。

一个译诗的问题（短论）
1925 年 8 月 23 日作；
载 1925 年 8 月 29 日《现代评论》第 2 卷第 28 期，署名徐志摩；初收 1969 年台湾传记文学出版社版《徐志摩全集》第 6 辑。

多谢天！我的心又一度的跳荡（诗）
写作时间和发表报刊不详；
初收 1925 年 8 月中华书局版《志摩的诗》。

我有一个恋爱（诗）
写作时间和发表报刊不详；
初收 1925 年 8 月中华书局版《志摩的诗》。

无题（诗）
写作时间和发表报刊不详；
初收 1925 年 8 月中华书局版《志摩的诗》。

五老峰（诗）
写作时间和发表报刊不详；
初收 1925 年 8 月中华书局版《志摩的诗》。

乡村里的音籁（诗）
写作时间和发表报刊不详；
初收 1925 年 8 月中华书局版《志摩的诗》。

天国的消息（诗）
写作时间和发表报刊不详；
初收 1925 年 8 月中华书局版《志摩的诗》。

473

青年曲（诗）
写作时间和发表报刊不详；
初收 1925 年 8 月中华书局版《志摩的诗》。

她是睡着了（诗）
写作时间和发表报刊不详；
初收 1925 年 8 月中华书局版《志摩的诗》。

难得（诗）
写作时间和发表报刊不详；
初收 1925 年 8 月中华书局版《志摩的诗》。

一星弱火（诗）
写作时间和发表报刊不详；
初收 1925 年 8 月中华书局版《志摩

的诗》。

为谁（诗）
写作时间和发表报刊不详；
初收 1925 年 8 月中华书局版《志摩
的诗》。

落叶小唱（诗）
写作时间和发表报刊不详；
初收 1925 年 8 月中华书局版《志摩的诗》。

《志摩的诗》（诗集）
徐志摩著；
1925 年 8 月中华书局初版。

呻吟语（诗）
1925 年 8 月作；
载 1925 年 9 月 3 日《晨报副刊》，署
名徐志摩；
初收 1927 年 9 月上海新月书店版《翡
冷翠的一夜》。

起造一座墙（诗）
1925 年 8 月作；
载 1925 年 9 月 5 日《现代评论》第 2 卷
第 39 期，署名徐志摩；初收 1927 年 9
月上海新月书店版《翡冷翠的一夜》。

志摩日记
1925 年 9 月 5 日至 9 月 17 日写；
初收 1936 年 3 月上海良友图书印刷公

司版《爱眉小札》。

客中（诗）
1925 年 9 月 10 日作；
载 1925 年 12 月 10 日《晨报副刊》，
署名海谷；
初收 1927 年 9 月上海新月书店版《翡
冷翠的一夜》。

致刘海粟（书信）
写于 1925 年 9 月 24 日；
初收 1983 年 10 月商务印书馆香港分
馆版《徐志摩全集》第 5 集。

再不见雷峰（诗）
1925 年 9 月作；
载 1925 年 10 月 5 日《晨报副刊》，署
名志摩；
初收 1927 年 9 月上海新月书店版《翡
冷翠的一夜》。

这年头活着不易（诗）
1925 年 9 月作；
载 1925 年 10 月 12 日《晨报副刊》，
署名鹤；
初收 1927 年 9 月上海新月书店版《翡
冷翠的一夜》。

我来扬子江边买一把莲蓬（诗）
1925 年 9 月作；
载 1925 年 10 月 29 日《晨报副刊》，

署名海谷；

初收 1927 年 9 月上海新月书店版《翡冷翠的一夜》。

海边的梦（二）（诗）

1925 年 9 月下旬作；

载 1925 年 11 月 28 日《现代评论》第 2 卷第 51 期，署名徐志摩；初收 1969 年台湾传记文学出版社版《徐志摩全集》第 6 辑。

我为什么来办我想怎么办（散文）

1925 年 9 月末作；

载 1925 年 10 月 1 日《晨报副刊》，署名徐志摩；

初收 1980 年台湾时报文化出版事业有限公司版《徐志摩诗文补遗》。

致刘海粟（书信）

1925 年 10 月 1 日写；

初收 1983 年 10 月商务印书馆香港分馆版《徐志摩全集》第 5 集。

"迎上前去"（散文）

1925 年 10 月初作；

载 1925 年 10 月 5 日《晨报副刊》，署名徐志摩；

初收 1928 年 1 月上海新月书店版《自剖》。

张奚若《副刊殃》按语

1925 年 10 月初作；

载 1925 年 10 月 5 日《晨报副刊》，署名志摩；

初收 1980 年台湾时报文化出版事业有限公司版《徐志摩诗文补遗》。

生命的报酬（译文）

马莱尼（Marani）作，译完于 1925 年 10 月初；

载 1925 年 10 月 7 日《晨报副刊》，署名徐志摩；

初收 1927 年 8 月上海新月书店版《巴黎的鳞爪》。

从小说讲到大事（论文）

1925 年 10 月初作；

载 1927 年 10 月 7 日《晨报副刊》，署名志摩；

初收 1927 年 8 月上海新月书店版《巴黎的鳞爪》。

致孙伏园（书信）

1925 年 10 月 8 日写；

载 1925 年 10 月 9 日《京报副刊》，署名徐志摩；

没有收集。

运命的逻辑（诗）

载 1925 年 10 月 8 日《晨报副刊》，署名鹤；

初收 1927 年 9 月上海新月书店版《翡冷翠的一夜》。

葛德的四行诗还是没有缮好（译诗再稿）并序
载 1925 年 10 月 8 日《晨报副刊》，署名志摩；
译诗初收 1980 年台湾时报文化出版事业有限公司版《徐志摩诗文补遗》，序未收集。

咂死木死（论文）
1925 年 10 月 7 日作；
载 1925 年 10 月 8 日《晨报副刊》，署名志摩；
初收 1980 年台湾时报文化出版事业有限公司版《徐志摩诗文补遗》。

又从苏俄回讲到副刊——勉己先生来稿的书后（论文）
1925 年 10 月上旬作；
载 1925 年 10 月 10 日《晨报副刊》，署名志摩；
初收 1980 年台湾时报文化出版事业有限公司版《徐志摩诗文补遗》。

焦菊隐译《天鹅哀歌》附记
1925 年 10 月 10 日写；
载 1925 年 10 月 19 日《晨报副刊》，署名志摩；
没有收集。

读桂林梁巨川先生遗书（论文）
载 1925 年 10 月 12 日《晨报副刊》，

署名志摩；
初收 1926 年 6 月北京北新书局版《落叶》。

维龙哪的那个女人（译文）
［法］法郎士作；
载 1925 年 10 月 12 日《晨报副刊》，笔名鹤；
初收 1980 年台湾时报文化出版事业有限公司版《徐志摩诗文补遗》。

陶孟和《再论梁巨川先生的自杀》附记
1925 年 10 月 12 日写；
载 1925 年 10 月 15 日《晨报副刊》，署名志摩；
没有收集。

叔本华与叔本华的妇女论（论文）
载 1925 年 10 月 14 日《晨报副刊》，署名徐志摩；
初收 1980 年台湾时报文化出版事业有限公司版《徐志摩诗文补遗》。

关于苏俄仇友问题的讨论：前言
1925 年 10 月 13 日作；
载 1925 年 10 月 15 日《晨报副刊》，署名志摩；
初收 1980 年台湾时报文化出版事业有限公司版《徐志摩诗文补遗》。

周容作《志摩的诗》附言

1925 年 10 月 15 日写；

载 1925 年 10 月 17 日《晨报副刊》，署名志摩；

初收 1980 年台湾时报文化出版事业有限公司版《徐志摩诗文补遗》。

吊刘叔和（散文）

1925 年 10 月 15 日作完；

载 1925 年 10 月 19 日《晨报副刊》，署名志摩；

初收 1928 年 1 月上海新月书店版《自剖》。

"仇友赤白的仇友赤白"前言——记者的声明

1925 年 10 月 20 日写；

载 1925 年 10 月 22 日《晨报副刊》，署名志摩；

初收 1980 年台湾时报文化出版事业有限公司版《徐志摩诗文补遗》。

陈衡哲函附言——"再论自杀"

1925 年 10 月 22 日作；

载 1925 年 10 月 24 日《晨报副刊》，署名志摩；

初收 1926 年 6 月北京北新书局版《落叶》。

零碎（随笔）

1925 年 10 月 23 日写；

载 1925 年 10 月 24 日《晨报副刊》署

名志摩；

初收 1980 年台湾时报文化出版事业有限公司版《徐志摩诗文补遗》。

话匣子（一）——汉姆雷特与留学生（随笔）

载 1925 年 10 月 26 日《晨报副刊》，署名志摩；

初收 1980 年台湾时报文化出版事业有限公司版《徐志摩诗文补遗》。

话匣子（二）——一大群骡，一只猫，赵元任先生（散文）

载 1925 年 10 月 28 日《晨报副刊》，署名志摩；

初收 1980 年台湾时报文化出版事业有限公司版《徐志摩诗文补遗》。

致刘海粟（书信）

1925 年 10 月 29 日写；

初收 1983 年 10 月商务印书馆香港分馆版《徐志摩全集》第 5 集。

罗曼罗兰（论文）

载 1925 年 10 月 31 日《晨报副刊》，署名徐志摩；

初收 1927 年 8 月上海新月书店版《巴黎的鳞爪》。

丁当——清新（诗）

1925 年秋作；

载 1925 年 12 月 1 日《晨报七周年纪念增刊》，署名徐志摩；

初收 1927 年 9 月上海新月书店版《翡冷翠的一夜》。

刘侃元先生来信前言
1925 年 11 月 3 日写；
载 1925 年 11 月 4 日《晨报副刊》，署名徐志摩；
初收 1980 年台湾时报文化出版事业有限公司版《徐志摩诗文补遗》。

张慰慈译凯恩斯《论苏俄》前言
1925 年 11 月 3 日写；
载 1925 年 11 月 4 日《晨报副刊》，署名记者；
没有收集。

鹞鹰与芙蓉雀（译文）
［英］赫孙（W.H.Hudson）作；
载 1925 年 11 月 5 日《晨报副刊》，署名志摩；
初收 1927 年 8 月上海新月书店版《巴黎的鳞爪》。

王统照《水夫阿三》前记
1925 年 11 月 4 日写；
载 1925 年 11 月 5 日《晨报副刊》，署名志摩；
没有收集。

《赣第德》前言
1925 年 11 月初写；
载 1925 年 11 月 7 日《晨报副刊》，署名志摩；
初收 1927 年 6 月上海北新书局版《赣第德》。

赣第德（翻译小说）
［法］伏尔泰著；
连载于《晨报副刊》1925 年 11 月 7 日、9 日、18 日、21 日，12 月 14 日，1926 年 8 月 9 日、11 日、14 日、18 日、21 日，9 月 13 日，12 月 9 日、11 日、13 日，署名志摩；
1927 年 6 月上海北新书局出版单行本。

守旧与"玩旧"——孤桐先生的思想书店（论文）
1925 年 11 月上旬作；
载 1925 年 11 月 11 日《晨报副刊》，署名徐志摩；
初收 1926 年 6 月北京北新书局版《落叶》，改题名为《守旧与"玩旧"》。

沈从文散文《市集》后记：志摩的欣赏
1925 年 11 月 10 日写；
载 1925 年 11 月 11 日《晨报副刊》，署名志摩；
初收 1980 年台湾时报文化出版事业有限公司版《徐志摩诗文补遗》。

沈从文《关于〈市集〉的声明》附言：
志摩附记
1925 年 11 月 15 日写；
载 1925 年 11 月 16 日《晨报副刊》，
署名志摩；
没有收集。

译诗
Arthur Symos "Amoris Victima" 第
六首；
载 1925 年 11 月 25 日《晨报副刊》，
署名鹤；
初收 1927 年 9 月上海新月书店版
《翡冷翠的一夜》，改题名为《"我
要你"》。

决断（诗）
1925 年 11 月作；
载 1925 年 11 月 25 日《晨报副刊》，
署名海谷；
初收 1927 年 9 月上海新月书店版《翡
冷翠的一夜》。

梁启超《佛教教理概要》附志
1925 年 11 月下旬写；
载 1925 年 11 月 28 日《晨报副刊》，
署名志摩；
没有收集。

图下的老江（译诗）
［英］D.G.Rossetti 作，1925 年冬译；

载 1926 年 1 月 1 日《现代评论第一周
年纪念增刊》，署名徐志摩；
初收 1927 年 9 月上海新月书店版《翡
冷翠的一夜》。

记者谨启（启事）
1925 年 12 月初写；
载 1925 年 12 月 7 日《晨报副刊》，署
名记者；
没有收集。

灾后小言（随笔）
1925 年初写；
载 1925 年 12 月 7 日《晨报副刊》，署
名志摩；
初收 1980 年台湾时报文化出版事业有
限公司版《徐志摩诗文补遗》。

火烧纪念（启事）
1925 年 12 月上旬写；
载 1925 年 12 月 9 日《晨报副刊》，未
署名；
没有收集。

契诃夫论新闻记者的两封信（译文）
1925 年冬译；
载 1925 年 12 月 10 日《晨报副刊》，
署名海谷；
初收 1980 年台湾时报文化出版事业有
限公司版《徐志摩诗文补遗》。

巴黎的鳞爪（一）五小时的萍水线（散文）

载 1925 年 12 月 16 日、17 日《晨报副刊》，署名志摩；

初收 1927 年 8 月上海新月书店版《巴黎的鳞爪》。

致周作人（书信）

1925 年 12 月 19 日写；

载 1925 年 12 月 21 日《晨报副刊》，署名志摩；

初收 1980 年台湾时报文化出版事业有限公司版《徐志摩诗文补遗》。

杜洛斯奇（散文）

载 1925 年 12 月 19 日《晨报副刊》，署名志摩；

初收 1980 年台湾时报文化出版事业有限公司版《徐志摩诗文补遗》。

杜洛斯奇——续鲁那卡夫斯奇记杜洛斯奇（译文）

鲁那卡夫斯奇（A.V.Lunacharsky）作；

载 1925 年 12 月 21 日《晨报副刊》，署名志摩；

初收 1980 年台湾时报文化出版事业有限公司版《徐志摩诗文补遗》。

巴黎的鳞爪（二）——先生，你见过艳丽的肉没有？

1925 年 12 月 21 日作完；

载 1925 年 12 月 24 日《晨报副刊》，署名志摩；

初收 1927 年 8 月上海新月书店版《巴黎的鳞爪》，后改名为《肉艳的巴黎》收 1930 年 4 月上海中华书局版《轮盘》。

志摩日记一页

1925 年 12 月写，胡适辑；

载 1932 年 6 月 5 日《独立评论》第 3 期；

初收 1969 年台湾传记文学出版社版《徐志摩全集》第 6 辑。

法郎士先生的牙慧（散文）

1925 年 12 月作；

载 1925 年 12 月 30 日《晨报副刊》，署名志摩；

初收 1980 年台湾时报文化出版事业有限公司版《徐志摩诗文补遗》。

法郎士：他的"职业秘密"（译文）

作者不详（刊稿未署作者名）；译于 1925 年 10 月；

载 1925 年 12 月 31 日《晨报副刊》，署名志摩；

初收 1980 年台湾时报文化出版事业有限公司版《徐志摩诗文补遗》。

法郎士先生与维纳斯（译文）

作者不详（刊稿未署作者名），1925 年 12 月译；

载 1926 年 1 月 9 日《晨报副刊》,署名志摩;

初收 1980 年台湾时报文化出版事业有限公司版《徐志摩诗文补遗》。

1926 年

现代评论与校对（随笔）
1926 年 1 月 4 日作;
载 1926 年 1 月 6 日《晨报副刊》,署名志摩;
初收 1980 年台湾时报文化出版事业有限公司版《徐志摩诗文补遗》。

刘大杰《〈余痕〉之有余》附案
1926 年 1 月 10 日写;
载 1926 年 1 月 11 日《晨报副刊》,署名志摩;
没有收集。

"闲话"引出来的闲话（评论）
1926 年 1 月 11 日作;
载 1926 年 1 月 13 日《晨报副刊》,署名志摩;
初收 1980 年台湾时报文化出版事业有限公司版《徐志摩诗文补遗》。

吸烟与文化（散文）
1926 年 1 月作;
载 1926 年 1 月 14 日《晨报副刊》,署名志摩;
初收 1927 年 8 月上海新月书店版《巴黎的鳞爪》。

我所知道的康桥（散文）
1926 年 1 月 14 日至 23 日作;
载 1926 年 1 月 16 日至 25 日《晨报副刊》,署名志摩;
初收 1927 年 8 月上海新月书店版《巴黎的鳞爪》。

更添几句闲话的闲话乘便妄想解围（评论）
1926 年 1 月 18 日作;
载 1926 年 1 月 20 日《晨报副刊》,署名志摩;
初收 1980 年台湾时报文化出版事业有限公司版《徐志摩诗文补遗》。

列宁忌日——谈革命（论文）
约于 1926 年 1 月 20 日作;
载 1926 年 1 月 21 日《晨报副刊》,署名志摩;
初收 1926 年 6 月北京北新书局版《落叶》。

话匣子（三）——新贵殃（散文）
1926 年 1 月作;
载 1926 年 1 月 23 日《晨报副刊》,署名大兵;
没有收集。

金协中《新式婚姻制度下的危险性》按语
1926 年 1 月 23 日写;

载 1926 年 1 月 25 日《晨报副刊》，署
名志摩；
没有收集。

《人权保障宣言》附记
1926 年 1 月 23 日写；
载 1926 年 1 月 25 日《晨报副刊》，署
名记者；
没有收集。

致周作人（书信）
1926 年 1 月 26 日写；
载北京鲁迅博物馆鲁迅研究室编、
1980 年 1 月天津人民出版社版《鲁迅
研究资料》第 4 辑，署名志摩；
没有收集。

达文骞的剪影（散文）
1926 年 1 月写；
载 1926 年 1 月 27 日、28 日《晨报副
刊》，署名志摩；
初收 1927 年 8 月上海新月书店版《巴
黎的鳞爪》。

关于下面一束通信告读者们（评论）
1926 年 1 月 29 日作完；
载 1926 年 1 月 30 日《晨报副刊》，署
名志摩；
初收 1980 年台湾时报文化出版事业有
限公司版《徐志摩诗文补遗》。

致周作人（书信）
1926 年 1 月 31 日写；
载北京鲁迅博物馆鲁迅研究室编、
1980 年 1 月天津人民出版社版《鲁
迅研究资料》第 4 辑，署名志摩；
没有收集。

结束闲话，结束废话——致李四光信
1926 年 1 月 31 日写；
载 1926 年 2 月 3 日《晨报副刊》，署
名志摩；
初收 1980 年台湾时报文化出版事业有
限公司版《徐志摩诗文补遗》。

伤双栝老人（散文）
1926 年 2 月 2 日作；
载 1926 年 2 月 3 日《晨报副刊》，署
名志摩；
初收 1928 年 1 月上海新月书店版
《自剖》。

启事一则
载 1926 年 2 月 4 日《晨报副刊》，未
署名；
没有收集。

志歉（随笔）
1926 年 2 月初写；
载 1926 年 2 月 4 日《晨报副刊》，署
名记者；
初收 1980 年台湾时报文化出版事业有

限公司版《徐志摩诗文补遗》。

林长民《一封情书》附记
1926 年 2 月 4 日写；
载 1926 年 2 月 6 日《晨报副刊》，署
名志摩；
初收 1980 年台湾时报文化出版事业有
限公司版《徐志摩诗文补遗》。

月拉《从哈尔滨来的奇闻惨案》按语
1926 年 2 月 4 日写；
载 1926 年 2 月 8 日《晨报副刊》，署
名志摩；
初收 1980 年台湾时报文化出版事业有
限公司版《徐志摩诗文补遗》。

致陆小曼（书信）
1926 年 2 月 6 日写；
初收 1983 年 10 月商务印书馆香港分
馆版《徐志摩全集》第 5 集。

致陆小曼（书信）
1926 年 2 月 7 日写；
初收 1983 年 10 月商务印书馆香港分
馆版《徐志摩全集》第 5 集。

致陆小曼（书信）
1926 年 2 月 18 日写；
初收 1983 年 10 月商务印书馆香港分
馆版《徐志摩全集》第 5 集。

致陆小曼（书信）
1926 年 2 月 19 日写；
初收 1983 年 10 月商务印书馆香港分
馆版《徐志摩全集》第 5 集。

致陆小曼（书信）
1926 年 2 月 20 日写；
初收 1983 年 10 月商务印书馆香港分
馆版《徐志摩全集》第 5 集。

致陆小曼（书信）
1926 年 2 月 21 日写；
初收 1983 年 10 月商务印书馆香港分
馆版《徐志摩全集》第 5 集。

致陆小曼（书信）
1926 年 2 月 23 日写；
初收 1983 年 10 月商务印书馆香港分
馆版《徐志摩全集》第 5 集。

致陆小曼（书信）
1926 年 2 月 24 日写；
初收 1983 年 10 月商务印书馆香港分
馆版《徐志摩全集》第 5 集。

致陆小曼（书信）
1926 年 2 月 25 日写；
初收 1983 年 10 月商务印书馆香港分
馆版《徐志摩全集》第 5 集。

致赵景深（书信）

1926 年 2 月 26 日（农历正月十四）写；

载 1983 年上海文艺出版社版《中国现代文艺资料丛刊》第 7 辑，署名志摩；没有收集。

致陆小曼（书信）

1926 年 2 月 26 日写；

初收 1983 年 10 月商务印书馆香港分馆版《徐志摩全集》第 5 集。

致陆小曼（书信）

1926 年 2 月 26 日写；

初收 1983 年 10 月商务印书馆香港分馆版《徐志摩全集》第 5 集。

致陆小曼（书信）

1926 年 2 月 27 日写；

初收 1983 年 10 月商务印书馆香港分馆版《徐志摩全集》第 5 集。

三月十二深夜大沽口外（诗）

1926 年 3 月 12 日作；

载 1926 年 3 月 22 日《晨报副刊》，署名志摩；

初收 1927 年 9 月上海新月书店版《翡冷翠的一夜》。

致李祁（书信）

1926 年 3 月 25 日写；

手迹见梁锡华著、1979 年 11 月台湾联经出版事业公司版《徐志摩新传》；

初收 1980 年台湾时报文化出版事业有限公司版《徐志摩诗文补遗》。

自剖（散文）

1926 年 3 月 25 日至 4 月 1 日作；

载 1926 年 4 月 3 日《晨报副刊》，署名志摩；

初收 1928 年 1 月上海新月书店版《自剖》。

白须的海老儿（诗）

1926 年 3 月作；

载 1926 年 3 月 27 日《晨报副刊》，署名海谷；

初收 1927 年 9 月上海新月书店版《翡冷翠的一夜》。

《诗镌》弁言（论文）

1926 年 3 月 30 日作；

载 1926 年 4 月 1 日《晨报副刊·诗镌》第 1 期，署名徐志摩，又载 1935 年上海良友图书印刷公司版《中国新文学大系·史料索引集》；

收 1969 年台湾传记文学出版社版《徐志摩全集》第 6 辑。

梅雪争春——纪念三一八（诗）

1926 年 3 月末作；

载 1926 年 4 月 1 日《晨报副刊·诗镌》第 1 期，署名志摩；

初收 1927 年 9 月上海新月书店版《翡冷翠的一夜》。

日记残叶
约写于 1926 年 4 月至 8 月,陆小曼辑;
初收 1983 年商务印书馆香港分馆版《徐志摩全集》第 4 集。

再剖(散文)
1926 年 4 月 5 日作;
载 1926 年 4 月 7 日《晨报副刊》,署名志摩;
初收 1928 年 1 月上海新月书店版《自剖》。

这是风刮的(散文)
1926 年 4 月 8 日作;
载 1926 年 4 月 10 日《晨报副刊》,署名志摩;
初收 1980 年台湾时报文化出版事业有限公司版《徐志摩诗文补遗》。

刮风(翻译小说)
[英]曼殊斐儿作,译于 1926 年春;
载 1926 年 4 月 10 日《晨报副刊》,署名志摩;
初收 1927 年 4 月上海北新书局版《英国曼殊斐儿小说集》。

顾颉刚《关于林宗孟先生的情书》附识
1926 年 4 月 10 日写;

载 1926 年 4 月 12 日《晨报副刊》,署名志摩;
初收 1980 年台湾时报文化出版事业有限公司版《徐志摩诗文补遗》。

想飞(散文)
1926 年 4 月 14 日至 16 日作;
载 1926 年 4 月 19 日《晨报副刊》,署名志摩;
初收 1928 年 1 月上海新月书店版《自剖》。

一点点子契诃甫(评论)并契诃夫书信译文四通
1926 年 4 月作并译;
载 1926 年 4 月 21 日《晨报副刊》,署名志摩;
初收 1980 年台湾时报文化出版事业有限公司版《徐志摩诗文补遗》。

罪与罚(诗)
1926 年 4 月作;
载 1926 年 4 月 22 日《晨报副刊·诗镌》第 4 期,署名谷;
初收 1927 年 9 月上海新月书店版《翡冷翠的一夜》。

译诗
Arthur Symous 作;1926 年 4 月译;
载 1926 年 4 月 22 日《晨报副刊·诗镌》第 4 期,署名谷;

初收 1980 年台湾时报文化出版事业有限公司版《徐志摩诗文补遗》。

再休怪我的脸沉（诗）

1926 年 4 月 22 日作；

载 1926 年 4 月 29 日《晨报副刊·诗镌》第 5 期，署名志摩；

初收 1927 年 9 月上海新月书店版《翡冷翠的一夜》。

朱湘《我的读诗会》附识

1926 年 4 月 22 日作；

载 1926 年 4 月 24 日《晨报副刊》，署名志摩；

初收 1980 年台湾时报文化出版事业有限公司版《徐志摩诗文补遗》。

高尔基记契诃甫一、二（译文）

[苏] 高尔基作，译于 1926 年 4 月；

载 1926 年 4 月 24 日、26 日《晨报副刊》，署名志摩；

初收 1980 年台湾时报文化出版事业有限公司版《徐志摩诗文补遗》。

致胡适（书信）

1926 年 4 月 26 日写；

载 1979 年 5 月中华书局版《胡适往来书信选》上册，署名志摩；没有收集。

契诃甫的零星（散文）

1926 年 4 月作；

载 1926 年 5 月 1 日《晨报副刊》，署名志摩；

初收 1980 年台湾时报文化出版事业有限公司版《徐志摩诗文补遗》。

附白（关于朱湘"我的读诗会"）

1926 年 5 月 1 日写；

载 1926 年 5 月 3 日《晨报副刊》，署名记者；

没有收集。

素心《说有这么一回事》函附识

1926 年 5 月 3 日写；

载 1926 年 5 月 5 日《晨报副刊》，署名志摩；

没有收集。

望月（诗）

载 1926 年 5 月 6 日《晨报副刊·诗镌》第 6 期，署名志摩；

初收 1927 年 9 月上海新月书店版《翡冷翠的一夜》。

又一次试验（诗）

载 1926 年 5 月 6 日《晨报副刊·诗镌》第 6 期，署名志摩；

初收 1927 年 9 月上海新月书店版《翡冷翠的一夜》。

续高尔基记契诃甫（译文）

[苏] 高尔基作，1926 年 5 月上旬译；

载 1926 年 5 月 8 日《晨报副刊》，署名志摩；

初收 1980 年台湾时报文化出版事业有限公司版《徐志摩诗文补遗》。

罗素与幼稚教育（论文）

1926 年 5 月上旬作；

载 1926 年 5 月 10 日、12 日《晨报副刊》，署名志摩；

初收 1980 年台湾时报文化出版事业有限公司版《徐志摩诗文补遗》。

新催妆曲（诗）

1926 年 5 月上旬作；

载 1926 年 5 月 13 日《晨报副刊·诗镌》第 7 期，署名南湖；

初收 1927 年 9 月上海新月书店版《翡冷翠的一夜》。

再谈管孩子（散文）

1926 年 5 月 13 日作；

载 1926 年 5 月 15 日《晨报副刊》，署名志摩；

初收 1980 年台湾时报文化出版事业有限公司版《徐志摩诗文补遗》。

霁秋《关于翻译来函》按语

1926 年 5 月 14 日写；

载 1926 年 5 月 16 日《晨报副刊》，署名志摩；

初收 1980 年台湾时报文化出版事业有

限公司版《徐志摩诗文补遗》。

关于《罗素与幼稚教育》的质疑与答问（论文）

1926 年 5 月中旬作；

载 1926 年 5 月 19 日《晨报副刊》，署名志摩；

初收 1980 年台湾时报文化出版事业有限公司版《徐志摩诗文补遗》。

钟天心《随便谈谈翻译与做诗问题》案语

1926 年 5 月中旬作；

载 1926 年 5 月 20 日《晨报副刊·诗镌》第 8 期，署名志摩；

初收 1980 年台湾时报文化出版事业有限公司版《徐志摩诗文补遗》。

厌世的哈堤（散文）

1926 年 5 月作；

载 1926 年 5 月 20 日《晨报副刊·诗镌》第 8 期，署名志摩；

初收 1980 年台湾时报文化出版事业有限公司《徐志摩诗文补遗》。

半夜深巷琵琶（诗）

1926 年 5 月作；

载 1926 年 5 月 20 日《晨报副刊·诗镌》第 8 期，署名志摩；

初收 1927 年 9 月上海新月书店版《翡冷翠的一夜》。

致李祁（书信）

1926 年 5 月 21 日写；

手迹见梁锡华著、1979 年 11 月台湾联经出版事业公司版《徐志摩新传》；

初收 1980 年台湾时报文化出版事业有限公司版《徐志摩诗文补遗》。

哈堤（散文）

1926 年 5 月作；

载 1926 年 5 月 27 日《晨报副刊·诗镌》第 9 期，署名志摩；

没有收集。

偶然（诗）

1926 年 5 月作；

载 1926 年 5 月 27 日《晨报副刊·诗镌》第 9 期，署名志摩；

初收 1927 年 9 月上海新月书店版《翡冷翠的一夜》。

我们病了怎么办（论文）

1926 年 5 月作；

载 1926 年 5 月 29 日《晨报副刊》，署名志摩；

初收 1980 年台湾时报文化出版事业有限公司版《徐志摩诗文补遗》。

《江绍原先生来函》附语

1926 年 5 月末写；

载 1926 年 2 月 6 日《晨报副刊》，署名志摩；

没有收集。

大帅（战歌之一）（诗）

1926 年 5 月作；

载 1926 年 6 月 3 日《晨报副刊·诗镌》第 10 期，署名南湖；

初收 1927 年 9 月上海新月书店版《翡冷翠的一夜》。

人变兽（战歌之二）

1926 年 5 月作；

载 1926 年 6 月 3 日《晨报副刊·诗镌》第 10 期，署名南湖；

"拿回罢，劳驾，先生"（诗）

1926 年 5 月作；

载 1926 年 6 月 3 日《晨报副刊·诗镌》第 10 期，署名南湖；

初收 1980 年台湾时报文化出版事业有限公司版《徐志摩诗文补遗》。

《诗镌》放假（论文）

1926 年 6 月 8 日作；

载 1926 年 6 月 10 日《晨报副刊·诗镌》第 11 期，署名志摩；又载 1935 年上海良友图书印刷公司版《中国新文学大系·史料索引集》；

收 1969 年台湾传记文学出版社版《徐志摩全集》第 6 辑。

两地相思（诗）

载 1926 年 6 月 10 日《晨报副刊·诗镌》第 11 期，署名南湖；

初收 1927 年 9 月上海新月书店版《翡冷翠的一夜》。

《剧刊》始业（论文）

1926 年端午节后一日作；

载 1926 年 6 月 17 日《晨报副刊·剧刊》第 1 期，署名志摩；

初收 1969 年台湾传记文学出版社版《徐志摩全集》第 6 辑。

《落叶》序

1926 年 6 月 28 日作；

载 1926 年 7 月 3 日《晨报副刊》，署名徐志摩；

初收 1926 年 6 月北京北新书局版《落叶》。

话（散文）

写作时间和发表报刊不详；

初收 1926 年 6 月北京北新书局版《落叶》。

海滩上种花（散文）

写作时间和发表报刊不详；

初收 1926 年 6 月北京北新书局版《落叶》。

《落叶》（散文集）

徐志摩著；

1926 年 6 月北京北新书局初版。

家书（书信残篇）

1926 年 7 月 8 日写；

载 1949 年陈从周自编自印、1981 年 11 月上海书店复印再版《徐志摩年谱》。

致陆小曼（书信）

1926 年 7 月 9 日写*；

初收 1983 年 10 月商务印书馆香港分馆版《徐志摩全集》第 5 集。

致陆小曼（书信）

1926 年 7 月 17 日写*；

初收 1983 年 10 月商务印书馆香港分馆版《徐志摩全集》第 5 集。

致陆小曼（书信）

1926 年 7 月 18 日写*；

初收 1983 年 10 月商务印书馆香港分馆版《徐志摩全集》第 5 集。

致陆小曼（书信）

1926 年 7 月 21 日写*；

初收 1983 年 10 月商务印书馆香港分馆版《徐志摩全集》第 5 集。

---

* 陆小曼主编的《徐志摩全集》第五集《书信卷》注明这四封信写于 1925 年，根据内容应是 1926 年。

答闻一多先生（译文）并附记
［日］小烟熏良作，译于 1926 年 8 月初；
载 1926 年 8 月 7 日《晨报副刊》，署名志摩；
初收 1980 年台湾时报文化出版事业有限公司版《徐志摩诗文补遗》。

南行杂记（一）丑西湖（散文）
1926 年 8 月 4 日；
载 1926 年 8 月 7 日《晨报副刊》，署名志摩；
初收 1980 年台湾时报文化出版事业有限公司版《徐志摩诗文补遗》。

南行杂记（二）——劳资问题（散文）
1926 年 8 月作；
载 1926 年 8 月 23 日《晨报副刊》，署名志摩；
初收 1980 年台湾时报文化出版事业有限公司版《徐志摩诗文补遗》。

眉轩琐语（日记）
1926 年 8 月至 1927 年 4 月写；
载 1932 年 11 月《时代画报》第 3 卷第 6 期，署名志摩；
初收 1948 年 3 月上海晨光出版公司版《志摩日记》。

天目山中笔记（散文）
载 1926 年 9 月 4 日《晨报副刊》，署名志摩；

初收 1927 年 8 月上海新月书店版《巴黎的鳞爪》。

致刘海粟（书信）
1926 年 9 月 3 日写；
载 1983 年 10 月商务印书馆香港分馆版《徐志摩全集》第 5 集。

求医（续《自剖》）（散文）
载 1926 年 9 月 6 日《晨报副刊》，署名志摩；
初收 1928 年 1 月上海新月书店版《自剖》。

胡适旅苏信件的按语（评论）
1926 年 9 月 9 日作；
载 1926 年 9 月 11 日《晨报副刊》，署名志摩；
初收 1980 年台湾时报文化出版事业有限公司版《徐志摩诗文补遗》。

一个启事
1926 年 9 月 13 日作；
载 1926 年 9 月 15 日《晨报副刊》，署名徐志摩；
初收 1980 年台湾时报文化出版事业有限公司版《徐志摩诗文补遗》。

一杯茶（翻译小说）
［英］曼殊斐儿作；
载 1926 年 9 月 15 日《晨报副刊》，署

名志摩；

初收 1927 年 4 月上海北新书局版《英国曼殊斐儿小说集》。

托尔斯泰论剧（附论"文艺复兴"）

（论文）

1926 年 9 月作；

载 1926 年 9 月 16 日《晨报副刊·剧刊》第 14 期，署名志摩；

初收 1969 年台湾传记文学出版社版《徐志摩全集》第 6 辑。

关于党化教育的讨论——致张象鼎

（论文）

1926 年 9 月 18 日作；

载 1926 年 9 月 20 日《晨报副刊》，署名志摩；

初收 1980 年台湾时报文化出版事业有限公司版《徐志摩诗文补遗》。

剧刊终期（散文）

1926 年 9 月写(后半部分由余上沅作)；

载 1926 年 9 月 23 日《晨报副刊·剧刊》第 15 期，署名志摩；

初收 1969 年台湾传记文学出版社版《徐志摩全集》第 6 辑。

珊瑚（诗）

载 1926 年 9 月 29 日《晨报副刊》，署名删我；

初收 1927 年 9 月上海新月书店版《翡

冷翠的一夜》。

致刘海粟（书信）

1926 年 10 月 15 日写；

初收 1983 年 10 月商务印书馆香港分馆版《徐志摩全集》第 5 集。

致蒋慰堂（书信）

1926 年农历九月初十写；

初收 1983 年 10 月商务印书馆香港分馆版《徐志摩全集》第 5 集。

致刘海粟（书信）

1926 年 10 月 26 日写；

初收 1983 年 10 月商务印书馆香港分馆版《徐志摩全集》第 5 集。

柴霍甫的零简——给高尔基（译文）

［俄］契诃夫作；

载 1926 年 10 月 10 日《小说月报》第 17 卷第 10 号，署名徐志摩；初收 1969 年台湾传记文学出版社版《徐志摩全集》第 6 辑。

致张幼仪（书信残篇）

约写于 1926 年 11 月；

载 1949 年陈从周自编自印、1981 年 11 月上海书店复印再版《徐志摩年谱》。

致刘海粟（书信）

1926 年农历十一月初七日写；

初收 1983 年 10 月商务印书馆香港分
馆版《徐志摩全集》第 5 集。

致张幼仪（书信）
1926 年 12 月 14 日写；
手迹载 1949 年陈从周自编自印、1981
年 11 月上海书店复印再版《徐志摩年
谱》；
初收 1969 年台湾传记文学出版社《徐
志摩全集》，第 1 辑。

1927 年

致恩厚之（英文信）
1927 年 1 月 5 日写，梁锡华译；
初收梁锡华编译、1979 年 3 月台湾联
经出版事业公司版《徐志摩英文书信
集》，又载 1982 年《新文学史料》第
3 辑。

致胡适（书信）
1927 年 1 月 7 日写；
载 1979 年 5 月中华书局版《胡适往来
书信选》上册，署名志摩；没有收集。

致蒋慰堂（书信）
1926 年农历十二月三十日写；
初收 1983 年 10 月商务印书馆香港分
馆版《徐志摩全集》第 5 集。

致刘海粟（书信）
1927 年 2 月 15 日写；

初收 1983 年 10 月商务印书馆香港分
馆版《徐志摩全集》第 5 集。

致恩厚之（英文信）
1927 年 4 月 1 日写，梁锡华译；
初收梁锡华编译、1979 年 3 月台湾联经
出版事业公司版《徐志摩英文书信集》，
又载 1982 年《新文学史料》第 3 辑。

哈代八十六岁诞日自述（译诗）
［英］哈代作，译于 1927 年 4 月 20 日；
载 1928 年 5 月 10 日《新月》月刊第 1
卷第 3 号，署名徐志摩；初收 1931 年
8 月上海新月书店版《猛虎集》。

残春（诗）
1927 年 4 月 20 日作；
载 1928 年 5 月 10 日《新月》月刊第 1
卷第 3 号，署名徐志摩；初收 1931 年
8 月上海新月书店版《猛虎集》。

《英国曼殊斐儿小说集》（翻译小说集）
［英］曼殊斐儿著，徐志摩译；
1927 年 4 月上海北新书局初版。

《赣第德》（翻译小说）
［法］伏尔泰著，徐志摩译；
1927 年 6 月上海北新书局初版。

致母亲（书信）
1927 年 8 月 1 日写；

载 1949 年 3 月 1 日《永安月刊》第 118 期，署名摩；

没有收集。

致周作人（书信）

1927 年 8 月 3 日写；

初收 1969 年台湾传记文学出版社版《徐志摩全集》第 1 辑。

《玛丽玛丽》序

1927 年 8 月 3 日作；

初收 1927 年 8 月上海新月书店版《玛丽玛丽》。

《玛丽玛丽》（翻译小说）

James Stephens 作，徐志摩、沈性仁合译；

1927 年 8 月上海新月书店初版。

给陆小曼的信——《巴黎的鳞爪》代序

1927 年 8 月 20 日写；

初收 1927 年 8 月上海新月书店版《巴黎的鳞爪》。

《巴黎的鳞爪》（散文集）

徐志摩著；

1927 年 8 月上海新月书店初版。

给陆小曼信——《翡冷翠的一夜》代序

1927 年 8 月 23 日写；

初收 1927 年 9 月上海新月书店版《翡冷翠的一夜》。

干着急（诗）

1927 年 8 月 27 日作；

载 1927 年 9 月 10 日《现代评论》第 5 卷第 144 期，署名徐志摩；

初收 1931 年 8 月上海新月书店版《猛虎集》。

俘虏颂（诗）

1927 年 9 月 9 日作；

载 1927 年 9 月 17 日《现代评论》第 5 卷第 145 期，署名徐志摩；初收 1931 年 8 月上海新月书店版《猛虎集》。

变与不变（诗）

写作时间和发表报刊不详；

初收 1927 年 9 月上海新月书店版《翡冷翠的一夜》。

最后的那一天（诗）

写作时间和发表报刊不详；

初收 1927 年 9 月上海新月书店版《翡冷翠的一夜》。

天神似的英雄（诗）

写作时间和发表报刊不祥；

初收 1927 年 9 月上海新月书店版《翡冷翠的一夜》。

一个厌世人的墓志铭（译诗）

［英］哈代作；翻译时间和发表报刊不详；

初收 1927 年 9 月上海新月书店版《翡冷翠的一夜》。

《翡冷翠的一夜》（诗集）

徐志摩著；

1927 年 9 月上海新月书店初版。

致周作人（书信）

1927 年 9 月 26 日写；

初收 1969 年台湾传记文学出版社版《徐志摩全集》第 1 辑。

秋（诗）

1927 年秋作；

载 1928 年 3 月 10 日《新月》月刊第 1 卷第 1 号，署名志摩；

初收 1931 年 8 月上海新月书店版《猛虎集》。

致陆小曼（书信）

1927 年 11 月 27 日写

初收 1983 年 10 月商务印书馆香港分馆版《徐志摩全集》第 5 集。

文亚峡（诗）

载 1927 年《现代评论第三周年纪念增刊》，署名徐志摩；

没有收集。

致郭子雄（书信）

1927 年冬写；

初收 1983 年 10 月商务印书馆香港分馆版《徐志摩全集》第 5 集。

海粟的画（评论）

1927 年 12 月作；

载 1927 年 12 月《上海画报》第 303 期，署名徐志摩；

没有收集。

家书（书信残篇）

1927 年 12 月下旬写，陈从周辑；

载 1949 年陈从周自编自印、1981 年 11 月上海书店复印再版《徐志摩年谱》。

日记残篇

1927 年 12 月 27 日写，陈从周辑；

载 1949 年陈从周自编自印、1981 年 11 月上海书店复印再版《徐志摩年谱》。

年终便话（散文）

1927 年 12 月底作；

载 1928 年 1 月 1 日《申报》，署名徐志摩；

没有收集。

1928 年

《自剖》（散文集）

徐志摩著；

1928 年 1 月上海新月书店初版。

致蒋慰堂（书信）

1928 年 2 月中旬写；

初收 1983 年 10 月商务印书馆香港分馆版《徐志馆全集》第 5 集。

《新月》的态度（发刊词）

1928 年 2 月作；

载 1928 年 3 月 10 日《新月》月刊第 1 卷第 1 号，未署名；

初收 1969 年台湾传记文学出版社版《徐志摩全集》第 6 辑。

汤麦士哈代（论文）

1928 年 2 月作；

载 1928 年 3 月 10 日《新月》月刊第 1 卷第 1 号，署名徐志摩；初收 1969 年台湾传记文学出版社版《徐志摩全集》第 6 辑。

谒见哈代的一个下午（散文）

1928 年 2 月作；

载 1928 年 3 月 10 日《新月》月刊第 1 卷第 1 号，署名志摩；

初收 1969 年台湾传记文学出版社版《徐志摩全集》第 6 辑。

附录一：哈代的著作略述（论文）

1928 年 2 月作；

载 1928 年 3 月 10 日《新月》月刊第 1 卷第 1 号，署名志摩；

初收 1969 年台湾传记文学出版社版《徐志摩全集》第 6 辑。

附录二：哈代的悲观（论文）

1928 年 2 月作；

载 1928 年 3 月 10 日《新月》月刊第 1 卷第 1 号，署名志摩；

初收 1969 年台湾传记文学出版社版《徐志摩全集》第 6 辑。

哈代（诗）

1928 年 2 月作；

载 1928 年 3 月 10 日《新月》月刊第 1 卷第 1 号，署名志摩；

初收 1931 年 8 月上海新月书店版《猛虎集》。

一个星期（译诗）

［英］哈代作；1928 年 2 月译；

载 1928 年 3 月 10 日《新月》月刊第 1 卷第 1 号，署名志摩；

初收 1931 年 8 月上海新月书店版《猛虎集》。

对月（译诗）

［英］哈代作；1928 年 2 月译；

载 1928 年 3 月 10 日《新月》月刊第 1 卷第 1 号，署名志摩：

初收 1931 年 8 月上海新月书店版《猛虎集》。

"我不知道风是在哪一个方向吹"（诗）

载 1928 年 3 月 10 日《新月》月刊第 1 卷第 1 号，署名志摩；

初收 1931 年 8 月上海新月书店版《猛虎集》。

白郎宁夫人的情诗（论文）
载 1928 年 3 月 10 日《新月》月刊第 1 卷第 1 号，署名志摩；
初收 1931 年 8 月上海新月书店版《猛虎集》。

附启
载 1928 年 3 月 10 日《新月》月刊第 1 卷第 1 号，未署名；
没有收集。

致刘海粟（书信）
1928 年 3 月 29 日写；
初收 1983 年 10 月商务印书馆香港分馆版《徐志摩全集》第 5 集。

卞昆冈（戏剧）
1928 年 3 月至 4 月 23 日与陆小曼合著；
载《新月》月刊 1928 年 4 月 10 日第 1 卷第 2 号，5 月 10 日第 1 卷第 3 号；
后于 1928 年 7 月由上海新月书店出版单行本。

一个行乞的诗人（论文）
1928 年 4 月作；
载 1928 年 5 月 10 日《新月》月刊第 1 卷第 3 号，署名徐志摩；初收 1969 年台湾传记文学出版社版《徐志摩全集》

第 6 辑。

日记残篇
约写于 1928 年 5 月 5 日，陈从周辑；
载 1949 年陈从周自编自印、1981 年 11 月上海书店复印再版《徐志摩年谱》。

致陆小曼（书信）
1928 年 5 月 9 日写；
初收 1983 年 10 月商务印书馆香港分馆版《徐摩志全集》第 5 集。

日记残篇
1928 年 5 月 14 日写，陈从周辑；
载 1949 年陈从周自编自印、1981 年 11 月上海书店复印再版《徐志摩年谱》。

致双亲（书信）
1928 年 5 月 14 日写；
载 1949 年 3 月 1 日《永安》月刊第 118 期，署名摩；
没有收集。

生活（诗）
1928 年 5 月 29 日作；
载 1929 年 5 月 10 日《新月》月刊第 2 卷第 3 号，署名志摩，
初收 1931 年 8 月上海新月书店版《猛虎集》。

歌（译诗）

［英］Christina Rossetti 作；

载 1928 年 6 月 10 日《新月》月刊第 1
卷第 4 号，署名志摩；

初收 1931 年 8 月上海新月书店版《猛
虎集》。

万牲园里的一个人（翻译小说，未完
稿）

Daird Garuett 作；

载 1928 年 6 月 10 日《新月》月刊第 1
卷第 4 号，署名徐志摩；初收 1969 年
台湾传记文学出版社版《徐志摩全集》
第 6 辑。

西窗（诗）

载 1928 年 6 月 10 日《新月》月刊第 1
卷第 4 号，署名仙鹤；

初收 1931 年 8 月上海新月书店版《猛
虎集》。

跋《书赠林语堂白居易诗〈新丰折臂
翁〉》

1928 年 6 月 14 日写，陈从周辑；

载 1949 年陈从周自编自印、1981
年 11 月上海书店复印再版《徐志摩
年谱》。

致陆小曼（书信）

1928 年 6 月 17 日写；

初收 1983 年 10 月商务印书馆香港分

馆版《徐志摩全集》第 5 集。

致陆小曼（书信）

1928 年 6 月 18 日写；

初收 1983 年商务印书馆香港分馆版
《徐志摩全集》第 5 集。

致陆小曼（英文信）

1928 年 6 月 23 日写；

初收 1983 年 10 月商务印书馆香港分
馆版《徐志摩全集》第 5 集。

致陆小曼（书信）

1928 年 6 月 24 日写；

初收 1983 年 10 月商务印书馆香港分
馆版《徐志摩全集》第 5 集。

致陆小曼（书信）

1928 年 6 月 25 日写；

初收 1983 年 10 月商务印书馆香港分
馆版《徐志摩全集》第 5 集。

致陆小曼（书信）

1928 年 7 月 2 日写；

初收 1983 年 10 月商务印书馆香港分
馆版《徐志摩全集》第 5 集。

致陆小曼（书信）

1928 年 7 月 20 日写；

初收 1983 年 11 月商务印书馆香港分
馆版《徐志摩全集》第 5 集。

致恩厚之（英文信）

1928 年 7 月 20 日写，梁锡华译；
初收梁锡华编译，1979 年 3 月台湾联
经出版事业公司《徐志摩英文书信
集》，又载 1982 年《新文学史料》第
3 辑。

致恩厚之（英文电报）

1928 年 7 月 24 日写，梁锡华译；
初收梁锡华编译、1979 年 3 月台湾联
经出版事业公司版《徐志摩英文书信
集》，又载 1982 年《新文学史料》第
3 辑。

致安德鲁（英文信）

1928 年 7 月写，梁锡华译；
初收梁锡华编译、1979 年 3 月台湾联经
出版事业公司版《徐志摩英文书信集》，
又载 1982 年《新文学史料》第 3 辑。

恋爱到底是什么一回事（诗）

写作时间和发表报刊不详；
初收 1928 年 8 月上海新月书店改订版
《志摩的诗》。

《志摩的诗》（改订版）（诗集）

徐志摩改订；
1928 年 8 月上海新月书店初版。

致傅来义（英文信）

1928 年 8 月写，梁锡华译；

初收梁锡华编译、1979 年 3 月台湾联
经出版事业公司版《徐志摩英文书信
集》、又载 1982 年《新文学史料》第
3 辑。

致恩厚之（英文信）

1928 年 8 月 11 日写，梁锡华译；
初收梁锡华编译，1979 年 3 月台湾联
经出版事业公司版《徐志摩英文书信
集》，又载 1982 年《新文学史料》第
3 辑。

致恩厚之（英文信）

1928 年 9 月写；
初收梁锡华编译，1979 年 3 月台湾联
经出版事业公司版《徐志摩英文书信
集》，又载 1982 年《新文学史料》第
3 辑。

致恩厚之和恩厚之夫人（英文信）

1928 年 9 月写；梁锡华译；
初收梁锡华编译、1979 年 3 月台湾联
经出版事业公司版《徐志摩英文书信
集》，又载 1982 年《新文学史料》第
3 辑。

深夜（诗）

1928 年 9 月作；
载 1929 年 1 月 10 日《新月》月刊第 1
卷第 11 号，署名志摩；
初收 1931 年 8 月上海新月书店版《猛

虎集》。

怨得（诗）
1928 年 9 月作；
载 1929 年 1 月 10 日《新月》月刊第 1
卷第 11 号，署名志摩；
初收 1931 年 8 月上海新月书店版《猛
虎集》。

致恩厚之（英文信）
1928 年 9 月写，梁锡华译；
初收梁锡华编译，1979 年 3 月台湾联
经出版事业公司版《徐志摩英文书信
集》，又载 1982 年《新文学史料》第
3 辑。

致胡适（书信）
1928 年 9 月 20 日写；
载 1979 年 5 月中华书局版《胡适往来
书信选》上册，署名志摩；没有收集。

致恩厚之（英文信）
1928 年 9 月 21 日写，梁锡华译；
初收梁锡华编译，1979 年 3 月台湾联
经出版事业公司版《徐志摩英文书信
集》，又载 1982 年《新文学史料》第
3 辑。

致陆小曼（书信）
1928 年 10 月 4 日写；
初收 1983 年 10 月商务印书馆香港分

馆版《徐志摩全集》第 5 集。

致恩厚之（英文信）
1928 年 10 月 10 日写，梁锡华译；
初收梁锡华编译、1979 年 3 月台湾联
经出版事业公司版《徐志摩英文书信
集》，又载 1982 年《新文学史料》第
3 辑。

致恩厚之（英文信）
1928 年 10 月 13 日写，梁锡华译；
初收梁锡华编译、1979 年 3 月台湾联
经出版事业公司版《徐志摩英文书信
集》，又载 1982 年《新文学史料》第
3 辑。

在不知名的道旁（诗）
1928 年 10 月 31 日作；
载 1929 年 2 月 1 日《金屋月刊》第 1
卷第 2 期，署名徐志摩；
初收 1931 年 8 月上海新月书店版《猛
虎集》。

"浓得化不开"（小说）
1928 年 11 月 1 日、2 日作；
载 1928 年 12 月 10 日《新月》月刊第
1 卷第 10 号，署名徐志摩；初收 1930
年 4 月上海中华书局版《轮盘》。

枉然（诗）
1928 年 11 月 1 日作；

载 1928 年 12 月 10 日《新月》月刊第
1 卷第 10 号，署名徐志摩；初收 1931
年 8 月上海新月书店版《猛虎集》。

"他眼里有你"（诗）
1928 年 11 月 2 日作；
载 1928 年 12 月 10 日《新月》月刊第
1 卷第 10 号，署名徐志摩；初收 1931
年 8 月上海新月书店版《猛虎集》。

再别康桥（诗）
1928 年 11 月 6 日作；
载 1928 年 12 月 10 日《新月》月刊第
1 卷第 10 号，署名徐志摩；初收 1931
年 8 月上海新月书店版《猛虎集》。

致蒋慰堂（书信）
1923 年 12 月 3 日写；
初收 1983 年 10 月商务印书馆香港分
馆版《徐志摩全集》第 5 集。

致陆小曼（书信）
1928 年 12 月 13 日写；
初收 1983 年 10 月商务印书馆香港分
馆版《徐志摩全集》第 5 集。

关于女子——在苏州女子中学讲演稿
1928 年 12 月 15 日写成 17 日讲；
载 1929 年 10 月《新月》月刊第 2 卷
第 8 期，署名徐志摩；
初收 1969 年台湾传记文学出版社版
《徐志摩全集》第 6 辑。

致父亲（书信）
1928 年 12 月 16 日；
载 1949 年 10 月 25 日《子曰》丛刊第
5 期，署名志摩；
初收 1980 年台湾时报文化出版事业有
限公司版《徐志摩诗文补遗》。

致陆小曼（书信）
1928 年 12 月 23 日写；
初收 1983 年 10 月商务印书馆香港分
馆版《徐志摩全集》第 5 集。

死城（北京的一晚）（小说）
1927 年 12 月作；
载 1929 年 1 月 10 日《新月》月刊第 1
卷第 11 号，署名徐志摩；初收 1930
年 4 月上海中华书局版《轮盘》。

1929 年

致蒋慰堂（书信）
1929 年 1 月 5 日写；
初收 1983 年 10 月商务印书馆香港分
馆《徐志摩全集》第 5 集。

致恩厚之（英文信）
1929 年 1 月 7 日写，梁锡华译；
初收梁锡华编译、1979 年 3 月台湾联经
出版事业公司版《徐志摩英文书信集》。
又载 1982 年《新文学史料》第 3 辑。

致蒋慰堂（书信）
1929 年 1 月 15 日写；

初收 1983 年 10 月商务印书馆香港分馆版《徐志摩全集》第 5 集。

波特莱的散文诗（论文）
1929 年 1 月 19 日作；
载 1929 年 12 月 10 日《新月》月刊第 2 卷第 10 号，署名徐志摩，又载邢鹏举译、1930 年 4 月上海中华书局版《波特莱的散文诗》；
初收 1983 年台湾传记文学出版社版《徐志摩全集》第 6 辑。

致胡适（书信）
1929 年 1 月 20 日写；
载 1979 年 5 月北京中华书局版《胡适往来书信选》上册，署名志摩；
没有收集。

致胡适（书信）
1929 年 1 月 23 日写；
载 1979 年 5 月北京中华书局版《胡适往来书信选》上册，署名徐志摩；
没有收集。

致郭子雄（书信）
1929 年 1 月 21 日写；
初收 1983 年 10 月商务印书馆香港分馆版《徐志摩全集》第 5 集。

致赵景深（书信）
1929 年 1 月 28 日写；
载 1983 年上海文艺出版社版《中国现代文艺资料丛刊》第 7 辑，署名志摩；
没有收集。

致刘海粟（书信）
1929 年 1 月 29 日写；
初收 1983 年 10 月商务印书馆香港分馆版《徐志摩全集》第 5 集。

家德（小说）
载 1929 年 2 月 10 日《新月》月刊第 1 卷第 12 号，署名徐志摩；初收 1930 年 4 月上海中华书局版《轮盘》。

轮盘（小说）
1929 年 2 月 3 日作完；
没有单篇发表，初收 1930 年 4 月上海中华书局版《轮盘》。

拜献（诗）
载 1929 年 2 月 10 日《新月》月刊第 1 卷第 12 号，署名志摩；初收 1931 年 8 月上海新月书店版《轮盘》。

春的投生（诗）
1929 年 2 月 28 日作；
载 1929 年 12 月 10 日《新月》月刊第 2 卷第 10 号，署名徐志摩；初收 1931 年 8 月上海新月书店版《猛虎集》。

致恩厚之（英文信）
1929 年 3 月 5 日写，梁锡华译；

初收梁锡华编译、1979 年 3 月台湾联经出版事业公司版《徐志摩英文书信集》。又载 1982 年《新文学史料》第 3 辑。

杜威论革命——游俄印象之一（译文）并序

载 1929 年 3 月 10 日《新月》月刊第 2 卷第 1 号，署名徐志摩；初收 1969 年台湾传记文学出版社版《徐志摩全集》第 6 辑。

"浓得化不开之二"（香港）

载 1929 年 3 月 10 日《新月》月刊第 2 卷第 1 号，署名徐志摩；初收 1930 年 4 月上海中华书局版《轮盘》。

《美展》弁言（序文）

1929 年 4 月初作；

载 1929 年 4 月 10 日上海《美展》三日刊第 1 期，署名徐志摩；初收 1983 年 10 月商务印书馆香港分馆《徐志摩全集》第 4 集。

说"曲译"（论文）

载 1929 年 4 月 10 日《新月》月刊第 2 卷第 2 号，署名摩；

初收 1969 年台湾传记文学出版社版《徐志摩全集》第 6 辑。

想像的舆论（论文）

1929 年 4 月上旬作；

载 1929 年 4 月 13 日上海《美展》三日刊第 1 期，署名徐志摩；初收 1983 年 10 月商务印书馆香港分馆《徐志摩全集》第 4 集。

我也惑（论文）

1929 年 4 月 9 日作完；

载 1929 年 4 月 22 日、25 日上海《美展》三日刊第 5 期、第 6 期，署名徐志摩；初收 1983 年 10 月商务印书馆香港分馆版《徐志摩全集》第 4 集。

致蒋慰堂（书信）

1929 年 4 月 16 日写；

初收 1983 年 10 月商务印书馆香港分馆版《徐志摩全集》第 5 集。

致刘海粟（书信）

1928 年 4 月 25 日写；*

初收 1983 年 10 月商务印书馆香港分馆版《徐志摩全集》第 5 集。

杜鹃（诗）

1929 年 4 月作；

载 1929 年 5 月 10 日《新月》月刊第 2 卷第 3 号，署名志摩；

初收 1931 年 8 月上海新月书店版《猛

* 陆小曼主编的《徐志摩全集》第五集《书信卷》注明此信写于 1980 年 4 月 25 日，根据内容应当是 1929 年 4 月 25 日。

虎集》。

静物（散文）

约作于 1929 年 5 月上旬；*

载 1929 年 5 月 7 日上海《美展》三日刊第 10 期，署名徐志摩；初收 1983 年 10 月商务印书馆香港分馆版《徐志摩全集》第 4 集。

致恩厚之（英文信）

1929 年 6 月 28 写，梁锡华译；

初收梁锡华编译、1979 年 3 月台湾联经出版事业公司版《徐志摩英文书信集》，又载 1982 年《新文学史料》第 3 辑。

致郭子雄（书信）

1929 年 7 月 3 日写；

初收 1983 年 10 月商务印书馆香港分馆版《徐志摩全集》第 5 集。

致刘海粟（书信）

1929 年 7 月 8 日写**；

初收 1983 年 10 月商务印书馆香港分馆版《徐志摩全集》第 5 集。

致郭子雄（书信）

1929 年 7 月 8 日写；

初收 1983 年 10 月商务印书馆香港分馆版《徐志摩全集》第 5 集。

致郭子雄（书信）

1929 年 7 月 11 日写；

初收 1983 年 10 月商务印书馆香港分馆版《徐志摩全集》第 5 集。

致蒋慰堂（书信）

1929 年 7 月 19 日写；

初收 1983 年 10 月商务印书馆香港分馆版《徐志摩全集》第 5 集。

活该（诗）

1929 年 7 月 31 日作；

载 1929 年 11 月 10 日《新月》月刊第 2 卷第 9 号，署名徐志摩；初收 1931 年 8 月上海新月书店版《猛虎集》。

我等候你（诗）

1929 年秋作；

载 1929 年 10 月 10 日《新月》月刊第 2 卷第 8 号，署名徐志摩；初收 1931 年 8 月上海新月书店版《猛虎集》。

致刘海粟（书信）

1929 年 8 月 22 日写*；

载 1937 年 1 月 17 日上海《时事新报》

** 陆小曼主编的《徐志摩全集》第 5 集《书信卷》注明此信写于 1930 年 7 月 8 日，根据内容应当是 1929 年 7 月 8 日。

---

* 陆小曼主编《徐志摩全集》第 5 集《书信卷》误为 1931 年 8 月 22 日。

副刊《青光》，署名志摩；初收 1983
年 10 月商务印书馆香港分馆版《徐志
摩全集》第 5 集。

秋——在光华大学的讲演稿

1929 年秋作；

没有单篇发表，1931 年 11 月上海良友
图书印刷公司出版单行本。

致郭子雄（书信）

1929 年 11 月 17 日写；

初收 1983 年 10 月商务印书馆香港分
馆版《徐志摩全集》第 5 集。

致蒋慰堂（书信）

约写于 1929 年（刊稿未署具体日期）；

初收 1983 年 10 月商务印书馆香港分
馆版《徐志摩全集》第 5 集。

致恩厚之（英文信）

1929 年写（原稿未署具体日期），梁锡
华译；

初收梁锡华编译、1979 年 3 月台湾联经
出版事业公司版《徐志摩英文书信集》，
又载 1982 年《新文学史料》第 3 辑。

1930 年

致郭有守（书信）

1930 年 2 月 1 日写；

初收 1983 年 10 月商务印书馆香港分
馆版《徐志摩全集》第 5 集。

黄鹂（诗）

载 1930 年 2 月 10 日《新月》月刊第 2
卷第 12 号，署名徐志摩；初收 1931
年 8 月上海新月书店版《猛虎集》。

致郭有守（书信）

1930 年 3 月 6 日写；

初收 1983 年 10 月商务印书馆香港分
馆版《徐志摩全集》第 5 集。

季侯（诗）

载 1930 年 2 月 10 日《新月》月刊第
2 卷第 12 号，署名徐志摩；初收 1931
年 8 月上海新月书店版《猛虎集》。

车眺随笔（诗）

载 1930 年 3 月 10 日《新月》月刊第 3
卷第 1 号，署名徐志摩；初收 1931 年
8 月上海新月书店版《猛虎集》，改题
名为《车眺》。

蜿蜒：一只小鼠（翻译小说）

A·E·Coppard 作；

载 1930 年 4 月 10 日《新月》第 3 卷
第 2 号，署名徐志摩；

初收 1969 年台湾传记文学出版社《徐
志摩全集》第 6 辑。

《诗刊》出版预告

载 1930 年 4 月 10 日《新月》第 3 卷
第 2 号，未署名；

没有收集。

《轮盘》序（序文）
没有单篇发表，初收 1930 年 4 月上海
中华书局版《轮盘》。

《轮盘》（小说集）
徐志摩著；
1930 年 4 月上海中华书局初版。

致郭有守（书信）
1930 年 5 月 9 日写；
初收 1983 年 10 月商务印书馆香港分
馆版《徐志摩全集》第 5 集。

笔会缘起（论文）
1930 年 5 月作；
初收 1983 年 10 月商务印书馆香港分
馆版《徐志摩全集》第 3 集。

一九三〇年春（诗）
1930 年春作；
初收 1932 年 7 月上海新月书店版《云游》。

性对爱（译文）
D・H.Lawrence（劳伦斯）作；
载 1930 年 8 月 15 日南京《长风》半
月刊第 1 期，署名徐志摩；
没有收集。

译诗前言
载 1930 年 8 月 15 日南京《长风》半月

刊第 1 期，署名徐志摩；没有收集。

会面译诗
〔英〕曼殊斐儿作；
载 1930 年 8 月 15 日南京《长风》半月
刊第 1 期，署名徐志摩；没有收集。

深渊（译诗）
〔英〕曼殊斐儿作；
载 1930 年 8 月 15 日南京《长风》半月
刊第 1 期，署名徐志摩；没有收集。

在一起睡（译诗）
〔英〕曼殊斐儿作；
载 1930 年 8 月 15 日南京《长风》半月
刊第 1 期，署名徐志摩；没有收集。

苍蝇（翻译小说）
〔英〕曼殊斐儿作；
载 1930 年 9 月 1 日南京《长风》半月
刊第 2 期，署名徐志摩；没有收集。

致父母（书信）
1930 年 8 月 26 日写；
载 1949 年 3 月 1 日《永安》月刊第 118
期，署名摩；没有收集。

Darling（翻译小说）
James Stephens 作；
载 1930 年 10 月《现代学生》第 1 卷
第 1 期，署名徐志摩；没有收集。

秋月（诗）

1930 年 10 月中旬作；

载 1930 年 11 月《现代学生》第 1 卷第 2 期，署名徐志摩；

初收 1931 年 8 月上海新月书店版《猛虎集》。

致郭有守（书信）

1930 年 10 月 20 日写；

初收 1983 年 10 月商务印书馆香港分馆版《徐志摩全集》第 5 集。

致梁实秋（书信）

1930 年 10 月 24 日写；

初收 1969 年台湾传记文学出版社版《徐志摩全集》第 1 辑。

致刘海粟（书信）

1930 年 10 月 26 日写；

初收 1983 年 10 月商务印书馆香港分馆版《徐志摩全集》第 5 集。

致梁实秋（书信）

1930 年 11 月底写；

初收 1969 年台湾传记文学出版社《徐志摩全集》第 1 辑。

致刘海粟（书信）

1930 年 12 月 10 日；

初收 1983 年 10 月商务印书馆香港分馆版《徐志摩全集》第 5 集。

致梁实秋（书信）

1930 年 12 月 19 日写；

初收 1969 年台湾传记文学出版社版《徐志摩全集》第 1 辑。

致郭有守（书信）

1930 年冬写；

初收 1983 年商务印书馆香港分馆版《徐志摩全集》第 5 集。

墨梭林尼的中饭（翻译戏剧）

EdgarMiddleton 作；

载 1930 年 12 月《现代学生》第 1 卷第 3 号，署名徐志摩，又载 1936 年 3 月 16 日《天地人》第 2 期；

初收 1969 年台湾传记文学出版社版《徐志摩全集》第 6 辑（不全），残缺部分收 1980 年台湾时报文化出版事业有限公司版《徐志摩诗文补遗》。

爱的灵感——奉适之（诗）

1930 年 12 月 25 日作完；

载 1931 年 1 月 20 日《诗刊》第 1 期，署名徐志摩；

初收 1932 年 7 月上海新月书店版《云游》。

《诗刊》序语

1930 年 12 月 28 日作；

载 1931 年 1 月 20 日《诗刊》第 1 期，署名志摩；

初收 1980 年台湾时报文化出版事业有限公司版《徐志摩诗文补遗》。

1931 年

半天玩儿（翻译小说）
赫胥黎作；
载 1931 年 1 月 10 日《小说月报》第 22 卷第 1 号，署名徐志摩；初收 1969 年台湾传记文学出版社版《徐志摩全集》第 6 辑。

致刘海粟（书信）
1931 年 2 月 9 日写；
初收 1983 年 10 月商务印书馆香港分馆版《徐志摩全集》第 5 集。

致曹葆华（书信）
1931 年 2 月 12 日写；
载 1931 年 3 月 30 日《国立清华大学校刊》第 278 号，又载 1983 年《北京大学学报》第 4 期，署名志摩；没有收集。

致郭有守（书信）
1931 年 2 月写；
初收 1983 年 10 月商务印书馆香港分馆版《徐志摩全集》第 5 集。

致胡适（书信）
1931 年 2 月 16 日写；
初收 1969 年台湾传记文学出版社版《徐志摩全集》第 1 辑。

致陆小曼（书信）
1931 年 2 月 24 日写；
初收 1983 年 10 月商务印书馆香港分馆版《徐志摩全集》第 5 集。

致陆小曼（书信）
1931 年 2 月 26 日写；
初收 1983 年 10 月商务印书馆香港分馆版《徐志摩全集》第 5 集。

自传小记（译文）
D.H.Lawrence（劳伦斯）作；
载 1931 年 2 月《新月》第 3 卷第 4 期，署名徐志摩；
初收 1969 年台湾传记文学出版社版《徐志摩全集》第 6 辑。

致陆小曼（书信）
1931 年 3 月 4 日写；
初收 1983 年 10 月商务印书馆香港分馆版《徐志摩全集》第 5 集。

致陆小曼（书信）
1931 年 3 月 16 日写；
初收 1983 年 10 月商务印书馆香港分馆版《徐志摩全集》第 5 集。

致陆小曼（书信）
1931 年 3 月 19 日写；
初收 1983 年 10 月商务印书馆香港分馆版《徐志摩全集》第 5 集。

致岳母（书信）

1931年3月19日写；

初收1983年10月商务印书馆香港分馆版《徐志摩全集》第5集。

致陆小曼（书信）

1931年3月22日写；

初收1983年10月商务印书馆香港分馆版《徐志摩全集》第5集。

残破（诗）

1931年3月作；

载1931年4月《现代学生》第1卷第6期，署名徐志摩；

初收1931年8月上海新月书店版《猛虎集》。

山中（诗）

1931年4月1日作；

载1931年4月20日《诗刊》第2期，署名徐志摩；

初收1931年8月上海新月书店版《猛虎集》。

致陆小曼（书信）

1931年4月1日写；

初收1983年10月商务印书馆香港分馆版《徐志摩全集》第5集。

两个月亮（诗）

1931年4月2日作；

载1931年4月20日《诗刊》第2期，署名徐志摩；

初收1931年8月上海新月书店版《猛虎集》。

《诗刊》前言

1931年4月3日写；

载1931年4月20日《诗刊》第2期，署名志摩；

初收1980年台湾时报文化出版事业有限公司版《徐志摩诗文补遗》。

致郭有守（代电）

1931年4月3日写；

初收1983年10月商务印书馆香港分馆版《徐志摩全集》第5集。

车上（诗）

1931年4月7日作；

载1931年4月7日《诗刊》第2期，署名徐志摩；

初收1931年8月上海新月书店版《猛虎集》。

致胡适（书信）

1931年4月8日写；

载1934年11月21日天津《大公报·文学副刊》，署名志摩；

初收1969年台湾传记文学出版社出版《徐志摩全集》第6辑。

致陆小曼（书信）

1931 年 4 月 9 日写；

初收 1983 年 10 月商务印书馆香港分
馆版《徐志摩全集》第 6 辑。

猛虎（译诗）

William Blake 作；

载 1931 年 4 月 20 日《诗刊》第 2 期，
署名徐志摩；

初收 1931 年 8 月上海新月书店版《猛
虎集》。

致胡适（书信）

1931 年 4 月 25 日左右写；

载 1934 年 11 月 21 日天津《大公报·文
学副刊》，署名志摩；

初收 1969 年台湾传记文学出版社版
《徐志摩全集》第 5 集。

致陆小曼（书信）

1931 年 4 月 27 日写；

初收 1983 年 10 月商务印书馆香港分
馆版《徐志摩全集》第 5 集。

致胡适（书信）

写于 1931 年 4 月；

载 1979 年 5 月中华书局版《胡适往来
书信选》中册，署名志摩；没有收集。

致陆小曼（书信）

1931 年 5 月 12 日写；

初收 1983 年 10 月商务印书馆香港分
馆版《徐志摩全集》第 5 集。

致陆小曼（书信）

1931 年 5 月 16 日写；

初收 1983 年 10 月商务印书馆香港分
馆版《徐志摩全集》第 5 集。

致郭子雄（书信）

1931 年 5 月 17 日写；

初收 1983 年 10 月商务印书馆香港分
馆版《徐志摩全集》第 5 集。

致陆小曼（书信）

1931 年 5 月 25 日写；

初收 1983 年 10 月商务印书馆香港分
馆版《徐志摩全集》第 5 集。

致陆小曼（书信）

1931 年 5 月 29 日写；

初收 1983 年 10 月商务印书馆香港分
馆版《徐志摩全集》第 5 集。

在病中（诗）

1931 年 5 月续成七年前残稿；

载 1931 年 10 月 5 日《诗刊》第 3 期，
署名徐志摩；

初收 1932 年 7 月上海新月书店版《云游》。

致郁达夫（书信）

约写于 1931 年 5 月下旬或 6 月上旬；

509

载《大人杂志》第 19 期，署名志摩；
初收 1980 年台湾时报文化出版事业
有限公司版《徐志摩诗文补遗》。

致陆小曼（书信）

1931 年 6 月 14 日写；
初收 1983 年 10 月商务印书馆香港分
馆《徐志摩全集》第 5 集。

致陆小曼（书信）

1931 年 6 月 16 日写；
初收 1983 年 10 月商务印书馆香港分
馆版《徐志摩全集》第 5 集。

致陆小曼（书信）

1931 年 6 月 25 日写；
初收 1983 年 10 月商务印书馆香港分
馆版《徐志摩全集》第 5 集。

卑微（诗）

载 1931 年 6 月《新月》第 3 卷第 8 号，
署名徐志摩；
初收 1931 年 8 月上海新月书店版《猛
虎集》。

致赵家璧（书信）

1931 年 6 月 30 日写；
初收 1931 年 11 月上海良友图书印刷
公司版《秋》。

致陆小曼（书信）

1931 年 7 月 4 日写；
初收 1983 年 10 月商务印书馆香港分
馆版《徐志摩全集》第 5 集。

致陆小曼（书信）

1931 年 7 月 8 日写；
初收 1983 年 10 月商务印书馆香港分
馆版《徐志摩全集》第 5 集。

致傅斯年（书信）

1931 年 7 月 9 日写；
初收 1969 年台湾传记文学出版社版
《徐志摩全集》第 1 辑。

鲤跳（诗）

1931 年 7 月 9 日作；
载 1931 年 8 月《新月》第 3 卷第 16
期，署名徐志摩；
初收 1932 年 7 月上海新月书店版《云游》。

《醒世姻缘》序

1931 年 7 月 10 日作完；
载 1932 年 1 月 1 日《新月》第 4 卷第
1 号，署名徐志摩；
初收 1969 年台湾传记文学出版社版
《徐志摩全集》第 6 辑。

火车擒住轨（诗）

1931 年 7 月 19 日作；
载 1931 年 10 月 5 日《诗刊》第 3 期，

署名志摩；

初收 1932 年 7 月上海新月书店版《云游》。

泰山（诗）

载 1931 年 7 月《新月》第 3 卷第 9 期，署名志摩；

1931 年 8 月上海新月书店版《猛虎集》只存目录，原作初收 1969 年台湾传记文学出版社版《徐志摩全集》第 6 辑。

雁儿们（诗）

1931 年 7 月作；

载 1931 年 9 月 20 日《北斗》创刊号，署名徐志摩；

初收 1932 年 7 月上海新月书店版《云游》。

云游（诗）

1931 年 7 月作；

初以《献词》为题，收 1931 年 8 月上海新月书店版《猛虎集》，后载 1931 年 10 月 5 日《诗刊》第 3 期，署名徐志摩，收 1932 年 7 月上海新月书店版《云游》。

渺小（诗）

载 1981 年 8 月《新月》第 3 卷第 10 号，署名徐志摩；

初收 1931 年 8 月上海新月书店版《猛虎集》。

阔的海（诗）

写作时间和发表报刊不详；

初收 1931 年 8 月上海新月书店版《猛虎集》。

给——（诗）

写作时间和发表报刊不详；

初收 1931 年 8 月上海新月书店版《猛虎集》。

《猛虎集》序

1931 年 8 月 23 日作完；

初收 1931 年 8 月上海新月书店版《猛虎集》。

《猛虎集》（诗集）

徐志摩著；

1931 年 8 月上海新月书店初版。

你去（诗）

1931 年 8 月作；

载 1931 年 10 月 5 日《诗刊》第 3 期，署名徐志摩；

初收 1932 年 7 月上海新月书店版《云游》。

致刘海粟（书信）

1931 年 8 月写；

初收 1983 年 10 月商务印书馆香港分馆版《徐志摩全集》第 5 集。

珰女士（小说，未完稿）

载 1931 年 9 月《新月》第 3 卷第 11 号，署名徐志摩，后又载 1935 年《人言》周刊 5 月 25 日第 2 卷第 11 期，6 月 1 日第 2 卷第 2 期，6 月 8 日第 2 卷第 13 期，6 月 15 日第 2 卷第 14 期，重刊时有邵洵美续作，亦未作完；徐作部分初收 1969 年台湾传记文学出版社版《徐志摩全集》第 6 辑。

致胡适（书信）

1931 年 9 月 9 日写；

载 1979 年 5 月中华书局版《胡适往来书信选》中册，署名志摩；没有收集。

《诗刊》叙言

1931 年 9 月作；

1931 年 10 月 5 日《诗刊》第 3 期，署名志摩；

初收 1980 年台湾时报文化出版事业有限公司版《徐志摩诗文补遗》。

致陆小曼（书信）

1931 年 10 月 1 日写；

初收 1983 年 10 月商务印书馆香港分馆版《徐志摩全集》第 5 集。

致郭有守（书信）

1931 年 10 月 1 日写；

初收 1983 年 10 月商务印书馆香港分

馆版《徐志摩全集》第 5 集。

致刘海粟（书信）

1931 年 10 月 4 日写；

初收 1983 年 10 月商务印书馆香港分馆版《徐志摩全集》第 5 集。

别拧我，疼（诗）

载 1931 年 10 月 5 日《诗刊》第 3 期，署名志摩；

初收 1932 年 7 月上海新月书店版《云游》。

致陆小曼（书信）

1931 年 10 月 10 日写；

初收 1983 年 10 月商务印书馆香港分馆版《徐志摩全集》第 5 集。

致陆小曼（书信）

1931 年 10 月 22 日写；

初收 1983 年 10 月商务印书馆香港分馆版《徐志摩全集》第 5 集。

致陆小曼（书信）

1931 年 10 月 22 日写；

初收 1983 年 10 月商务印书馆香港分馆版《徐志摩全集》第 5 集。

致陆小曼（书信）

1931 年 10 月 23 日写；

初收 1983 年 10 月商务印书馆香港分

馆版《徐志摩全集》第5集。

致陆小曼（书信）
1931年10月29日写；
初收1983年10月商务印书馆香港分馆版《徐志摩全集》第5集。

致郭子雄（书信）
1931年11月1日写；
初收1983年10月商务印书馆香港分馆版《徐志摩全集》第5集。

罗米欧与朱丽叶（第二幕第二景）（翻译诗剧）
1931年秋译；
载1932年1月1日《新月》第4卷第1号，署名徐志摩，又载1932年7月30日《诗刊》第4期；
初收1932年7月上海新月书店版《云游》。

领罪（诗）
1931年秋作；
载1932年7月30日《诗刊》第4期，署名徐志摩；
初收1932年7月上海新月书店版《云游》。

难忘（诗）
1931年秋作；
载1932年7月30日《诗刊》第4期，

署名徐志摩；
初收1932年7月上海新月书店版《云游》。

致杨杏佛（书信）
载1931年11月18日写；
载1982年8月13日《新民晚报·十日谈》，署名志摩；
没有收集。

附录：待考
徐志摩一首七律（诗）
载1933年5月27日《东南日报·越国春秋》，又载1982年5月南京师范学院《文教资料简报》第125期；
没有收集。

志摩日记
载1948年8月27日《申报·出版界》；
没有收集。

致梁实秋（书信）
初收1969年台湾传记文学出版社版《徐志摩全集》第1辑(为"致梁实秋函一")。

她在那里（诗）
初收1983年10月商务印书馆香港分馆版《徐志摩全集》第1集。

荒凉的城子（诗）
初收1983年10月商务印书馆香港分

馆版《徐志摩全集》第1集。

在车中（诗）

初收 1983 年 10 月商务印书馆香港分
馆版《徐志摩全集》第1集。

醒！醒！（诗）

初收 1983 年 10 月商务印书馆香港分
馆版《徐志摩全集》第1集。

徐志摩著译书目

邵华强

说明：

一、本《索引》编入编者所知道的 1923 年至 1983 年 12 月评论、介绍徐志摩及其创作的文章和书籍篇目（包括有关书信、诗歌和图片），编者所见的提及徐志摩及其作品的文章和书籍的有关章节也一并录入。

二、本《索引》部分篇目，限于时间和条件，编者未能查找到原刊，系从其它有关材料转录而来，仅供读者进一步查阅时参考。

说明：

一、本《书目》按各集出版时间顺序编排。

二、为便于读者查阅，凡解放前出版的各种盗印本均在书名旁加括号注明。

三、有※者系编者尚未找到原书的书目，其出处系从其它材料转录而来，仅供读者进一步查阅时参考。

四、解放后海外编辑出版的徐志摩作品集甚多，编者限于时间和条件未作进一步查找，盼望能得到海内外学术界同行的补遗指正。

《涡堤孩》（翻译小说）

[英] 高斯著，徐志摩译；

1923 年 5 月上海商务印书馆初版（为共学社丛书之一），1934 年 8 月上海商务印书馆第 2 版；

正文前有译者写的《引子》5 页，全书共 19 章。

《曼殊斐儿》（翻译集）

[英] 曼殊斐儿著，徐志摩等译；

1924 年 11 月上海商务印书馆初版（为小说月报丛刊第三种）。

目次：

曼殊斐儿（徐志摩撰）

一个理想的家庭（徐志摩译）

太阳与月亮（西滢译）

曼殊斐儿略传（沈雁冰撰）

《志摩的诗》（诗集）

徐志摩著；

1925 年 8 月中华书局初版（线装本）。

目次：

这是一个懦怯的世界

多谢天！我的心又一度的跳荡

我有一个恋爱

去罢

为要寻一个明星

留别日本

沙扬娜拉十八首

破庙

自然与人生

地中海

灰色的人生

毒药

白旗

婴儿

太平景象

卡尔佛里

一条金色的光痕

盖上几张油纸

无题

残诗一首

东山小曲

一小幅的穷乐图

先生！先生！

石虎胡同七号

雷峰塔

月下雷峰影片

沪杭车中

难得

古怪的世界

朝雾里的小草花

在那山道旁

五老峰

乡村里的音籁

天国的消息

夜半松风

消息

青年曲

谁知道

常州天宁寺闻礼忏声

一家古怪的店铺

不再是我的乖乖

哀曼殊斐儿

一个祈祷

默境

月下待杜鹃不来

希望的埋葬

冢中的岁月

叫他活该

一星弱火

她是睡着了

问谁

为谁

落叶小唱

雪花的快乐

康桥再会罢

《落叶》（散文集）

徐志摩著；

1926 年 6 月北京北新书局初版，1929
年 9 月上海北新书局 3 版。

目次：

序（1926 年 6 月 28 日写）

落叶

青年运动

话

政治生活与王家三阿嫂

守旧与"玩"旧

列宁忌日——谈革命

论自杀三篇

一、读桂林梁巨川先生遗书

二、再论梁巨川先生的自杀（陶孟和
作）

三、再论自杀

海滩上种花

《赣第德》（翻译长篇小说）

［法］伏尔泰著，徐志摩译；

1927 年 6 月上海北新书局初版（为欧
美名家小说丛刊）；

正文前有徐志摩写的序 2 页，全书共
197 页。

《英国曼殊斐儿小说集》（翻译小说集）

曼殊斐儿著，徐志摩译；

1927 年 4 月上海北新书局初版，1927
年 7 月上海北新书局 2 版（为欧美名
家小说丛刊）。

目次：

园会

毒药

巴克妈妈的行状

一杯茶

夜深时

幸福

一个理想的家庭

刮风

曼殊斐儿（徐志摩撰）

《玛丽玛丽》（翻译长篇小说）

［英］詹姆士·司蒂芬著，徐志摩、沈
性仁合译；

1927 年 8 月上海新月书店初版。

《巴黎的鳞爪》（散文集）

徐志摩著；

1927 年 8 月上海新月书店初版。

目次：

志摩八月二十日给小曼信（代序）

巴黎的鳞爪

一、九小时的萍水线

二、先生，你见过艳丽的肉没有

翡冷翠山居闲话

吸烟与文化

我所知道的康桥

拜伦

罗曼罗兰

达文赛的剪影

济慈的夜莺歌

天目山中笔记

鹞鹰与芙蓉雀（译文）

生命的报酬（译文）

从小说讲到大事

《翡冷翠的一夜》（诗集）

徐志摩著；

1927 年 9 月上海新月书店初版，1928
年 5 月上海新月书店再版。

目次：

给陆小曼的信（一九二七年八月二十
三日，代序）

附志

第一辑　　翡冷翠的一夜

　　翡冷翠的一夜

　　呻吟语

　　"我要你"（译诗）

　　他怕他说出口

　　偶然

　　珊瑚

　　变与不变

　　丁当——清新

　　我来扬子江边买一把莲蓬

　　客中

　　三月十二日深夜大沽口外

　　半夜深巷琵琶

决断

最后的那一天

"起造一座墙"

望月

白须的海老儿

再休怪我的脸沉

天神似的英雄

第二辑　　再不见雷峰

　　再不见雷峰

　　大帅（战歌之一）

　　"人变兽"（战歌之二）

　　梅雪争春

　　"这年头活着不易"

　　庐山石工歌

　　西伯利亚

　　西伯利亚道中忆西湖秋雪庵芦色作歌

　　在哀克刹脱教堂前（Exeter）

　　一个厌世人的墓志铭（译诗）

　　在火车上一次心软（译诗）

　　图下的老江（译诗）

　　新婚与旧鬼（译诗）

　　两位太太（译诗）

　　海韵

　　涡堤孩新婚歌（译诗）

　　苏苏

　　又一次试验

　　命运的逻辑

　　新催妆曲

　　两地相思

　　罪与罚（一）

　　罪与罚（二）

《自剖》（散文集）

徐志摩著；

1928 年 1 月上海新月书店初版。

目次：

自剖辑第一

　自剖

　再剖

　求医

　想飞

　迎上前去

　北戴河海滨的幻想

哀思辑第二

　我的祖母之死

　悼沈叔薇

　我的彼得

　伤双栝老人

　吊刘叔和

游俄辑第三

　一　开篇

　二　自愿的充军

　三　离京

　四　旅伴

　五　两个生客

　六　西伯利亚一

　七　西伯利亚二

　八　莫斯科

　九　托尔斯太

　十　犹太人的怖楚

　十一　契诃夫的墓园

　十二　一宿有话

　十三　血

《卞昆岗》（戏剧）

徐志摩、陆小曼著；

1928 年 7 月上海新月书店初版。

按：正文前有余上沅作的序 4 页。

《志摩的诗》（改订版）

徐志摩改订；

1928 年 8 月上海新月书店初版。

目次：

雪花的快乐

沙扬娜拉（一首）

落叶小唱

为谁

问谁

这是一个懦怯的世界

去罢

一星弱火

为要寻一个明星

不再是我的乖乖

多谢天！我的心又一度的跳荡

我有一个恋爱

无题

消息

夜半松风

月下雷峰影片

沪杭车中

难得

古怪的世界

天国的消息

乡村里的音籁

她是睡着了

五老峰

朝雾里的小花

在那山道旁

石虎胡同七号

先生！先生！

叫化活该

谁知道

残诗

盖上几张油纸

太平景象

卡尔佛里

一条金色的光痕

灰色的人生

破庙

恋爱到底是什么一回事

常州天宇寺闻礼忏声

毒药

白旗

婴儿

《轮盘》（小说集）

徐志摩著；

1930 年 4 月上海中华书局初版（为新文艺丛书）。

目次：

《轮盘》的序（沈从文）

自序

春痕

两姐妹

老李

一个清清的早上

船上

肉艳的巴黎

浓得化不开（星家坡）

浓得化不开之二（香港）

死城

家德

轮盘

《猛虎集》（诗集）

徐志摩著；

1931 年 8 月上海新月书店初版。

目次：

序

献词

我等候你

春的投生

拜献

渺小

阔的海

猛虎（译诗）

他眼里有你

在不知名的道旁（印度）

车上

车眺

再别康桥

干着急

俘虏颂

秋虫

西窗

怨得

深夜

季候

杜鹃

黄鹂

秋月

山中

两个月亮

给——

一块晦色的路碑

歌（译诗）

诔词（译诗）

枉然

生活

残春

残破

活该

卑微

"我不知道风是在哪一个方向吹"

哈代

哈代八十六岁诞日自述（译诗）

对月（译诗）

一个星期（译诗）

死尸（译诗）

《秋》（散文）

徐志摩著，赵家璧编；

1931 年 11 月上海良友图书印刷公司初
版，

1932 年 11 月上海良友图书印刷公司再
版（均为一角丛书第十三种）。

目次：

志摩遗像

志摩给家璧的信

篇前（赵家璧）

写给飞去了的志摩（赵家璧）

秋

翡冷翠日记四页（英文）

《云游》（诗集）

徐志摩著，陆小曼编；

1932 年 7 月上海新月书店初版。

目次：

小曼的序

云游

火车禽住轨

你去

在病中

雁儿们

鲤跳

别拧我，疼

领罪

难忘

一九三〇年春

爱的灵感——奉适之

罗米欧与朱丽叶（译诗）

奥文满垒狄斯的诗（译诗）

《徐志摩选集》（盗版）

徐沉泗、叶忘忧编；

1935 年上海万象书屋初版（为现代创
作文库第六辑）。

目次：

现代创作文库序（编者）

题记（编者）

徐志摩论（穆木天）

诗：

　　爱的灵感——奉适之

　　别拧我，疼

　　在病中

　　云游

　　两地相思

　　海韵

　　在哀克刹脱教堂前

　　大帅

　　我来扬子江边买一把莲蓬

　　翡冷翠的一夜

　　常州天宁寺闻礼忏声

　　恋爱到底是怎么一回事

　　一条金色的光痕

　　盖上几张油纸

　　残诗

　　叫化活该

　　先生！先生

　　石虎胡同七号

　　五老峰

　　难得

　　沪杭车中

　　月下雷峰影片

　　我有一个恋爱

　　不再是我的乖乖

　　为要寻一个明星

　　一星弱火

　　去罢

　　这是一个懦怯的世界

　　问谁

　　落叶小唱

　　沙扬娜拉（一首）

　　雪花的快乐

散文：

　　巴黎的鳞爪

　　我所知道的康桥

　　自剖

　　再剖

　　想飞

　　迎上前去

　　悼沈叔薇

　　吊刘叔和

小说：

　　轮盘

　　一个清清的早上

　　老李

《徐志摩创作选》（盗版）

少侯编；

1936 年上海仿古书店初版（为现代名
人创作丛书）。

目次：

诗：

　　再会罢康桥

　　翡冷翠的一夜

　　呻吟语

　　他怕他说出口

　　我来扬子江边买一把莲蓬

　　半夜深巷琵琶

　　石虎胡同七号

　　这是一个懦怯的世界

问谁

落叶小唱

一条金色的光痕

盖上几张油纸

我有一个恋爱

去罢

灰色的人生

卡尔佛里

残诗

一小幅的穷乐图

谁知道

常州天宁寺闻礼忏声

哀曼珠斐儿

她是睡着了

两地相思

海韵

云游

火车禽住轨

你去

小说：

　小赌婆儿的大话

　轮盘

散文：

　北戴河海滨的幻想

　翡冷翠山居闲话

　我所知道的康桥

　自剖

　伤双栝老人

　天目山中笔记

　浓得化不开

　死城

　　　猛虎集自序

《爱眉小札》（日记书信集）

徐志摩、陆小曼合著，陆小曼编；

1936 年上海良友图书印刷公司初版

（为良友文学丛书第 24 种）

1945 年上海良友图书印刷公司第 2 版。

目次：

序（陆小曼）

志摩日记

　（一九二五年八月九日——三十一

日，北京）

　（一九二五年九月五日——十七日，

上海）

志摩书信

　（一九二五年三月三日——五月十

七日）

小曼日记

（一九二五年三月十一日——七月十

一日）

《诗》（盗版）

编者不详；

上海复兴出版社 1945 年 9 月初版（为

近代创作选集第六辑）。

目次：

爱的灵感

别拧我，疼

在病中

云游

两地相思

海韵

在哀克刹脱教堂前

大帅（战歌之一）

半夜深巷琵琶

我来扬子江边买一把莲蓬

翡冷翠的一夜

常州天宁寺闻礼忏声

恋爱到底是怎么一回事

一条金色的光痕

盖上几张油纸

残诗

叫化活该

先生！先生！

石虎胡同七号

五老峰

难得

沪杭车中

月下雷峰影片

我有一个恋爱

不再是我的乖乖

为要寻一个明星

一星弱火

去罢

这是一个懦怯的世界

问谁

落叶小唱

沙扬娜拉（一首）

雪花的快乐

《徐志摩遗作精选》（封面页题名《徐志摩文选》，盗版）

储菊人编；

1947 年上海正气书局初版（为现代文库之一）。

目次：

徐志摩论（穆木天）

诗：

　爱的灵感

　别拧我，疼

　在病中

　云游

　两地相思

　海韵

　在哀克刹脱教堂前

　大帅（战歌之一）

　半夜深巷琵琶

　我来扬子江边买一把莲蓬

　翡冷翠的一夜

　常州天宁寺闻礼忏声

　恋爱到底是怎么一回事

散文

　巴黎的鳞爪

《志摩日记》

陆小曼编：

1947 年 3 月上海晨光出版公司初版，

1948 年 9 月上海晨光出版公司再版，

1949 年 4 月上海晨光出版公司三版（为"晨光文学丛书"）。

目次：

小曼序

西湖记

爱眉小札（即《爱眉小札》中的《志摩日记》）

眉轩琐语

一本没有颜色的书

小曼日记

《徐志摩杰作选》（盗版）

巴雷编选；

1947 年 6 月上海新象书店初版（为当代创作文库）。

《徐志摩选集》（盗版）

何须忍编；

1947 年 9 月上海中央书店新 1 版（为现代创作文库）。

《小鱼集》（盗版）*

编者不详；

栗里书屋出版（出版时间不详）。

《徐志摩全集》

蒋复璁、梁实秋主编；

1969 年台湾传记文学出版社初版。

总目：

第一辑

一、前言（徐积锴）

二、编辑经过（梁实秋）

三、小传（蒋复璁）

四、图片（三十二帧）

五、墨迹函札（十五件）

六、未刊稿（诗二十四首）

七、纪念文（胡适等）

八、挽联挽诗祭文（徐申如等）

九、年谱

十、遗文存目

第二辑

一、志摩的诗（诗集之一）

二、翡冷翠的一夜（诗集之二）

三、猛虎集（诗集之三）

四、云游（诗集之四）

第三辑

一、落叶（文集之一）

二、巴黎的鳞爪（文集之二）

三、自剖文集（文集之三）

四、秋（文集之四）

第四辑

一、轮盘小说集（小说）

二、卞昆冈（戏剧）

三、爱眉小札（日记之一）

四、志摩日记（日记之二）

五、涡堤孩（翻译之一）

第五辑

一、曼珠斐儿小说集（翻译之二）

二、赣第德（翻译之三）

三、玛丽玛丽（翻译之四）

第六辑

一、新编诗集

二、新编文集

三、新编翻译集

《徐志摩全集》

（原书未署编者名）

香港文化图书公司出版（原书无出版日期）。

目次：

徐志摩小传（编者）

关于徐志摩（梁实秋）

追悼徐志摩（胡适）

散文

我所知道的康桥

翡冷翠山居闲话

巴黎的鳞爪

北戴河海滨的幻想

天目山中笔记

自剖

再剖

我的祖母之死

伤双栝老人

轮盘

一个清清的早上

老李

想飞

迎上前去

悼沈叔薇

吊刘叔和

我的彼得

罗曼罗兰

拜伦

翻译

鹞鹰与芙蓉雀

达文謇的剪影

济慈的夜莺歌

小说

自序

春痕

两姐妹

船上

浓得化不开（新加坡）

浓得化不开（香港）

死城

家德

小赌婆儿的大话

生命的报酬

从小事说到大事

日记

爱眉小札

眉轩琐语

小曼日记

诗辑

梅雪争春

春的投生

难忘

他眼里有你

阔的海

在不知名的道旁

车上

车眺

猛虎

干着急

秋虫

西窗

杜鹃

527

《徐志摩全集》*

朱自清编；

1972 年台湾光明出版社出版。

《朱自清、徐志摩散文集》*

1974 年台湾东方出版社出版。

《小曼与我》*

1975 年台湾德华出版社出版。

《徐志摩精选集》*

李启鹏编；

1975 年台湾五洲出版社出版。

《春痕》*

1975 年台湾庄严出版社出版。

《文学家的情书》*

徐志摩等合著；

1976 年台湾四季出版公司出版。

《徐志摩散文集》*

1976 年台湾益群书店出版。

《徐志摩英文书信集》

梁锡华编译；

1979 年 3 月台湾联经出版事业公司初版。

目次：

前言

徐志摩海外交游录（代序）

徐志摩英文书信

　致恩厚之

　致魏雷

　致罗素及罗素夫人

　致太戈尔

　致傅来义

　致安德鲁

附录

　胡适致恩厚之及恩厚之夫人

　恩厚之致徐志摩

　太戈尔致徐志摩

　嘉本特致徐志摩

　人名地名注释

《徐志摩诗文补遗》

梁锡华编；

1980 年 2 月台湾时报文化出版事业有限公司初版（为时报书系第 217）。

目次：

序（梁锡华）

前言（梁锡华）

第一辑：书信

　致成仿吾（一）

　致成仿吾（二）

　（附录：成仿吾致徐志摩）

　致成仿吾（三）

　致孙伏庐

　（附录：晨副编辑对徐志摩公开信的案语）

　致王统照

　致新月社朋友

　（附录：周作人致徐志摩）

　致周作人

　致李祁

　致赵景深

　致郁达夫

　致伯父（一）

　致伯父（二）

　致伯父（三）

　致父亲

第二辑：诗集

　小花篮

　A Prayer

　一家古怪的店铺

　幻想

531

公尔基记契诃甫

答闻一多先生

案语（徐志摩作）

《徐志摩诗集》

周良沛编；

1981 年 1 月四川人民出版社第一版。

目次：

序（卞之琳）

志摩的诗

　雪花的快乐

　沙扬娜拉

　落叶小唱

　为谁

　问谁

　这是一个懦怯的世界

　去罢

　一星弱火

　为要寻一颗明星

　不再是我的乖乖

　多谢天！我的心又一度的跳荡

　我有一个恋爱

　无题

　消息

　夜半松风

　月下雷峰影片

　沪杭车中

　难得

　古怪的世界

　天国的消息

　乡村里的音籁

她是睡着了

五老峰

朝雾里的小花

在那山道旁

石虎胡同七号

先生！先生

叫化活该

谁知道

残诗

盖上几张油纸

太平景象

卡尔佛里

一条金色的光痕

灰色的人生

破庙

恋爱到底是什么一回事

常州天宁寺闻礼忏声

毒药

白旗

婴儿

翡冷翠的一夜

　翡冷翠的一夜

　呻吟语

　他怕他说出口

　偶然

　珊瑚

　变与不变

　丁当——清新

　我来扬子江边买一把莲蓬

　客中

　三月十二深夜大沽口外

533

火车擒住轨

你去

在病中

雁儿们

鲤跳

别拧我，疼

领罪

难忘

一九三〇年春

爱的灵感

哀曼殊斐儿

编后（周良沛）

《徐志摩选集》

田原主编

1981 年 3 月台湾黎明文化事业股份有

限公司初版（为中国新文学丛刊）

目次：

素描

生活照片

手迹

年表（编者）

小传（蒋复璁）

第一辑：诗

难忘

他眼里有你

西窗

给——

枉然

再会吧，康桥

偶然

再别康桥

为谁

怨得

无题

我不知道风是在哪一个方向吹

夜半松风

凝望

难得

雪花的快乐

问谁

第二辑：散文

我所知道的康桥

巴黎的鳞爪

自剖

再剖

第三辑：小说

轮盘

罗曼罗兰

悼沈叔薇

春痕

浓得化不开（新加坡）

浓得化不开（香港）

小赌婆儿的大话

第四辑：日记

爱眉小札

眉轩琐语

小曼日记

第五辑：翻译

济慈的夜莺歌

第六辑：附录

谈志摩的散文（梁实秋）

《落叶》（徐志摩作品选）

邵华强编；

1982年11月花城出版社初版（为花城丛书）。

目次：

诗

 沙扬娜拉

 沪杭车中

 落叶小唱

 为谁

 难得

 在那山道旁

 雪花的快乐

 一块晦色的路碑

 月下雷峰影片

 再不见雷峰

 这年头活着不易

 朝雾里的小花

 残诗

 破庙

 婴儿

 翡冷翠的一夜

 呻吟语

 梅雪争春

 偶然

 珊瑚

 最后的那一天

 "起造一座墙"

 大帅（战歌之一）

 人变兽（战歌之二）

 西伯利亚

 海韵

 苏苏

 我等候你

 拜献

 渺小

 阔的海

 他眼里有你

 在不知名的道旁（印度）

 再别康桥

 杜鹃

 黄鹂

 山中

 生活

 先生！先生！

 我不知道风——

 哈代

 云游

 你去

 在病中

 雁儿们

 哀曼特斐儿

 为要寻一个明星

散文

 印度洋上的秋思

 泰山日出

 我的祖母之死

 一封信

 拜伦

 泰戈尔

 北戴河海滨的幻想

 落叶

535

536

留别日本

沙扬娜拉十七首

自然与人生

东山小曲

一小幅的穷乐图

雷峰塔

青年曲

一家古怪的店铺

哀曼殊斐儿

一个祈祷

默境

月下待杜鹃不来

希望的埋葬

冢中的岁月

山中大雾看景

康河晚照即景（摘自徐志摩散文《曼殊斐儿》）

四行诗一首

再不迟疑（摘自徐志摩散文《迎上前去》）

北方的冬天是冬天

悲思

铁栎歌

小花篮

幻想

一封信

泰山日出

一个噩梦

那一点神明的火焰

一宿有话

"拿回吧，劳驾，先生"

诗句

给母亲

挽李幹人（旧体诗）

盈盈复脉脉（旧体诗，摘自《志摩日记·爱眉小札》）

秋风秋雨（旧体诗，摘自《志摩日记·爱眉小札》）

哭瘿公（旧体诗）❶

遣恤二首寄寒厓表兄（旧体诗）❷

集外译诗

窥镜（哈代）

伤痕（哈代）

分离（哈代）

她的名字（哈代）

在一家饭店里（哈代）

"我打死的那个人"（哈代）

公园里的座椅（哈代）

"Deep in My Soul that Tender Secret Dwells"（拜伦）

唐琼与海（拜伦）

歌德四行诗

谢恩（泰戈尔）

莪默的一首诗

我自己的歌（惠特曼）

萧伯纳的格言

译 Schiller 诗一首

海咏（嘉本特）

性的海（嘉本特）

一个女子（萨福）

---

❶❷ 这两首旧体诗非徐志摩之作。

---

❶ 此诗系徐志摩创作。

版。

总目：

第一集（诗集）

出版说明（商务印书馆香港分馆）

序（沈从文）

序（陈从周）

序（赵家璧）

志摩的诗

　　第一辑

　　雪花的快乐

　　落叶小唱

　　为谁

　　问谁

　　这是一个懦怯的世界

　　去罢

　　一星弱火

　　为要寻一个明星

　　不再是我的乖乖

　　多谢天！我的心又一度的跳荡

　　我有一个恋爱

　　无题

　　消息

　　夜半松风

　　月下雷峰

　　沪杭车中

　　难得

　　古怪的世界

　　天国的消息

　　乡村里的音籁

　　她是睡着了

　　五老峰

庐山小诗两首

在那山道旁

石老胡同七号

先生！先生！

叫化活该

谁知道

残诗

盖上几张油纸

太平景象

卡尔佛里

一条金色的光痕（硖石土白）

灰色的人生

破庙

恋爱到底是怎么一回事

常州天宁寺闻礼忏声

毒药

白旗

婴儿

第二辑

北方的冬天是冬天

我是个无依无伴的小孩

情死

马赛

有那一天

幻想

悲思

那一点神明的火焰

她在那里

荒凉的城子

在车中

醒！醒！

阔的海

泰山

他眼里有你

在不知名的道旁（印度）

车上

车眺

再别康桥

干着急

俘虏颂

秋虫

西窗

怨得

深夜

季候

杜鹃

黄鹂

秋月

山中

两个月亮

给——

一块晦色的路碑

杜然

生活

残春

残破

活该

卑微

我不知道风是在那一个方向吹

哈代

云游集

云游

火车擒住轨

你去

在病中

雁儿们

鲤跳

别拧我，疼

领罪

难忘

一九三〇年春

爱的灵感

译诗

罗米欧与朱丽叶（W.shakespeare）

唐琼与海（G.G.Byron）

Song from Corsair（G.G.Byron）

猛虎（W.Blake）

死尸（C.Baudelaire）

图下的老江（D.G.Rossetti）

新婚与旧鬼（C.G Rossetti）

诔词（M.Arnold）

小影（O.Meredith）

我要你（A.Symons）

我自己的歌（W.Whitman）

伤痕（T.Hardy）

分离（T.Hardy）

两位太太（T.Hardy）

在火车中一次心软（T.Hardy）

一个厌世人的墓志铭（T.Hardy）

八十六岁诞日自述（T.Hardy）

一个星期（T.Hardy）

性的海（E.Carpenter）

谢恩（R.Tagore）

死城（D'Annunzio）

墨梭林尼的中饭（Edgar Middleton）

书信集

致陆小曼信六十一通

致刘海粟信十九通

致蒋慰堂信九通

致郭有守信八通

致郭子雄信八通

后记（商务印书馆编审部一九四八年七月一日）

附录一

徐志摩主编，徐志摩、沈从文共同审稿的"新文艺丛书"总目：

《一幕悲剧的写实》

胡也频著，1930 年 1 月上海中华书局出版。

《结婚集》

[瑞典]斯特林堡著，梁实秋译，1930 年 1 月上海中华书局出版。

《日本现代名家小说集》

[日]佐藤春夫等著，查士元译，1930 年 1 月上海中华书局第 1 辑出版，11 月第 2 辑出版。

《旅店及其它》

沈从文著，1930 年 2 月上海中华书局出版。

《一个女人》

丁玲著，1930 年 4 月上海中华书局出版。

《休息》

王实味著，1930 年 4 月上海中华书局出版。

《轮盘》

徐志摩著，1930 年 4 月上海中华书局出版。

《波特莱的散文诗》

[法]波特莱尔著，邢鹏举译，1930 年 4 月上海中华书局出版。

《珊拿的邪教徒》

[德]霍布门著，王实味译，1930 年 4 月上海中华书局出版。

《幻醉及其它》

谢冰季著，1930 年 10 月上海中华书局出版。

《少女书简》

夏忠道著，1930 年 12 月上海中华书局出版。

《金丝笼》

陈楚淮著，1930 年 12 月上海中华书局出版。

《石子船》
沈从文著，1931 年 1 月上海中华书局
出版。

《现代法国小说选》
[法] 苏保等著，徐霞村译，1931 年 1
月上海中华书局出版。

《牺牲》
[意大利] 丹农雪乌著，1931 年 1 月上
海中华书局出版。

《傀儡》
[德] 师保尔·施笃漠著，陈林率，罗念
生译，1931 年 1 月上海中华书局出版。

《春之罪》
茅以思著，1931 年 1 月上海中华书局
出版。

《过岭记》
作者不详，孙用译，1931 年 2 月上海
中华书局出版。

《死的胜利》
[意大利] 丹农雪乌著，任纯武译，1931
年 2 月上海中华书局出版。

《爱神的玩偶》
孙孟涛著，1931 年 2 月上海中华书局
出版。

《断桥》
[美] 怀尔德著，曾虚白译，1931 年 2
月上海中华书局出版。

《卡尔与安娜》
[德] 里昂哈特·弗兰克著，盛明若译，
1931 年 4 月上海中华书局出版。

《诗人柏兰若》
[法] 义特里著，李万居译，1931 年 4
月上海中华书局出版。

《爱丽儿》
[法] 莫怀特著，李惟建译，1931 年 4
月上海中华书局出版。

《口供》
郭子雄著，1931 年 8 月上海中华书局
出版。

《阿凤》
冷西著，1931 年 8 月上海中华书局出
版。

《虹》
胡山源著，1931 年 8 月上海中华书局
出版。

《德国名家小说集》
[德] 里尔等著，刘思训译，1931 年
10 月上海中华书局出版。

《勃莱克》
刑鹏举著，1932 年 4 月上海中华书局
出版。

《还乡集》
蹇先艾著，1934 年 12 月上海中华书局
出版。

附录二

徐志摩主编，徐志摩、沈从文共同审
稿的"新文学丛书"总目：

《心的惨泣》
曹雪松著，1930 年 12 月上海大东书局
出版。

《平淡的事》
彭家煌著，1931 年 2 月上海大东书局
出版。

《秦淮河畔》
陈明中著，1931 年 2 月上海大东书局
出版。

《一个女剧员的生活》
沈从文著，1931 年 8 月上海大东书局
出版。

《我的一生》
[俄] 安尼西亚口述，陆鸿勋译，1931
年 8 月上海大东书局出版。

《桃色三部曲》
王皎我著，1931 年 8 月上海大东书局
出版。

《风雪之夜》
陈白尘著，1932 年 5 月上海大东书局
出版。

《败絮集》
陈学昭著，1932 年 5 月上海大东书局
出版。

《前线十万》
[英] 约翰·赫比著，唐演译，1932 年
8 月上海大东书局出版。

《出路》
彭家煌著，1934 年 1 月上海大东书局
出版。

《泡沫集》
汪蔚云著，1934 年 1 月上海大东书局
出版。

《老处女》
白序之著，1934 年 1 月上海大东书局
出版。

《丝棉被头》
钱公侠著，1934 年 1 月上海大东书局
出版。

《现代小说名家小说代表作》
［英］高尔斯华绥等著，傅东华选译，
1934年3月上海大东书局出版。

《第四者》
左干臣著，1934年4月上海大东书局
出版。

《游目集》
沈从文著，1934年4月上海大东书局

出版。

《现代日本短篇杰作集》
［日］夏目漱石等著，丘晓沧选译，1934
年4月上海大东书局出版。

《死的舞蹈》
［瑞典］斯特林堡著，吴伴云译，1934
年4月上海大东书局出版。

第五辑

徐志摩研究、评论资料目录索引

徐志摩研究资料目录索引

15 卷第 3 号

《山中来函》回复　　　　　　剑　三
载 1924 年 3 月 11 日《晨报·文学旬
刊》

徐志摩《鬼话》附记　　　　　剑　三
载 1924 年 4 月 1 日《晨报·文学旬
刊》

太戈尔到华的第一次记事　　　记　者
载 1924 年 4 月 10 日《小说月报》第
15 卷第 4 号

附记　　　　　　　　　　　　剑　三
载 1924 年 4 月 21 日《晨报·文学旬
刊》

致徐志摩　　　　　　　　　　泰戈尔
1924 年 8 月 25 日写
载 1981 年 11 月《文汇月刊》第 11 期

致徐志摩　　　　　　　　　　嘉本特
1924 年 9 月 19 日写
见梁锡华编译、台湾联经出
版事业公司版《徐志摩英文书信集》

评《获默的一首诗》　　　　　荷　东
载 1924 年 11 月 13 日《晨报副刊》

读了《盖上几张油纸》　　　　欧阳兰
载 1924 年 12 月 18 日《晨报副刊》

"音乐"　　　　　　　　　　　鲁　迅
载 1924 年 12 月 15 日《语丝》周刊第
5 期

《志摩的诗》（广告）
载 1925 年 3 月 9 日《晨报副刊》

徐志摩《香水》附识　　　　　黄子美
载 1925 年 4 月 24 日《晨报副刊》

徐志摩先生的耳朵及其他　　　小　郎
载 1925 年 2 月 26 日《京报副刊》

徐志摩先生的耳朵　　　　　　刘　复
载 1925 年 3 月 2 日《语丝》周刊第
16 期

徐志摩先生的常识　　　　　　非　子
载 1925 年 3 月 7 日《京报副刊》

小曼日记　　　　　　　　　　陆小曼
1925 年 3 月 11 日—7 月 11 日
见 1936 年 3 月上海良友印刷公司版
《爱眉小札》

答志摩征诗　　　　　　　　　赵景深
载 1925 年 3 月 16 日《晨报副刊》

答志摩征诗   潭振明
载 1925 年 3 月 17 日《晨报副刊》

答志摩征诗   芜
载 1925 年 3 月 18 日《晨报副刊》

徐志摩译《大阪妇女欢迎会讲词》附
记   剑 三
载 1925 年 3 月 5 日《晨报副刊》

关于翻译来函——给志摩信   霁 秋
载 1925 年 5 月 15 日《晨报副刊》

副刊殃尾语   张奚若
载 1925 年 10 月 1 日《晨报副刊》

致徐志摩   梁启超
1925 年 12 月 13 日写
见 1980 年 8 月北京中华书局版《胡适
往来书信选》上册

再论梁巨川先生的自杀
  ——致徐志摩   陶孟和
1925 年 10 月 12 日写
载 1925 年 10 月 15 日《晨报副刊》

关于苏俄仇友问题的讨论
  ——致徐志摩   陈 均
载 1925 年 10 月 15 日《晨报副刊》

关于苏俄仇友问题的讨论
  ——致徐志摩   陈 翔
载 1925 年 10 月 15 日《晨报副刊》

《志摩的诗》   周 客
载 1925 年 10 月 17 日《晨报副刊》

答志摩   孤 桐
载 1925 年 10 月《甲寅》周刊第 18 期

致志摩   江绍原
载 1925 年 10 月 22 日《晨报副刊》

再论自杀
  ——致徐志摩   陈衡哲
载 1925 年 10 月 24 日《晨报副刊》

致徐志摩   刘侃元
载 1925 年 11 月 4 日《晨报副刊》

致徐志摩   孟陶和
1925 年 11 月 18 日写
载 1925 年 11 月 21 日《晨报副刊》

徐志摩《海的梦》附记   陈西滢
载 1925 年 11 月 28 日《现代评论》第
2 卷第 51 期

致徐志摩   梁启超
1925 月 12 月 6 日写
载 1925 年 12 月 14 日《晨报副刊》

致徐志摩　　　　　　　　周作人

1925 年 12 月 18 日写

载 1925 年 12 月 21 日《晨报副刊》

致徐志摩　　　　　　　　胡适之

载 1925 年《文学周报》第 4 卷第 4 期

评徐君《志摩的诗》　　　　朱　湘

载 1926 年 1 月 10 日《小说月报》第
17 卷第 1 号

闲话的闲话之闲话　　　　岂　明

载 1926 年 1 月 18 日《晨报副刊》

陈源致周作人

1926 年 1 月 20 日写

见北京鲁迅博物馆鲁迅研究室编、
1980 年 1 月天津人民出版社版
《鲁迅研究资料》第 4 辑

岂明致西滢

1926 年 1 月 21 日写

载 1926 年 1 月 30 日《晨报副刊》

纪念列宁　　　　　　曲　秋（陈毅）

载 1926 年 1 月 21 日《京报副刊》

岂明致西滢

1926 年 1 月 22 日写

载 1926 年 1 月 30 日《晨报副刊》

西滢致凤举

1926 年 1 月 22 日写

载 1926 年 1 月 30 日《晨报副刊》

林语堂致周作人

1926 年 1 月 23 日写

见北京鲁迅博物馆鲁迅研究室编、
1980 年 1 月天津人民出版社版《鲁迅
研究资料》第 4 辑

凤举致西滢

1926 年 1 月 25 日写

载 1926 年 1 月 30 日《晨报副刊》

西滢致岂明

1926 年 1 月 25 日写

载 1926 年 1 月 30 日《晨报副刊》

凤举致西滢

1926 年 1 月 26 日写

载 1926 年 1 月 30 日《晨报副刊》

西滢致凤举

1926 年 1 月 26 日写

载 1926 年 1 月 30 日《晨报副刊》

西滢致志摩

1926 年 1 月 28 日写

载 1926 年 1 月 30 日《晨报副刊》

557

马上日记之二　　　　　　鲁　迅
见 1926 年北新书局版《华盖集续编》

一个态度及案语　　胡　适　张慰慈
载 1926 年 9 月 11 日《晨报副刊》

致徐志摩——关于党化教育的
讨论　　　　　　　　　张象鼎
载 1926 年 9 年 29 日《晨报副刊》

致徐志摩　　　　　　　刘炳黎
1926 年 9 月 23 日写
载 1926 年 9 月 29 日《晨报副刊》

读《一个态度与案语》　　夏文运
载 1926 年 9 月 30 日《晨报副刊》

致徐志摩　　　　　　　刘大杰
1926 年 9 月 22 日写
载 1926 年 9 月 30 日《晨报副刊》

致徐志摩　　　　　　　浩　许
1926 年 9 月 30 日写

载 1926 年 10 月 4 日《晨报副刊》
张慰慈致　　　　　　　胡　适
1926 年 10 月 4 日写
见北京中华书局 1979 年 5 月版《胡适
往来书信选》上册

乱弹——党化教育问题　　白　帝
1926 年 10 月 13 日《晨报副刊》

新自由主义——致徐志摩（一）胡　适
1926 年 10 月 4 日
载 1926 年 12 月 8 日《晨报副刊》

新自由主义——致徐志摩（二）胡　适
1926 年 10 月中旬
载 1926 年 12 月 8 日《晨报副刊》

致恩厚之（英文信）　　　胡　适
1926 年 12 月 26 日写
见梁锡华翻译、台湾联经出版事业公
司版《徐志摩英文书信集》

致徐志摩（英文信）　　　恩厚之
1927 年 2 月 4 日写
见梁锡华编译、台湾联经出版事业公
司版《徐志摩英文书信集》，又刊《新
文学史料》1982 年第 3 期

致徐志摩（英文信）　　　恩厚之
1927 年 3 月 7 日写
见梁锡华编译、台湾联经出版事业公
司版《徐志摩英文书信集》，又刊《新
文学史料》1982 年第 3 期

新文学运动以来的十部著作　陈西滢
见 1927 年上海新月书店版《西滢闲
话》

559

致章廷谦　　　　　　　鲁　迅
1927 年 9 月 17 日写
载 1978 年人民文学出版社版《鲁迅
书信集》

辞"大义"　　　　　　　鲁　迅
载 1927 年 10 月 1 日《语丝》周刊第
151 期

革"首领"　　　　　　　鲁　迅
载 1927 年 10 月 15 日《语丝》周刊第
153 期

致徐志摩　　　　　　　　胡　适
1928 年 1 月 28 日写
见 1979 年 5 月北京中华书局版《胡适
往来书信选》上册

徐志摩先生之著作（一）：《翡冷翠
的一夜》《巴黎的鳞爪》（广告）
载 1928 年 3 月 10 日《新月》月刊创刊号

徐志摩先生之著作（二）：《志摩的
诗》《自剖》（广告）
载 1928 年 3 月 10 日《新月》月刊创
刊号

杂谈（代徐志摩启事）义务律师
载 1928 年 4 月 1 日《战线》周刊第 1
卷第 1 期

天边的新月　　　　　　　苟士北
载 1928 年 4 月 15 日《战线》周刊第 1
卷第 3 期

什么是"健康"与"尊严"
——《新月底态度》底批评　彭　康
载 1928 年 7 月 10 日《创造月刊》第 1
卷第 12 期

致徐志摩（英文信）　　　　恩厚之
1928 年 8 月 1 日写
见梁锡华编译、台湾联经出版事业公
司版《徐志摩英文书信集》，又刊《新
文学史料》1982 年第 3 期

致徐志摩（英文信）　　　　恩厚之
1928 年 9 月 10 日写
见梁锡华编译、台湾联经出版事业公
司版《徐志摩英文书信集》，又刊《新
文学史料》1982 年第 3 期

致徐志摩（英文信）　　　　恩厚之
1928 年 10 月 3 日写
见梁锡华编译、台湾联经出版事业公
司版《徐志摩英文书信集》，又刊《新
文学史料》1982 年第 3 期

《卞昆冈》序　　　　　　　余上沅
见 1982 年新月书店版《卞昆冈》

我的浪费

——关于徐诗哲对于曼殊斐儿小说之

修改　　　　　　　　　　　　张松友

载 1928 年 12 月 15 日《春潮》月刊第

1 卷第 2 期

论翻译

——寄梁实秋，评张松友先生评徐志摩

的曼殊斐儿小说集　　　　　　胡　适

载 1929 年 1 月 10 日《新月》月刊第 1

卷第 11 号

致徐志摩（英文信）　　　　　恩厚之

1929 年 1 月 29 日写

见梁锡华编译、台湾联经出版事业公

司版《徐志摩英文书信集》

《卞昆冈》（广告）

载 1929 年 3 月 10 日《新月》月刊第 2

卷第 1 号

惑之不解　　　　　　　　　　徐悲鸿

载 1929 年 5 月 4 日《美展》三日刊

现今的新文学概况

——五月二十二日在燕京大学国文学

会讲稿　　　　　　　　　　　鲁　迅

见 1932 年上海北新书局版《三闲集》

通讯（复张逢汉）　　　　　　鲁　迅

载 1929 年 7 月 20 日《奔流》月刊第 2

卷第 3 号

阶升法与徐志摩　　　　　　　郑德坤

载 1929 年 11 月《燕大月刊》第 5 卷

第 1、2 期

致徐志摩（英文信）　　　　　恩厚之

1929 年 12 月 28 日写

见梁锡华编译、台湾联经出版事业公

司版《徐志摩英文书信集》

新月社批评家底任务　　　　　鲁　迅

载 1930 年 1 月 1 日《萌芽》第 1 卷第一期

答志摩先生　　　　　　　　　陈梦家

载 1930 年 2 月 10 日《新月》月刊第 2

卷第 12 期

徐志摩先生的自画像

——徐志摩先生的自画像

——徐志摩先生冲向那里去

——是谁吹弄着那不调谐的音籁 钱杏邨

见 1930 年 3 月，上海泰东书局初版、

钱杏邨著《现代中国文学家》第 2 卷

译者序　　　　　　　　　　　邢鹏举

见 1930 年 4 月上海中华书局版《波特

莱散文诗》

《轮盘》的序　　　　　　　　沈从文

见 1930 年 4 月上海中华书局版《轮

盘》

561

562

脚步轻些，过路！

——休惊动了惨死的诗魂

载1931年11月30日《文艺新闻》第2版

志摩的风趣　　　　　　叶公超

载 1931 年 11 月 30 日天津《大公报·文学副刊》

纪念志摩　　　　　　　吴宓

载1931年11月30日天津《大公报·文学副刊》

篇前　　　　　　　　　赵家璧

载 1931 年 11 月上海良友图书印刷公司版《秋》

写给飞去了的志摩　　　赵家璧

见 1931 年 11 月上海良友图书印刷公司版《秋》

丁西林致胡适

1931 年 12 月 1 日写

见 1979 年 5 月北京中华书局版《胡适往来书信选》中册

曹经沅致胡适

1931 年 12 月 9 日写

见 1979 年 5 月北京中华书局版《胡适往来书信选》中册

纪念志摩（德文）　　　洪涛生

载1931年12月6日天津德文版《德华日报》

志摩的诗　　　　　　　于赓虞

载1931年12月9日北京《晨报·学园》

凌淑华致胡适

1931 年 12 月 10 日写

见 1979 年 5 月北京中华书局版《胡适往来书信选》中册

哭摩　　　　　　　　　陆小曼

载1932年1月《新月》月刊第4卷第1期（徐志摩纪念专号）

追悼志摩　　　　　　　胡适之

载1932年1月《新月》月刊第4卷第1期（徐志摩纪念专号）

志摩纪念　　　　　　　周作人

载1932年1月《新月》月刊第4卷第1期（徐志摩纪念专号），后收《看云集》

志摩在回忆里　　　　　郁达夫

载1932年1月《新月》月刊第4卷第1期（徐志摩纪念专号）

563

戏剧界的徐志摩　　　　　　余上沅
载 1931 年 11 月 13 日北京《晨报·学园》

徐志摩著述索引
载 1931 年 12 月北平图书馆《读书月刊》第 3 期

纪念几位今年逝去
的朋友　　　　　　西　谛（郑振铎）
载清华大学中国文学会编《文学月刊》
1931 年 12 月第 2 卷第 1 期、1932 年 1 月第 2 卷第 2 期

致凌淑华　　　　　　　　　胡　适
1931 年 12 月 2 8 日写
见 1979 年 5 月北京中华书局版《胡适往来书信选》中册

徐志摩羽化后之片片　　　　芳　菲
载 1931 年 12 月 30 日上海《品报》

大诗人——天才——徐志摩——和他
的朋友们　　　　　　　　　杨丙辰
载 1932 年 1 月 11 日天津《大公报·文学副刊》

再谈志摩
——并质吴宓先生　　　　　方玮德
载 1932 年 1 月 11 日天津《大公报·文学副刊》

读杨丙辰先生在百科学会讲演辞
韩　佑
载 1932 年 1 月 25 日天津《大公报·文学副刊》

答复玮德　　　　　　　　　吴　宓
载 1932 年 1 月 18 日天津《大公报·文学副刊》

徐志摩与德国之表现派　　　郑寿麟
载 1932 年 1 月 25 日天津《大公报·文学副刊》

论志摩　　　　　　　　　　吴世昌
载 1932 年 1 月 28 日、29 日北平《晨报·学园》

关于《论志摩》　　　　　　冰　森
载 1932 年 1 月 28 日北平《晨报·学园》

纪念徐志摩先生　　　　　　余冠英
载 1932 年 1 月清华《文学》月刊第 2 卷第 1 期

好玩的解释　　　　　　　　杨丙辰
载 1932 年 2 月《鞭策》月刊第 1 卷第 1 期

论诗人徐志摩　　　　　　　张露薇
载 1932 年 2 月 22 日天津《大公报·文学

566

副刊》

评《哈提》　　　　　　　陈西滢
载 1932 年武汉大学《文哲季刊》第 2
卷第 4 期

志摩日记一页　　　　　　胡　适
载 1932 年 6 月 5 日《独立评论》第 3 期

《云游》序　　　　　　　陆小曼
见 1932 年 7 月上海新月书店初版《云游》

叙语——志摩纪念号说明　陈梦家
载 1932 年 7 月 30 日《诗刊》第 4 期
（徐志摩纪念专号）

通信　　　　　　　　　　胡　适
载 1932 年 7 月 30 日《诗刊》第 4 期
（徐志摩纪念专号）

给志摩　　　　　　　　　梁　镇
载 1932 年 7 月 30 日《诗刊》第 4 期
（徐志摩纪念专号）

飞——悼志摩　　　　　　饶孟侃
载 1932 年 7 月 30 日《诗刊》第 4 期
（徐志摩纪念专号）

招魂——悼志摩　　　　　孙大雨
载 1932 年 7 月 30 日《诗刊》第 4 期
（徐志摩纪念专号）

悼徐志摩　　　　　　　　朱　湘
载 1932 年 7 月 30 日《诗刊》第 4 期
（徐志摩纪念专号）

再念志摩　　　　　　　　方玮德
载 1932 年 7 月 30 日《诗刊》第 4 期
（徐志摩纪念专号）

哭志摩　　　　　　　　　方玮德
载 1932 年 7 月 30 日《诗刊》第 4 期
（徐志摩纪念专号）

天上掉下一颗心　　　　　邵洵美
载 1932 年 7 月 30 日《诗刊》第 4 期
（徐志摩纪念专号）

吊志摩　　　　　　　　　陈梦家
载 1932 年 7 月 30 日《诗刊》第 4 期
（徐志摩纪念专号）

怀徐志摩先生　　　　　　程鼎鑫
载 1932 年 7 月 30 日《诗刊》第 4 期
（徐志摩纪念专号）

悼志摩诗人　　　　　　　虞岫云
载 1932 年 7 月 30 日《诗刊》第 4 期
（徐志摩纪念专号）

借浮士德诗句吊志摩　　　宗白华
载 1932 年 7 月 30 日《诗刊》第 4 期
（徐志摩纪念专号）

论徐志摩的诗　　　　　　沈从文
载 1932 年 8 月《现代学生》第 2 卷第
2 期

我所认识的徐志摩　　　　汪辟疆
载 1932 年 9 月 1 日《读书杂志》第 2
卷第 9 期

诗人徐志摩之死　　　　　　李 梨
载 1932 年 11 月《红叶》第 3 期

纪念志摩　　　　　　　　陈梦家
载 1932 年 11 月 1 日《新月》月刊第 4
卷第 5 期

志摩怎样了　　　　　　　方玮德
载 1932 年 11 月 14 日天津《大公报·文
学副刊》

志摩与我　　　　　　　　高 植
载 1932 年 11 月 15 日《小说月刊》第
1 卷第 2 期

纪念徐志摩先生　　　　　汪乃刚
见 1933 年 1 月上海亚东图书馆编《醒
世姻缘》

徐志摩遗像（照片）
徐志摩所曾就学之小学校（照片）
徐志摩之灵堂（照片）

赴硖石举行周年祭之人物（照片）
载 1933 年 1 月《现代》第 2 卷第 2
期

徐志摩论　　　　　　　　茅 盾
载 1933 年 2 月《现代》杂志第 2 卷第
4 期，收 1936 年 4 月上海生活书店版
《作家论》

徐志摩的诗　　　　　　　　英
载 1933 年 5 月 1 日《南风》第 8 期

新月派的戏剧运动　阮无名（阿英）
见 1933 年 6 月上海南强书局版《中国
新文坛秘录》

北京《诗刊》的始终　阮无名（阿英）
见 1933 年 6 月上海南强书局版《中国
新文坛秘录》

中国新文学运动史　　　　王哲甫
1933 年 9 月北平杰成书局出版

关于徐志摩　　　　　　　　阿 扉
载 1933 年 11 月 14 日《十日谈》第 12
期

徐志摩印象记　　　　　　　冗 重
载 1934 年 4 月《读书顾问》第 1 卷第
1 期

567

徐志摩　　　　　　　　　　张自疑

载 1934 年 6 月 20 日《人间世》第 6
期，收 1935 年上海良友图书印刷公司
版《二十今人志》

徐志摩论　　　　　　　　穆木天

载 1934 年 7 月 1 日《文学》第 3 卷第
1 期，收 1936 年 4 月上海生活书店版
《作家论》

悼志摩　　　　　　　　　王统照

见 1934 年 10 月上海生活书店版《片
云集》

徐志摩论　　　　　　　　叶　青

载 1934 年 10 月《世界文学》第 1 卷
第 1 期

《翡冷翠的一夜》　　　　　朱　湘

见朱湘著，1934 年 10 月上海生活书店
版《中书集》

徐志摩　　　　　　　　　贺炳铨

见贺炳铨编，1934 年 10 月上海新中国
书局版《中国新文学家传记》

《志摩手札》附记　　　　　胡　适

载 1934 年 11 月 21 日天津《大公报·文
学副刊》

《集外集·序》　　　　　　鲁　迅

1934 年 12 月 20 日作
见 1935 年 5 月上海群众图书公司版
《集外集》

徐志摩小品序　　　　　　　阿　英

见 1935 年 3 月上海光明书局版、阿英
编《现代十六家小品》，又收 1935 年 3
月上海良友图书印刷公司版《夜航集》

《徐志摩选集》题记　　徐沉泗　叶忘忧

载 1935 年上海万象书屋版《徐志摩选
集》

徐志摩　　　杨晋豪　赵景深　蔡振寰

见 1935 年 7 月上海北新书局版《北新
活页文选·作家小传》

新诗的演变　　　　刘西渭（李健吾）

载 1935 年 7 月 20 日天津《大公报·文
艺》

朱自清谈徐志摩的诗　　　　朱自清

《中国新文学大系·诗集·导言》之
一节，见 1935 年 10 月上海良友图
书印刷公司版《中国新文学大系·诗
集》

徐志摩　　　　　　　　　朱自清

见 1935 年 10 月上海良友图书印刷公
司版《中国新文学大系·诗集》诗话

部分

纪念志摩去世四周年　　　　林徽音
载 1935 年 12 月 8 日天津《大公
报·文艺》

追伤志摩　　　　　　　　方玮德
载 1935 年 12 月 8 日天津《大公
报·文艺》

从文附记　　　　　　　　沈从文
载 1935 年 12 月 8 日天津《大公报·文
艺》

怀四十岁的志摩　　　　　郁达夫
载 1936 年 1 月 1 日《宇宙风》第 1 卷
第 8 期

徐志摩小传　　　　　　　　阿英
见阿英编、1936 年 2 月上海良友图书
印刷公司版《中国新文学大系·史料
索引集》作家小传部分

徐志摩与雪莱　　　　　　　吴宓
载 1936 年 3 月 1 日《宇宙风》第 1 卷
第 12 期

忆志摩　　　　　　　　　郭子雄
载 1936 年 3 月 1 日《文艺月刊》第 8
卷第 3 期

徐志摩《我所知道的康桥》　　圣陶
载 1936 年 4 月 10 日《新少年》第 1
卷第 7 期

吊徐志摩　　　　　　　　朱经农
载 1936 年 5 月《西北风》创刊号

论《诗刊》和中国新诗人　　龙冠海
载 1936 年 5 月 11 日《是非公论》第 5 号

徐志摩的诗　　　　　　凌霄汉阁主
载 1936 年 5 月 25 日北平《实报》

忆徐志摩　　　　　　　　张尚志
载 1936 年 6 月 1 日《西北风》第 3 期
（现代人物特辑）

徐志摩　　　温源宁撰　倪爱民译
——一个大孩子
载 1936 年 6 月 20 日《逸经》第 8 期

徐志摩函札题跋　　　　　林语堂
载 1936 年 6 月 20 日《逸经》第 8 期
《爱眉小札》序　　　　　　陆小曼
见 1936 年 7 月上海良友图书印刷公司
版《爱眉小札》

徐志摩语谶　　　　　　　　纵横
载 1936 年 8 月 3 日厦门《星光日报》

新月诗派　　　　　　　石　灵
载 1937 年 1 月 1 日《文学》第 8 卷第
1 号

论新诗的踪迹与其出路　屈轶（巴人）
载 1937 年 1 月 1 日《文学》第 8 卷第
1 号

新诗杂话　　　　　　　佩　弦
载 1937 年 1 月 1 日《文学》第 8 卷第
1 号

漫话新诗　　　　　　　李素伯
载 1937 年 1 月 1 日《文学》第 8 卷第
1 号

致志摩（书信残篇手迹）　刘梦苇
载 1937 年 1 月 1 日《文学》第 8 卷第 1 号

徐志摩（吴农絮语的
一节）　　　　　　江南烟雨客
载 1937 年 3 月 31 日《江苏研究》第 3
卷第 2、3 期合刊

徐志摩演戏的回忆　　　赵　森
载 1939 年 6 月 16 日《朔风》第 8 期

"新月派"及其反对者的
论调　　　　　　　　李何林
见 1939 年生活书店版、李何林著《近
二十年中国文艺思潮论》第五章

徐志摩　　　　　〔日〕桥川时雄
见 1940 年 10 月中华法令馆编《中国
文化界人物总鉴录》

从徐志摩作品学习"抒情"　沈从文
载 1940 年《国文月刊》第 1 期

徐志摩论　　　　　　　高　穆
载 1944 年 4 月 15 日《小说月报》第
4 期

徐志摩　　　　　　　　赵景深
见赵景深编、1946 年 4 月上海北新书
局版《文人印象》

志摩改诗　　　　　　　　怡
载 1946 年 7 月 16 日北平《新民报》

小曼序　　　　　　　　陆小曼
见 1947 年 3 月上海晨光出版公司版
《志摩日记》

一本没有颜色的书　　　邵洵美等
见 1947 年 3 月上海晨光出版公司版
《志摩日记》

徐志摩　　　　　　　　温源宁
见 1947 年 3 月上海晨光出版公司版
《文人画像》

志摩日记 　　　　　　陈从周
载 1947 年 8 月 27 日《申报》

志摩随笔 　　　　　　陈从周
载 1947 年 11 月 15 日《申报》

志摩杂记 　　　　　　陈从周
载 1948 年 1 月 21 日《申报》

志摩日记 　　　　　　陈从周
载 1948 年 3 月 3 日《申报》

志摩杂记 　　　　　　陈从周
载 1948 年 6 月 1 日《永安月刊》第 109
期

徐志摩家书之发见 　　　　陈从周
载 1948 年 10 月 15 日《子曰》丛刊第
5 期

徐志摩家书 　　　　　　陈从周
载 1949 年 3 月 1 日《永安》月刊第
118 期

《徐志摩年谱》（专著）　　陈从周
1949 年陈从周自编自印、1981 年 11
月上海书店复印再版
目次：
一、代序（赵景深的《志摩师哀辞》)
二、编者自序
三、照片

四、年谱
五、遗著目录

对新月派的斗争 　　　　李何林
见 1951 年 7 月新杂志出版社版（李何
林著）《中国新文学研究》

形式的追求 　　　　　　王　瑶
见王瑶著、1954 年 12 月上海新文艺
出版社新 1 版，1982 年 11 月上海文
艺出版社修订重版《中国新文学史稿》
上册

"新月派"与"现代派" 　　王　瑶
见王瑶著、1954 年 12 月上海新文艺出
版社新 1 版，1982 年 11 月上海文艺出
版社修订重版《中国新文学史稿》上
册

和右翼资产阶级文学的斗争　丁　易
见丁易著、1955 年 7 月北京作家出版
社版《中国新文学史略》

和买办资产阶级"新月派"的
斗争 　　　　　　　　　丁　易
见丁易著、1955 年 7 月北京作家出版
社版《中国新文学史略》

丁易谈徐志摩的创作
见丁易著、1955 年 7 月北京作家出版
社版《中国新文学史略》第 288 页至

5日、9日、13日、17日

对资产阶级买办文人"现代评论派"
的斗争　　　　　　　　周文柏
见中国人民大学编、1961年12月中国
人民大学出版社版《中国现代文学史》
上册

资产阶级诗歌的堕落　　　吴宏聪
——评徐志摩的诗
载 1963 年《中山大学学报》第 1—2
合期

徐志摩与新月派　　　　　刘心皇
载1964年4月台湾《反攻》杂志

徐志摩的生平和作品　　　叶俊成
载1965年4月24日台湾《国语日报》
副刊《书和人》第4期

健康与尊严并写的新月社　陈敬之
载1969年8月台湾《畅流》杂志

徐志摩　　　　　　　　　谭慧生
见 1969 年 5 月台湾高雄百成书店版
《民国伟人传记》

《谈徐志摩》（专著）　　梁实秋著
1968年台北传记文学出版社出版

《徐志摩全集·前言》　　徐积锴
见 1969 年台北传记文学出版社版《徐
志摩全集》第1辑

《徐志摩全集》编辑经过　梁实秋
见 1969 年台北传记文学出版社版《徐
志摩全集》第1辑

徐志摩小传　　　　　　　蒋复璁
见 1969 年台北传记文学出版社版《徐
志摩全集》第1辑

有关徐志摩的图片三十二帧
见 1969 年台北传记文学出版社版《徐
志摩全集》第1辑

有关徐志摩的纪念文　　　胡适等
见 1969 年台北传记文学出版社版《徐
志摩全集》第1辑

有关徐志摩的挽联挽诗祭文　徐申如等
见 1969 年台北传记文学出版社版《徐
志摩全集》第1辑

徐志摩年谱　　　徐志摩全集编委会
见 1969 年台北传记文学出版社版《徐
志摩全集》第1辑

徐志摩遗文存目
见 1969 年台北传记文学出版社版《徐
志摩全集》第1辑

《徐志摩传记资料》　　　朱传誉主编

1969年11月台湾天一出版社出版

目次：

徐志摩（谭慧生）

徐志摩《文苑风云五十年》第八章之二（陈敬之）

天才诗人徐志摩（蔡义忠）

徐志摩先生事略（未署作者名）

徐志摩的生平和作品（叶俊成）

徐志摩小传（蒋复璁）

徐志摩的青年时代（章君谷）

徐志摩遗著选辑

1、自剖（徐志摩）

2、再剖（徐志摩）

3、伤双栝老人（徐志摩）

4、吊刘叔和（徐志摩）

5、读桂林梁巨川先生遗书（徐志摩）

梁启超致徐志摩函真迹

我所认识的徐志摩（苏雪林）

徐志摩的元配夫人（刘心皇）

——《徐志摩与陆小曼》附录之一

徐志摩与陆小曼（一）（刘心皇）

徐志摩与陆小曼（二）（刘心皇）

徐志摩与陆小曼（三）（刘心皇）

徐志摩与陆小曼（四）（刘心皇）

徐志摩与陆小曼（五）（刘心皇）

徐志摩与陆小曼（六）（刘心皇）

徐志摩与陆小曼（七）（刘心皇）

徐志摩与陆小曼（八）（刘心皇）

徐志摩与陆小曼（九）（刘心皇）

徐志摩与陆小曼（十）（刘心皇）

徐志摩与陆小曼（十一）（刘心皇）

徐志摩与陆小曼（十二）（刘心皇）

徐志摩与陆小曼（十三）（刘心皇）

徐志摩三角恋的悲剧（颜谋）

徐志摩与陆小曼恋爱轶闻（未署作者名）

关于陆小曼的美（刘心皇）

陆小曼的第一个丈夫（刘心皇）

——《徐志摩与陆小曼》附录之二

徐志摩其人其诗（张自英）

梁任公与徐志摩（未署作者名）

徐志摩与知堂老人（成仲思）

诗人与总长（张谷）

——徐志摩与“林长民初恋”

徐志摩与林长民（未署作者名）

徐志摩给胡适之的诗和信

忆徐志摩先生之死（湘江）

胡适之关于徐志摩遇难后的日记真迹

诗人短笺（傅孟真）

——徐志摩给傅孟真的一封信

徐志摩与太戈尔访华韵事（杨允元）

森林之梦（梁锡华）

——泰戈尔与徐志摩的中国农村计划

徐志摩、沈叔薇、郁达夫　　　徐认三

载1969年10月台湾《中外杂志》第6卷第4号

徐志摩婚变记闻　　　　　刘心皇

载1970年4月16日香港《新生报》

陆家为小曼鸣不平　　　　　刘心皇
载 1970 年 4 月 20 日香港《新生报》

《徐志摩传》（专著）　　　章君谷著
1970 年台湾初版（出版社不详），香港
九龙马崐杰文化事业公司再版

忆新月　　　　　　　　　　梁实秋
见梁实秋著、1971 年 5 月 1 日台湾传
记文学出版社版《秋室杂忆》

中国现代诗的成长　　　　　洛　夫
载 1972 年 4 月台湾《幼狮文艺》

我想放开我的宽的粗暴
的噪音……　　　　兀·契尔卡斯基
见兀·契尔卡斯基著、1972 年莫斯科
科学出版社《中国新诗》

徐志摩"单纯信仰"
的破灭　　　　　　兀·契尔卡斯基
见兀·契尔卡斯基著、1972 年莫斯科
科学出版社版《中国新诗》

诗人徐志摩　　　　　　　　赵　聪
见 1973 年 11 月香港友联出版社版《五
四文坛点滴》第 135 页至第 136 页

徐志摩：充满激情的一生　　李欧梵
见李欧梵著、1973 年美国哈佛文学出
版社版《中国现代作家的浪漫一代》

徐志摩：伊卡洛斯的狂喜　　李欧梵
见李欧梵著、1973 年美国哈佛大学
出版社版《中国现代作家的浪漫一
代》

徐志摩小传　　　　　　　　编　者
见香港文化图书公司版《徐志摩全集》

志摩批判　　　　　　　　　胡信田
载 1975 年 4 月台湾《今日中国》第 48 期

关于徐志摩　　　　　　　　梁实秋
见香港文化图书公司版《徐志摩全集》

天才诗人徐志摩　　　　　　蔡义忠
见蔡义忠著、1975 年 9 月台湾清流出
版社版《从施耐庵到徐志摩》

现代中国诗史　　　　　　　王志健
1975 年台湾商务印书馆出版

现代中国诗存　　　　　　　王志健
1975 年台湾商务印书馆出版

中国新诗史话　　　　　　　舒　兰
载 1976 年 1 月、2 月台湾《新文艺》
第 238、239 期

二十世纪中国现代诗大展　　沙　灵
1976 年台湾大升出版社出版

重建新诗的"新月社"　　　司马长风
见司马长风著、1976 年 6 月香港昭明
出版社有限公司版《中国新文学史》
上卷第三编第十章

《北京的一晚》　　　　　司马长风
见司马长风著、1976 年 6 月香港昭明
出版社有限公司版《中国新文学史》
上卷第三编第十三章

新诗由中衰到复兴　　　　司马长风
见司马长风著、1976 年 6 月香港昭明
出版社有限公司版《中国新文学史》
上卷第三编第十四章

现代的诗圣与诗仙　　　　司马长风
见 1976 年 6 月香港昭明出版社有限公
司版《中国新文学史》上卷第三编第
十四章

"新月社"与"国剧运动"　司马长风
见 1976 年 6 月香港昭明出版社有限公
司版《中国新文学史》上卷第三编第
十五章

回归中国的土壤　　　　　司马长风
见 1976 年 6 月香港昭明出版社有限公
司版《中国新文学史》上卷第三编第
十六章

老虎总长反对新文学　　　司马长风
见 1976 年 6 月香港昭明出版社有限公
司版《中国新文学史》上卷第三编第
十七章

略谈《新月》与新诗　　　梁实秋
载 1976 年 9 月台湾《大成》第 34 期
中国新文学史　　　　　　周　锦
1977 年台湾长歌出版社出版

徐志摩　　　　　　　　　李立明
见李立明著、1977 年 10 月香港波文书
局版《中国现代六百作家小传》

《徐志摩与陆小曼》（专著、
修订本）　　　　　　　　刘心皇著
1978 年 6 月香港港明书店港 1 版
目次：
照片十九帧
序（梁实秋撰）
一、徐志摩传略
二、徐志摩的作品
三、徐志摩的文艺活动
四、徐志摩给人的印象
五、陆小曼的身世
六、陆小曼的作品
七、陆小曼的社会地位
八、徐志摩与陆小曼恋爱时期
九、徐志摩的《爱眉小札》
十、徐志摩与陆小曼的结婚
十一、徐志摩和陆小曼的婚后生活

十二、徐志摩之死
十三、陆小曼在徐志摩死后的生活
徐志摩的元配夫人（附录之一）
陆小曼的第一个丈夫（附录之二）
徐志摩婚变记闻（附录之三）
陆家为小曼鸣不平（附录之四）

新月乎，残月乎？　　　　臧济海
载 1978 年 7 月 2 日《光明日报》

"新月"与"开明"　　　司马长风
见司马长风著、1978 年 11 月香港昭明
出版社有限公司版《中国新文学史》
中卷第四编第十八章

徐志摩的散文　　　　　司马长风
见司马长风著、1978 年 11 月香港昭明
出版社有限公司版《中国新文学史》
中卷第四编第二十一章

"新月"照耀诗坛　　　　司马长风
见司马长风著、1978 年 11 月香港昭明
出版社有限公司版《中国新文学史》
中卷第四编第二十二章

茅盾的《徐志摩论》　　　司马长风
见司马长风著、1978 年 11 月香港昭明
出版社有限公司版《中国新文学史》
中卷第四编第二十三章

徐志摩　　　　　　　北京语言学院
见 1978 年北京语言学院《中国文学家
辞典》编委会编《中国文学家辞典》
现代第 1 分册

对新月派的斗争　　　复旦大学中文系
见 1978 年复旦大学中文系现代文学教
研室编，复旦大学印刷厂印《中国现
代文学史》上册

徐志摩的反动诗歌
　　　复旦大学中文系现代文学教研室
见 1978 年复旦大学中文系现代文学教
研室编，复旦大学印刷厂印《中国现
代文学史》上册

从徐志摩到余光中（专著）　　罗　素
1978 年台湾尔雅出版社出版

沈从文谈徐志摩之死 陈从周辑
载 1979 年 2 月 2 日、2 月 3 日香港《文
汇报》

徐志摩　　　　　　　《辞海》编辑部
见 1979 年 5 月上海辞书出版社版《辞
海·文学分册》

《晨报诗刊》的始终　　　　蹇先艾
载 1979 年《新文学史料》第 3 辑

有所感而发
——陆小曼仅存的一首诗　　　陈从周
载 1979 年 5 月 25 日香港《文汇报》

对新月派的斗争
见 1979 年 9 月中国人民大学中文系现
代文学教研室编、中国人民大学出版
社版《中国现代文学史》上册

徐志摩诗重读志感　　　　　卞之琳
载 1979 年 9 月号《诗刊》，后改题为
《〈徐志摩诗集〉序》，收周良沛编、
1981 年 1 月四川人民出版社版《徐志
摩诗集》，又收邵华强、应国靖编、
1983 年 9 月人民文学出版社版《徐志
摩选集》

对"新月派"的批判　田仲济　孙昌熙
见 1979 年山东人民出版社版田仲济孙
昌熙主编《中国现代文学史》
再说《晨报诗刊》

褰先艾载
1979 年《新文学史料》第 5 辑

对新月派和法西斯民族主义文艺运动
的斗争　　　　　　　　　　唐弢
见唐弢主编 1976 年人民文学出版社版
《中国现代文学史》第 2 册
唐弢谈徐志摩的创作
见唐弢主编,1979 年人民文学出版社版《中

国现代文学史》第 1 册第 215 至 216 页

对新月派的
斗争　　　刘绶松原作　陆耀东改编
见 1979 年 11 月人民文学出版社新 1
版《中国新文学史初稿》上册

"新月派"和"现代派"的诗
　　　　　　刘绶松原作　陆耀东改编
见 1979 年 11 月人民文学出版社新 1
版《中国文学史初稿》上册

试谈徐志摩的诗　　　　　作者不详
见于蕾编、1979 年香港天地图书有限
公司版《现代中国文学名著评析》

对新月派的斗争　　　　　　蒋运荣
见 1979 年吉林省函授学院、黑龙江广
播函授学院、辽宁教育学院编印《中
国现代文学史》中册

关于"新月派"　　　　　　薛绥之
见 1979 年山东人民出版社版《鲁迅作
品注解异议》

《徐志摩新传》（专著）　　梁锡华著
1979 年 11 月台湾省台北联经出版事业
公司初版
目次：
前言
第一章光绪二十二年——民国十一年

徐志摩在上海浸信会学院成绩单
徐志摩在北洋大学预科成绩单
徐志摩在北京大学法科旁听科目表
徐志摩在克拉克大学成绩单
以上均见梁锡华著 1979 年 11 月台湾
省台北联经出版公司版《徐志摩新传》

《徐志摩英文书信集》前言　　梁锡华
梁锡华编译、1979 台湾联经出版事业
公司版《徐志摩英文书信集》

徐志摩海外交游录　　　　　梁锡华
见梁锡华编译、1979 年台湾联经出版
事业公司版《徐志摩英文书信集》

《徐志摩英文书信集》人名
地名注释　　　　　　　　　梁锡华
见梁锡华编译、1979 年台湾联经出版
事业公司《徐志摩英文书信集》

读徐志摩的《再别康桥》　　　尤　敏
载 1980 年《名作欣赏》第 1 期

徐志摩简论　　　　　　　　凡　尼
载 1980 年《诗探索》第 1 期

《徐志摩诗文补遗》序　　　　梁锡华
见梁锡华编、1980 年 2 月台湾时报文
化出版事业有限公司版《徐志摩诗文
补遗》

《徐志摩诗文补遗》前言　　　梁锡华
见梁锡华编、1980 年 2 月台湾时报文
化出版事业有限公司版《徐志摩诗文
补遗》

试论徐志摩　　　　　　　胡凌芝
载 1980 年《上海师范学院学报》第 1
期

重话诗人徐志摩　　　　　陈从周
载 1980 年《西湖》第 5 期

评徐志摩的诗　　　　　　陆耀东
载 1980 年《中国现代文学研究丛刊》
第 2 辑

试论新月诗派　　　　　　吴奔星
载 1980 年《文学评论》第 2 期

新诗的复兴　　　　　　　司马长风
见司马长风著、香港南山书屋 1980 年
7 月初《新文学史话》

初期散文大家　　　　　　司马长风
见司马长风著、香港南山书屋 1980 年
7 月初《新文学史话》

新诗的中衰与复苏　　　　司马长风
见司马长风著、香港南山书屋 1980 年
7 月初版《新文学史话》

诗人里的诗人　　　　　　司马长风
见司马长风著、1980 年 7 月香港南山
书屋初版《新文学史话》

法源千古多诗人　　　　　陈从周
载 1980 年 9 月 9 日香港《文汇报》

徐志摩简论　　　　　　　扈　文
载 1980 年《文科教学》第 3 期

谈徐志摩的诗　　　　　　骆寒超
见骆寒超作《左联时期的诗歌》第
二部分，载 1980 年 9 月南京大学学
报编辑部编辑出版《左联时期文学
论文集》

中国新诗六十年　　　　　艾　青
载 1980 年《文艺研究》第 5 期

艺术，应当是美的
　　——徐志摩诗初探　　　陈剑晖
载 1980 年《昆明师范学院学报》第 5
期

忆陆小曼　　　　　　　　王亦玲
载 1980 年台湾《大成》第 84 期

"新月派"与徐志摩　　　　胡凌芝
载《文艺论丛》第 11 辑，1980 年上海
文艺出版社出版

徐志摩的散文　　　　　　　　林　非
见林非著、1980 年百花文艺出版社版
《现代散文六十家札记》

关于诗的通信——徐志摩《沙扬娜拉》
一首浅释　　　　　　　　　　岳洪治
载 1980 年《星星》第 12 期

闻一多与新月派　　　　　　　李思乐
载 1980 年《齐鲁学刊》第 6 期

新月派的政治倾向　　　　　　汤逸中
载 1980 年《华东师范大学学报》第
6 期

关于中国现代文学研究工作的随想——
在中国现代文学研究会学术讨论会上
的发言　　　　　　　　　　　王　瑶
载 1980 年《中国现代文学研究丛刊》
第 4 期

中国现代文学研究会举行首届学术讨论会
载 1980 年《文学评论》第 6 期

关于《晨报诗刊》　　　　　　徐重庆
载 1980 年《文教资料简报》第 8 期

北伐前后的新诗作家和作品　舒　兰
1980 年台湾成文出版社版

中国新文学简史　　　　　　　周　锦
1980 年台湾成文出版社版

《徐志摩诗集》编后　　　　　周良沛
见 1981 年 1 月四川人民出版社版《徐
志摩诗集》

论徐志摩的诗　　　　　　　　洪子诚
1981 年《花城》第 1 期

有感于《徐志摩诗集》《戴望舒诗集》
出版　　　　　　　　　　　　锦　文
载 1981 年《诗探索》第 2 期

徐志摩年表　　　　　　　　　田原等
见 1981 年 3 月台湾黎明文化事业股份
有限公司版《徐志摩选集》

雷与虹
——徐志摩的爱情生活　　　　顾永棣
载 1981 年《西湖》第 3 期

徐志摩诗中的人道主义
思想　　　　　　　张学植　苏振鹭
载 1981 年《南开大学学报》第 1 期

把诗放在时代里衡量——徐志摩的《偶
然》和《海韵》　　　　　　　何　达
载 1981 年《集萃》第 4 期

悼志摩　　　　　　　　　　陈从周
载 1981 年 5 月 16 日香港《文汇报》

诗人徐志摩　　　　　　　　顾永棣
载 1981 年《人物》第 5 期，收 1982
年 9 月重庆出版社版《诗人徐志摩》，
后作修改收 1983 年 7 月浙江人民出版
社版《徐志摩诗集》

茅盾独具只眼的诗人论　　　瞿大炳
载 1981 年《延安大学学报》第 2、3
期合刊

也评"新月派"　　　　　　董振泉
载 1981 年《湘潭师专学报》第 3 期

徐志摩和他的诗　　　　　　徐重庆
载 1981 年《书林》第 3 期

对"新月"派和"民族主义文学"的
斗争　　　　　　　　　　　陈坚
见 1981 年 6 月云南人民出版社版《中
国现代文学史》

徐志摩　　　　　　　　　　王荣初
见 1981 年 6 月云南人民出版社版《中
国现代文学史》

"五四"新诗流派初探　　　李旦初
载 1981 年《中国现代文学研究丛刊》
第 2 辑

谈徐志摩的诗　　　　　　　方仁念
载 1981 年《语文教学通讯》第 7 期

诗魂缕缕依故土
——徐志摩与硖石　　　　　顾永棣
载 1981 年《西湖》第 8 期

《卞昆冈》和《死城》是徐志摩的
译作吗？　　　　　　　　　王炘
载 1981 年《陕西师范大学学报》第 3 期

个性解放的追求和幻灭
——徐志摩诗歌的思想倾向　吕家乡
载 1981 年《山东师范学院学报》第
4 期

陆小曼手迹
载 1981 年《文汇月刊》第 11 期

泰戈尔在我家作客
——并忆志摩　　　　　　　陆小曼
载 1981 年《文汇月刊》第 11 期

新月旧拾——忆徐志摩
二三事　　　　　　　　　　叶公超
载 1981 年 11 月 19 日台湾《联合报》

徐志摩和泰戈尔　　　　　　赵家璧
载 1981 年《文汇月刊》第 11 期

海滩上的花
——评徐志摩的理想主义　　胡芝凌
载 1982 年 2 月中国社会科学出版社版
《文学评论丛刊》第 11 辑

论新月派诗歌的思想特征　　蓝棣之
载 1982 年《中国现代文学研究丛刊》
第 1 辑

论新月诗派在新诗发展中的
历史地位　　　　　　　陈　山
载 1982 年《中国现代文学研究丛刊》
第 1 辑

幻美的恋情
——略谈徐志摩的爱情诗　　何益明
载 1982 年《美育》第 5 期

一个充满矛盾的诗人　　　应国靖
载 1982 年 5 月 27 日《文学报》

志摩绝笔遗墨　　　　　　杨　澄
载 1982 年《新文学史料》第 2 辑

徐志摩和他的诗　　　　　吴宏聪
载 1982 年《中山大学学报》第 2 期

徐志摩确也译过《死城》　　罗尉宣
载 1982 年《陕西师范大学学报》第 2
期

复杂的思想，温柔的风格
——读徐志摩诗札记　　　曾国富
载 1982 年《韶关师专学报》第 2 期

还他一个真面目〔徐志摩诗作〕钟　文
载 1982 年《读书》第 6 期

台湾演出徐志摩的剧作　　　精　一
载 1982 年 7 月 1 日《文学报》

徐志摩为什么被遗忘　　　　草　絮
载 1982 年 7 月 15 日《北京晚报》

徐志摩不该被遗忘　　　　王国全
载 1982 年 7 月 29 日《北京晚报》

徐志摩和他的《再别康桥》　李成芳等
载 1982 年《希望》第 9 期

中国现代文学研究会第二届学术讨论
会情况简介
载 1982 年《文学研究动态》第
15 期

茅盾谈《徐志摩论》
见茅盾作《多事活跃的岁月——回忆
录十六》，载《新文学史料》1982 年第
3 辑

《诗人徐志摩》
重庆出版社编

1982 年 9 月重庆出版社第 1 版

目次：

徐志摩简论（凡尼）

徐志摩诗重读志感（卞之琳）

《徐志摩诗集》编后（周良沛）

个性解放的追求和幻灭（吕家乡）

——徐志摩诗歌的思想倾向

艺术，应当是美的（陈剑辉）

——徐志摩诗初探

谈徐志摩的诗（方仁念）

把诗放在时代里衡量（何达）

——徐志摩的《海韵》和《偶然》

徐志摩和他的诗（徐重庆）

读徐志摩的《再别康桥》（尤敏）

《卞昆岗》和《死城》是徐志摩的译作

吗？（王炘）

回忆徐志摩和《志摩全集》（赵家璧）

——纪念诗人逝世五十周年

遗文编就答君心（陆小曼）

——记《志摩全集》编排经过

诗人徐志摩（顾永棣）

记徐志摩（陈从周）

徐志摩与泰戈尔的信（林霖摘译）

泰戈尔在我家作客——并忆志摩（陆

小曼）

诗魂缕缕依故土（顾永棣）

——徐志摩与硖石

雷与虹（顾永棣）

——徐志摩的爱情生活

诗人徐志摩轶事（沈松泉）

友情（沈从文）

《徐志摩选集》序　　　　卞之琳

载 1982 年《上海师范学院学报》第

3 期，又载 1982 年《新文学史料》

第 4 辑、1983 年《新华文摘》第 2

期，收邵华强、应国靖编、1983 年

9 月人民文学出版社版《徐志摩选

集》

从徐志摩的枯竭谈起　　　程东安

载 1982 年《青海湖》第 11 期

论徐志摩的创作道路　　　　顾　炯

载 1982 年《南京师范学院学报》第 4 期

试论徐志摩诗歌的

艺术表现　　　　孔　孚　吕山查

载 1982 年《齐鲁学刊》第 6 期

徐志摩年表　　　　　　　邵华强

见邵华强编、1982 年 12 月花城出版社

版《落叶》

论徐志摩诗歌的"轻柔美"　奕英良

载 1983 年《通化师范学院学报》第 1 期

新月社及其新诗格律主张　　魏绍馨

载 1983 年《齐鲁学刊》第 1 期

徐志摩社会诗初探　　　　梁锡华
见梁锡华著、1983 年 4 月台湾远景出
版事业公司版《且道阴晴圆缺》

小论《徐志摩论》　　　　梁锡华
见梁锡华著、1983 年 4 月台湾远景出
版事业公司版《且道阴晴圆缺》

《徐志摩全集》序　　　　沈从文
载 1983 年《读书》第 5 期，收 1983
年 10 月商务印书馆香港分馆版《徐志
摩全集》

从徐志摩与陈毅的关系说起　王锦泉
载 1983 年《中国现代文学丛刊》第 2
辑

论徐志摩的诗歌　　　　　尹从华
载 1983 年《重庆师范学院学报》第 2 期

论徐志摩的诗歌创作道路　张大雷
载 1983 年《兰州大学学报》第 2 期

《徐志摩全集》序　　　　陈从周
载 1983 年《上海师范学院学报》第 2
期，收 1983 年 10 月商务印书馆版《徐
志摩全集》

《徐志摩诗歌集》序　　　陈从周
载 1983 年《上海师范学院学报》第
2 期

关于《徐志摩诗集》的通信　治　芳
载 1983 年《艺谭》第 3 期

"浓得化不开"
——论徐志摩的散文创作　倪婷婷
载 1983 年《中国现代文学研究丛刊》
第 2 辑

《徐志摩诗集》编后　　　顾永棣
见顾永棣编、1983 年 7 月浙江文艺出
版社版《徐志摩诗集》

关于《现代文艺》与《志摩
遗札》　　　　　　　　唐达晖
载 1983 年《武汉大学学报》第 4 期

谈闻一多、徐志摩、朱湘致曹葆华的
三封信　　　　　　　　方锡德
载 1983 年《北京大学学报》第 4 期

徐志摩文学系年　　　　邵华强
见邵华强、应国靖编，1983 年 9 月
人民文学出版社版《徐志摩选集》

《徐志摩选集》编后
记　　　　　　邵华强　应国靖
见邵华强、应国靖编，1983 年 9 月人
民文学出版社版《徐志摩选集》

关于新月派的形成与发展　王　强
载 1983 年《中国现代文学研究丛刊》

编 后 说 明

一、本书在编写过程中，得到了陈从周先生、沈从文先生、程应镠先生的热情指教和帮助；本书两位责任编委张大明、孙玉石和徐迺翔、陆耀东、陈山同志作了不少具体指点；师院老师邵伯周、陈翰、陈永志介绍了很多资料；美国友人金介甫（Jeffrey C.Kinkley）博士提供了海外有价值的资料；虞建华、王雅英、应国靖、马莉、陈子善、魏守忠、王德生、张占国等同志也给了不少帮助。在本书即将付梓之际，谨向以上诸位前辈、朋友和同志表示衷心的感谢！

二、限于本人水平及种种客观条件，本书所选文章难免有不妥之处，《传略》、《年谱简编》、《著译书目》、《著译系年》和《研究资料目录索引》恐怕也有不少遗漏甚至错误，亟盼能得到海内外学术界的有关专家、学者和广大读者的不吝指教。

编者

1983 年 12 月于上海师院

《中国文学史资料全编·现代卷》总目

* 本书即将出版，敬请关注。